未来汽车
理论与技术

AUTOMOTIVE DESIGNS AND INTERNAL COMBUSTION ENGINE TECHNOLOGIES

整车设计与发动机技术

主编◎刘正白

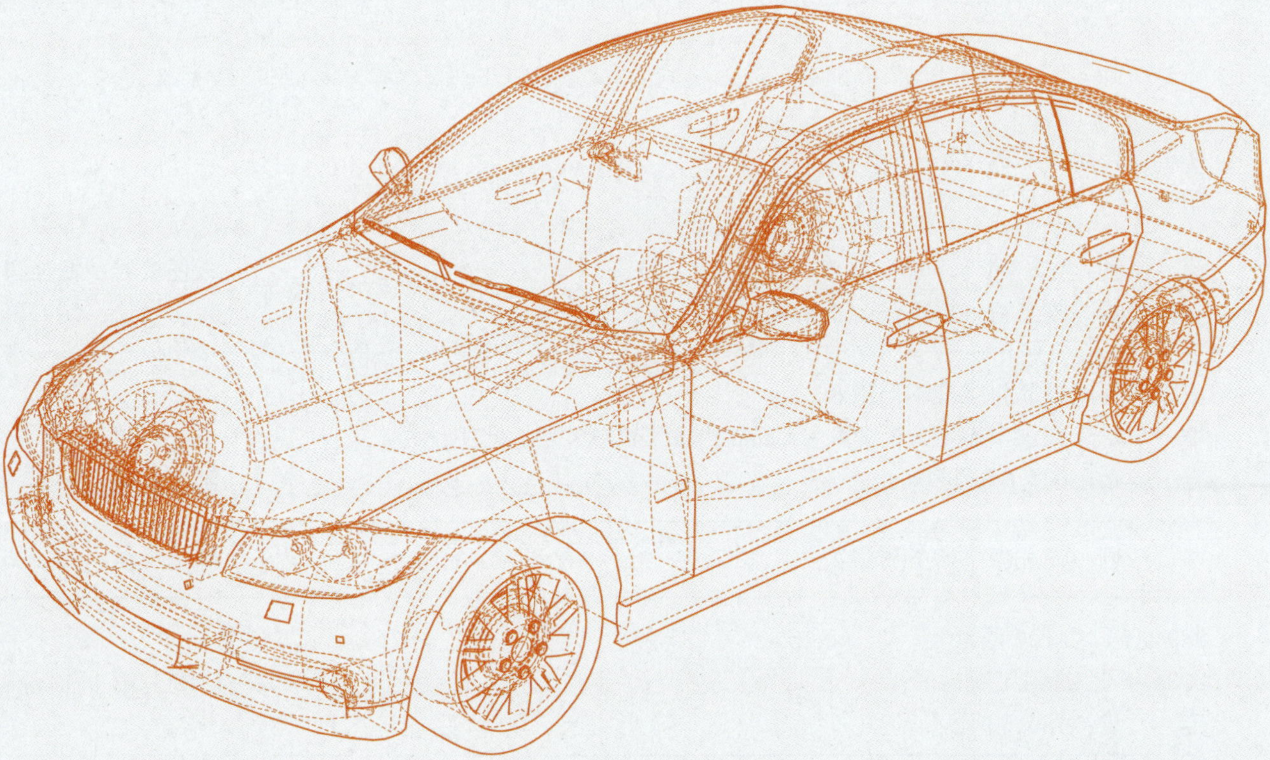

长江出版传媒
湖北科学技术出版社

图书在版编目（CIP）数据

整车设计与发动机技术 / 刘正白主编. -- 武汉 : 湖北科学技术出版社, 2024. 12. -- (未来汽车 : 理论与技术). -- ISBN 978-7-5706-3596-2

Ⅰ. U462; U464

中国国家版本馆 CIP 数据核字第 2024LA8898 号

整车设计与发动机技术
ZHENGCHE SHEJI YU FADONGJI JISHU

策　　划：张　超　　　　责任校对：童桂清
责任编辑：刘志敏　雷霈霓　王承晨　　　　封面设计：胡　博

出版发行：湖北科学技术出版社
地　　址：武汉市雄楚大街 268 号（湖北出版文化城 B 座 13—14 层）
电　　话：027-87679468　　　　邮　　编：430070

印　　刷：湖北新华印务有限公司　　　　邮　　编：430035

889 毫米 ×1194 毫米　1/16　　25.75 印张　　661 千字
2024 年 12 月第 1 版　　　　2024 年 12 月第 1 次印刷
定　　价：180.00 元

《整车设计与发动机技术》编委会

主　　编：刘正白　南方科技大学

编　　委：（按姓氏拼音排序）

陈　伟　湘潭大学
戴建生　英国伦敦国王学院
郭一鸣　湖北汽车工业学院
金耀初　德国比勒费尔德大学
李克强　清华大学
刘立东　辽宁工业大学
王　欣　英国曼彻斯特大学
王吉红　英国华威大学
王子栋　英国布鲁内尔大学
徐宏明　英国伯明翰大学
姚安仁　天津大学
姚春德　天津大学
朱国辉　湘潭大学
庄　巍　广东省科学院
左青松　湘潭大学

编写秘书：张弘源　英国曼彻斯特大学

序言 Preface

汽车是人员和货物运输的常用工具，与我们的生活紧密相关。随着环境保护意识的不断提高和政策法规的逐步完善，人们对汽车的碳排放和其他污染物排放的要求越来越高。这促进了汽车技术的飞速发展，各种高效率、低排放甚至零排放措施不断涌现，为保护自然环境、高效率开发利用能源及保障人们的身体健康开创了新篇章。

“未来汽车：理论与技术”系列丛书全面系统地总结了汽车设计的基本理论和应用技术，详细叙述了各种汽车的结构特点和工作原理，并分析了汽油车、柴油车、天然气汽车、氢燃料汽车、甲醇汽车设计的不同之处和优缺点。该丛书使用大量篇幅论述了零排放的新能源汽车开发技术，为解决能源危机开辟了新的方向。智能网联汽车的使用不但可以提高汽车驾驶的安全性、舒适性、可靠性和能效，还能为智慧城市提供理想的运输工具。

该系列丛书介绍了近年来涌现出的大量新技术、新材料和新工艺在汽车上的应用。系统优化燃烧技术可以提高燃烧效率和减少缸内污染物形成。后处理技术可以减少汽车污染物排放。新材料可以提高汽车的可靠性和轻量化。卫星导航自动驾驶已经成为智能网联汽车的核心技术。在讨论新技术的同时，该系列丛书也展望了未来汽车技术的发展方向。该系列丛书可以作为高等院校师生和汽车领域工程技术人员在汽车开发设计中的参考书。祝贺“未来汽车：理论与技术”系列丛书的出版发行。

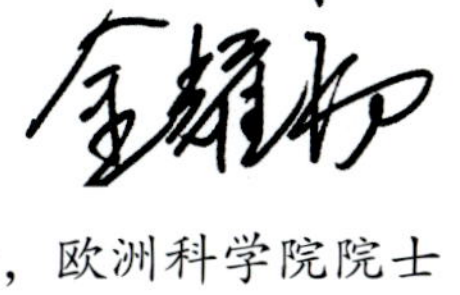

德国洪堡人工智能教授，欧洲科学院院士

前言 Foreword

随着新能源汽车和智能网联汽车的出现，百年燃油汽车发展到今天已经进入了一个变革时期，呈现一片百花齐放的欣欣向荣景象。公路运输更加高效，人们的生活更加方便，自然环境更加清洁。一个良好的自然生存环境呈现在我们面前。

在能源安全和环境保护的压力下，新能源汽车无疑是未来汽车的发展方向之一。新能源汽车发展趋势是车型轻量化、能源高效化，高端新能源车份额将逐步增加。但是，新能源汽车取代燃油汽车还有很长的路要走。因为燃油汽车也在朝着高性能、低污染的方向大步前进。

智能化和网联化的快速发展及与汽车的结合，为汽车技术的高速发展赋予了更大的能量。智能化为汽车提供了新结构、新形态和新功能，网联化为汽车提供了新价值、新内容和新生态。

本系列丛书分为三册，第一册为新能源汽车与智能网联汽车，第二册为整车设计与发动机技术，第三册为汽车总成设计。第一册分为五篇，主要内容包括新能源汽车技术、智能网联汽车技术、新能源汽车电子电气架构技术、新能源汽车材料、全球卫星导航系统在自动驾驶中的应用。第二册分为六篇，主要内容包括汽车设计与集成开发技术、汽油发动机技术、柴油机开发技术、甲醇发动机开发技术、天然气发动机开发技术、氢燃料发动机开发技术。第三册分为六篇，主要内容包括汽车后处理技术、转向系统开发技术、传动系统设计、底盘设计技术、变速箱技术、车身技术。

本书以基本理论和基本原理为主，同时也注重新知识和新技术的应用。本书可以用作高等院校师生和企业工程技术人员的参考书。

在《整车设计与发动机技术》一书中，第一篇主要由郭一鸣撰写；第二篇主要由左青松、朱国辉、陈伟、刘正白撰写；第三篇主要由左青松、朱国辉、陈伟、刘正白撰写；第四篇主要由姚安仁、姚春德撰写；第五篇主要由刘立东、刘正白撰写；第六篇主要由左青松、朱国辉、陈伟、刘正白撰写。在此，真诚感谢所有参与本书编写的专家学者！没有大家的专业精神和无私奉献，这本书就不能如期问世。

由于编者水平有限，书中若有不足之处，恳请读者原谅并批评指正。不胜感谢。

刘正白

目录 CONTENTS

第一篇　汽车设计与集成开发技术

第二篇　汽油发动机技术

第三篇　柴油机开发技术

第四篇　甲醇发动机开发技术

第五篇　天然气发动机开发技术

第六篇　氢燃料发动机开发技术

第一篇　汽车设计与集成开发技术

第一章　整车开发概述

自1886年1月29日世界上第一辆内燃机汽车诞生以来，汽车工业的发展带动了行业科学技术的进步以及人们生活品质的提高。汽车工业的规模和汽车产品的质量成为衡量一个国家技术水平的重要标志之一。因此，世界上许多国家和地区将汽车工业作为国民经济的支柱产业。随着汽车工业和科学技术的不断进步，汽车产品设计开发日臻完善，汽车的各项性能指标逐步提升，人们日益增长的生活品质要求不断得到实现。汽车设计是决定产品开发成败的关键，在汽车开发过程中起着至关重要的作用。

第一节　汽车产品设计的含义

所谓汽车设计，简单的理解是根据一款车型的多方面要求来设计汽车的外观、内饰及各总成布置与结构设计，使其在充分发挥性能的基础上艺术化。对于汽车这样一种复杂的现代化机械产品，汽车设计涉及的专业学科众多，不仅包括车身结构、制造工艺要求、空气动力学、人机工程学、工程材料学、机械制图学、声学和光学知识等工程技术，而且还包括美学，乃至管理和市场营销等社会科学。

从横向上看，汽车设计包括了对象、流程甚至理念的设计；从纵向上看，汽车设计贯穿于产品孕育直至消亡的全生命周期，涵盖了产品调研、产品规划、产品设计、产品制造、产品试验、产品销售、产品使用、产品报废与回收、产品再生利用等设计活动，也就是全生命周期设计，见图1-1。

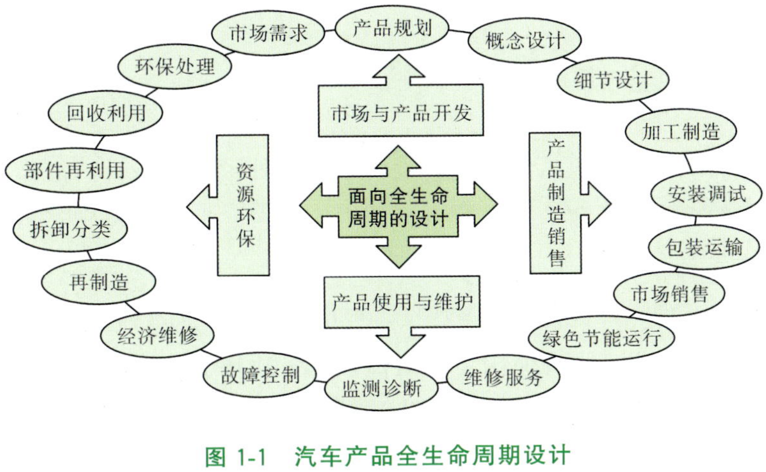

图1-1　汽车产品全生命周期设计

全生命周期设计实际上是面向全生命周期所有环节、所有方面的设计，能全面优化产品的功能和性能、生产效率、品质和质量、经济性、环保性，以及能源和资源利用率等目标，其主要观点是“三全”：全系统、全寿命、全费用。

“全系统”是将产品的全生命周期过程视为一个系统工程，在设计阶段尽可能预见产品全生命期的各个环节的问题，弄清它们之间的联系及外界的约束条件，通过综合权衡，力求系统的整体化，并在设计阶段加以解决或设计好解决的途径。

“全寿命”是面向产品的全生命周期，在设计阶段统筹把握产品从选材、制造、使用、保养、维修直到报废、回收、再利用等的全寿命过程，使其各个阶段互相衔接、相辅相成，对自然资源和环境的影响进行分析预测和优化。

“全费用”是指产品全生命周期各个阶段的全部费用，在设计阶段对产品全生命周期的所有费用、资源消耗和环境代价进行整体分析规划，并作为系统权衡的主要目标，最大限度地提高产品的整体经济性和市场竞争力。

第二节　汽车产品开发层次

汽车产品的开发主要有三个层次：整车总体设计、系统总成设计和零部件设计，见图 1-2。

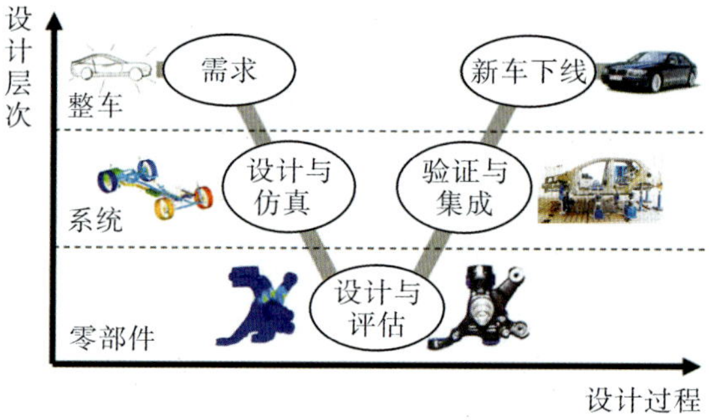

图 1-2　汽车产品开发的三个层次

一、整车总体设计层次

整车总体设计层次的主要任务包括汽车总体设计选型、外形造型设计、总布置尺寸确定、人机工程分析、各系统或总成的性能要求和主要参数选择等内容。在这个层次决定了汽车的造型特点、主要用途、基本性能、价格范围、用户阶层以及生产纲领等。

整车总体设计要考虑车型、平台、架构等特点，突出汽车“产品系列化”，其主要任务有：

（1）从技术先进性、生产合理性和使用要求出发，正确地选择整车型式及主要技术参数、各总成结构型式及参数，提出整车设想，为各部件设计提供整车参数和设计要求。

（2）对各部件进行合理布置和运动校核，使汽车不仅有足够的装载容量，而且能做到尺寸紧凑、乘坐舒适、重量轻、重心低、安全可靠、操作轻便、造型美观、视野良好、维修方便、运动协调。

（3）对汽车性能进行精确计算和控制，保证汽车主要性能指标实现。

（4）正确处理好整车与部件、部件与部件之间以及设计、使用与制造之间的矛盾，使产品符合好用、好修、好造和好看的原则，在综合指标方面赶上和超过世界水平。

二、系统总成设计层次

汽车系统总成设计层次的主要任务包括汽车各个系统或总成结构型式的选择、各种总成结构型式要满足汽车整体性能的分析计算、特殊的运动系统或总成的运动校核等内容。在这个层次决定了汽车所采用的技术是否先进、汽车总体设计是否合理、基本性能是否能保证、是否做到了产品系列化和零部件通用化，以及制造价格能否控制在较低水平。

汽车系统总成设计要考虑在多种不同车型和开发平台中实现“部件通用化”。不同车型、车型系列，甚至不同整车厂之间在车辆内部不可视区域共享标准模块，如电子部件系统、底盘系统或发动机，这样的好处有：

（1）减少汽车部件设计和检测所需的成本与时间。

（2）减少工装和设备要求，包括减少在设计、制造、运输和维护中所需的成本与时间。

（3）通过采用成熟和著名品牌的总成部件，提高汽车产品质量。

三、零部件设计层次

汽车零部件设计层次的主要任务包括汽车主要零部件结构型式的选择、零部件的受力分析、运动分析、主要参数和材料的选择、强度计算以及初步的制造工艺分析等内容。在这个层次决定了汽车各总成基本性能的保证手段，零部件的标准化程度、零部件生产的组织规模以及提高零部件质量并降低造价的途径。

汽车零部件设计层次要结合整车和总成系统的开发要求考虑“零件标准化”。虽然各个整车制造商有所差异，但一般将汽车零部件分为以下六个部分：

（1）动力系统：发动机、变速器、差速器、传动轴、冷却系统、排气系统等。

（2）底盘系统：悬架、车桥、车轮、制动系统、转向系统、踏板等。

（3）车身系统：白车身、车门、发动机罩、行李箱盖等。

（4）内饰系统：座舱、座椅、地毯、装饰件等。

（5）外饰系统：前后保险杠、前后风窗、外后视镜、门把手、车灯等。

（6）电子电气系统：传感器、控制器、电控执行机构、驾驶辅助系统、信息交互系统、信息安全系统等。

第三节　汽车产品开发原则

汽车产品开发是一项复杂的系统工程。从汽车产品的生命周期来看，汽车产品开发从客户需求出发，配以企业管理系统、产品开发系统、产品制造加工系统、零配件供应系统、销售管理系统以及售后服务系统等构成了一个相互衔接的网络，成为现代化汽车企业的基本模式，见图 1-3。

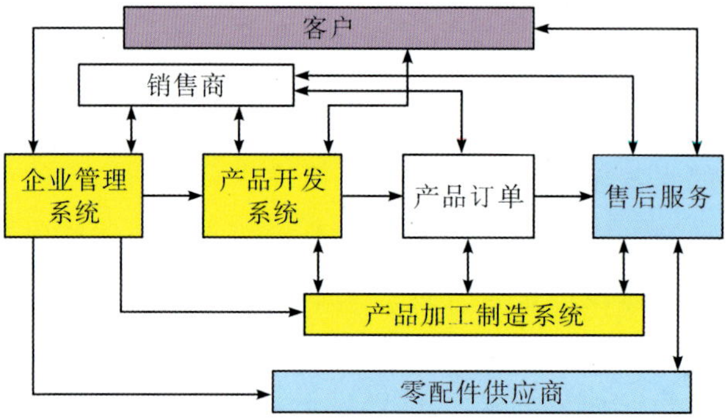

图 1-3　现代化汽车企业基本模式

汽车产品开发系统工程要遵循以下原则。

一、整体原则

汽车产品开发系统包括众多环节或子系统，虽然这些环节或子系统具有各自独立的功能，但其功能的实现都要服从于整体功能的实现。因此，汽车产品开发就要把产品开发系统作为研究对象，在产品开发中树立整体观念和全局观念。

首先，应把汽车新产品作为一个独立的整体来设计，而不是一堆任意组合的零部件；其次，在新产品开发中要处理好标准法规要求与用户需求之间的矛盾；最后要重视产品开发的每一个环节，在每一个环节都要实行目标成本控制和全面质量管理。

二、协调原则

汽车产品开发系统的各个环节或子系统之间有着相互依赖的特定关系，在产品开发过程中要协调好各环节或各子系统与整体之间的关系，使各子系统的功能服从于整体目标，以求得整体功能的优化。

在汽车设计中要善于统筹兼顾以达到协调。例如，汽车的很多使用性能之间是矛盾的，在汽车性能设计时就要根据产品开发的要求灵活取舍，有的产品要追求某一方面的突出性能但不忽视其他的性能以迎合个性化用户的需求，有的产品可能需要平衡各方面的性能以迎合大多数用户的需求。

三、优化原则

汽车产品开发系统是有明确的目的的，产品开发必须降低成本、提高质量、符合市场需求。因此，汽车产品开发应从整体优化目标出发，达到技术、质量、成本和开发周期的统一。

在新车开发时，必须把目的转化为具体的质量、时间和成本目标，也就是在正确的时机，以正确的价格，推出正确的产品，提高产品竞争力，为企业赢得市场。

四、反馈原则

汽车产品开发系统处于工业生产系统之中，要受到社会、政治、经济等因素的制约。针对这一特点，汽车企业必须自觉遵守有关的政策法规、准确预测市场需求、合理制定企业产品规划。

在新产品开发过程中，要及时获取企业产品开发系统内外的各种有效信息，特别要重视政策法规的研究、用户的信息反馈，认真研究市场需求，主动适应市场发展，不断改进产品开发。

第四节　汽车产品开发模式

汽车产品的开发模式决定着整车开发流程、开发内容、技术创新的复杂程度。按照设计内容或技术变化程度的大小，汽车产品开发模式可分为全新开发、衍生开发和改款开发。

一、全新开发

全新开发是指从零开始、白手起家，包括从整车到零部件的全新规划、设计和测试。产品的全新开发技术复杂程度最高，开发工作量最大，开发周期最长，耗费资金最多。一般来说，一款车型的生命周期平均在七年左右，因此一般每隔七年就要对车型进行全新开发。

二、衍生开发

衍生开发是指基于现有开发平台或系统构架，再设计一款新车型。产品的衍生开发与基础车型共享开发系统和零部件，以最大限度地降低开发和生产成本。一般以开发新车身为主，造型、结构及尺寸都会有变化，同时在发动机、底盘、电气方面做继承式改进。

三、改款开发

改款开发是指在技术原理没有重大变化的前提下，针对市场需要对现有产品所做的外形变化、功能扩展和技术上的改进。根据改进程度的多少，更新产品可分为大改款产品和小改款产品。

大改款产品主要是指汽车产品为满足消费者需求、适应政策法规要求以及顺应时代发展趋势等而增加配置、改善动力系统、满足排放要求、内外饰时尚改进以及为改善安全性、舒适性等方面而做出的一系列改进。

小改款产品改进内容比较少，更多的是在车内、车外肉眼可见的部件有所更新，例如只改变车身的前后部造型、内外饰件、颜色等。小改款产品所花费的时间及费用较少，一般都是在年底进行，在尽可能低的开发成本下提升对消费者的吸引力。

乘用车的开发模式可细化为不同部件不同开发代码的组合（见表 1-1）：如开发代码“666”组合就是全新开发，“555”组合就是衍生开发，“444”“333”组合就是大改款开发，“222”“111”组合就是小改款开发等；还可以得到其他不同的开发模式，如“653”“342”“134”等开发代码组合形式。汽车产品的开发模式可用于识别车型特点和开发任务，根据企业的经验和水平能大致估计总体开发周期。

表 1-1　汽车产品开发代码

开发代码	上装（Upbody）	下装（Underbody）	动力总成（Powertrain）
6	全新开发	全新开发	全新开发
5	沿用结构，新内外车身	在 Underbody 4 基础上，由于新悬架变更硬点，副车架变更	部分新的，派生开发
4	沿用内车身，新外车身	地板变更，副车架油箱不变	重大更改
3	保险杠、大灯、格栅、发动机罩	悬架部分变更	现成的动力总成安装，电控系统开发
2	保险杠、大灯、格栅	悬架调校	基于微小的变化布置变更，电控系统和性能开发
1	标识	无变化	仅仅是确认，无更改

第五节　整车集成开发

整车集成负责定义和开发整车的各种特性。与零部件工程师相比，整车集成工程师没有参与特定零部件的开发，而是评估整车特性目标，并将测试结果和技术建议反馈给零部件工程师。因此，整车集成开发引导着汽车零部件的开发过程。

整车集成开发主要包括几何集成、功能集成、系统集成、生产集成、服务集成等主要内容，具体内容如下。

一、几何集成

分配和控制车辆所有部件的可用空间，包含创建整个车辆内部空间，并将内部空间细分给各个总成部件，通过检查空间干涉和间隙来监控整车几何集成。几何集成要实现整个汽车开发过程中虚拟样车的几何连贯性，从而避免空间干涉，确保规定的功能间隙。

二、功能集成

从客户的角度出发，如操控性、车舱舒适性和被动安全性等，来验证整车功能特性。功能集成必须明确整车开发目标，并对目标进行从整车到系统到总成到零部件的逐级分解，建立开发目标与整车各功能之间的映射关系，形成各项目整车功能方面的约束性文件，最终确保各项功能的实现。

三、系统集成

以满足用户的需求为根本出发点，选择最适合用户的需求和投资规模的产品和技术，是一项综合性的系统工程。如整车电子电气系统的功能集成，包括有关产品开发、生产和服务的需求管理，系统配置与更改管理，以及开发软件的集成。系统集成必须清晰阐明顾客的需求，对需求进行有组织的收集和分析研究，在项目开展过程中不断更新客户需求的管理流程，以确保系统需求满足确切的质量标准。

四、生产集成

为整车生产及提供相关生产设备与环境而进行的车辆特性验证，以追求整车特性的实现。生产制造运行的好坏取决于两个主要因素：生产环境，包括设备功能和可用性、员工能力和过程成熟度；零件和车辆设计符合制造、装配和物流要求的程度。因此，生产集成的设计必须面向制造、面向装配以及面向物流。在整车开发中，生产集成工程师始终使用虚拟和物理模型检查车辆是否符合生产要求，某一部件组装的虚拟场景，见图 1-4。

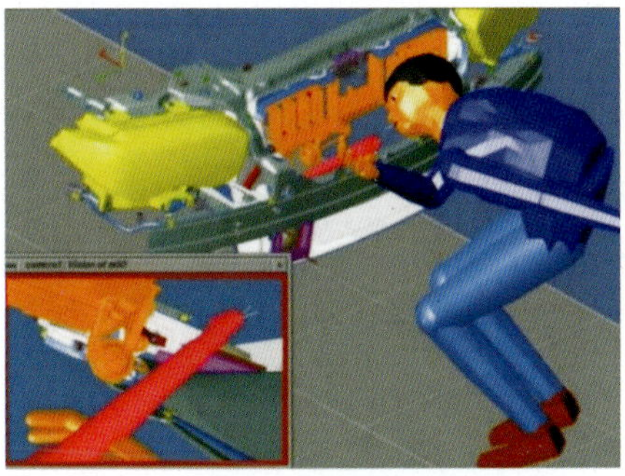

图 1-4　部件组装的虚拟场景

五、服务集成

对汽车服务有关特性的验证，如可维修和可保养性。汽车使用过程中需要多种服务，除汽车配件外，还包括汽车维修、保养、保险、检测、美容、改装、二手车交易等。伴随着汽车数字化、网联化、智能化程度的不断提高，服务集成的概念也将被赋予新的内涵，汽车服务市场的产业链将拉长，符合汽车后市场面临新挑战的发展趋势。

第二章　汽车产品开发战略

第一节　平　台　化

汽车的平台是在开发过程中用相似的底盘和车身结构，承载不同车型的开发及生产制造，生产出外形、功能不尽相同的产品，生产平台是汽车的一部分，它涉及设计、数据管理等，是由一系列产品共享的一整套资产。

一个成功且完善的平台，可以同时承载不同车型的开发及制造，生产出外形、功能都不尽相同的产品。以合理的成本来提供多样的选择，大大缩短了产品开发、更新的周期，使得在降低成本和产品多样性之间取得很好的统一。在制造方面，由于是同一平台的产品，可以大量采用通用化的零部件和总成，进而大大降低了制造成本和采购成本（不同平台之间的零部件共享率一般低于 30%）；在研发方面，一个平台上实现了技术性的突破，就等于这个平台上搭载的所有产品都实现了突破，使各项开发费用大大降低。

基于市场需求、市场竞争和技术发展的背景，世界上主流的汽车公司纷纷推出平台战略。世界上第一个轿车平台是在德国大众诞生的，而平台战略也成为大众公司一项重要的产品战略，并被许多汽车厂商所借鉴。通过平台战略的实施，大众公司整合了产品系列，平台数量已从原先的 32 个减少到：A00 级、A0 级、A 级、B 级、D 级五个底盘规格，统一了全部产品系列，在公司内部共同使用这五大平台，大大降低了各项成本，同时提高了产品的竞争力，既能满足客户多样化的需求又加快了新产品推出的速度。大众公司的部分平台车型见表 2-1。

表 2-1　大众公司部分平台车型

大众平台	一汽大众车型	上海大众车型
PQ34	宝来	无
	高尔夫	
PQ35	速腾	明锐
	开迪	途安
PQ45	无	帕萨特—领域
PQ46	迈腾	无

从20世纪90年代开始，平台战略被主流跨国汽车公司接受并大力推广，对于增强企业的竞争实力起了重要的推动作用。例如日本的本田（Honda）公司在20世纪90年代初就致力于共用平台的开发，使其在90年代的竞争中处于相对的优势地位。在开发1993年型的“雅阁”车型时，本田公司仅在一个底盘平台上就开发出了多种车型，即用于北美市场的前轮驱动型和单排双门跑车、用于日本市场的基本型和旅行车、用于欧洲市场的全轮驱动型。

平台战略的实施，有利于实现多品种、小批量的多元化产品格局，满足全球不同市场和不同目标客户的个性化需求；有利于平台部分的产量相对集中和扩大；也有利于汽车产品开发中智力资源和资本资源等资源的合理重组。

尽管平台战略在汽车企业实践方面已取得很大的进步，但共用平台也有一些不利之处：平台共用给汽车设计师带来很多约束，在汽车设计时设计师发挥的作用有限，真正能改变的是车身外形，其他改动甚少；平台战略使产品的重叠现象过于严重，多个平台来自同一平台，各个品牌的产品特性不易保持，价格定位也不好确定；共用平台缩小了各个品牌间的差别，影响了企业赖以生存发展的品牌优势。

平台化是一种生产模式，并不是所有产品都适合平台化生产。规划和设计平台比单纯开发一个产品耗费的人力物力大得多，在决定是否需要开发一个平台以支持公司的长远计划之前，要对技术、资源、市场、公司能力等各方面进行全面的分析。针对平台战略的缺陷，有的汽车企业（如宝马公司、奥迪公司以及雷诺－日产联盟等）推出了“模块化”战略。

第二节 模 块 化

所谓模块，是指由几个零部件集装在一起，在汽车装配过程中作为一个单元来对待，并不一定非要具有某种特定的功能。模块可以是一个系统，而一个系统也可以包含好几个模块。汽车座椅装配的变化可以很好地解释模块化的概念。最初座椅外套是在汽车总装厂里缝合的，而后将外套覆合在泡沫材料制成的圆形芯子上，做成软垫和座椅靠背，接着将其和座椅调角器及滑轨装配在一起，随后再加上头枕和安全导轨，最后才能将座椅装到汽车上；可如今，座椅供应商送给整车厂的已不再是座椅散件而是整个座椅，这种变化就是实现模块化的结果。雷诺－日产联盟在2013年公布的CMF（common module family）模块化平台见图2-1，其设计理念是最大灵活化，不是传统意义的一个平台，而是一个“混合体”，各模块可以根据车型不同需要进行相应改动，实现从紧凑型车到中型SUV的开发。

汽车开发采用模块化可以实现很多优点：聚零为整，可以将零散的小件集装成模块，形成由小到大的层次结构；化繁为简，实现零件组合的简化；灵活多变，实现产品的系列化；量身定做满足用户多样化的要求；可靠方便，有利于装配、使用和维修的方便。

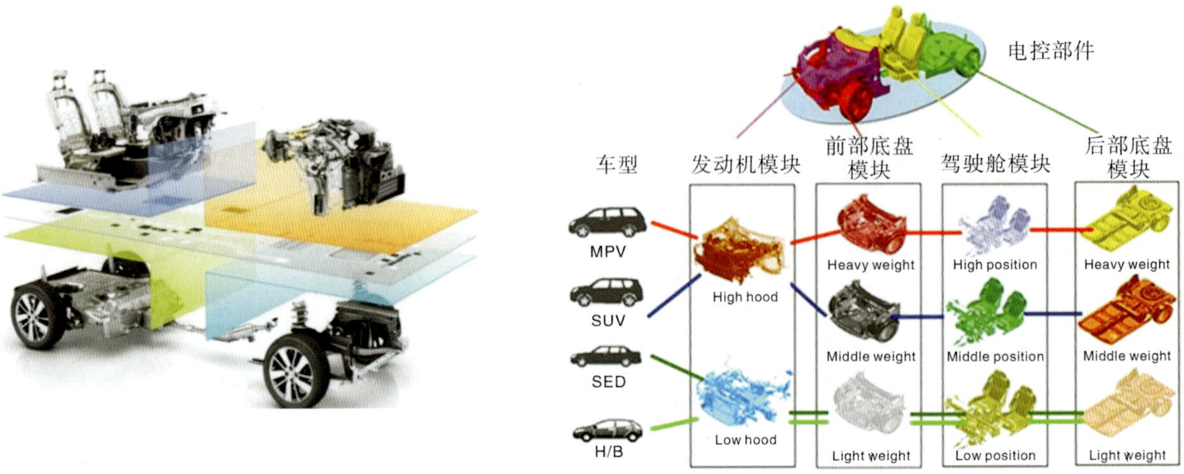

图 2-1　雷诺－日产 CMF 模块化平台

第三节　架　构　化

对于一个在市场上全方位参与竞争的汽车公司而言，开发多个平台是不可避免的。但平台数量过多同样会导致投入过大和产品技术过于复杂，所以有必要研究平台与平台之间的关系。如果两个平台的关键部分采用的是相同的工程解决方案，则称为同一架构上的两个平台。汽车整车产品、平台与架构之间的关系见图 2-2。

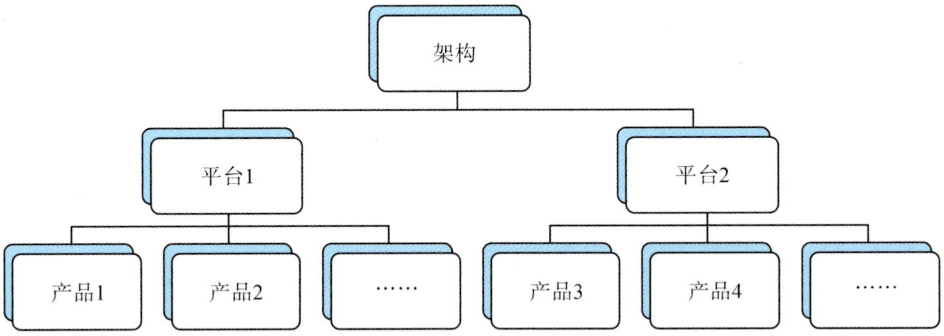

图 2-2　汽车整车产品、平台与架构之间的关系

架构战略是一种更为灵活的整车规划和研发战略，它以架构－平台－产品这样一个自上而下的树状结构承载了具有相同架构特性的所有车型研发。架构概念强调的是工程解决方法的共用，是平台概念中物理“同零件”的抽象化与升华，是更深层次的协同，是平台概念基础上的扩展和向上延伸。平台与平台、平台与架构之间的划分各公司之间也是有差异的，随着技术的进步也在演变之中。

架构战略，或者说统一架构的车型应具有这样一些特性：

（1）一组共用的零件，在保证工程方案相同的前提下尽可能最大化地实现关键零件共用。

（2）共同的功能和性能限制，共用的工程解决方案决定了架构所有车型具有一定的性能共性，并且建立起工程解决方案之“最优性”。

(3) 一组共用的界面，用以保证关键架构零件的共用性。

(4) 相同的制造体系，统一架构车型相同的制造体系确保企业整体制造规划的灵活性。

(5) 一定的尺寸带宽，用共同的工程方案解决关键尺寸在一定范围内的浮动，进一步满足用户个性化的需求。

架构战略给现代汽车开发提供了一条崭新的思路，在平台化沿用和全新开发之间架起了一座桥梁。

第一，它提供了更为广泛及灵活的产品规划方式，如果按照平台战略，由于产品的外形，布置有较大差异，SUV、MPV、轿车等车型相互之间是很难共平台开发的，架构思路的出现避免了一系列新平台各自为政的情况出现，使公司资源得到最合理的整合。由于架构战略有共同的功能及其性能的前瞻性，使得规划部门更早地着手前期规划，让人员、经验及硬件尽早到位。

第二，以比较小的代价解决了共平台策略车型缺少变化的问题，在同一架构的指导下，不同平台所衍生出的不同性能的车型给顾客提供了更为多样化的选择空间。

第三，大大节省了开发费用，在无法做到同平台的情况下，平台之间共架构的设计理念还能够大幅缩减工程开发费用、投资费用和制造费用。

第四，降低了同架构车型开发周期和风险，得到验证的工程方案可以应用于该架构中任意一款车型，产品质量的提升以及售后的反馈都将从中获益。

第五，由于同架构车型在开发时就考虑了采取一致的制造体系，对于企业的生产、物流、采购体系也提供了更大的灵活性。

第三章　整车新产品开发流程

任何产品都有一定的生命周期，汽车也不例外。因此，汽车企业要不断改进产品和开发新产品，以满足市场的要求，从而保证产品的市场竞争力和企业的可持续发展。汽车从构思到投放市场需要一个较长的时间过程，汽车产品的开发必须根据企业产品发展规划来确定，以实现社会环境、市场需求和企业实际条件的协调。

第一节　新产品开发流程

汽车的产品开发是一个循序渐进的过程，需要投入大量的人力、物力和财力。以开发一辆全新车型为例，从项目开始到最终新产品批量生产一般需要近 50 个月的时间。一辆全新车型的开发主要分为三个部分：一是要开发一辆什么样的车；二是如何设计满足要求的车；三是怎样将设计好的新车型批量制造出来。汽车产品开发的程序见图 3-1。

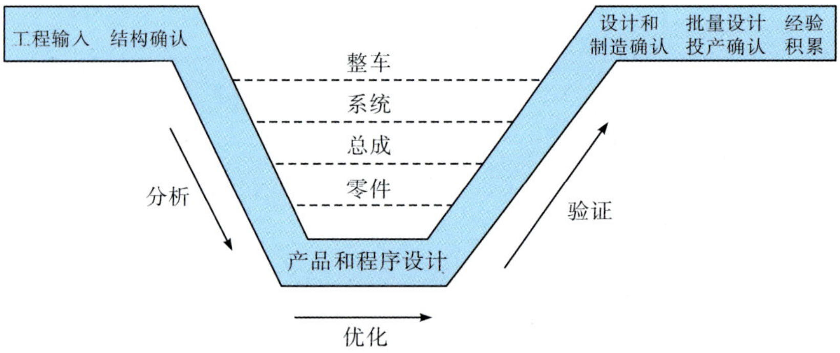

图 3-1　汽车产品开发程序

从项目开始到确定产品战略意向是汽车产品开发中的一个关键阶段，这个阶段的任务是明确要开发一辆什么样的车，根据市场动向、用户需求和产品预测，明确产品、市场、制造加工、部件配套、外形概念以及现有产品的利用等，作为整车开发的工程输入；接下来利用各种理论和测试手段，将整车技术性能指标自上而下进行细化，分解到系统、总成和各个零件，包括技术性能、尺寸、重量、成本和制造工艺等，产品开发人员对各个零件进行设计和优化，然后自下而上进行零件、总成、系统和整车性能指标的综合验证，以设计满足要求的车；最后一个阶段是把设计出来的新车高质量地批量生产出来，包括零部件订货、样车的制造、制造加工模具的确定、批量生产计划、整车装配工艺、整车性能调试及可靠性试验等。汽车产品“V 型”开发模式的典型里程碑事件（图 3-2）。

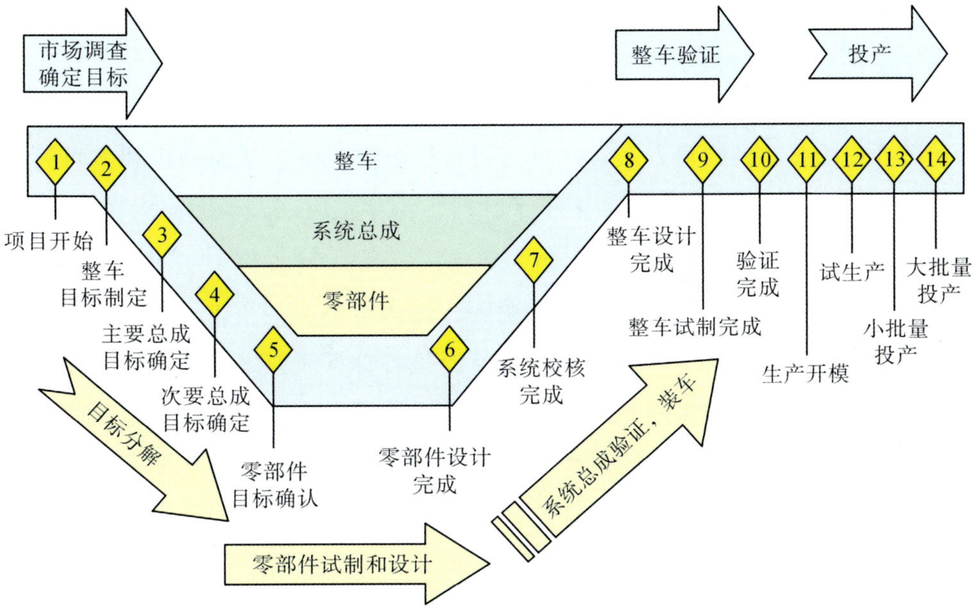

图 3-2　汽车产品“V 型”开发模式的典型里程碑事件

第二节　新车型开发阶段

汽车产品的开发是一个多部门联合协作的过程，通常分为四个阶段：概念设计阶段、工程设计阶段、试验试制阶段和生产阶段（图 3-3）。

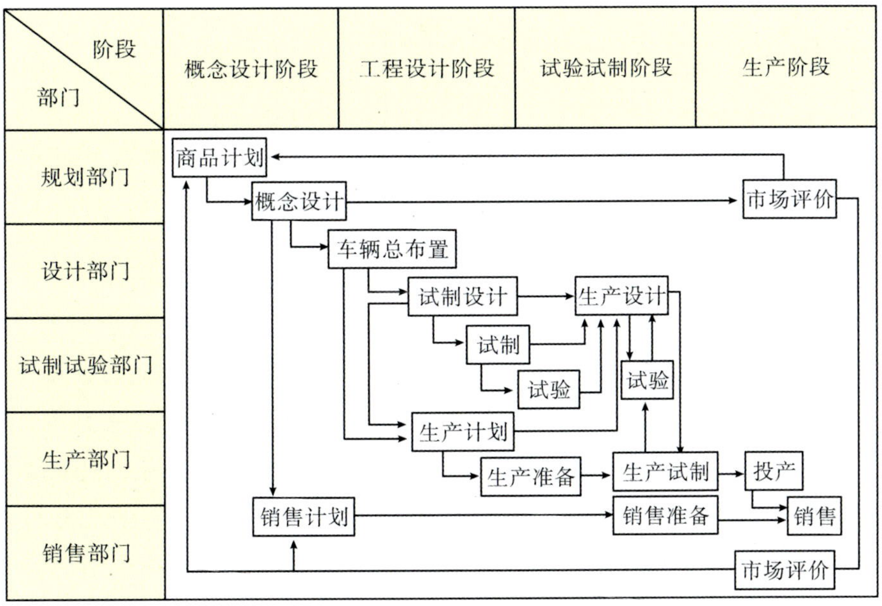

图 3-3　汽车产品开发主要过程

一、概念设计阶段

概念设计阶段要提出整车的构想方案，并对其可行性进行论证，从而确定切实可行的整车设计目标与方案。

1. 调查研究和制订产品开发目标

设计人员在产品技术设计之前要进行广泛的调查，包括市场调查、用户调查、竞争对手调查（见图 3-4）、生产调查和参考样车调查等，在对调查的情况进行分析研究之后，制订产品开发目标，包括市场目标、价格目标、性能目标和系列目标等。市场目标是指市场的区域、用户的类型以及希望占据的市场份额；价格目标是指用户能接受的价格范围、产品价格的优势、企业赢利情况等；性能目标指主要性能指标及要优先保证的顺序；系列目标应提出系列的基本框架及构成方式；在结构上应明确型式与主要结构特征；还应提出生产纲领和投产时间。

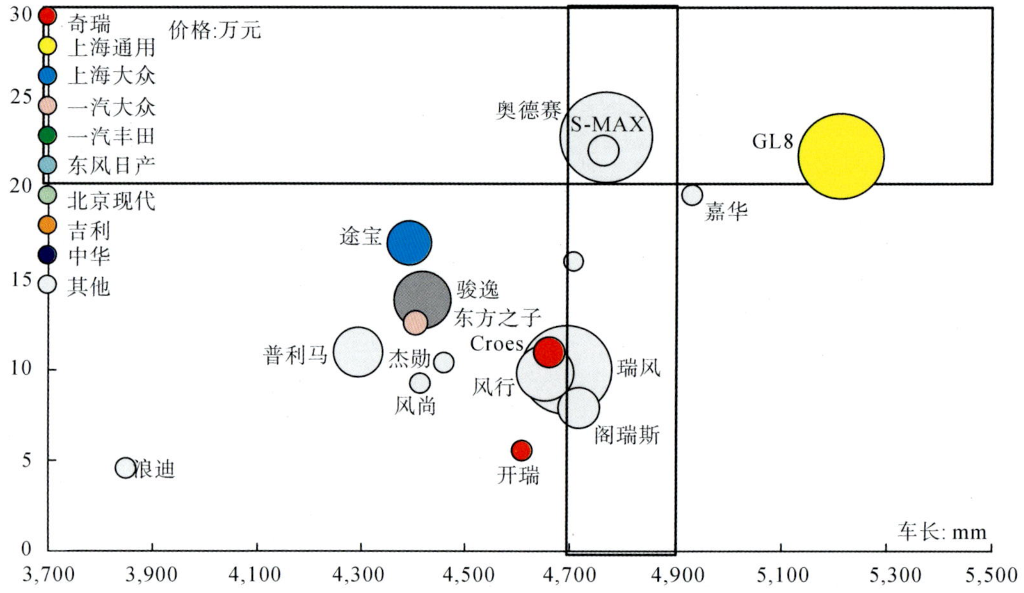

图 3-4　某新开发车型竞争对手调查（车长与价格）

2. 方案构思与论证

设计人员根据上述目标可以构思多个整车方案，并画出方案草图，然后对每个方案进行分析，发现问题、研究对策，最后从中选出 2～3 个较为合理的设计方案。与此同时，造型设计师根据总布置设计所定出的汽车尺寸和基本形状，就可勾画出汽车的具体形象。效果图又分为构思草图和彩色效果图两种。构思草图是记录造型设计师灵感的速写画（图 3-5）。彩色效果图是在构思草图的基础上绘制的较正规的绘画，需要正确的比例、透视关系和表达质感（图 3-6）。在进行对比分析之后，确定 2～3 个方案做 1∶5 的油泥模型（图 3-7）。设计人员在这一过程中要充分发挥创造性，开放思路，大胆创新。

图 3-5　汽车方案构思手绘草图

图 3-6　汽车方案构思彩色效果图

3. 模型车制作和编写设计构想书

在上述 2～3 个整车设计方案和 1∶5 模型基础上进一步分析论证，选定 1～2 个方案制作模型车（或 1∶1 模型，图 3-8）。在制作模型车的过程中，整车设计人员要进行一些连接设计，模型车在外形和主要结构特征上代表了设计思路，但在很多细节上是不完善的。在制作模型车的同时，整车设计人员要编写"设计构想书"，其主要包括：设计依据、设计目标、技术方案和技术经济分析。

图 3-7　整车 1∶5 油泥模型

图 3-8　整车 1∶1 油泥模型

4. 召开选型讨论会

上述工作完成之后，就可以召开选型讨论会（图 3-9）。会议的目的是从若干个造型方案中选择出一个合适的车型方案，以便作为技术设计的依据。参会人员主要包括造型设计师、结构设计师和工艺师等，会议主要讨论审美问题，但也涉及结构、工艺等方面。选型讨论会结束，说明选定车型的造型构思基本成熟，汽车的概念设计阶段结束。

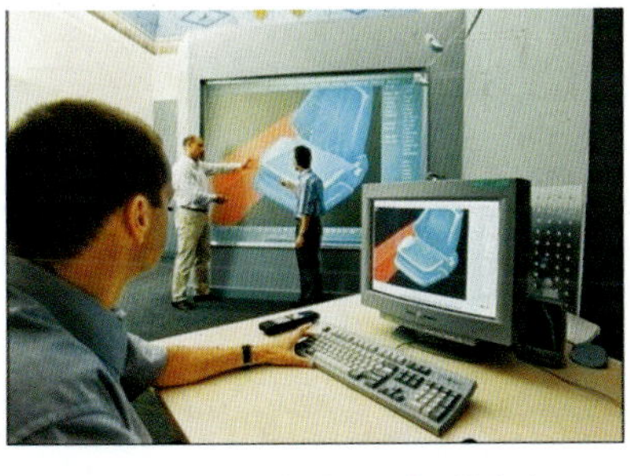

图 3-9　汽车产品选型讨论

二、工程设计阶段

1. 总布置设计

根据批准的整车设计方案，整车设计人员开始总布置设计，将汽车各个总成及其所装载的人员或货物安排在恰当的位置，以保证各总成运转相互协调、乘坐舒适和货物装卸方便。为了保证汽车各部分合理的相互关系，需要定出许多重要的控制尺寸。在这个阶段，需要绘制汽车的总布置草图，其任务是确定整车主要尺寸、质量参数与性能指标以及各总成的基本型式。即绘出发动机、底盘各总成、驾驶操作场所、乘员和货物的具体位置以及边界形状；也包括零部件的运动（如前轮转向与跳动）范围校核。在此基础上较准确地确定汽车的轴距、总长、总宽、总高、离地间隙、货台（或地板）高度等主要尺寸。经过汽车总布置设计，就可确定汽车的主要尺寸和基本形状，见图 3-10。在总布置图完成后，即可进行车身造型设计及绘制车身布置。其任务是绘制不同外形、方向、色彩的车身外形图；制作相应造型的 1∶5 整车模型；从中选优后再制作 1∶5 或 1∶1 的精确模型。

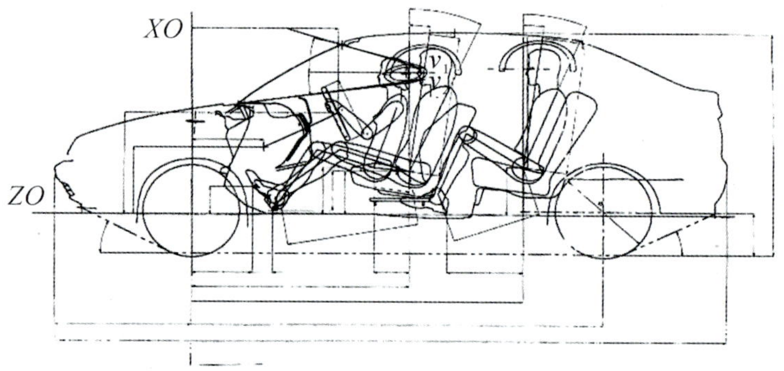

图 3-10　汽车总布置设计简图

2. 编写设计任务书

完成上述工作后即可编写设计任务书，以便对以后的设计、试验和工艺准备进行指导和提供依据。其内容包括：任务来源、设计原则和设计依据；产品的用途及使用条件；汽车型号、承载容量、布置形式及主要技术指标和参数，包括空车及满载下的整车尺寸、轴荷及性能参数，有关的可靠性指标及环保指标等；各总成及部件的结构形式和特性参数；标准化、通用化、系列化水平及变型方案，拟采用的新技术、新结构、新装备、新材料和新工艺，维修及其方便性的要求，续驶里程；生产规划、设备条件及预期制造成本和技术经济预测等。有时也加入与国内外同类型汽车技术性能的分析和对比等。有的还附有汽车总布置方案草图及车身外形方案图。

3. 技术设计

技术设计的任务是根据汽车整车性能，提出对各总成及部件的布置要求和特性参数等设计要求；协调整车与总成间、相关总成间、总成与有关部件间的布置关系和参数匹配关系，使之组成后在给定使用条件下的使用性能达到最优，并满足设计任务书的要求。技术设计的主要内容见图 3-11，具体工作包括：①绘制汽车总布置图；②根据总布置设计确定的整车参数和性能指标，提出对各总成和部件的设计要求；③对各部分运动空间和运动干涉的校核；④确定有关总成和部件支承的型式、结构参数与特性等；⑤确定各总成的质心位置，核算汽车空载和满载时轴荷分配及整车质心高度；⑥对汽车车身进行布置空间的校核，并制作 1∶1 的车身内、外模型来检查驾驶操作及上下车的方便性、视野范围、乘坐空间及舒适性等；⑦汽车总成、部件及零件选型与设计；⑧设计图纸的工艺审查及必要的修改等。

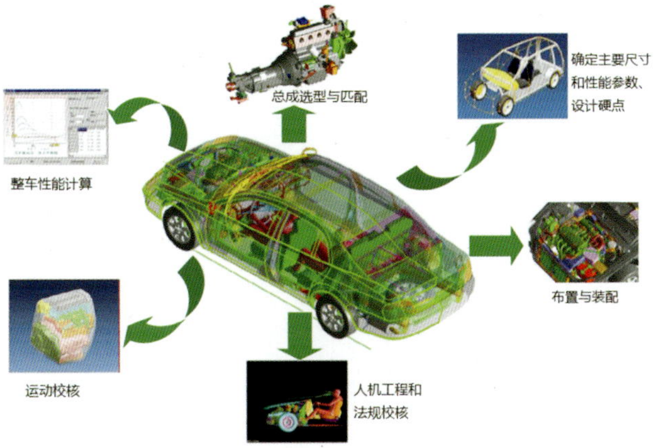

图 3-11　技术设计的主要内容

4. 进行汽车总装配并绘制总装配图

在各部件设计完成，并经过设计和工艺审查后，对汽车各零部件进行装配。其目的是通过装配，检查各零部件是否出现干涉；绘制总装配图来核算和标注汽车的外形尺寸和总布置的各项尺寸链。

三、试制试验阶段

试制试验阶段是由理论走向实践的过程，进行样机试制试验并进行小批量试制，以验证产品图样、设计文件和工艺文件、工装图样的正确性；验证产品的适用性、可靠性和安全性，并完成产品的鉴定。

1. 样机试制

样机试制是指根据设计图样、工艺文件和必要的工装设备生产零部件，进行样机组装试制。试制样机的主要目的是验证产品的结构、性能和工艺性等，考核产品图样和设计文件的质量，同时为试验提供必要的车辆，生产样机的数量应根据产品的类型和试验需要来确定。

样机试制可以及时发现设计中的问题，以便在投产前得到解决。各部件完成后应核对其是否符合控制质量，整车试装配后应核对各主要尺寸和参数是否符合设计要求。

2. 样机试验

样机试验是对汽车的设计和产品进行验证，以保证产品的结构和安全。样机试验是多方面的，应根据国家制定的有关标准逐项进行。不同车型有不同的试验标准，汽车产品典型的“三高”试验见图 3-12。

(1)　(2)　(3)

图 3-12　汽车产品“三高”试验

(1) 高温试验；(2) 高寒试验；(3) 高原试验

样机试制完成后，应在有设计人员参加的情况下，按照有关的各种标准进行整车试验，找出存在的问题，为下一轮试制作准备。一般来说从新车设计到定型投产要经过 2～3 轮的试制、试验、修改过程。

3. 小批量试制

小批量试制是在样机试制试验的基础上进行的，其主要目的是考核产品的工艺性，验证正式生产全部工艺文件及工艺装备质量，并进一步验证产品的性能、结构和经设计改进后的产品设计文件及图样的正确性和合理性，为批量生产作工艺准备。

小批量试制完成后，提交经过修改、改进并最终通过评审的设计资料、工艺文件和全部图样，最终形成完整的产品文件。

四、生产阶段

生产阶段是汽车设计过程的最后一个环节，包括定型投产和持续改进两方面的工作。

1. 定型投产

定型投产是在小批量试制的基础上进行的，是完成正式投产前的准备工作，其主要目的是进一步完善产品工艺文件，改进、改善并定型工艺装备，配置必要的生产和试验设备，确保达到正式投产的条件和具备持续稳定生产合格产品的批量生产能力。

已定型的产品要进行正式批量生产 SOP（start of production），并投放市场销售和进行售后服务工作。

2. 持续改进

持续改进是指在产品生命周期内，对产品、过程或体系进行不断改进。企业产品和服务的质量，决定着用户的满意度，影响着产品的市场竞争力。要提高用户的满意度，就必须不断进行质量改进，通过改进产品生命周期内各环节的工作，对出现的问题及时采取纠正措施，同时通过积极改进以消除隐患，提高产品竞争力，不断满足用户的要求。

第四章　汽车产品开发方法

第一节　Benchmarking

汽车研发生产是一个周期长、技术密集、资金密集，且一般大批量生产风险较高的产业。这就要求生产企业在整车设计过程中充分了解目标客户的需求、整车造型及配置趋势、整车技术发展趋势，潜在竞争车型结构特点、整车性能特点以及政策法规等多方面内容。为了降低新车型的研发成本，缩短新车型的研发周期、提供新产品的市场竞争力，各大主机厂商纷纷应用 Benchmarking 进行分析。

Benchmarking 是指将自己的产品、服务和其他业务活动过程同竞争对手或其他产业的领袖企业进行对照分析，通过学习他们的优点而改善自己的产品、服务和经营活动，以提高自身竞争力的过程。简而言之，Benchmarking 是一种超越竞争对手的方法。

一、Benchmarking 的类型

根据不同的分类原则，可将 Benchmarking 分成不同的类型：按其关注侧重点可分为产品 Benchmark、过程 Benchmark、管理 Benchmark 和战略 Benchmark；按其研究对象分为内部 Benchmark、竞争 Benchmark、功能 Benchmark 和通用 Benchmark 等。对于样车的竞品分析，需要综合运用各种类型的 Benchmarking 技术。

二、Benchmarking 的一般步骤

自 20 世纪 70 年代以来，Benchmarking 已经被国内外很多企业所采纳，并作为一种重要的分析手段。很多企业都在长期的 Benchmarking 活动中摸索和积累了丰富的经验，主要的步骤见图 4-1。

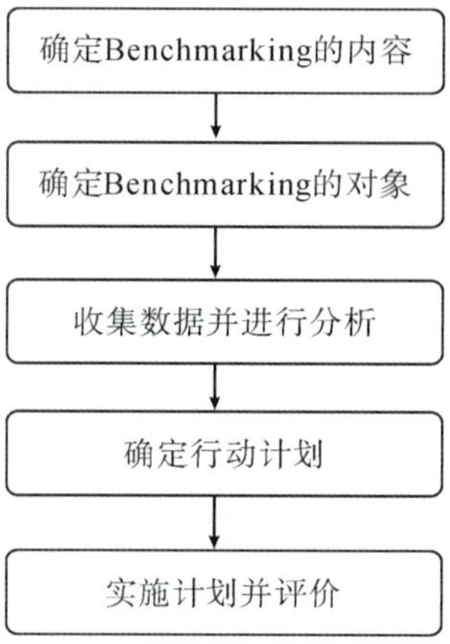

图 4-1　Benchmarking 主要步骤

三、汽车 Benchmarking 技术

通过 Benchmarking 技术，了解对比车型技术状态、参考其优缺点，可以节省设计和检测成本，对汽车制造者以低成本生产高质量车型具有重要的指导意义。

汽车 Benchmarking 分析的内容主要包括竞争对手发展规划分析、Benchmark 车辆测量及拆解分析、Benchmark 车辆制造能力分析等。汽车 Benchmarking 分析的数据主要包括整车型式、结构及尺寸参数，整车主要性能指标，各总成的结构型式、尺寸和性能，各总成与整车的关系，各总成之间的关系等。

根据实际开发需求从整车市场上挑选出目标样车，按照一定的分析流程进行 Benchmarking，从中搜集有用的数据和资料作为必须的知识点，并结合计算机的信息管理技术，可以快速建立起汽车产品开发的数据库。国内某公司的参考样车分析流程见图 4-2。

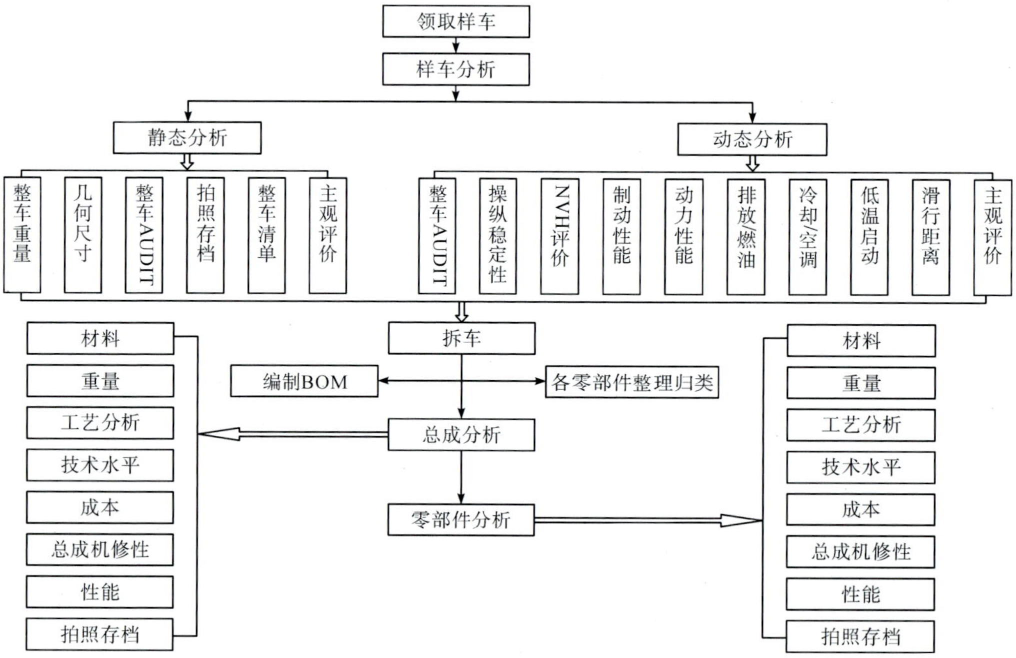

图 4-2　参考样车分析流程

汽车企业对整车的 Benchmark 主要分为以下几个步骤：提出对标要求，采购 Benchmark 车辆→Benchmark 车辆的静态测量→Benchmark 车辆的动态测量→Benchmark 车辆的拆解→总成及零部件性能、材料测试分析→数据及零部件管理→分析总结。

1. 提出对标要求，采购 Benchmark 车辆

根据汽车企业车型战略规划，对即将新开发或改款车型，由企业战略产品规划、销售、技术研发等部门根据市场竞争对标需求，讨论确认核心 Benchmark 车型，并交由采购部门采购。Benchmark 车型的确定原则是"门当户对""瞻前顾后"以及"综合兼顾"等。"门当户对"是根据整车的市场定位、品质、价格、目标用户群体等进行分类来选择，要具有可比性；"瞻前"就是尽量能够采用体现当前现有成熟技术的、现有材料的、现有工艺的产品；"顾后"就是尽量采用能够体现产品发展趋势的一些新技术、新材料、新工艺的产品，以及能够满足新的安全法规和排放法规等要求的产品；"综合兼顾"是需要综合兼顾产品的造型、车身结构、制造成本，以及与该车有关的专利等。

2. Benchmark 车辆的静态测量

在车辆静止的情况下，由各相关专业部分的对标负责人到车辆现场进行基本的物理参数测试。如：整车漆膜厚度及喷漆质量分析、整车气味性评估、内外饰用材及主观感受分析、外观间隙及其平整度分析、乘坐空间及行李箱空间分析、人机操作舒适性分析、整车外观扫描分析等。同时，还需要对整车进行拍照记录，包含整车的整体外观、车身、底盘、发动机舱、内饰、外饰等。

3. Benchmark 车辆的动态测量

在车辆运动的情况下，相关人员按照企业标准测试整车在空载、半载、满载等不同工况下各个性能指标的总体性能。测试采用主观评价和客观评价相结合的方式进行，主要包含动力性、能量经济性、操纵稳定性、制动性能、噪声、振动与声振粗糙度（noise，vibration & harshness）性能等整车性能。

4. Benchmark 车辆的拆解分析

由专业的拆解人员按照整车装配的逆顺序拆解，一件一件依次拆解。每拆解一部分，都需进行拍照、测重、观察、记录、三维扫描。同时对零部件进行标号，记录名称和拆解顺序，根据记录的信息完成整车拆解过程记录、编写 BOM（bill of material，产品物料清单），分析确定各系统匹配关系、关键零部件 3D 数据。

5. 总成及零部件性能、材料测试分析

各专业人员根据对对标车的对标要求及实际需要，对拆解的总成和零部件进行专业的测试和分析。需对关键零部件及车身关键零部件进行材料测试，建立材料信息登记，完善 BOM 表，断面图及零部件信息记录。最终输出零部件结构信息、拆解信息、布置信息、性能信息（包含重量、尺寸、材料等）、工艺信息等，用于描述同一个零部件的状态。如果是破坏性的，需要提前说明；如果在拆解过程中零部件材料数据无法获取，则需要通过进一步的测试分析。

6. 数据及零部件管理

将拆解过程中及拆解后测量分析的系统零部件信息录入数据库系统。被拆解出来的零部件通过统一规划，被放置到不同的货架上进行库存管理。

通过以上分析测量的 Benchmark 车辆的整车、零部件参数及重要结构，供自主研发车型的目标设

计及设计参考，便于在后续的设计研发过程中突出自己的优势，弥补自己的劣势，确保在外来激烈的市场竞争中处于不败之地。

第二节　数字化设计

数字化设计（digital design，DD）就是通过数字化的手段来改造传统的产品设计方法，以实现新产品设计为目标，以计算机软硬件技术为基础，以数字化信息为辅助手段，支持产品建模、分析、修改、优化以及生成设计文档的相关技术的结合。广义的数字化设计技术涵盖了以下内容：

（1）利用计算机进行产品的概念化设计、三维几何建模、虚拟装配、生成工程图及设计相关文档；

（2）利用计算机进行产品外形、结构、材质、颜色的优选及匹配，满足客户的个性化需求，实现最佳的产品设计效果；

（3）利用计算机分析产品公差、计算质量特性、计算体积和表面积、分析干涉现象等；

（4）利用计算机对产品进行有限元分析、优化设计、可靠性设计、运动学及动力学仿真验证等，以实现产品拓扑结构和性能特征的优化。

其中，前两项在产品开发中具有重要地位，它为数字化开发提供基础的产品模型，减少因重新建模而可能产生的错误。狭义的数字化设计只包含这两项，也就是计算机图形学（computer graphics，CG）和计算机辅助设计（computer aided design，CAD）所涵盖的内容。后两项的内容则属于计算机辅助工程（computer aided engineering，CAE）技术的范畴，也即数字化仿真（digital simulation，DS）技术的一部分。

汽车数字化设计本质上就是要利用计算机生产出“数字汽车”，即汽车全部采用三维数字化设计、形成全车数字产品模型，不但在几何上，而且在属性上全部采用数字化方式描述。

不难看出，汽车数字化设计技术是一个跨学科的综合性技术，它包括汽车数字化定义、仿真、可视化、虚拟现实、数据集成和优化等。主要是指在计算机平台上，通过三维 CAD/CAE 软件，建立完整的汽车数字化样车（包括汽车本身及所包括的机械系统、发动机、仪器仪表等配套产品），组成数字化样车的每个部件除了准确定义三维几何图形外，还赋有相互间的装配关系、技术关联、工艺、公差、人力资源、材料、制造资源和成本等信息，数字样车应具有从产品设计、制造到产品维护各阶段所需的所有功能，为产品和流程开发以及从产品概念设计到产品维护整个产品生命周期的信息交流和决策提供一个平台（见图 4-3）。汽车数字化设计综合应用各种先进的计算机辅助技术，如 CAD、CAE、CAM（computer aided manufacturing，计算机辅助制造）以及 DMU（digital mock-Up，电子样机）等技术，CAD 技术使三维设计和虚拟装配成为现实；CAE 技术使结构分析和运动校核可以在设计阶段完成，避免了反复试验和试制；CAM 技术使设计数据直接用于加工，大大缩短了产品的制造周期；DMU 技术通过数字化建模和信息处理来改进制造过程，提高产品质量，降低生产成本。1999 年，福特和通用宣布实现全新车型开发周期为 22 个月和 24 个月，最终目标是 12～18 个月。宝马已经可以在 3 个多月内把一款新车的生产能力提高到峰值，这在 10 年前需要 2～3 年时间。

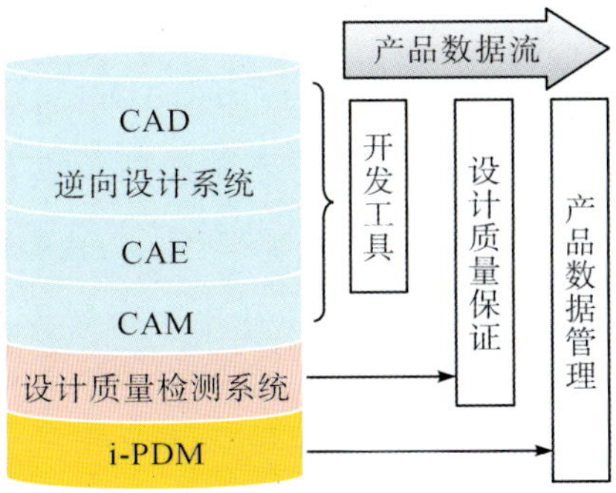

图 4-3　汽车数字化产品开发平台

一、CAD 三维数字化建模技术

CAD 技术发展自 20 世纪 50 年代以来经历了线框建模、表面建模、实体建模、参数化特征建模等阶段。基于特征的三维参数化实体建模是目前数字化设计中最常用的几何建模方法，它采用面向工程实际应用的特征设计方法，零件具备可修改性的参数化功能。

实体建模是指在计算机上采用实体模型的方式描述和构造三维几何对象的方法。实体模型的信息丰富，具备零件的实体特征，可以根据不同的观察方向通过消隐、隐藏线、虚线、着色方式显示实体，并显示逼真的色彩图形；可以利用面的信息进行数控加工编程计算；还能够满足物理性能计算，例如质量与质心计算、重心以及工程分析的需求。在产品设计中，实体建模技术符合人们对真实产品的理解和习惯。

实体建模方法在表示物体形状和几何特性方面是完整有效的，但是从工程应用和系统集成的角度看，还存在一些问题。例如，实体建模中的操作是面向几何的（点、线、面），而非工程描述（如槽、孔、凸台的构造特征）信息集成困难，因而需要有一个既适用于产品设计和工程分析又适用于制造计划的统一产品模型，满足制造过程中各环节对产品数据的需求。特征建模方法的出现弥补了实体建模的这一不足。

汽车行业常用的 CAD 软件主要有 CATIA、UG、Pro/ENGINEER 等。

CATIA（computer aided three-dimensional interaction application）是法国达索系统（dassault systems）公司开发的 CAD/CAM/CAE 集成软件系统。CATIA 主要包括：基于草图的自由曲面设计（FSK，CATIA freestyle sketch tracer）、自由曲面设计（FSS，CATIA freestyle shape）、创成式曲面设计（GSD，CATIA generative shape design）、零件设计（PDG，CATIA part design）、汽车 A 级曲面设计（ACA，CATIA automotive class A）、装配设计（ASD，CATIA assembly design）等功能模块。另外，还提供管路和电子线路设计、电子样机（DMU：Digital Mock-Up）、人机工程学分析、知识工程等专业模块。在数据接口方面，提供 IGES、STEP 等标准接口，并提供与 ANSYS、NASTRAN、ADAMS 软件的专用接口。

UG 是德国西门子自动化与驱动集团旗下机构 UGS PLM Software 的拳头产品，UG 最早起源于美国麦道飞机公司，是从二维绘图、数控加工编程、曲面造型等功能发展起来的软件。UG 功能强大，内容丰富，涵盖了设计、分析、加工、管理等各个领域，除了通用模块外，还提供了各种专用模块，如钣金设计模块、模具设计模块、管路设计模块等。

Pro/ENGINEER 是美国参数化技术（PTC）公司的 CAD/CAE/CAM/PDM 集成化的产品，第一个提出了参数化设计的概念，并且采用了单一数据库来解决特征的相关性问题。Pro/ENGINEER 使用用户熟悉的特征作为产品几何模型的构造要素，所有模块都是全相关的，能够将设计至生产全过程集成到一起，实现并行工程设计。另外，它采用模块化方式，用户可以根据自身的需要进行选择，而不必安装所有模块。

二、CAE 数字化仿真技术

仿真是指利用数学模型或者物理模型来模仿实际系统，代替实际系统来进行实验和研究。随着计算数学的成熟和计算机技术的发展，人们越来越多地通过数学模型应用计算机来进行仿真，进而形成计算机仿真技术。计算机仿真的实质是仿真过程的数字化，因此称为数字化仿真。产品的数字化仿真技术通称为 CAE，也就是计算机辅助工程，它主要对设计出的数字化产品进行性能仿真、评价和预测，并可对数字化产品进行优化设计，对提高新产品的设计质量和水平有不可替代的作用。传统设计方法是被动地重复分析产品的性能，而数字化设计技术可做到主动地设计产品的参数。借助于 CAE，相当部分的传统物理试件和试验可被数字模型与数字仿真取代，设计人员能够更快捷、更容易地判断所设计的产品功能、性能和各种指标的优劣，进行设计方案的校验、评价分析和仿真优化，甚至能够实现某些物理试验难以做到的分析评价及仿真，减少物理试验及试件的制作，从根本上改变传统设计中依赖试凑、类比和定性分析的原始做法，实现迅速、直观、准确的量化评价和预测，汽车产品 CAE 分析体系见图 4-4。

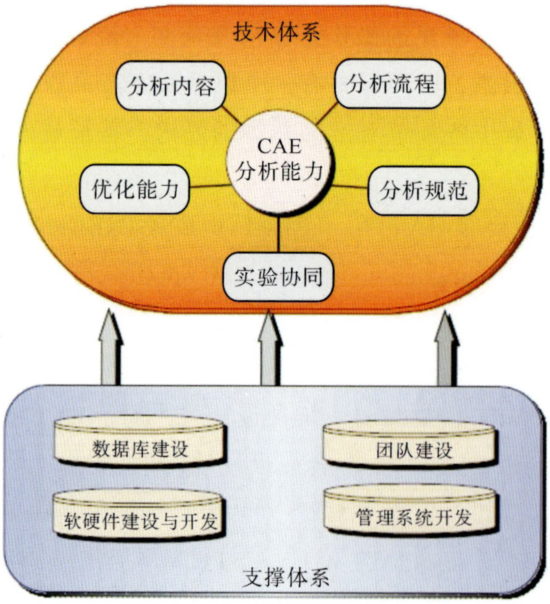

图 4-4　汽车产品 CAE 分析体系

CAE 作为一项跨学科的数值模拟分析技术，越来越受到科技界和工程界的重视，它已成为数字化设计过程中不可缺少的重要环节。许多大型的 CAE 分析软件已相当成熟并已商品化，计算机模拟分析不仅在科学研究中普遍采用，而且在工程上也已达到了实用化阶段（图 4-5）。

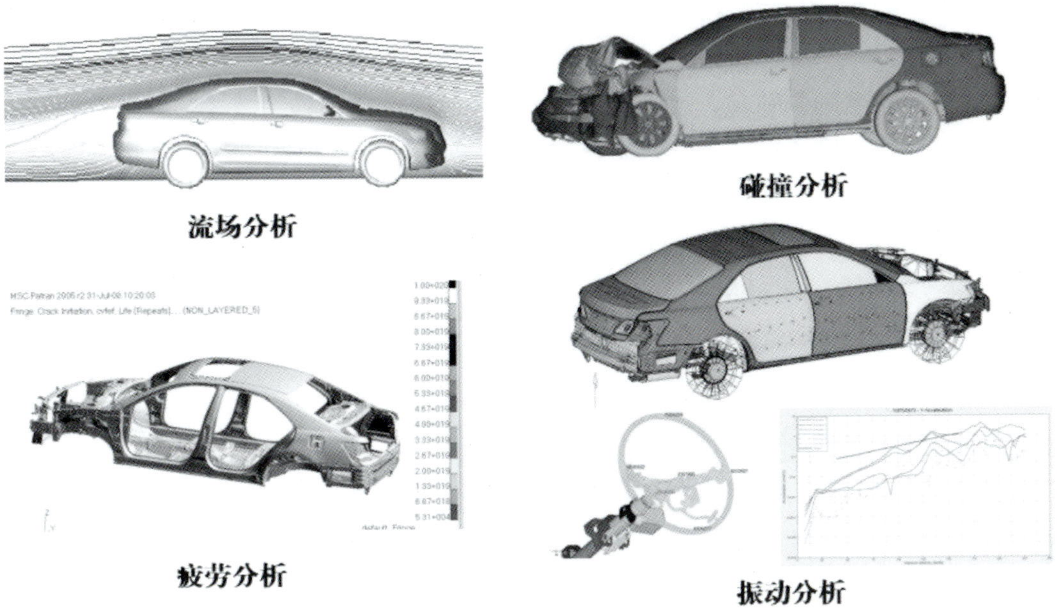

图 4-5　CAE 分析在汽车工程领域的典型应用

CAE 主要包括以下几个方面：

1. 工程数值分析

运用工程数值分析中的有限元等技术分析计算产品结构的应力、变形等物理场量，给出整个物理场量在空间与时间上的分布，实现结构的从线性、静力计算分析到非线性、动力的计算分析。

2. 结构优化设计

运用优化设计的方法在满足设计、制造、使用的约束条件下，对产品的结构、工艺参数、结构形状参数进行优化设计，使产品结构性能、工艺过程达到最优。

3. 运动学/动力学仿真

运用运动学/动力学的理论、方法，对由 CAD 实体造型设计出的机构、整机进行运动学/动力学仿真，给出机构、整机的运动轨迹、速度、加速度以及动反力的大小等。

汽车行业常用的 CAE 软件主要有 ANSYS、ABAQUS、ADAMS 等。

ANSYS 涵盖结构、热、流体、电磁、声学等领域，能与多数 CAD 软件接口，主要模块包括结构静力和动力分析、结构非线性分析等结构分析功能。此外，ANSYS 还提供流体动力学分析、电磁场分析、声场分析、压电分析以及多物理场的耦合分析，可模拟多种物理介质的相互作用，具有灵敏度分析及优化分析能力；提供金属成型过程分析、整车碰撞分析（如安全气囊分析、乘员响应分析）以及焊接过程分析等。

ABAQUS 是一套功能强大的工程模拟的有限元软件，其解决问题的范围从相对简单的线性分析到许多复杂的非线性问题。ABAQUS 包括一个丰富的、可模拟任意几何形状的单元库，并拥有各种类型的材料模型库，可以模拟金属、橡胶、高分子材料、复合材料等典型汽车工程材料的性能。作为通用的模拟工具，ABAQUS 除了能解决大量结构（应力/位移）问题，还可以模拟热传导、热电耦合分析、声学分析及压电介质分析等其他工程问题。

ADAMS 可用于预测机械系统的性能、运动范围、碰撞检测、峰值载荷以及计算有限元的输入载荷等。ADAMS 软件由核心模块、功能扩展模块、专业模块、工具箱和接口模块五类模块组成。ADAMS 系统包括三个最基本的解题程序模块：ADAMS/View（用户界面模块）、ADAMS/Solver（求解器模块）和 ADAMS/PostProcessor（后处理模块），以及 ADAMS/Controls（控制模块）、ADAMS/Flex（柔性分析模块）、ADAMS/Animation（高速动画模块）、ADAMS/Linear（系统模态分析模块）等功能扩展模块。此外，ADAMS 软件包中还有一些专用模块，如：ADAMS/Driver（驾驶员模块）、ADAMS/Tire（轮胎模块）、ADAMS/Car（轿车模块）、suspension design（悬架设计）、ADAMS/engine（发动机设计模块）、ADAMS/Exchange（图形接口模块）等。

三、汽车产品虚拟现实开发技术

虚拟现实（Virtual Reality，VR）是一种为改善人与计算机的交互方式、提高计算机可操作性的人机界面综合技术，它通过高速图形计算机、头盔显示器或其他三维视觉通道、三维位置跟踪器和立体声音响，使计算机用户能够沉浸到计算机屏幕所显示的场景中去，从而产生一种类似“幻觉”的人工三维环境——“虚拟环境”。VR 术可以帮助汽车企业完成了大量的工作，直至汽车正式推向市场。

目前，虚拟现实技术已广泛使用于汽车工业的各个领域，如汽车的虚拟造型、虚拟设计、虚拟试验、虚拟装配等，减少了物理样机的制作成本，加速产品设计流程，满足用户个性化配置和外观需求，提高市场反应能力。自 20 世纪 90 年代起宝马开始使用虚拟现实技术开发汽车，但现在宝马使用的是 Vive 及其先进的显示和跟踪技术，通过对科技的运用给公司提供了更大的灵活性，宝马员工使用虚拟现实技术开发汽车的画面见图 4-6。

图 4-6　宝马公司使用虚拟现实技术开发汽车

福特 FIVE（ford immersive vehicle environment，沉浸式车辆环境）实验室是一个虚拟汽车原型房间（图 4-7），其中有一辆汽车，一个 80 英寸的 4K 显示器和计算机平台，汽车只有一个座位和方向盘。使用者戴上 VR 眼镜和一只手套，遍布墙壁的 19 个运动跟踪摄像头会对其进行监测，以获得佩戴者头部的精确位置和方向。戴上眼镜后，用户可以加载车辆 CAD 模型，将它们置于不同的环境中，然后在汽车周围走动就好像自己身处陈列室一样。坐入测试平台后，用户可以体验汽车的内部情况，这感觉完全像是坐在一辆真正的汽车中，其细节是非凡的。用户还可以把头伸到引擎盖里检查发动机，CAD模型足够详细，包括了发动机的内部机制和车内装饰。在完成模型或其他物理原型前，福特会使用这个虚拟平台来测试CAD设计的质量、工程问题、适配和完成情况。虚拟环境实验室可以营造一种视觉效果，可以看到和真实车厢几乎一样的景象，同时可以提高质量、优化车辆设计。

图 4-7　福特公司 FIVE 实验室

第三节　同 步 开 发

一、同步开发优点

同步开发是指零部件供应商在整车项目立项之初就介入到新车型开发，融入整车配套体系，理解整车设计的需求，并与整车厂同步完成产品的概念设计、工程设计、试验验证、工艺设计、批量生产等环节，在第一时间同步推出相应产品。零部件与整车的同步开发流程见图 4-8。

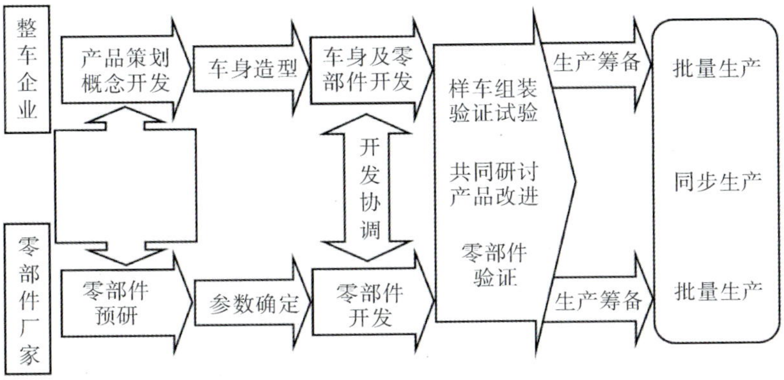

图 4-8　零部件与整车的同步开发流程

零部件与整车的同步开发具有以下优点：

1. 缩短开发时间

同步开发注重整车与零部件开发的并行性，在产品策划和概念阶段适时地发布信息，使零部件供应商在造型阶段及时参与研发，通过不同阶段的并行开展，使整个开发过程得以同步进行，显著地缩短了新车的开发周期。

2. 节省开发成本

同步开发强调了产品开发的系统性，整车企业与零部件企业分工合作、同步进行，有助于统筹各方面的资源。一方面，整车企业将零部件的研发交给零部件企业，减少了整车企业在零部件研发上的投入；而零部件企业专注于特定产品的研发，可以更有效地利用自身资源，降低后续产品的研发成本。另一方面，同步开发要求在概念阶段就综合考虑产品生命周期的各个因素，统筹零部件性能、需求、工艺、质量等各个环节，减少产品开发过程中的往复，降低产品开发成本。

3. 提高产品质量

同步开发强调产品开发各部门工作的协同与集成，整车企业与零部件企业不再是独立的部分，而是同步开发系统中的有机组成部分。整车与零部件企业的设计、制造、质量控制各个部门早期介入开发项目，减少了后期产品缺陷，提高了新开发产品的质量。

4. 提升企业竞争力

同步开发强调企业间的互信关系，零部件的同步开发必须建立在整车企业与零部件长期合作的基础上，整车厂提出功能需求，供应商完成配套零部件的开发，有助于两者的资源合理分配，提升双方竞争力。具备同步开发能力也是零部件供应商成为整车核心供应商的必要条件。

二、同步开发技术

要实现同步开发，零部件企业必须具备相应的技术基础，才能根据整车厂提出的开发任务和技术指标，同步完成零部件的设计、工艺、试制、试验、定型鉴定等开发全过程。这些技术可以概括为：

1. 自主开发知识

零部件企业要跟上整车厂的步伐，实现产品的同步开发，必须掌握这些产品自主开发的基本知识。首先，零部件企业作为专业化生产企业，对其配套产品的类型、特点、性能等必须有深刻的认识和实践经验。其次，零部件企业应了解其配件与整车其他部件之间的结构关系，以便整车厂进行总体布置及改善整车性能。最后，零部件企业应当具有不断改善所制造零部件性能和质量的能力，以不断提高整车的性能和质量。

2. 自主开发能力

同步开发要求零部件企业能够根据整车企业提出的功能要求，完成产品的设计制造。因此要求零部件企业具有相当的自主开发能力。自主开发能力包括设计、评审、制造、测试、匹配等方面的综合技术，因此需要形成综合团队实力，才能体现企业能力。自主开发能力的提升，不仅能够满足整车企业对零部件企业同步开发的要求，还是产品自主知识产权的基础。而自主知识产权的丰富，才能保证企业在核心技术方面保持领先，吸引优秀人才，进一步更好地实现产品同步开发。

第五章　汽车性能设计

随着我国汽车工业的不断发展和人们生活水平的不断提高，用户在重视动力性、经济性、可靠性等传统功能的基础上，对车辆的舒适性、操控性、精致性等更高层面的品质提出了更多的要求（图 5-1）。为更好满足市场用户需求，大部分车企通过 Benchmark 分析、项目经验积累等方式开展汽车产品性能设计工作。

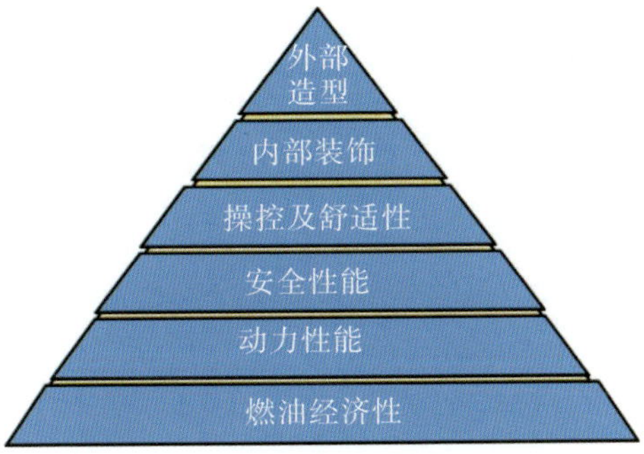

图 5-1　用户对汽车的性能需求

第一节　汽车性能概述

汽车性能是指汽车能适应各种使用条件、满足顾客使用需求及社会环境需求的能力。

一、汽车性能的分类

汽车性能指标有很多，大体上可分为静态性能和动态性能。静态性能是汽车在静止状态下所呈现的性能特征，动态性能也就是汽车在运动状态下所呈现的性能特征，各自包含的主要性能指标见图 5-2。

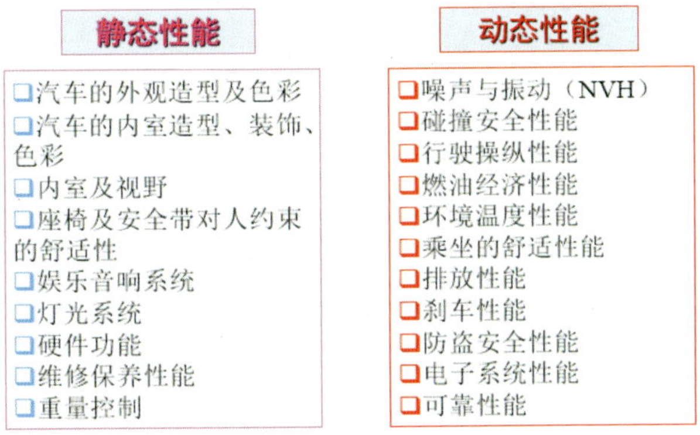

图 5-2　汽车的静态和动态性能

不同汽车产品具有各自的特点，因此不同车企对汽车性能的关注点也不尽相同，对汽车产品的分类也有所不同。如福田汽车主要关注动力性、经济性、可靠性耐久性、舒适性、环保性、排放量、EMC（electro－magnetic compatibility，电磁兼容性）、功能配置、安全性、造型色彩等（图 5-3）；奇瑞汽车主要关注安全性、耐久性、操纵性、制动性、经济性、动力性、温度场、整车重量、电器功能、人机工程、排放量、通过性等（图 5-4）。

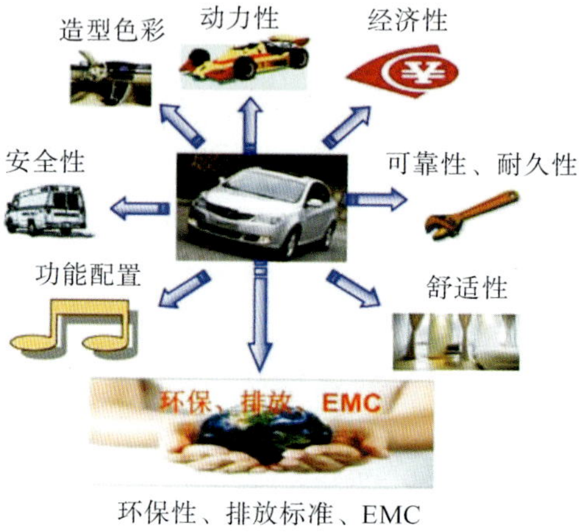

图 5-3　福田汽车重点关注的整车性能

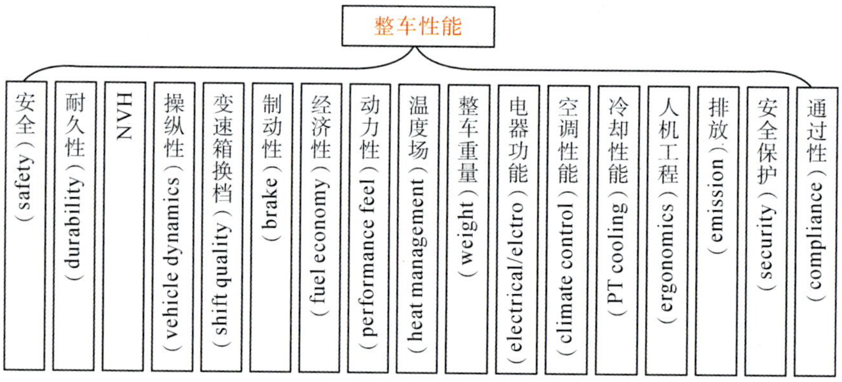

图 5-4　奇瑞汽车重点关注的整车性能

二、汽车性能的含义

汽车性能是汽车产品质量和竞争力的重要体现，是汽车结构具有的满足顾客需求的内在特性。

（1）动力性：指汽车在良好路面直线行驶时由车辆受到的纵向外力决定的、所能达到的平均行驶速度。其具体评价指标有最高车速、加速时间、爬坡能力、牵引能力、驾驶性等。

（2）燃油经济性：指汽车以最少的燃油消耗量完成单位运输工作量的能力，其评价指标有等速百公里油耗（L/100km）、循环工况油耗、续驶里程等。

（3）总布置及工效性：指汽车的总体布置、装配及维修方便性、运输、保管、通过性等相关指标。

（4）造型及颜色：指车辆内外部形状风格及色彩搭配特征，具体包括汽车的造型风格、风阻系数、颜色基调及色彩搭配等。

（5）人机工程：指使整车设计适应人体结构的要求，确保人—机系统工作的高效、舒适性，即乘坐舒适性和人机交互性。具体评价指标有车内乘坐姿态及空间、操作方便性、上下车方便性、座椅舒适性、视野等。

（6）操纵稳定性：指汽车在行驶状态下能否完全按照驾驶员的指令完成相应操作（如改变运动方向或运动速度），且当遭遇外界干扰时，汽车能抵抗干扰而保持稳定行驶的能力，具体包括转向回正、稳态回转、转向轻便、蛇形穿桩、双移线、直线行驶稳定性等。

（7）平顺性：指汽车在行驶状态下，由于路面不平而引起的座椅振动对乘员舒适性的影响程度，其具体评价包括随机输入（等效均值等）、不平路面座椅振动等。

（8）可靠性与耐久性：可靠性是指汽车在规定的条件下，在规定的时间内完成规定功能的能力；耐久性是指汽车在规定的使用和维修条件下，达到某种技术或经济指标极限时完成规定功能的能力。可靠性的评价指标包括平均首次故障里程、平均间隔故障里程、PP100（problems per 100 vehicles，每百辆车问题数）等，耐久性的评价指标包括整车及关键零部件使用寿命，如报废时间、B10 寿命等。

（9）NVH：指汽车的噪声（noise）、振动（vibration）以及声振粗糙度（harshness）三项内容，主要评价指标包括整车及系统主要零部件的 NVH 性能，如路噪、风噪、模态等。

（10）重量：指不同载荷状态（如空载、半载、满载等）下的车重，具体内容包括车重、重量分解、装载能力等。

（11）热管理：指乘员热适应性（车内空调暖风以及通风）、车辆热适应性（前舱温度场、除霜除雾、低温冷启动）等。

（12）成本：指用户购买及使用汽车所付出的费用，包括整车终端价格、车辆使用成本、直接材料成本等。

（13）精细化：指汽车内外表面视觉、触觉等质量，主要指车辆内外表面间隙/阶差、外露联结方式及外露件圆角等，也指车辆相关操作部件触摸质量等。

（14）安全性：指汽车防止或减少道路交通事故发生的能力，以及降低在交通事故中乘员及行人伤害程度的能力。汽车安全性主要包括主动安全、被动安全以及灯光和信号安全等。主动安全包括制动性能、ESP（electronic stability program，电子稳定性程序）等；被动安全包括乘员安全性、行人保护、低速碰撞等；灯光和信号安全包括灯光和信号装置的配光性能、信号强度等。

（15）环保性：指汽车对环境的影响程度，包括汽车尾气排放、回收再利用、车室内空气污染物控制及电磁兼容性（EMC）。

（16）尾气排放：指对汽车排放废气中有毒有害物质的控制、排气烟度控制、燃油蒸发物控制等。

（17）回收再利用：指报废汽车的可回收、零部件及材料可再利用的能力，包括汽车产品禁用限用物质的控制与标识、整车可回收性的识别与标识、整车回收率的指标控制等。

（18）车内空气污染物控制：指车内零部件及材料的挥发性有机物和醛酮类物质的识别与控制。

（19）电磁兼容性：指汽车的电子电器设备或系统在其电磁环境中不会因为周边的电磁环境而导致性能降低、功能丧失或损坏，也不会在周边环境中产生过量的电磁能量，以致影响周边设备的正常工作，主要内容包括电磁干扰和电磁抗扰。

第二节　汽车性能集成开发

汽车各性能之间相互制约，又彼此关联。从早期概念设计到计算机辅助工程（CAE）分析到中期样车开发，再到最终的量产验证，各性能之间的制约和关联始终存在。汽车性能集成开发就是对各项性能进行最佳目标设定，并在规定的时间、预设的成本内进行综合呈现，既不能让某一项性能过分突出而影响其他性能，又不能让各项性能平均分散，否则所开发的整车产品是不具备市场竞争力的。汽车性能集成需要开发人员对整车所有性能都非常了解，从而能够对各个性能进行协调和平衡。

一、汽车性能集成的特点

汽车性能集成贯穿于整车项目开发的全过程，具有以下特点：

（1）在项目开发的不同阶段，性能开发的重点是在动态变化的，早期关注性能目标的制定，后期关注性能指标的验证（图 5-5）。

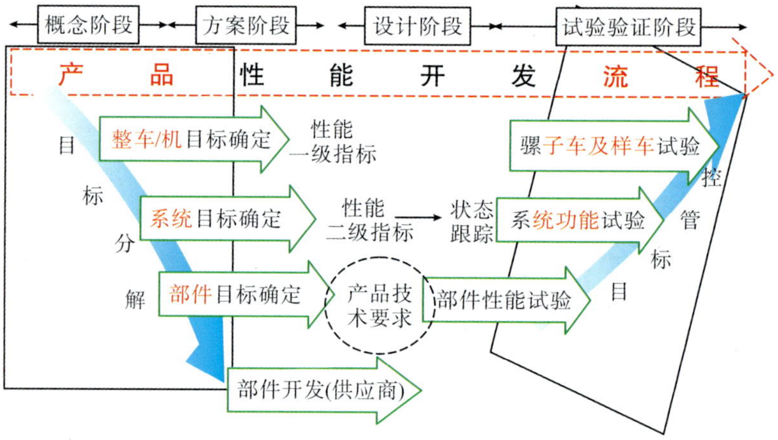

图 5-5　汽车产品性能开发流程

（2）在项目开发前期阶段出现但没有解决的小问题在此之后的阶段中可能变成大问题，因此在项目各阶段都必须确认性能设计目标的完成情况。

（3）汽车性能目标之间存在相互制约的情况（如动力性和燃油经济性、操纵稳定性和舒适性等），有些性能目标之间紧密联系、互相影响（如轻量化和安全性、安全性和 NVH 等），各性能的边界有时不能很清晰地界定。

（4）性能集成设计的影响因素众多，涉及多种学科、多种技术、多种结构、多种材料的融合，开发难度较大，设计风险也大。

二、汽车性能目标的制定

影响汽车性能目标制定和达成的因素很多，涉及面较广：一是性能目标要满足用户的使用需求，要根据车辆使用场景设计合理的使用性能；二是整车的性能目标制定要符合产品市场所在地的政策法规要求，尤其是排放、安全、噪声等性能；三是性能目标要对标竞争产品并形成自身优势，即在某些指标上要有特色和亮点，其他指标达到行业平均水平即可；四是主机厂和供应商的开发水平和能力要能实现性能目标。

一般来说，产品性能和用户满意度之间具有非线性关系，可以用 KANO 模型来表示，见图 5-6。

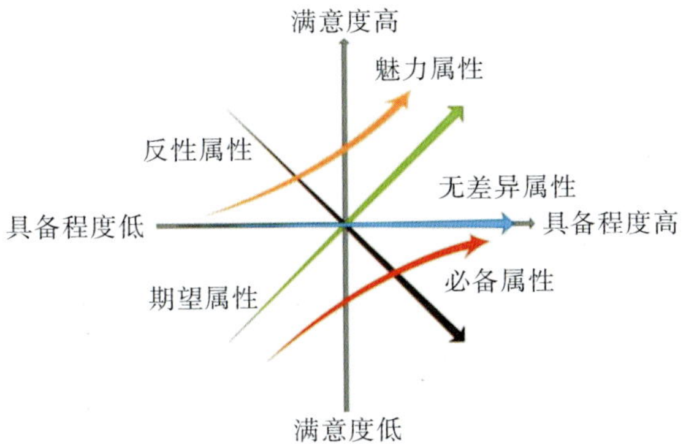

图 5-6　KANO 模型

（1）期望属性：品质越高，用户满意度越高；品质越低，则用户满意度越低。

（2）必备属性：用户购买产品默认的产品品质。该品质必须具备，具备程度越高，用户满意度就越高。

（3）魅力属性：用户愿意支付溢价来购买的品质。该品质可以不用具备，但只要具备就有用户满意度，具备程度越高，用户满意度就越高。

（4）反向属性：用户不希望购买的产品品质。该品质不希望具备，具备程度越高，反而用户满意度越低。

（5）无差异属性：用户根本不在意的产品品质。该品质无论具备或不具备，用户满意度都不会改变。

具体到汽车上，期望属性包括动力性、经济性、操控性、舒适性等；必备属性包括排放、可靠性、耐久性、安全性等；魅力属性包括 ADAS（advanced driver assistance system，高级辅助驾驶系统，如自适应巡航、自动泊车等）、HMI（human machine interface，人机交互界面，如语音交互、手势识别等）；反向属性包括异响、异味、断裂、三漏（漏水、漏油、漏气）等；无差异属性包括 ABS（antilock brake system，制动防抱死系统）、车载收音机等。

三、汽车性能的融合开发

在汽车性能集成开发中，单个零部件除了要满足功能需求外，同时也是诸多性能的载体。如何在一个或几个零部件的设计中融入更多的性能要求，以降低开发成本同时提升整车性能，是汽车性能集成开发的重要内容。如乘用车转向节就是一个典型的性能融合零件。转向节既是前桥转向的主要零件，又是连接前悬架与轮毂、制动系的关键零件，同时还是转向传动机构动力末端的重要零件，在其设计开发时就要综合考虑汽车悬架、转向、制动等各系统的性能融合。

汽车性能融合开发表面上是零部件的组合，实际上是多种学科、多种技术、多重结构、多种材料的集成，支撑该集成的是物理学原理。汽车性能的融合开发必须建立各性能开发之间的内在联系，要从物理学的视角揭示各性能与物理学参数的映射关系。例如操纵稳定性和 NVH 很多时候是矛盾的，悬架系统中螺旋弹簧、减振器、横向稳定杆、衬套等零部件的参数，从操纵稳定性的要求应该向硬的方向调整，而从 NVH 的要求则向软的方向调整，于是如何兼顾平衡操纵稳定性和 NVH 成为悬架系统性能融合开发的关键。

性能融合开发是汽车品牌竞争的制高点，是汽车产品的核心技术，对汽车产品开发人员提出了更高的要求，其深度和广度也在不断拓展和延伸。汽车性能的融合开发最终能否实现，不仅取决于产品本身的设计，也取决于相关产品研发部门的支持和配合。典型的汽车性能开发项目关联的研发部门见表 5-1。

表 5-1　典型整车性能开发项目的业务关联部门

序号	项目	业务关联部门					
		整车设计	底盘设计	动力传动设计	车身造型设计	电装设计	电控标定
1	总布置及功效性	★①	★	★	★	★	☆②
2	人机工程	★		★	★	★	☆
3	造型及颜色	★		☆	★	☆	☆
4	动力性	☆	☆	★	★	★	★
5	燃油经济性	☆	☆	★	★	★	★
6	操纵稳定性	☆	★	☆	☆	☆	
7	平顺性	☆	★	☆	☆	☆	
8	安全性	☆	★	☆	☆	☆	★
9	环保性			★		★	★
10	可靠性、耐久性	★	★	★	★	★	★
11	NVH	☆	☆	★	★	☆	
12	热适应性			★		☆	☆
13	精细化	★	☆	☆	★	★	
14	重量	★	★	★	★	★	
15	成本	★	★	★	★	★	★
16	功能/配置	☆	☆	☆	☆	★	★

注：①★表示强相关；

②☆表示弱相关。

第三节　汽车性能试验验证

为保证汽车的各项性能，汽车产品开发需要通过试验对其设计目标进行验证。汽车试验的研究内容很广，解决的问题也很复杂。在汽车的设计、制造和使用过程中，都贯穿着性能试验这条线。

一、汽车试验的分类

汽车试验的种类很多，可分别按其试验目的、试验对象以及试验方法等进行分类，如图 5-7 所示。

- 汽车试验
  - 按试验目的分
    - 质量检查试验
    - 产品定型试验
    - 科研性试验
  - 按试验对象分
    - 整车性能试验
    - 机构及总成试验
    - 零部件试验
  - 按试验方法分
    - 室外道路试验
    - 室内台架试验
    - 试车场试验

图 5-7　汽车试验的分类

（1）质量检查试验：对目前生产的车辆产品，定期进行质量检查试验，鉴定产品质量的稳定性。

（2）产品定型试验：在新车型投产前，首先按规程进行全面性能鉴定试验，同时在不同地区进行适应性和使用性试验。

（3）科研性试验：为改进现有产品或开发研制新产品，对车辆的新部件、新结构、新材料、新工艺等进行广泛深入的研究试验，试验常采用较先进的仪器设备。

（4）整车性能试验：考核整车的主要技术性能，测出各项技术性能指标以及车辆的基本参数等。

（5）机构及总成试验：考核机构和总成的工作性能以及耐久性。

（6）零部件试验：考核零部件设计和工艺的合理性，测试其刚度、强度、磨损和疲劳寿命以及材料选择是否合适等。

（7）室外道路试验：在实际使用的道路条件下遵循一定的标准对车辆进行试验，全面考核评价车辆的技术性能。汽车试验的国家标准统一规定了试验项目、试验规范，可作为制定试验大纲的依据；规定了性能参数、技术要求、允许值，可作为试验评价的指标；规定了车辆各项试验检测规范及操作方法，可作为车辆定型、合格产品出厂的检验标准等。不同国家的试验规范有可能不同，在查看某种产品的试验数据时，必须弄清楚试验所采用的规范或标准。

（8）室内台架试验：在室内台架上以较高的精度来测试车辆及部件，并能消除不需研究的某些因素的影响，转鼓试验台示意图见图 5-8。在当今的汽车开发与质量检测中，很多道路试验项目已逐渐被室内转鼓试验台试验所替代。转鼓试验台（又称底盘测功机）可使汽车在室内原地行驶，用转鼓模拟路面，汽车驱动轮放在鼓面上，再配以可调风速的供风系统提供汽车迎面行驶风，就可模拟道路试验。国际上已采用多功能、可任意组合的底盘测功系统，根据需要可逐级、逐块地组装和改装试验系统。转鼓试验台可用于动力性、燃油经济性等试验。

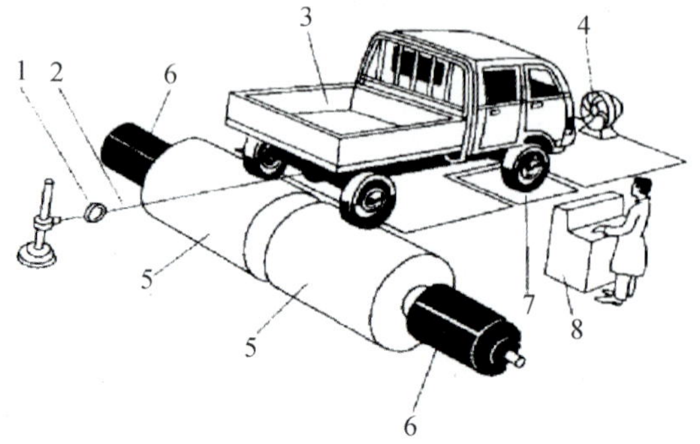

1—测力计；2—钢丝绳；3—试验汽车；4—冷却散热器的风扇；5—转鼓；6—测功机；7—台秤；8—操纵台

图 5-8　转鼓试验台示意图

（9）试车场试验：在汽车试验场里，按预先制定的试验项目、规范等，在规定的行驶条件下进行试验，可重现汽车在使用过程中遇到的各种各样的道路条件和使用条件。海南汽车试验场示意图见图5-9，汽车试验场占地面积很大，以构成各种室外道路，如高速环形跑道、高速直线跑道、耐久性试验路、比利时路、搓板路、扭曲试验路、爬坡试验路、越野路、涉水路等，还有专用于操纵稳定性试验和撞车试验的场地。另外，试验场中还包括一些室内试验设施，如整车参数测定室、风洞试验室、发动机试验室、部件试验室、轮胎试验室、材料试验室、噪声与振动试验室、环境试验室等。

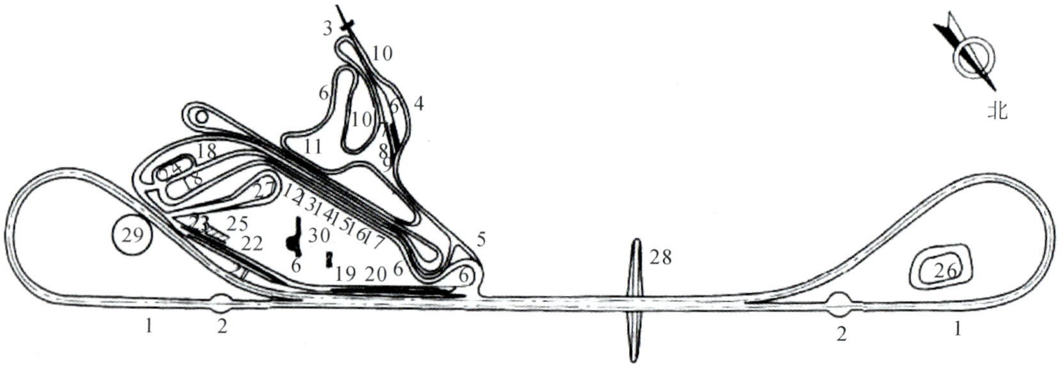

1—高速环道；2—小巡车场；3—门楼；4—沥青路；5—条石路；6—水泥路；7—甲种扭曲路；8—乙种扭曲路；9—丙种扭曲路；10—石板路；11—沙坑路；12—乙种石块路；13—丙种石块路；14—鱼鳞坑路；15—甲种搓板路；16—甲种卵石路；17—乙种卵石路；18—C级土路；19—甲种石块路；20—乙种搓板路；21—丙种石块路；22—涉水路；23—盐水路；24—灰尘路；25—供水池；26—标准坡道；27—长坡路；28—立交桥；29—操稳广场；30—指挥中心

图 5-9　海南汽车试验场示意图

二、汽车性能试验

按汽车的各种性能所进行的各项试验，称为汽车的性能试验，如动力性、燃油经济性、制动性、通过性、安全性、操纵稳定性、NVH 性能等试验。

动力性试验主要对常用的最高车速、加速时间和爬坡度三个动力性指标进行试验。最高车速试验在混凝土或沥青路面的直线路段上进行，测定汽车通过一段测试路段所能达到的最高车速；加速试验一般包括原地起步加速和超车加速两项试验内容，加速过程用五轮仪或非接触式汽车速度计来记录；

爬坡试验包括最大爬坡度和爬长坡两项试验内容，试验时应有一系列不同坡度的人造坡道。

燃油经济性试验既可在室外道路上进行，也可在室内台架上进行。在室内转鼓试验台上测量燃油经济性时，可模拟实际行驶工况，采用多种油耗测量方法，同时还可进行汽车排放试验。为模拟车辆实际行驶工况，各国都制定了多工况试验标准，如我国商用车采用的是15工况。

制动性试验主要在室外道路上进行，一般要测定冷制动及高温下汽车的制动距离、制动减速度、制动时间等参数。另外，还要测定汽车在转弯与变换车道时制动的方向稳定性、热衰退和恢复试验、浸水后制动效能衰退和恢复试验等。

安全性试验项目很多，通常耗资也大。如撞车安全试验，不少国家或厂家规定必须经过实车撞车试验，除进行正面撞车试验外，还要进行侧面撞车试验。当然，除进行实车试验外，还可进行模拟试验或撞车模拟仿真计算。

操纵稳定性试验主要在汽车试验场的专用场地上进行，试验类型较多，主要有低速行驶转向轻便性试验、蛇形行驶试验、稳态转向特性试验、瞬态横摆响应试验、汽车回正能力试验、抗侧翻能力试验、抗侧滑能力试验等。

汽车NVH性能试验主要在专用场地上进行，该场地主要有整车及零部件消声室、混响室、模态实验室以及声学风洞等。NVH试验项目较多，振动试验包括整车、白车身及零部件模态试验，振动响应测量，异响识别，隔振器刚度、隔振率测量；噪声测试包括声腔模态、车内噪声、通过噪声、进排气系统噪声、动力总成辐射噪声、壳体辐射噪声等；灵敏度测量包括声学灵敏度测量、振动灵敏度测量、声传递损失测量等。

三、汽车性能试验验证流程

汽车性能试验验证贯穿于整车项目开发的各个阶段：概念设计阶段有对标车型的试验及评价；工程设计阶段有数字样车的仿真分析、mule-car（骡车）性能测试、功能样车（function trial，FT）的各项功能性验证以及各子系统、零部件的相关性能试验；生产准备阶段有工程样车（engineering trial，ET）的耐久性与可靠性试验验证、标定以及法规认证试验；生产阶段有生产样车（production trial，PT）的品质确认等。

不同汽车企业的产品开发流程和能力不同，不同项目的产品开发策略及内容各有差异，试验验证的手段和内容也会有所差异。一般来说，在整车开发过程中，由于有些系统可以或者需要先行开发，常用Mule−car的方式先期进行试验验证，如果已有三维数据，可同时进行CAE仿真；三维数据，可同时进行CAE仿真；数字样车设计出来后，要进行FT样车开发，为验证设计是否合适进行相关试验；在FT样车试制前，反复进行CAE仿真验证并进行设计修改，直到得到最优设计方案；ET样车出来后，会进行大量多轮的性能验证试验，直到性能达到最优状态；试生产阶段则需要用PT样车进行产品最终的品质验证试验。由此可见，没有试验验证的产品开发是盲目的，会失去市场竞争力。

整车性能验证需要确定试验项目和方法，制定设计验证计划DVP。DVP全称是design verification plan，即设计验证计划。通俗地说，DVP就是试验计划书。其目的是保证产品设计符合功能需求，在将来的使用过程中满足设计要求。汽车性能验证体系是汽车企业建设正向开发体系和产品开发能力的基石，DVP则是试验验证体系的关键基础环节。DVP设计验证计划也要贯穿于整车产品开发全过程，汽车可靠性、耐久性试验验证流程见图 5-10。

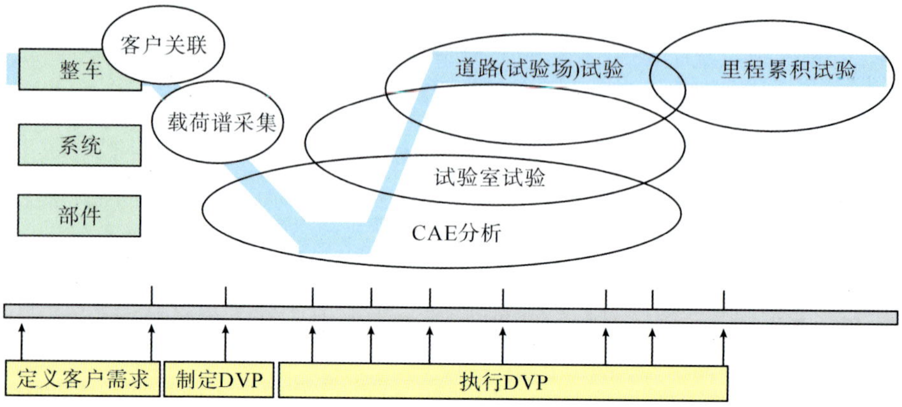

图 5-10　耐久性、可靠性试验验证流程

为降低整车性能集成不确定性的影响，在设计性能目标时由整车逐级分解为系统、部件和零件，在性能验证试验时也要逐级将考核验证分解下去。当零部件设计完成或试制出来后，逐级按自上而下的设计目标进行试验验证，在下一级验证合格后，再进行上一级验证，直到整车所有目标验证完成。

第六章　汽车产品设计评价

汽车作为一种运动机械，与其他机械产品相比，其特点是使用条件复杂、产量大、变形多，涉及的范围广泛，与能源、交通、环境、安全等多方面相关。汽车新产品开发是一个极具风险性的过程，因此设计评价是汽车产品开发过程中非常重要也非常必要的环节。

为最大限度地降低设计风险性，在产品开发的各个阶段都应该进行相应的评价。设计评价的意义是多方面的：

（1）通过设计评价，能有效保证设计质量。充分、科学的设计评价，能在众多设计方案中筛选出各方面性能都满足目标要求的最佳方案。

（2）适当的设计评价，能减少设计的盲目性，提高设计效率。在产品开发各个阶段，都进行必要的评价并做出决策，能使设计目标更为明确，避免设计走弯路，从而提高效率、降低成本。

第一节　汽车产品评价分类

在汽车产品设计中，评价是一种经常性的活动。评价的形式多种多样，不同的设计评价问题可以采用不同的评价方式。

一、按设计评价的主体分类

按汽车产品的评价主体，可分为用户评价、经销商评价以及研发工程师评价等。用户评价多考虑成本、价格、使用性能、安全性、可靠性、审美性等方面，在评价时重点关注的是功能和价格（也就是性价比）；经销商评价多考虑成本、利润、可行性、生产周期、销售前景等方面，在评价时重点关注的是成本、利润和市场销售前途；研发工程师评价多考虑社会效果、环境影响、使用性、方便性、审美价值、时代性等综合性能，在评价时重点关注的是先进性和广义的功能性（包括技术功能、使用功能、环境功能、审美功能、经济功能、社会功能等）。

二、按设计评价的结果分类

按汽车产品的评价结果，可分为定性评价和定量评价。定性评价是指对一些非计量性的评价项目，如审美性、舒适性、创新性等所进行的评价；定量评价则是指对那些可以计量的评价项目，如技术性能（可以用参数表示）、成本等所进行的评价。在实际评价中，一般都有定性评价和定量评价两种评价项目，然后再综合起来进行考虑，做出合理的判断和决策。

三、按设计评价的性质分类

按汽车产品的评价性质，可分为主观评价和客观评价。主观评价又称为感觉评价，由专业评价人员按照一定的主观评价规范，通过对被评价车辆的观察、操作感受、在典型道路试乘试驾、常规维护保养的实施，站在顾客、用户的立场，以专业评价人员的水准对整车进行评价；客观评价又称为物理量评价，由专业评价人员针对被评价车辆的类型、测评目的，按照一定的试验标准，采用相应的试验仪器，在特定的试验场地、试验道路对整车进行评价。主观评价以不同人对汽车性能的主观感受来评价，评价结果因人而异，受个人主观因素影响，不能给出“汽车性能”与“汽车结构”之间任何联系；客观评价的结果准确性取决于正确的理解试验标准、把握试验条件、组织实施试验、处理试验数据。

第二节　汽车产品认证体系

一个汽车新品要进入中国国内市场，必须经过政府部门的认证认可，获得销售资格。认证是国家依据相关标准法规对产品进行生产、销售许可的一种制度，认证是和标准紧密联系在一起的。目前中国汽车产品认证体系经过几十年的发展，在借鉴欧洲的部分认证体系的基础上，初步建立了具有中国特色的产品认证制度，已逐步走向规范和成熟，如图 6-1 所示。

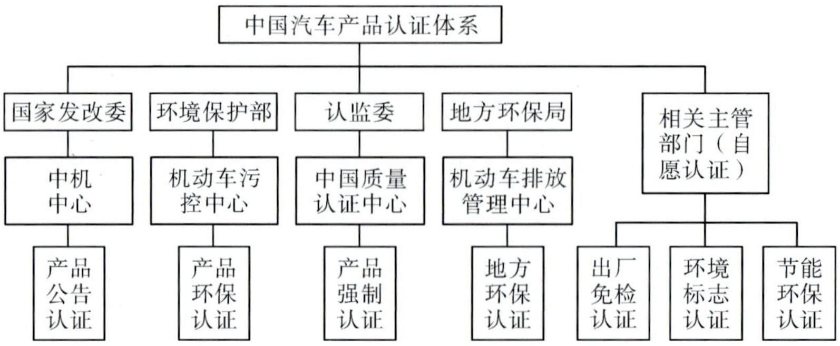

图 6-1　中国汽车产品认证体系

中国汽车产品强制认证主要包括国家发展和改革委员会主管的公告认证、国家认证认可监督管理委员会主管的强制性产品认证（CCC 认证或 3C 认证）、环境保护部主管的环保认证、北京市环境保护局等地方环保认证，汽车产品必须通过上述认证才可以在国内生产和销售。自愿认证有出厂免检认证、环境标志认证、节能环保认证等。

为了加强对汽车安全、环保、节能和防盗性能的监控，提高企业生产一致性保证能力，建立科学、高效、规范的车辆管理制度，2001 年中国发布《车辆生产企业及产品公告》，从 2003 年 1 月 1 日起将该《公告》作为公安部门车辆注册和年度监督检查的管理依据。生产企业可自行选择经国家认可的检验机构进行新产品强制性项目的检验，样车经检验合格后，由企业填写相应申报资料报国家经贸委，国家经贸委对企业上报资料进行审核，审核合格后在该《公告》上予以公布。另外对于同一型式的产品，经确认可以不再进行重复检测。该《公告》上的检测内容包括：强制性标准规定的检测项目、车辆识别代号 VIN（vehicle identification number）管理规则、正面碰撞的设计规则和可靠性试验材料等内容。

3C 认证即“中国强制认证”，英文全称为 china compulsory certification，缩写为 CCC。2001 年 12 月国家质量监督检验检疫总局发布《强制性产品认证管理规定》，规定国家对涉及人类健康和安全，动植物生命和健康，以及环境保护和公共安全的产品实行强制性认证制度。国家对强制性产品认证公布统一的《中华人民共和国实施强制性产品认证的产品目录》，确定统一适用的国家标准、技术规则和实施程序，制定和发布统一的标志，规定统一的收费标准。规定指出：“对于列入目录的产品必须经指定的认证机构认证合格、取得指定认证机构颁发的认证证书、并加施认证标志后，方可出厂销售、进口和在经营活动中使用。”3C 认证的目的是适应 WTO 要求，对进出口车辆实施统一认证管理。

《国家环保目录》是环境保护部为贯彻我国《大气污染防治法》，加强对新生产机动车执行国家机动车排放标准的监督管理力度，对达到排放标准的车型和发动机开展的型式核准工作。未经环境保护部核准公布的车型和发动机不得制造、销售、注册登记和使用。

《地方环保目录》是地方（北京、南京、广州等）为改善当地大气环境质量，减少机动车排放污染，对在当地销售的车辆按照比全国其他地区更严格的排放标准进行核准的一项措施。对没有获得当地《地方环保目录》的机动车辆不准在当地办理注册登记手续。《地方环保目录》是当时国家还在执行欧 I 排放标准阶段，而地方对环保提出更高要求的产物。

第三节　汽车产品质量评价

在现代市场化背景下，综合用户、经销商和研发工程师三方面的因素，一般认为对汽车产品设计的评价有以下四个标准：

（1）经济性标准：产品的成本、利润、竞争力、附加值和市场前景等。

（2）技术性标准：功能性、安全性、可靠性、适用性、合理性和有效性等。

（3）社会性标准：产品带来的经济效益、社会效益、环境效益、对人们身心健康的影响、生活方式的改变、能源的利用方式等。

（4）审美性标准：产品的造型风格、时代性、美学价值、个性体现等。

根据以上产品评价标准，汽车质量评价方法有很多，比较主流的评价方法有 VE 分析、AUDIT 评审、J. D. Power 调研等。

一、VE 分析

价值工程（value engineering），简称 VE，是一种以谋求最低的产品全寿命周期成本，可靠地实现用户所需的必要功能，对产品的功能成本进行有组织的系统分析的技术方法。价值工程主要从研究产品功能出发，探索如何合理利用各种资源，为用户提供物美价廉的产品。

价值工程的一般表达式为：

$$V=\frac{F}{C} \tag{6-1}$$

式中，V 表示价值系数；F 表示产品功能；C 表示全寿命周期成本，是产品从设计制造到交付使用，直到报废为止的全过程的生产费用与使用费用之和。

依据公式（6－1）可知，提高产品价值工程的主要途径有以下几种：

（1）功能不变，降低成本。

（2）成本不变，提高功能。

（3）既提高功能，又降低成本。

（4）小幅度提高成本，大幅度提高功能。

（5）小幅度降低功能，大幅度降低成本。

其中第 3 条途径是最理想的提高产品价值的方法。

价值工程 VE 在汽车企业中的应用主要分为整车和零部件两个方面。对于整车，VE 侧重点在于功能成本分析，研究功能配置，属于产品战略开发的一部分；对于零部件，VE 侧重于功能模块本身的价值优化，研究零部件的结构设计、工艺选择等影响零部件功能、质量或成本的因素，属于产品工程开发的一部分。但整车 VE 和零部件 VE 两方面的工作都有一个共同的基础，即用户需求。

整车产品对于用户的价值包括质量、品牌、功能和服务等方面的内容，其中起决定性作用的是质量和功能，最终又落实到一个个功能模块的质量和功能上。而各功能模块的性能价值比往往在零部件的设计阶段就被限定了，这就决定了汽车产品开发中开展价值工程的重心在于零部件设计开发。典型的轿车产品 VE 活动流程见图 6-2。

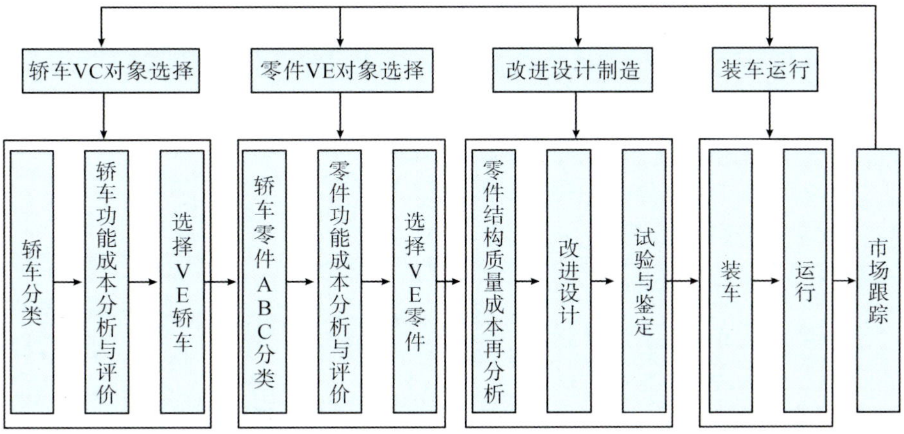

图 6-2　典型的轿车产品 VE 活动流程

从理论上说，所有汽车零部件都可以开展价值工程。但在实际应用中，汽车零部件的价值工程是分层次的。汽车制造企业主导的价值工程对象主要包括自制件和一级外购零件，二级外购零件和材料的价值工程由一级供应商主导，依次类推。

在针对各功能模块开展价值工程的同时，也不能忽视整车企业在生产设备规划、物流和销售等环节所具备的潜力。在一个规模较大的汽车企业里，针对这些环节同步开展价值工程，往往能取得很大的收益。

二、AUDIT 评审

Audit 在拉丁文中是“复查”“审核”的意思。20 世纪 70 年代，德国大众汽车公司根据“汽车市场的卖方转买方”“用户满意而不是工厂满意”“走向市场而不是走向库房”等理论提出了一整套汽车质量评审方法，也就是 AUDIT 评审，目前已成为国际上通行的一种汽车质量评定、审核的科学方法。

通俗地讲，AUDIT 评审站在用户的立场上，以用户的期望和要求，用专业的、最挑剔的眼光对已取得合格证得可供销售的汽车产品进行质量评价鉴定，得出一个质量等级，从而评价出该产品在某一时期的质量水平，同时对查处的质量缺陷要加以消除改进，使质量提高到一个新的等级，进而达到用户满意。汽车企业有效应用 AUDIT 质量评审方法，能提升自身汽车产品的市场竞争力，从而有效提高企业经济收益、促进社会经济发展。

汽车企业在使用 AUDIT 质量评审方法进行汽车质量评审时，需根据产品的质量信息反馈、质量缺陷频次、现实生产中存在的质量缺陷等信息计算产品的缺陷分值，同时参考各类标准数据和企业技术标准，以便更好地对产品进行缺陷评估。

目前，AUDIT 质量评审方法中的产品缺陷分值可分为不同的等级和对应的分值数据，每个等级和分值的评定和判定标准需根据企业自身的实际情况和国际相关标准确定，其中大多汽车企业 AUDIT 质量评审方法的类型和扣分分值如下：A 类为严重缺陷，扣分分值 70～100 分；B 类为一般缺陷，扣分分值 40～60 分；C 类为轻缺陷，扣分分值 20～30 分；D 类为微缺陷，扣分分值为 10 分，具体缺陷类型见表 6-1。

表 6-1　AUDIT 质量评审产品缺陷类型

<table>
<tr><th>缺陷类型</th><th>扣分分值</th><th>缺陷评价</th><th>顾客反馈</th><th colspan="3">缺陷识别难易程度</th><th>追溯/排查</th><th>批量整改措施</th></tr>
<tr><td rowspan="3">A 类缺陷</td><td>90～100</td><td>用户不可接受的缺陷。这种缺陷会引起安全方面的投诉或包含安全隐患，会造成严重的功能故障</td><td>零件或车辆不可使用</td><td rowspan="3">所有顾客均认为是缺陷</td><td rowspan="6">一般顾客认为是缺陷</td><td rowspan="9">挑剔的顾客和受过培训的审核员考虑到内部质量标准的情况下认为是缺陷</td><td rowspan="6">缺陷需排除，确认没有存在该缺陷的车辆到顾客手里</td><td rowspan="6">从根源上采取措施，杜绝缺陷再次出现</td></tr>
<tr><td>80</td><td rowspan="2">不符合法规项缺陷。这种缺陷让人不能容忍或过分担心的缺陷，会造成车辆无法使用或功能项失效</td><td rowspan="2">零件或车辆必须进行返修</td></tr>
<tr><td>70</td></tr>
<tr><td rowspan="3">B 类缺陷</td><td>60</td><td rowspan="3">令人不愉快的缺陷，通常会遭到一般用户投诉，肯定会引起抱怨，通常会强烈要求返工</td><td rowspan="3">零件或车辆必须进行返修</td><td rowspan="6">/</td></tr>
<tr><td>50</td></tr>
<tr><td>40</td></tr>
<tr><td rowspan="2">C 类缺陷</td><td>30</td><td rowspan="2">需要进行改进的缺陷，这种缺陷会引起要求高的或挑剔用户抱怨</td><td rowspan="2">顾客希望缺陷改进</td><td rowspan="3">/</td><td rowspan="3">/</td><td rowspan="2">当缺陷频繁出现时，采取整改措施</td></tr>
<tr><td>20</td></tr>
<tr><td>D 类缺陷</td><td>10</td><td>细微缺陷，可能会被专业用户发现的缺陷</td><td>顾客挑剔产品的质量缺陷</td><td>注意避免情况恶化</td></tr>
</table>

AUDIT 质量评审采用扣分制，缺陷等级越高，扣分越多。AUDIT 评审方法中的缺陷分值是合格产品在评审中允许发生的质量缺陷分值之和，评审时合格产品的缺陷分值越低，产品的质量就越好。不同企业的产品缺陷分值也不尽相同。

在开展 AUDIT 质量评审时，需按照相应步骤执行并记录，才能获得准确的产品评审数据，AUDIT 评审操作以产品评审基准书为依据，记录评审中所得的数据，以便做最后总结计算。AUDIT 质量评审步骤见图 6-3。

AUDIT 质量评审的第一步需在合格的产品中进行样品抽取，所抽取的合格产品必须符合“所有生产工序完成、检验人员检测合格、检验部门确认合格”的条件。确认样品的外观完好后，将样品放置于光照充足和不受外界影响的特定场地，采取看、听、摸、试、测等方法进行检查评审并且做好详细记录，检查评审时样品无须进行任何修复且保持原本状态，样品在进行评审时应按照从静态到动态、从里到外、从性能检查到外观检查的基本原则进行。AUDIT 质量评审得出结果后，需对评审中出现的质量缺陷进行立项分析和管理，分析产品产生质量缺陷的原因并且制定相应的改善措施。

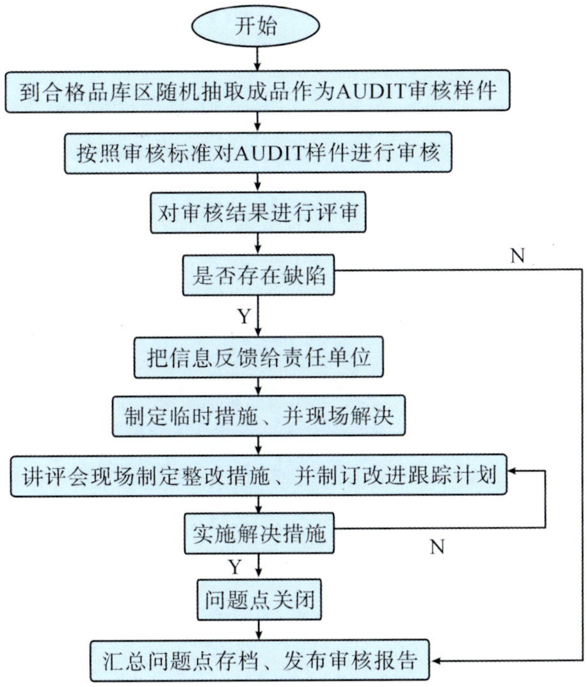

图 6-3　AUDIT 质量评审步骤

三、J. D. Power 调研

J. D. Power 是一家全世界最大最权威的第三方汽车调研机构，专业从事用户满意度调研并提供培训与咨询服务的国际市场信息公司。1968 年始创于美国洛杉矶西湖村，2000 年开始在中国开展给予消费者的汽车行业调查。作为一个中立的第三方，J. D. Power 的调研信息提供了清楚和客观的信息，从而使得知识型的思考和决策过程成为可能。每一种情况都从局外人的角度进行了分析，并跟汽车工业内其他制造商的表现进行比较。

J. D. Power 通过面对面采访或调查问卷的形式将收集到的消费者反馈加以统计、研究，最后以得分和排名的方式将报告呈现给消费者。J. D. Power 在全球市场提供数十种报告，在中国针对汽车行业开展数十种研究，大体包括三大类：

(1) 汽车产品类：包括新车质量研究（initial quality study，IQS)、汽车性能运行和设计研究（automotive performance execution and layout，APEAL)、车辆可靠性研究（vehicle dependability study，VDS)、新能源汽车体验研究（NEVXI)、新车轮胎满意度研究（NV－TSI）等。

(2) 客户体验类：包括销售满意度研究（sales satisfaction index，SSI)、售后服务满意度研究（customer service index，CSI)、经销商满意度研究（DAS）等。

(3) 媒体和营销类：包括新车购买意向研究（NVIS）和汽车用户媒体研究（AMS）等。

其中，IQS 和 APEAL 调研使用的采样计划是设计用来检验车型层次的市场情况。样本范围包括了拥车期在 2 到 6 个月间的新的个人用途的乘用车和轻型卡车，受访对象则是私用车的车主/主要使用者，受访者通过在街头和其他公共场所（如加油站、购物中心和停车场等）拦截进行募集。

新车质量研究 IQS 是 J. D. Power 在全球和中国的旗舰行业联合研究之一。该研究将新车质量问题明确划分为两大类：设计不良和故障/无法操作，具体诊断问题包括 9 个类别（车身外观、车身内装、驾驶体验、配置/操控/仪表板、信息娱乐系统、空调、座椅、动力总成和驾驶辅助）的 218 个问题点。IQS 重点考察新车出错的方面，新车质量以平均每百辆车问题数（PP100）表达。PP100 分值越低，表明问题数越少，质量也越好。如图 6-4 所示为 2022 年中国新车质量研究 IQS 豪华车品牌排名。

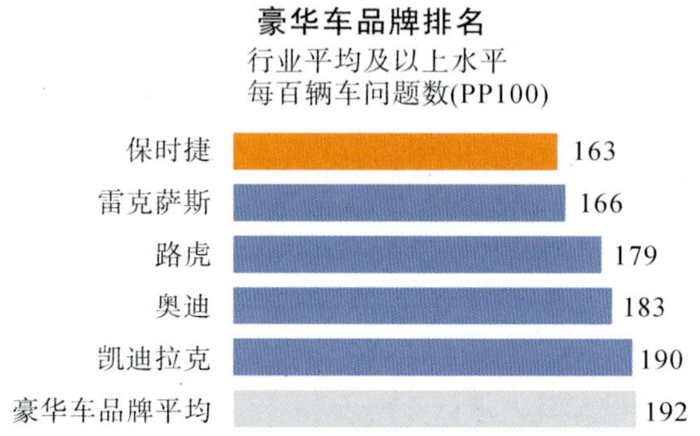

图 6-4　2022 年中国新车质量研究 IQS 豪华车品牌排名

汽车性能、运行和设计研究 APEAL 研究评估车主对新车的喜爱程度，同时指出了车辆所未能提供的车主所期待的兴奋体验，是能够衡量产品魅力的指数。该研究围绕新车的各个方面来衡量车主对汽车产品魅力的感受与满意程度，涉及 10 个车辆表现类别（外观造型、设置和启动、上/下车、车身内装、车辆性能、驾驶感受、安全感、车载信息娱乐系统、驾乘舒适性以及燃油经济性）的 37 个要素。APEAL 重点考察新车出错的方面，每项问题都是用 10 分制衡量（1 代表不能接受、5 代表平均、10 代表非常好）。APEAL 满分是 1000 分，指数分值越高，表现越佳。2022 年中国汽车产品魅力指数研究 APEAL 豪华车品牌排名见图 6-5。

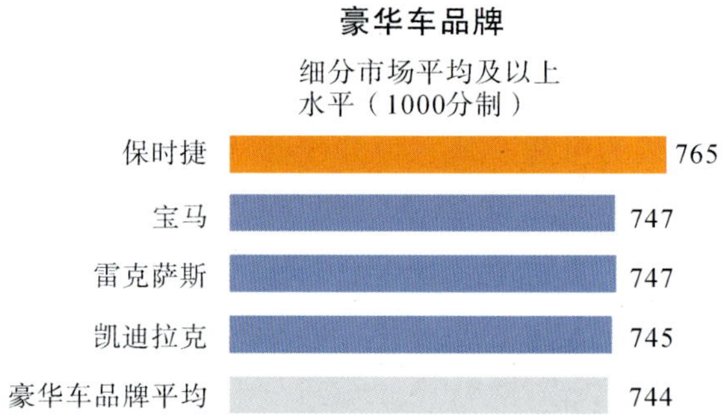

图 6-5　2022 年中国汽车产品魅力指数研究 APEAL 豪华车品牌排名

J. D. Power 在进行 IQS 和 APEAL 调研时根据车身类型、价格、发动机排量、车身大小和相互购车行为将所有车型分为大细分市场和小细分市场，IQS 和 APEAL 的评价是一般在小细分市场内进行。大细分市场有小型车、中型车、豪华型车、SUV、MPV 等；小细分市场有紧凑型车、高档紧凑型车、入门中型车、中型车、高档中型车、入门豪华型车、豪华型车、越野车、MPV 等。

随着智能化时代到来以及汽车市场竞争加剧，汽车厂商不断推出改款车型和新车型以应对持续变化的消费者偏好和需求。如何使新上市车型具有较大的产品魅力以便带来更好的市场表现，给汽车企业的新产品开发带来了新的挑战。整车质量的提升绝非一朝一夕，从产品设计之初，到质量管理体系的落实，生产工艺的优化，以及供应链上下游的协作，每一个环节都需要精益求精，才能实现最终的品质提升。对于汽车厂家而言，提升新车质量，亟需在产品研发和设计阶段下功夫。

第七章　汽车产品设计趋势

随着互联网、通信以及智能等技术的快速发展和应用，汽车产业正在经历着前所未有的大变化。与此同时，汽车产业迎来了用户消费需求的升级，又对产品开发和技术应用起到了促进作用，从而带来了汽车产品设计的创新。

第一节　汽车产业的发展趋势

技术发展与产业需求的双向促进，最终引发汽车产业的全面重构，主要体现在以下四个重大改变：

一是汽车消费不断升级。以前的汽车只是一个代步工具，现在的汽车不仅仅是代步工具，更是一个“大玩具”，品牌高端化、产品高端化和产品个性化均已成为非常明显的发展趋势，因此汽车企业必须为用户提供更好的产品和服务。

二是汽车产品快速迭代。消费者需求的日益提高，新技术应用的需求也与日增长。很多智能化辅助驾驶技术（如自适应巡航 ACC、自动泊车 APS 等）都已经实现量产，并且为广大消费者所接受。同时一些新技术在汽车产品上的应用成本还在进一步降低，这些新技术得到快速普及与迭代优化。

三是汽车产业由硬件主导向软件主导转型。汽车产品早已不再是传统的机械产品，而是集机械、电子、信息控制等多学科、多技术为一体的高科技产品。未来的汽车将是以软件为主的机电产品，软件在整车上所占的比重会越来越大，从而使汽车的属性发生根本改变，汽车产业的格局也会随之而变。

四是汽车产业向后端服务市场拓展。汽车品牌要赢得消费者的关注和信任，必须强调关爱用户、让用户得到暖心的服务。因此，汽车产业必须由单纯的“制造”向“制造＋服务”延伸（见图 7-1）。也就是说，既要把产品设计好、制造好，还要把服务做全、做好，两方面必须有效融合，才能为用户提供最佳的产品体验，创造品牌价值。

伴随着四大转变，汽车行业的发展将围绕着汽车“新四化”，即电动化、智能化、网联化、共享化而展开。其中，电动化指的是新能源动力系统领域；智能化指的是智能驾驶或者驾驶辅助相关系统；网联化指的是万物互联、车联网布局；共享化指的是新的出行模式，包括汽车共享与移动出行。从未来汽车技术和应用发展趋势来看，电动化是基础，网联化是条件，智能化是关键，而共享化是趋势；四化之间相互影响、相互关联，具有协同效应。

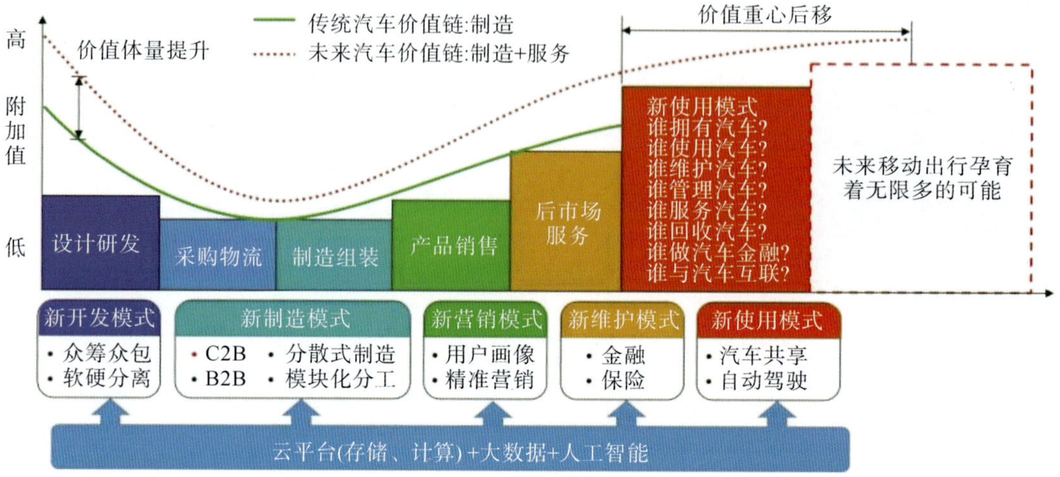

图 7-1　汽车产业变革带来的产业价值链变化

第二节　汽车产品设计的创新

汽车“新四化”给汽车产业开辟了新的赛道，创造了新的价值空间，由此带来的汽车产品设计也在发生巨变。

过去的汽车产品开发通常按照三个“一代”（即生产一代、研发一代、储备一代）的方式滚动进行，这是一种基于全生命周期管理理念构建的产品设计模式。而随着汽车“新四化”的到来，汽车产品出现了新的内涵，原来描述汽车产品的指标就不大合适了，或者说很难再用原有的指标体系来描述新出现的汽车产品。比如，十几年前汽车有一项指标“信息与通信”，当时只是汽车仪表上的一种简单功能；后来这个功能越来越重要，就开始出现“信息和移动互联性”的概念；而近年来，汽车的这一功能指标又出现新概念“AI 和数字化体验”。类似的这种新指标体现了汽车产品设计创新的新内涵，而汽车“新四化”在很多维度上都给汽车产品带来了类似的新变化，由此也带来汽车产品设计的必然创新。

一、汽车概念的创新

汽车概念的创新是汽车产品设计创新的最高形式，往往融入十分强烈的超前意识。概念的创新设计是对未来人们生活需求的构想，能改变人们的价值观念和生活方式，代表了汽车产业的发展方向和基本思路。

可以预见的是，汽车正从传统交通工具转变为储能单元、大型移动智能终端和数据空间，成为人们生活的“第三空间”。第三空间是指除居住空间（第一空间）、工作空间（第二空间）之外的社会空间，其最主要的功能是方便人们在宽松、舒适的环境中释放自我。汽车“第三空间”这个概念的转变将对汽车消费者，特别是消费主力军（80 后、90 后群体）凸显出巨大的吸引力，这也将创造更多、更大的市场需求，对汽车产品设计也提出了更多、更高的要求。

二、汽车造型的创新

造型设计承载着汽车的文化内涵，是汽车风格特征和品牌形象的载体。造型创新是汽车设计创新最重要的途径之一。汽车造型的创新设计中最广泛采用的方法是仿生设计。仿生设计是设计工程师在对生物认知的基础上，运用联想、想象、移植等方式抽象地转化到汽车产品设计开发中，使人们产生一定的心理、生理效应以及情感共鸣。仿生设计为汽车产品开发的创新和发展提供了全新的思维、原理和方法。

仿生设计研究的内容可分为形态仿生和情感表达两个方面。其中，在汽车造型设计上的应用主要表现在形态仿生上（图 7-2）。汽车的形态包括整车外形和局部的前脸、后脸、车身侧面、顶面、车窗面、风栅口、车灯、保险杠、后视镜、门把手等，还包括内室的仪表台、转向盘、座椅、门内护板、手柄、按钮等部件的形态。在汽车造型设计中，借助于仿生设计，从动物的形态特征中提炼出设计语言来表达动力性和敏捷性已经成为人们自然而然的一种直觉型行为。比如非常著名的大众“甲壳虫”汽车就是在外形上吸取了甲壳虫的造型元素设计而来，该造型既凸显了内部的驾驶空间，又强调了优美的黄金分割比例，同时还塑造了复古怀旧、亲切可爱、个性十足的形象。

图 7-2　汽车造型上的仿生学

三、汽车功能的创新

汽车是一种实用产品，其功能是汽车产品的核心意义和主要内涵，这就要求汽车产品设计工程师必须从功能入手系统地研究和开发汽车。汽车功能的创新必须达到功能和形式的统一，取得功能结构、形态结构、经济结构、审美结构等多目标为一体的整合结构。

汽车功能的创新分为整体功能创新和局部功能创新。整体功能创新是指整车功能的增加或改变；局部功能创新是指某个关键零部件功能的增加或改变。飞行汽车就是典型的整体功能创新，电动轮就是典型的局部功能创新。体现电动轮技术的米其林“主动车轮”见图 7-3，该车轮将轮毂电机、主动悬架、主动减振、线控制动等关键零部件都集成到一个车轮内，因此彻底摒弃了传统的发动机、变速器、传动轴和悬架等部件，是电动汽车领域革命性的功能创新设计。

图 7-3　米其林“主动车轮”

四、汽车生态的创新

汽车生态，是指通过在汽车生产、分配、流通、消费、使用和报废与回收的各环节中建立绿色、低碳、可循环的流程化系统，最大限度地减少资源消耗和环境污染，以使自然生态系统提供更多优质生态产品，从而形成“产业发展—生态产品—生态健康”的良性循环。汽车产品的生态设计要提高产品的整体性能，力图降低产品的成本，同时要降低对环境的污染或者对环境的影响，这对于汽车行业实现“双碳”目标具有积极意义。

汽车产品的生态设计关系到汽车产业的可持续发展，可以通过以下途径实现：

(1) 减少汽车全生命周期各种原材料/能源的使用量。

(2) 采取可拆解的设计方法。

(3) 使用环境影响小的替代资源。

(4) 提高材料回收利用率。

(5) 采用各种预防措施减少各种废弃物质的排放。

汽车产品的设计创新汽车行业永恒的主题，其重要性毋庸置疑。汽车创新设计的途径也不仅限于上述几个方面，其种类和形式多种多样，没有严格的规则可循。这就需要汽车设计工程师要有灵活开放而又严谨科学的思维，从日常生活实际中寻找设计灵感，找到汽车创新设计的突破点和根本途径。

汽车企业在开展汽车产品创新设计时，必须做到“有所为，有所不为”。毕竟企业的资源和精力有限，要合理判断哪些产品的核心技术和开发方法必须自己掌控，哪些可以由各级供应商提供，最好实现“专业的人做专业的事”。同时，在产品创新设计时，企业做出取舍是一个综合性的选择，既要考虑技术先进性，还要考虑技术成熟度以及技术成本。而在技术创新中，风险越大，回报也越大，因此企业的产品设计创新必须要有科学的战略来指导。

第三节　汽车产品的设计伦理

汽车的产品设计工程师不能单纯为了效益而设计，而更应去关注设计中应遵循的伦理道德标准，同时在产品设计中始终要以伦理道德来约束自身。汽车产品的设计伦理性应包括三个方面的问题：一是为人服务，二是健康，三是人与环境。

随着社会的发展和技术的进步，汽车产品需求在发生着变化，汽车设计思想也随之发生变化。由此，汽车产品的设计伦理应包括以下几点。

一、以用户为中心

在汽车产品全生命周期中，其产品开发应一贯遵从“以用户为中心”的设计，致力于为用户提供良好的使用体验。一款成功车型的开发，往往从注重用户体验开始。汽车产品的“用户”的理解可能不止一个人，既包含完成购买行为的那个人，还包括所有的使用者。所有跟产品产生关联的人都能被称为“用户”，“以用户为中心”必须关注产品整个生命周期，伴随着产品面世及价值使用的全过程。

作为日常生活的一部分，产品设计工程师必须“侵入”用户的思维模式，了解用户真正需要什么。而正是由于汽车“用户”的广泛性，在汽车产品开发时要把“以用户为中心”这一理念渗透在产品定义、生产制造、用车体验等整车全生命周期中。在汽车产品竞争越来越激烈的时代，“以用户为中心”不仅仅代表的是一整套产品逻辑，更是企业运作的基因，将会决定品牌的去留。

二、信任

产品有价值，前提是有人来用，而想要用户行为达到预期，信任是前提。信任感可以说是“对未知的信心”，刚接触新产品时，没人可以判断它未来是否会伤害自己、遇到的问题是否能被解决、所有反馈是否都和预期一致。很多时候不信任不仅仅是源自失控的功能，很多时候，产品功能、体验和用户的预期出现偏移的时候，都会导致不信任。

汽车产品开发工程师在设计时必须好好思考一系列问题，如怎么提升用户对我们的产品的信任度、如何让用户放心使用我们的产品等。当遇到涉及人身或者财产安全的产品规划时，我们应该定义安全为第一设计要素，给用户掌控感，尤其是在汽车智能化大规模普及的现阶段；当用户比较谨慎的时候，就不会采取风险较高的做法，我们应该考虑潜在风险，同时告知用户潜在的风险到底高在哪里；为减少用户不良的体验，如果是很具体可解决的问题，我们可以内置一些帮助用户解决问题的建议，或者随后加入应对特殊状况的功能。

三、人文精神

设计的目的是为了人，因此汽车产品不仅要考虑设计的实现，也要考虑每个用户的使用体验，赋予设计艺术与人文精神的和谐性。人文精神是一种普遍的人类自我关怀，基本内涵可以概括为三点，即人性、理性和超越性。

汽车产品对人文精神的展示和诠释，可以通过整车的设计、动力、配置和价格等方面来表现。比如大众 LAVIDA 朗逸的外观设计非常饱满（图 7-4），整车外形流畅，曲面光滑。在大气的前脸上，镶嵌这一对时尚的晶钻大灯，更使朗逸散发出一股典雅的气质和特殊的魅力。其精致的尾部设计，则增添了朗逸的青春气息。正是由于这对俏皮可爱的尾灯，才折射出了大众朗逸的另一面情怀，即幽默和浪漫。朗逸的内饰（车内的桃木装饰、真皮座椅等）摆脱了大众车型内饰一贯的严肃风格，在经典中融入了中国消费者所偏好的审美观。而从理性角度出发，朗逸在外观、性能、配置上的杰出表现，都满足了消费者对高品质的需求，故而朗逸售价 11.28 万～14.98 万元属于名至实归的亲民价格。至于朗逸的超越性，可以从整车组装的小细节、小配件等细微之处得到答案：没有一款 A 级车会想到运用高成本的陶瓷碟刹和米其林绿色轮胎，没有一款车型会在配置中增设前排双侧安全气囊，没有一款车型拥有 8 个喇叭。

图 7-4　大众 LAVIDA 朗逸

总之，汽车产品工程师在设计产品时，不仅要“以用户为中心”，也还要有自身的原则和责任，这些便是汽车产品设计中的伦理性。汽车产品设计伦理为产品开发提供了理论指导适用于处理复杂综合性的设计关系问题。

参考文献

[1] 罗永革，冯樱. 汽车设计[M]. 2 版. 北京：机械工业出版社，2020.

[2] 王秋成. 汽车设计与开发集成[M]. 北京：机械工业出版社，2018.

[3] 饶洪宇，许雪莹. 汽车性能集成开发实战手册[M]. 北京：机械工业出版社，2021.

[4] 肖生发，沈国助. 汽车文化[M]. 2 版. 北京：机械工业出版社，2017.

[5] 肖生发，郭一鸣. 汽车工程概论[M]. 3 版. 北京：北京理工大学出版社，2019.

[6] 赵福全，刘宗巍. 汽车产业创新[M]. 北京：机械工业出版社，2020.

[7] 赵福全，刘宗巍. 汽车产品创新[M]. 北京：机械工业出版社，2021.

[8] 赵福全，刘宗巍. 汽车技术创新[M]. 北京：机械工业出版社，2022.

[9] 郭万林. 机械产品全生命周期设计[J]. 中国机械工程，2002，13(13)：6.

[10] 郑海钧. 部件同步开发的关键技术与对策[J]. 上海汽车，2012(11)：4.

[11] 张欣，刘志见. AUDIT 审核在汽车质量评审中的应用[J]. 锻造与冲压，2019(10)：4.

[12] 贾辉，陈湘云. 汽车创新设计的途径探索[J]. 轻型汽车技术：201.

第二篇　汽油发动机技术

第八章　汽油发动机工作原理与结构

内燃机是热机的一种，是将燃料的化学能经过燃烧释放的热能转变为机械功的机器。

热机可分为外燃机和内燃机两种类型。在外燃机中，燃料的燃烧发生在汽缸的外部，而燃气（工质）膨胀做功是在汽缸内部进行的，如蒸汽机、汽轮机等。因此，外燃机存在工质传递过程的热损失。在内燃机中，燃料的燃烧和工质的膨胀做功均在汽缸内部进行，因而能量损失较小，具有较高的热效率。

内燃机按运动形式分，有往复活塞式和回转式（如燃气轮机）两类。其中，往复活塞式内燃机，因其性能更为完善，使用得最广泛，是本书讨论的内容。

往复活塞式内燃机可按不同方法进行分类。

（1）按所使用的燃料分，有汽油机、柴油机和气体燃料发动机三类。

（2）按在一个工作循环中所需要的冲程数分，往复活塞式内燃机可分为四冲程和二冲程两类。

（3）按冷却方式分，往复活塞式内燃机可分为水冷式和风冷式两种。

（4）按进气状态分，往复活塞式内燃机可分为非增压和增压两类。

通常，内燃机具有下列突出优点：

（1）经济性好，有效热效率在热机中最高，一般为30％～55％。

（2）尺寸小、比质量（kg/kW）小、结构紧凑，便于安装布置。

（3）功率范围广。单机功率在（0.6～6.8）×10kW，可以适应各种动力设备的需要。

（4）机动性好。起动方便、迅速，加速性能好，正常起动只需要几秒钟，并能很快地达到全负荷工况。

同时，内燃机也存在如下一些缺点：

（1）运转时噪声大。

（2）废气中的有害成分对大气污染较严重。

一般来说，使用汽油发动机的汽车被称为汽油车。同样，使用柴油发动机的汽车被称为柴油车，使用氢气燃料发动机的汽车被称为氢燃料车，使用天然气燃料发动机的汽车被称为天然气车，使用甲醇燃料发动机的汽车被称为甲醇车。这些发动机统一称为内燃机。

第一节　内燃机的工作原理

内燃机的运转过程，是汽缸内连续不断地完成一个个工作循环的过程。工作循环是指活塞在汽缸内，依次完成进气、压缩、做功和排气做一次功的全过程。活塞经过四个行程（曲轴转两转）完成一个工作循环的内燃机叫四冲程内燃机。活塞经过两个行程（曲轴转一转）完成一个工作循环的内燃机叫二冲程内燃机。

一、四冲程内燃机工作原理

（一）四冲程汽油机工作原理

图 8-1 为单缸四冲程汽油机工作原理示意图。

1. 进气行程

进气行程是使汽缸内吸入充足的汽油与空气可燃混合气。在进气行程中，活塞（6）由曲轴（8）驱动从上止点向下止点运动，进气门（4）开启，排气门（1）关闭。随着汽缸容积的增大，产生一定的真空度，使可燃混合气经进气门被吸进汽缸，如图 8-1（1）所示。

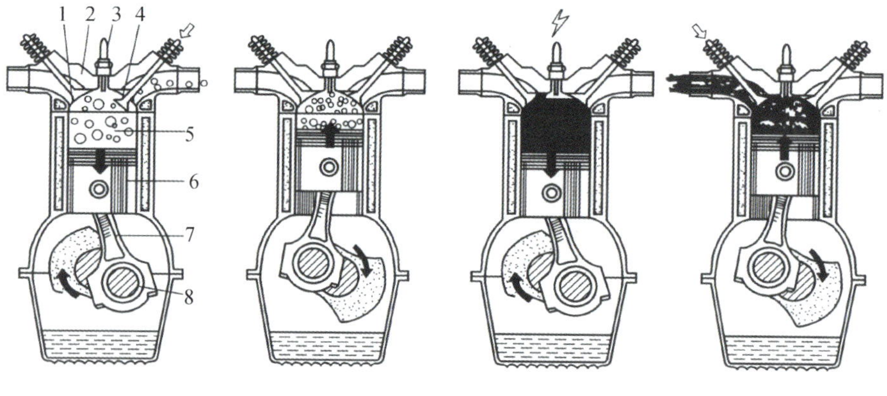

1—排气门；2—汽缸盖；3—火花塞；4—进气门；5—汽缸；6—活塞；7—连杆；8—曲轴

图 8-1　四冲程汽油机原理示意图

（1）进气行程；（2）压缩行程；（3）做功行程；（4）排气行程

由于进气系统阻力的影响，进气终了时，汽缸内气体压力低于大气压力，为 0.08 ～0.09MPa。同时，由于受到高温机件以及缸内残余废气散热的影响，进缸的新鲜气体的温度高于环境温度，为 50～110 ℃。

实际上，为了尽量多进气，进气门在活塞到达上止点前提前开启，以保证在上止点时进气门有最大的通流截面；活塞越过下止点后延迟关闭，以充分利用进气气流的流动惯性多进气。

进气过程中，汽缸内气体压力 P 随汽缸容积 V 增大而变化的情况，可以在 $p-V$ 坐标上用曲线 $r-a$ 表示，如图 8-2（1）所示。

2. 压缩行程

压缩行程是为燃料燃烧和工质膨胀做功进行准备。活塞在曲轴驱动下，由下止点向上止点运动。此时进气门已关闭，随着汽缸容积减小，可燃混合气被压缩，其压力和温度不断升高。压缩冲程终了时，压力为 0.8 ～ 1.5MPa，气体的温度为 330～480 ℃，如图 8-1（2）所示。

在 $p-V$ 坐标上的压缩过程曲线为 $a-c$，如图 8-2（2）所示。

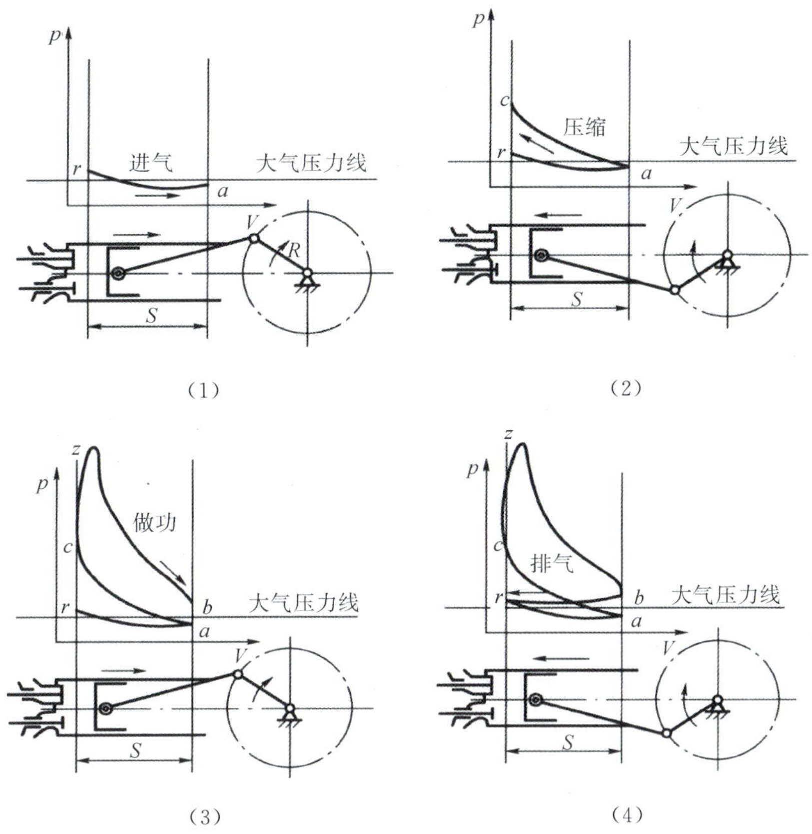

图 8-2　四冲程汽油机的示功图

(1) 进气行程；(2) 压缩行程；(3) 做功行程；(4) 排气行程

3. 做功行程

在做功行程中，要先后完成燃烧、膨胀两个过程。在压缩冲程末期，活塞接近上止点时，火花塞产生电火花点燃可燃混合气，火焰迅速传遍整个燃烧室，同时释放出大量热量，使燃气的压力和温度迅速升高并急剧膨胀。在气体压力作用下，活塞快速向下止点移动，并通过连杆驱动曲轴转动对外做功，如图 8-1（3）所示。

在做功行程中，燃烧气体的最高压力为 3～6.5MPa，最高温度为 2000～2500 ℃。随着活塞的下行，汽缸容积增大，气体的压力和温度下降。膨胀末期，气体的压力为 0.35 ～0.5MPa，温度为 900～1200 ℃。

在 $p-V$ 坐标上的燃烧和膨胀过程曲线为 $c-z-b$，如图 8-2（3）所示。

4. 排气行程

排气行程是将废气排出缸外，为下一个工作循环做准备。在做功行程末期，排气门（1）开启，活塞在曲轴驱动下，由下止点向上止点运动。废气在汽缸内外的压力差和活塞的驱赶作用下，经排气门排出汽缸，如图 8-1（4）所示。

排气终了时，由于受排气阻力的影响，缸内废气的压力为0.105～0.120MPa，温度为 600～800 ℃。

可见，四冲程汽油机经过进气、压缩、做功、排气四个行程完成一个工作循环。这期间，活塞在上、下止点往复运动了四个行程，相应地曲轴旋转了两圈。内燃机完成一个工作循环后，又开始了下一个新的循环过程，周而复始地工作。

实际上，为了尽量彻底地排出汽缸内的废气，排气门在活塞到达下止点前提前开启，以利用压力差排出废气；活塞越过上止点后延迟关闭，以利用排气气流的流动惯性排出废气。

在 $p-V$ 坐标上的排气过程曲线为 $b-r$，如图 8-2（4）所示。

一个工作循环结束后，在 $p-V$ 坐标上，各个过程曲线组成一个闭合图形如图 8-2（4）所示。它既可用来研究内燃机汽缸内一个工作循环进行的情况，又可用图中压缩过程曲线和燃烧与膨胀过程曲线所包围的面积来计算汽缸中一个工作循环所做功（称为指示功 W_i）的大小，所以该图形被称为 $p-V$ 示功图。

（二）四冲程内燃机的配气定时及相位图

四冲程内燃机在实际工作中，为使汽缸尽量多地吸入新鲜气体，并尽可能彻底地排出上一循环的废气，进、排气门均在相对应的上、下止点提前开启或延迟关闭。气门的启、闭时刻，通常用该时刻曲柄位置相对于上、下止点之间的曲柄转角（°）来表示，称为配气定时（也称配气相位），并可以用配气相位图表示，如图 8-3 所示。

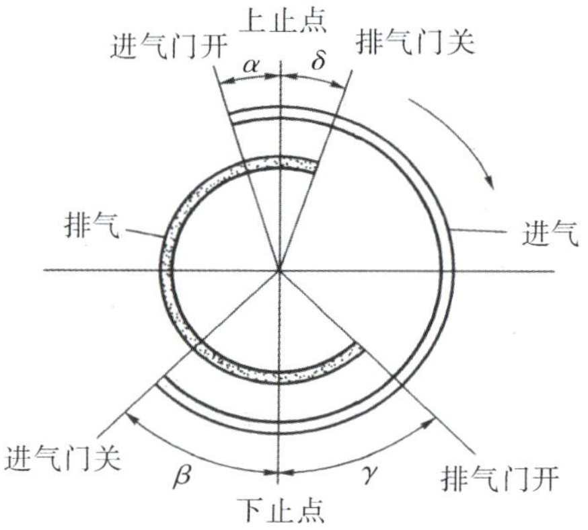

图 8-3　配气相位图

图 8-3 中，进气门开启时刻，曲柄位置距上止点的曲柄转角称为进气提前角，用 α 表示。一般内燃机的 α 角为 0°～40°。下止点距进气门关闭时刻曲柄位置的曲柄转角称为进气延迟角，用 β 表示。一般 β 角为 20°～60°。进气过程持续角为 $180°+\alpha+\beta$。排气门开启时刻曲柄位置距下止点的曲柄转角称为排气提前角，用 γ 表示。一般 γ 角为 30°～80°。上止点距排气门关闭时刻曲柄位置的曲柄转角称为排气延迟角，用 δ 表示。一般 δ 角为 10°～35°。排气过程持续角为 $180°+\gamma+\delta$。

由图 8-3 中还可以看出，当活塞处于换气上止点时，进、排气门同时开启着，对应这段时间的曲柄转角叫气门重叠角（其大小为 $\alpha+\delta$）。在此期间，废气的排出流动惯性可避免其倒流入进气管内，同时还可抽吸新鲜气体进入汽缸；新鲜气体进缸后又将废气扫出，并可冷却燃烧室部件，实现所谓燃烧室扫气。因此，适当大小的气门重叠角一般不会影响换气的完善性。

一般发动机的配气定时均经实验确定。

二、二冲程内燃机工作原理

二冲程内燃机与四冲程内燃机的主要区别是换气方式不同。二冲程内燃机没有专门的排气行程和进气行程，它利用活塞的运动来控制开设在汽缸下部的进、排气口（孔）的开启或关闭，使预先被加压的新鲜气体充入汽缸，同时驱赶废气，通过扫气方式完成换气过程。因此，二冲程内燃机一般需要有进气加压装置。

图 8-4 是一种曲轴箱换气式的单缸二冲程汽油机工作原理示意图。由图可见，缸外形成的新鲜可燃烧混合气（空气与汽油的混合物）先进入曲轴箱，预先加压，再通过活塞对开设在汽缸下部的进气孔（1）、排气孔（2）和扫气孔（5）的控制，实现换气过程。

1. 第一行程（扫气—压缩行程）

活塞从下止点向上止点移动。活塞在下止点时，排气孔（2）和扫气孔（5）均开启。这时曲轴箱内，已被压缩的可燃混合气经扫气孔（5）进入汽缸，并将上一工作循环形成的废气从排气孔（2）排出。随着活塞从下止点向上止点运动，首先关闭扫气孔，扫气过程结束。但此时因排气孔略高于扫气孔尚未完全关闭，仍有部分废气和极少量可燃混合气经过排气孔继续排出，这称为额外排气。当活塞关闭排气孔时［图 8-4（1)］，缸内的可燃混合气开始被压缩，直至上止点，压缩过程结束。

压缩过程中，活塞下方的曲轴箱因容积增大，形成一定的真空度，当进气孔（1）被开启时，可燃混合气被吸入曲轴箱中［图 8-4（2)］。

2. 第二行程（做功—扫气行程）

压缩过程末期，火花塞产生电火花，点燃可燃混合气［图 8-4（3)］，燃烧形成的高温高压工质膨胀，推动活塞下行做功。此时，进气孔仍开启，空气和汽油的混合物继续流入曲轴箱中。当活塞下行至关闭进气孔时，曲轴箱内的可燃混合气被预压。活塞继续下行至开启排气孔时，膨胀做功过程结束，缸内废气利用自身压力排出缸外，进行自由排气［图 8-4（4)］。随后扫气孔开启，曲轴箱内被压缩的可燃混合气充入汽缸，同时驱除缸内残余废气进行扫气，扫气过程一直延续到活塞越过下止点上行，再次关闭扫气孔为止。

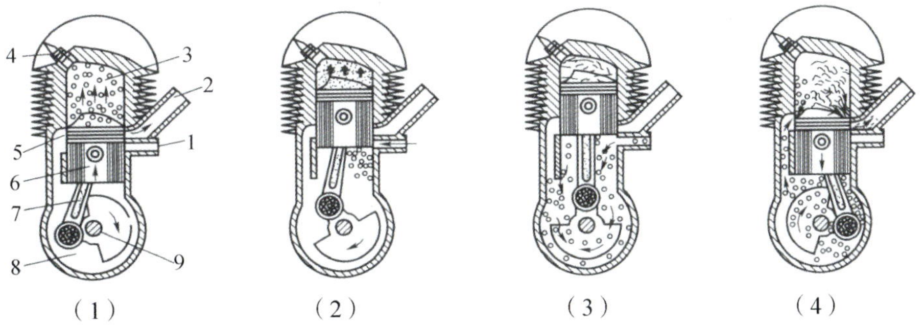

1—进气孔；2—排气孔；3—气缸；4—火花塞；5—扫气孔；6—活塞；7—连杆；8—曲轴箱；9—曲轴

图 8-4　二冲程汽油机工作原理示意图

（1）压缩；（2）进气（可燃混合气）；（3）燃烧；（4）排气

为提高换气质量，活塞顶往往做成特殊形状，引导进缸可燃混合气的流向，尽量减少与废气掺混的损失。

图 8-5 是二冲程内燃机的 p—V 示功图。图中 a 点表示排气孔关闭，曲线 a—c 为压缩过程，曲线 c—z—b为做功过程。示功图尾部 b—f—d—h—a 为换气过程，是在下止点 d 前后这一较短的时间内完成的。其中，为自由排气阶段，f—d—h 为扫气阶段，h—a 为额外排气阶段。

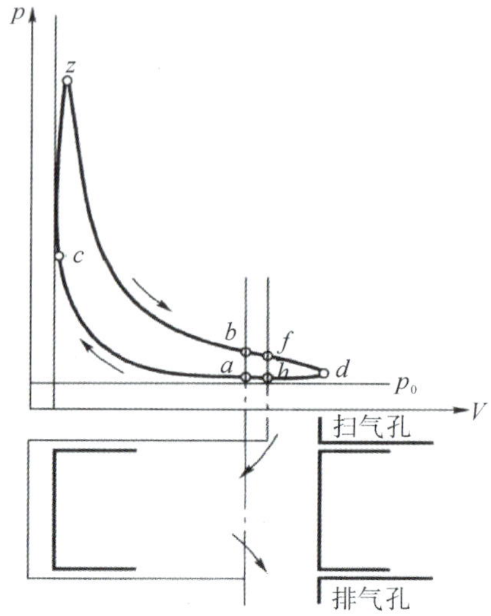

图 8-5　二冲程内燃机的示功图

前面介绍的是单缸内燃机的工作过程，而现代车用内燃机都是多缸发动机四冲程内燃机，那么，多缸四冲程内燃机与单缸四冲程发动机的工作过程有什么区别呢？就能量转换过程而言，内燃机的每一个汽缸和单缸机的工作过程是完全一样的，都要经过进气、压缩、做功和排气四个行程。但是单缸内燃机的四个行程中只有一个行程做功，其余三个行程不做功，即曲轴转两圈，只有半圈做功，所以运转平稳性较差，功率越大，平稳性就越差。为了使运转平稳，单缸机一般都装有一个大飞轮。而多缸内燃机的做功行程是相互岔开的，它按照工作顺序做功，在曲轴转两圈各缸交替做功一次，因此，运转平稳，振动小。缸数越多，做功间隔角越小，同时参与做功的汽缸越多，发动机运转越平稳。多缸机使用最多的有四缸内燃机、六缸内燃机和八缸内燃机等。

三、二冲程与四冲程内燃机的比较

与四冲程内燃机相比，二冲程内燃机有如下优点：

(1) 二冲程内燃机曲轴每转一转做一次功，因此，当汽缸数、缸径、活塞行程以及转速相同时，理论上二冲程内燃机的功率是四冲程内燃机的 2 倍。实际上，由于存在进气孔产生的汽缸冲程损失和扫气泵消耗的有效功，二冲程内燃机的功率只是四冲程内燃机的 1.5～1.6 倍。

(2) 当转速相同时，二冲程内燃机做功次数比四冲程内燃机多 1 倍，因此运转平稳，可以使用较小的飞轮。

(3) 二冲程内燃机结构简单，维护、修理方便。

但二冲程内燃机也存在一些缺点，主要有：

(1) 二冲程内燃机由于进缸气体与废气掺混较严重，换气效果较差，且转速越高越明显，因此燃烧不良，经济性较差。

(2) 二冲程内燃机做功频率高，所以燃烧室部件的热负荷较高。

由于存在上述不足，二冲程内燃机在以高速内燃机为主的大、中型车辆上的应用受到了限制。港口与工程机械车辆中所用的内燃机一般转速较高，所以多选用四冲程内燃机。

第二节　内燃机的总体构造

内燃机是一种由许多机构和系统组成的复杂机器。无论是汽油机，还是柴油机；无论是四冲程发动机，还是二冲程发动机；无论是单缸发动机，还是多缸发动机，要完成能量转换，实现工作循环，保证长时间连续正常工作，都必须具备以下一些机构和系统。

由于内燃机的基本原理相似，主要构造也就大同小异。就内燃机的总体构造而言，都是由机体组、曲柄连杆机构、配气机构、燃油系统、润滑系统、冷却系统及起动系统等组成。此外，汽油机还要有点火系统。如为增压发动机，则还要有增压系统。如图 8-6（1）所示是单缸四冲程汽油机的基本构造示意图。如图 8-6（2）所示是单缸四冲程柴油机的基本构造示意图。

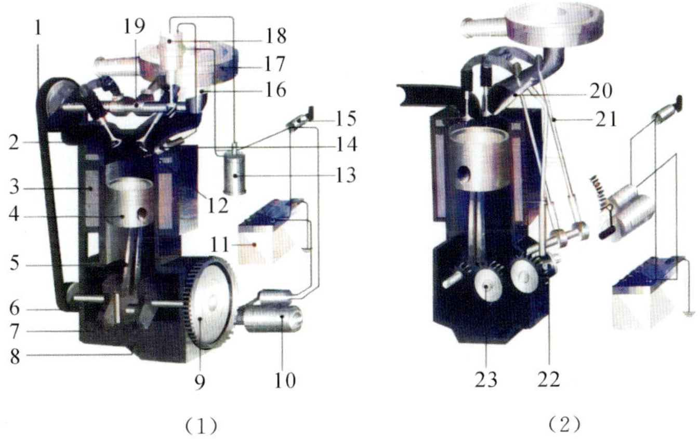

1—正时皮带（或正时链条）；2—排气门；3—冷却液；4—活塞；5—连杆；6—曲轴；7—润滑油；8—油底壳；9—飞轮兼起动机齿轮；10—起动机；11—蓄电池；12—进气门；13—点火线圈；14—火花塞；15—点火开关；16—进气管及进气歧管；17—空气滤清器；18—分电器；19—凸轮轴；20—喷油器；21—推杆；22—喷油泵；23—正时齿轮

图 8-6　内燃机的基本构造示意图

（1）单缸四冲程汽油机；（2）单缸四冲程柴油机

一、机体组和曲柄连杆机构

机体组是内燃机的基本骨架，是内燃机的机构、系统等所有零部件的装配基体。机体组主要由机体、汽缸盖和油底壳等组成。

曲柄连杆机构，其功用是将活塞的往复运动转换成曲轴的回转运动，同时将作用在活塞上的气体作用力转变为曲轴对外输出的转矩。曲柄连杆机构由活塞连杆组和曲轴飞轮组等运动件组成。

二、配气机构

配气机构的功用是按工作循环的要求，定时地启闭进、排气门，排出汽缸的废气，吸入新鲜气体，完成换气过程。其组成主要有气门组件、气门传动组件、凸轮轴和凸轮轴传动机构等。

三、燃料供给系统

柴油机的燃料供给系统的功用是将柴油以一定的压力，定时、定量地喷入汽缸，与缸内的空气形成可燃混合气。它由柴油箱、输油泵、柴油滤清器、喷油泵和喷油器等组成。

汽油机的燃料供给系统的功用是根据工况要求，将汽油和空气按一定比例在汽缸外混合形成可燃混合气后，再供入汽缸。它由汽油箱、汽油滤清器、汽油泵和电磁式喷油器等组成。

四、汽油机点火系统

汽油机点火系统的功用是在压缩行程终点前的规定时刻，产生高压电火花，点燃汽缸内的可燃混合气。点火系统有多种类型，如蓄电池点火系统由蓄电池、点火线圈、分电器和火花塞等组成。

五、润滑系统

润滑系统的功用是在发动机运转时，连续不断地将润滑油输送到各摩擦表面，以减小零件的磨损和摩擦阻力。润滑系统主要由机油泵、机油滤清器、机油冷却器等组成。

六、冷却系统

冷却系统的功用是将内燃机受热机件的热量散发出去，以保证内燃机正常的工作温度。内燃机一般用水冷却液系统进行冷却，它由散热器、水泵和风扇等组成。

七、起动系统

起动系统的功用是使静止的发动机起动运转。它主要由蓄电池、起动电机、起动开关及继电器等组成。

八、增压系统

增压系统的功用是提高进气压力以提高进入汽缸内的空气（或可燃混合气）的密度，供更多的燃料进行燃烧，从而提高内燃机的功率。内燃机一般采用废气涡轮增压器增压，其主要由废气涡轮机、压气机及其附属装置等组成。

图 8-7 是发动机内部结构示意图。

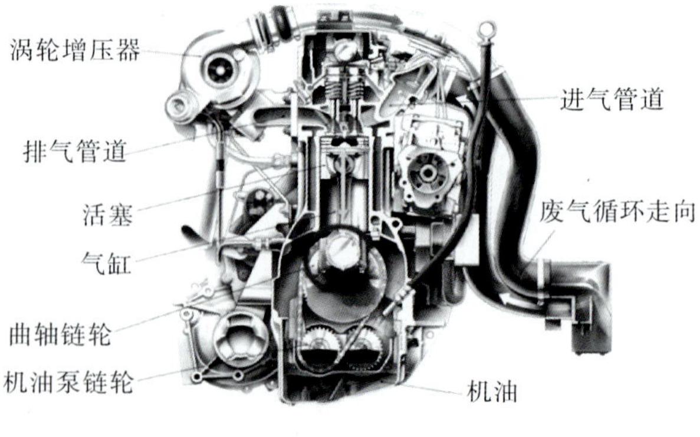

图 8-7 发动机内部结构示意图

第九章　内燃机的循环与性能指标

第一节　内燃机的理论循环

一、内燃机的理想循环与假设条件

（一）内燃机的理想循环

1. 理想循环的概念

根据内燃机实际工作过程的热力特征，经过适当假定，科学地抽象、简化，并可用数学公式表达其热效率的热力循环，就称为理想循环（ideal cycle）。理想循环中的工质是理想气体，其加热和放热是瞬时的，并不计循环中的热损失。所谓工质，指在气缸内吸收燃料燃烧所释放的热能并将其转变为机械能的介质。

2. 研究理想循环的目的

（1）确定循环热效率的理论极限，分析影响热效率的各种因素，判断热量利用的完善程度，以及进一步提高热效率的潜力。

（2）分析比较内燃机不同热力循环方式的经济性和动力性。

（3）通过分析内燃机理想循环的热效率η_t和平均压力p_m，明确提高经济性和动力性的基本途径。

（二）理想循环的假设条件

1. 假设工质是理想气体

通常以空气作为理想循环的工质，在循环中其成分及理化性质不变，比热容为常数。

2. 假设工质是在闭口系统中做封闭循环

无流动损失和摩擦损失，总质量保持不变。

3. 假设工质的压缩和膨胀过程是绝热定熵过程

工质与外界不进行热量交换，即无热量损失。

4. 假设工质的燃烧过程是外界高温热源向工质定容或定压加热

假定排气过程是定容放热。

5. 假设循环为可逆循环

二、内燃机的三种理论循环

（一）三种理论循环分类

按内燃机加热方式不同，将假设简化为混合加热循环（mixed 循环，对应高速柴油机）、定容加热循环（otto 循环，对应点燃式汽油机）和定压加热循环（diesel 循环，对应高增压和低速大型柴油机）。

1. 混合加热循环（mixed cycle）

由定熵压缩、定容和定压加热、定熵膨胀、定容放热四个过程依次组成的理论循环。图 9-1 所示为混合加热循环的 $p-V$ 图和 $T-S$ 图（温熵图）。

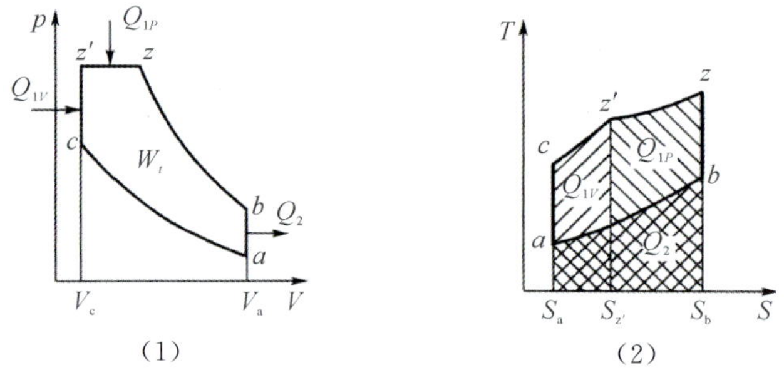

图 9-1 混合加热循环

（1）$p-V$ 图；（2）$T-S$ 图

（1）理论循环参数。定容升压比：

$$\lambda_P = \frac{P_{z'}}{P_c}. \quad (9-1)$$

初膨胀比：

$$\rho_0 = \frac{V_z}{V_{z'}} = \frac{V_z}{V_c}. \quad (9-2)$$

后膨胀比：

$$\delta = \frac{V_b}{V_z} = \frac{V_a}{V_z}. \quad (9-3)$$

压缩比：

$$\varepsilon = \frac{V_a}{V_c} = \rho_0 \delta. \quad (9-4)$$

定熵指数（绝热指数，热容比）：

$$K = \frac{C_P}{C_V}. \quad (9-5)$$

（对双原子气体 $k=1.4$，对多原子气体 $k=1.33$）

式中：C_P—定压热容，kJ/（kg·K）；

C_V—定容热容，kJ/（kg·K）。

由热力学，a—c 是定熵压缩过程：

$$T_c = T_a\left(\frac{V_a}{V_c}\right)^{k-1} = T_a\varepsilon^{k-1}. \tag{9-6}$$

c—z' 是定容加热过程：

$$T_{z'} = \frac{P_{z'}}{P_c}T_c = \lambda_P T_c = T_a\lambda_P\varepsilon^{k-1}. \tag{9-7}$$

z'—z 是定压加热过程：

$$T_z = \frac{V_z}{V_{z'}}T_{z'} = \rho_0 T_{z'} = T_a\rho_0\lambda_P\varepsilon^{k-1}. \tag{9-8}$$

z—b 是定熵膨胀过程，$P_zV_z^k = P_bV_b^k$与$P_aV_a^k = P_cV_c^k$相除得

$$\frac{P_b}{P_a} = \frac{P_z}{P_c}\left(\frac{V_z}{V_c}\right)^k = \lambda_P\rho_0^k. \tag{9-9}$$

b—a 是定容放热过程：

$$T_b = T_a\frac{P_b}{P_a} = T_a\lambda_P\rho_0^k. \tag{9-10}$$

（2）混合加热循环热效率η_{tm}。η_{tm}是工质所做循环功与循环加热量Q_1之比，用以评定循环经济性。由 T—S 图，得

$$\eta_{tm} = \frac{W_t}{Q_1} = 1 - \frac{Q_2}{Q_1} = 1 - \frac{C_V(T_b - T_a)}{C_V(T_{z'} - T_c) + C_P(T_z - T_{z'})} \tag{9-11}$$

$$= 1 - \frac{T_b - T_a}{(T_{z'} - T_c) + k(T_z - T_{z'})}. \tag{9-12}$$

将温度参数T_c、$T_{z'}$、T_z、T_b、T_a代入式（9—12）得

$$\eta_{tm} = 1 - \frac{1}{\varepsilon^{k-1}}\cdot\frac{\lambda_P\rho_0^k - 1}{(\lambda_P - 1) + k\lambda_P(\rho_0 - 1)}. \tag{9-13}$$

（3）平均压力P_{tm}。P_{tm}是指单位气缸工作容积所做的循环功，用以评定循环动力性。由 T—S 图，得

$$P_{tm} = \frac{W_t}{V_s} = \frac{Q_1}{V_s}\eta_{tm} = \frac{Q_1\varepsilon}{V_a(\varepsilon - 1)}\eta_{tm}. \tag{9-14}$$

将$Q_1 = C_V(T_{z'} - T_c) + C_P(T_z - T_{z'})$代入式（9—14），得

$$P_{tm} = \frac{C_V\left[(T_{z'} - T_c) + C_P(T_z - T_{z'})\right]\varepsilon}{V_a(\varepsilon - 1)}\eta_{tm}. \tag{9-15}$$

再将前述温度参数T_c、$T_{z'}$、T_z及

$$C_V = \frac{R}{k-1} = \frac{P_aV_a}{(k-1)T_a} \tag{9-16}$$

代入上式，整理后得

$$P_{tm} = \frac{\varepsilon^k}{\varepsilon - 1}\cdot\frac{P_a}{k-1}\left[(\lambda_P - 1) + k\lambda_P(\rho_0 - 1)\right]\eta_{tm}. \tag{9-17}$$

可见，P_{tm}随进气终点压力P_a、压缩比 ε、初膨胀比ρ_0、定熵指数 k 和循环热效率η_{tm}的增加而增加。

表 9-2 汽油机、柴油机 ε 和λ_P限制范围

机型	ε	λ_P	$\frac{P_{max}}{MPA}$
汽油机	6～12	2～4	3～8.5
柴油机	12～22	1.3～2.2	7～15

（2）机械效率η_m的限制。η_m与气缸中的最大循环压力P_{max}密切相关，而P_{max}又决定了曲柄连杆机构的质量、惯性力及主要承压面积的大小等。若 ε 及λ_P过高，将引起η_m下降。因此，只能在保证η_m不下降的前提下，适当提高 ε 和λ_P。

（三）三种理论循环 T-S 图比较

（1）若初态 a 点相同，ε 和循环加热量Q_1相同，三种理论循环的 $T-S$ 对比如图 9-4 所示，ε 相同，即 c 点一样；Q_1 相同，即

$$Q_{1v}=Q_{1m}=Q_{1p}. \tag{9-24}$$

但对于Q_{2v}、Q_{2m}、Q_{2p}有

$$Q_{2v}<Q_{2m}<Q_{2p}. \tag{9-25}$$

再由η_t的关系式

$$\eta_t=1-\frac{Q_2}{Q_1}, \tag{9-26}$$

则可以得出

$$\eta_{tv}>\eta_{tm}>\eta_{tp}. \tag{9-27}$$

以上关系说明定容加热循环热效率最高。对混合加热理想循环，应尽量减少定压加热部分，提高等容度，增加定容部分的加热量。对柴油机而言，应燃烧前多喷油，减少扩散燃烧，增加预混合燃烧。

（2）若初态 a 点相同，最大循环压力P_{max}和最高温度T_{max}相同，三种理论循环的 T-S 对比如图 9-5 所示。

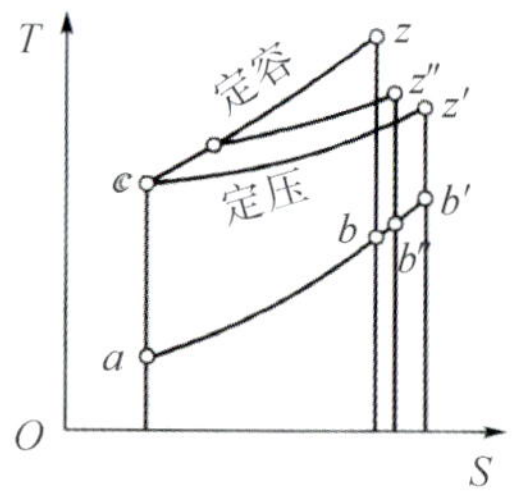

图 9-4 ε、Q_1相同时，三种循环的 T-S 对比图

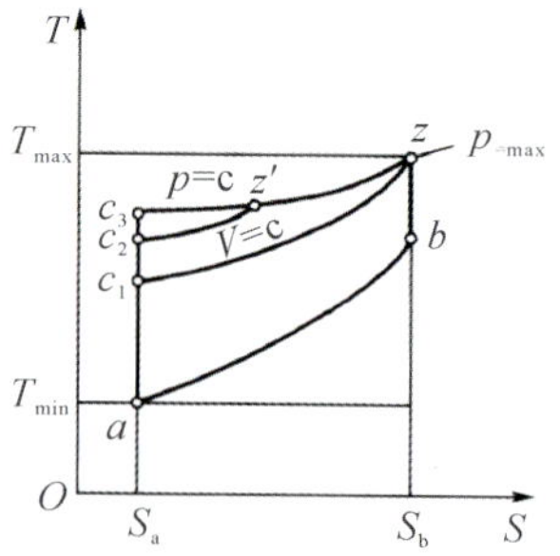

图 9-5 p_{max}、T_{max}相同时，三种循环的 T-S 对比图

T_{max}和P_{max}相同，即 z 点一样，则$Q_{1v}<Q_{1m}<Q_{1p}$，又因为Q_2 相同，由

$$\eta_t=1-\frac{Q_2}{Q_1} \tag{9-28}$$

可得

$$\eta_{tv}<\eta_{tm}<\eta_{tp}. \tag{9-29}$$

说明当最大压力相同时，定压加热循环热效率最高。

（3）若初态 a 点相同，最大循环压力P_{max}和加热量Q_1相同，三种理论循环的 T－S 对比如图 9-6 所示。

三种理论循环加热量Q_1相同，则Q_2不同，且$Q_{2p}<Q_{2m}<Q_{2v}$，由

$$\eta_t = 1 - \frac{Q_2}{Q_1} \tag{9—30}$$

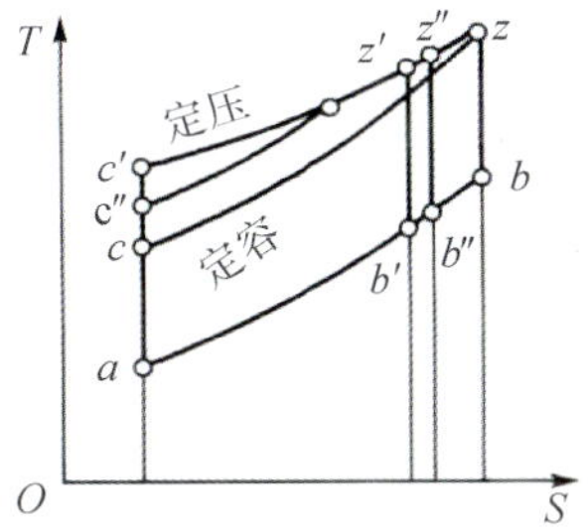

图 9-6　p_{max}、Q_1相同时，三种循环的 $T-S$ 对比图

可得

$$\eta_{tp} > \eta_{tm} > \eta_{tv} \tag{9—31}$$

柴油机比汽油机更接近等压循环，压缩比高于汽油机，热效率高于汽油机，这也是柴油机经济性远优于汽油机的理论依据。提高ε_c是提高汽油机热效率的主要方向。

第二节　内燃机的实际循环

一、内燃机的实际循环与各项损失

（一）内燃机的实际循环

1. 实际循环概念

实际循环（practical cycle）是指内燃机不断重复进行的实际工作过程，工质是实际混合气，以燃料加热和排气放热，并计入各种热力损失的实际工作循环。实际循环比理论循环复杂得多，它不可能达到理论循环那样高的热效率。

2. 研究实际循环的目的

（1）分析实际循环与理想循环的差异，使实际循环尽可能获得高的热效率。

（2）分析引起各种损失的原因，以求改善实际循环，缩小其与理想循环的差距，促进内燃机的改进与发展。

3. 实际循环的情况

（1）实际循环工质是真实气体，进入气缸的是空气和燃料，燃烧的是混合气，排出气缸的是废气。也就是说，在燃烧过程中，工质的成分和质量是变化的，比热容也是变化的。

（2）内燃机气缸是开口系统。系统通过进、排气门与外界相通，工质有更换，质量是变化的，有换气流动损失和摩擦损失。

（3）实际压缩和膨胀过程是多变过程。工质与气缸壁和活塞之间有热量交换，存在传热损失，实际循环是不可逆循环。

(4) 实际燃烧过程是燃料与空气的混合气在气缸内部经历着火、速燃和后燃阶段。排气过程是燃气推动活塞做功后从气缸内排出。

(二) 实际循环的各项损失

将四冲程非增压内燃机实际循环与理想循环进行比较，如图 9-7 所示。

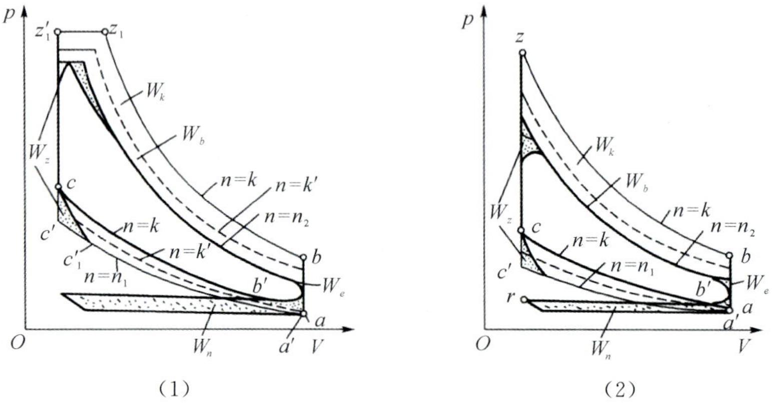

图 9-7　内燃机实际循环与理论循环比较

(1) 柴油机；(2) 汽油机

1. 实际工质的影响

(1) 工质理化性质的变化：理论循环中假设工质比热容是定值，而实际循环中气体比热容是随温度升高而增大的，导致实际循环的最高温度降低。

(2) 工质成分的变化：理论循环中假设工质是理想双原子气体，而实际循环的工质，燃烧前是空气、燃料和残余废气的混合气，燃烧中有中间产物生成，燃烧后产物是三原子气体（H_2O 和 CO_2）。

(3) 工质量的变化：理论循环假设工质的量是不变的，而实际循环燃烧后工质的物质的量增加 3%～5%。另外，漏气损失使工质的量减少。因此，实际循环的热效率和平均压力小于理论循环的η_t和P_t。

如图 9-7 所示，W_k表示由于工质改变引起的损失功。

2. 换气损失

实际循环为了使循环重复进行，必须更换工质，由此而消耗的功称为“换气损失”，如图 9-7 中的W_r所示。其中，因工质流动时需要克服进、排气系统阻力所消耗的功，称为“泵气损失”，如图 9-8 中的F_2 所示。四冲程非增压机泵气功为负，四冲程增压机泵气功为正，二冲程发动机泵气功为零。

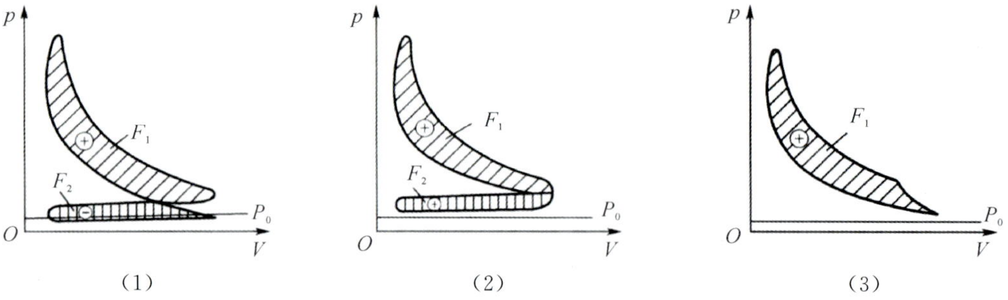

图 9-8　不同发动机的换气损失

(1) 四冲程非增压；(2) 四冲程增压；(3) 二冲程

3. 传热损失

实际循环中工质与气缸壁之间不是绝热的，自始至终存在着热交换，使压缩线、膨胀线均脱离理想循环的绝热压缩线、绝热膨胀线，增加了压缩过程消耗的功，并减少了膨胀过程的有用功，造成传热损失，图 9-7 中W_b均表示传热损失功。

在一个循环内向气缸壁的传热量可用下式表示：

$$Q_w = \int (a_v + a_\tau) F_c (T - T_w) dt, \tag{9-32}$$

式中：a_v—辐射传热系数，W/(m^2·K)，占比例很小；

a_τ—接触传热系数，W/(m^2·K)，由经验公式求取；

F_c—气缸壁某部分与工质接触的传热面积，m^2；

T—工质的温度，K；

T_w—气缸壁某部分的表面温度，K；

t—散热过程所经历的时间，s。

4. 燃烧损失及排气损失

（1）燃烧损失。包括时间损失和不完全燃烧损失。

时间损失：实际燃烧过程经历着火准备、火焰传播和扩散燃烧。燃烧过程需要一定的持续时间，燃烧速度的有限性决定了实际的燃烧不可能瞬间完成，燃料燃烧的放热规律与活塞的运动规律实际上难以进行完美的配合。为使燃烧能在上止点附近完成，实际燃料燃烧在上止点前就已经开始了，造成压缩负功增加。产生的损失如图 9-7 中的W_z所示，即 c'点和 z'点的圆角外阴影处。

不完全燃烧损失：由于混合不良或空气不足，引起燃料不完全燃烧造成的损失，如图 9-7 中 z 点的圆角处。

（2）排气损失。实际的膨胀过程中，为了使废气排净和减小排气阻力，排气门在下止点前提前打开，造成了提前排气损失，如图 9-7 中的W_e所示，即 b 点的圆角处。

5. 其他损失

（1）涡流和节流损失。活塞高速运动使工质在气缸内产生涡流，造成压力损失。对分开式燃烧室，气流流经通道口产生节流损失和摩擦损失。

（2）漏气损失。气门处的泄漏可以防止，但活塞环处的泄漏无法避免。各项损失使实际循环热效率η_t下降值见表 9-3。

表 9-3　各项损失使η_t下降值

项目名称	汽油机	柴油机
实际循环热效率η_t	0.54～0.58	0.64～0.68
工质比热变化使η_t下降值	0.10～0.12	0.09～0.10
后燃放热分解使η_t下降值	0.08～0.10	0.06～0.09
传热损失使η_t下降值	0.03～0.05	0.04～0.07
提前排气使η_t下降值	0.01	0.01

二、四冲程内燃机实际循环的工作过程

内燃机实际循环由进气、压缩、燃烧、膨胀和排气五个工作过程组成。通常用气缸内工质压力 p 随气

缸工作容积V或曲轴转角φ（℃A）变化的图形，即示功图来表示。为叙述方便，以四冲程非增压柴油机的$p—V$图为例，如图9-9所示，确定各特征点参数的计算式及选取范围，以便做热力过程计算。

（一）进气过程

1．过程特点

进气门开，排气门关，活塞由上止点移动到下止点，由于进气阻力，气缸内工质压力低于外界环境大气压力P_0（图9-9中$r—a$线）。对柴油机，进气工质为纯空气；对传统缸外混合的汽油机，进气工质为空气与燃料的混合气。

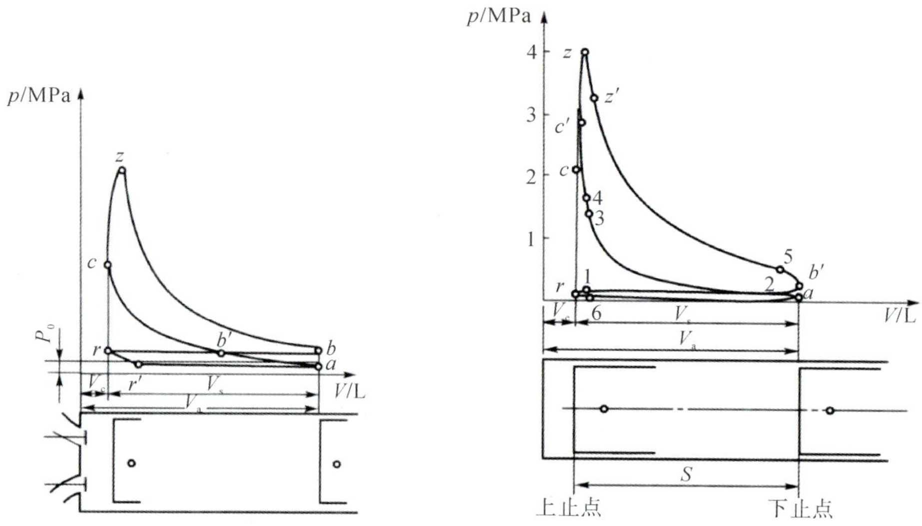

（1）　　（2）

图9-9　四冲程内燃机示功图

（1）柴油机；（2）汽油机

进气管状态：压力P_d（非增压压力P_0、增压压力P_b，二冲程扫气压力P_s）；温度T_d（非增压温度T_0、增压温度T_b，二冲程扫气温度T_s）。

$P_{r'}$为等于大气压力P_0的缸内压力。压力降到$P_{r'}$以下，气缸内才开始充入新鲜气体工质。

2．进气过程终点压力P_a

由于压力差$\Delta P_a = P_0 - P_a$用来克服进气阻力，即由于进气系统的阻力，进气终点的压力P_a总是低于外界环境大气压力P_0。流阻损失$\Delta P_a \propto \frac{n^2}{f_v^2}$，其中$n$为发动机转速，$f_v$为气门（气口）通道截面积。

进气终点压力P_a的一般范围见表9-4。

表9-4　P_a的范围

机型		P_a
四冲程	汽油机	(0.8～0.92) P_a
	非增压柴油机	(0.85～0.95) P_0
	增压柴油机	(0.9～1.0) P_b
二冲程	柴油机	(0.9～1.0) P_s

进气终点压力P_a即为压缩始点压力P_{ca}。

3. 进气过程终点温度T_a

由于进气工质受到发动机高温零件及残余废气的加热，进气终点的温度T_a总是高于环境温度T_0：

$$T_a=\frac{T_0+\Delta T+\varphi_r T_t}{1+\varphi_r},\tag{9—33}$$

式中：T_0—进气环境温度，K；

T_t—排气温度，K；

ΔT—进气受热温升，K；

φ_r—残余废气系数，是指在一个工作循环中，残余废气量与新鲜充量的比值。

$$\varphi_r=\frac{M_r}{M_1}=\frac{m_r}{m_1},\tag{9—34}$$

式中：M_r—气缸内残余废气的物质的量，mol；

M_1—实际充入气缸内的新鲜空气的物质的量，mol；

m_r—气缸内残余废气的质量，kg；

m_1—实际充入气缸内的新鲜空气的质量，kg。

$$m_1=V_s\rho_d\varphi_c,\tag{9—35}$$

式中：V_s—气缸工作容积，L；

ρ_d—进气管空气密度，kg/m^2（ta=10℃时，pan=1. 247；tx=20℃时，Pr=1.205）；

φ_c—充量系数。

进气过程终点温度T_a、进气受热温升ΔT及残余废弃系数φ_r的一般范围见表9-5。

表9-5　T_a、ΔT及φ_r的范围

机型		$\frac{T_a}{K}$	$\frac{\Delta T}{K}$	φ_r
四冲程	汽油机	340～380	0～40	0.04～0.10
	非增压柴油机	300～340	10～20	0.03～0.06
	增压柴油机	320～380	0～10	0～0.03
二冲程	柴油机	320～360	5～15	0.03～0.10

4. 进气过程的重要参数

1）充量系数（充气效率，容积效率）φ_c（volumetric efficiency）

φ_c是表征实际换气过程进行完善程度的重要参数，是每循环实际进入气缸的新鲜充量与在进气管状态下理论能充满气缸工作容积的新鲜充量之比。定义式为

$$\varphi_c=\frac{M_1}{M_d}=\frac{m_1}{\rho_d\cdot V_s},\tag{9—36}$$

式中：M_1、m_1——每循环实际进入气缸的新鲜充量，kmol、kg；

M_d、m_1——在进气管状态下（P_d、T_d、ρ_d），理论上能充满气缸工作容积的新鲜充量，kmol、kg。

关系式为

$$\varphi_c=\frac{\varepsilon}{\varepsilon-1}\cdot\frac{P_a}{P_d}\cdot\frac{T_d}{T_a}\cdot\frac{1}{1+\varphi_r} \tag{9—37}$$

φ_c的一般范围见表 9-6。

表 9-6　φ_c的范围

机型		φ_c
四冲程	汽油机	0.75～0.85
	非增压柴油机	0.75～0.90
	增压柴油机	0.90～1.05
二冲程	柴油机	0.70～0.85

2）过量空气系数及总过量空气系数

（1）过量空气系数（燃烧过量空气系数，空燃当量比）α（excess air ratio）。α 是指气缸内的实际空气量与喷入气缸内的燃料完全燃烧所需的理论空气量的质量比，即燃烧 1 kg 燃料实际供给的空气质量 l 与 1 kg 燃料完全燃烧所需的理论空气质量l_0的比值。

$$\alpha=\frac{m_1}{m_b\cdot l_0}=\frac{\rho_d\cdot V_s\cdot\varphi_c}{m_b\cdot l_0}=\frac{L}{L_0}, \tag{9—38}$$

式中：m_b—每循环供给气缸工的燃料质量，即每循环的喷油量，kg/cyc；

l_0—化学计量空燃比，即 1 kg 燃料完全燃烧所需的理论空气质量，kg（空气）/kg（燃料）；

L_0—1kg 燃料完全燃烧所需的理论空气的物质的量，kmol（空气）/kg（燃料）。

（2）总过量空气系数α_t。α_t是指一个工作循环内流过进气门（口）的空气总量与气缸内燃料完全燃烧所需要的理论空气量的质量比，等于过量空气系数与扫气系数的乘积。

$$\alpha_t=\frac{m_s}{m_b}=\alpha\varphi_s, \tag{9—39}$$

式中：m_s—工作循环中，通过进气门（口）的新鲜充量，kg/cyc；

φ_s—扫气系数，是指在一个循环中通过进气门充入的新鲜充量与实际留在气缸内的空气充量 m_1 的质量比值。

$$\varphi_s=\frac{m_1}{m_b}\geqslant 1, \tag{9—40}$$

α、α_t及φ_s的一般范围见表 9-7。

表 9-7　α、α_t及φ_s的范围

机型	α	α_t	φ_s
柴油机	1.6～2.2	1.7～2.5	1～1.25
汽油机	0.85～1.15	—	—

3）空燃比、燃空比及燃空当量比

（1）空燃比 $\lambda\left(\frac{A}{F}\right)$。$\frac{A}{F}$为每循环充入气缸的空气质量$m_1$与每循环进入气缸的燃料质量$m_b$之比。

$$\lambda=\frac{m_1}{m_b}. \tag{9-41}$$

空燃比与过量空气系数的关系为

$$\lambda=\alpha l_0, \tag{9-42}$$

化学计量空燃比（理论空燃比）l_0是当过量空气系数中 $\alpha=1$ 时的空燃比。

（2）燃空比 $f\left(\frac{F}{A}\right)$。$F/A$ 为每循环喷入气缸燃料的质量与充入气缸的空气质量的比值，即为空燃比的倒数。

$$f=\frac{1}{\lambda}. \tag{9-43}$$

（3）燃空当量比（当量比）φ。φ 为实际燃空比$(F/A)_{实际}$与理论燃空比$(F/A)_{理论}$的比值，为过量空气系数的倒数。

$$\varphi=\frac{(F/A)_{实际}}{(F/A)_{理论}}=\frac{(A/F)_{理论}}{(A/F)_{实际}}=\frac{1}{\alpha}. \tag{9-44}$$

对柴油机：

$$\varphi=\frac{14.3}{A/F}. \tag{9-45}$$

对汽油机：

$$\varphi=\frac{14.8}{A/F}. \tag{9-46}$$

（4）充气流量G_a。对非增压柴油机，充气流量为实际进入气缸的空气量：

$$G_a=m_1\cdot\frac{n}{30\tau}. \tag{9-47}$$

对增压柴油机，充气流量为通过进气门的空气量：

$$G_a=m_s\cdot\frac{n}{30\tau}. \tag{9-48}$$

通过空气流量计的空气量为：

$$G_a=\frac{iV_s}{30\tau}\cdot\frac{P_d}{R_a\cdot T_d}\cdot n\cdot\varphi_c\cdot\varphi_s, \tag{9-49}$$

式中：φ_s—扫气系数，非增压柴油机$\varphi_s=1$，增压柴油机$\varphi_s\approx1.1$；

R_a—新鲜空气的气体常数，$R_a=\frac{0.287kj}{kg\cdot K}$。

（二）压缩过程

1. 过程特点

进、排气门均关闭，活塞由下止点向上止点移动，缸内工质受到压缩，其压力、温度不断上升，为燃烧过程创造必要的条件［图 9-10（1）中 $a-c$ 线］。

2. 平均多变压缩指数n_1

在理论循环中，$a-c'$ 是绝热压缩过程，指数为绝热指数 k；在实际发动机中，工质与气缸壁有热交换，热交换的方向和数量都在不断变化，充量温度不断上升，充量的比热容也不断变化，使得压缩过程成为一个多变压缩指数n'_1的多变压缩过程。如图 9-10（2）所示，压缩线是 $a-c$ 线。在压缩开始，新鲜工质温度低，从缸壁吸热，多变压缩指数$n'_1>k$（1. 4），即多变压缩线高于绝热压缩线；随工质温度上升，某一时刻与壁温相等，$n'_1=k$，即多变压缩线与绝热压缩线相交；继续压缩工质，工质温度高于壁温，向缸壁放热，$n'_1<k$，即多变压缩线低于绝热压缩线。一般只求压缩终点的气体状态参数（P_{co}，T_{co}），在实际的近似计算中，常用一个不变的平均多变压缩指数n_1代替整个压缩过程的多变压缩指数n'_1。

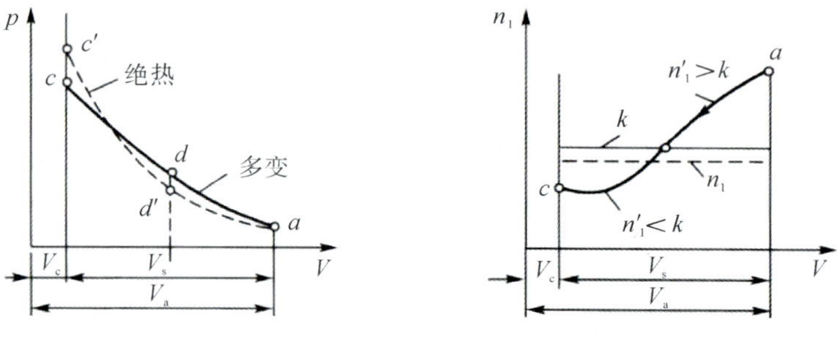

图 9-10　压缩过程及n_1

（1）$p-v$ 图；（2）n_1-v 图

1）n_1的计算方法

（1）由状态方程计算。

$$P_aV_a^{n_1}=P_{co}V_{co}^{n_1}，\ \frac{P_{co}}{P_a}=\left(\frac{V_a}{V_{co}}\right)^{n_1}，\tag{9—50}$$

取对数，得

$$n_1=\frac{ln\,P_{co}-ln\,P_a}{ln\varepsilon}.\tag{9—51}$$

（2）由经验公式计算。

对柴油机：

$$n_1=1.3414-0.015ln\varepsilon+\frac{23.1469}{T_a}.\tag{9—52}$$

对汽油机：

$$n_1=1.4-\frac{100}{n},\tag{9—53}$$

式中：ε—几何压缩比；

T_a—进气终点的充量温度，K；

n—发动机转速，r/min。

（3）由试算法。

$$n_1=1+\frac{8.315}{19.26+0.0025\,T_a\ (1+\varepsilon^{n_1-1})}.\tag{9—54}$$

2）影响n_1的因素

主要取决于工质与气缸壁的热交换情况和漏气损失，即与气缸的尺寸、燃烧室形状、冷却方式、活塞及气缸盖的材料、增压和工况等因素有关。

通常选$n_1=1.37$，n_1的选择范围见表 9-8。

3. 选择几何压缩比 ε 的原则

（1）保证冷机启动时足够高的缸内温度，使T_{co}（230～300℃）＞$T_{自燃}$（200～220℃）。

（2）保证内燃机高的经济性，因为热效率与 ε 成正比，ε 越高，η_{et}越高，b_e越低。

（3）保证燃烧过程顺利进行，高速机燃烧时间短，所以需要高 ε；汽油机为防止爆震，选ε_c较低，小于 10。

（4）保证工作可靠性，为抑制p_{max}过大，ε 也相应选低。

压缩比 ε 的选择范围见表 9-8。

表 9-8　n_1与 ε 的选择范围

机型		n_1	ε
四冲程	汽油机	1.32～1.38	7～10
	直喷式高速柴油机	1.37～1.41	16～22
	中速柴油机	1.34～1.39	14～18
	增压柴油机	1.35～1.37	12～16
二冲程	柴油机	—	$\varepsilon_e=12\sim15.5$

4. 压缩终点的压力P_{co}和温度T_{co}

（1）压缩终点压力P_{co}计算式。

$$P_{co}=P_{ca}\cdot\varepsilon^{n_1}. \tag{9—55}$$

（2）压缩终点温度T_{co}计算式。

$$T_{co}=T_{ca}\cdot\varepsilon^{n_1-1}, \tag{9—56}$$

式中：n_1—平均多变压缩指数；

ε— 几何压缩比；

p_{ca}—压缩始点压力，MPa；

T_{ca}—压缩始点温度，K。

压缩终点工质压力和温度的一般范围见表 9-9。

表 9-9　p_{co}与T_{co}的范围

机型	p_{co}/MPa	T_{co}/K
汽油机	0.8～2.0	600～750
非增压柴油机	3.0～5.0	750～1000
增压柴油机	5.0～8.0	900～1100

（三）燃烧过程

1. 特点

此过程进、排气门均关闭，活塞处于上止点前后，燃烧使缸内工质温度和压力急剧升高，在上止点放出热量相对越多，则热效率相对越高。

在柴油机中，燃烧过程近似混合加热过程，这是因为柴油机压缩的是纯空气，如图 9-11（1）所示，$c—z$ 段，c' 点喷油，c 点自燃。$c'—c$ 段称为着火滞燃期τ_i，τ_i内的燃油迅速燃烧，呈近似等容加热的预混合燃烧，图中 $c—z'$ 段；接着是边喷油、边混合、边燃烧的扩散燃烧，燃烧缓慢，且活塞下行，呈近似等压加热，图中$z'—z$ 段。

在汽油机中，燃烧过程接近定容加热过程，这是因为汽油机压缩的是油气混合气，如图 9-11（2）所示，$c—z$ 段，c'点火花塞点火，为预混合燃烧，速度快，火焰迅速传播到整个燃烧室，工质的压力和温度急剧上升，图中 $c—z$ 段。

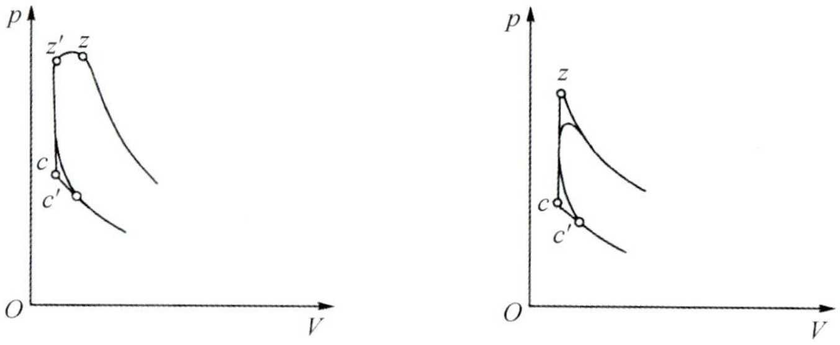

图 9-11　四冲程内燃机燃烧过程

（1）柴油机；（2）汽油机

2. 燃料燃烧的热化学

1）柴油和汽油的物理、化学性质（表 9-10）

表 9-10　汽油和柴油的成分、热值及理论空气量范围

燃料名称	分子式	相对分子质量	质量成分（%）			密度	着火性	抗爆性	低热值	l_0	L_0	L'_0
			g_C	g_H	g_O	kg/L	CN 值	ON 值	kJ/kg	kg/kg	kmol/kg	m^3/kg
轻柴油	$C_{16}H_{34}$	226	0.87	0.126	0.004	0.83	50	—	42500	14.3	0.495	11.1
汽油	C_8H_{18}	114	0.855	0.145	—	0.75	—	90	44100	14.8	0.512	11.5

2）1kg 燃料完全燃烧所需的理论空气量

内燃机的燃烧过程就是燃料与空气中的氧进行氧化反应放出热量的过程。空气主要是含氧（O_2）和氮（N_2）的混合气体。按体积计：O_2 约占 21.0%，N_2 约占 79.0%，忽略了空气中其他少量气体。空气中N_2 与O_2 的体积比为（1−0.21）/0.21 =3.76。按质量计：O_2 约占 23.2%，N_2 约占 76.8%。内燃机的燃料是烃类燃料，主要是汽油和柴油，是由碳（C）、氢（H）和少量氧（O）组成的化合物，其平均分子式为$C_cH_hO_o$。设 1 kg 燃料中所含 C、H、O 的质量成分各为g_C、g_H和g_O，若各成分以 kg 为单位，则$g_C+g_H+g_O=1$kg。

$$g_C=\frac{12c}{12c+h+16o},\quad g_H=\frac{h}{12c+h+16o},\quad g_O=\frac{16o}{12c+h+16o}$$

根据原子数守恒的关系，可以写出该燃料完全燃烧的化学反应方程式：

$$C_cH_hO_o+\left(c+\frac{h}{4}-\frac{o}{2}\right)(O_2+3.76\ N_2)=c\ CO_2+\frac{h}{2}H_2O+3.76\left(c+\frac{h}{4}-\frac{o}{2}\right)N_2. \quad (9-57)$$

1kg 燃料完全燃烧所需的理论空气质量（化学计量比）：

$$l_0=\frac{\left(c+\frac{h}{4}-\frac{o}{2}\right)(O_2+3.76\ N_2)}{12c+h+16o}=\frac{34.32\times(4c+h-2o)}{12c+h+16o}. \quad (9-58)$$

（1）各成分按质量（kg）计，式（9—58）就可以表示为

$$l_0=34.32\left(\frac{g_c}{3}+g_H-\frac{g_o}{8}\right)\text{kg（空气）/kg（燃料）}, \quad (9-59)$$

空气的相对分子质量$\mu_a=28.9$，燃气相对分子质量$\mu_g=29.1$。

（2）按物质的量（kmol）计，式（9—58）就可以表示为

$$L_0=\frac{34.32}{u_a}\left(\frac{g_c}{3}+g_H-\frac{g_o}{8}\right)=1.19\left(\frac{g_c}{3}+g_H-\frac{g_o}{8}\right)\text{kmol（空气）/kg（燃料）}, \quad (9-60)$$

式中　l_0、L_0—1 kg 燃料完全燃烧所需的理论空气量。

3）1 kg 燃料完全燃烧所需的实际空气量

（1）以质量计。

$$m_1=l=\alpha\cdot l_0. \quad (9-61)$$

（2）以物质的量计。

$$M_1=L=\alpha\cdot L_0. \quad (9-62)$$

4）工质理论分子变化系数、实际分子变化系数及 z 点瞬时分子变化系数

（1）理论分子变化系数μ_0。燃烧后工质的物质的量M_2与燃烧前工质的物质的量M_1之比值称为理论分子变化系数，以μ_0表示。

$$\mu_0=\frac{M_2}{M_1}=1+\frac{\Delta M}{M_1}. \quad (9-63)$$

汽油机：燃烧前吸入的空气量

$$M_1=\alpha\cdot L_0+\frac{1}{M_f} \quad (9-64)$$

式中：M_f—汽油的相对分子质量（114 kg/kmol 燃料）。

$$\Delta M=M_2-M_1=\frac{g_H}{4}+\frac{g_O}{32}-\frac{1}{M_f},$$

$$\mu_0=1+\frac{\frac{g_H}{4}+\frac{g_O}{32}-\frac{1}{M_f}}{\alpha\cdot L_0+\frac{1}{M_f}}=1+\frac{0.055}{\alpha}, \quad (9-65)$$

α 的范围为 0.85～1.15，则μ_0的范围为 1.047～1.065，通常取$\mu_0=1.048$。

（2）实际分子变化系数 μ。

$$\mu=\frac{M_2+M_r}{M_1+M_r}=\frac{\mu_0+\varphi_r}{1+\varphi_r}, \quad (9-66)$$

式中：φ_r—残余废气系数。

μ 的范围为 1.03 ～1.041，通常取 $\mu=1.035$。

（3）随燃烧进程而变化的瞬时分子变化系数μ_X。

$$\mu_X=1+\frac{(\mu_0-1)X}{1+\varphi_r}1+(\mu-1)X, \tag{9—67}$$

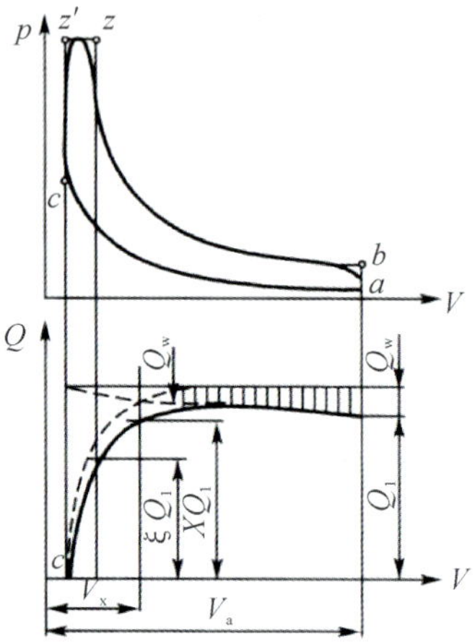

图 9-12　燃烧百分率 X 与热利用系数 ξ

式中 X—燃烧百分率，到某时刻止，累计已烧掉的燃料量m_b，占每循环燃料量g_b的百分数。

若喷油量以 1kg 计，到计算时刻为止（在某一曲轴转角 φ 前），已烧掉的燃料放出的热量为Q_X，则

$$X=\frac{Q_X}{g_b\cdot H_u}=\frac{Q_X}{Q_1} \tag{9—68}$$

式中：H_u—燃料的低热值，kj/kg；

Q_X—瞬时燃烧进程 X 放出的热量，X 值增大，Q_X随之增加，如图 9-12 所示。

（4）z 点瞬时分子变化系数μ_z。

$$\mu_z=1+\frac{(\mu_0-1)\ X_z}{1+\varphi_r}=1+(\mu-1)X_z, \tag{9—69}$$

一般取$\mu_z=1.03$。

式中：X_z—z 点的燃烧百分率，即该瞬时烧去燃料的质量分数。

$$X_z=\frac{\xi_z}{\xi_b}, \tag{9—70}$$

式中：ξ_b—膨胀终点 b 的热利用系数，$\xi_b=\frac{Q_b}{Q_1}$；

ξ_z—最高燃烧压力P_{max}点 z 的热利用系数，$\xi_z=\frac{Q_z}{Q_1}$。

热利用系数（吸热系数）ξ，是指到计算时刻为止，缸内工质吸热并用于膨胀，作为增加工质内能的热量，所占喷入燃料全部发热量的百分数。

$$\xi=\frac{Q_X-Q_w}{Q_1}=\frac{X g_b H_u-Q_w}{g_b H_u}, \tag{9—71}$$

式中：Q_w—因传热、漏泄等原因而损失的热量。

5）瞬时过量空气系数$\lambda_{相对}$（相对空燃比）

（1）与传统的过量空气系数 α 的定义相仿，$\lambda_{相对}$的定义是缸内计算瞬时的空燃比与化学计量空燃比

之比。即指某一瞬时缸内空气总质量与累计到该时刻缸内已燃燃料燃烧所需理论空气质量之比。

$$\lambda_{相对}=\frac{\left(\frac{A}{F}\right)_{实际}}{\left(\frac{A}{F}\right)_{理论}}=\frac{1}{l_0}\int_{\varphi_{IVO}}^{\varphi_{IVC}}\frac{d\,m_1}{d\varphi}\cdot\frac{d\varphi}{\int_{\varphi_{IVO}}^{\varphi_{IVC}}\frac{d\,g_b}{d\varphi}}\cdot d\varphi,\tag{9-72}$$

式中：φ_{IVO}和φ_{IVC}—分别为进气门开启和关闭的曲轴转角度数。

（2）在燃烧过程中，由于燃料是随过程的进展逐渐烧完，因此过量空气系数是变化的，用λ表示。每循环进气门关闭后气缸内的新鲜空气量m_1不变，在某时刻已烧掉的燃料量占每循环燃料量的百分数为X，则

$$\lambda_{相对\,X}=\frac{m_1}{28.9\cdot X\cdot g_b\cdot L_0},\tag{9-73}$$

式中：g_b—每循环喷入的燃料量，$\frac{\text{kg}}{cyc}$。

（3）利用废气分析法求该工况下的$\lambda_{相对}$。

$\lambda_{相对}$为每循环实际进入发动机的空气量与每循环喷入缸内燃料量完全燃烧理论上所需空气量之比。

$$\lambda_{相对}=\frac{G_a}{B\cdot l_0}\tag{9-74}$$

式中：G_a—该工况通过流量计测得的进气流量，kg/h；

B—测得的燃料消耗量，kg/h；

l_0—1 kg 汽油完全燃烧所需理论空气量，14.7 kg（空气）/kg（汽油）。

设燃烧前后氮气数量［N_2］不变，如忽略燃烧过程分子数的变化，则可用$\frac{[N_2]}{0.79}$来表示进入气缸空气的总量，用$\frac{[O_2]}{0.21}$则可表示缸内燃烧后剩余的空气量。而用$\frac{[N_2]}{0.79}-\frac{[O_2]}{0.21}$表示完全燃烧所用掉的空气量，于是可写成

$$\lambda_{相对}=\frac{\frac{[N_2]}{0.79}}{\frac{[N_2]}{0.79}-\frac{[O_2]}{0.21}},\tag{9-75}$$

即

$$\lambda_{相对}=\frac{1}{1-\frac{0.79}{0.21}\frac{[O_2]}{[N_2]}}=\frac{1}{1-3.76\frac{[O_2]}{[N_2]}},\tag{9-76}$$

式中：［O_2］—废气中氧气所占体积的百分数；

［N_2］—废气中氮气所占体积的百分数。

6）工质的瞬时比热容

（1）新鲜空气的平均定压摩尔比热容$(\mu C_{pa})_m$。

$$(\mu C_{pa})_m=28.184+0.0025\,T_a.\tag{9-77}$$

（2）纯燃烧产物的平均定压摩尔比热容$(\mu C_{pr})_m$。

$$(\mu C_{pr})_m=29.754+0.0036\,T_r.\tag{9-78}$$

（3）z点燃烧产物的平均定压摩尔比热容$(\mu C_{pz})_m$。

$$(\mu C_{pz})_m=\frac{\alpha-1}{\alpha+0.064}(\mu C_{pa})_m+\frac{1+0.064}{\alpha+0.064}(29.754+0.0036T_z). \tag{9-79}$$

(4) 平均等容摩尔比热容。

$$(\mu C_V)_m=(\mu C_p)_m-8.314. \tag{9-80}$$

(5) 不同 α 下 $(\mu C_{pa})_m$ 与 T 的关系。在相同 α 下，随着 T 升高，$(\mu C_{pa})_m$ 增加；当 α 增大时曲线下移，如图 9-13 所示。

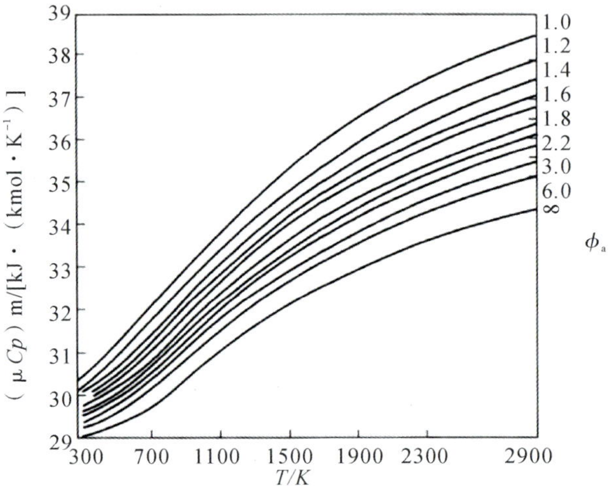

图 9-13　不同 $\alpha-$（φ_a）下（μC_{pa}）$_m$ 与 T 的关系

3. z 点最大燃烧压力 P_{max}

$$p_{max}=\lambda_p\cdot p_{co}, \tag{9-81}$$

式中：p_{co}— 压缩终点压力，MPa；

$\lambda_{相对\ p}$—压力升高比。

$$\lambda_{相对\ p}=\frac{p_{max}}{p_{co}}. \tag{9-82}$$

(1) 对柴油机，受结构强度限制，先选定 P_{max} 值，再确定 $\lambda_{相对\ p}$，若 $\lambda_{相对\ p}$ 过小，则经济性差，若 $\lambda_{相对\ p}$ 过大，则可靠性差；

(2) 汽油机，受爆震限制，先选定 $\lambda_{相对\ p}$，$\rho=1$，

$$\lambda_{相对\ p}=\mu\frac{T_z}{T_{co}} \tag{9-83}$$

再计算 P_{max}；P_{max} 与 $\lambda_{相对\ p}$ 的范围见表 9-11。

表 9-11　P_{max} 与 $\lambda_{相对\ p}$ 的范围

机型	$\frac{P_{max}}{MPa}$	$\lambda_{相对\ p}$
汽油机	3～6.5	3.2～4.2
非增压柴油机	6～9	1.7～2.2
增压柴油机	9～15	1.4～1.8

4. 最高燃烧温度 T_z

(1) 对柴油机，T_z 可根据 z 点的能量方程式来求解。

$$\xi_z H_u = \mu_z - \mu_c + W_{cz}$$
$$= (M_2 + M_1)(\mu C_{Vz})_m T_z - (M_1 + M_r)(\mu C_{Vc})_m T_{co} +$$
$$8.314\left[(M_2 + M_r)T_z - \lambda_{相对}(M_1 + M_2)T_{co}\right], \tag{9-84}$$

式中：u_z，u_c—工质在 z 点和 c 点的内能；

W_{cz}—工质在定容、定压过程中所做的机械功；

M_1、M_2、M_r—分别为新鲜空气、燃烧产物和残余废气的物质的量，kmol；

T_{co}、T_z—为点和之点的温度，K；

$(\mu C_{Vc})_m$、$(\mu C_{Vz})_m$—分别为 c 点新鲜空气的平均定容摩尔比热容和 z 点燃烧产物的平均定容摩尔比热容，kJ/（kmol·K）。

对式（9－84）整理后得柴油机 c—z'—z 段燃烧方程式：

$$\frac{\xi_z H_u}{\alpha L_0(1+\varphi_r)} + \left[(\mu C_{pc})_m + 8.314(\lambda_{相对\,p} - 1)\right] T_{co} = \mu_z \cdot (\mu C_{pt})_m \cdot T_z \tag{9-85}$$

式中　ξ_z—z 点热利用系数；

μ_z—z 点瞬时分子变化系数，$\mu_z = 1 + (\mu - 1)\frac{\xi_z}{\xi_b}$；

$(\mu C_{pc})_m$—c 点新鲜空气的平均定压摩尔比热容，kJ/（kmol·K），可由式（9－78）计算；

$(\mu C_{pc})_m$—z 点燃烧产物的平均定压摩尔比热容，kJ/（kmol·K），可由式（9－80）计算。

（2）对汽油机，T_z 可根据能量方程式按定容循环计算。

$$\xi_z H_u = U_z - U_c = (M_2 + M_r)(\mu C_{Vz})_m T_z - (M_1 + M_r)(\mu C_{Vc})_m T_c \tag{9-86}$$

化简得汽油机燃烧方程式：

$$\frac{\xi_z H_u}{M_1(1+\varphi_r)} + (\mu C_{Vc})_m T_c = \mu_z (\mu C_{Vz})_m T_z, \tag{9-87}$$

式中：M_1—新鲜空气的物质的量，kmol；

$(\mu C_{Vc})_m$—c 点新鲜空气的平均定容摩尔比热容，kJ/（kmol · K）；

$(\mu C_{Vz})_m$—z 点燃烧产物的平均定容摩尔比热容，kJ/（kmol·K）。

各参数代入式（9－85）或式（9－87）后出现 T_z^2，采用试算法，经过 2～3 次试算，最后求得 T_z 值。最高燃烧温度范围见表 9-12。

表 9-12　T_z 的范围

机型	$\frac{T_z}{K}$
汽油机	2200～2800
柴油机	1800～2200

（四）膨胀过程

1. 特点

进排气门都关闭，活塞在高温、高压工质推动下，由上止点向下止点移动，膨胀做功，缸内工质 p、T 急剧下降（图 9-14 中 z—b 线）。

2. 初膨胀比和后膨胀比

（1）初膨胀比ρ_0。

$$\rho_0=\frac{V_z}{V_{co}}=\frac{\mu\cdot T_z}{\lambda_{相对\ p}\cdot T_{co}},\tag{9—88}$$

式中：μ—实际分子变化系数；

$\lambda_{相对\ p}$—压力升高比；

T_z—最高燃烧温度；

T_{co}—压缩终点温度。

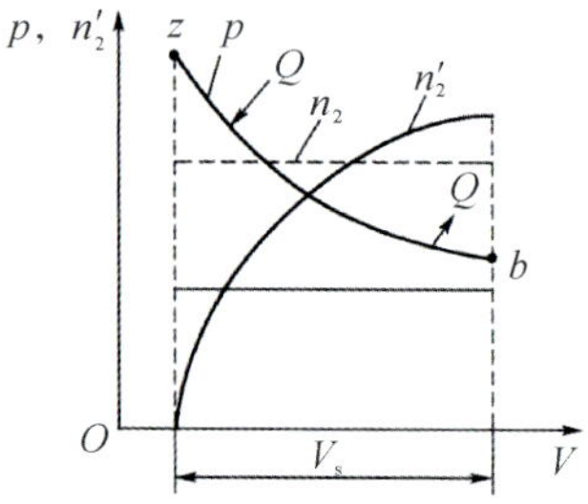

图 9-14　膨胀过程及n'_2

（2）后膨胀比 δ。

$$\delta=\frac{V_b}{V_z}=\frac{\varepsilon}{\rho_0},\tag{9—89}$$

式中：ε—几何压缩比。

ρ_0和 δ 的范围见表 9-13。

表 9-13　ρ_0和 δ 的范围

机型	ρ_0	δ
柴油机	1.1～1.7	8.8～17

3. 平均多变膨胀指数n_2

在实际发动机中，膨胀过程也是一个多变过程，除热交换及漏气损失外，还有后燃，多变膨胀指数n'_2是不断变化的，如图 9-14 所示。在膨胀初期，由于补燃，工质被加热，$n'_2<k$；到某一时刻$n'_2=k$；此后再膨胀，工质向缸壁散热，$n'_2>k$。在实际的近似计算中，用不变的平均多变膨胀指数n_2 代替变化的多变膨胀指数n'_2。

1）平均多变膨胀指数n_2 的求法

（1）用试算法求解n_2 和T_b。对高速柴油机，因有后燃，采用下式：

$$n_2-1=\frac{8.314\left(\frac{\mu_z}{\mu_b}T_z-T_b\right)}{\frac{H'_u(\xi_b-\zeta_z)}{L\ (1+\varphi_t)\mu}+\frac{\mu_z}{\mu_b}(\mu C_{Vz})_m T_z-(\mu C_{Vb})_m T_b},\tag{9—90}$$

式中：$(\mu C_{Vz})_m$— z 点燃烧产物的平均定容摩尔比热容，kJ/（kmol・K）；

$(\mu C_{Vb})_m$— b 点燃烧产物的平均定容摩尔比热容，kJ/（kmol・K）；

H'_u—燃料发热量。

其中，

$$(\mu C_{Vb})_m=\frac{(1.064+\varphi_r)(\mu C_{Vz})_m+(\alpha-1)(1+\varphi_r)(\mu C_{Vc})_m}{\alpha(1+\varphi_r)+0.064},\tag{9-91}$$

$$H'_u=H_u+L(1+\varphi_r)[\mu\cdot(\mu C_{Vb})_m-(\mu C_{Vc})_m]\times 293.\tag{9-92}$$

（2）经验选取法。通常选$n_2=1.25$，n_2 的范围见表 9-14。

表 9-14　n_2 的范围

机型	n_2
汽油机	1.20～1.28
高速柴油机（活塞不冷却）	1.20～1.25
中、低速柴油机（活塞冷却）	1.25～1.30

2）影响n_2 的因素

负荷增大时，后燃加大，使工质吸热量增多；转速提高时，泄漏减少，使散热量减少，这些都使n_2 降低。n_2 降低时，其膨胀终了的温度势必上升，致使排温过高，影响排气门、涡轮叶片等零件高温工作的可靠性。为此，应尽量使n_2 保持较高的数值。

4. 膨胀终了的压力p_b和温度T_b

1）柴油机

$$p_b=\frac{p_z}{\delta^{n_2}},\tag{9-93}$$

$$T_b=\frac{T_z}{\delta^{n_2-1}}.\tag{9-94}$$

2）汽油机

$$p_b=\frac{p_z}{\varepsilon^{n_2-1}},\tag{9-95}$$

$$T_b=\frac{T_z}{\varepsilon^{n_2-1}}.\tag{9-96}$$

p_b和T_b的范围见表 9-15。

表 9-15　p_b和T_b的范围

机型	$\frac{p_b}{\text{MPa}}$	$\frac{T_b}{\text{K}}$
汽油机	0.35～0.5	1200～1500
非增压柴油机	0.25～0.60	1000～1200
增压柴油机	0.6～1.0	1000～1200

（五）排气过程

1. 特点

排气门开，进气门关，活塞由下止点向上止点移动，将缸内的气体排出。由于排气门有阻力，所以排气压力p_r大于大气压力越大，残余废气量M_r就越多。若T_r低，说明燃料燃烧后转变为有用功的热量多，工作过程进行得完善（图 9-15 中 b—r 线）。

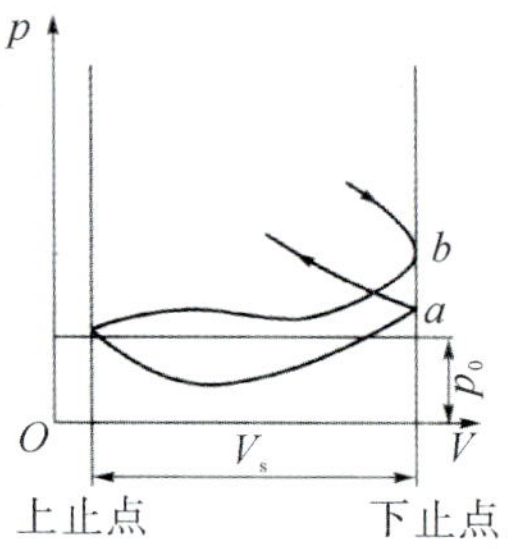

图 9-15　排气过程

2. p_r、T_r的范围见表 9-16

表 9-16　p_r、T_r的范围

机型	p_r	$\frac{T_r}{K}$
汽油机	（1.05～1.2）p_0	850～1200
非增压柴油机	（1.05～1.2）p_0	700～900
增压柴油机	（0.75～1.0）p_0	800～1000

（六）计算示功图（p－V 图）的绘制

（1）必须确定适当的比例尺。

横坐标：$L_v = A$（mm/L），任一容积V_x（L）在横轴上应取长度为 $A\,V_x$（mm）。纵坐标：$L_p =$ B（mm/MPa），任一压力p_x（MPa）在纵轴上应取长度为 $B\,p_x$（mm）。

（2）按上述比例尺，将各特征点 a、c、y（z'）、z、b 相应值画在 p—V 图上。

（3）计算出压缩线 a—c 和膨胀线 z—b 上各点数值，并画在 p—V 图上，一般多用列表法。这些点连成光滑曲线，绘出理论示功图。

（4）对理论示功图修整圆角，得实际示功图。

丰满系数$\varphi_i = F_P/F_T$，F_T为理论示功图面积，F_P为实际示功图面积。对四冲程非增压柴油机，φ_i＝0.92～0.96；对四冲程增压柴油机，φ_i＝ 0.96～0.98。将 c、y（z'）、z 等处修成圆角，将排气门开后的示功图尾部进行修正。

第三节　内燃机的性能指标与热平衡

内燃机实际循环中，实现两类能量转换。一类是在气缸内实现的燃料燃烧的化学能转成热能；另一类是在内燃机装置中实现的燃烧工质作用在活塞上的压力能转换成曲轴输出的机械能。转换中主要存在热损失和机械损失。在研究内燃机性能指标时，常把这两类损失分开考虑，又把指标分为两类，即指示参数和有效性能指标。

一、内燃机的指示参数

指示参数是以燃油和空气在气缸内进行燃烧形成的工质对活塞做功的转换过程为研究基础的，用下标“i”（indicated）表示，如图 9-16 所示。它是表征所转换能量的数量和效率的一组参数，用来评定气缸内各循环过程的完善程度，是只考虑热损失而不计机械损失的性能指标。

（一）实际工作循环指示功 W_i

四冲程非增压柴油机 p—V 图，如图 9-17 所示。在低速柴油机上可以用机械式示功器直接从运转的柴油机上绘制 p—V 示功图，然后用求积仪量取示功图的面积W_i；当前普遍用燃烧分析仪通过压力传感器采集 p—φ 示功图，用作图法也可转换为 p—V 示功图。指示功是对示功图测量计算得出的。

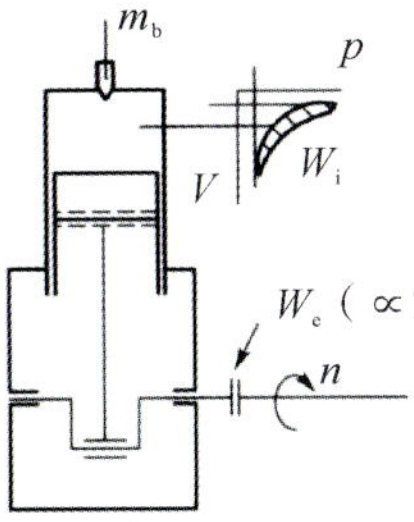

图 9-16　研究对象示意图

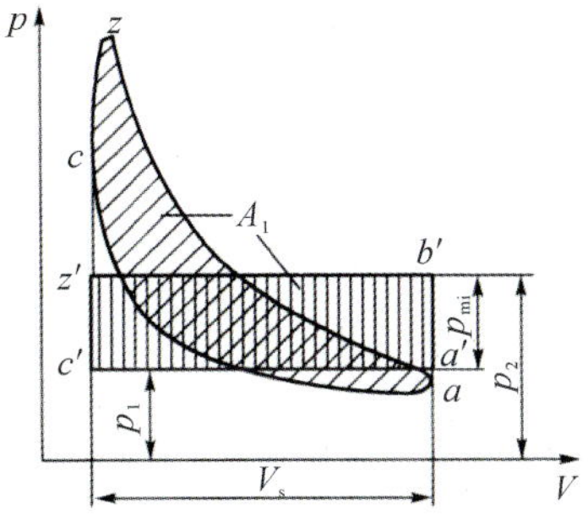

图 9-17　W_i与p_{mi}的关系

示功W_i等于示功图闭合曲线所包围的面积A_1，换气功先不考虑。

1. 指示功表达式

$$W_i = \oint pdV. \tag{9—97}$$

2. 指示功求法

1）用求积仪算出A_i

$$W_i = A_i \cdot L_p \cdot L_v, \tag{9—98}$$

式中：A_i—封闭曲线所包围的面积，cm^2；

L_p—纵坐标比例尺，$\frac{Pa}{cm}$；

L_v—横坐标比例尺，$\frac{cm^3}{cm}$。

2）根据各特征点的压力 P 和容积 V 来计算指示功W_i

（1）理论循环指示功W'_i。

$$W'_i = p_a \cdot V_s \frac{\varepsilon^{n_1}}{\varepsilon - 1}\left[\lambda_{相对p}(\rho_0 - 1) + \frac{\lambda_{相对p} \cdot \rho_0}{n_2 - 1}\left(1 - \frac{1}{\delta^{n_2 - 1}}\right) - \frac{1}{n_1 - 1}\left(1 - \frac{1}{\varepsilon^{n_1 - 1}}\right)\right]. \quad (9-99)$$

（2）实际循环指示功。

$$W_i = \varphi_i W'_i, \quad (9-100)$$

式中：φ_i—丰满系数，$\varphi_i = \frac{W_i}{W'_i}$，其范围见表 9-17。

（二）平均指示压力

1. 平均指示压力p_{mi}

平均指示压力是指在一个循环中，内燃机单位气缸工作容积所做的指示功。

$$p_{mi} = \frac{W_i}{V_s} \quad (9-101)$$

它是假定一个平均不变的压力p_{mi}作用在活塞上，使之移动行程 s 所做的功，表征工作容积V_s利用率的参数，是衡量实际循环动力性能的一个重要指标。

2. 计算式

由于$p_{mi} = \varphi_i \frac{W'_i}{V_s}$，又$p_a = \frac{p_c}{\varepsilon_c^{n_1}}$，由式（9—99）得

$$P_{mi} = \varphi_i \frac{p_c}{\varepsilon - 1}\left[\lambda_{相对p}(\rho_0 - 1) + \frac{\lambda_{相对p} \cdot \rho_0}{n_2 - 1}\left(1 - \frac{1}{\delta^{n_2 - 1}}\right) - \frac{1}{n_1 - 1}\left(1 - \frac{1}{\varepsilon^{n_1 - 1}}\right)\right] \quad (9-102)$$

P_{mi}范围见表 9-17。

表 9-17　φ_i与p_{mi}范围

机型	φ_i	$\frac{p_{mi}}{MPa}$
四冲程汽油机	0.94～0.97	0.70～1.40
二冲程汽油机	0.95～0.98	0.40～0.85
四冲程非增压柴油机	0.92～0.96	0.60～0.95
四冲程增压柴油机	0.95～0.99	0.85～2.60
二冲程柴油机	0.98～1.00	0.50～1.30

（三）指示功率

1. 指示功率P_i

指示功率是指内燃机单位时间，工质对活塞所做的指示功。

$$P_i = \frac{W_i}{t} = \frac{i V_s}{30\tau} n \cdot p_{mi}$$

$$=\frac{iV_s}{30\tau}\cdot\frac{H_u}{\alpha\cdot l_0}\cdot n\cdot\rho_d\cdot\varphi_c\cdot\eta_{it}, \tag{9-103}$$

式中：iV_s—内燃机排量，L；

p_{mi}—平均指示压力，MPa；

n—发动机转速，r/min；

τ—冲程数，四冲程 $\tau=4$，二冲程 $\tau=2$；

ρ_d—进气管状态下空气密度，kg/m³。

2. 四冲程内燃机指示功率

$$P_i=\frac{iV_s}{120}n\cdot p_{mi}. \tag{9-104}$$

3. 二冲程内燃机指示功率

$$P_i=\frac{iV_s}{60}n\cdot p_{mi}. \tag{9-105}$$

（四）指示热效率和指示油耗率

1. 指示热效率η_i

指示热效率是指实际的指示功W_i与所消耗燃料的热量的比值，即

$$\eta_i=\frac{AW_i}{Q_1}=3.6\times10^3\frac{P_i}{B\cdot H_u}, \tag{9-106}$$

式中：A—热功当量，1kW·h$=3.6\times10^3$kJ；

P_i—指示功率，kW；

B—燃油量，$\frac{kg}{h}$；

H_u—燃料低热值，$\frac{kJ}{kg}$。

2. 指示油耗率b_i

指示油耗率是指单位指示功率的耗油量，即

$$b_i=\frac{B}{P_i}\times10^3=\frac{3.6\times10^6}{\eta_i\cdot H_u}. \tag{9-107}$$

3. η_i和b_i的关系

$$\eta_i=\frac{3.6\times10^6}{b_i\cdot H_u}. \tag{9-108}$$

4. η_i与p_{mi}的关系（用吸入空气量计算）

$$\eta_i=0.287\frac{\alpha\cdot l_0}{H_u}\cdot\frac{T_d}{P_d}\cdot\frac{p_{mi}}{\varphi_c} \tag{9-109}$$

$$=8.294\frac{\alpha L_0}{H_u}\cdot\frac{T_d}{P_d}\cdot\frac{p_{mi}}{\varphi_c}, \tag{9-110}$$

式中：p_d、T_d—进气管状态的空气压力和温度；

$$l_0=\mu_a L_0=28.9\,L_0$$ 。

各种内燃机的η_i和b_i范围见表 9-18。

表 9-18 各种内燃机的η_i和b_i范围

机型	η_{it}(%)	b_i[g·(kW·h)$^{-1}$]
四冲程汽油机	25～40	340～260
二冲程汽油机	20～28	435～300
四冲程非增压柴油机	40～45	240～180
四冲程增压柴油机	45～50	210～170
二冲程柴油机	40～48	218～175

二、内燃机的有效性能指标

有效性能指标是以曲轴飞轮端对外输出的有效参数为研究基础的，下标用“e”（effective）表示，如图 9-16 所示。用来表征内燃机整机的动力性和经济性。该指标既考虑了热损失，又考虑了机械损失。

（一）内燃机动力性指标

1. 有效功率P_e

有效功率是指从内燃机功率输出轴上得到的净功率，即

$$P_e=P_i-P_m=P_i\cdot\eta_m,\tag{9—111}$$

式中：P_m—机械损失功率，kW，包括泵气损失、摩擦损失和驱动附件损失的功率；

η_m—机械效率，$\eta_m=\dfrac{P_e}{P_i}$。

有效功率表达式：

$$P_e=\frac{iV_s}{30\tau}n\cdot p_{me},\tag{9—112}$$

式中：p_{me}—平均有效压力，MPa。

对四冲程内燃机有效功率：

$$P_e=\frac{iV_s}{120}n\cdot p_{me}.\tag{9—113}$$

对二冲程内燃机有效功率：

$$P_e=\frac{iV_s}{60}n\cdot p_{me}.\tag{9—114}$$

内燃机的有效功率由实验测定。

2. 标定功率P_e

标定功率是制造厂为内燃机标定的有效功率，根据用途、使用特点及在标定转速下连续运转时间，

可分为四种：15 min 功率、1 h 功率、12 h 功率和持续功率。

3. 有效转矩T_{tq}

(1) 定义。内燃机工作时，有功率输出、轴输出的转矩称为有效转矩T_{tq}。

(2) T_{tq}和P_e的关系式。

$$T_{tq}=9550\cdot\frac{P_e}{n} \tag{9-115}$$

或

$$P_e=\frac{1}{9550}\cdot n\cdot T_{tq}=0.1047\cdot T_{tq}\cdot n\times10^{-3} \tag{9-116}$$

4. 平均有效压力p_{me}

(1) p_{me}是指内燃机在一个工作循环内，单位气缸工作容积在曲轴上所输出的有效功，即

$$P_{me}=\frac{W_e}{V_s}, \tag{9-117}$$

它是假定一个平均不变的压力P_{me}作用在活塞上，使之移动行程 s 所做的功。

(2) 平均有效压力P_{me}的关系式。

①P_{me}与P_e的关系式：

$$p_{me}=\frac{30\tau}{iV_s}\cdot\frac{P_e}{n}. \tag{9-118}$$

四冲程内燃机：

$$p_{me}=\frac{120}{iV_s}\cdot\frac{P_e}{n}. \tag{9-119}$$

二冲程内燃机：

$$p_{me}=\frac{60}{iV_s}\cdot\frac{P_e}{n}. \tag{9-120}$$

②p_{me}与T_{tq}的关系式：

$$p_{me}=3.14\frac{\tau}{iV_s}\cdot T_{tq}\times10^{-3}. \tag{9-121}$$

四冲程内燃机：

$$p_{me}=\frac{12.56}{iV_s}\cdot T_{tq}\times10^{-3}. \tag{9-122}$$

③p_{me}与η_{et}的关系式：

$$p_{me}=3.47\frac{H_u}{\alpha l_0}\cdot\frac{p_d}{T_d}\cdot\varphi_c\cdot\eta_{et}, \tag{9-123}$$

$$p_{me}=0.120\frac{H_u}{\alpha L_0}\cdot\frac{p_d}{T_d}\cdot\varphi_c\cdot\eta_{et}\cdot \tag{9-124}$$

④p_{me}与b_e的关系式：

$$p_{me}=1.25\times10^7\frac{1}{\alpha l_0}\cdot\frac{p_d}{T_d}\cdot\frac{\varphi_c}{b_e}, \tag{9-125}$$

式中：p_d、T_d—进气管状态的空气压力和温度。

内燃机p_{me}的一般范围见表 9-19。

表 9-19 p_{me}的范围

机型	$\frac{p_{me}}{MPa}$
四冲程汽油机	0.60～1.20
二冲程汽油机	0.40～0.65
四冲程非增压柴油机	0.60～1.00
四冲程增压柴油机	0.80～2.80
二冲程柴油机	0.60～2.50

（二）内燃机经济性指标

1. 有效热效率η_{et}

有效热效率η_{et}是实际循环的有效功与为得到此有效功所消耗的燃料热量之比，

$$\eta_{et}=\frac{W_e}{Q_1}=3.6\times10^3\frac{P_e}{B\cdot H_u}=\frac{3.6\times10^6}{b_e\cdot H_u}. \qquad (9-126)$$

当测得发动机的有效功率P_e和耗油量B以后，可利用式（9—126）计算出η_{et}。

2. 有效燃油消耗率（简称油耗率）b_e

有效燃油消耗率是指单位有效功率的耗油量，通常用b_e表示，即

$$b_e=\frac{B}{P_e}\times10^3=\frac{3.6\times10^6}{\eta_{et}\cdot H_u} \qquad (9-127)$$

可见，油耗率b_e与有效热效率η_{et}成反比。有效热效率越高，经济性越好。

一般内燃机在标定工况下的b_e和η_{et}的大致范围见表 9-20。

表 9-20 b_e和η_{et}范围

机型	η_{et}(%)	b_e [g·(kW·h)$^{-1}$]
四冲程汽油机	22～35	410～264
二冲程汽油机	15～20	545～410
四冲程非增压柴油机	30～40	285～215
四冲程增压柴油机	35～50	218～170
二冲程柴油机	36～43	225～180

（三）机械损失与机械效率

1. 机械损失

（1）评定机械损失参数。

①机械损失功率P_m。占P_i的 11%～30%。

$$P_m=\frac{iV_s}{30\tau}n\cdot p_{mm}. \qquad (9-128)$$

②平均机械损失压力p_{mm}。p_{mm}是内燃机单位气缸工作容积一个循环所损失的功，可用来评价机械损失的大小，即

$$p_{mm}=\frac{30\tau}{i\,V_s}\cdot\frac{P_m}{n}. \tag{9—129}$$

③机械效率η_m。

$$\eta_m=\frac{P_i-P_m}{P_i}=\frac{p_{mi}-p_{mm}}{p_{mi}}=1-\frac{p_{mm}}{p_{mi}}. \tag{9—130}$$

（2）机械损失的组成部分。

机械损失包括摩擦损失、驱动附件损失、泵气损失，分配情况见表 9-21。

表 9-21　机械损失分配情况

机械损失	占P_m百分比（%）	占P_i百分比（%）
摩擦损失	62～75	8～20
活塞与活塞环	45～52	
连杆、曲柄轴承	12～20	
配气机构	2～3	
驱动附件损失	10～20	1～5
水泵	2～3	
机油泵	1～2	
风阻	6～10	
泵气损失	10～20	2～5

（3）机械损失的测定。

常用的测试方法有倒拖法、停缸法、油耗线法和示功图法。

①倒拖法。适用于在具有倒拖能力的电力测功器试验台上进行。测定时测功器转换为电动机倒拖内燃机由空转到给定转速，并尽量维持冷却水和机油温度不变，测得的倒拖功率即为内燃机在该工况下机械损失功率P_m。

②停缸法。仅适用于多缸内燃机。测定时将内燃机调整到给定工况稳定运转功率为P_e。停止向一个缸供油，并调整测功器使内燃机恢复到原转速，测得功率为P_{el}，则P_e-P_{el}为停油气缸的指示功率。同法，依次使各缸熄火，于是可得各缸指示功率，整机的机械损失功率P_m等于各缸指示功率之和减去内燃机的有效功率。

③油耗线法。由式（9—106）可得

$$B\,H_u\eta_i=3.6\times10^3P_i=3.6\times10^3(P_e+P_m). \tag{9—131}$$

当柴油机空转（$Pe=0$）时，若ηi不变，则

$$B_0H_u\eta_i=3.6\times10^3P_m. \tag{9—132}$$

两式相比得

$$\frac{B}{B_0}=\frac{P_e+P_m}{P_m}=\frac{p_{me}+p_{mm}}{p_{mm}}. \tag{9-133}$$

通过柴油机在转速不变的情况下进行的负荷特性试验，求出发动机在给定转速下每小时耗油量 B 与有效功率P_e的关系曲线，如果把耗油量曲线延长并求出与横坐标轴的交点，就可以得到P_m值。

（4）示功图法。示功图的测录方法有两种：一种是利用示功器进行示功图的测录，算出P_i，从测功器读出有效功率P_e，从而可以算出p_m、η_m和p_{mm}；另一种是用燃烧分析仪采集示功图进行测录。

2. 机械效率

（1）机械效率η_m是有效功率P_e与指示功率P_i的比值，即

$$\eta_m=\frac{P_e}{P_i}=\frac{p_{me}}{p_{mm}}=1-\frac{p_m}{p_i} \tag{9-134}$$

机械效率η_m越接近 1，说明机械损失功率p_m越小，发动机性能就越好。

η_m的范围见表 9-22。

表 9-22　η_m的范围

机型	η_m（%）	机型	η_m（%）
汽油机	75～85	汽油机	80～92
四冲程非增压柴油机	78～85	四冲程非增压柴油机	70～90

（2）影响机械效率的因素。

影响机械效率的因素有转速、负荷、润滑油品质、冷却水温度和增压，机械效率还与最高燃烧压力、气缸尺寸和数目、大气状态等结构设计参数和使用环境有关。

①发动机转速 n 或活塞平均速度V_m的影响。n 或V_m增大，各摩擦副之间的相对速度增加，摩擦损失增大；与此同时，曲柄连杆机械的惯性力增大，活塞的侧压力和轴承负荷增大，摩擦损失也增大。n 增大，泵气损失、驱动附件消耗的功随之增加，所以机械效率下降。平均机械损失压力p_{mm}随活塞平均速度V_m的变化关系如图 9-18 所示，机械效率η_m与n 的关系如图 9-19 所示。

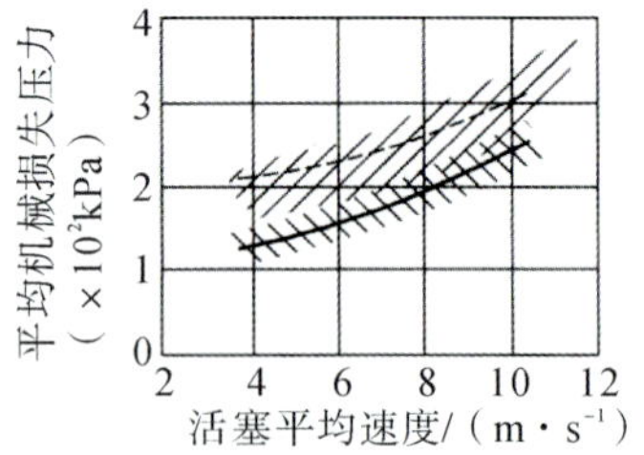

图 9-18　p_{mm}与V_m的关系

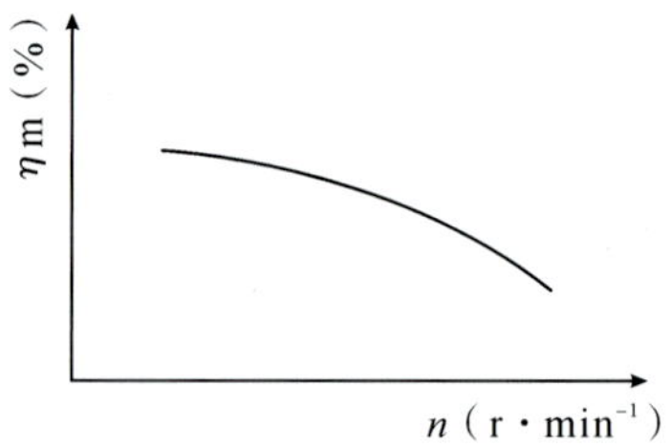

图 9-19　n 对η_m的影响

②负荷的影响。内燃机的 n 一定，而负荷减小时，平均指示压力p_{mi}随之下降，而变化很小，由式（1—103）可知，随着负荷减小，η_m下降，直到空转时，$P_e=0$，指示功率全部用来克服机械损失功率，即$P_i=P_m$，故$\eta_m=0$。

③润滑油品质和冷却水温度的影响。润滑油黏度对摩擦损失有重要影响。黏度大，润滑油的内摩擦力大，流动性差，使摩擦损失增加，但承载能力强，易于保持流体润滑状态。

润滑油黏度主要受油的品种和温度的影响。黏度随温度的变化程度常用 50 ℃和 100 ℃时润滑油黏

度的比值（$\frac{V_{50}}{V_{100}}$）来表示。比值越大，黏度随温度的变化越大。

一般来说，内燃机强化程度高、轴承负荷大时，宜选用黏度较大的机油。转速高、配合间隙小时，要求选用流动性好、黏度较小的机油。

冷却水温度对燃烧过程和传热损失都有直接的影响，同时冷却水温度与润滑油温度也密切相关。因此，在内燃机使用过程中，应严格保持一定的水温和油温，一般出水温度在 80～95 ℃，润滑油温度＜90 ℃。

④增压的影响。当采用排气涡轮增压时，P_i随增压度增加而成正比增加。若内燃机转速 n 不变，则机械损失功率P_m与非增压时大致相当，由于P_i提高，$\frac{P_m}{P_i}$减小，所以增压使机械效率η_m提高。

（四）内燃机的强化程度指标

1. 升功率P_L

P_L是在标定工况下，内燃机每升气缸工作容积V_s所发出的功率，即

$$P_L=\frac{P_e}{i\ V_s}=\frac{1}{30\tau}n\cdot p_{me}, \tag{9—135}$$

式中：p_{me}——平均有效压力，MPa。

P_L用来衡量内燃机排量的利用程度，其范围见表 9-23。

2. 比质量G_e

G_e是内燃机净质量与它所发出的标定功率P_e之比。它表征内燃机质量的利用程度和结构的紧凑性，即

$$G_e=\frac{G}{P_e} \tag{9—136}$$

G_e的范围见表 9-24。

3. 强化系数（$p_{me}\cdot V_m$）

平均有效压力p_{me}和活塞平均速度V_m的乘积称为强化系数，写成$p_{me}\cdot V_m$。其中，$V_m=\frac{nS}{30}$（m/s），V_m增大，活塞组的热负荷和曲柄连杆机构的惯性力均增大，磨损加剧，寿命下降，p_{me}增大，机械负荷增大，故将$p_{me}\cdot V_m$作为表征内燃机强化程度的参数。

$p_{me}\cdot V_m$的范围也列于表 9-23 中。

表 9-23 P_L、G_e及$p_{me}\cdot V_m$的范围

机型	$\frac{P_L}{kW\cdot L^{-1}}$	$\frac{G_e}{kg\cdot kW^{-1}}$	$\frac{P_{me}\cdot V_m}{MPa\cdot m\cdot s^{-1}}$
汽油机	20～75	1.5～4.0	80～140
非增压柴油机	20～45	5.0～11.0	60～90
增压柴油机	20～50	4.0～9.0	90～144

三、内燃机实际循环的近似热计算

（一）近似热计算的作用

由本章有关实际循环工作过程的计算公式，对内燃机各热力过程参数、指示参数和有效参数进行近似计算，就称为内燃机的热计算。

热计算的作用：

1．可以在设计一种新型内燃机的开始，进行热计算

（1）根据所需要的功率和转速用热计算式来确定应选取的气缸尺寸和气缸数目。

（2）根据特征点的热力参数可绘制出理论示功图。

（3）根据理论示功图或最大燃烧压力值进行内燃机的动力计算和结构强度计算。

（4）热计算作为设计时的类比参考。

2．可以对已经制成的试制样机进行热计算

（1）验证在内燃机调试中所测出的各项参数与热计算得出的参数的符合程度。

（2）对不合理的参数进行调整。

（3）热计算作为调试时的比较依据。

（二）热力计算的计算机程序编制

内燃机实际循环近似热力计算并不复杂，但较为烦琐，手算很费时间。如果将热力计算编成计算机程序，然后上机进行计算可大量缩短计算时间。

四、内燃机的热平衡

内燃机的有效热效率布一般为35％～45％，就是说燃料在内燃机气缸中燃烧时所放出的热量，只有一部分转变为有效的机械功，其余55％～65％的热量以不同的热传递方式损失了。

（一）热平衡概念

热平衡是指单位时间内燃料燃烧所产生的总热量转化为有效功、冷却热损失、排气热损失以及其余热损失的热量的利用和分配情况，以百分率（％）表示。

研究热平衡的目的，就是根据各项热损失的分配情况，明确改善热利用的方向，为提高有效功率和经济性寻找途径，估算冷却系统和装置设计的原始参数。

内燃机的热平衡通常是由实验来确定的。

（二）热平衡表达式

1. 以热量的分配表示：

$$Q_F = Q_E + Q_W + Q_R + Q_S, \tag{9-137}$$

式中：　Q_F—单位时间内燃料燃烧的总热量，kJ/h；

Q_E—转变为有效功的热量，kJ/h；

Q_W—单位时间内冷却水带走的热量，kJ/h；

Q_R—单位时间内排气带走的热量，kJ/h；

Q_S—其余损失的热量，kJ/h。

2. 以总热量的百分数表示：

$$100\% = q_f = q_e + q_w + q_r + q_s, \tag{9-138}$$

式中：

$$q_e = \frac{Q_E}{Q_F} \times 100\%, \quad q_w = \frac{Q_W}{Q_F} \times 100\%,$$

$$q_r = \frac{Q_R}{Q_F} \times 100\%, \quad q_s = \frac{Q_S}{Q_F} \times 100\%,$$

（三）各项热量的计算式

1. 单位时间内燃料燃烧的总热量Q_F

$$Q_F = B \cdot H_u = b_e \cdot P_e \cdot H_u \times 10^{-3}, \tag{9-139}$$

式中：　B—由实验测出的内燃机每小时耗油量，kg/h；

b_e—燃油消耗率，g/kw·h；

P_e—内燃机的有效功率，kW；

H_u—燃料的低热值，kJ/kg。

2. 转化为有效功的热量Q_E

$$Q_E = 3.6 \times 10^3 \cdot P_e, \tag{9-140}$$

式中：　P_e—由实验测出的内燃机有效功率（kW），1kW·h=3.6×10³kJ。

3. 冷却介质带走的热量Q_W

冷却介质包括冷却水、空气和润滑油，对发动机气缸、增压空气中间冷却器及润滑油进行冷却，其带走的热量根据所测冷却介质的流量G_{wi}、温度T_{wi}按下式计算：

$$Q_W = \sum G_{wi} \cdot C_{pi} (T_{2wi} - T_{1wi}) \tag{9-141}$$

式中：　G_{wi}—各冷却介质的小时流量，kg/h；

C_{pi}—各冷却介质的定压比热容，对水$C_{pw}=\frac{4.187\text{kJ}}{\text{kg}\cdot\text{K}}$；

T_{1wi}、T_{2wi}—分别为冷却介质流入和流出冷却系统时的热力学温度，K；

下标 i—为所示冷却介质的种类。

4. 排气带走的热量Q_R

Q_R等于排出废气的能量与进入内燃机的新鲜空气带入的能量之差。

$$Q_R=M_2B\cdot(\mu C_{pr})_m\cdot T_r-M_1\cdot B\cdot(\mu C_{pa})_m\cdot T_a \tag{9—142}$$

式中：　M_1—为燃烧 1kg 燃料的实际空气量，$M_1=\alpha L_0$，kmol/kg；

M_2—为 1kg 燃料燃烧后的产物量，$M_2=\mu M_1$，kmol/kg；

$(\mu C_{pa})_m$—燃烧空气的平均定压摩尔比热容，kJ/kmol·K；

$(\mu C_{pr})_m$—燃烧产物的平均定压摩尔比热容，kJ/kmol·K；

T_a—增压器进口处大气温度，K；

T_r—涡轮后排气温度，K。

其中：

$$(\mu C_{pa})_m=28.184+0.0025\,T_a$$

$$(\mu C_{pr})_m=8.314+\frac{20.473+19.26\,(\alpha-1)}{\alpha}+\frac{360.06-251.21\,(\alpha-1)}{\alpha\times10^5}T_r.$$

5. 余项损失热量Q_S

余项损失的热量包括不完全燃烧损失的热量、发动机表面传给大气的辐射热量、未被冷却介质带走的摩擦热、用来带辅助机械的能量以及由于计算不精确而产生的误差等。

$$Q_S=Q_F-(Q_E+Q_W+Q_R). \tag{9—143}$$

（四）内燃机的热平衡图

一般内燃机燃料在气缸中燃烧所放出的热量Q_F的分配关系，常用热平衡图表示，如图 9-20 所示。主要有三个流向：

1. 转化为指示功的热量Q_E，占总热量的 35%～55%

包括转化为有效功的热量Q_E（35%～45%）和机械摩擦损失的热量、驱动内燃机辅件的热当量以及因辐射而散失到大气中的热量Q_S（5%～10%）。

2. 排气带走的热量Q_R，占 25%～45%

对排气涡轮增压内燃机来说，排气中的部分能量（图 9-20）中Q_R回收后重新得到利用，这样不仅可以提高内燃机的功率，而且燃料的经济性和排放性也有一定的改善。

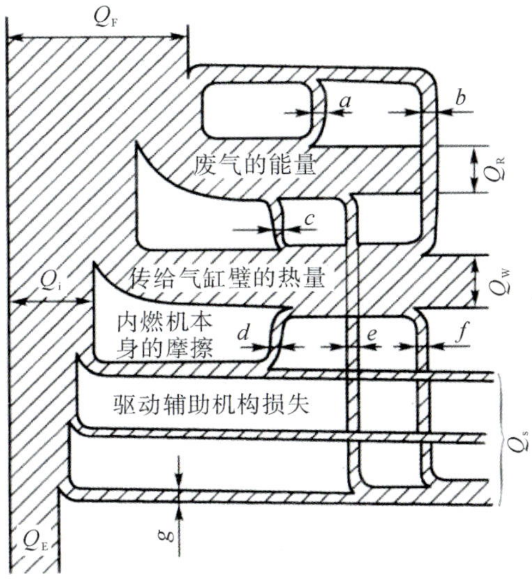

a—从残余废气和排气中回收的热量；b—由气缸壁传给进气的热量；c—排气传给冷却水的热量；d—摩擦热传给冷却水的部分；e—从排气系统辐射的热量；f—冷却系和水套壁辐射的热量；g—从曲轴箱壁辐射的热量

图 9-20　内燃机的热平衡图

3. 冷却损失的热量Q_W，占 15%～35%

改善内燃机热效率的途径，就是应用绝（隔）热技术，来减少冷却介质带走的热量。

（五）热损失范围及热量分配情况

燃料总热量的 50%～75%损失掉了，主要是由排气带走，其次是传给冷却水。表 9-24 列出了不同类型内燃机各项热损失的范围。

表 9-24　三种类型内燃机全负荷时各项热损失范围

机型	Q_E（%）	Q_R（%）	Q_W（%）	Q_S（%）
汽油机	25～30	30～50	12～27	5～10
非增压柴油机	30～40	25～45	15～35	2～5
增压柴油机	35～45	25～40	10～30	2～3.5

对于热量分配影响较大的因素是增压与非增压的区别。增压后，废气带走的热量明显增加。这是由于涡轮前的排气温度增加。增压后冷却水带走的热量的百分比减少，说明增压后功率增加，冷却水系统并不需要按比例增大，但随着增压度的提高，空气中冷器带走的热量相应加大；增压后润滑油带走的热量的百分比变化不大，但热量增加，相应润滑系统润滑油冷却管的容量应相应加大。

五、提高内燃机动力性和经济性的技术措施

（一）表征内燃机动力性和经济性的关系式

1. 影响升功率的各因素

由式（9－100），得

$$P_L=\frac{3.47}{30\tau}\cdot\frac{H_u}{\alpha\cdot l_0}\cdot n\cdot\rho_d\cdot\varphi_c\cdot\eta_{et}=K_1\frac{n}{\tau}\cdot\frac{\rho_s}{\alpha}\cdot\varphi_c\cdot\eta_i\cdot\eta_m. \tag{9－144}$$

2. 影响油耗率的各因素

由式（9－127），得

$$b_e=\frac{3.6\times10^6}{H_u}\cdot\frac{1}{\eta_i\cdot\eta_m}=K_2\frac{1}{\eta_i\cdot\eta_m}, \tag{9－145}$$

式（9－138）和式（9－145）明确地表明了提高动力性能和经济性能的基本途径。

（二）技术措施

1. 采用排气涡轮增压加中冷技术提高进气ρ_s

从式（9－109）可以看出，在保持过量空气系数α如等参数不变的情况下，增加吸进空气密度ρ_s，可以多喷油，使发动机功率按比例增长，这就是在柴油机上安装排气涡轮增压器，通过预压缩进气来增加空气量，并且冷却进气，提高增压空气密度，尤其是采用高增压（$\pi_b>3$）后，使柴油机的P_{me}和P_L成倍增长，P_{me}已超过 3 MPa，比质量G_e降到 2 kg/kW 以下，同时，还改善了柴油机的经济性和排烟 $2x$ 能。增压技术可以用来恢复在高原使用的内燃机的功率。采用带放气阀的增压器，在高工况时部分排气放掉，可以防止增压器超速及柴油机压力过高。采用变截面涡轮增压器，低转速时，让喷嘴环出口截面积自动减小，高转速时，让喷嘴环出口截面积增大，这样扩大了低油耗率的运行区，加速性能得到提高，排放和噪声获得改善。

汽油机由于受爆燃限制，压缩行程终了时的压力和温度不宜过高，这就限制了增压压力不宜过高，增压后一般提高 30%～40%。

2. 合理组织燃烧过程．提高循环指示效率η_i

（1）对汽油机。应用电控汽油喷射，改善混合气形成质量；加强进气涡流、滚流；采用多气门技术；紧凑型燃烧室；与高能点火的火花塞的合理布置相匹配，应用稀燃、速燃和分层燃烧等新技术。

（2）对柴油机。电控高压共轨、多阶段柔性喷射技术，采用理想的喷油规律；4 气门喷油器中间正置；进气涡流可变技术，挤流和微涡流，前期加速混合，后期加快燃烧；环形燃烧室与多孔油嘴的喷束相匹配，均质充量低温火焰预混合燃烧（HCCI）减少扩散燃烧。通过减少冷却系、润滑系、排气系和表面辐射的热损失，提高指示热效率η_i。

3. 改善换气过程，提高气缸的充量系数φ_c

改善换气过程，不仅可以提高φ_c，而且可以减少换气损失。在相同的进气管状态（P_d、T_d、ρ_d）

下能吸入更多的新鲜空气，喷入更多的燃料，在同样的燃烧条件下可以获得更多的有用功，从改善配气机械、凸轮轮廓线及管道流体动力性能等方面着手进行研究。

4. 提高内燃机的机械效率η_m

靠合理选定各种热力和结构参数，合理的活塞平均速度V_m和零件精度的提高减少其摩擦损失，减小驱动水泵、油泵等附属机构所消耗的功率以及改善发动机的润滑、冷却来实现。

5. 提高内燃机的转速n

增加转速可以增加单位时间内每个气缸做功的次数，因而可提高发动机的输出功率，同时发动机的比质量也随之降低。因此，它是提高发动机功率和减小质量、尺寸的一个有效措施。

但转速增加受到燃烧恶化、充量系数φ_c和机械效率的降低、零件使用寿命和可靠性降低以及发动机振动、噪声加剧等限制。

一般车用汽油机：n=4000～5000 r/min；一般车用柴油机：n<3000 r/min。采用二冲程，提高升功率。

理论上，采用二冲程相对四冲程可以使升功率提高一倍，但由于二冲程组织热力过程和结构设计上的行程损失，在相同工作容积和转速下，P_{me}往往达不到四冲程的水平，P_L只能提高50％～60％。

目前，除在大型低速船用柴油机和小型风冷汽油机（2.0kW以下）中二冲程占一定比例外，四冲程在机型数量上占绝大多数。

第十章　汽油机混合气形成与燃烧

第一节　汽油机的燃烧过程

汽油机一般在气缸外部使燃油与空气混合，进入气缸到压缩终了时已形成大体均匀的混合气，之后依靠电火花强制点火，形成火焰中心并向未燃混合气传播，最后完成燃烧。

一、正常燃烧

如果燃烧由定时的电火花点火，首先使火花塞电极间隙内的混合气形成微小火焰核，同时此火焰具有向相邻的混合气连续传播的能力和一定的传播速度（30～80 m/s），进而把火焰传遍整个燃烧室，则称为汽油机的正常燃烧。

研究燃烧过程的方法很多，如用高速摄影机拍摄全方位燃烧图、应用激光吸收光谱仪进行分析、抽气取样分析以及建立燃烧数学模型等．但简单易行且经常使用的方法是测取精确的燃烧过程的 $p-\varphi$ 示功图。因为着火燃烧后，气缸中的压力和温度不断升高，而气缸中的压力和温度是反映燃烧进行情况的重要参数，所以可以利用 $p-\varphi$ 示功图分析燃烧过程的进展情况，汽油机典型的 $p-\varphi$ 示功图如图 10-1 所示，曲线 1、2、3、4 表示气缸中进行正常燃烧的压力曲线，曲线 1、2、4’表示气缸内不燃烧时的纯压缩膨胀曲线。

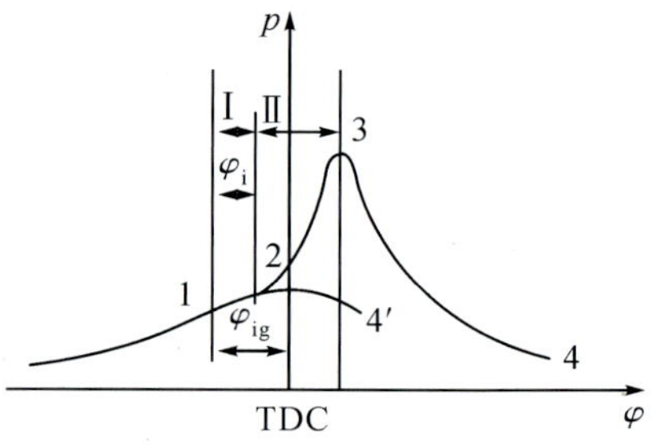

图 10-1　汽油机的燃烧过程

二、燃烧阶段的划分

为了分析方便起见，按其压力变化的特点，一般人为地把汽油机燃烧过程分成三个阶段。

（一）第 I 阶段

如图 10-1 中 1—2 段所示，称为滞燃期，用 τ_i（s）或 φ_i（℃A）表示，是指从电火花跳火（点 1，φ_{ig}）到

点燃混合气形成火焰中心（点 2）为止的一段时间 。一般在示功图上，点 2 指气缸压力脱离压缩线的急剧上升点。

对于汽油机而言，缸内着火时间（点 2）可以用控制点火提前角φ_{ig}的方法来达到，所以滞燃期的长短对汽油机工作的影响不大，这一点与柴油机完全不同。但是，滞燃期对汽油机的循环差异很敏感，希望尽量缩短之并保持稳定。

滞燃期τ_i的长短与燃油性能、开始点火时缸内的压力和温度（它们与压缩比 ε 有关，ε 高，τ_i短）、混合气成分（$\alpha=0.8\sim0.9$ 时，τ_i最短）、残余废气量（废气量增多，τ_i增加）、缸内气体运动（气体运动增强，τ_i稍增加）和火花能量（能量大，τ_i缩短）等因素有关。

（二）第Ⅱ阶段

如图 10-1 中 2—3 段所示，称为急燃期（又称明显燃烧期），是指火焰由火焰中心传遍整个燃烧室的阶段，示功图上常指压力达到最高点 3 止，亦称火焰传播阶段。它是汽油机燃烧的主要时期。

在这一阶段内，绝大部分混合气（大约 90%）已燃烧，而活塞又在上止点（TDC）附近，所以气缸内压力升高很快。常用平均压力升高率 $\Delta p/\Delta\varphi$（MPa/℃A）表示压力急剧变化的程度。

$$\frac{\Delta p}{\Delta\varphi}=\frac{P_3-P_2}{\varphi_3-\varphi_2} \tag{10-1}$$

式中：　P_2、P_3—分别为第Ⅱ阶段起点和终点压力，MPa；

φ_2、φ_3—分别为第Ⅱ阶段起点和终点对应的曲轴转角，℃A。

一般汽油机的 $\Delta p/\Delta\varphi=0.2\sim0.5$MPa/℃A 火焰传播速度与压力升高率密切相关，火焰传播速度高的可燃混合气（$\alpha=0.8\sim0.9$，气体存在湍流运动等）均促使 $\Delta p/\Delta\varphi$ 增加。同样，火花塞位置、燃烧室型式对 $\Delta p/\Delta\varphi$ 也有影响。

急燃期越短，越近似等容燃烧，汽油机的动力性、经济性越好，但可能导致 $\Delta p/\Delta\varphi$ 值过高，噪声、振动大，工作粗暴，且对排放也不利。一般应使急燃期占 20～30℃A，最高燃烧压力（点 3）在上止点后 12～15℃A 达到，$\Delta p/\Delta\varphi=0.175\sim0.25$MPa/℃A 为宜。

（三）第Ⅲ阶段

如图 10-1 中 3 以后段所示，称为后燃期，是指急燃期终点 3 至燃油基本上完全燃烧完为止期间的燃烧。在后燃期中，主要是火焰前锋后未及时燃烧的燃油再燃烧，黏附在气缸壁面上的未燃混合气层的继续燃烧，以及高温分解的燃烧产物（H_2、CO 等）重新氧化，在膨胀过程中温度下降后又部分复合而放出热量，一般也作为后燃看待。

第二节　内燃机气缸内的气流运动

一、气缸内气流运动的作用及形式

（一）气流运动的作用

组织最佳强度的气缸内气流运动，对内燃机混合气的形成和燃烧过程具有重要的作用。

1. 对汽油机而言

它可以加快油气的均匀混合，控制燃烧过程，提高火焰传播速度，降低燃烧循环变动，减少燃油高温裂解及适应稀混合气浓度燃烧或分层充气燃烧方式。

2. 对柴油机而言

它可以消除混合气局部过浓或过稀区域，促进油气混合均质化，加快扩散火焰燃烧速率，缩短燃烧持续期，有利于降低炭烟，缓解控制氮氧化物（NO_x）排放与降低燃油消耗率之间的矛盾。

（二）气流运动的形式

涡流（包括进气涡流、压缩涡流和燃烧涡流）；挤流；滚流和斜轴涡流；微涡流（紊流）。

二、各种气流运动的主要特征和评定参数

（一）进气涡流的特征和评定参数

1. 进气涡流

在进气过程中，靠进气道组织绕气缸轴线的气流旋转运动，称为进气涡流。适当的进气涡流有助于加速混合气的形成，改善混合气质量。研究表明，进气涡流可以持续到燃烧膨胀过程。进气涡流的大小由进气道的结构、形状、加工质量和发动机转速来决定。

2. 进气涡流形成的方法

进气涡流是利用进气道内腔、进气门形状以及进气门相对气缸壁位置，使气流获得方向性旋转而形成的。产生的方法有：带导气屏的进气门、切向进气道、螺旋进气道、组合进气道和可变涡流进气道。图 10-2 为其中几种进气道进气涡流形成的方法及进气门出口处的流速分布。

（1）带导气屏的进气门［图 10-2（1）］。导气屏设置在进气门上，包角 β 为 80°～120°，安装位置可以旋转调节。靠气缸壁面的约束，强制空气从导气屏前面以不同角度流入气缸，形成对气缸中心的动量矩而产生旋流。试验时为调整方便，涡流比 Ω 为 0～4。但导气屏使流动不对称，减小了流通截面积，

使阻力增大，充量系数下降，因此目前已不采用。

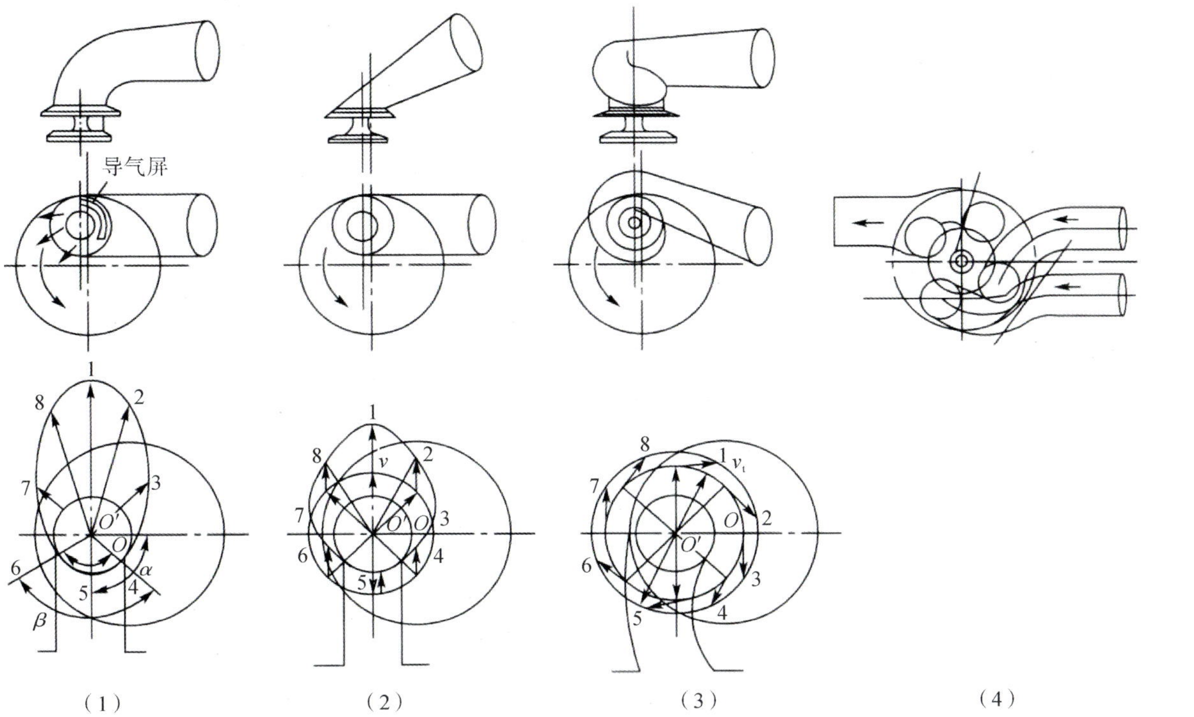

图 10-2　进气涡流形成的方法及进气门出口处的流速分布

(1) 带导气屏的进气门；(2) 切向进气道；(3) 螺旋进气道；(4) 组合进气道

(2) 切向进气道 [图 10-2 (2)]。气道形状比较平直，在进气门座前明显收缩，气道母线与气缸相切，气流单边进入气缸，靠缸壁约束而形成空气旋流，进气门出口处速度分布不均匀，增加一个沿切向气道方向的速度，进气门升程对切向进气道涡流影响较大，进气门升程较大时，涡流速率较高，涡流比 Ω 为 1～2。切向气道仅用于低涡流强度的场合，它在气缸盖中容易布置。

(3) 螺旋进气道 [图 10-2 (3)]。在进气门座上方的进气门腔内做成螺旋形，使气流在螺旋进气道内形成一定强度的旋转，因此在进气门升程较小时，涡流速率较高。在进气门口处为平直气道，在均匀速度分布的基础上，增加一个切向速度 V_t 与切向气流合成较强旋流，涡流比 Ω 为 1.5～3。强涡流螺旋进气道质量对燃烧性能影响比较大，因此对铸造和加工要求较高。

(4) 组合进气道 [图 10-2 (4)]。适用于喷油器中心布置的四气门气缸盖，有两个排气门和两个进气门，其中一个进气门为切向进气道，另一个进气门为螺旋进气道，在两个进气门气缸处形成的进气涡流为切向和螺旋的组合进气道。

(5) 可变涡流进气道。使进气涡流强度随发动机转速和负荷的变化而变化的高低涡流进气道，如图 10-3 所示，日本五十铃公司采用副气道方式、导向叶片方式及空气喷管方式可变涡流进气道。在低速高负荷时须用强涡流，使油耗率和烟度同时降低；高速高负荷及中速中负荷时须用弱涡流及中涡流，使油耗率和 NO_x 排放同时降低，图 10-4 所示为最佳涡流与发动机负荷和转速关系图。

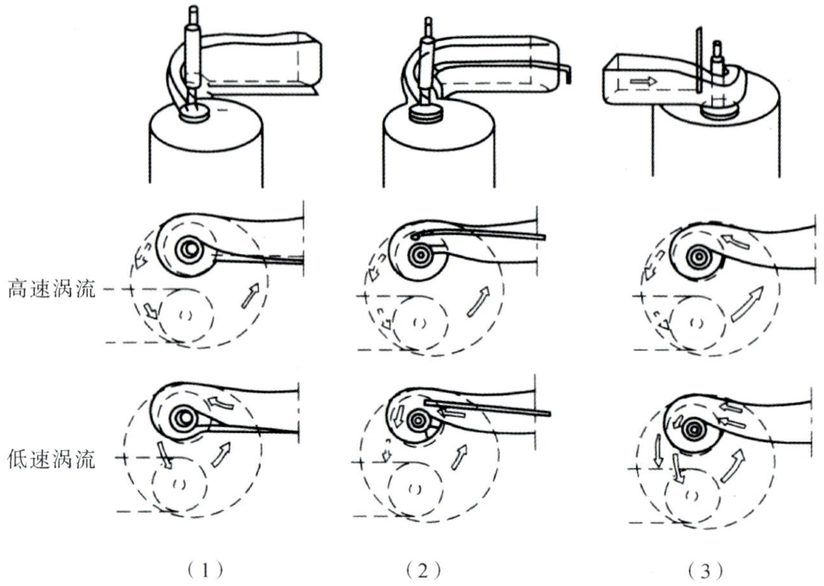

图 10-3 五十铃公司采用的可变涡流进气道

(1) 副气道；(2) 导向叶片方式；(3) 空气喷管方式

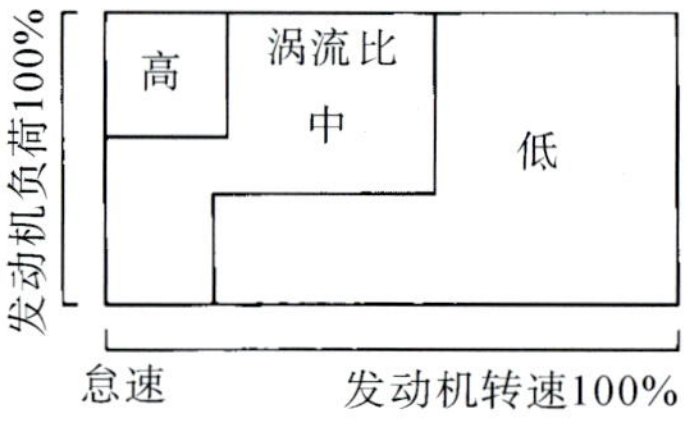

图 10-4 最佳涡流与发动机负荷和转速关系图

3. 涡流强度及其测定

进气道质量指标主要是流动阻力和涡流强度。

涡流强度常用涡流比 Ω 来表示涡流强度的大小：

$$\Omega=\frac{\omega_R}{\omega_e}=\frac{n_R}{n}=\frac{\rho\cdot V_s\cdot n_R}{30\cdot m},\qquad (10-2)$$

式中：ω_R—叶片旋转角速度；

ω_e—发动机旋转角速度；

n_R—叶片转速，r/min；

n—发动机转速，r/min。；

V_s—试验台气缸工作容积，L；

m—孔板流量计实测的空气质量流量，kg/min。

涡流强度测定：

涡流强度通常用里卡多（Ricardo）方法评定。一般如图 10-5 所示的气道稳流试验装置测定涡流强度。还可以利用水模拟、热线风速计和激光多普勒（LDV）进行测量。

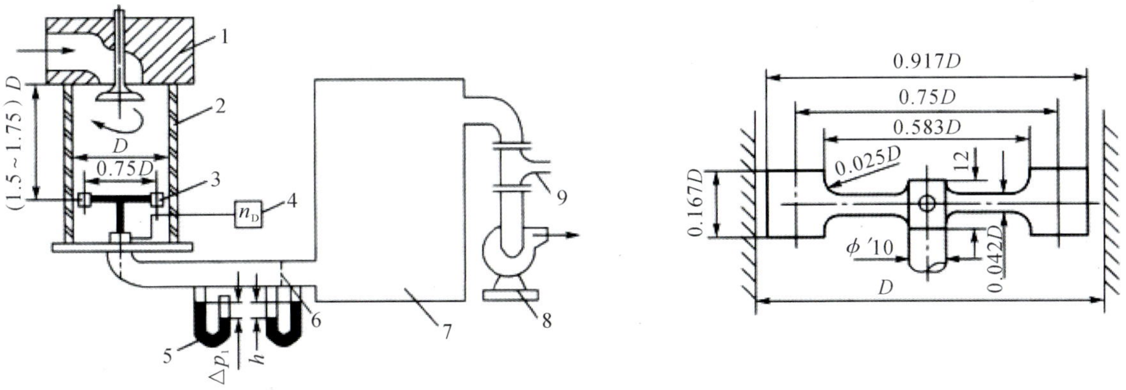

1—试验缸盖；2—模拟气缸；3—叶片风速仪；4—计数器；5—压差计

6—孔板流量计；7—稳压箱；8—吸风机；9—流量调节阀

图 10-5　气道稳流试验装置

气门升程 h 一定时，在给定的压力差△p 下，测定风速仪角速度ω_R及流量 Q。试验中采用下面的无因次参数量。

无量纲涡流数：

$$N_R=\frac{\omega_R D}{v_0}. \tag{10-3}$$

无量纲气门升程：

$$\frac{h}{D}. \tag{10-4}$$

流量系数：

$$C_F=\frac{Q}{A\ v_0}, \tag{10-5}$$

式中：　D—气缸直径，mm；

h—气门升程，mm；

Q—实测空气体积流量，L/min。

气门座内截面面积：

$$A=\frac{\pi}{4}i_v\cdot d_v^2 \tag{10-6}$$

其中：　i_v——进气门数目；

d_v——气门座内径，mm；

v_0——气门出口处流量。

$$v_0=\sqrt{2\Delta p/\rho}, \tag{10-7}$$

其中：　Δp—进气道压力降，一般取 2.5 kPa；

ρ—气门座处气体密度，kg/m。

用无量纲参量比较气道时，可不受流体温度、压力和流速的影响。

（二）压缩涡流与燃烧涡流的特征和形成方法

1. 压缩涡流

在压缩行程中利用活塞的推挤作用，将气缸内空气挤压进涡流室空间形成的有组织旋转空气运动，称为压缩涡流。图 10-6（1）为涡流室柴油机轴针式喷嘴顺气流方向喷油，压缩涡流促进涡流室中的燃料与空气混合。涡流大小由燃烧室形状、通道尺寸、角度及位置决定。

2. 燃烧涡流

利用分隔式燃烧室副室中一部分燃料的燃烧能量将其中的混合气高速喷入主燃烧室，并在主燃烧室里形成气流旋转运动，称为燃烧涡流。图 10-6（2）为预燃室柴油机，由于油气从通道小孔冲入主燃烧室速度很快，因此燃烧涡流扰动强烈，加速主燃烧室的混合燃烧。

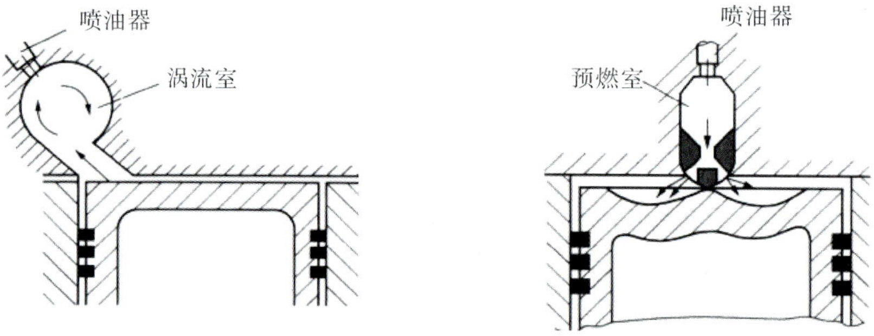

图 10-6　涡流室中压缩涡流及预燃室中燃烧涡流

（1）压缩涡流；（2）燃烧涡流

（三）挤流的特征和形成方法

缩口形燃烧室如图 10-7（1）所示。

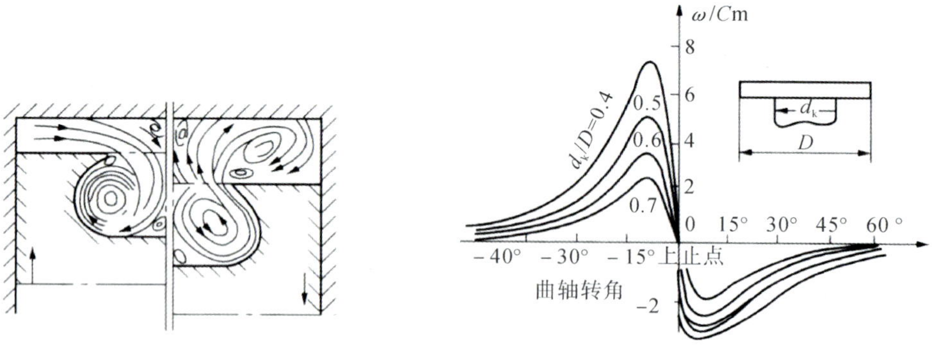

图 10-7　燃烧室内挤流及挤流速度图

（1）燃烧室内挤流截面图；（2）燃烧室内挤流速度图

由于燃烧室喉口直径较小，当活塞上行时，在压缩过程后期［图 10-7（1）左半图］，活塞顶面的环形部分和气缸盖底面之间彼此靠近时，将空气挤压进燃烧室凹坑内形成的径向或横向气流运动，称为压缩挤流（可达 30～50 m/s）。

当活塞下行时，在膨胀过程初期［图 10-7（1）右半图］，燃气又流向外围环形空间。进一步促进混合燃烧，产生向外的膨胀流动，称逆挤流。挤流强度主要由喉口直径d_k、挤气面积和挤气间隙的大小决定。挤流速度ω切随曲轴转角的变化关系如图 10-7（2）所示。由图可见，在上止点前 10℃A 左右，挤流速度ω最大，$\frac{d_k}{D}$最小。

汽油机紧凑型燃烧室有利于较强的挤气流动，增强燃烧室内的湍流强度，促进混合气快速燃烧。

逆挤流在柴油机上有助于混合气从燃烧室内流出，促进缸内空气混合与燃烧，对降低排放十分有利。

由于挤流不降低充量系数，且流动损失也很小，所以在小型高速柴油机中得到广泛应用。

（四）滚流的特征和形成方法

在进气过程中形成的绕垂直于气缸轴线的有组织的空气旋流，称为滚流或横轴涡流。图 10-8（1）所示为进气过程。

在压缩过程中滚流动量衰减较小，如图 10-8（2）所示。

当活塞接近于压缩上止点时，大尺度的滚流将破裂成许多小尺度的涡流，如图 10-8（3）所示，使湍流强度和湍流动能增加，大大提高火焰传播速度，改善发动机性能。

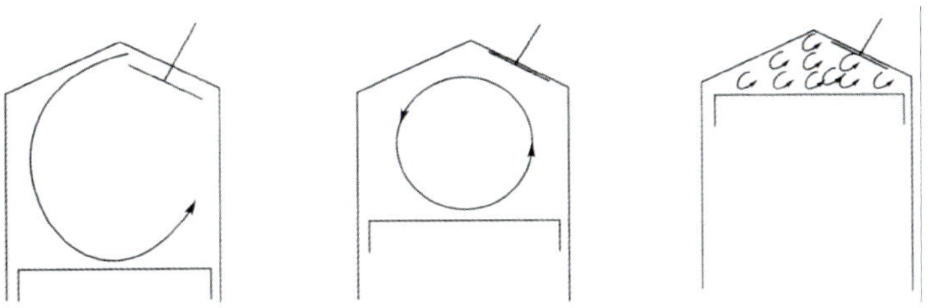

（1）（2）（3）

图 10-8 滚流产生过程

（1）进气过程；（2）压缩过程；（3）压缩终了

滚流较适于四气门汽油机中，在双进气道中的一个进气道内安装旋转控制阀，通过改变旋转控制阀的开度，即可形成不同角度的斜向旋流，横轴涡流可以认为是由进气涡流和滚流两部分组合而成的，滚流近年在直喷式汽油机上获得广泛应用。

（五）湍流的特征和湍流强度

1. 湍流的特征

在气缸中形成的无规则、非正常、三维、有旋的气流运动，称为湍流或紊流。湍流的基本特征在于其具有随机性质的涡旋，又称为微涡流（micro swirl）。微涡流是出现在燃烧室多处局部空间内运动范围和尺寸均较小的涡流。湍流能引起相邻各层流体间动量、热量、质量等的交换和脉动。在湍流中，工质传输和混合速率大大高于分子间的扩散速率、气缸内气流的平均速度，湍流特性对工质的混合、燃烧和排放有重大的影响。湍流在汽油机中可提高火焰传播速度；在柴油机中湍流可以改善混合气的形成和加快燃烧速度。

近年来研究发现，混合气形成过程除利用进气涡流、压缩挤流以及燃烧产生的气流运动外，还采用特殊形状的燃烧室产生的湍流和微涡流。所谓微涡流就是在进气道或燃烧室中所产生的空气紊流，又称为小尺度涡流。对混合气形成及燃烧有良好的促进作用。

图 10-9 示出了小松微涡流燃烧室。CO 形燃烧室上部为四角形，下部为圆形回转体，上、下两部连接处经切削加工成圆滑过渡。在进气涡流进入燃烧室后，在上部四角处使气流分离，产生逆向微涡流，在下部圆弧处形成微涡流，由于上、下涡流相互作用又生成剪切涡流。

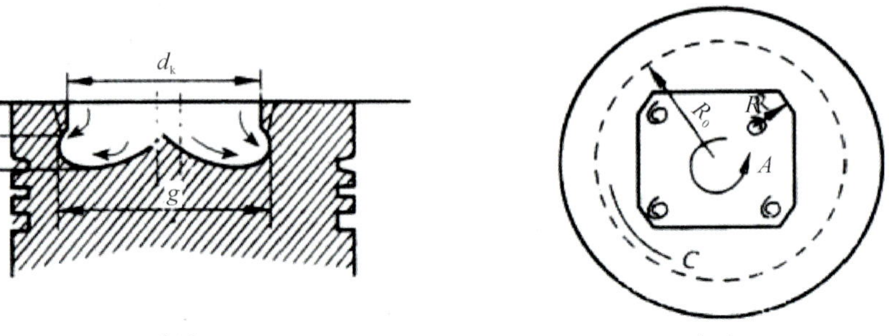

（1）　　　　（2）

图 10-9　小松微涡流燃烧室

（1）主视图；（2）俯视图

2. 湍流强度

湍流强度是指脉动速度分量的均方根，即

$$u' = \lim_{\tau \to \infty}\left[\frac{1}{\tau}\int_{t_0}^{t_0+\tau_0} u^2(t)\,dt\right]^{1/2} = \sqrt{\bar{u^2}}, \tag{10-8}$$

式中：　τ_0—对瞬时速度 $U(t)$ 取平均的一个时间区段；

$u(t)$—脉动速度分量。

对一般湍流场，如图 10-10（1）所示，其某处瞬时速度为

$$U(t) = \bar{U}(t) + u(t), \tag{10-9}$$

式中：$\bar{U}(t)$—平均速度。

内燃机气缸内是周期性湍流场，如图 10-10（2）所示，其某曲轴转角位置为 φ 时的瞬时速度为

$$U(\varphi) = \bar{U}(\varphi) + u(\varphi), \tag{10-10}$$

式中：　$u(\varphi)$—围绕相位平均速度的脉动速度分量；

$\bar{U}(\varphi)$—气缸内气流的相位平均速度。

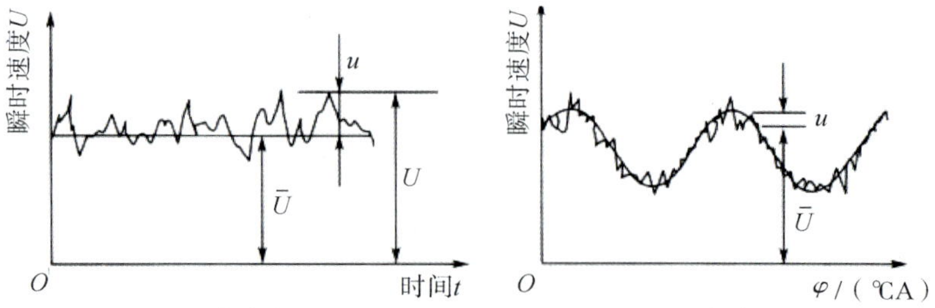

（1）　　　　（2）

图 10-10　湍流场某处的瞬时速度

（1）一般湍流场；（2）内燃机气缸内周期性湍流场

$$\bar{U}(\varphi) = \frac{1}{N}\sum_{i=0}^{N-1} U(\varphi + i\tau\pi), \tag{10-11}$$

式中：　N—取的循环数；

τ—冲程数，四冲程机 $\tau=4$，二冲程机 $\tau=2$。

气缸内的湍流强度为

$$u'(\varphi)=\sqrt{\frac{1}{N}\sum_{i=0}^{N-1}\left[U^2(\varphi+i\tau\pi)-\overline{U}^2(\varphi)\right]}. \quad (10-12)$$

通常用热线风速仪或激光多普勒测速仪（LDA）测量气流的瞬时速度 $U(\varphi)$，并利用式（10—10）、式（10—11）求出 $U(\varphi)$ 和 $\overline{U}(\varphi)$。然后由式（10—12）得到湍流强度 $u'(\varphi)$。

（六）热力混合作用

直喷式燃烧室内空气涡流可以促使油束分散，扩大混合的范围。

已燃气体由于高温膨胀而密度低，在较强空气涡流旋转离心力的影响下，沿着渐缩螺旋线轨迹被强制卷入涡流中心，而新鲜空气和未燃的油雾，由于密度较大，受离心力的作用沿着渐扩螺旋线向外部地区运动，这就是热混合作用。

三、缸内气流运动对混合气形成和燃烧过程的影响

（一）对混合气形成的影响

（1）空气涡流产生热混合作用。扩大了空气与燃油的混合范围，加速已燃气体火焰与未燃混合气的相互扩散和渗透，提高了燃油与空气的混合速率，从而增大了空气利用率，缩短了滞燃期，提高了经济性。

（2）气流运动促进油气均匀混合和均匀分布。较强的气流运动加快油滴与压缩空气的热交换速度，缩短油滴蒸发时间，增加燃油分子与氧分子的接触面积和碰撞概率，从而改善了混合气的均匀性。

（3）气流运动速度增大，空气充量系数 φ_c 提高。

（二）对燃烧过程的影响

（1）对压燃式内燃机，气流运动可缩短着火滞燃期，减少了预混合燃烧量，扩大火焰锋面面积，加快了扩散燃烧速度。在延迟喷油时，可以缩短燃烧持续期，实现快速燃烧，同时减少了后燃，改善了燃烧过程，提高了燃烧效率。

（2）对点燃式内燃机，气流运动可缩短点火滞燃期。

（3）气流运动加快燃烧速度使燃烧过程及时、完全，热效率提高，油耗率降低，排放改善。

第三节　汽油机混合气的形成与燃烧

汽油机混合气的形成是均匀预混合气，需用电火花点燃，燃烧是快速预混合燃烧。

一、汽油机混合气形成的方式与特点

（一）混合气形成方式

在汽油机中，汽油和空气按一定比例在火花塞点火前已经预先混合形成均质的可燃预混合气，形成方式主要有化油器式和汽油低压喷射式两类，见表 10-1。

表 10-1 汽油机的混合气形成方式

形成形式	化油器式	汽油低压喷射式		
		单点喷射	多点喷射	缸内直接喷射
类型简图	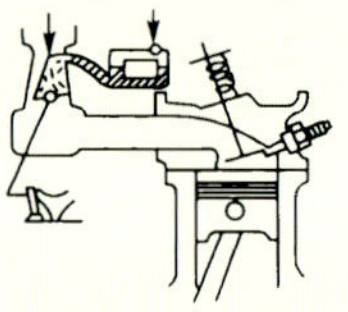	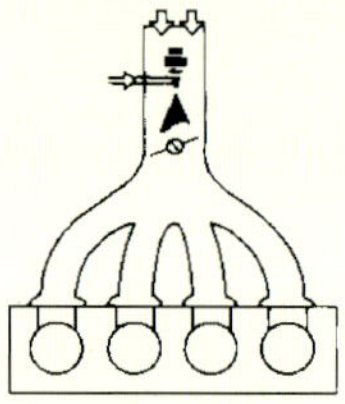	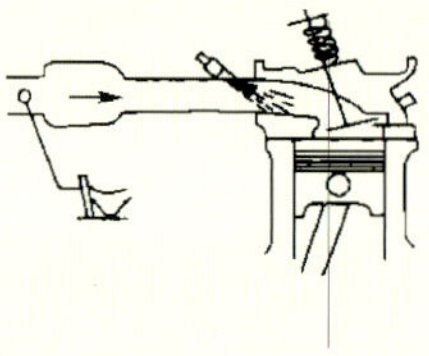	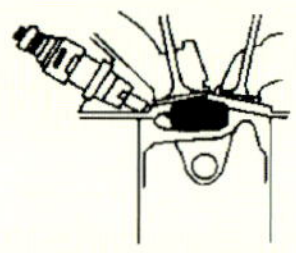
混合部位	进气喉管处真空度	进气总管处	进气门前	气缸内部
形成位置	气缸外部	气缸外部	气缸外部	气缸外部
可燃混合	时间长，均匀	时间较短，不均匀	时间短	中低负荷，压缩行程喷入
气形成	$\varphi_c<1.1$	时间较短，不均匀	$\varphi_c=0.8\sim1.1$	高负荷，进气行程喷入

（二）混合气形成的特点

1. 预制的可燃混合气除缸内直接喷射外都是在气缸外部形成

（1）所用燃料汽油，具有黏度低、挥发性好、自燃温度高等特点，仅利用喉管真空度或低压喷射就能实现良好的雾化，且必须用火花塞点燃。

（2）紧凑型燃烧室和火花塞的合理布置，促使混合气在气缸内较好的分布。

（3）通过组织适当的空气运动，促进油气的均匀混合。

（4）要求气缸内混合比在可燃范围内，在压缩行程上止点前（BTDC）20～30℃A。

（5）用火花塞点燃着火，具有足够的点火能量，保证每次点火成功。

2. 混合气是单一气相，混合气的浓度接近理论空燃比

（1）混合气形成时间长，进气门开启的吸气过程和压缩过程都是混合过程，在 400～500℃A。混合路径长，从气缸外的进气管、节气门、进气门到气缸内，形成均质可燃预混合气。

（2）负荷调节方式为“量调节”，若汽油机保持某一转速不变时，则负荷变化是通过改变节气门开度 φ 的大小，即改变混合气的数量多少来实现的，而进入气缸的混合气浓度，即空燃比 A/F 变化不大，

这种通过改变混合气量多少来调节负荷大小的方式，称为汽油机的量调节。

（3）空气利用率高，燃烧速度快、燃烧期短，所以汽油机转速高，功率大。

（4）在燃烧期间，混合比有最佳范围，$\alpha=0.88\sim1.11$（经济混合比 $\alpha=1.1$，功率混合比 $\alpha=0.9$）。

（5）由火花塞点燃，点燃后在火花塞附近形成火焰核，并以此为中心，火焰呈球面传播，且燃烧速度快，燃烧时间短。

3. 空气充量系数φ_c和几何压缩比ε较低

由于进气系统存在节气门，造成进气尺寸小、阻力大，因此，空气充量系数φ_c小。为使燃料汽化蒸发，在进气中间进行加热，使进气量也随之减少。由于压缩过程中压缩的是油与气的混合气，为防止爆燃，必须采用低压缩比，一般 $\varepsilon<10$，对分层充气燃烧方式 ε 可达 12。因此，热效率低，油耗率高。

（三）影响混合气质量（均匀性）的主要因素

喷出的燃料一经与空气接触，燃料的汽化过程就开始了。汽化过程就是使混合气尽快地转变为均质的气相过程，汽化质量好，混合气均匀性就好。影响燃料汽化质量的主要因素有燃料的雾化细度、混合气温度、混合气压力和气流运动。

1. 雾化细度的影响

所谓雾化细度，即油滴直径d_f大小，在喷雾中，小直径的细油滴越多，燃料的汽化速度越快。

2. 混合气温度的影响

燃料汽化百分数，随着混合气温度升高而增大，即混合气温度越高，燃料汽化的速度就越大。

3. 混合气压力的影响

混合气压力越低，燃料蒸气在混合气中的浓度越小，则燃料越容易汽化。

4. 气流运动的影响

气缸内气流的平均流速和湍流特性对油气的均匀混合有重大影响。适当的湍流可改善混合气的形成与燃烧，对实现分层充分燃烧发挥重要作用。

二、汽油机的燃烧过程与影响因素

预混合燃烧是指在燃烧过程中，如果混合过程比燃烧反应要快得多，或者在火花塞点火燃烧之前，燃料与空气已预先充分混合成气相的可燃混合气；火焰传播速度就是燃烧速度；燃烧持续时间主要取决于化学效应动力学因素。综上所述可认为汽油机和气体燃料发动机的可燃混合气燃烧，基本上都属于预混合燃烧。在 $p-V$ 示功图上，属定容加热过程。

（一）汽油机正常燃烧过程划分三个阶段

正常燃烧过程是指燃烧过程唯一地由定时的火花塞点火开始，火焰核心形成，且火焰前锋面以一定的速度传至整个燃烧室，一直到燃油基本烧完为止所经历的过程。一般燃烧持续期为 25～40℃A。在此期间，火焰的传播速度、火焰前锋面的形状无急剧变化。

1. 按展开的示功图来划分燃烧过程分为着火滞燃期、主燃期和过后燃期三个阶段，如图 10-11 所示

（1）第Ⅰ阶段为着火滞燃期τ_i，图 10-11 中 1～2 段，$\tau_i = 6n\theta_i$。点 1 是电火花跳火瞬间。点火提前角印，为点 1 到上止点（TDC）之间的角度。点 2 是火焰核心形成，燃烧开始，压力上升线与纯压缩线分离点。

特点：着火滞燃期约占整个燃烧期的 10%，气缸内工质的压力和温度没有明显升高。仅形成中间产物，放热很少。

为使着火性能好，保持工作稳定，各循环间压力波动小，应尽量缩短着火滞燃期。

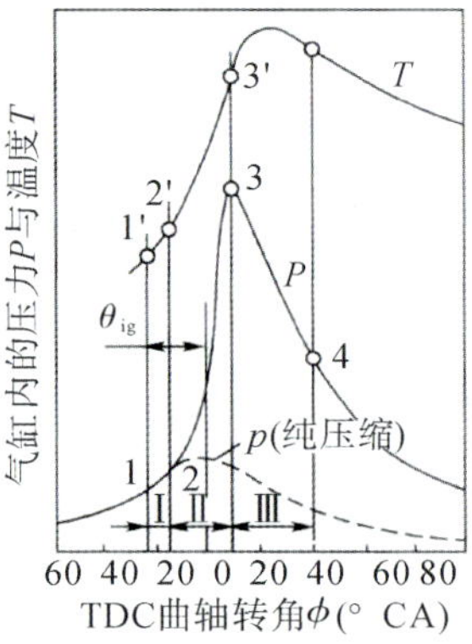

图 10-11 汽油机燃烧过程的阶段划分

影响着火滞燃期τ_i的因素有：

①燃料本身分子结构和物理化学性质。辛烷值高的燃料着火滞燃期短。

②点火时缸内混合气压力和温度。它与压缩比 ε 有关，ε 高，压力和温度就高。

③点火时缸内混合气浓度如 α。如图 10-12 所示，当 α=0.8－0. 9 时，燃烧速度最快，τ_i最短。

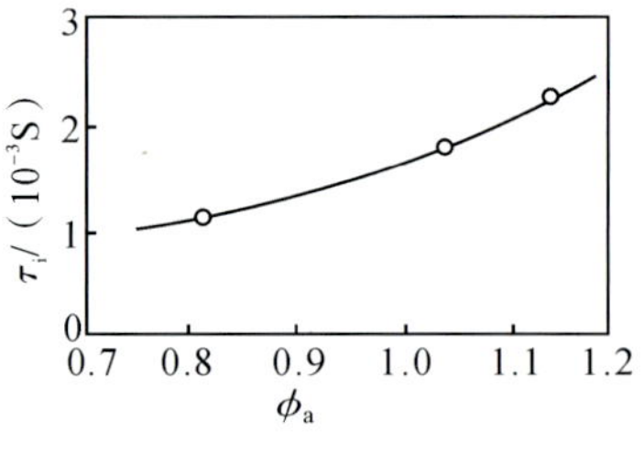

图 10-12 α 对τ_i的影响

④混合气的运动状况。微尺度涡流的存在，有助于提高活化中心的扩展能力，加快火焰传播，使着火滞燃期缩短。

⑤火花点火能量。点火能量大时，着火滞燃期就缩短。

⑥残余废气量M_r。M_r减少时，着火滞燃期缩短。

（2）第Ⅱ阶段为主（急）燃期，图 10-11 中 2～3 段。点 3 一般为最高压力点，点 3′为最高温度（有时点 3 与点 3′重合）。当然，若取放热率骤然下降的时刻作为急燃期终点更为合理，一般点 3 在上

止点后（ATDC）12～15℃A。

特点：大部分燃料（接近80%）是在这阶段烧完的，缸内压力和温度急剧升高，压升率高，可达0.2～0.4 MPa/（℃A），火焰传播速度快（50～60 m/s）。$dp/d\varphi$ 是代表工作爆燃和噪声的程度，取决于点3出现的时刻，出现过早，$dp/d\varphi$ 增大，p_{max}高，负功增加；点3过迟，后膨胀比δ减少，传热损失增加，排温t_r升高。因此，主燃烧期对汽油机性能有决定性影响，点3出现的时刻，一般可通过改变θ_{ig}但予以调整。

影响 $dp/d\varphi$ 的因素：

①火焰传播速度S_L越高，$dp/d\varphi$ 就越大；

②火花塞位置传播距离远，着火滞燃期长，则 $dp/d\varphi$ 越大；

③燃烧室形状，半球形燃烧室，$dp/d\varphi$ 较小。

（3）第Ⅲ阶段是后燃期，图10-11中的3—4段。点4是燃料基本烧完的点，总燃料量的10%左右被燃烧掉。由于燃料与空气的混合并非完全均匀，加上燃烧产物在高温下可能发生热分解，因此，在火焰锋面传到末端混合气后，缸内仍有未完全燃烧的燃料存在。

特点：活塞下行，缸内工质的温度和压力下降，热能转化为功的能力减弱，因此，应尽量减少后燃期。

2. 按已燃质量分量来划分燃烧过程，分为火焰发展期、快速燃烧期和总燃烧期三个阶段，如图10-13所示

（1）火焰发展期，相当于示功图燃烧过程分段的着火滞燃期τ_i，是指从火花塞点火到燃料化学能释放10%之间的曲轴转角间隔期；τ_i为气缸内10%的燃料烧完的时间。

（2）快速燃烧期，指从火焰扩展阶段（通常指已燃质量百分数达到10%）到火焰传播终点（通常指已燃质量百分数达到90%）之间的曲轴转角间隔期，是大量工质（80%）燃烧所需的曲轴转角间隔。

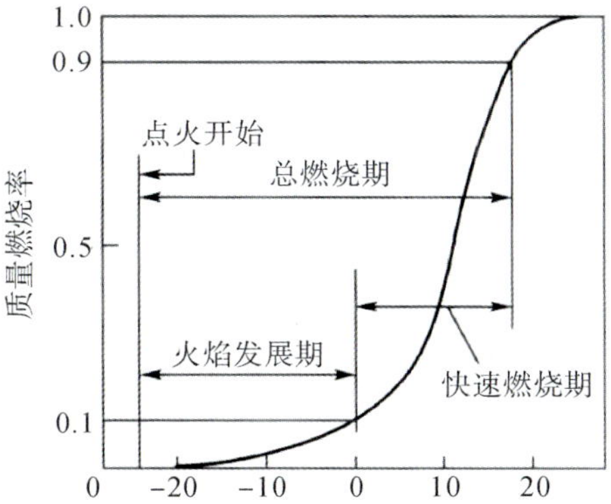

图10-13　按已燃质量分量划分燃烧过程示意图

（3）总燃烧期，是火焰发展期与快速燃烧期之和，是整个燃烧过程的持续期，即全部工质（>90%）烧完所用的时间。

（二）影响汽油机燃烧过程的主要因素

1. 结构因素的影响

（1）压缩比的影响。提高压缩比可以提高发动机的功率和热效率，但压缩比的提高使压缩终了可

燃混合气的温度和压力增加，易发生爆燃。为保证汽油机尽可能大的压缩比，而又不发生爆燃，主要措施是提高汽油的辛烷值和改进燃烧室设计。图 10-14 示出了汽油的辛烷值与压缩比的关系。当前汽油机常用压缩比为 7～10。

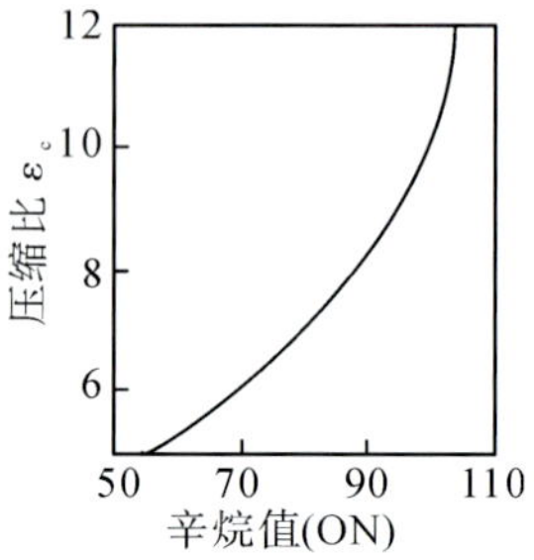

图 10-14　辛烷值与压缩比的关系

（2）燃烧室的影响。汽油机燃烧室的结构不仅直接影响燃烧过程的传播速度、放热率、传热损失及爆燃倾向，还影响发动机的充气效率，从而影响发动机的性能。紧凑型燃烧室，有利于减少产生爆燃的倾向。

（3）缸内气流运动的影响。近年来已开始重视汽油机缸内气流运动的作用，这对提高燃烧速度，加快火焰前锋面传播速度，缩短燃烧期，改善部分负荷燃烧稳定性，减小对爆燃的敏感性都有较大的影响。

（4）火花塞的个数和位置的影响。火花塞数目增多，且靠近燃烧室中心，使燃烧速度加快，持续期缩短。

（5）气缸尺寸的影响。气缸直径 D 增加，燃烧室的尺寸也相应增加，但燃烧室的面容比（F/V）下降，散热面积相应减小，因而散热损失减少。但增大气缸直径将增大火焰传播距离，并增加末端混合气的温度．爆燃倾向随之增加，因此，汽油机缸径不宜过大，常小于 100 mm。

（6）气缸盖、活塞材料的影响。铝合金气缸盖和活塞的温度比铸铁低，发动机热负荷明显下降，发动机产生爆燃的倾向减小。

2. 混合气的质量及运行因素的影响

（1）燃料性质的影响。由于爆燃是燃料在发动机中的自燃现象，因此，燃料的性质直接影响爆燃现象。燃料对发动机发生爆燃的抵抗能力称为燃料的抗爆性。表示燃料爆燃倾向的指标为辛烷值（ON）。研究法辛烷值（RON）和马达法辛烷值（MON）是评定汽油抗爆性的两种指标。我国通常用 MON，目前国际上广泛采用 RON 和 MON 的平均值，即燃料抗爆指数来表征。

抗爆指数＝（RON ＋ MON）/2

MON 为 80 的汽油相当于 RON 为 90 的汽油。

燃料的抗爆性高，可将汽油机的压缩比提高到 10，改善发动机的性能。

（2）混合气浓度的影响。过量空气系数 α 的大小，主要影响火焰传播速度，因此，也影响燃烧过程。当 $\alpha=0.8\sim0.95$ 时，着火滞燃期 τ_i 最短，火焰传播速度最快，如图 10-15 所示，相应燃烧最高温度和最高压力最大，发动机发出的功率也大，这种浓度的混合气通常称为功率混合气。

当 $\alpha=1.05\sim1.15$ 时，燃烧较完全，提高了燃烧热效率，发动机经济性最好，因此把这种浓度的混合气称为经济混合气。

当 α=1.4～1.5 时，混合气过稀，火焰难以传播，不能稳定运行，称为火焰传播下限。

当 α=0.4～0.5 时，混合气过浓，由于严重缺氧不能燃烧，称为火焰传播上限。

在混合气浓度界限内（0.8＜α＜1.2），燃烧过程正常进行。

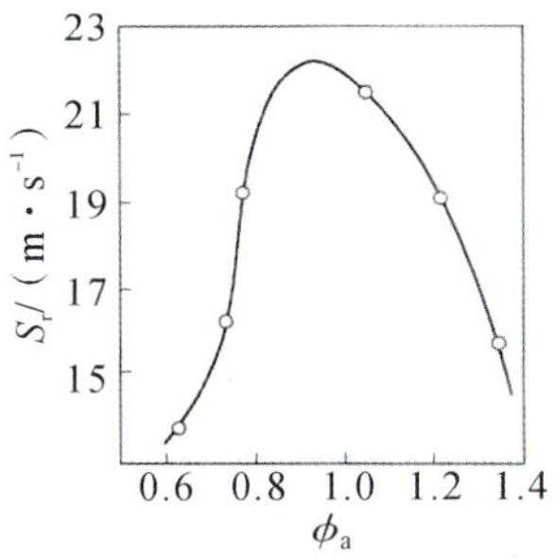

图 10-15　α 对 s_f 的影响

（3）点火提前角 φ_{ig}（点火定时）的影响。若点火提前角过早，因大部分混合气是在压缩过程中燃烧，使气缸内压力升高过早，增加了压缩负功，最大压力 P_{max} 增高，峰值点提前，使末端混合气产生爆燃的倾向增加，机械负荷和噪声增大。

若点火提前角过迟，因混合气的燃烧延迟到膨胀过程中进行，燃烧的最高压力和最高温度都将降低，功率下降、燃烧时间延长，散热损失增加，排气温度升高，效率下降，油耗率增加。

若点火提前角适当，燃烧最高压力和温度出现在上止点后 12～15℃A，燃烧及时，热利用率高，获得较大的功率和较低的油耗率，同时，压力升高率也不高，这种对应最大功率和最低油耗率的点火提前角，称为最佳点火提前角。

保持节气门开度 Ψ、转速 n 以及混合气浓度 α 一定，记录功率 P_e、油耗率 B_e、排气温度 t_r 随点火提前角 φ_{ig} 的变化，称为汽油机点火提前角特性，如图 10-16 所示。

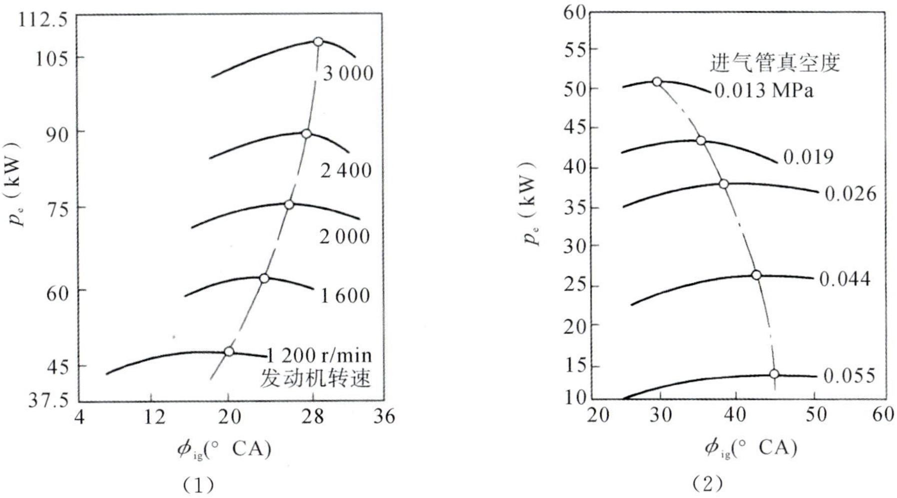

图 10-16　汽油机点火提前角特性

（1）节气门开度一定；（2）n=1600r/min

图 10-16（1）节气门开度一定，随转速增加，最佳点火提前角应提前，因此，在汽油机上均装有点火提前角的离心式自动调节装置。

图 10-16（2）发动机转速一定（n= 1600 r/min），随负荷增大（节气门开度增大）最佳点火提前

角应该减小，因此，在汽油机中均采用点火提前角真空调节器来自动调节。

（4）转速 n 的影响。当汽油机的转速提高时，混合气进入气缸的流速增加，压缩气流也加强，这些都改善了燃料与空气的混合。转速提高，气缸漏气和散热损失减少，使压缩终了时的温度增加，因而，使火焰传播速度S_f加快，这是汽油机转速比柴油机转速高的重要前提之一。由于转速提高，以曲轴转角计的燃烧时间也有所增加。为了使燃烧过程有效地进行，应该相应地加大点火提前角，如图 10-17 所示。

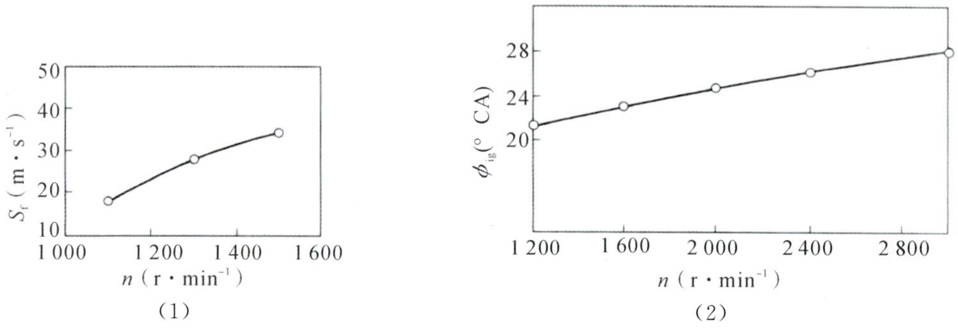

图 10-17　n 对S_f和 φ_{ig}的影响

（1）n 对S_f影响；（2）n 对φ_{ig}的影响

转速提高时，由于火焰传播速率加快，当远端混合气还未达到自燃时，火焰前锋面已经到达，所以在高转速时一般不易发生爆燃。因此，当发动机在运转中发生爆燃时，可用提高转速的办法来消除。

（5）负荷的影响。在汽油机中，当负荷发生变化时，可通过改变节气门的开度，调节进入气缸的混合气数量来适应负荷的变化。当负荷减小时，由于节气门开度减小，进入气缸内的混合气数量减少，但气缸内残余废气量并无显著变化，这使残余废气所占的比例相应增加，对混合气稀释作用加大；而且燃烧室壁面温度因负荷减小而下降。这些因素使混合气的焰前反应减慢，着火滞燃期延长，火焰传播速度下降，为此，随着负荷的减小，最佳点火提前角要提前，如图 10-18 所示。当负荷增大时，混合气数量增加，容易产生爆燃。当运转中的汽油机产生爆燃时，可以通过减少负荷的办法来消除。

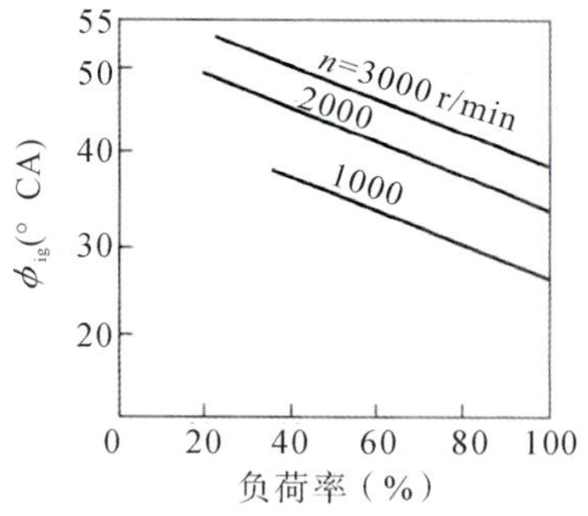

图 10-18　最佳点火提前角随负荷率的变化

三、汽油机的点火过程与火焰传播

（一）点火过程与点火能量

1. 火花塞点火过程

汽油机压缩的是均匀混合气，尽管其温度和压力不断上升，但氧化反应进行缓慢，生成的反应活化中心很少，难以自燃形成火焰核心，因此，必须采用强制点燃方式。

从火花塞放电开始到使混合气产生自身有传播能力的稳定火核（源）为止，称为点火过程。这是在第Ⅰ阶段滞燃期中进行的瞬间过程，它是使局部混合气温度骤然升高，燃料和空气分子被电离成活性中心，导致火核生成，到支持火焰发展的过渡过程。

（1）汽油机点火系统分类：a. 线圈点火（CI，机械式）；b. 晶体管点火（TI，电子式）；c. 半导体点火（SI，电子式）；d. 无分电器半导体点火（DLI，电子式）。

（2）晶体管普通电子点火系统，用电子开关代替有触点点火系统中的机械式断电装置，使用可靠，系统简图如图 10-19（1）所示，主要由点火开关、点火线圈、无触点分电器及 IC 芯片的点火控制器等组成。

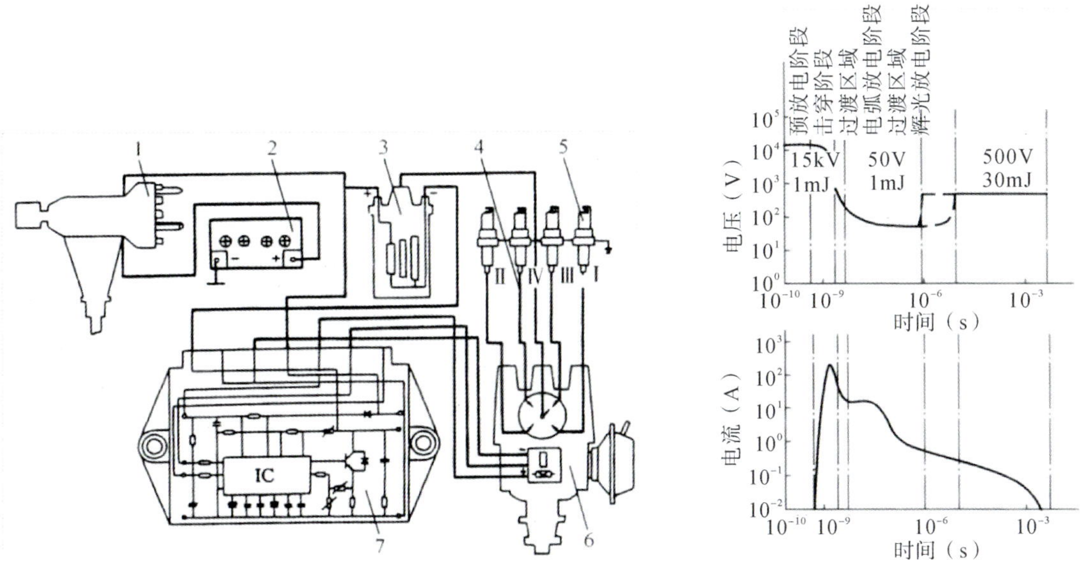

（1）　　　　（2）

1—点火开关；2—蓄电池；3—点火线圈；4—高压阻尼器；5—火花塞；6—霍尔效应式无触点分电器；7—点火控制器

图 10-19　点火系统

（1）晶体管普通电子点火系统简图；（2）点火系统工作时电压电流的变化

（3）点火过程是复杂的物理化学过程。图 10-19（2）示出了高压线圈点火系统工作时电压、电流随时间的变化，整个过程可分为击穿、电弧放电和辉光放电三个阶段。

（4）火核形成。电火花提供活化能，经过链反应，活化核心大大增加，于是在电极周围产生急剧的氧化反应，形成火焰中心（火核），被认为是点火成功。

2. 点火能及影响点火成功的因素

（1）点火能E_b为点火成功所需要的最小能量（E_{bmin}），点火能越小，点火越容易成功。

（2）点火能计算式。蓄电池的线圈点火能E_b一般与在初级电流切断之前初级线圈的储蓄能 E 成正比，即

$$E_b=\frac{L_1 I_1^2}{2}, \qquad (10-13)$$

式中：　L_1—初级线圈的自感系数；

I_1—初级电流。

$$I_1=\frac{V}{R_1}(1-e^{\frac{R_1}{L_1}\cdot t}), \tag{10-14}$$

其中：　V—施加在线圈上的端电压；

R_1—初级线圈的阻抗；

t—通电时间。

3. 影响点火成功的因素

（1）放电性质（电容放电或电感放电）、点火能（$E_b > E_{bmin}$）和点火持续时间。

（2）混合气状态。主要因素是混合气浓度、混合气温度、压力及火花塞附近混合气流动状态。

（3）火花塞参数和火花塞位置。一般火花塞间隙 $s=0.6\sim1.0$ mm，在燃烧室中间布置时点火能最小。

（4）燃烧室形状。半球形燃烧室点火易成功。

（二）点火提前角及点火界限

1. 点火提前角（点火定时）φ_{ig}

点火提前角是指从火花塞跳火瞬时到活塞行至上止点时所转过的曲轴转角，用φ_{ig}/℃A 表示。

汽油机工作对每一工况都存在最佳点火提前角，活塞位于上止点时，火焰应大致扩散到燃烧室容积的一半，点火定时一般为上止点前（BTDC）20～30℃A，这时功率最大，油耗率最低。

转速 n 和负荷是影响最佳点火提前角主要因素。若负荷保持不变，汽油机转速升高时，最佳点火提前角须相应增大；若汽油机的转速维持不变，最佳点火提前角应随负荷减小相应加大。

2. 点火界限（或可燃界限）

（1）点火界限。

混合气的点火只能在一定的浓度范围内才能成功，这个浓度范围就称为点火界限。图 10-20 示出了点火界限关系图。纵坐标为点火能E_b，横坐标为过量空气系数 α，E_b与 α 呈 U 形曲线关系，U 形曲线内部为着火区，在 $\alpha=1$ 时，出现E_b的最小值。α 过小或过大都会使E_b上升，且存在可燃混合气浓度的上限稀限$\alpha_{max}=1.35$ 和下限浓限$\alpha_{min}=0.5$。

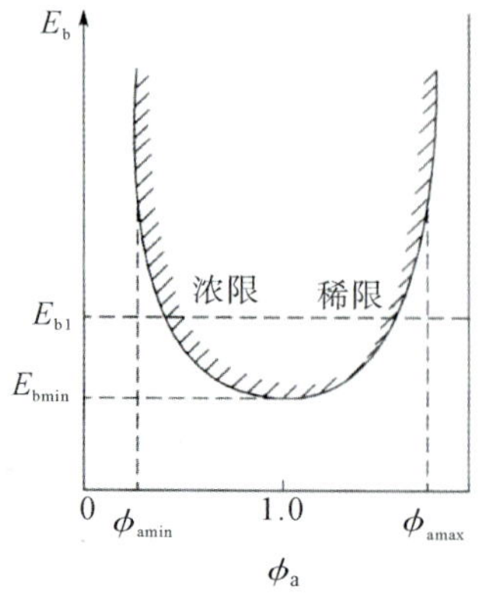

图 10-20　E_b与 α—（φ_a）的关系

（2）影响点火界限的因素。

①可燃混合气初始温度T_a的影响：T_a增高，使放热率增大，散热率减小，扩大了点火范围。

②含有大量惰性气体分子的影响：残余废气系数代增加，点火界限变窄。

③混合气压力p的影响：降低混合气的压力，特别当混合气压力小于大气压力p_0时，则其点火界限很快变窄。

④混合气流速的影响：在流速较大时，流速的增加有利于将火核吹离电极，从而减小电极的冷却作用，使点火界限变宽。当流速增加超过某一定值时，过强对流所造成的高传热速率将使火核无法建立，从而导致点火界限变窄。

（三）预混合气中火焰传播

1. 火焰传播与火焰前锋面

（1）火焰传播。点火过程中形成的火核，首先点燃其周围的混合气，火焰范围逐渐扩大，并随着热量的释放，远端混合气的温度和压力不断升高，燃烧逐渐加速。由于各处混合气的浓度、温度和压力是一致的，因而，火焰在各方向的扩展速度基本相等，即火焰从火核开始以平滑的球形表面高速地向燃烧室的各个方向传播，使未燃混合气燃烧，这种燃烧现象称为火焰传播。

（2）火焰前锋面。燃烧主要在厚度为δ的火焰面上进行，称为火焰前锋面，特点是火焰锋面界面明显，把未燃混合气与已燃产物分开。

（3）火焰传播方式。根据混合气运动状态不同，分为层流火焰传播和湍流火焰传播。

2. 层流火焰

（1）层流火焰前锋面的构造（图 10-21）。混合气呈静止或层流状态，雷诺数 $Re < 2300$。

火焰前锋面很薄，$\delta = 1$ mm，包括预热区δ_p和反应区δ_c在此区域内混合气有着极大的温度梯度和浓度梯度，在火焰面上进行剧烈的化学反应，95％的化学能集中在反应区释放。火焰前锋面形状平滑。火焰亮度一般。

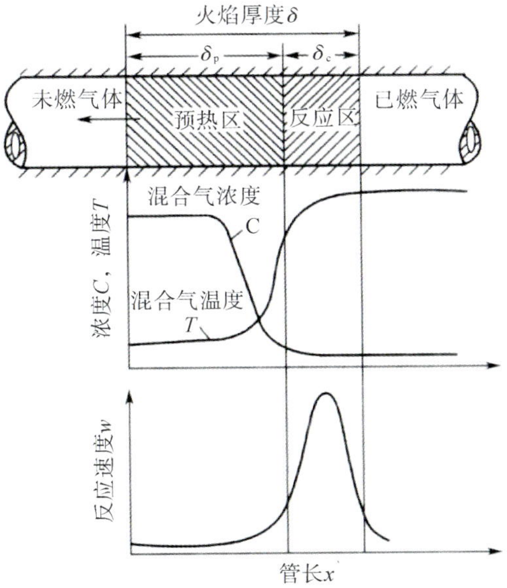

图 10-21　层流火焰前锋面构造

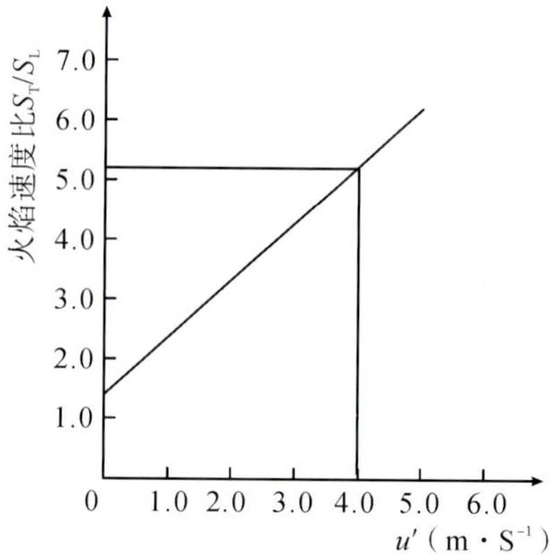

图 10-23　S_T/S_L与u'关系

四、汽油机的不正常燃烧与不规则燃烧

（一）汽油机的不正常燃烧

所谓不正常燃烧是指产生爆燃或炽热表面点火的燃烧，即形成除火花塞点火源以外的新的点火源。

1．爆燃

（1）定义。

爆燃指汽油机在燃烧过程中，由于远端混合气完成焰前反应，在火花塞点火的火焰前锋面到达之前引起自燃，火焰以极高速度传播，使局部压力、温度很高，并伴有冲击波反复撞击缸壁，发出剧烈尖锐的敲击声，这种现象称为爆燃。

爆燃现象常在压缩比高时出现，其机理如图 10-24（1）所示。

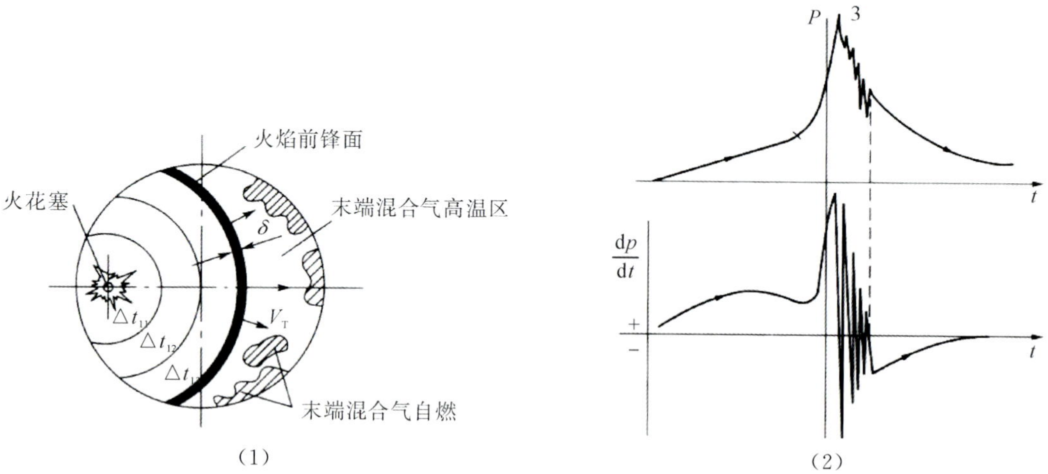

图 10-24　爆燃机理与示功图

（1）爆燃机理；（2）示功图

如图 10-24（2）示功图所示，在急燃期的终点点 3 处发生高频大振幅的波动，压升率 dp/dφ 曲线也是高频、大幅度波动，发出高频率为 3000 ～7000 Hz 的金属振音；强烈爆燃使发动机功率下降，转速降低，运转不稳定，机身有振动；冷却系统过热，水温、油温均明显升高；爆燃严重时，冒黑烟。

（2）危害。

汽油机热负荷和散热损失急剧增加；机械负荷增大；动力性下降；经济性恶化；活塞等受热部件烧蚀甚至烧熔；排气异常。

（3）影响因素。

①提高燃料本身的抗爆性，用高辛烷值汽油，如 97 号汽油，我国目前专用无铅汽油辛烷值改进剂主要使用甲基叔丁基醚（MTBE）。

②不发生爆燃的必要条件：

$$t_1 < t_2, \tag{10-21}$$

式中：　t_1—火核形成到火焰前锋传播到末端混合气为止所需的时间；

t_2—由火核形成至末端混合气自燃所需的时间。

凡是使t_1缩短和使t_2 延长的因素，均可抑制爆燃。表 10-3 列出了影响t_1与t_2 的因素。

表 10-3 缩短 t_1 与延长 t_2

缩短 t_1		延长 t_2	
减小火焰传播距离	减小缸径，紧凑型燃烧室； 火花塞中央布置	合理冷却末端混合气	增大燃烧室末端区域容面比； 采用导热性好的材料； 优化气缸盖冷却系统设计
加速火焰传播速度	增大 ε，以提高压缩温度 T_c； 增强湍流强度； 减少φ_r； 控制 α＝0.8～1.0； 增大点火提前角φ_{ig}； 提高进气温度 T_a	延长t_2 措施	减小 ε 以降低末端混合气的 T、p； 增加φ_r； 避免 α＝0.8～1.0 区域； 减小φ_{ig}，以降低p_{max}； 降低进气温度，增压中冷，喷水

（4）防止爆燃措施。

降低压缩比 ε，进气口喷射汽油机的压缩比一般不超过 8～10，推迟点火提前角φ_{ig}；火花塞布置在燃烧室中央或排气门附近；增大空气流动；末端混合气冷却及提高燃烧室扫气作用等。

2. 表面点火

（1）定义。

在汽油机中，凡不是靠电火花点燃，而是由燃烧室内炽热表面引起的混合气自燃，称为表面点火。

形成炽热表面的部位有：排气门头部、火花塞裙部、燃烧室内壁凸起部，另外还有表面积炭处。表面点火现象有早火、后火，如图 10-25 所示。

早火在火花塞点火之前，混合气已被炽热表面点燃。

后火表面点火在火花塞点火之后点燃。

激爆由积炭引起的炽热点火，引起爆燃性表面点火。

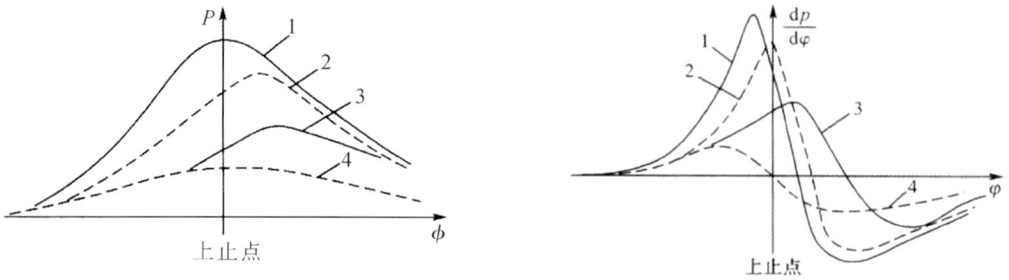

图 10-25　表面点火现象

1—早火；2—正常点火；3—后火；4—倒拖

（2）危害。

使燃烧过程变成不可控制的大面积、同时点火，燃烧速度、最高爆压和最高温度比正常燃烧大得多。

早火使压缩行程的负功增大，动力性降低和经济性恶化，NO_x 排量升高；燃烧室热负荷、机械负荷增加；没有压力冲击波，低频振动（600～1200 Hz）产生低沉敲击噪声，热效率下降。

（3）影响因素。

①燃料性质：异辛烷抗表面点火性好，芳香烃、醇类燃料抗表面点火性差；

②压缩比：高压缩比强化汽油机，使压缩终点温度 t_w 升高，容易积炭；

③点火能：当点火能小时易表面点火；

④运转因素：转速 n 升高和负荷节气门开度 ψ 增大时促使表面点火；

⑤使用因素：浓混合气（α=0.8～0.9）及点火提前角 φ_{ig} 增大，促使表面点火。

（4）防止表面点火的主要措施。

增加燃料中抗点火性好的成分，如异辛烷等；选用低沸点汽油，以减少重储分形成积炭；防止燃烧室温度过高，降低压缩比和减小点火提前角；合理设计燃烧室形状，使排气门和火花塞等处得到合理冷却，避免尖角和突出部；控制润滑油消耗率，选用结焦性小的润滑油。

（二）汽油机的不规则燃烧

1. 汽油机的循环波动

（1）循环波动现象。

循环波动指各循环之间的燃烧变动。在汽油机以某一工况稳定运行时，循环波动指这一循环与上一循环燃烧过程进行情况的变化，具体表现在：

①压力曲线的变化，即每一循环的气缸示功图是不同的，如图 10-26 所示，最高燃烧压力 p_{max} 在 2.5～3.5 MPa 变动；

② p_{max} 位置及着火时刻的变化，由示功图计算出的放热率 $dQ/d\varphi$ 的最大值和最小值相差两倍左右；

③火焰传播情况的变化，已燃和未燃的容积随时间的变化；

④功率输出的变化。

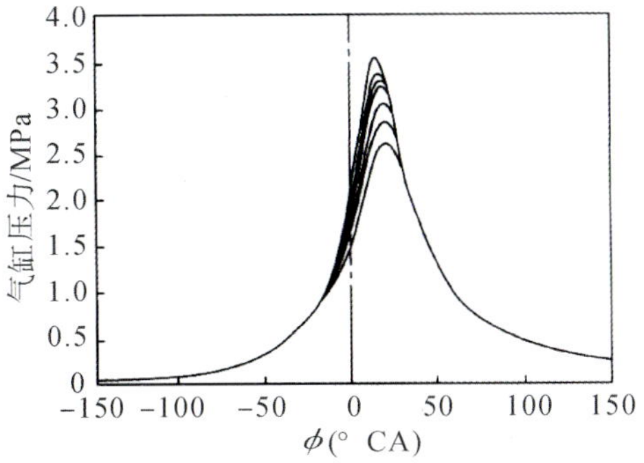

图 10-26　循环波动现象

（2）循环波动的危害。

使发动机转速 n 和输出转矩T_m产生波动，动力性下降；限制了使用低辛烷值汽油和采用高压缩比 ε；使燃油消耗率b_e和 HC 排放升高；由于燃烧过程的不稳定，使振动和噪声增大，零件寿命下降；影响发动机性能的提高和新技术的采用，使稀薄燃烧成为难点。

（3）循环波动的表征参数。

循环压力波动用最高燃烧压力P_{max}的循环波动率δ_p来表征。

$$\delta_p=\frac{\delta_p}{P_{max}}\times 100\%, \tag{10—22}$$

式中：　δ_p—P_{max}的标准偏差；

$\bar{p}_{max}$—P_{max}的平均值。

燃烧动力性的波动用平均指示压力变动系数 $Co\,v_{imep}$ 来表示

$$Co\,v_{imep}=\frac{\sigma_{imep}}{\bar{p}_{mi}}\times 100\%, \tag{10—23}$$

式中：　σ_{imep}—平均指示压力p_m的偏差；

$\bar{p}_{mi}$—平均指示压力p_m的平均值。

（4）产生循环波动的原因。

燃烧过程中气缸内气体运动状况的循环变化，燃烧室内流场特别是湍流强度分布是极不均匀的；每循环气缸内，特别是火花塞附近的混合气成分变动，以及空气、燃料和废气混合情况是随时间不断变化的。

（5）影响循环波动的因素及改善措施。

①过量空气系数 α 的影响。一般 $\alpha=0.8\sim1.0$ 时的循环波动最小，混合气过浓或过稀会使循环波动率增大。采用化学计量比混合气有助于减少循环变动。

②混合气不均匀性的影响。循环间混合气混合不均匀容易造成循环波动，通过适当增大气流运动和湍流强度来改善混合气的均匀性。

③残余废气系数φ_r的影响。φ_r过大，则点火不稳定，燃烧速率变慢，循环波动率增大，合理控制残余废气量，通过合理设计燃烧室和组织扫气，以防止火花塞周围废气过浓。

④发动机工况的影响。低负荷（会使φ_r增大）和低转速（会使湍流强度降低）循环波动率增大，应提高转速运行。

⑤点火能的影响。采用高能点火和多火花塞点火以降低循环波动率。

2. 汽油机各缸工作不均匀

汽油机各缸工作不均匀是针对多缸机而言的，各缸间燃烧差异称为各缸工作不均匀。

（1）产生原因。各缸之间燃烧差异：由于各缸之间进气充量不均匀，φ_c不同；各缸混合气的成分（浓度）分布不均匀，α不同。

（2）表征参数。一般用不均匀度D_i表示第i缸的工作不均匀性，评价参数可以用α、φ_c、p_e、b_e和$p_{\max}$来表示，如用φ_c来考虑，则

$$D_i(\varphi_c)=\left(\frac{\varphi_{ci}-\varphi_{cm}}{\varphi_{cm}}\right)\times 100\%, \tag{10-24}$$

式中：φ_{ci}—第 i 缸的充量系数；φ_{cm}—各缸充量系数的平均值。

也可用各缸间的最大不均匀度$D_{\max}$评价整机不均匀性，$D_{\max}$可达 20%。

五、汽油机的燃烧室与新型燃烧方式

（一）汽油机燃烧室

汽油机燃烧室结构对其充量系数φ_c、火焰传播速度S_T、放热率$dQ/d\varphi$、传热损失、爆燃、性能及排放有重要影响。所以，燃烧室的设计在一定程度上决定了燃烧过程。

1. 对燃烧室的基本要求

（1）好的抗爆性、抗表面点火性能及工作柔和性。

①结构要紧凑。一般以面容比（A/V）即燃烧室表面积 A 与其容积 V 之比来表征。A/V 值小，则燃烧室紧凑，火焰传播距离小，不易发生爆燃，可以提高压缩比ε_c，相对散热损失小，热效率高。熄火面积小，HC 排量少，A/V 与 HC 的关系如图 10-27 所示。

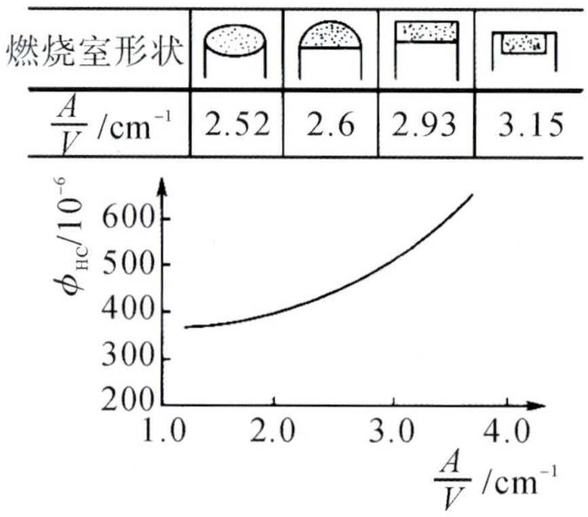

图 10-27 几种燃烧室的 A/V 与 HC 排放关系

②形状要合理。使得混合气均匀分布，燃烧持续期短（<60℃A），使压力上升速度不致过高，即燃烧速度变化率小。图 10-28 示出了不同燃烧室火焰传播距离对火焰前锋面面积的影响。

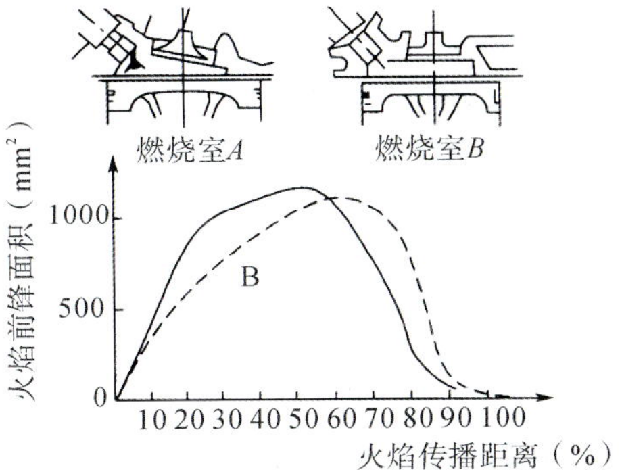

图 10-28　火焰前锋面面积与传播距离的关系

③火花塞位置安排得要适当。要利用新鲜混合气充分扫除火花塞周围的残余废气，保证点火成功。冷启动和低负荷时工作稳定性好，各循环燃烧波动小。尽量布置在使末端混合气受热少的位置，如排气门附近。应使火焰面变化分配合理，确保运转平稳。火焰传播距离应尽可能短。另外，不同的火花塞位置对燃料辛烷值要求也不同，如图 10-29 所示。

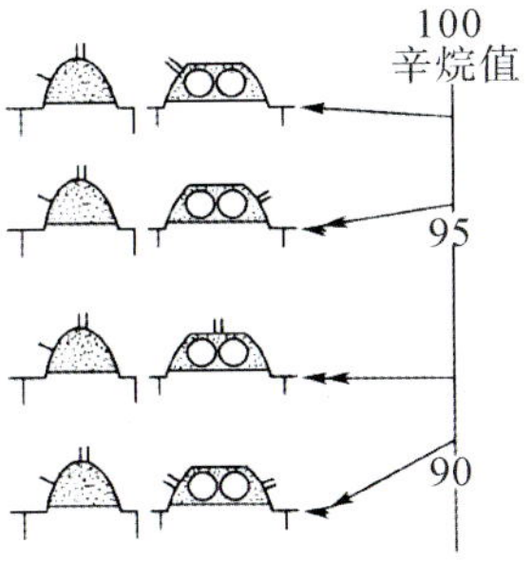

n=1000r/min；ε=9；1—进气门；2—排气门

图 10-29　顶置气门燃烧室火花塞位置与辛烷值要求

（2）高的充气性能。

有足够大的进、排气门流通截面；合理的气流流向，气道平滑过渡，减少转弯阻力损失。

（3）低的耗油率和排放。

组织合理的气流运动，具有适当的涡流和挤流。强度适当的进气涡流，特别是湍流可使油气混合进一步均匀，明显提高燃烧速度，降低循环波动率。

（4）容积的合理分布。

燃烧室应工作柔和、燃烧噪声小。

2. 汽油机燃烧室的分类

根据配气机构的布置，燃烧室可分为侧置气门式和顶置气门式。

（1）侧置式 L 形燃烧室结构简单，但不紧凑，散热损失多，燃烧速度低，现已不大采用。

（2）顶置式常用紧凑型燃烧室，有碗形、浴盆形、楔形、半球形和蓬形。

（3）近年来，为了改善汽油机的经济性，降低排污，提高压缩比，出现了采用均质稀薄混合气、分层充气及缸内直喷式等新型燃烧方式的燃烧室。

3. 常用汽油机燃烧室的特点

（1）碗形燃烧室。燃烧室形状如碗且在活塞顶内，如图 10-30 所示，和直喷式柴油机的燃烧室相类似。具有紧凑性、蓄热性好，散热损失少的特点。压缩后期在活塞上部空间和燃烧室周边处的空气，自动挤向碗形燃烧室内，并形成强烈的挤流和紊流，从而提高了火焰传播速度和燃烧速率，增加了放热的及时性和燃烧的等容度，其压缩比可达 11。采用这种燃烧室着火滞燃期短、点火提前角小，可以燃用较稀的混合气。热效率较高，耗油率较低。由于进、排气门都在同一个平面内，因此，这种燃烧室的进、排气道截面积相对较小。

（2）浴盆形燃烧室。燃烧室形状呈倒置长形浴盆状，基本容积在气缸盖内。盆室只将排气门和火花塞两个热源包括在内，且将排、进气门分置于上、下两个不同平面内。如图 10-31 所示的 Ricard 公司高压缩比、紧凑型 HRCC 燃烧室，从而扩大了进气门通道面积。进气门处于挤气面积范围，挤气面积大，挤气流强，能扰动燃烧室内的混合气并加快火焰传播。火花塞靠近排气门，这种燃烧室紧凑性好，火焰传播距离短。火焰传播速度和燃烧速度快，燃烧持续期短，提高燃烧的及时性和等密度。图 10-31 中 H 为燃烧室高度，L 为盆室长度，认为 L/H ＝ 3.5 时最好，挤气面积从一般的 40%扩大到 60% ，点火提前角可减少到 5～6℃A，压缩比可达 12～13，空燃比 A/F 可达 18～22。

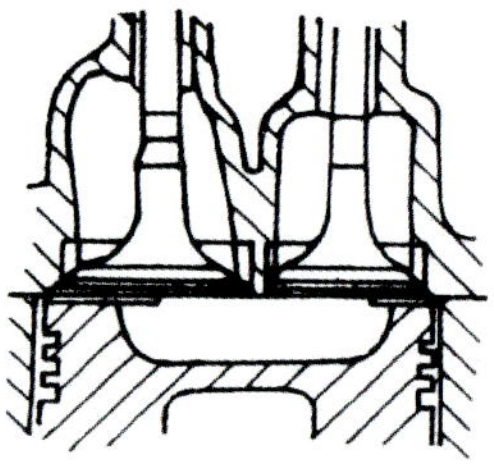

图 10-30　碗形燃烧室

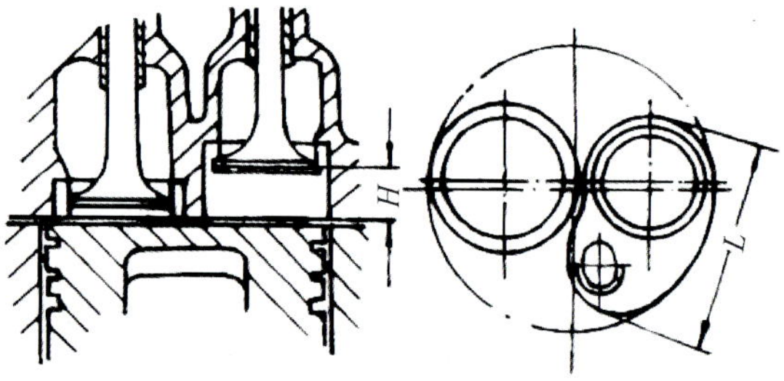

图 10-31　浴盆形燃烧室

（3）楔形燃烧室。如图 10-32 所示，燃烧室的截面呈楔形，主容积在气缸盖内，且集中进、排气门和火花塞的布置。气门倾斜 6°～30°，使气道转变小，气门直径大，所以充气性能好。火花塞布置在楔形顶处，对着进、排气门之间，在远离火花塞的活塞顶部有一定的挤气面积，末端混合气冷却作用较强，又能使气流扰动，压缩比可以达 9.5 ～10.5，动力性和经济性较好。由于混合气集中在火花塞处，燃烧速度大，$\Delta p/\Delta\varphi$ 较高，工作粗暴，NO_x 排量较高。车用汽油机采用较广泛，491、489（GM2.0）型汽油机均采用楔形燃烧室。

（4）半球形燃烧室/蓬形燃烧室。结构如图 10-33 所示，进、排气门分置两侧，并在两个平面内，所以进、排气道流畅，阻力小，充量系数φ_c大，容积全部处于气缸内，有利于增大进、排气门面积和采用 4 气门结构，用双顶置凸轮轴直接驱动，火花塞位于半球中间，散热损失低，高速性和加速性好，

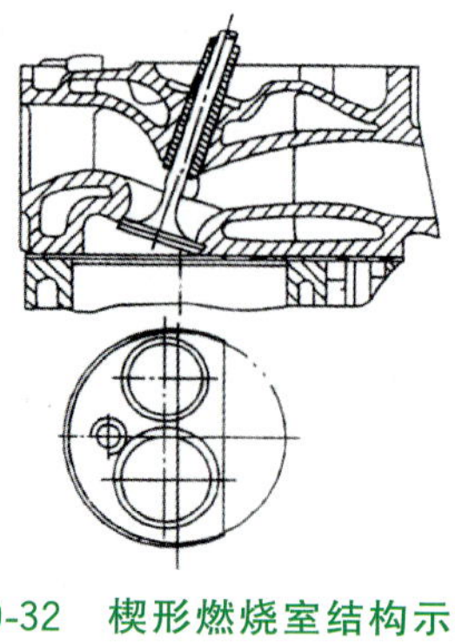

图 10-32　楔形燃烧室结构示意图

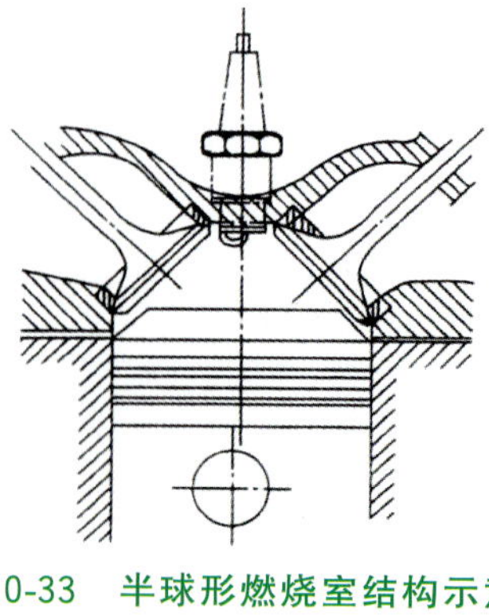

图 10-33　半球形燃烧室结构示意图

转速 5000 r/min 以上的汽油机大多数采用半球形燃烧室。但由于火花塞附近有较大容积，使燃烧速率大，压力升高率大，工作粗暴，NO_x 排放较大，末端混合气冷却较差，气门驱动机构较复杂。

（5）四种常用燃烧室特点比较，见表 10-4。

表 10-4　四种燃烧室的比较

类型	浴盆形燃烧室	楔形燃烧室	半球形燃烧室	蓬形燃烧室
结构形式	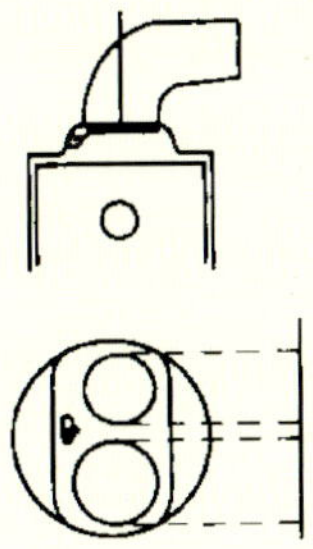	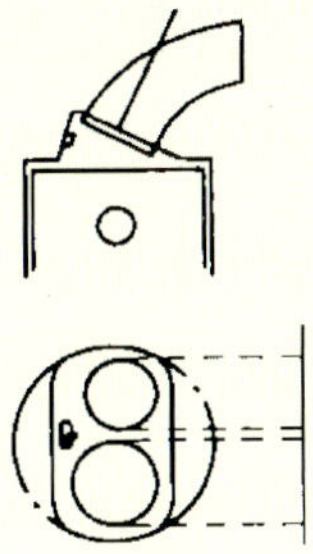	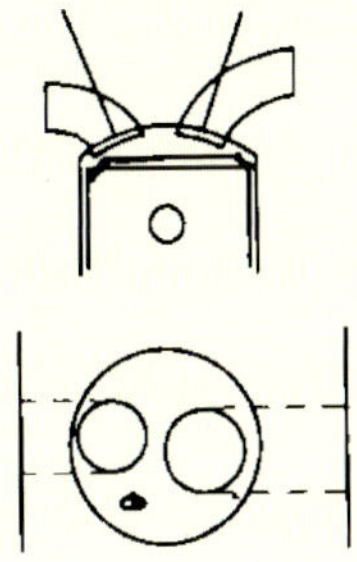	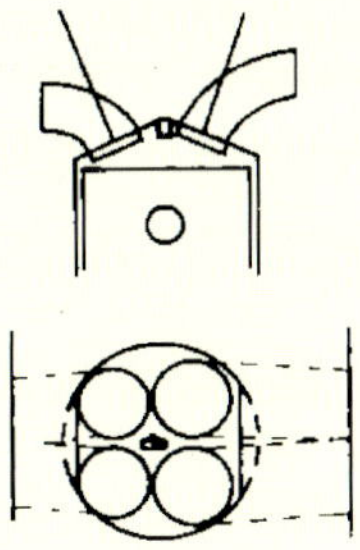
燃烧室布置/形式	气缸盖底部/椭圆形	气缸盖上/斜楔形	气缸盖上/半球形	气缸盖上/屋脊形
活塞	活塞平顶	平顶	锥台	平顶
火花塞布置	稍受限制，进、排气之间	置于楔角处	中间受限	中间受限
火焰传播距离	长	长	短	短
面容比（A/V）	大	中	小	小
压缩比 ε	7～7.5	9～10.5	10～11	10～11
挤气强度	较强	强	弱	弱
充量系数 ϕ_c	低	中	高	高
进气门面积	小	中	难	复杂
气门系统布置	易	中	难	复杂
热损失	大	中	中	中
p_{max}，$dp/d\varphi$	低	较高	高	高
噪声	低	良	高	高
NO_x 排放	低	高	高	高
HC 气郁证	高	高	低	低
表面点火	易	易	低	低
η_t	低	较好	好	好

（6）常规燃烧室汽油机的缺点。空燃比范围小，一般为 12.6 ～17。特别是用三效催化器的汽油机，要求混合气浓度在化学计量比附近范围，从图 10-34 看出，这时的 NO_x、HC 和 CO 排放量是较高的。

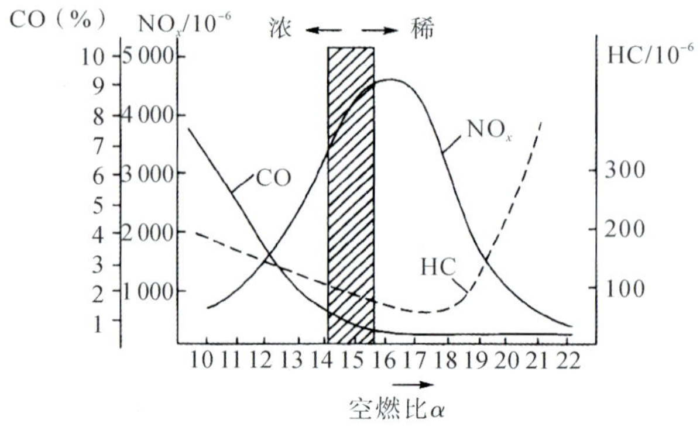

图 10-34　常规汽油机NO_x、HC 和 CO 排放量与空燃比的关系

使用压缩比低。为了防止爆燃，一般压缩比在 7～10，导致热效率较低，油耗率较高。

进气阻力大。一般采用节气门对混合气充量进行调节（量调节），这使得进气损失较大。因而常规汽油机限制了其性能的进一步提高。

（二）均质稀燃和分层稀燃的新型燃烧方式

稀燃（稀薄燃烧）是指汽油机在混合气的空燃比。大于 17 的稀混合气下工作，且能保证动力性的新型燃烧方式。稀燃汽油机分两大类：一类是非直喷式稀燃汽油机，包括均质稀燃汽油机和分层充气稀燃汽油机，在λ = 17～25 时稳定工作；另一类是缸内直喷式稀燃汽油机，在λ=25～40 时稳定工作。

稀燃的特点：

（1）采用稀混合气可降低排放，由图 10-34 看出，当λ=18～20 时，NO_x、HC 及 CO 排放量都低；

（2）采用稀混合气还可以提高压缩比，提高了热效率，由图 10-35 看出λ= 20～25，油耗率b_e降低，且同时排放率降低；

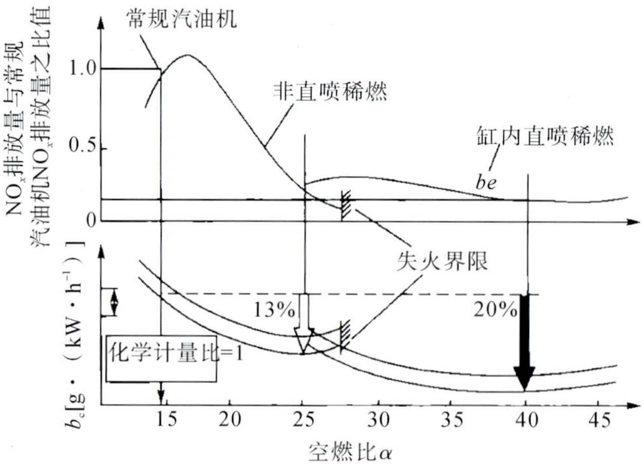

图 10-35　不同燃烧室方式的性能对比

（3）采用稀燃会降低火焰传播速度，因此需要采取措施组织稀混合气的快速燃烧。

1．均质稀燃

均质稀燃通过改进燃烧室，采用湍流室和高能点火双火花塞等技术，可使汽油的稳定燃烧界限的空燃比超过 17，即实现均质稀燃。

（1）日本丰田（Toyota）公司湍流室 TGP 燃烧室（见图 10-36）。

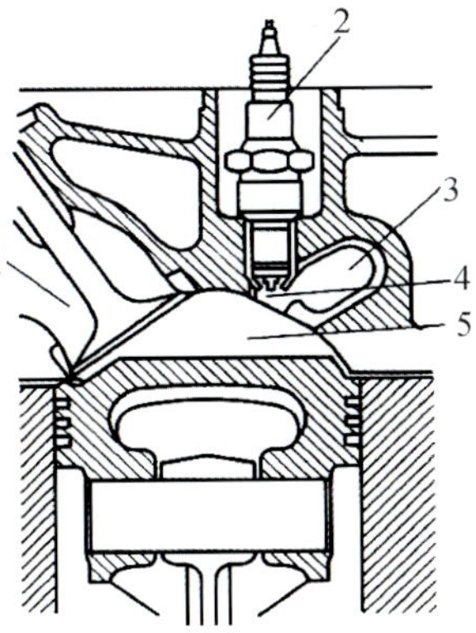

1—进气口；2—火花塞；3—紊流发生器V_p；4—气道；5—主燃烧室 V

图 10-36　TGP 燃烧室

在主燃烧室中设有一个预燃室，即湍流室（TGP，turbulence generating pot），产生湍流，其容积V_p与主燃烧室容积V_m之比不大于 20%。喷口连通主、副燃烧室，喷口处配置了火花塞。主燃烧室形成均质稀混合气。在压缩过程中，新鲜混合气进入湍流室产生适当的湍流，并对火花塞间隙进行扫气，促进着火。湍流室内混合气被点燃后，压力升高，形成的火焰喷束冲入主燃烧室，使主燃烧室产生强烈的湍流，增大主燃烧室气流扰动和扩大火焰传播面积，促进主室的燃烧。从图 10-37 放热率曲线比较看出，湍流室使燃烧放热量重心提前。从图 10-38 看出，$\lambda>17$ 时，燃烧完全，NO_x排放量低于常规汽油机。

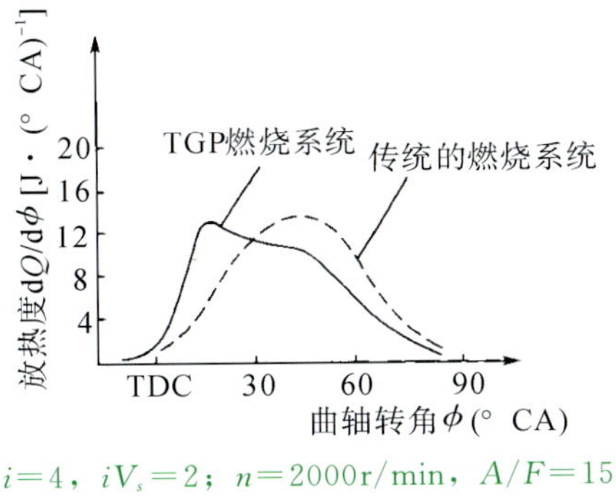

$i=4$，$iV_s=2$；$n=2000$r/min，$A/F=15$

图 10-37　放热率比较

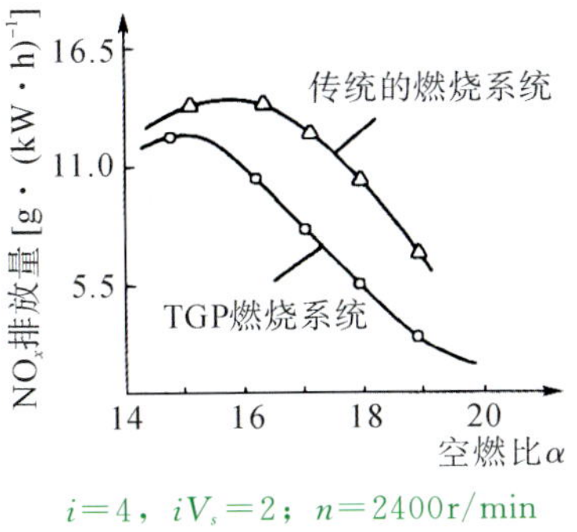

$i=4$，$iV_s=2$；$n=2400$r/min

图 10-38　降低NO_x排放量的比较

（2）双火花塞燃烧室（见图 10-39）。设在气缸盖中的半球形燃烧室，在中心离两边等距离处各布置一个火花塞，并呈一定的倾斜角。因而，火焰传播距离仅为缸径的一半。点火提前角可减小，这样提高了点火时混合气的压力和温度，使着火性能得到改善，燃烧持续时间缩短，从而提高了发动机性能。

（3）日本三菱（Mitsubishi）公司 MCA－JET 燃烧室（见图 10-40）。主燃烧室为紧凑的半球形，增设喷射阀，并装在排气门之前，由进气门摇臂控制，火花塞呈一定倾斜角布置，并在喷射阀附近。喷射阀以极稀混合气吹向火花塞方向，一边对火花塞扫气，一边产生强涡流，促进着火和燃烧。试验表明，低负荷燃烧改善，λ=24 也能稳定燃烧，经济性和排放性均有改善。

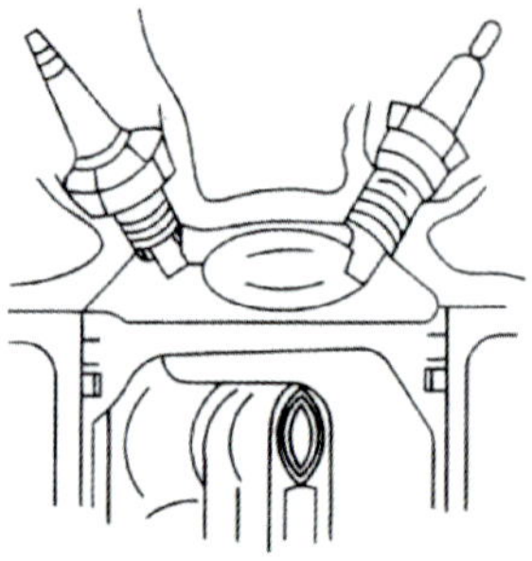

图 10-39 双火花塞燃烧室示意图

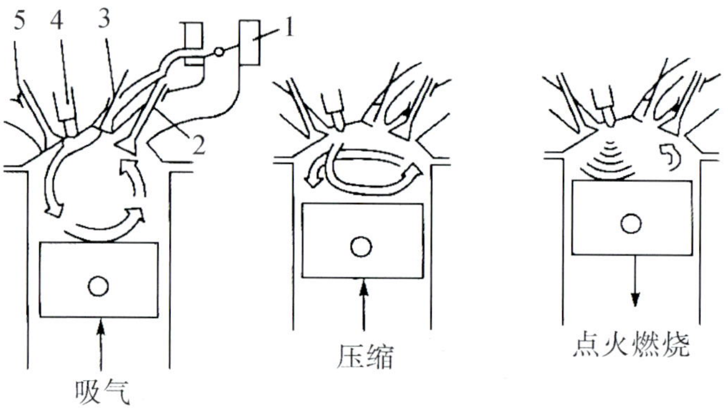

1—化油器；2—进气门；3—喷射阀；4—火花塞；5—排气门

图 10-40 MCA－JET 燃烧室结构及性能

2. 分层充气稀燃

采用分层充气稀燃是为了解决均质稀燃点火困难，加快燃烧速度和扩大稀燃界限。就是要合理组织气缸内的混合气分布，在火花塞附近形成具有良好着火条件的较浓可燃混合气，而周边区域呈较稀的混合气。

分层充气稀燃的特点是混合气浓度界限变宽，稳定工作空燃比可在 20～25，可进一步提高压缩比 ε，使燃油消耗率降低 13%左右。加大气流运动，使燃烧速度加快，NO_x 排放量显著降低。

分层充气稀燃可分为两大类：非直喷分层燃烧和缸内直喷分层燃烧。

（1）CVCC 非直喷分层燃烧系统。日本本田公司的复合涡流可控制燃烧系统（compound vortex controlled combustion，CVCC），实际上是一种分区燃烧方式，如图 10-41 所示，有主、副两个燃烧室和两个化油器，提供不同过量空气系数的混合气，通过进气道分区实现分层燃烧。主燃烧室与副燃烧室之间通过一个较大主通道和三个较小分通道连接。工作时，向主燃烧室供给较稀混合气，$\lambda=20\sim21.5$，向副燃烧室供给少量浓混合气，$\lambda=12.5\sim13.5$。在压缩过程中，副燃烧室内形成易于着火的混合气。火花塞首先点燃副燃烧室中的混合气。由副燃烧室从通道喷出火焰点燃主燃烧室的稀混合气，称为喷焰燃烧。由于再次分层燃烧，使燃烧较完全，燃油消耗率可降低 20%。

图 10-42 示出了 CVCC 燃烧系统的排放性，由于主燃烧室不组织涡流，加上主、副燃烧室之间大的连接通道只能引起一定的燃烧紊流，因此燃烧速度不高，有过后燃烧，使 NO_x 排放量仅为一般汽油机的 1/3。同时由于富氧和燃烧较慢的原因。排气温度高，且排气继续氧化，使 HC 和 CO 排放量也有所降低。

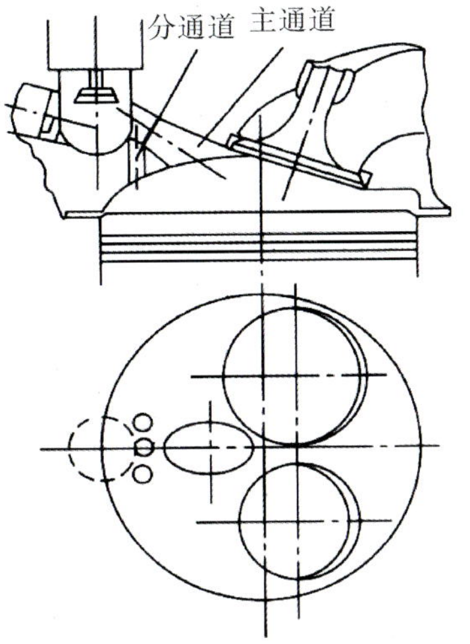

图 10-41　CVCC 燃烧系统（带有分通道）

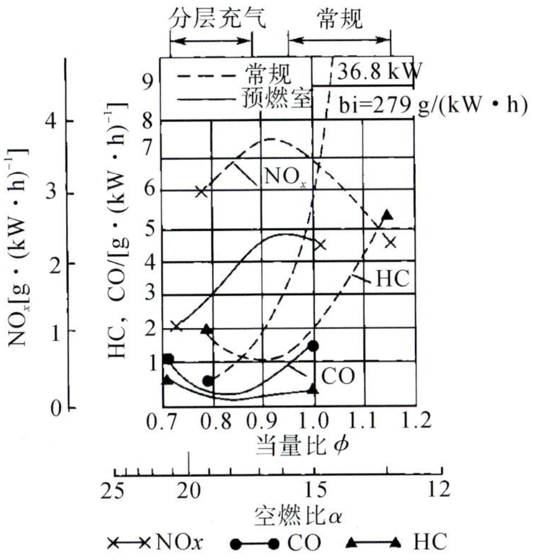

图 10-42　CVCC 燃烧室排放性

(2) 轴向分层稀燃系统。这种系统的工作原理如图 10-43 所示，是利用导气屏组织较强的进气涡流。进气过程早期只有空气进入气缸，进气过程后期当进气门开启到接近最大升程时，通过安装在进气道上的喷油器将燃料喷入缸内，沿气缸轴的分层，上部靠近火花塞处产生较浓混合气，下部为稀混合气。这种分层一直维持到压缩过程后期，它可在 λ＝22 下稳定工作，燃油消耗率比均质稀燃降低 12％。

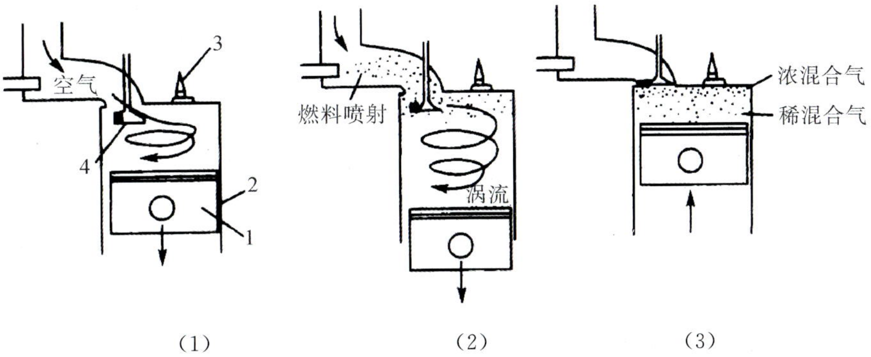

1—活塞；2—气缸；3—火花塞；4—导气屏进气门

图 10-43　轴向分层稀燃系统工作原理

(1) 进气过程早期；(2) 进气过程后期；(3) 压缩过程

(3) 滚流分层稀燃系统。在进气过程中形成的绕垂直于气缸轴线方向旋转的有组织的空气旋流，称为滚流，也叫横向涡流（纵涡）。图 10-44 示出了三种进气形式的比较，可看出滚流的湍流强度比涡流强很多。图 10-45 示出了日本三菱公司开发的滚流分层稀燃系统（MVV），为四气门在进气中设置两块薄的垂直隔板，且一直延伸到进气口部位，控制进入气缸的气流，气流在气缸中部产生三股独立滚流，外层两股涡流仅由空气形成，中间一股是浓空燃比的混合气，这样强的空气和燃料的线型气流大大抑制了水平涡流的形成，同时防止它们彼此混合，使燃料和空气在压缩过程中维持分层，在 λ＝23～25 时，火花塞周围形成较浓混合气，向缸壁逐渐稀化，节油率为 13％。

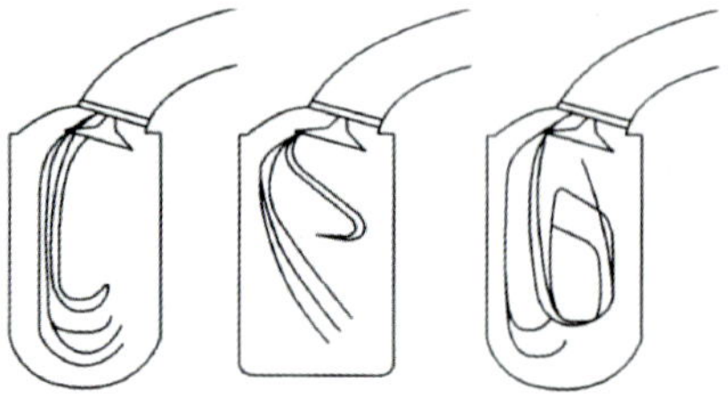

（1）　　（2）　　（3）

图 10-44　三种进气形式对比

（1）标准进气；（2）强涡流；（3）强滚流

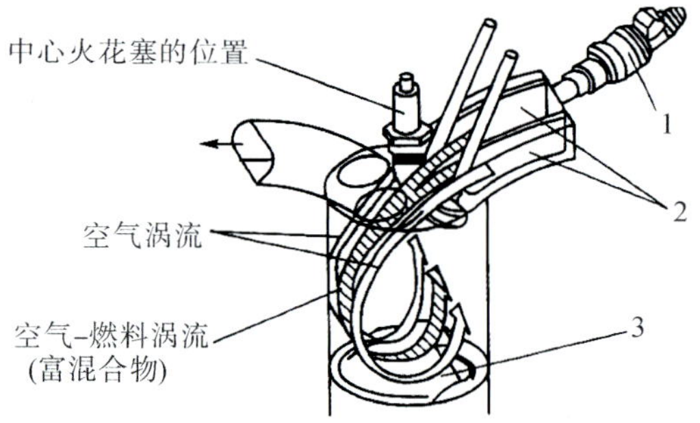

1—喷油器；2—进气口隔板；3—滚流控制活塞

图 10-45　三菱公司湍流分层稀燃系统

（4）德士古分层燃烧系统。美国德士古可控燃烧系统（texaco controlled combustion system，TCCS）是缸内直接喷射燃烧方式。如图 10-46 所示，统一式燃烧室为直口深坑型，位于活塞顶内。

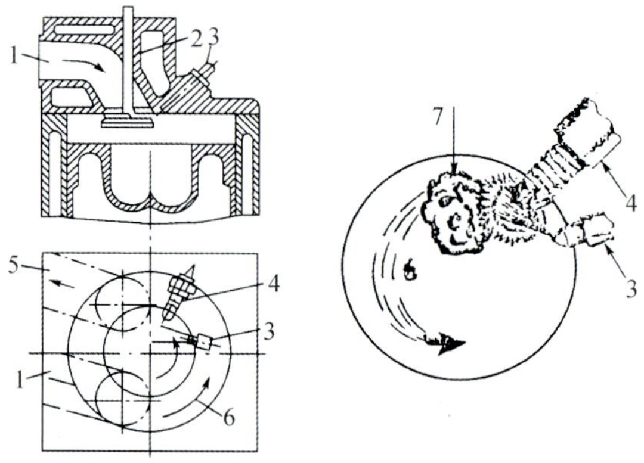

1—进气道；2—带导气屏进气门；3—喷油嘴；4—火花塞；5—排气道；6—进气涡流；7—火焰前锋面

图 10-46　德士古可控燃烧系统

此系统吸入气缸的是空气，由导气屏或螺旋进气道产生强进气涡流，在压缩上止点前（BTDC）30℃*A* 左右，单孔喷油嘴顺气流方向将汽油喷入气缸，燃油随气流流动，火花塞位于喷油嘴下方边缘，此处混合气浓，容易点燃。着火后火焰、燃气随旋转气流扩展，被气流带离火花塞及喷油嘴，同时新鲜空气又被涡流带到燃油喷射区。这种燃烧系统并不一定利用气缸中的全部空气。小负荷时，燃烧产物扩展区域并不大，随负荷增加，喷油持续期延长，燃烧产物区域也随之扩展。

（5）四气门分层稀燃系统。AVL 公司 1990 年提出的四气门高压缩快速燃烧（high compression fast burn，HCFB）系统，如图 10-47 所示。切向进气道产生进气涡流，中性进气道末端与气缸中线的夹角较小而产生向下的气流，该气流与活塞运动相结合，产生一种旋转轴线平行于曲轴中心线的滚流，在中性进气道内装有涡流控制阀，控制两个进气道中的滚流量比，双油束喷油器装置在控制阀的下游处，两支油束分别喷入两个进气道，且两支油束油量相等，持续时间相同。

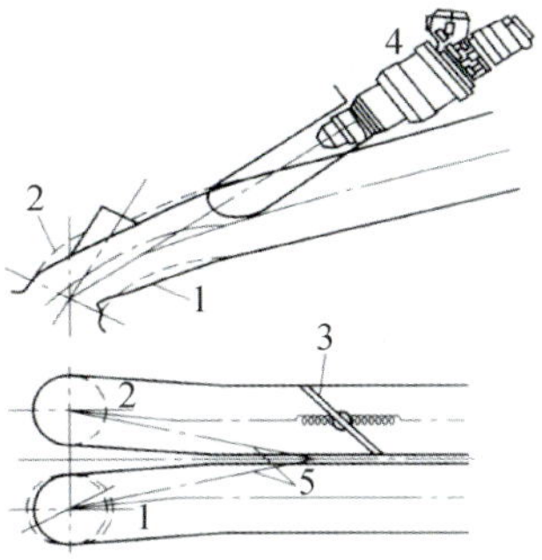

1—切向进气道；2—中性进气道；3—涡流控制阀；4—双油束喷油器；5—双油束

图 10-47　AVL 公司四气门高压缩快速燃烧系统

当涡流控制阀不是完全开启时，中性进气道的混合气较浓，切向进气道的混合气较稀，造成分层充气，如果配以恰当的燃烧室形状，能使空气分层保持到点火时刻。涡流控制阀的开启由电控单元根据工况确定。

（三）缸内直喷式稀薄燃烧方式

汽油机缸内直接喷射 GDI 是指用低压喷油嘴直接向气缸内喷射汽油。缸内直喷式非均质混合方式较好地解决了分层充气浓混合气难维持很长时间及不能保证稳定着火的问题。部分负荷时，在压缩过程后期，才开始喷油形成分层混合气。在火花塞周围的浓混合气来不及变稀就被点燃了。远离火花塞的边缘区域为稀混合气，一般 λ 在 20～25 或理论空燃比，或最大功率空燃比下工作。

1. 福特缸内直喷燃烧系统

美国福特（Ford）公司的缸内直喷稀燃系统（PROCO），如图 10-48 所示。

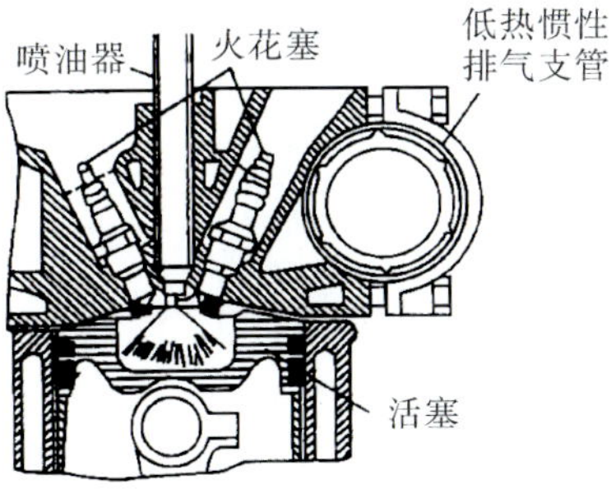

图 10-48　福特缸内直喷稀燃系统

燃烧室呈深碗形，在活塞顶部，喷油器正置，低压空锥大油滴直接把汽油喷入燃烧室，利用切向进气道产生的进气涡流和滚流与较强的压缩挤流形成的复合涡流，促进燃油与空气的快速混合，双火花塞附近形成空燃比为 15 的混合气，其他区域空燃比大于 25 的稀混合气保证稳定工作。点燃后迅速扩散，传播距离短。因燃油在缸内蒸发吸收一部分空气热量，使温度下降，充量系数 φ_c 提高。由于是直喷，采用负荷质调节，使缸内充量得到冷却，可以使用较大的压缩比，ε 达 11.5，热效率提高，燃油经济性较好。部分负荷功率提高 10%，油耗率下降 12%。可大幅度降低冷启动时的 HC 排放。

2. 三菱 4G93 缸内直喷稀燃系统

表 10-5 列出了 4G93 汽油机的主要性能参数。

表 10-5　4G93 汽油机的主要性能参数

项目	参数	项目	参数
型号	4G93 缸内直喷	进气道	立式
$\frac{D}{S}$（mm）	81/89	燃烧室	缸盖单坡屋顶，活塞曲顶面
缸数 i	L—4	燃油供给方式	缸内直喷
iV_S（L）	1.834	喷油压力（Mpa）	5.0
进、排气门	DOHC，2 进、2 排	燃油	97号标准汽油

图 10-49 所示为三菱 4G93 缸内直喷 GDI 燃烧系统示意图，该系统主要特点，利用立式进气道在气缸中产生逆向翻滚气流。采用一个高压（喷油压力 5MPa）的旋流式电磁喷油器，使喷出的燃油有好的贯穿度和合适的雾化度（SMD 达 25μm），能满足不同工况对喷雾的要求。通过单坡屋顶（缸盖上）和弯曲顶面（活塞上）的燃烧室与喷油时刻、组合气流的良好匹配，可以精确控制点火时火花塞附近的空燃比，使点火可靠，保证全工况范围实现分层、均质，两段混合方式及其平顺切换。

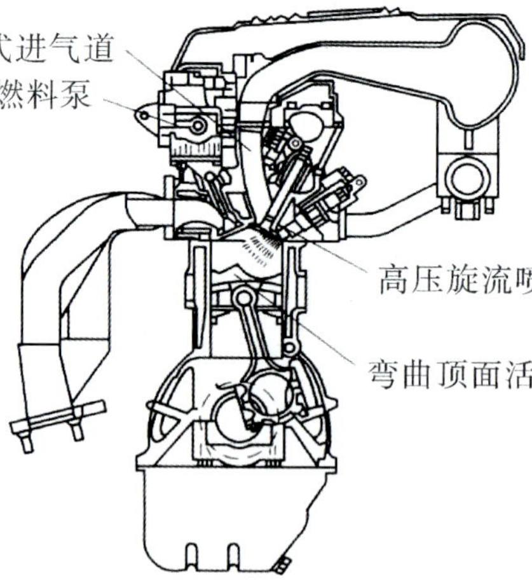

图 10-49　三菱 GDI 燃烧系统

小负荷时，在压缩行程后期喷油，实现火花塞附近较浓混合气，其他区域较稀混合气（$\lambda>25$）的分层燃烧。

大负荷时，在进气行程喷油，以实现化学计量比浓混合气（$\lambda=14\sim15$）的均匀燃烧。

3. 丰田 D—4 缸内直喷稀燃发动机

表 10-6 列出了丰田公司开发的 D—4 缸内直喷稀燃发动机主要性能参数。

表 10-6　D－4 缸内直喷稀燃发动机主要性能参数

项目	参数	项目	参数
型号	D－4 缸内直喷	T_{max}/n [N·m·(r·min)$^{-1}$]	188/4600
$\frac{D}{S}$ (mm)	86/86	进、排气门	DOHC，2 进 2 排
缸数 i	L－4	进气道	螺旋进气道，涡流控制阀
iV_S (L)	2.0	燃烧室	缸盖上屋顶，活塞上深盆
P_e/n [kW·(r·min)$^{-1}$]	115/6300	喷油压力（MPa）	8～13

图 10-50 示出了丰田公司开发的 D－4 缸内直喷稀燃汽油机燃烧系统示意图，其工作特点是通过安装在进气道上的电子涡流控制阀（E－SCV），形成不同斜向角度的进气涡流。燃烧室为半球屋顶形，活塞顶部为深盆形，与进气涡流旋向以及高精度的喷油时间和喷油方向控制相配合，在火花塞周围形成较浓的易点燃的浓混合气区域，其他为稀混合气区。

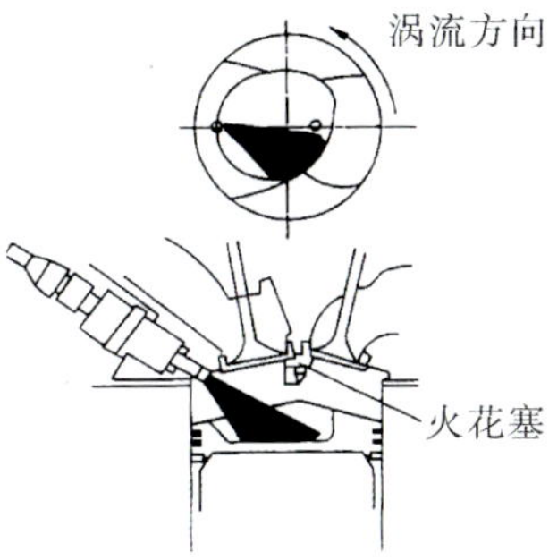

图 10-50　丰田公司 D－4 缸内直喷稀燃系统示意图

该系统采用高压（8～13 MPa）旋流喷油器，可实现高度微粒化喷射（喷雾粒度 SMD<5MPa），有效抑制扩散燃烧所产生的黑烟。

灵活的电喷系统，可对不同工况采用不同的燃烧方式，以保证所有工况下都能稳定燃烧。

在低速部分负荷时，在压缩行程后期喷油，形成明显的分层燃烧；在高速大负荷时，在进气行程初期喷油，以形成均质化学计量比燃烧；在中等负荷时，则有弱分层燃烧和均质燃烧两个区域。

为了控制分层燃烧时 NO 的产生，采用了电控废气再循环（EGR）系统。该系统还带有氧气传感器、紧凑耦合三效催化器和吸附还原型稀燃室催化器。

该 D－4 稀燃系统具有高输出功率和较好的经济性。

（四）均质充量压燃（HCCI）汽油机

1. 汽油机 HCCI 燃烧方式

均质充量压缩着火（homogeneous charge compression ignition，HCCI）是当前内燃机燃烧研究的一个热点。近期有希望把火花点火（SI）方式和 HCCI 方式相结合，用在轿车发动机上，可以获得和汽油机一样的高功率输出和低 PM 排放，以及在部分负荷（可达 75%负荷）和怠速时获得和柴油机一样的高经济性和低NO_x排放。

当前在汽油机上进行 HCCI 的研究是因为：

（1）汽油机的热效率低，压缩比低，转换到 HCCI 方式后可提高热效率。

（2）汽油燃料较容易制备成均质预混合气。

（3）汽油机的电子控制技术和可变进气系统的研究比较完善，容易对混合气的浓度进行调整，使之符合 HCCI 燃烧的要求。

2. 汽油机 HCCI 燃烧特点

（1）HCCI 燃烧由化学动力学控制。空气与燃料混合形成均匀的稀薄预混合气，靠压缩混合气的温度提高到燃料的自燃点以上，几乎多点同时自燃，燃烧由化学动力学控制。燃烧迅速，没有一般火花点火方式燃烧中的压力波动现象，循环变动较小。燃烧过程中没有可视火焰传播。

（2）HCCI 燃烧具有高的热效率。对汽油高辛烷值燃料，在着火前混合气温度达到 1050～1100K，这段时间内热量释放较少，散热损失小。由于 HCCI 燃烧是稀混合气低温燃烧，并且集中在 10℃A 内迅速完成，因而具有较高的热效率。

（3）HCCI 高效燃烧的关键是燃烧过程控制。HCCI 燃烧过程始点是由均质混合气的自燃特性及燃烧室内的时间，即温度历程决定的，因此应对燃烧始点或 50％已燃质量所对应的曲轴转角位置进行控制。只能通过控制均质混合气的性质，并通过压缩比、配气定时、EGR 率、发动机结构参数和运转参数协调控制。

（4）HCCI 发动机转速和负荷工作范围狭窄。若使 HCCI 发动机在整个转速和负荷范围内工作时，需对混合气浓度及 EGR 率等参数协调控制。

由于 HCCI 燃料是均匀稀薄混合气，没有燃烧高温区，所以NO_x排放低。

第四节　汽油机的燃料供给

一、汽油机的燃油供给方式

燃油供给方式有化油器式和汽油喷射式两种，见表 10-7。

表 10-7　汽油机的燃油供给方式

<table>
<tr><th colspan="2">供给方式</th><th>供给部位</th><th>可燃混合气性质</th><th>调节方式</th></tr>
<tr><td colspan="2">化油器式</td><td>进气总管</td><td rowspan="2">均质可燃混合气，$\alpha<1.15$</td><td rowspan="3">量调节</td></tr>
<tr><td rowspan="4">汽油喷射式</td><td>单点</td><td>进气管</td></tr>
<tr><td>多点</td><td>各缸进气管</td><td>不均匀分层混合气，$\alpha<1.5$</td></tr>
<tr><td rowspan="2">直喷</td><td rowspan="2">各气缸内</td><td>中、低工况压缩行程喷油，不均匀，$\alpha<3$</td><td>质调节</td></tr>
<tr><td>高工况进气行程喷油，均匀混合，$\alpha\approx1$</td><td>量调节</td></tr>
</table>

二、汽油机对供油装置的要求

（一）装置使混合气是均质的

通过化油器的喷嘴或低压喷油器使液态汽油微粒化；通过组织较强的空气运动促使油滴汽化；通过与燃烧室形状的配合使混合气分布均匀。

（二）装置使混合气浓度与汽油机工况相适应

根据工况对应控制相适当的燃油计量，即配制一定数量的混合气；根据不同工况对应相适当的空燃比，即配制一定浓度的可燃混合气。所谓可燃混合气是指燃料与空气混合并在可能着火燃烧的浓度范围内的混合气。

（三）混合气浓度（成分）的两种表示法

可燃混合气中空气与燃油的比例称为可燃混合气浓度（成分）。通常用空燃比和过量空气系数来表示。

1. 空燃比（$\frac{A}{F}$）

空燃比（$\frac{A}{F}$）—可燃混合气中空气质量（m_a）与燃油质量（m_f）之比，用 λ 表示。

理论空燃比（化学计量空燃比）$l_0=14.8$，表示理论上 1 kg 汽油完全燃烧需要 14.8 kg 的空气，此时的混合气称为理论混合气。$\lambda<14.8$ 为浓混合气，$\lambda>14.8$ 为稀混合气。

燃空比（$\frac{F}{A}$）—空燃比的倒数（$\frac{1}{\lambda}$）。

燃空当量比 α—燃空比与理论燃空比的比值。

2. 过量空气系数 α

过量空气系数（空燃当量比）α—燃烧 1 kg 燃油实际供给的空气质量与理论上完全燃烧 1 kg 燃油所需的空气质量之比。过量空气系数为燃空当量比的倒数，即 $\alpha=\frac{1}{\varphi}$。$\alpha=1$ 时的混合气为理论混合气，$\alpha<1$ 时的混合气为浓混合气，$\alpha>1$ 时的混合气为稀混合气。

3. α 与 λ 的关系

$\lambda=\alpha l_0$。α 与 λ 在数值上的对应关系见表 10-8。

表 10-8　α 与 λ 在数值上的对应关系

φ_α	0.6	0.7	0.8	0.9	1.0	1.1	1.2	1.3	1.4
λ	8.9	10.4	11.8	13.3	14.8	16.3	17.8	19.2	20.7

三、汽油机对混合气浓度的基本要求

（一）混合气浓度 α 对汽油机性能的影响

当汽油机转速不变，节气门开度一定（全开），并且点火提前角为最佳时，通过改变量孔尺寸来改变 α，则功率P_e和油耗率b_e随 α 的变化曲线，称为汽油的混合气浓度的调整特性。如图 10-51 所示，P_e随 α 的增加，呈上凸的曲线，最大功率点为 A，对应的过量空气系数用α_p表示，称为功率混合气，α_p=0.85～0.95，即要求浓混合气。油耗率b_e随 α 的增加，呈下凸的曲线，最低油耗率点为 B，对应的过量空气系数用α_b表示，称为经济混合气，α_b=1.05～1.15，即要求稀混合气。由调整特性可说明以下三点：

（1）功率点和经济点是不对应的，就是说动力性和经济性不能同时得到。

（2）混合气浓度过浓或过稀，动力性和经济性都不理想。

（3）混合气浓度在 α=0.85～1.11 最有利于获得较好的动力性和经济性。

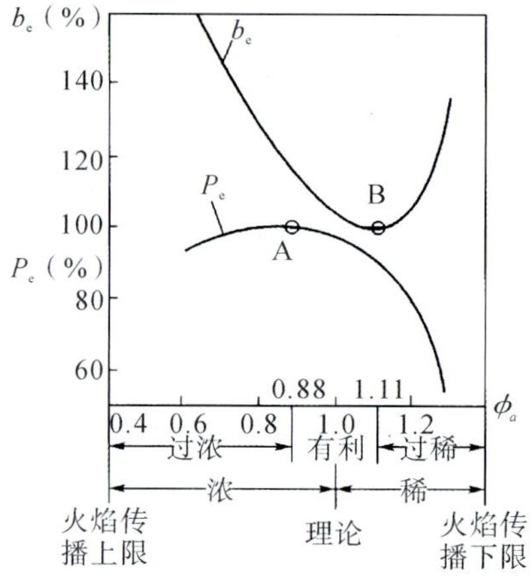

图 10-51　可燃混合气浓度的调整特性

（发动机转速不变，节气门全开）

（二）汽油机不同工况对混合气浓度 α－(φ_a)的要求（图 10-52）

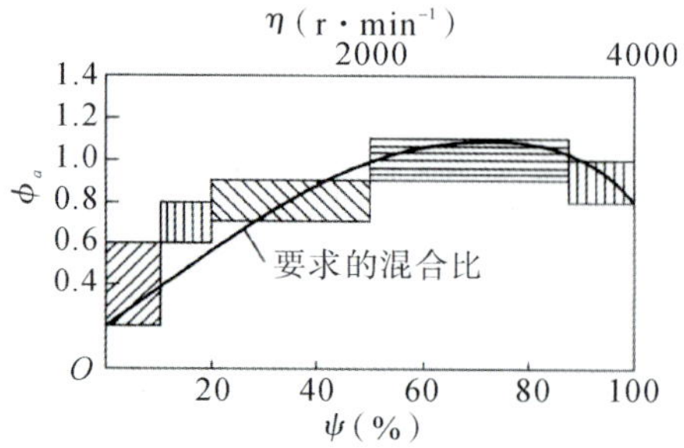

图 10-52　不同工况对 α－（φ_a）的要求

（1）启动时，为使汽油机顺利启动，要求化油器供给 α=0.2～0.6 的浓混合气。

(2) 怠速时，负荷（节气门开度）$\psi<20\%$，转速 $n=700\sim1000$ r/min，要求 $\alpha=0.6\sim0.8$ 的浓混合气。

(3) 小（低）工况。小负荷 $\psi=20\%\sim50\%$，低转速 $n=1000\sim2000$ r/min，要求 $\alpha=0.7\sim0.9$ 的较浓混合气。

(4) 中等工况。中负荷 $\psi=50\%\sim90\%$，中转速 $n=2000\sim3600$ r/min，要求 $\alpha=0.9\sim1.1$ 的最佳混合气。

(5) 大（高）工况。大负荷 $\psi=90\%\sim100\%$，高转速 $n=3600\sim4000$ r/min，要求 $\alpha=0.8\sim0.9$ 的浓混合气。

由上所述，对常在中等工况下工作的车用汽油机，要求化油器能随负荷的增加，供给由浓逐渐变稀的混合气，直到供给经济混合气。从大负荷到全负荷阶段又要求混合气由稀变浓，最后加浓到功率混合气。

第五节　汽 油 特 性

一、汽油常用主要性能指标

(一) 辛烷值 (octane number, ON)

辛烷值是用来表征汽油抗爆性的一项指标。爆燃是汽油机一种不正常燃烧现象，影响爆燃的关键因素之一是汽油的品质。汽油的辛烷值越高，抗爆性越好。

汽油的辛烷值常用马达法（MON）和研究法（RON）来确定。我国规定用马达法测定。辛烷值是在可调压缩比的专门试验机上进行。测定时，所用标准燃料是由抗爆性好的异辛烷（C_8H_{18}），令其辛烷值为 100，和容易爆燃的正庚烷（C_7H_{16}），令其辛烷值为 0，按不同容积的比例混合而成的燃料。将标准燃料与待测汽油进行抗爆性对比试验，当标准燃料与待测汽油的抗爆程度相同时，则标准燃料中异辛烷的体积分数就定义为待测汽油的辛烷值。

汽油辛烷值的大小取决于汽油的组分、炼制方法和抗爆剂。根据燃料的化学结构，辛烷值高低依次为烷烃<烯烃<环烷烃<芳香烃。以前用的抗爆剂是由四乙基铅 [P_b (C_2H_5)] 和溴代乙烷 ($C_2H_4Br_2$) 组成的混合物，燃烧后会生成固态的氧化铅，带来铅污染。现已使用无铅汽油，常用的抗爆剂有甲基叔丁基醚（MTBE）、乙基叔丁基醚（ETBE）、乙醇（ethanol）、叔戊基甲醚（TAME）等。

(二) 馏程

汽油馏出温度的范围称为馏程，馏程是用来评价汽油蒸发性的一项指标。常以 10%、50% 和 90% 的馏出温度作为几个有代表含义的点。馏出温度越低，汽油中所含轻馏分越多，蒸发性越好。汽油的全馏程为 120～205 ℃。

1. 10%的馏出温度

表示汽油中轻馏分含量的多少。馏出10%的温度标志着它的启动性。温度低表示轻馏分含量多，蒸发性好，冷启动容易。

2. 50%的馏出温度

表示汽油的平均蒸发性，温度低标志蒸发性好，容易与空气混合形成合适的可燃混合气。影响发动机的暖车时间、加速性及工作的稳定性。

3. 90%的馏出温度

标志燃料中含有难于挥发的重馏分的数量。此温度低，燃料中所含的重质成分少，进入气缸中能够完全挥发，有利于燃烧过程的进行。

汽油具有良好的蒸发性，决定了汽油机采用低压汽油喷射装置或化油器式喉管真空度就可以实现雾化，形成合适的可燃混合气。

（三）蒸气压

饱和蒸气压的大小也是反映汽油蒸发性好坏的标志，用来表征抵抗产生气阻现象的能力。当大气温度越高，大气压越低时，汽油的蒸气压就越高，越容易产生气阻。在高原、炎热夏天及重负荷条件下运行时，应防止产生气阻现象。

（四）黏度

汽油黏度低，运动黏度 $\nu=0.6\sim0.85\ cm^2/s$；密度小，$\rho=0.75\ kg/L$；自燃温度高，$t_{燃}=400\ ℃$；这就决定了汽油机必须点燃着火，要有专门点火装置。

（五）低热值

汽油具有高的低热值（$H_u=4.4\ MJ/kg$）及高的混合气热值，混合气均匀，且大多数情况下在当量混合比下（过量空气系数 $\alpha=1$，瞬时过量空气系数$\lambda_{相对}=1$）燃烧。

二、汽油的理化性质

汽油的理化性质见表10-9。

表10-9 常用燃料的理化性质

燃料	0号柴油	93号汽油	压缩天然气	液化石油气	甲醇	乙醇
来源	石油炼制产品	石油制品	自测态油气田20MPa为CNG，−162℃为LNG	在石油炼制过程中产生的液化气体	由CO和H_2化学合成	植物淀粉发酵蒸馏

续表

燃料		0号柴油	93号汽油	压缩天然气	液化石油气	甲醇	乙醇
分子式		$C_{15}\sim C_{23}$ $C_{16}H_{34}$	$C_5\sim C_{11}$ C_8H_{18}	$C_1\sim C_3$ CH_4	$C_3\sim C_4$ C_3H_8 (C_4H_{10})	CH_3OH	C_2H_5OH
摩尔质量（$kg\cdot mol^{-1}$）		180	114	16	44	32	46
质量分数	C	0.87	0.855	0.75	0.818	0.375	0.522
	H	0.126	0.145	0.25	0.182	0.125	0.130
	O	0.004	—	—	—	0.50	0.348
液态密谋（$kg\cdot L^{-1}$）		0.82～0.86	0.72～0.75	0.42	0.54	0.78	0.80
沸点（℃）		160～360	30～220	−161.5	−42.1	64.4	78.3
蒸发热（$kJ\cdot kg^{-1}$）		—	334	510	426	1100	862
理论空气量	kg/kg（燃料）	14.3	14.8	17.4	15.8	6.52	9.05
	kmol/kg	0.495	0.512	0.595	0.541	0.223	0.31
	m^3/kg	11.1	11.5	13.33	12.12	5.0	6.95
自燃温度（℃）		250	400	632	504	500	420
闪点（℃）		50～65	−45	<−162	−73.3	10～11	9～21
燃料低热值（kJ/kg）		42500	44000	50000	46420	20260	27200
辛烷值	RON	20～30	90～106	130	96～111	110	106
	MON	—	81～89	120～130	89～96	92	80
十六烷值 CN		45～55	—	<10	<10	3	8
凝点（℃）		−4～−1	−57	−183	—	−98	−114
动力黏度（20℃）（$0.1\ Pa\cdot s$）		3.7	0.42	—	—	0.60	1.2
运动黏度（20℃）（$10^{-4}\ m^2\cdot s^{-1}$）		2.5～8.5	0.65～0.85	—	—	—	—
蒸气压（kPa）		<1.37	49～83	—	1274	30.4	15.3
汽化潜热（$kJ\cdot kg^{-1}$）		251～270	310～320	510	426	1100	862
着火极限φ_a范围		0.48～1.85	0.7～1.4	0.6～2.2	0.4～2.0	0.34～2.0	0.3～2.1

第十一章　汽油机增压技术

第一节　概　　述

一、内燃机增压

内燃机增压是指将新鲜空气进行预先压缩，然后进入气缸，以提高进气密度，从而增加进气量，燃烧更多的燃料，增加内燃机的输出功率。同时，可以改善内燃机的经济性和减少有害物质排放。进气压力提高的程度用增压比π_k表示，定义$\pi_k=\frac{p_k}{p_0}$，p_k为增压后的进气压力，p_0为未增压的进气压力，一般称为大气压力。增压后内燃机功率提高的程度用增压度φ表示，定义$\varphi=\frac{p_{ek}-p_{e0}}{p_{e0}}$，$p_{ek}$为增压后内燃机的功率，$p_{e0}$为增压前内燃机的功率。增压度$\varphi$即为增压后内燃机的功率$p_{ek}$与增压前功率$p_{e0}$之差与增压前功率$p_{e0}$之比。

二、内燃机增压的方式

按增压器能量的提供方式及结构形式，增压可以分为四种类型，如图 11-1 所示。

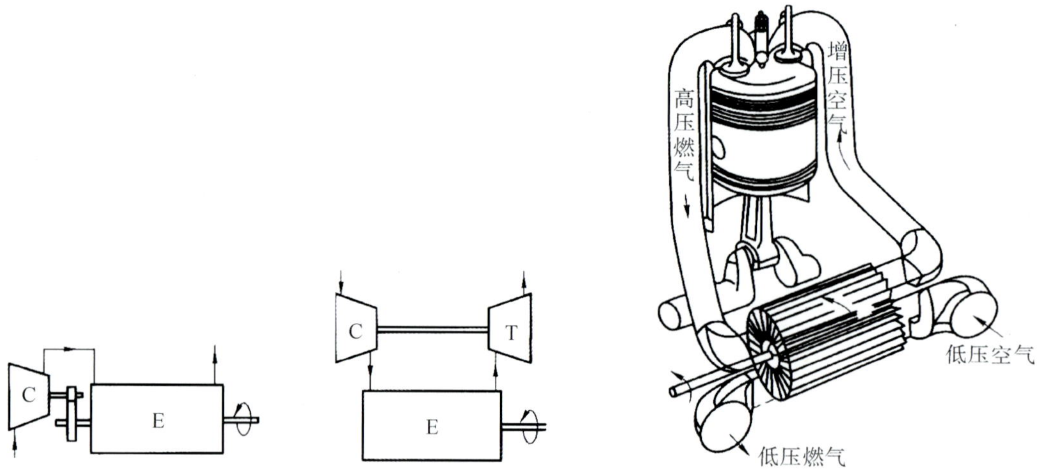

（1）　　（2）　　（3）

图 11-1　内燃机增压的方式

（1）机械增压；（2）涡轮增压；（3）气波增压

（一）机械增压

内燃机输出轴直接驱功增压装置，实现对进气的压缩。

（二）涡轮增压

应用涡轮增压器。利用排气能量、驱动压气机工作，实现进气增压。

（三）气波增压

利用排气系统中的压力波动效应压缩空气。

（四）复合增压

上述三种增压方式的组合，如机械增压与涡轮增压组合，一般用于大型船用柴油机。另外，随着增压度的提高，出现了二级、三级涡轮增压系统。

机械增压应用较早。低速性和加速响应性好，可靠性高，但会消耗内燃机的有效功率。涡轮增压系统由于能回收部分废气能量而得到广泛应用。

复合增压系统和多级增压系统随着内燃机性能的进一步强化和排放法规更加严格而得到更多的使用。

三、内燃机增压的优点和限制方向

（一）内燃机增压的优点

内燃机增压有如下优点：

（1）通过增压可以大幅度提高内燃机的输出功率，从平均有效压力的定义可知$p_{me}=\frac{W_e}{V_h}$，而

$$W_e=Q_1\eta_{et}，\ Q_1=g_fH_u=\frac{\varphi_c V_b\rho_s H_u}{\alpha l_0}，\ \rho_s=\frac{P_s}{RT_s}， \tag{11-1}$$

则

$$P_{me}=\frac{H_u\eta_{et}\varphi_c\rho_s}{\alpha l_0}=\frac{H_u}{l_0}\cdot\frac{\eta_{it}\eta_m\varphi_c\rho_s}{\alpha}=\frac{H_u}{l_0R}\cdot\frac{\eta_{it}\eta_m\varphi_c}{\alpha}\cdot\frac{\rho_s}{T_s}\propto K\frac{\eta_{it}\eta_m\varphi_c\rho_s}{\alpha}\propto K\frac{\eta_{it}\eta_m\varphi_c}{\alpha}\cdot\frac{\rho_s}{T_s}. \tag{11-2}$$

可见平均有效压力与进气密度成正比，或者与进气压力成正比。因此，提高进气压力，增加进气密度，可以提高内燃机的功率。

（2）内燃机采用增压后，进气被压缩，换气过程的泵气功为正，使指示热效率η_{it}有所提高；随着p_{me}的提高，机械效率η_m也将提高。根据

$$b_e=\frac{3.6\times10^6}{\eta_{et}H_u}\propto K\frac{1}{\eta_{it}\eta_m}， \tag{11-3}$$

内燃机燃油消耗率有所降低，经济性得到改善。

（3）通过增压提高进气密度，在总质量和体积基本不变的情况下，内燃机的功率可以得到较大增

加，从而降低单位功率的造价，提高了材料利用率，改善了经济性。

(4) 与自然吸气式内燃机比较，排气能量得到回收利用，不仅提高了内燃机热效率，排气噪声也有所降低。

(5) 柴油机增压后，缸内压力和温度水平提高，可以缩短滞燃期，有利于降低缸内的压力升高率和燃烧噪声。

(6) 内燃机增压一般采用较大的过量空气系数，可以改善 CO，HC 和碳烟排放。

(7) 增压有利于高原稀薄空气条件下内燃机功率的恢复。

(二) 内燃机增压的限制方向

1. 机械负荷

随着增压压力的提高，内燃机平均有效压力增加，爆发压力也随之提高，内燃机主要零部件受力增加. 特别是缸盖、活塞、连杆、曲轴和轴承的受力增加。

2. 热负荷

增压后可以燃烧更多的燃油，内燃机工作循环温度升高，活塞、缸盖、气门、喷油器和缸套等零部件热负荷增大，润滑和金属材料的力学性能都变差。

3. 增压器的性能

对排气涡轮增压器来说，要提高增压比，必须向排气涡轮增压器提供较多的排气能量，而提高涡轮的进气温度会受到材料的限制。增压器的工作转速很高，从每分钟几万转到二十几万转，外圆周线速度在 300～400m/s。一般用于制造涡轮的耐热钢长期工作能承受的温度为 650℃左右，陶瓷的耐热温度也只在 1000℃左右。制造压力机叶轮的材料一般为铝合金，其机械强度也限制了压力机转速的提高。

4. 中冷器效率

增压压力提高后，进气温度也随之升高，如P_k=0.3MPa 时，温度t_k约为 230℃。为提高进气密度，必须对进气进行冷却，即“增压中冷”。如果把进气温度降到 50℃左右，降温幅度为 180℃左右，需要设计出体积小、效率高的中冷器才能在车辆上运用，这是比较困难的。

第二节　排气涡轮增压器

涡轮增压器根据内燃机排出废气在涡轮机中的流动方向，可分为径流式涡轮增压器与轴流式涡轮增压器两类。轴流式涡轮增压器多用于大中型柴油机，以满足大流量、高效率的要求；中小型高速内燃机一般使用径流式涡轮增压器，以适应高转速和较高响应性能的要求。

图 11-2 为径流式涡轮增压器的结构图，它由离心式压气机、径流式涡轮机、中间壳三部分组成。

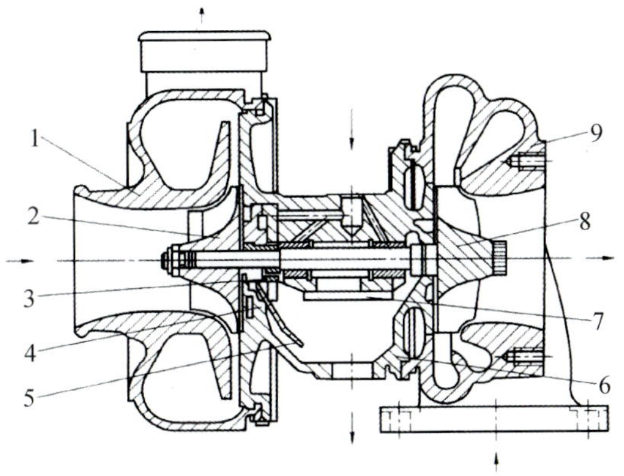

1—压气机蜗壳；2—压气机叶轮；3—推力轴承；4—压气机端密封座；5—挡油板；6—中间壳；7—浮动轴承；8—涡轮机叶轮；9—涡轮机蜗壳

图 11-2　径流式涡轮增压器

一、离心式压气机

如图 11-3 所示，离心式压气机由进气道（1）、工作叶轮（2）、扩压器（3）和蜗壳（4）组成。

（一）压气机工作原理

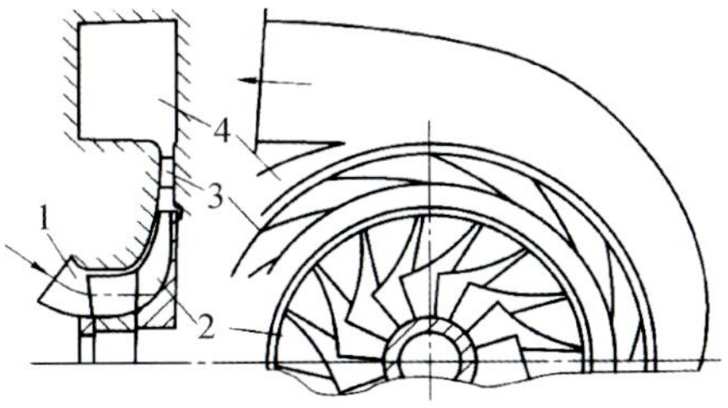

1—进气道；2—工作叶轮；3—扩压器；4—蜗壳

图 11-3　离心式压气机

工作叶轮旋转将空气从进气道吸入，经过收敛形进口段气流略有加速，速度由v_0提高到v_1，压力也由p_0略降p_1（见图 11-4）。当空气进入叶轮后，在极高转速的作用下，空气的动能和压力能有所提高。速度由v_1提高到v_2，压力也由p_1提高到 p_2。由于扩压器的截面是逐渐增大的，所以空气流经扩压器时，压力进一步提高，由 p_2 提高到 p_3，速度却由 v_2 降低到 v_3。蜗壳将经扩压器流出的空气收集并引向出口，进一步将功能转变为压力能。因此，压气机出口处压力为 p_4，速度为 v_4。空气在离心式压气机中的整个流动过程中，温度逐步提高。

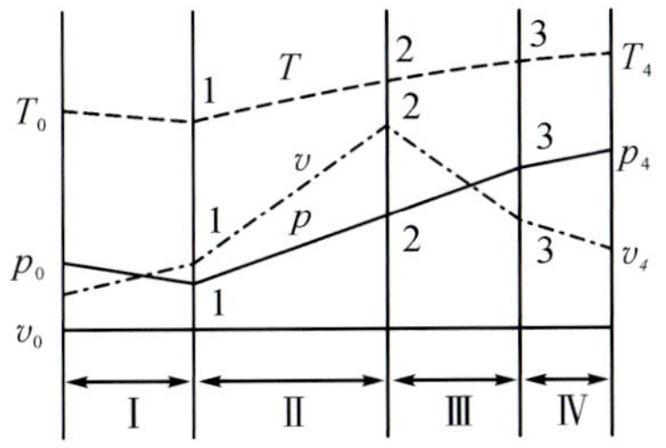

1—进气道；2—工作叶轮；3—扩压器；4—蜗壳

图 11-4　离心式压气机气流参数的变化

（二）压气机绝热效率

压气机绝热效率是指在相同增压比时压气机的绝热压缩功与实际压缩功之比。由工程热力学可知，将 1kg 空气从 p_0 压缩到 p_4（见图 11-4）的绝热压缩功为

$$W_{adk}=\frac{k}{k-1}RT_0\left[\frac{p_k}{p_0}^{\frac{k-1}{k}}-1\right]=c_p\ (T'_4-T_0),\tag{11—4}$$

式中各量见图 11-5。

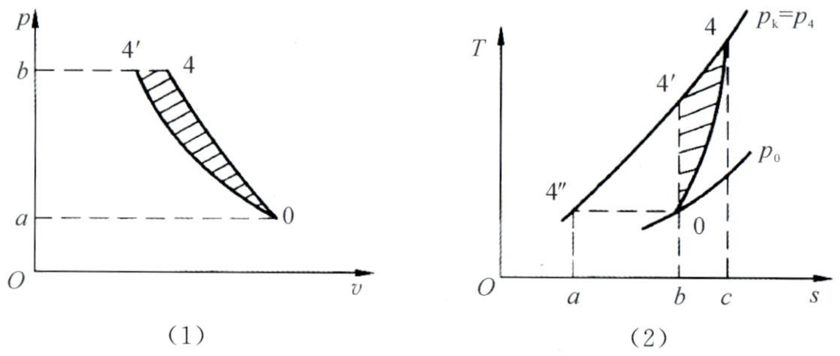

图 11-5　压气机的压缩过程

（1）$p-v$ 图；（2）$T-s$ 图

在实际压缩过程中，由于气流受到摩擦、流动阻力和热交换等因素的影响，实际压缩功大于绝热压缩功。到达相同 p 值时，气流的实际温度 $T_4\,(T_k)$ 高于绝热压缩后温度 T'_4，实际压缩功为

$$W_k=\frac{k}{k-1}R\ (T_4-T_0)\ =c_p\ (T_k-T_0).\tag{11—5}$$

压气机的绝热效率为

$$\eta_{adk}=\frac{W_{adk}}{W_k}\cdot\frac{T_0\left[\frac{p_k}{p_0}^{\frac{k-1}{k}}-1\right]}{T_k-T_0}.\tag{11—6}$$

压气机的绝热效率说明了驱动压气机的消耗功被转化利用的程度。目前压气机的绝热效率为 0.7～0.8 或更高。

（三）压气机特性

压气机的主要工作参数是增压比 π_k、效率 η_{adk}、流量 q_{mk} 和转速 n_k。压气机特性是指这些参数之间的变化关系。

在一定环境条件下（p_0、T_0 一定）压气机在某一转速 n_k 时，增压比 π_k 和效率 η_{adk} 与流量 q_{mk} 的变化关系称为压气机的流量特性（图 11-6）。在某一转速 n_k 下，对于某一流量 q_{mk} 有最高的增压比 π_k 和绝热效率 η_{adk} 高于或低于该流量，π_k 和 η_{adk} 都将下降。效率一定时（图中等效率线），中间是高效率区，一般比较靠近喘振边界线。

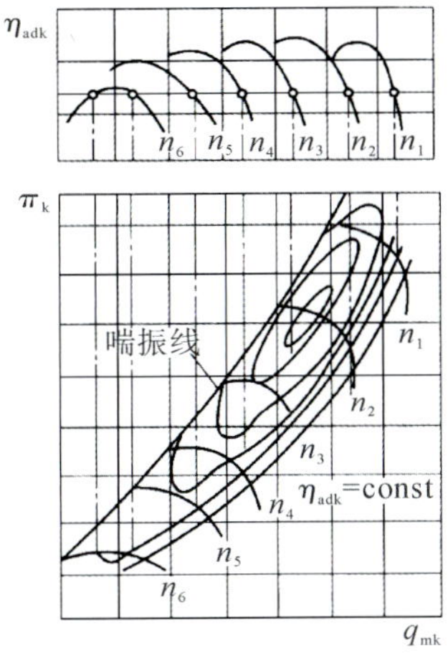

图 11-6　压气机流量特性

喘振是压气机工作不稳定现象，在压气机转速一定时，当压气机的流量减小到某一数值时，压气机出现不稳定状态，气流发生强烈的脉动，引发叶片的振动并伴随有喘息噪声，出口压力下降并伴随着波动，严重时会造成压气机损坏，因此压气机不允许在喘振下工作。出现喘振的工作点称为喘振点，将各种转速下的喘振点连接起来，就是喘振边界线，简称喘振线。压气机只能在喘振线右边范围内工作。

为了使压气机流量特性不受试验时环境状况影响，一般根据相似理论折合成标准大气状况（即 $p_0=101.33\text{kPa}$，$T_0=293\text{K}$）时压气机的工作状况，利用折合参数绘制压气机通用特性，其中折合参数分别为：

1. 折合流量：

$$q_{ms}=q_{mk}\frac{101.33}{p_0}\sqrt{\frac{T_0}{293}}. \tag{11-7}$$

2. 折合转速：

$$n_s=n_k\sqrt{\frac{293}{T_0}}. \tag{11-8}$$

图 11-7 为某涡轮增压器压气机的通用特性。

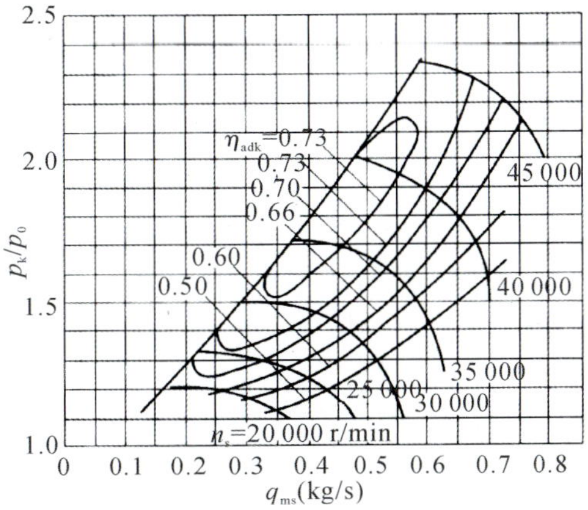

图 11-7　压气机通用特性

二、径流式涡轮机

径流式涡轮机主要由进气蜗壳（1）、喷嘴环（2）、工作叶轮（3）和出气道（4）组成，如图 11-8 所示。

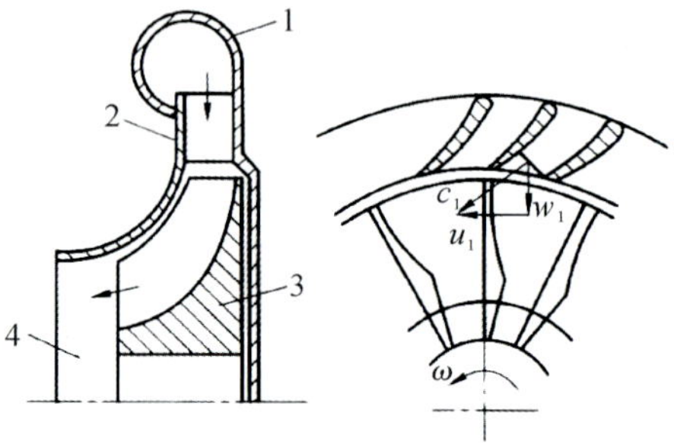

1—进气蜗壳；2—喷嘴环；3—工作叶轮；4—出气道

图 11-8 径流式涡轮机

（一）涡轮机工作原理

内燃机排出的废气从排气管进入蜗壳，在喷嘴环中膨胀，使废气的压力能部分转变为动能，由喷嘴环高速喷出，并沿喷嘴环出口方向进入工作叶轮，推动叶轮高速旋转。废气在叶轮中进一步膨胀后经出气道排出在涡轮机中，废气不断膨胀，压力由 p_T 降到 p'_0，温度由 T_T 降到 T'_0，气体流经喷嘴环时，流速从 v_T 提高到 v_1，流过工作叶轮后降到 v_2。如图 11-9 所示。

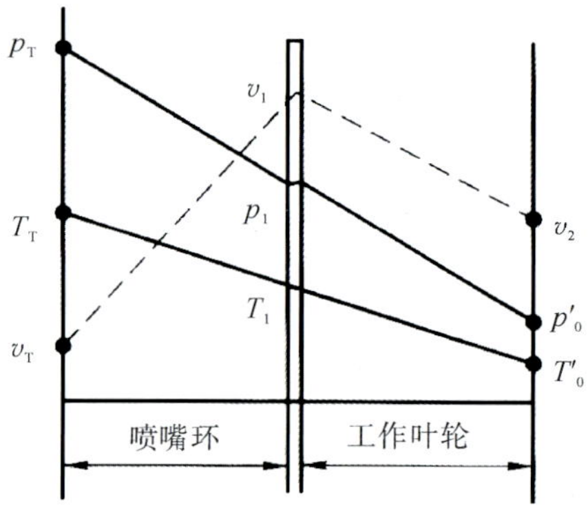

图 11-9 涡轮机中气流参数的变化

（二）涡轮机效率

涡轮机效率 η_T 指实际膨胀功与绝热膨胀功之比，表示涡轮机中废气能量转换为机械功的有效程度。根据热力学第二定律，涡轮机效率为

$$\eta_T=\frac{T_T-T'_0}{T_T}\cdot\frac{1}{\left[1-\left(\frac{p'_0}{p_T}\right)^{\frac{k-1}{k}}\right]} \tag{11—9}$$

一般排气涡轮增压器涡轮机效率 η_T 为 0.7～0.9。

（三）涡轮机特性

涡轮机的主要工作参数是膨胀比 π_T（排气滞止压力与排气背压之比）、效率 η_T、流量 q_{mT} 和转速 n_T。涡轮机特性是指这些参数之间的变化关系。

涡轮机的通用特性同样根据相似理论，利用折合流量和折合转速绘制，如图 11-10 所示，由此可见，涡轮机转速一定时，随膨胀比增加，存在一个堵塞流量，出现堵塞说明在涡轮内部某处，排气流速达到了当地声速。堵塞一般发生在喷嘴出口截面上，或者叶轮通道某处。

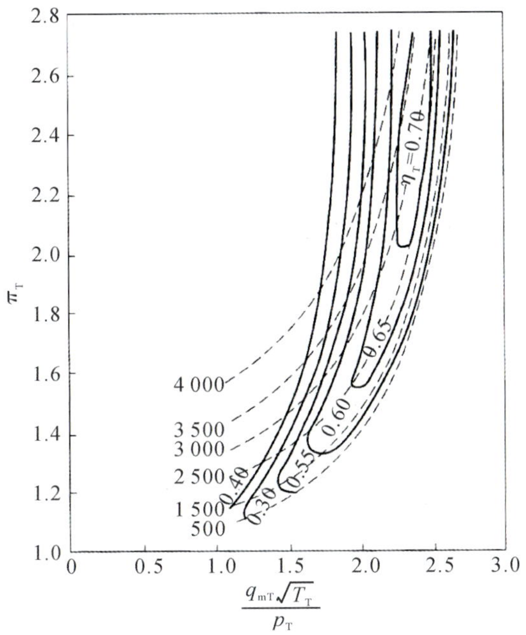

图 11-10　涡轮机通用特性

三、中间壳

中间壳用于连接压气机壳与涡轮机壳，将压气机叶轮与涡轮机叶轮同轴连接在一块中间壳中，充满循环润滑，润滑油以一定压力输入，使高速旋转的轴在浮动轴承中得到充分润滑并呈悬浮、自动定心的工作状态，同时润滑油膜也起着散热与减振作用。中间壳两侧有密封装置，防止压气机端的压缩空气和涡轮机端的燃气泄漏，以及防止轴承处润滑油泄漏。

第三节　排气涡轮增压系统

排气涡轮增压系统按排气能量在涡轮中的利用方式，分为恒压（或定压）增压系统与脉冲（或变压）增压系统两种基本形式，如图 11-11 所示。

一、恒压涡轮增压系统

如图 11-11（1）所示，该系统的特点是涡轮前的燃气压力基本保持一定，柴油机各缸排气都接到一根排气总管上。排气总管容积要足够大，起到稳定压力的作用。涡轮是单进气口。

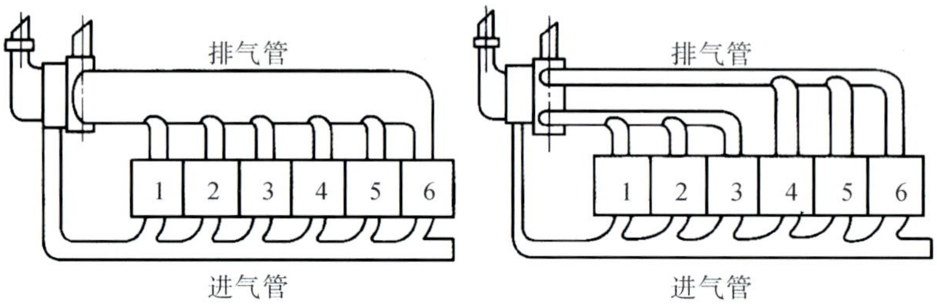

（1）　　　　（2）

图 11-11　涡轮增压系统的两种形式

（1）恒压系统；（2）脉冲系统

恒压涡轮增压是将内燃机所有气缸的排气收集到一个体积足够大的排气管内，在该排气管的稳压作用下，进入涡轮前的压力基本保持不变。其特点是：涡轮在定压下全周进气，效率较高；气流引起的激振较小，不易引起叶片断裂；排气系统结构简单，成本较低，易于布置和维护。其主要缺点是：脉冲能的利用效率较低，低速转矩特性和加速响应性能较差。

气缸数	曲柄位置	发炎顺序	排气管排列
4	1,4 2,3	1—3—4—2	1 2 3 4
6	1,6 2,5 3,4	1—5—3—6—2—4	1 2 3 4 5 6
V8 90°	1 3 2 4	1—3 2 4 3 2—1 4	1 2 3 4 1 2 3 4
	1,4 2,3	1 2 4 3 4 3 1 2 1 3 4 2 4 2 1 3	1 2 3 4 1 2 3 4
V8 60°	1,4 2,3	1 3 4 2 4 2 1 3	1 2 3 4 1 2 3 4
V12	1,6 2,5 3,4	1 5 3 6 2 4 6 2 4 1 5 3	1 2 3 4 5 6 1 2 3 4 5 6

图 11-12　脉冲增压四行程内燃机排气管布置

二、脉冲涡轮增压系统

为了更好地利用恒压涡轮增压系统中没有完全利用的脉冲部分能量，脉冲涡轮增压系统将内燃机各缸排气管做得短而细，将排气脉冲维持到涡轮机的进口［见图 11-11（2）］。为了防止各缸排气脉冲的干涉，将排气管分支连接。以六缸内燃机（发火顺序为 1－5－3－6－2－4 ）为例，排气间隔角为 120 ℃A，而一个气缸的排气持续角 φ_e≈240 ℃A，这样第 5 缸的排气必然对第 1 缸排气产生干涉而影响第 1 缸排气；同样，后一缸排气干扰前一缸排气。为了使排气不发生干扰，各缸发火间隔的角度大于或等于排气持续角 φ_e。因此，排气管必须分开连接，六缸内燃机 1、2、3 缸共用一根排气管，4、5、6 缸共用一根，形成两根排气总管，同理，发火顺序为 1－3－4－2 的内燃机，将 1、2 缸连接一总管，3 、4 缸连接另一总管，其他缸数情况下排气管分支情况见图 11-12。

脉冲涡轮增压的特点是：排气管短而细，排气系统容积小，排气能直接迅速地进入涡轮机中膨胀做功，减少节流损失，能量利用率高，同时利用排气的波谷便于扫气。但由于脉冲涡轮增压压力是变化的，因此，进入涡轮机的压力和流量也是变化的，故涡轮机的效率和压气机的效率较低，并且，由于排气压力波不能叠加，故对于内燃机的排气管要正确分支，以使各缸的排气压力波不互相干扰，排气管布置较复杂。

三、两种增压系统的比较及选取原则

（一）恒压涡轮增压与脉冲涡轮增压两种增压系统的比较

（1）脉冲涡轮增压由于排气节流所造成的排气能量损失比定压增压系统小，所以脉冲增压对排气能量的利用比恒压增压要好。

（2）在内燃机扫气期间，脉冲系统的排气管压力正处于波谷，有足够的扫气压力差，有良好的扫气作用。而恒压系统由于排气管压力波动小，所以扫气压力差小，扫气不好。

（3）在脉冲增压系统中，由于排气管容积较小，内燃机负荷改变时，排气的压力波变化很快传递到涡轮机，增压器能较快响应。所以脉冲增压系统的响应性和加速性能比恒压系统好。

（4）从排气涡轮效率看，脉冲系统的平均绝热效率比恒压系统低，脉冲系统的涡轮机入口压力和流量是变化的，故涡轮机的效率低，而恒压系统由于进入涡轮机前的压力基本保持不变，涡轮机的效率较高。因此恒压增压系统的涡轮机效率比脉冲系统高。

（5）脉冲系统尺寸较大且排气管要依内燃机的发火顺序分支，所以其结构布置比恒压系统复杂。

（二）增压系统的选取原则

1. 依用途首选脉冲增压系统

2. 根据增压比

当内燃机在低增压时，采用脉冲增压；在高增压比时，脉冲系统优点逐渐减弱，而恒压系统优点逐渐凸现。该种情况要依用途来定。比如车用内燃机，即使增压比较高，但由于较多的时间在中小负荷下运行，对其加速性和响应性的特殊要求，所以选择脉冲增压系统为好。

第四节　增压汽油机的性能

一、排气涡轮增压器与内燃机的匹配简述

内燃机是往复式工作机械，涡轮增压器是旋转式工作机械，两者的工作原理和工作特性明显不同。另外，内燃机与增压器之间仅通过气动联系（即通过内燃机进、排气流动联系两者），没有直接的机械联系。因此，内燃机与涡轮增压器联合运行时，为了获得良好的增压内燃机的性能，内燃机与增压器两者之间需要有良好的匹配。内燃机选配合适的涡轮增压器时，主要应满足以下要求：

（1）对于内燃机需要达到的设计功率和燃油消耗率指标，涡轮增压器应能提供内燃机需要的增压压力和空气流量。

（2）内燃机排气提供的能量能满足增压器中涡轮机驱动压气机的需要。

（3）内燃机的运行特性（曲线）与压气机运行特性（曲线）相适应。尽可能使运行处于压气机的高效率区，与压气机效率曲线平行，并离喘振线有适当的距离。

（4）在增压内燃机各种工况下都能可靠地运行，如增压器不超速、内燃机排气不超温等。

（5）对于车用内燃机，要求内燃机外特性具有足够的转矩和转速储备，以及加速响应性能。

二、增压内燃机的特点

由于增压后内燃机性能有较大的提高，同时内燃机的热负荷和机械负荷也有相应的增加，因此增压内燃机与非增压内燃机相比，结构与参数等方面有以下不同。

（一）燃烧系统

（1）增压后气缸内温度升高，柴油机中燃油着火滞燃期缩短，压力升高率$\triangle p/\triangle \varphi$下降，工作柔和。但是，爆发压力$p_z$增大，为使爆发压力不至于过高，需要适当地降低压缩比ε，一般降低一个单位。随增压压力提高，ε_c下降更多，但压缩比过大的降幅会造成内燃机冷起动困难和经济性能恶化。

（2）为了减小内燃机热负荷和改善经济性，增压柴油机可以适当加大过量空气系数，其值一般比非增压机大10%～30%。

（3）为了适应增压后功率增加，需要增大每循环的供油量。柴油机中为增大循环供油量而又不加大供油持续角，需要增加柱塞直径和供油速率，并加大喷油嘴喷孔直径，适当提高喷油压力。

(4) 由于燃烧的改善，可适当地缩小供油提前角，以减少上止点前燃烧的燃油量和降低燃烧爆发压力。

(二) 配气定时

增压内燃机一般采用较大的气门叠开角以改善燃烧室的扫气，提高充量系数和降低内燃机热负荷。随着增压压力的提高，对于高速内燃机（$n>2000$r/min），为了防止低速低负荷时排气倒流，气门叠开角较小，与非增压时差不多。

(三) 进、排气系统

1. 排气系统

在脉冲增压系统中，为了使各气缸的排气互不干扰，排气管必须分支。为了充分利用排气脉冲能量，排气管应尽可能短且截面积不能过大。

2. 进气系统

增压内燃机进气总管要有足够的容积，以减少气体压力波动造成的各缸进气不均匀，从而提高压气机效率和内燃机性能。

3. 增压气体冷却

将增压器出口的空气加以冷却，既可提高充气密度，提高功率，也可降低整个循环的平均温度。低增压时，由于压气机后空气温度不太高，一般不设置中冷器，只有在增压压力较高时才进行中冷。

三、增压对内燃机性能的影响

采用增压技术，可以增加内燃机功率、降低燃油消耗和改善排放，但是增压后内燃机运行状况也发生了一些变化。

(一) 低速转矩性能变化

由于涡轮增压器是旋转式机械，因此提供的增压压力随压气机转速的提高而增加。内燃机在低速低负荷工作时提供给增压器的废气能量少，增压器提供内燃机的空气压力相应也低；高速高负荷工作时，废气提供的能量多，增压器相应提供的空气压力也高。这样，增压器提供的增压压力随内燃机转速增加而增大。增压内燃机在高速工作时，转矩和功率提高幅度大，低速工作时提高幅度小。这将使增压内燃机的转矩特性变得平坦，最大转矩点向高转速方向移动，内燃机适应性系数下降。为了使内燃机低速转矩性能得到改善，可以在高速高负荷区放掉部分进入涡轮前的废气或放掉部分压缩后的增压空气，来抑制增压压力的增长。放气调节，特别是放掉部分废气的方案是车用增压内燃机采用较多的方法。

（二）加速性能变差

内燃机与增压器之间是气动联系，在负荷突变时，增压器存在反应滞后的问题。加速过程中，增压压力上升较缓慢，致使内燃机功率和转速增加缓慢，而且柴油机会出现冒烟现象，为防止冒烟，需要在安装增压压力未达到规定值之前限制供油量的装置，但其又进一步延缓了加速过程。

四、增压内燃机与非增压内燃机的不同

（一）压缩比与过量空气系数

为了降低爆发压力，增压内燃机应适当降低压缩比。增压比越高，压缩比降低幅度越大，但过高的降幅会恶化内燃机的经济性能，而且会引起冷起动困难。对于汽油机而言，增压更容易诱发爆燃，故降低压缩比更是比较普遍的选择。为了降低内燃机的热负荷和改善经济性，增压内燃机可适当加大过量空气系数。如车用柴油机的过量空气系数一般较小，增压后一般将其增大 10%～30% ，以降低热负荷。

（二）供油系统方面

为了适应增压后功率增大的要求，需要增加每循环的供油量。对于增压柴油机而言，为了使供油持续期近似不变，常采用以下方法：增大柱塞直径，增加供油速率，提高喷油压力、加大喷孔直径、增大高压油管截面、减小出油阀紧帽高压容积等，这些措施也可保证在空气密度提高的情况下燃油喷注有足够的贯穿距离。柴油机增压后，滞燃期缩短，适当地减小喷油提前角，可以限制最高爆发压力的增长，保证供油系统可靠性。

（三）配气正时方面

合理地加大配气系统的气门叠开角，以增加气缸扫气，从而降低内燃机的热负荷。气缸内废气扫除彻底和进气终点温度的降低，使充量系数增大。注意：①恒压系统气门重叠角小于脉冲系统。不仅要考虑高负荷扫气要求，还要兼顾低负荷排气倒流的可能性；②对于脉冲系统，车用内燃机气门叠开角小于固定内燃机。因为车用柴油机经常处于低速部分负荷下工作，为防止排气倒流应使气门重叠角小一些；③加大进、排气门升程；④提高气门机构材料的强度和耐热性。

（四）进、排气系统方面

进、排气系统的设计，要与增压系统的要求相一致。增压内燃机的进气管容积希望尽可能大一些，以减少进气压力的脉动，从而提高压气机效率和改善内燃机的性能，脉冲增压系统排气管需正确分支（各缸排气压力波互不干涉）。

（五）增压空气冷却方面

增压中冷一方面可以进一步提高内燃机进气管内空气的密度，从而提高内燃机的功率输出；另一方面可以降低内燃机压缩始点的温度和整个循环的平均温度，从而降低内燃机的排气温度、热负荷以及 NO 排放。增压中冷方式主要有水冷式中冷器、空冷式中冷器。车用中冷器要求体积小、重量轻、冷却时间短，故要求高。

第五节　汽油机增压技术

从排气能量利用的观点出发，汽油机的排气涡轮增压与柴油机没有本质的不同。增压可以提高内燃机功率、降低油耗，减少对环境的污染。但是，汽油机增压的难度却大于柴油机，主要原因在于爆燃和热负荷等。

一、增压使爆燃趋势增大

汽油机增压后，由于混合气压力、温度增高，燃烧强烈，以及燃烧室热负荷增高，使爆燃倾向增大。因此，汽油机的增压压力受到限制，汽油机的增压度一般比柴油机低。为了控制爆燃的发生，汽油机增压一般采用高辛烷值汽油、适当降低压缩比、推迟点火时刻和对增压空气进行中冷等技术措施，但相应会带来热效率下降、排温过高、成本增加等不利影响。正因为如此，汽油机的增压比一般比柴油机低得多，一般不超过 2，这样，功率最高增加幅度为 40％～50％。而燃油经济性则不一定有所改善，缸内直喷 GDI 技术由于燃油的缸内蒸发吸热，降低了混合气的温度，从而一定程度上降低了爆燃的倾向。另外，爆燃传感器的使用，在一定程度上也缓解了控制爆燃的难度。因此，目前缸内直喷 GDI 增压汽油机应用得较多。

二、增压使汽油机的热负荷增高

汽油机的过量空气系数小且范围较窄（$\varphi_a=0.85\sim1.10$），燃烧温度高，膨胀比小，排气温度比柴油机高 200～300℃；减小点火提前角会使燃烧过程拉长，排气温度上升；增压后，汽油机的整体温度水平提高，热负荷问题加重。同时，为了避免可燃混合气的损失，一般气门叠开角不大，燃烧室零件得不到充分的扫气冷却。因此，增压汽油机的排气门、火花塞和涡轮机等处的热负荷均比增压柴油机严重。

为此，汽油机在进行涡轮增压时，一般都采用涡轮前放气的调节方案，来抑制汽油机高速、高负荷时增压压力的过度增长，这不仅是限制最高燃烧压力的需要，也是抑制爆燃、降低热负荷的需要。

三、对增压器的特殊要求

汽油机增压比低、流量范围广、热负荷高、最高转速高且转速变化范围大。这就要求增压器体积要小、耐高温性能要好、转动惯量要小，同时效率还要保证在一定的范围内，还要求有增压调节装置等。这些都使汽油机增压器制造成本增加。随着技术的进步，适合汽油机增压的涡轮增压器变多，有陶瓷涡轮转子、可变截面涡轮增压器 VNT 技术等，汽油机 GDI 技术和电控技术的发展，使得汽油机增压变得越来越多。

第六节　涡轮增压器与内燃机的配合

增压器是为满足发动机的应用而出现的，常见的涡轮增压器有全流式固定几何截面涡轮增压器、旁通阀式（WG）和可变喷嘴涡轮式（VNT）三种，后两种还可统称为可变几何载面涡轮增压器（Variable Geometry Turbine，VGT）。不同的内燃机有不同的工作特性，其匹配的增压器和策略也不尽相同。如泵站、船机、电站机组等固定工况或主要工作区流量范围要求相对较窄、工况变化较少的柴油机，大多匹配全流式涡轮增压器；为满足车用内燃机复杂多变的工况，一般匹配 VGT 增压器。旁通式涡轮增压器是在全流涡轮增压器的基础上，增加了旁通放气机构，可在低速区或转矩点匹配，通过旁通放气保证高速高负荷工况下，增压器工作不超压超速。通过减小喷嘴环涡轮流通截面积提高排气能量，从而使增压压力增高，改善发动机低速特性，而发动机高速工作时，喷嘴环逐渐打开，涡轮流通截面积增大，排气能量的减小避免了高速工况下增压器的超速、堵塞和效率低等问题。

内燃机与涡轮增压器之间没有机械联系，只有气动联系，即只通过内燃机的进排气流动将两者联系起来。内燃机的工作特性参数是用转速和负荷来表达的，不同的转速和负荷下排气的流量、压力和温度不同，即排气能量不同，通过增压器转换后，反过来影响进气状态，进而又影响发动机排气状态。内燃机的转速和负荷变化范围宽，对变化快慢响应的要求也不尽相同，要使增压内燃机有良好的性能，就必须使涡轮与压气机的联合运行工作特性在宽广的范围内与内燃机有良好的配合，彼此适应，满足不同用途的使用要求。

一、内燃机与涡轮增压器的联合运行

内燃机匹配排气涡轮增压系统，在稳态运行工况条件下，内燃机的进气量与压气机提供的空气量相等，压比一致，因此可在压气机特性曲线图上以压比和流量联合运行点标示出来。以车用柴油机为例，如图 11-13 所示，当柴油机按照曲线 1、曲线 2、曲线 3 等特性曲线不同工况点运转时，这些工况点就可以在压气机特性曲线上确定下来，形成增压器与柴油机的联合运行线，构成联合运行图。对于车用发动机而言，其运行范围便是曲线 1、2、3 下所包围的面积。联合运行图反映了内燃机与增压器的匹配情况，良好的匹配既要使涡轮增压器运行范围处于高效工作区，又不要穿过喘振线。

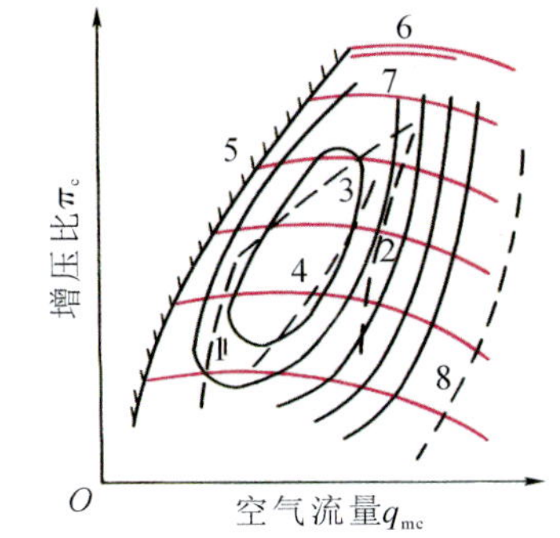

1—n_{min}负荷特性；2—n_{max}负荷特性；3—外特性；4—螺旋桨特性线；5—喘振边界；6—最高转速线；7—最高排温线；8—最低效率线

图 11-13　柴油机与涡轮增压器联合运行特性

二、内燃机与涡轮增压器的匹配计算

内燃机与涡轮增压器的匹配是一个复杂的过程，一般都要经过计算，再选用增压器进行匹配试验，直至达到良好的配合。由于压气机和涡轮是同轴安装，若不考虑内燃机中的气体泄漏，涡轮增压器自由平衡运转时应满足：

（1）涡轮机和压气机同轴安装，它们的转速相等：$n_T = n_C$。

（2）扣除机械效率，涡轮机的输出功率与压气机的消耗功率相等：$P_C = \eta_m P_T$。

（3）通过压气机和涡轮机的气体质量流量有如下关系：$q_{mT} = q_{mC} + q_f$。

式中，q_f 为发动机的燃油流量。如果发动机有 EGR 系统，则应结合 EGR 方式考虑压气机的进气量。根据上述平衡运转关系以及压气机的功率公式和涡轮机的功率公式，可以推导建立定压涡轮增压器的基本方程，并利用已知的压气机与涡轮机的特性参数进行标定点、稳态和过渡工况排气涡轮增压的匹配计算以及其他条件改变情况下的匹配计算等内容，匹配的增压系统要做到：

（1）设计工况下的增压压力、空气流量、发动机功率和燃油消耗率等参数达到设计要求。

（2）内燃机与涡轮增压器的联合运行线处于压气机特性的高效区，距离喘振和堵塞有一定的裕度。

（3）涡轮增压器和内燃机应能在各种工况下稳定、可靠地工作，增压器无超速，排温及零件热负荷在合理的范围内。

（4）涡轮具有合适的流通能力，以保证提供给压气机所需要的功率。

三、涡轮增压器与内燃机联合运行特性的调整

实际的涡轮增压器与内燃机匹配时，首先根据增压器厂家提供的特性曲线进行的匹配计算，选择一台性能接近的涡轮增压器，因此发动机和增压器并不一定能够完全匹配。这就需要根据内燃机运行的实际情况对增压系统做一些调整或修改，以改变内燃机运行范围在增压器特性曲线上的位置，实现增压比、效率和流量的匹配。改变内燃机的某些参数（如排气管设计、配气系统参数等），可以使联合运行线的位置发生变动，但改变涡轮增压器的某些参数（如喷嘴环截面积、压气机叶片扩压器叶片安

装角等），也可以使联合运行线和喘振线位置发生移动，且往往更方便一些。

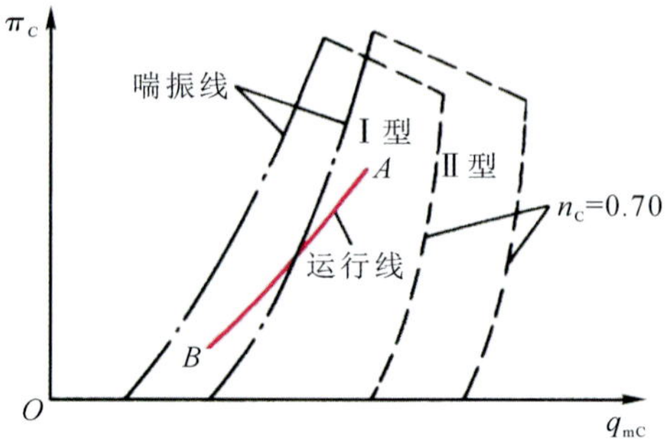

图 11-14　压气机流量范围的选择与运行调整

（一）压气机流量范围的选择

每个型号的压气机都有其合适的使用流量范围，它通常是指在一定压比下，从喘振线至某一效率等值线（例如 $\eta_c=0.7$）或堵塞线所包括的区域。图 11-14 所示是两种型号的压气机流量范围示意图，假定 AB 为内燃机的低速运行线，型号Ⅱ的压气机流量比较大。如果内燃机与型号Ⅱ的压气机配合时，联合运行线 AB 穿过压气机的喘振线。但当其与型号Ⅰ匹配时，运行线又偏离喘振线较远，会造成大流量时压气机工作处于低效区。因此，无论选择哪一个增压器，都需要进行进一步的调整与匹配。

（二）联合运行线的调整

调整涡轮增压器的某些结构参数，如增大涡轮喷嘴环出口截面积，排气能量减少，相同流量时压比下降，则发动机的联合运行线向下移动，可使其离开喘振线而进入正常的工作区域。或者保持增压压力不变，则通过增压系统的流量增加，压气机的流量增加，因此运行线离开喘振线向流量大的方向移动，但此时要达到涡轮机与压气机功率平衡，柴油机排气温度将要提高。

（三）喘振线位置的调整

因为喘振发生在压气机叶轮通道或叶片扩压器内，所以适当缩小压气机通流截面，如减小压气机进口直径、扩压器入口截面积和扩压器进口角等，可以使喘振线向小流量方向偏移。当运行线偏离喘振线太远时，可采用与上述相反的措施加以调整。

也可以改变涡轮机喷嘴环流通面积，改变增压器的联合运行线，使增压器适应压气机的特性曲线。

（四）压气机的堵塞控制

压气机堵塞现象的产生，是源于在某个流通截面上，气体流动速度达到了当地声速而导致流量不再增加。试验表明，临界截面一般出现在叶片扩压器的进口喉部附近，但当叶轮进口喉部面积过小时，也可能造成在叶轮喉口附近发生堵塞。因此，适当增大叶片扩压器喉口面积和叶轮喉口面积，可以提高压气机的堵塞流量，从而扩大压气机工作的流量范围。采用无叶扩压器也可以较好地解决压气机的堵塞问题。

（五）涡轮增压器超速和增压压力的调整

增压比近似与增压器转速的平方成正比，故两者的调整措施是一致的。涡轮增压器在运行过程中可能会出现超速现象，即增压内燃机的功率尚未达到标定值时，增压器转速已经达到了允许的最大值，若继续增加发动机功率，增压器将处于超速状态，这是不允许的。采用增大涡轮喷嘴面积的方法，减小涡轮前的排气能量，可克服增压器的超速问题。增压器转速下降，增压压力随之下降，反之亦然。

有时为了改善车用增压发动机的转矩特性，往往在最大转矩点选配涡轮增压器，这有可能使增压器在标定工况点出现超速现象。解决的办法通常是在涡轮前设计一个放气阀，使一部分排气不经过涡轮做功而直接排入排气管中。也可以在压气机出口旁通一部分压缩空气，减小进入内燃机的空气量。两种方法都可以使涡轮的燃气流量减小，从而达到限制增压器超速的目的。现代增压技术为了满足车用发动机低速转矩和降低排放的要求，需采用可变增压系统，即采用喷嘴流通面积可变增压器。这种涡轮可以实现在低速时通过减小涡轮喷嘴面积以提高增压压力，提高低速转矩，高速时扩大涡轮喷嘴面积，降低排气能量，在国Ⅳ排放标准的增压柴油机上有推广应用的趋势。

需要指出的是，修改压气机的任何部位的尺寸，只能改变压气机本身的特性曲线位置及形状，而对涡轮的特性曲线则毫无影响，反之修改涡轮的几何参数，调整涡轮机的特性曲线，对压气机也不会产生影响，但压气机或涡轮特性的改变都会影响与它们相匹配的内燃机的工作区域。

第十二章　汽油机有害排放物生成与控制

第一节　汽油机的主要污染物

一、有害排放物的种类及危害

内燃机在燃烧过程中产生的有害成分主要为一氧化碳（CO)、碳氧化合物（HC)、氮氧化物（NO_x)、硫氧化物（SO_x)、铅化合物和微粒等，这些有害成分最终由排气管排出，因而也称为排气污染物或排放物。另外还有因曲轴箱窜气和燃油系统油气挥发等原因排向大气的有害成分，称为非排气污染物。所谓有害排放物包括排气污染物和非排气污染物。

目前排放法规限制的是CO、NO_x、HC和微粒四种。还有一些目前各国法规尚未限制的排气有害成分，如甲醛、乙醛、甲苯、乙酰甲醛、丁二烯等，也称为非常规排放。在使用汽油和柴油以外的燃料时容易出现非常规排放，如使用甲醇和乙醇做燃料时容易排放甲醛和乙醛。

另外，作为内燃机完全燃烧产物的二氧化碳（CO_2）尽管对人体健康无直接危害，但它会造成温室效应，对大气环境有严重影响，因而也应该尽量减少。

（一）一氧化碳（CO)

CO是一种无色、无臭、窒息性很强的气体。CO与血液中作为输氧载体的血红素蛋白（Hb）的亲和力比高$O_2$200～300倍，很容易结合成碳氧血红素蛋白（CO－Hb)，使血液的输氧能力大大降低，导致心脏、大脑等重要器官严重缺氧。轻度CO中毒时，会出现头晕、头痛、呼吸障碍等症状，中枢神经系统将受到损害；严重CO中毒时，会出现恶心、心痛、昏迷等症状，甚至死亡。大气中CO浓度超过0.3%时，30min之内可致人死亡。为保护人体不受CO的毒害，一般要求大气环境中24 h内的CO平均浓度不超过（5×10）$\times 10^{-6}$（体积分数)。

（二）氮氧化物（NO_x)

内燃机排放的氮氧化物包括一氧化氮（NO)、二氧化氮（NO_2）和一氧化二氮（氧化亚氮，N_2O)，总称为NO_x。NO是无色、无臭气体，只有轻度刺激性，直接毒性不大。NO在大气中被氧化成NO_2，而NO_2是一种褐色的有毒气体，对眼、鼻、呼吸道以及肺部有强刺激。

NO_2 与血红素蛋白（Hb）的亲和力比 O_2 高 30 万倍，因而对血液输氧能力的障碍远高于 CO。NO_2 浓度为 1×10^{-6}时就会感到恶臭，250×10^{-6}时会很快使人因肺水肿死亡。NO_x 在大气中反应生成硝酸，成为酸雨的主要来源之一。同时，NO_x 是形成光化学烟雾（见后述）的主要成分。

（三）碳氢化合物（HC）

HC 包括未燃和未完全燃烧的燃油、润滑油及其裂解产物和部分氧化物，如苯、醛、酮、烯烃、多环芳烃（PAH）等 200 多种成分。饱和烃对人体危害不大。烯烃有麻醉作用，对黏膜有刺激，经代谢转换会变成对基因有毒的环氧衍生物，也是形成光化学烟雾的重要物质。芳香烃对血液和神经系统有害，特别是多环芳烃（PAH）及其衍生物（如苯并芘等）有强烈的致癌作用。醛类是刺激性物质，对眼、呼吸道、血液有毒害作用。

（四）光化学烟雾

NO_x 和 HC 在强烈阳光照射下经过一系列链式光化学反应，会生成臭氧（O_3）和过氧乙酰硝酸盐（PAN），即生成二次污染物—光化学烟雾（photo－chemical smog）。这一反应在温度高、日照强烈、湿度较低、风速不大的天气最为常见。光化学烟雾现象最早是于 1943 年在美国洛杉矶市出现的，直到 1952 年，才由加州工业大学的 Arie Hcagen－Smit 博士发现了其生成机制。这种氧化性很强的烟雾，使人感到眼睛刺痛，呼吸道感到强烈刺激，头晕及呕吐。光化学烟雾中的 O_3 是强氧化剂，能使植物变黑直至枯死，有特殊的臭味，暴露在 1×10^{-6}的条件下 1 h 会引起气喘和慢性中毒，暴露在 50×10^{-6}的条件下能致人死亡。

需要区别的是对流层臭氧与平流层臭氧。由内燃机排放产生的臭氧是在近地面（0～12m）的对流层大气中出现的，称为对流层臭氧，对生态系统危害极大。而平流层的臭氧层距地面 10km，能吸收太阳的紫外线辐射，对人类和动植物起到重要的保护作用。

（五）微粒及炭烟

内燃机排气微粒（particulate matter，PM）的主要成分是碳、有机物质和硫酸盐，也称颗粒物。微粒对人体健康有危害，并降低大气能见度，给人以不快感。小于 10μm 的微粒（记为PM_{10}）容易被人体吸入，称为可吸入颗粒物；小于 2.5μm 的微粒（记为$PM_{2.5}$）对人体和大气环境的危害最大，它悬浮于离地面 1～2m 的空气中，最容易被人体吸入并积存在支气管和肺部。微粒除对呼吸系统有害，引发哮喘等病症外，还因含有苯并芘等多种 PAH，具有不同程度的致癌作用。

由于柴油机排气中的微粒比汽油机高 30～60 倍，因而传统上所说的微粒都是指柴油机微粒。但随着排放法规的加严以及越来越多的汽油机采用缸内直喷技术容易导致微粒排放增加，2009 年开始实施的欧 V 排放法规已开始对汽油机的微粒排放进行限制。另外，使用含铅汽油的发动机会以微粒形式排出铅化物，其粒径一般小于 0.2μm。铅在人体中沉积后会妨碍血液中红细胞的生长，对肺、心脏、骨骼、神经系统造成损伤，尤其会严重损害儿童的神经系统和影响智力发育。

（六）硫氧化物（SO_x）

内燃机排放的硫氧化物中主要是SO_2，也有少量SO_3，总称为SO_x。SO_x 对人体有毒害作用，排放到大气中的SO_x除了是形成酸雨的主要成分外，还会有50%变为硫酸盐，形成二次微粒。SO_x排放量取决于燃料含硫量的多少，因此，近年来车用汽油和柴油趋于低硫和无硫化。

二、有害排放物的评价指标

通常采用以下四种指标对有害物的排放量进行测量和评定。

（一）浓度排放量

发动机的浓度排放量是指排放物在总排气量中所占的比例。对气态排放物如CO、HC和NO_x等，常用体积分数表示，一般表示为%或10^{-6}或10^{-9}。国外资料和工程上也常用ppm（百万分率）和ppb（十亿分率）来表示。对固态排放物如柴油机颗粒物等，常用质量浓度表示，单位为mg/m^3或$\mu g/m^3$。

（二）质量排放量

排放物在单位时间内排出的质量，称为质量排放量，又称为排放物质量流量，通常以g/h表示。

（三）比排放量

比排放量有两种定义方法，一种基于发动机排放测试，另一种基于整车排放测试。发动机每单位功排出的排放物质量，称为发动机比排放量，单位为g/（kW·h），可以根据测得的发动机功率、排气流量、排放物浓度和密度等计算得到。

整车按规定的工况组合（称为测试循环）行驶后折算到单位里程的排放量，称为整车比排放量，单位为g/km。整车比排放量有时又称为排放因子，在研究汽车排放物对大气环境影响时经常用到。

（四）排放率

排放率定义为燃烧单位质量的燃料所排出的排放物质量，无量纲，常用g/kg表示。排放率有时也称为排放指数，在研究各种燃烧排放物对大气环境影响时常用到，因为根据燃料消耗量和排放率可以方便地计算污染物总量，但对发动机而言，排放率随工况变化复杂，所以应用不多。

目前排放法规中用得较多的是整车比排放量（g/km，如轻型车排放法规）和发动机比排放量[g/（kW·h），如重型柴油车排放法规]。

三、有害排放物的生成机理

发动机排放的各种有害成分中，光化学烟雾是HC与NO_x反应生成的二次污染物，硫氧化物和铅化合物可以通过降低燃料中的含硫量以及采用无铅汽油以有效控制，目前排放法规限制的是NO_x、HC、CO和微粒四种。以下介绍这四种有害排放物的生成机理。

（一）氮氧化物

发动机燃烧过程中主要生成NO，另有少量的NO_2。NO_2的生成量随过量空气系数α而变，汽油机

的 α 有较小，一般占NO_2的 1%～10%；而柴油机由于 α 较大，一般为 5%～15%。燃烧过程中产生的 NO 经排气管排至大气中，在大气条件下缓慢地与 O_2 反应，最终生成NO_2。因而在讨论NO_x 在燃烧中的生成机理时，主要讨论 NO 的生成机理。

关于 NO 的生成途径有三种，即高温 NO、激发 NO 和燃料 NO。

（二）高温 NO

在燃烧形成的高温条件下氧分子 O_2 裂解成氧原子 O。这一生成机理是由苏联科学家 Zeldovich（捷尔杜维奇）于 1946 年提出的，因此也称为捷氏反应机理（Zeldovich reaction）。并由后人的研究提出了式（12－3)，合在一起称为扩展的捷氏反应机理（extended Zeldovich reaction)。反应式中的 ΔH 为反应吸热量（负值则为放热)，也称活化能。其中式（12－2）和式（12－3）都是强烈的吸热反应，只有在大于 1800 K 的高温下才能进行，因此被称为高温 NO 生成机理，或称热 NO 生成机理。同时，反应需要在 $\varphi_a>1.0$（或 0.9）的偏稀混合气中进行，因此该反应的特点是高温和富氧。

$$N_2+O \rightarrow N+NO，\Delta H=75kcal/mol \quad (12-1)$$

$$N+O_2 \rightarrow O+NO，\Delta H=-31.4kcal/mol \quad (12-2)$$

$$N+OH \rightarrow H+NO，\Delta H=40.8kcal/mol \quad (12-3)$$

由于 N_2 的分解所需活化能最大，O 与 N_2 的反应是整个链式反应中最慢的环节，因而式（12－1）也被称为控制反应。在整个链式反应中，每一个氧原子 O 可生成两个 NO 分子，因此 O 起着活化链的作用。

1. 激发 NO

根据高温 NO 的生成机理，NO 应主要发生在火焰前锋面之后的区域。但实验中发现，过浓混合气（还原气氛）燃烧时，在火焰前锋面上也会产生大量的 NO，用高温 NO 机理不能很好解释。20 世纪 70 年代，由佛尼莫尔（Fenimorc）等人提出了激发（prompt）NO 机理，也称为快速 NO 机理。首先由碳氢化合物中裂解出 CH 和CH_2，如式（12－4）和式（12－5）所示，CH 和CH_2 与 N_2 反应，生成 HCN、NH 和 N 等中间产物。HCN 和 NH 经过进一步反应生成 NO，而 N 则通过式（12－2）生成 NO，详细过程可参考有关燃烧的专业书籍。与高温 NO 相比，激发 NO 的生成过程是由一系列活化能不高的反应组成，因此并不需要很高的温度就可进行。例如，式（12－4）反应的活化能 $\Delta H=3.3kcal/mol$，远远低于式（12－1)。

$$CH+N_2 \rightarrow HCN+N \quad (12-4)$$

$$CH_2+N_2 \rightarrow HCN+NH \quad (12-5)$$

激发 NO 生成速率主要受混合气浓度影响，一般在 α=0.6～0.7 出现最大值。温度对激发 NO 的影响不是很大，只要达到一定温度即可发生，反应中随温度升高 NO 浓度仅略有上升。激发 NO 的现象主现在烃类燃料燃烧中，而在 H_2 和 CO 等非烃类燃料的燃烧中未曾发现。

2. 燃料 NO

燃料中所含氮化合物在燃烧中会生成 NO，称为燃料 NO。燃料中的氮化合物在高温下首先生成 HCN、CN、NH_2 和 NH 等中间产物，然后通过与上述激发 NO 相似的途径生成 NO。燃料 NO 的生成特点是，不需要很高的燃烧温度，在 700～900℃条件下有很高的生成速率；随 α 降低，NO 生成急剧下降，但在 φ_a＝1.0 以上时，NO 生成几乎保持不变；随燃料含氮量的增加 NO 几乎呈线性上升。

化石燃料中，煤的含氮率最高达 0.2%～3.4%，因而燃料 NO 占了煤燃烧NO_x 排放量的 75%～80%。内燃机的常规燃料中，汽油可看作基本不含氮，柴油的含氮率仅为 0.002%～0.03%（质量分数），含氮率最高的重油也只有 0.05%～0.4%。因而现阶段对于车用发动机可以不考虑燃料 NO，但随着燃烧技术的进步，NO_x 降至很低时，燃用重油的内燃机必须考虑燃料 NO 的问题。

3. 实际发动机的 NO 来源与生成条件

综上所述，在 NO 的三个生成途径中，由于内燃机很少用过浓混合气工作，以及车用燃料的含氮率极低，因而可以暂不考虑激发 NO 和燃料 NO，高温 NO 是内燃机和车用发动机 NO 排放的主要来源。一般在进行 NO 生成的模拟计算时，仅用扩展的 Zeldovich 反应机理就可基本满足工程所需精度。

根据高温 NO 反应机理，产生 NO 的条件是温度、氧浓度和反应时间，称其为 NO 生成三要素。混合气过浓，则参与 NO 反应的氧气不够；而在足够的氧浓度条件下，温度越高，则反应速度越快，NO 平衡浓度越高，因而 NO 的生成量越大。图 12-1 给出了根据高温 NO 反应机理计算得到的NO_x 生成量随温度的变化，当温度大于 1800 K 时，反应速度将随温度的提高而快速增加。由图中还可以看出，高温反应时间越长，NO 的生成量就越多。内燃机是一种高速燃烧的热能机械，其整个燃烧过程一般不超过 5～10ms，由于 NO 的生成速度要比其他成分（如 CO、CO_2、HC 等）慢得多，因而燃烧终了时 NO 往往尚未达到平衡浓度。一般模拟计算时，NO 应采用化学动力学计算，而其他成分可采用化学平衡计算。

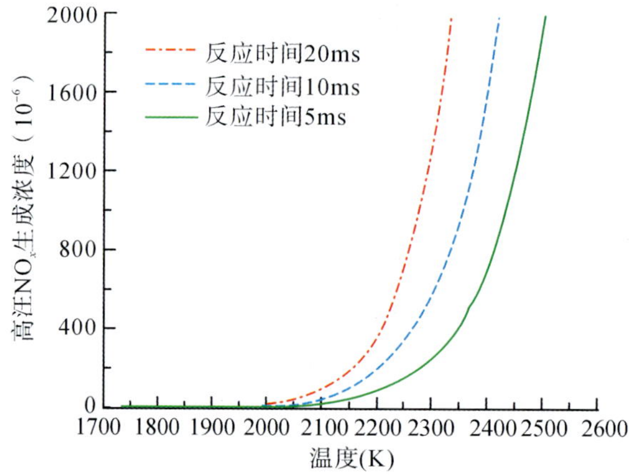

图 12-1 高温NO_x 生成量与温度的关系

（三）一氧化碳

CO 是一种不完全燃烧的产物，其生成主要受混合气浓度的影响。

对于采用均质混合气工作的汽油机来说，在过量空气系数 α 的浓混合气工况时，由于缺氧使燃料中的 C 不能完全氧化成CO_2，CO 作为未燃产物生成。在 α＞1 的稀混合气工况时，理论上不应有 CO 产生，但实际燃烧过程中，由于混合不均匀造成局部区域的 α 条件成立，由局部燃烧不完全产生 CO。另外，已成为完全燃烧产物的CO_2 在高温时产生热离解反应，生成 CO。再有，未燃碳氢化合物在排气过程中进行的不完全氧化反应也会产生少量 CO。

对于采用非均质混合气工作的柴油机来说，混合不均匀是产生 CO 的主要原因。

燃烧终了时的 CO 浓度一般取决于燃气温度，但由于发动机膨胀过程中缸内温度下降很快，以至于温度下降速度远快于气体中各成分建立新的平衡过程的速度，使实际的 CO 浓度要高于排气温度相对应的化学平衡浓度，即产生“冻结”现象。根据经验，汽油机排气中的 CO 浓度近似等于 1700 K 时的 CO 平衡浓度。

（四）碳氢化合物

碳氧化合物（hydrocarbon，HC）也是一种不完全燃烧产物，包含上百种成分，因此也称为总碳氢化合物（total hydrocarbon，THC），有些资料上也将其称为未燃碳氢化合物（unburned hydrocar bon，UHC）。作为一般概念，可将 HC、THC 以及 UHC 理解为同一含义。但在实际测量中，有的资料上将采用氢离子火焰法（FID）测得的碳氢化合物（全部碳氢化合物）记为 THC，而将采用不分光红外法（NDIR）测得的碳氧化合物（部分碳氢化合物）记为 HC，这是比较正确的标记方式。包括中国、日本和欧洲各国在内的大部分国家，都将总碳氢化合物作为 HC 排放的评价指标，而美国采用无甲烷碳氢化合物 NMHC 作为评价指标。

另外，汽车的燃油系统和曲轴箱也会排放碳氢化合物，称为非排气 HC。在没有采取排放控制措施的汽车上，约 60%的 HC 在燃烧过程中产生并经排气管排出，20%来自曲轴箱窜气，20%来自燃油系统蒸发。

以下分别介绍 HC 在汽油机和柴油机燃烧中的生成机理，而对非排气 HC 仅做简要介绍。

1. HC 在汽油机中的生成机理

在以均质混合气进行燃烧的汽油机中，HC 的产生主要有不完全燃烧、壁面淬熄以及壁面油膜吸附三个途径。液化石油气（LPG）和天然气（NG）等燃动机一般也采用均质混合气燃烧，因此其 HC 的生成机理与汽油机基本相同。

（1）不完全燃烧。

汽油机中不完全燃烧的原因主要有起动、怠速及高负荷工况时，可燃混合气浓度有时处于 $\alpha<1$ 的过浓状态，加之怠速时残余废气系数 φ_r 较大，造成不完全燃烧；失火也是汽油机 HC 排放的重要原因。另外，汽车在加速或减速时，会造成暂时的混合气过浓或过稀现象，也会产生不完全燃烧或失火。当然，即使在 $\alpha>1$ 时，由于油气混合不均匀，也会因不完全燃烧产生 HC 排放。

（2）壁面淬熄效应。

燃烧过程中，燃气温度高达 2000 ℃以上，而气缸壁面温度在 300 ℃以下，因而靠近壁面的气体，受低温壁面的影响，温度低于燃气温度，并且气体的流动（湍流程度）也较弱。火焰前锋面受低温壁面和低温附面层的冷却，活化分子的能量被吸收，燃烧链反应中断，这种现象称为壁面淬熄效应（quenching）。它使壁面附近形成厚 0.1～0.2mm 的不燃烧或不完全燃烧的火焰淬熄层，产生大量未燃 THC。淬熄层厚度随发动机工况、混合气湍流程度和壁温的不同而不同，冷起动、怠速和小负荷时尤其会形成较厚的淬熄层。

作为壁面淬熄效应的一种极端情况，燃烧室中各种狭窄的缝隙，尤其是活塞头部与气缸壁之间形成的窄缝、火花塞中心电极周围、进排气门头部周围等处，由于面容比很大，淬熄效应十分强烈，火焰无法传入其中继续燃烧，而在膨胀和排气过程中，缸内压力下降，缝隙中的未燃混合气随废气一起排出，这种现象也称为缝隙效应。虽然缝隙容积较小，但其中气体压力高，温度低，因而密度大，HC 的浓度极高。

图 12-2 是根据透明燃烧室的高速摄影结果获得的燃烧过程中淬熄层的变化。图 12-2（1）表示在燃烧过程中，气缸盖底面（1）、气缸壁面（2）、活塞顶部（3）以及第一道活塞环以上的窄缝（4）等处，存在不燃烧的淬熄层。图 12-2（2）表示燃烧结束排气门开启后，排气门周围的淬熄层随废气首先排出气缸。图 12-2（3）表示在排气过程后半期，壁面和缝隙处的淬熄层开始剥离并排出气缸。

一些研究结果表明，由壁面淬熄效应产生的 HC 可占排气管排放 HC 的 30%～50%。

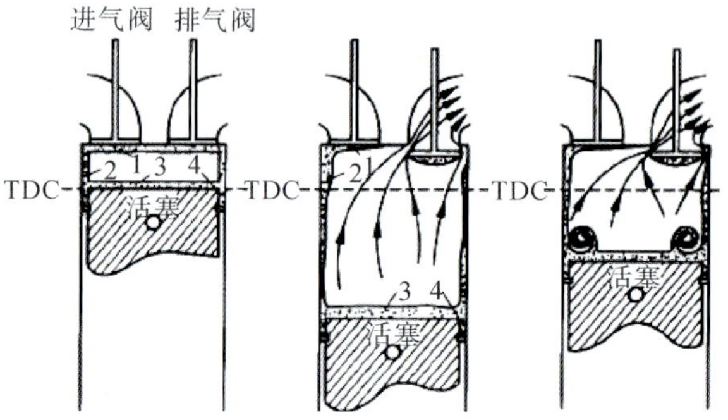

1—气缸盖底面；2—气缸壁面；3—活塞顶部；4—活塞环以上窄缝

图 12-2 淬熄层的变化过程

（1）活塞处于止点；（2）燃烧结束，排气门开启；（3）排气过程后半期

（3）壁面油膜和积炭的吸附效应。

在进气和压缩过程中，气缸壁面上的润滑油油膜，以及沉积在活塞顶部、燃烧室壁面和进排气门上的积炭（多孔性结构），会吸附燃料蒸气及未燃混合气，而在膨胀过程和排气过程中逐步脱附释放出。这种现象称为吸附效应。像上述淬熄层一样，这些 HC 的少部分被氧化，大部分则随废气排出气缸。据研究，这种由油膜和积炭吸附产生的 THC 占总数的 35%～50%。

在一些使用中的发动机燃烧室壁面上，往往存在较多的积炭，当清除积炭后，HC 排放会有明显降低。在汽油中添加清净剂可以起到清除积炭的作用。

2. HC 在柴油机中的生成机理

由于柴油机采用扩散燃烧方式，燃油在燃烧室内的停留时间要比汽油机短得多，燃烧室周边区域的 α 趋向于∞，即几乎没有燃油（尤其是小负荷时），因而受淬熄效应和油膜及积炭吸附效应的影响很小，这是柴油机 HC 排放低于汽油机的原因。一般柴油机中产生 HC 的主要原因是混合不均匀以及燃油雾化质量差。

（1）混合不均匀。

柴油机混合气的浓度分布极不均匀，如图 12-3 所示，靠近喷油射束中心区域会形成过浓混合气（$\alpha<1$），而喷油射束的周边区域会因过度混合产生过稀混合气（$\alpha>1$）。在超出着火界限的过浓或过稀的混合气区域，会产生局部失火或不完全燃烧，形成 HC 排放。

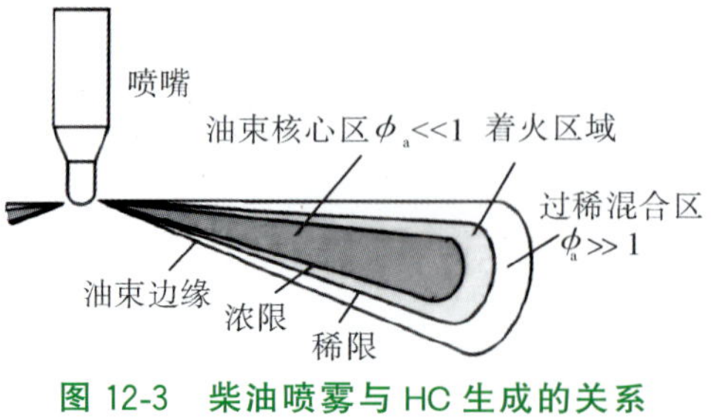

图 12-3 柴油喷雾与 HC 生成的关系

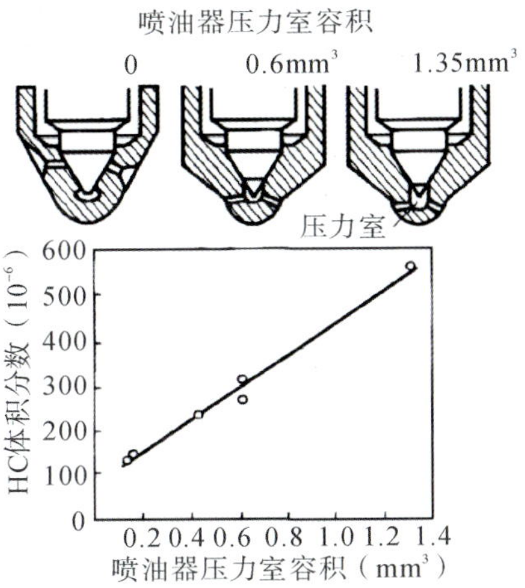

图 12-4　喷油器压力室容积对 HC 排放的影响

（2）喷油器压力室容积的影响。

如图 12-4 所示，由于制造工艺的需要，一般喷油器针阀密封座面以下有一小空间，称为压力室（或称盲孔）。喷油结束时，压力室中充满燃油，随燃烧和膨胀过程的进行，这部分柴油被加热和气化，并以液态或气态低速进入燃烧室内。由于这时混合及燃烧速度都极为缓慢，使得这部分柴油很难充分燃烧和氧化，从而导致大量的 HC 产生。由图 12-4 可以看出，随压力室容积的减少，HC 排放明显下降，当压力室容积为 0 时，HC 排放的体积分数减低到约 150×10^{-6}。对比压力室容积为1.35mm时的 HC 排放的体积分数（近 600×10^{-6}），可以认为由压力室容积造成的 HC 排放占了原机总排放量的3/4。将压力室形状由圆柱形改为圆锥形，可以减少压力室容积；采用无压力室结构设计（图中容积为 0 的方案）可以彻底解决这一问题。

（3）二次喷射或后滴。

与压力室容积影响相似的原理，二次喷射或后滴等不正常喷油现象也会造成 HC 排放的上升。

3. 非排气 HC 的生成机理

（1）曲轴箱窜气。

曲轴箱窜气是指在压缩过程和燃烧过程中由活塞与气缸之间的间隙窜入曲轴箱的油气混合气和已燃气体，并与曲轴箱内的润滑油蒸气混合后，由通风口排入大气的污染气体。柴油机的窜气中未燃成分较少，而汽油机属于均质混合气燃烧，因而窜气中含有较浓的未燃 HC。

（2）燃油蒸发。

所谓燃油蒸发是指由化油器浮子室、燃油泵、油箱和燃油系统管接头处蒸发并排向大气的燃油蒸气。由于汽油的挥发性远比柴油强，因而一般所说的燃油蒸发污染主要是指汽油车。

燃油蒸发也是一种燃料的损失，因而也称为蒸发损失。蒸发损失主要来源于三种情况：连续停车时因昼夜温差造成的昼间换气损失，行驶期间因温度及行驶工况变化造成的运转损失，行驶后停车时化油器浮子室内等处的油温骤升引起的热浸损失。

（五）微粒及炭烟的生成机理

由于汽油机采用预混合燃烧方式，除了因使用高含铅量汽油而引起含铅微粒排放，以及将润滑油混入汽油中进行润滑的二冲程发动机外，一般可以认为汽油机极少产生微粒。而柴油机采用扩散燃烧方式，这就决定了柴油机产生炭烟和微粒是不可避免的。

1. 柴油机微粒的基本特征

（1）微粒的构成与主要成分。

柴油机微粒主要是由三部分组成的，即干炭烟（dry soot，DS）、可溶性有机物（soluble organic fraction，SOF）和硫酸盐（sulfate）。炭烟也称 Soot，是以碳为主体的不完全燃烧产物。SOF 成分主要是燃料和窜入气缸中的润滑油不完全燃烧剩余的重馏分 THC。硫酸盐来源于燃料和润滑油中的硫，同时也包括其他金属盐和燃烧室金属表面脱落物。如图 12-5 所示，PM 的核心是多个炭粒聚集成不规则的链状聚合物，在其表面附看了可溶性有机成分和硫酸盐。

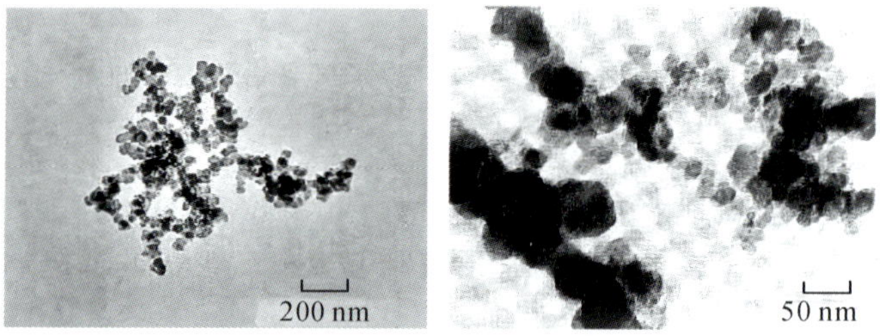

图 12-5　柴油机微粒形貌

柴油机微粒中的三种成分在质量上所占比例并不是一成不变的，随工况、发动机类型、燃烧特性以及油品特性等因素而变化。图 12-6 给出了一种重型柴油车采用美国 HDD—FTP 工况所做的实验结果，原机的微粒排放质量为 0.48g/（kW・h），其中 DS 占 64%，SOF 占 26%，硫酸盐占 10%。通过改进喷油系统和燃烧系统以及换用含硫量 0.04%的低硫柴油后，由于 DS 和硫酸盐的明显降低，使得微粒的排放质量降为 0.18g/（kW・h），其中降低幅度较小的 SOF 的比率却由此升高到了 49%。

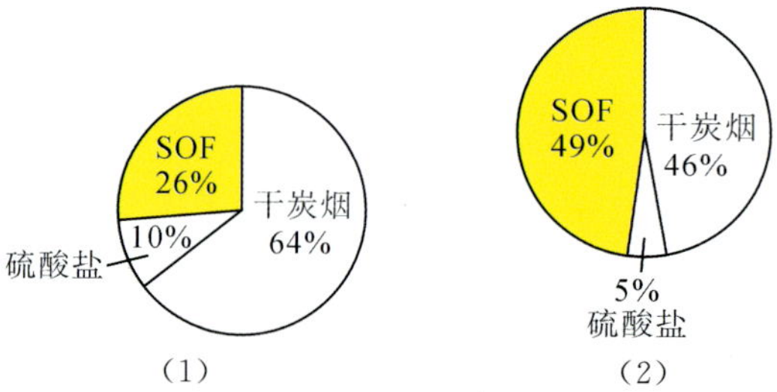

图 12-6　柴油机微粒构成的变化

（1）原机；（2）改进后

需要指出的是，炭烟与微粒的关系是一个经常被混淆的问题，不少资料中将两者混为一谈。由以上讨论可以认为，炭烟只是微粒的主要组成部分之一，柴油机在高负荷工作时，炭烟在微粒中所占比例较高，而中低负荷时则降低，经常低于 SOF 所占比例。

（2）PM 的粒径与排放数量。

柴油机排放微粒的粒径与燃烧过程有密切关系。20 世纪 80 年代前的车用柴油机微粒粒径在 1～10μm 范围内，后来随高压喷射技术的采用和油气混合过程的改善，粒径已基本在 1μm 以下。

近二十年来，车用柴油机 PM 的排放质量平均降低了 90%以上，但研究表明其排放数量［个数/(kw・h］可能并未降低甚至有上升。如前所述，小于 10μm 的 PM（记为PM_{10}）都称为可吸入颗粒物，对人体有危害，但其中小于 0.5 μm 的 PM 最容易被吸入肺部且难以清除，对人体危害最大最直接。因此近年来对 PM 排放数量以及细微 PM（或纳米微粒）的研究逐渐重视，欧 VI 排放法规（预计 2014 年实施）将开始限制 PM 排放数量。

图 12-7 表示了典型柴油机 PM 排放的粒径分布，按粒径大小可分为四个区域：纳米微粒（nano particles），超细微粒（ultrafine particles），细微粒（fine particles），其余PM_{10}微粒。

按形态不同可分为三类：核态（nuclei mode），凝聚态（accumulation mode）和粗糙态（coarse mode）。不论从微粒质量还是数量上看，1μm 以下的微粒都占了绝大多数。从分布特征上来看，呈现双峰形态，分别对应核态及凝聚态，说明质量排放的主体在凝聚态微粒，而数最排放的主体在核态微粒。

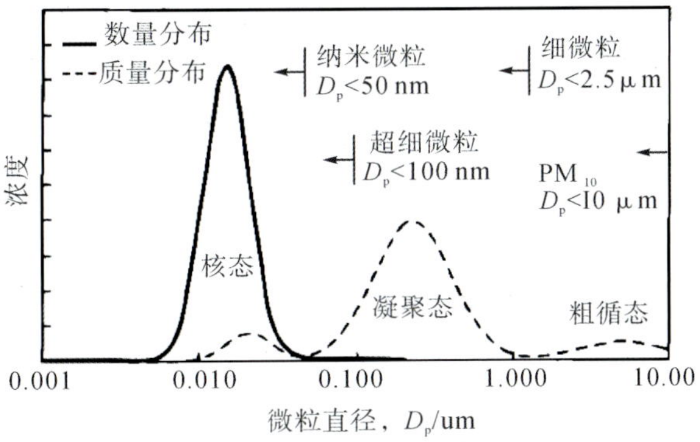

图 12-7　柴油机 PM 的粒径分布

核态微粒主要由可挥发性成分（THC、硫酸）组成，尺寸范围为 1～50nm，常见尺寸范围 3～30nm。尽管它只占排放总质量的 0.1%～10%，但数量超过 90%。凝聚态微粒即上述传统概念上的 PM，由炭烟（DS）、可溶性有机成分（SOF）和硫酸盐组成，尺寸范围为 30～500nm。它占排放总质量的 80%以上，但排放数量不到 10%。粗糙态微粒主要来源于燃烧室和排气系统的积炭脱落，以及燃料喷雾质量不好或异常喷射造成的较大炭烟颗粒，其尺寸超过 1μm，它占排放总质量的 5%～20%以内，但对排放数量基本没有贡献。

2. 炭烟和微粒的生成机理

如图 12-8 所示，柴油机微粒的生成过程可分为三个阶段，即炭烟生成、炭烟氧化以及微粒形成阶段。炭烟（Soot）生成阶段包含复杂的气相化学反应过程、物理化学成核过程，其机理尚未完全厘清，而微粒（PM）形成阶段尚不能详细地描述，有待进一步研究。

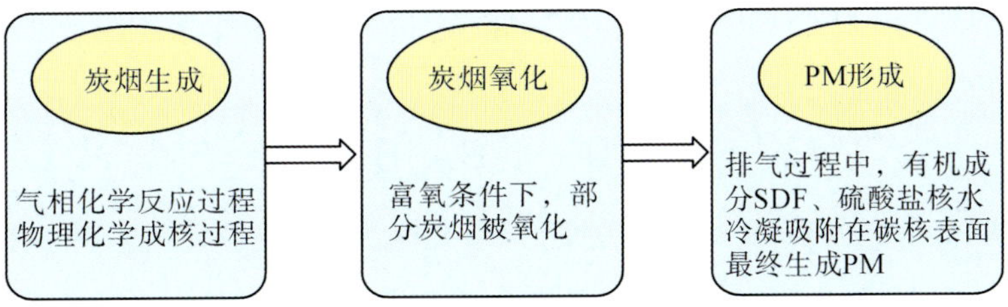

图 12-8　柴油机微粒的三阶段生成过程

（1）炭烟生成阶段。

关于炭烟的生成机理，概括地说是烃类燃料在高温缺氧条件下裂解生成的．但其详细的机理，即从燃油分子到生成炭烟颗粒整个过程中的化学动力学反应及物理变化过程尚不十分清楚。烃类燃料燃烧时生成炭烟的途径有四种，即气相析出型、剩余型、积炭型以及雪片型。积炭型炭烟主要由积存在燃烧室壁面和喷油器表面的燃油受热汽化后剩下的燃料在燃烧中形成，属于一种不正常现象。而雪片型炭烟主要靠吸收排气中的硫酸而形成雪片状大颗粒微粒，对燃料含硫很低的内燃机不构成主要途径。因此，如图 12-9 所示，内燃机燃烧中炭烟生成的最主要途径是气相析出型，其余是少量的剩余型。

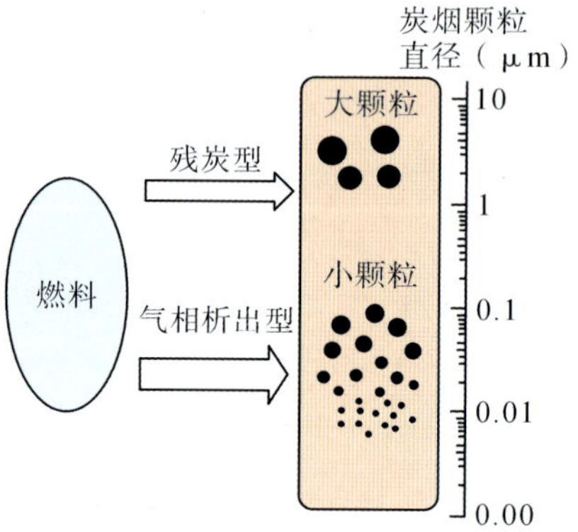

图 12-9　柴油机燃烧中炭烟主要生成途径

剩余型炭烟也称残炭型炭烟。如图 12-9 所示，当粒径较大的燃油喷射到高温的空气中时，轻质烃很快蒸发气化，而重质烃会以液态暂时存在。液态的重质烃在高温缺氧条件下直接脱氢炭化，形成多孔状的炭粒，粒度一般为几微米至十几微米，因而在过去喷油压力不高的柴油机以及使用馏分较重的柴油机上，剩余型炭烟是一个不容忽视的生成途径。

气相析出型炭烟是现代柴油机炭烟生成的主要途径，目前主要有多环芳烃中间体说和乙炔中间体说两种解释（可参考有关燃烧专业书籍）。假设柴油液滴在燃烧前全部蒸发气化，气相的燃油分子在高温缺氧条件下发生部分氧化和裂解，生成各种不饱和烃类，如乙烯、乙炔及其较高的同系物。按多环芳烃中间体说的生成途径如式（12—6）、式（12—7）所示，乙烯脱氢生成环烷烃，环烷烃脱氢成为芳烃，并进一步聚合成多环芳烃（PAH），PAH 继续脱氢与缩合，形成高分子炭黑物质。

$$3C_2H_4 \rightarrow C_6H_6 + 3H_2 \tag{12—6}$$

$$C_6H_6 \rightarrow PAH \rightarrow \text{炭黑} \tag{12—7}$$

同时，另一条生成途径按乙炔中间体说如式（12—8）、（12—9）所示，乙炔脱氢生成乙炔，并继续脱氢生成炭黑。

$$C_2H_4 \rightarrow C_2H_2 + H_2 \tag{12—8}$$

$$C_2H_2 \rightarrow 2C + H_2 \tag{12—9}$$

经过上述气相化学反应过程产生的炭黑逐渐聚合成直径 2nm 左右的炭核，气相烃在炭核表面的凝聚和脱氢炭化反应，使炭核继续增大，成为直径 20～30nm 的近似球形的基本炭粒，其内部结构与石墨相似。这些细小炭粒经过相互聚集形成直径数十纳米至数百纳米不等的链状多孔性聚合物，至此，炭烟的成核长大过程结束。上述气相反应过程加上成核长大过程构成了所谓的炭烟生成阶段。

在扩散火焰中，燃料成分会影响炭烟生成量，一般按烷烃、烯烃、炔烃和芳烃的顺序依次增加。

（2）炭烟氧化阶段。

前期燃烧已经生成的炭烟，如果在后期能遇到足够的氧化氛围和高温，也会通过氧化反应而缩小甚至完全氧化掉。图 12-10 给出了一例在燃烧室内不同位置用直接采样方法得到的炭烟浓度随曲柄转角的变化过程，说明大部分炭烟在排出气缸之前被氧化掉。炭烟一般在 600℃以上的温度中就可氧化，燃烧后期缸内温度是足够的，其氧化多少主要取决于是否有足够的氧气（或 OH 等氧化剂）和反应时间。

（3）微粒形成阶段。

燃烧过程中生成的炭烟在膨胀和排气过程直至排入大气后，随周围气体温度的降低，未燃碳氢化合物（主要是重馏分的）、硫酸盐以及水分等在炭烟上吸附凝集，形成如图 12-5 所示的排气微粒 PM。其中，硫酸盐是由排气中的 SO_2 遇水变成硫酸盐而生成，随发动机工况不同，有 1%～3%的 SO_2 在排气中转变为硫酸盐，成为 PM 的一部分，其余的 SO_2 以气体状态排入大气。大量试验表明，柴油机 THC 排放高时，往往伴随着 PM 中 SOF 的增多。

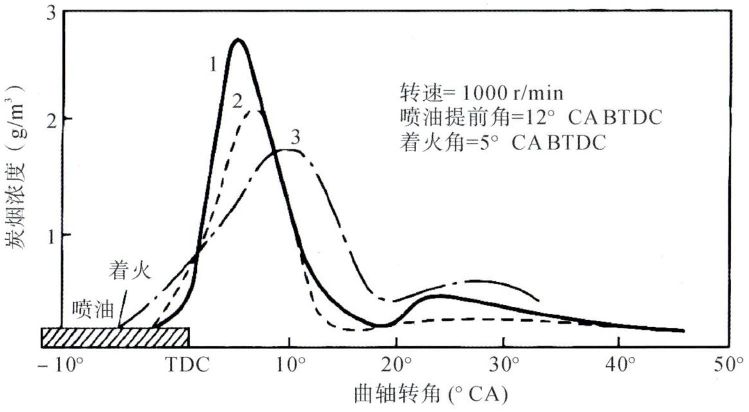

1—距副燃室壁面 2mm；2—距副燃室壁面 10mm；3—距副燃室壁面 15mm

图 12-10 炭烟浓度随曲轴转角的变化

四、有害排放物生成的影响因素

影响汽车有害排放物生成的因素很多也很复杂。但这些有害排放物毕竟是燃烧化学反应的产物，因而这些影响因素归结起来，同影响化学反应的因素一样，主要是过量空气系数 α（反应物浓度）和温度。各种发动机运行参数和降低排放的技术大都是最终通过这两种基本因素来影响燃烧和有害物生成过程的。以下就主要的影响因素，如过量空气系数 α、运转工况以及发动机类型做一介绍。

（一）过量空气系数 α-(4$_a^{φ}$) 的影响

1. 对汽油机的影响

汽油机 CO、HC 和NO_x 排放以及动力性和经济性随 α 或空燃比的变化如图 12-11 所示。CO 和 HC 随空燃比的增大急剧下降，α>1 后，逐渐达到最低值；但空燃比过稀时，因燃烧不稳定和失火次数增多，导致 HC 又有所回升。从降低 CO 和 HC 的角度来说，应避免在 α<1 的区域运转，但汽油机的最

大功率出现在 0.8～0.9 时，怠速和冷起动时也往往用浓混合气，因而又是难以避免的。

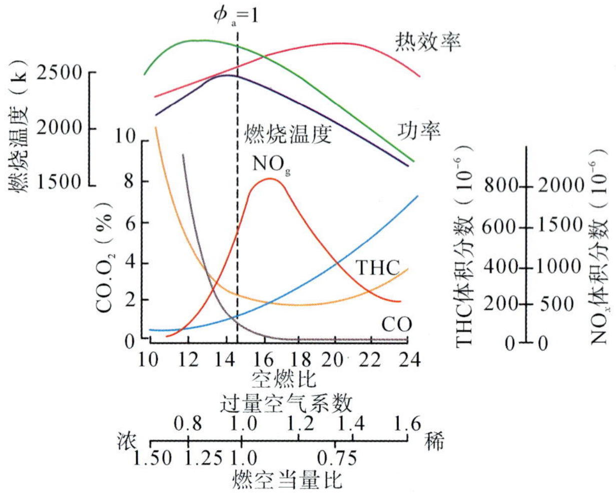

图 12-11　汽油机空燃比对有害排放无生成的影响

NO_x 在 α=1.1 附近时最高，过浓过稀都会降低。这是因为 α<1 时，燃烧在还原性气氛中进行，作为氧化反应产物的 NO 难以生成；而 α 过大（过稀）时，会由于燃烧温度下降，使 NO 的生成量减小；只有在 α= 1.1 附近，才能兼有高温和富氧两个必要条件，最有利于 NO 的生成。

2. 对柴油机的影响

φ_a 对柴油机有害排放物的影响如图 12-12 所示。尽管柴油机总是在 α>1 的偏稀混合气条件下运转，但由于柴油机是扩散燃烧，混合气的浓稀分布极不均匀，完全燃烧所需的空气要比预混合燃烧时多，因而与图 12-11 相比，CO、HC 和NO_x 曲线有向稀区平移的感觉。同时在 α≤2 以后，炭烟（或微粒）急剧上升。

由图 12-12 还可看出，柴油机的 CO 排放一般很低，不到汽油机的 1/10。但在高负荷（α<1.5）时开始急剧增加，主要原因是混合不均匀造成局部缺氧。同时，在 α>2 以后的中小负荷时，CO 再次升高，原因是燃烧温度降低。由于在燃油喷雾边缘区域形成了过稀混合气以及缸内温度过低等原因，造成 HC 排放随混合气变稀而呈上升趋势，但仍比汽油机低得多。

实质上来讲，柴油机NO_x 生成规律与汽油机相同，但峰值比汽油机略向稀区偏移，这主要与柴油机的混合气浓度分布不均匀有关。如图 12-13 所示，预混良好的火焰（图中曲线 1）相当于汽油机的均质混合气，与图 12-11 相同；随着燃料与空气的混合程度变差，曲线逐渐向右推移（图中曲线 2 和 3），与图 12-12 接近，这可以代表不同混合程度的柴油机。

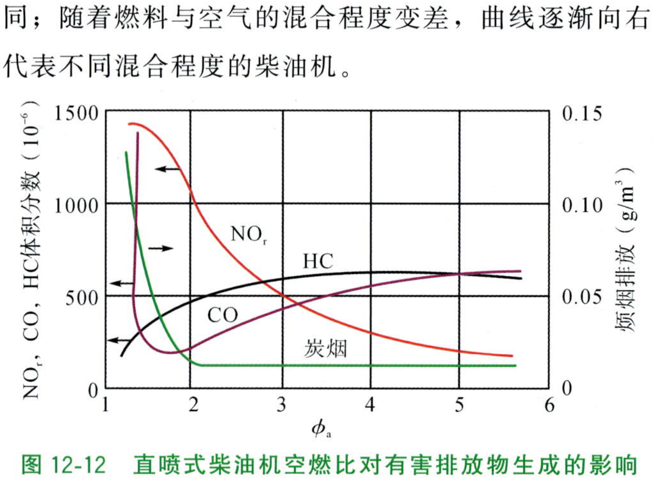

图 12-12　直喷式柴油机空燃比对有害排放物生成的影响

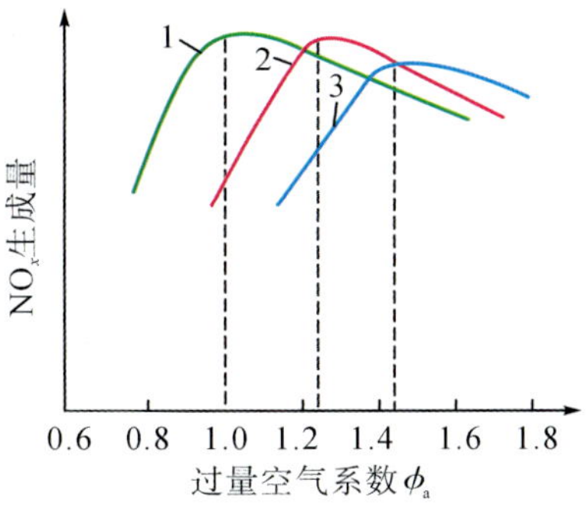

图 12-13　混合程度对NO_x 生成的影响

（二）运转工况的影响

发动机在不同工况下运转时，其过量空气系数 α 和燃烧温度不同，因而造成有害排放物的生成量不同。

图 12-14 给出了一例按日本 10 工况法试验时各种成分的排放特性。汽车在加速和高速行驶时，由于燃烧温度高，因而NO_X 排放浓度较高。HC 和 CO 在怠速和加速时排放浓度较高，这是因为此时的空燃比偏浓，同时怠速时的温度较低以及残余废气系数也较高。

汽油机在不同工况下的排气成分的大致范围如表 12-1 所示，可以看出其一般规律为：怠速时 HC、CO 很高，NO_X 很少；加速及定速高负荷时NO_X 最高；而减速时 HC 达到最高。

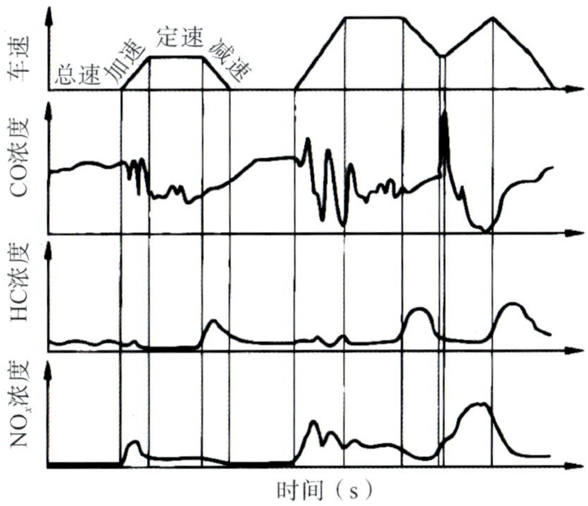

图 12-14　不同工况时的排放特性

表 12-1　汽油机在不同工况下的排气浓度

排气成分	怠速	加速	定速	减速
HC	800×10^{-6}	540×10^{-6}	485×10^{-6}	5000×10^{-6}
NO_x	23×10^{-6}	1543×10^{-6}	1270×10^{-6}	6×10^{-6}
CO	4.9％	1.8％	1.7％	3.4％
CO_2	10.2％	12.1％	12.4％	6.0％

柴油机气体排放随负荷（也即随 α）的变化已在图 12-12 中给出，微粒排放随负荷的变化如图

12-15 所示。这是在一台满足国Ⅲ排放法规柴油机上的实测结果。可以看出，微粒的比排放在低负荷与高负荷时都呈较高水平，其中 DS 和 SOF 也有相同变化趋势。这是因为低负荷的燃烧温度偏低，而高负荷的混合气变浓，这都会导致燃烧不完全和炭烟氧化速度降低。由于燃料中硫含量不变，硫酸盐的比排放基本保持不变，这也说明燃料中的硫转化为硫酸盐的比例大致不变。

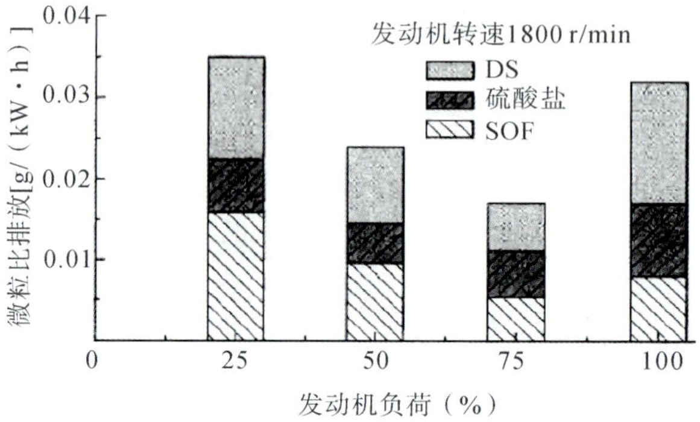

图 12-15 柴油机微粒排放随负荷的变化

（三）发动机类型的影响

1. 汽油机与柴油机排放特性的对比

表 12-2 为汽油机与柴油机排放浓度的对比，图 12-16 是两者比排放量的对比。由此可知，柴油机的 HC 和 CO 排放仅有汽油机的 1/10～1/5，甚至低于安装了催化转化器的汽油机；而NO_x 的排放量，柴油机中小负荷时远低于汽油机，大负荷时与汽油机接近；但柴油机的微粒排放却是汽油机基本没有的。

表 12-2 汽油机与柴油机排放浓度对比

排放成分	汽油机	柴油机
CO	0.5%～2.5%	<0.2%
HC	（2000～5000）$\times 10^{-6}$	<1000×10^{-6}
NO_x	（2500～4000）$\times 10^{-6}$	<2000×10^{-6}
炭烟（g/m^3）	0.005～0.05	<0.25

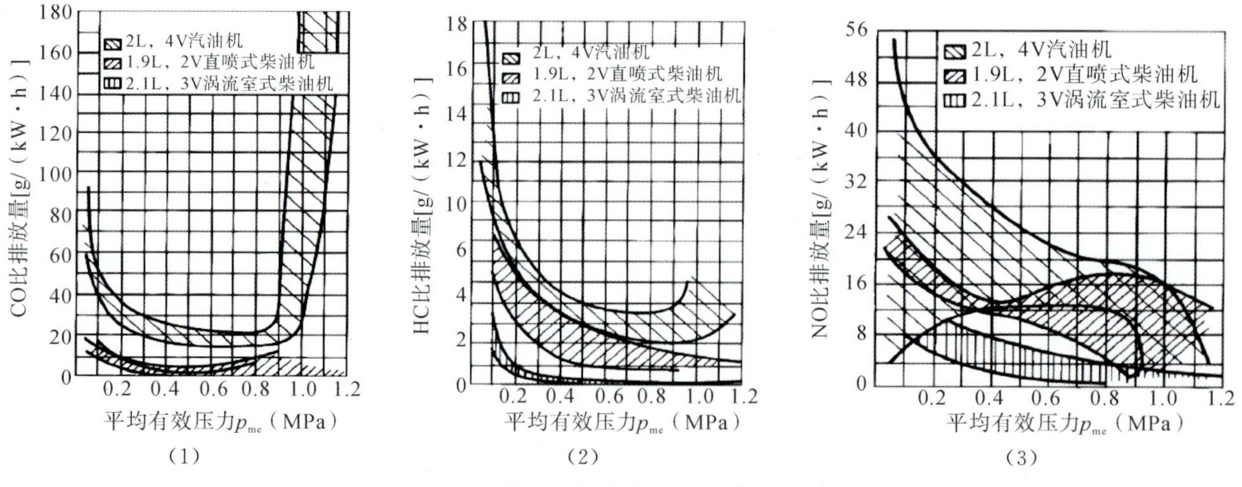

图 12-16 汽油机与柴油机比排放量的对比

（1）CO 排放；（2）HC 排放；（3）NO 排放

因此，汽油机以降低 CO、HC 和NO_x 为主要排放控制目标，而柴油机以降低微粒（炭烟）和NO_x为主要控制目标。

2. 不同类型柴油机的排放特性对比

不同燃烧室的柴油机排放特性会显著不同。如图 12-16 所示，在不采取任何排放控制措施时，非直喷式柴油机的气体排放比直喷式柴油机低。但直喷式柴油机因具有良好的燃油经济性，近年来已成为主流。

第二节　汽油机排放的机内净化技术

发动机排放污染控制技术可分为三类：以改进发动机燃烧过程为核心的机内净化技术，在发动机之外的排气系统中对已生成的有害排放物进行净化的排放后处理技术，控制曲轴箱和供油系统有害排放物的非排气污染控制技术。后两类也统称为机外净化技术。机内净化技术降低发动机排出的污染物（engine-out emissions），而降低汽车尾气排放（tailpipe emissions）则是机内净化技术与后处理技术共同作用的结果。

降低汽油机排放的机内净化技术主要有推迟点火时间、废气再循环、改进燃烧室设计以及精确控制空燃比和点火等。尽管目前汽油车的主要排放控制技术是三效催化器，但这些机内净化技术仍被作为重要排放控制手段使用，并与三效催化器相辅相成。

一、推迟点火时间

推迟点火时间一直是最简单易行也是最普遍应用的排放控制技术。如图 12-17 所示，随点火提前角的减小，NO_x 明显降低，THC 也同时降低。NO_x 排放降低的原因可见图 12-18，随点火提前角小于 MBT，燃烧等容度降低，使燃烧最高温度降低，导致 NO 下降。点火提前角减小同时会导致后燃加重和排气温度上升，未燃 THC 在排气行程以及排气管中的氧化反应加快，使最终排出的 THC 减少。但由图 12-17 也可看出，随点火时间推迟，燃油耗率上升，同时还有最大功率下降等负面效果，这限制了点火时间不能过分推迟。

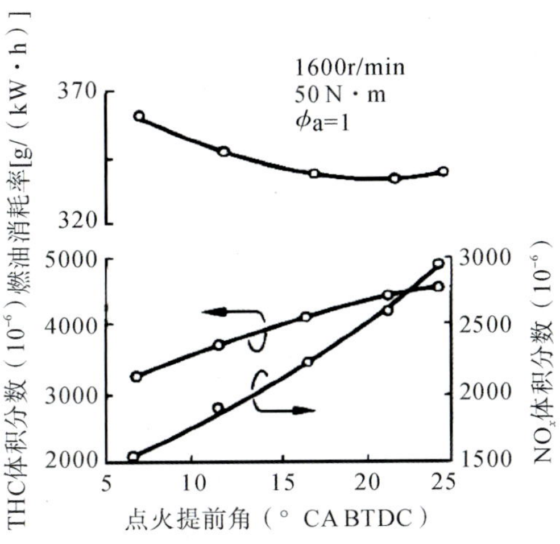

图 12-17　点火时间对NO_x 和 THC 的影响

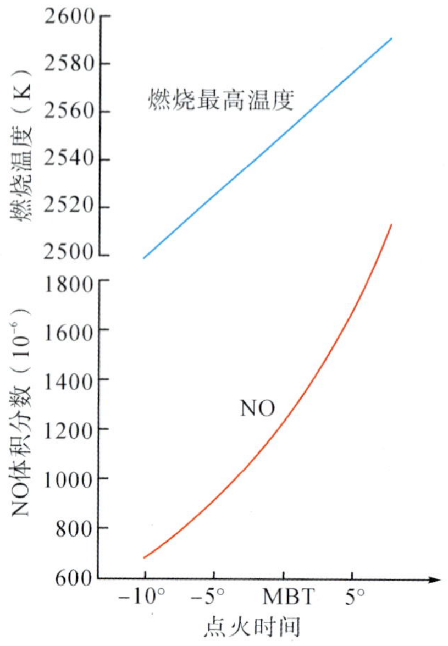

图 12-18　点火时间对燃烧最高温度的影响

二、废气再循环

废气再循环（exhaust gas recirculation，EGR）也是一种被广泛应用的排放控制措施，主要用于降低 NO_x。EGR 作原理如图 12-19 所示，一部分排气经 EGR 阀流回进气系统，与新鲜空气混合进入气缸。

EGR 使残余废气系数 φ_r 增大，即混合气中的CO_2 等惰性气体增加，造成燃烧速度降低，同时还使混合气的比热容增高。两者共同导致了燃烧温度的降低，因而可以抑制NO_x 的生成，如图 12-20 所示。

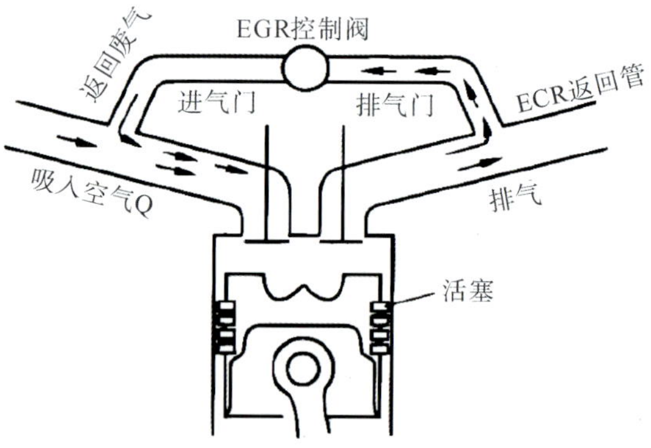

图 12-19　废气再循环系统工作原理

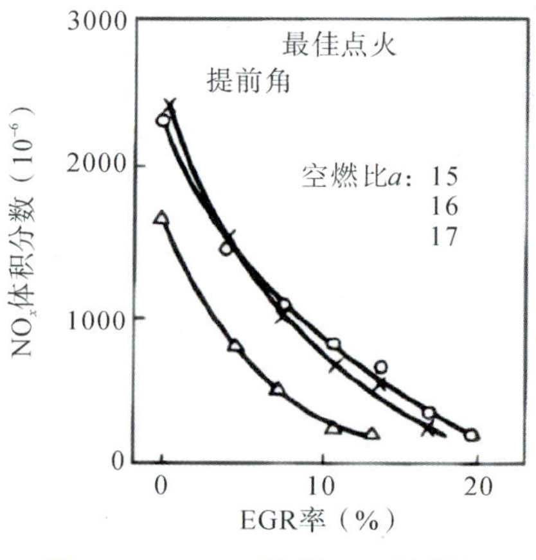

图 12-20　EGR 降低NO_x 的效果

与上述推迟点火时间相似，随 EGR 率的增加，也会使中高负荷的燃油消耗率上升，最大功率下降。同时，点火变得困难，燃烧逐渐不稳定，导致 THC 和 CO 排放上升，尤其是怠速和小负荷工况时最明显。为此，一般在汽油机大负荷、起动及暖机、怠速和小负荷时不使用 EGR，而其他工况时的 EGR 率一般不超过 20%，由此可降低NO_X 排放量 50%～70%。

图 12-21 是某轻型车用进气道多点电喷（MPI）汽油机的 CO、HC、NO_X、过量空气系数、点火提前角和 EGR 等的全特性图，图中 CO、HC、NO_X 是发动机出口（engine-out）即催化转化器之前的排

放值。由图可知，该汽油机在中小负荷及低速区域采用的 EGR 率最高［图 12-21（4）］，因而该区域的 NO_X 排放最低［图 12-21（3）］。随负荷的升高和降低，EGR 率逐渐降低。

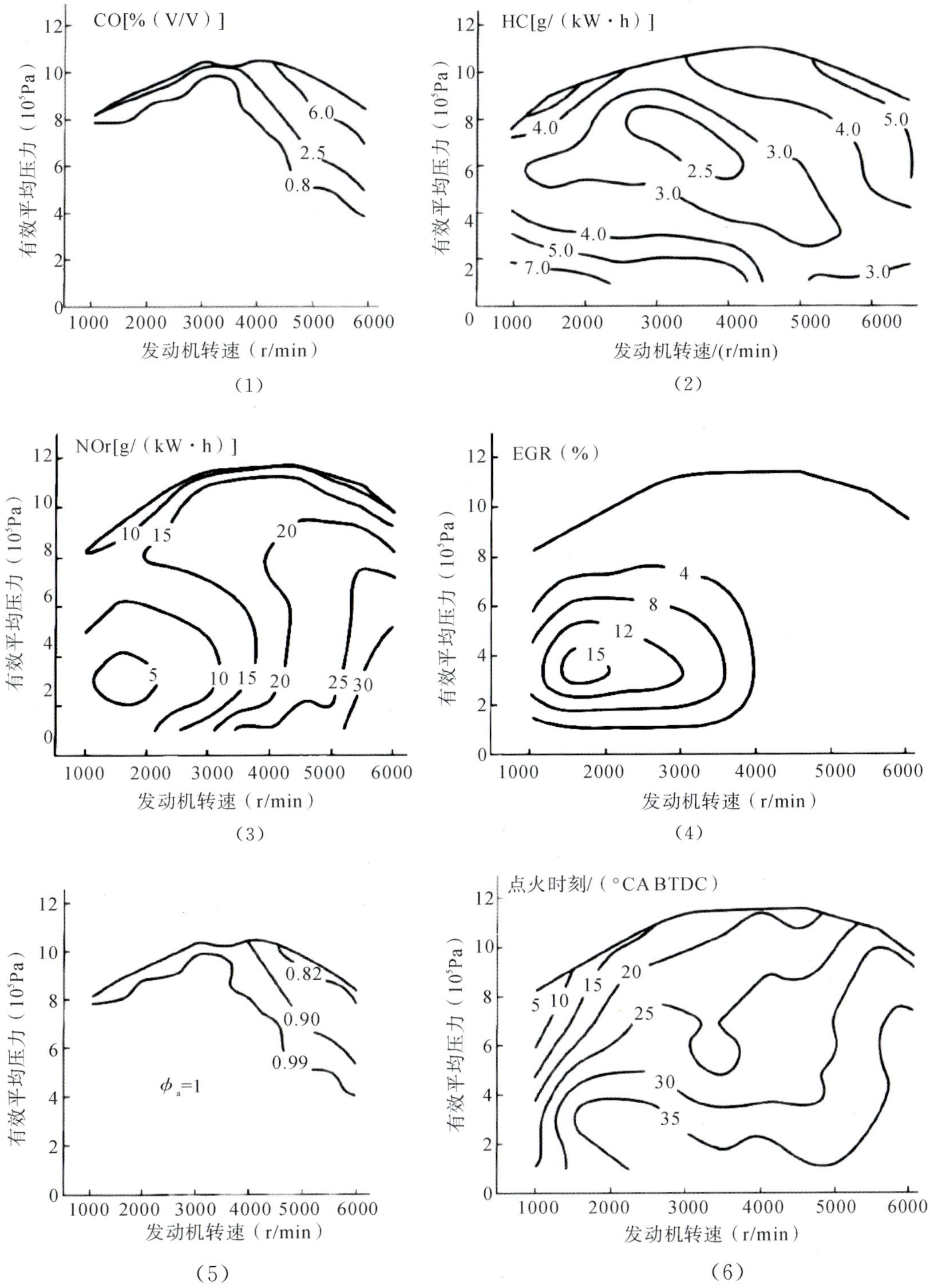

图 12-21　某进气道喷射电控汽油机排放特性及排放控制策略

（1）CO 排放；（2）HC 排放；（3）NO_x 排放；（4）EGR 率；（5）过量空气系数；（6）点火时刻

为了精确地控制 EGR 率，最好采用电子控制 EGR 阀系统。为了增强降低NO_X 的效果，可采用中冷 EGR 来降低进气温度。为了消除 EGR 对动力性和燃油经济性的负面影响，可同时采用一些快速燃烧和稳定燃烧的措施，如图 12-22 所示，通过采用进气涡流和双火花塞点火，使用 EGR 时的油耗不仅没有恶化反而有所改善。

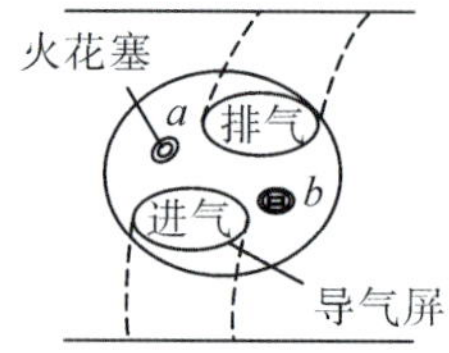

方案	火化塞	进气阀导气屏
A	a	无
B	a	有
C	a+b	有

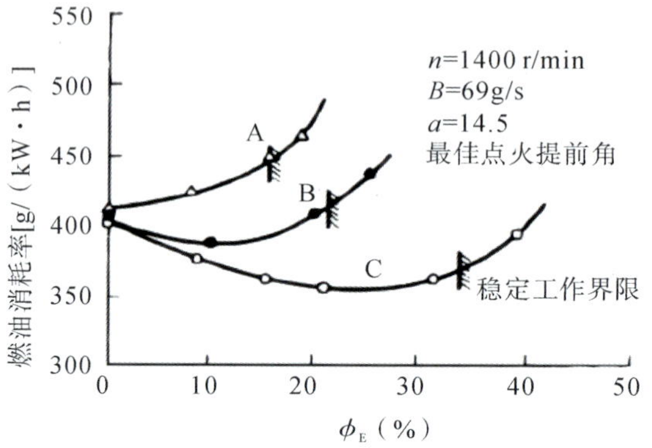

A—仅采用 EGR；B—EGR+增强进气阀流；C—EGR+增强进气涡流+双火花塞点火

图 12-22 EGR 与其他措施合用的效果

实际上，EGR 的这种效果也可以通过不充分排气以增大滞留于缸内的废气量（增大残余废气系数）来实现。与上述外部循环 EGR 相对应，称这种方法为内部 EGR。

三、优化燃烧系统设计

由于电控燃油喷射加三效催化剂技术使汽油机的排放大大降低，因而从排放控制角度对汽油机燃烧室设计的要求明显低于柴油机，但并不能因此忽视燃烧室优化设计对降低汽油机排放的效果。

紧凑的燃烧室形状可以使燃烧快速充分地进行，并减少淬熄效应，由此可降低CO和 THC 排放；改善缸内气流运动，有助于加强油气混合，同样使燃烧快速充分地进行；还可以改善燃烧时的循环波动，而循环波动也是 THC 排放的重要成因。

减小活塞头部、火花塞和进排气门等处不参与燃烧的间隙容积也是降低 THC 排放的有效方法。如图 12-23 给出的例子，由原设计改为高位活塞环设计后，THC 排放降低了 20%。

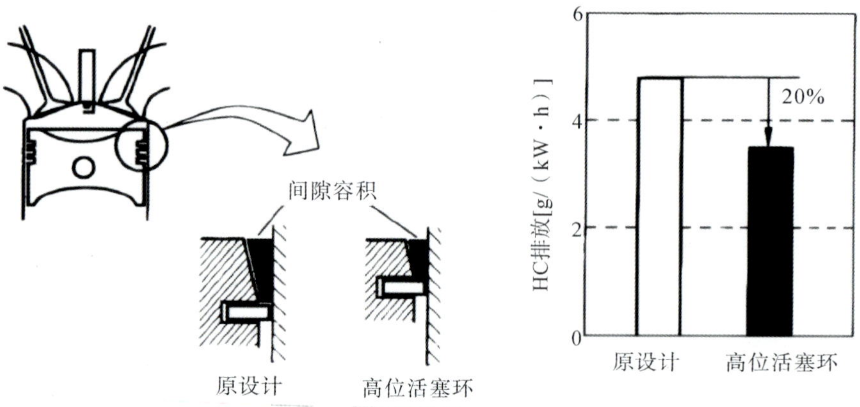

图 12-23 采用高位活塞环的降低 HC 效果

GDI 发动机尤其是分层稀燃时，由于油气混合时间短、燃烧室形状复杂以及采用壁面导流等原因，容易造成燃烧不完全和 THC 排放高，因此燃烧室设计会更显著地影响排放特性。

四、提高点火能量

提高点火能量可以提高着火的可靠性，减小循环波动率，扩大混合气的着火稀限。特别是伴随着汽油机燃烧稀薄化，无触点的高能电子点火系统得到了广泛的应用。提高点火能量的措施有增大极间电压（二次电压），极间电压一般为 10～20kV，但目前最高的有 35kV 左右；增大火花塞间隙，如由 0.8 mm 增大至 1.1 mm，甚至 1.5 mm；延长放电时间等方法。

五、汽油机电控技术

电控技术可以更精确地进行汽油机的燃油喷射、点火以及节气门等控制，更柔性地满足各工况的不同要求，从而可以实现排放特性、燃油经济性和动力性的综合优化。此外，三效催化转化器与电控喷射系统的组合，已成为当前和未来较长时期内汽油机排放控制的最有效和最主要技术。

另外，可变进气系统、可变配气相位、稀薄燃烧以及 GDI 等方法，在改善汽油机动力性和热效率的同时，也不同程度地改善了排放特性。

总之，汽油机的机内净化技术措施并不是很复杂，这是由于汽油机目前主要采用以闭环电喷加三效催化剂为核心的排放控制技术，因而大大降低了对机内净化的要求，燃烧过程的组织仍可以动力性和热效率作为主要优化目标，而用排气后处理作为降低排放的主要手段。

第三节　汽油机排气后处理技术

20 世纪 70 年代中期以前，汽车的排放控制主要采用以改善发动机燃烧过程为主的各种机内净化技术，随着排放法规的日益严格，人们开始考虑包括催化转化器在内的各种机外净化技术，也称排气后处理技术（exhaust aftertreatment）。

表 12-3 给出了主要机外净化技术的分类及应用状况。20 世纪 90 年代初期开始应用（我国于 1999 年开始）的三效催化剂可同时降低汽油车排放的 CO、HC 和 NO_x 90％以上，使汽车排放控制技术产生了革命性的进步。在其之后大约 10 年间，柴油机排气后处理技术也开始了产业化进程。本节主要介绍汽油机排气后处理技术。

如表 12-3 所示，汽油机排气后处理技术主要包括热反应器、催化转化器、HC 捕集器，其中催化转化器又可分为氧化型、还原型、氧化还原（三效）型以及稀燃型。

表 12-3 机外净化技术的分类及应用

分类			处理对象	国外应用现状
排气后处理	汽油机	热反应器	CO、THC	曾用于汽油车，目前用于摩托车
		氧化催化器	CO、THC	曾用于汽油车，目前用于摩托车
		还原催化器	NO_x	曾用于汽油车
		三效催化器	CO、THC、NO_x	欧Ⅰ阶段开始应用，轿车和轻型车必备装置
		稀燃催化器	稀燃条件下的NO_x、CO、THC	少量应用，继续研制开发中
		HC 催化器	THC	少量应用
	柴油机	氧化催化器	SOF、CO、THC	欧Ⅲ阶段开始应用
		还原催化器	NO_x	欧Ⅳ阶段开始应用
		颗粒捕集器	PM	欧Ⅳ及美国 2007 法规阶段开始应用
		四效催化器	NO_x、CO、THC、PM	研究中
非排气污染处理	汽、柴油机	曲轴箱强制通风装置	THC	法规要求必备装置
	汽油机	燃油蒸发控制系统	THC	法规要求必备装置

一、汽油机排气后处理系统的工作原理

（一）热反应器的工作原理

汽油机工作过程中的不完全燃烧产物 CO 和 THC 在排气过程中可以继续氧化，但必须有足够的空气和温度。热反应器一般紧靠排气总管出口处设置，有较大的容积和较高的绝热保温性，反应器内部温度高达 600～1000℃。同时在紧靠排气门处喷入空气（二次空气），以保证 CO 和 THC 氧化反应充分进行。热反应器若设计匹配合理，可得到 50%以上的净化效率，但对NO_X 无净化效果。为保持较高的排气温度，常采用加浓空燃比以及推迟点火时间等手段，因而会导致燃油消耗率升高。

20 世纪 70—80 年代，热反应器在国外汽油车上采用得较多，随着净化效率更高的催化器特别是三效催化器的普及，20 世纪 90 年代开始新生产的汽车已不采用热反应器。由于摩托车的排气后处理装置要求结构简单和成本低廉，并且摩托车的主要排放污染物是 CO 和 HC，因而热反应器在摩托车上仍得到较多的应用。

（二）催化转化器的结构与工作原理

催化剂可以提高化学反应速度以及降低反应的起始温度，而本身在反应中并不消耗。以催化剂为核心的催化转化器是目前各类汽油车排气后处理技术中应用最广泛的技术。

1. 催化转化器的结构

催化转化器（catalyst converter）简称催化器，如图 12-24 所示，由壳体、减振垫，载体及催化剂

涂层四部分组成。所谓催化剂（catalyst）是指涂层部分或载体和涂层的合称。催化剂是整个催化转化器的核心部分，它决定了催化转化器的主要性能指标，因此许多文献中并不严格区分催化剂和催化转化器的定义。

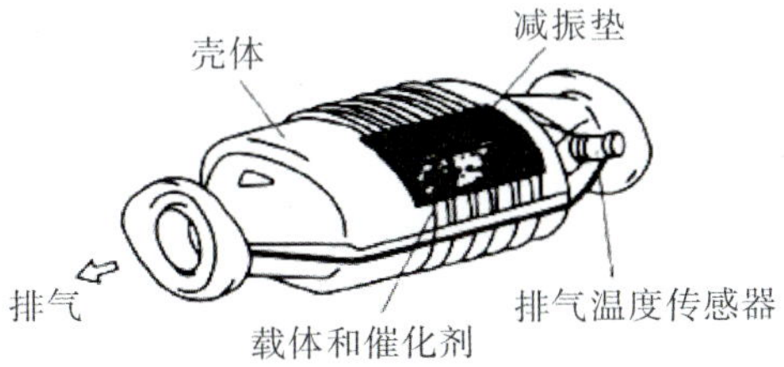

图 12-24　催化转化器结构及组成

起催化作用的活性材料一般为铂（Pt）、铑（Rh）和钯（Pd）三种贵金属（每升催化剂中贵金属含量为 0.5～3.0g），同时还有作为助催化剂成分的铈（Ce）、镧（La）、镨（Pr）和钕（Nd）等稀土材料。贵金属材料以极细的颗粒状散布在以 $\gamma-Al_2O_3$ 为主的疏松的催化剂涂层表面。而涂层则涂覆在作为催化剂骨架的蜂窝状陶瓷载体或金属载体上（如图 12-25 所示），目前 90%的汽油车催化剂使用陶瓷载体，为节约使用贵金属以及防止高温劣化，纳米技术在催化剂制备中得到应用，贵金属颗粒的平均粒径已可以做到 5nm，使三效催化剂每升容积的贵金属用量由 0.55g 降低到 0.15g。

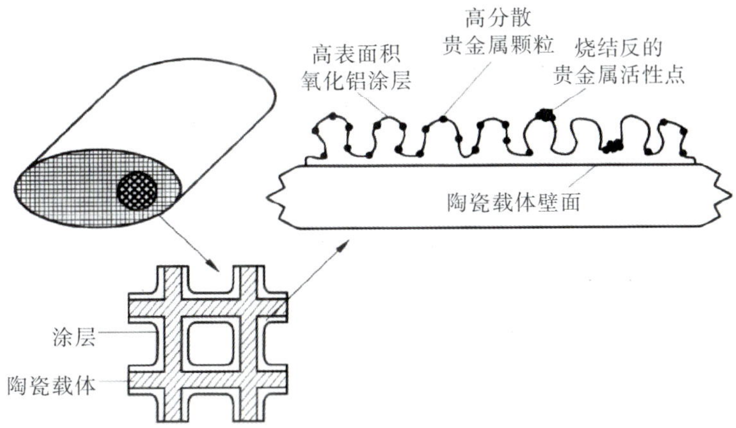

图 12-25　载体及涂层的细微构造

2. 催化剂的分类及工作原理

按工作原理不同，催化剂可分为氧化型催化剂、还原型催化剂、三效催化剂和稀燃催化剂。目前单纯还原型的催化剂已很少用，稀燃催化剂将在后面介绍，而氧化型催化剂和最常用的三效催化剂的主要反应如下。

（1）氧化型催化剂。

在氧化型催化剂（oxidation catalyst，OC）中，CO 和 HC 与 O_2 进行氧化反应，如式（12－10）至式（12－12）所示，生成无害的 CO_2 和 H_2O，但对 NO_X 基本无净化效果。

$$2CO+O_2=2CO_2, \tag{12-10}$$

$$4HC+5O_2=4CO_2+2H_2O, \tag{12-11}$$

$$2H_2+O_2=2H_2O. \tag{12-12}$$

（2）三效催化剂。

所谓三效催化剂（three way catalyst，TWC）是指同时净化 CO，HC 和NO_x 的催化剂。当混合气浓度正好为化学计量比时，在 TWC 中进行式（12—13）至式（12—15）所示的氧化还原反应，即 CO 和 HC 与NO_x 三种有害成分互为氧化剂和还原剂，生成无害的CO_2，H_2O 及 N_2。三效催化剂这种巧妙的构思和显著的效果，使它成为汽油机最主要的排气净化技术。

$$2CO+2NO=2CO_2+N_2, \tag{12-13}$$

$$4HC+10NO=4CO_2+2H_2O+5N_2, \tag{12-14}$$

$$2H_2+2NO=2H_2O+N_2. \tag{12-15}$$

不同贵金属成分对排气污染物的催化净化效果是不同的，Pt 和 Pd 主要催化 CO 和 HC 的氧化反应，Rh 用于催化NO_x 的还原反应。为了满足对催化合性能指标的要求，三种贵金属成分往往是搭配使用的，实际三效催化剂中应用最广泛的是 Pt—Rh 系催化剂。

（三）催化转化器的主要性能

催化转化器是一个耦合化学反应、流动、传热和传质等现象的复杂系统，其外在性能主要为活性、耐久性和流动特性。

1. 转化效率

催化器的转化效率是催化剂活性和催化器设计的综合结果，其定义为：

$$\eta_{ci}=\frac{C(i)_1-C(i)_2}{C(i)_1}\times 100\%, \tag{12-16}$$

式中：η_{Ci} 为排气污染物 i 在催化器中的转化效率；$C(i)_1$ 为排气污染物 i 在催化器入口处的浓度；$C(i)_2$ 为排气污染物 i 在催化器出口处的浓度。

2. 空燃比特性

催化剂转化效率随空燃比的变化称为催化剂的空燃比特性，如图 12-26 所示。由图可知，三效催化剂在化学计量比 $\alpha=1$ 附近的狭窄区间内对 CO、HC 和NO_X 的转化效率同时达到最高，这个区间被称为“窗口”。其实际中常取三项转化效率都达到 80%的区间来确定窗口宽度。为保证实际供给的混合气浓度都在 $\alpha=1$ 的附近，需要采用具有反馈控制功能的闭环电控燃油供给系统。研究表明，对同样的三效催化剂，开环电控系统的净化效率平均为 60%，而闭环电控系统的净化效率可达 95%。窗口越宽，则表示催化剂的实用性能越好，对电控系统控制精度的要求越低。

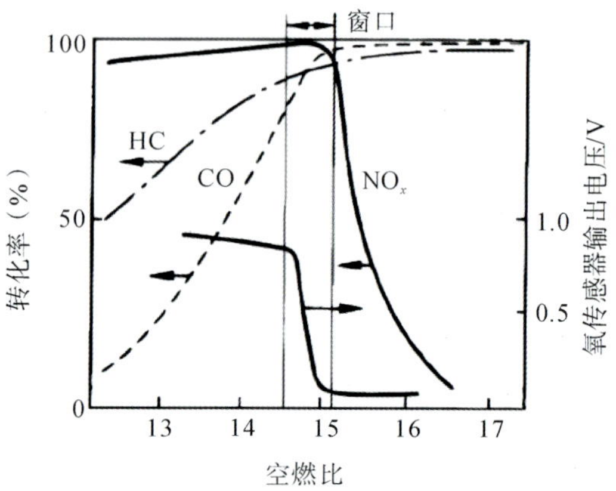

图 12-26 三效催化剂空燃比特性

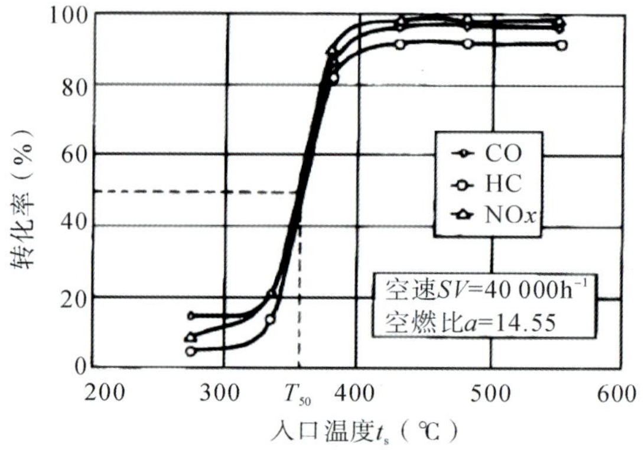

图 12-27 三效催化转化器的起燃温度特性

3. 起燃特性

催化剂的转化效率与温度有密切关系，催化剂只有在达到一定温度时才能开始工作，即起燃。催化转化器的起燃特性有两种评价方法，即起燃温度特性（light-off temperature）和起燃时间特性（light-off time）。

起燃温度特性如图 12-27 所示，它表示了转化率随催化器入口温度 t_i 的变化。定义转化率达到50％时所对应的温度为起燃温度 T_{50}。显然 T_{50} 越低，催化器在汽车冷起动时越能快速起燃，因此 T_{50} 一直是催化器活性的重要特征值。起燃温度特性是在催化剂小样试验装置或发动机台架上测取的。起燃时间特性在转鼓试验台或发动机台架上进行。即控制车辆或发动机以一定的循环工况运转，将达到50％转化率所需要的时间，称为起燃时间 τ_{50}。

起燃温度特性主要取决于催化剂本身的性能，它评价的是催化剂的低温活性。而起燃时间特性除与催化剂有关外，在很大程度上取决于催化转化器总体的热惯性、绝热程度以及流动传热传质过程，其评价试验结果与实车冷起动特性的关系更为直接。

4. 空速特性

单位时间流过催化剂的排气流量（换算到标准状态）与催化剂容积之比称为空间速度，简称空速（space velocity，SV）。一般用 h 做时间量纲，因此空速的量为 h^{-1}。催化剂转化效率随空速的变化称为空速特性。空速越高表示反应气体在催化剂中的停留时间越短，因此为保证高的转化效率，高空速工作时的催化剂活性也要高。

汽油机在怠速时，SV 为 3000～6000 h^{-1}；全负荷工作时，SV 为 120000～150000 h^{-1}；而一般三效催化剂性能评价（空燃比特性和起燃温度特性等）时，常用 SV 为 40000～60000 h^{-1}。设计排气后处理系统时，一般三效催化剂容积与汽油机排量之比取 0.5～1.2，明显小于柴油机用催化剂（如后述的选择还原催化剂）。

5. 催化剂的耐火性与快速老化试验

催化剂经长期使用后，其性能会发生劣化，亦称失活，表现为起燃温度上升和转化效率下降等。一般要求新车催化剂在至少使用 10 万～16 万 km 后整车排放仍能满足法规限值。影响催化剂寿命的因素有四类，即高温失活、化学中毒、结焦与机械损伤。化学中毒的来源主要是燃料和润滑油中的 Pb、S、P 和 Mn 等，通过严格限制燃料和润滑油中的有害成分含量可以将化学中毒控制到最小。高温失活是目前汽车三效催化剂最主要的失活方式。

高温失活的原因是在高温氧化氛围中，原本散布均匀的细小贵金属颗粒和助催化剂成分聚合成大颗粒（见图 12-25），导致活性下降；同时涂层中的 $\gamma\text{-}Al_2O_3$ 转变为 $a\text{-}Al_2O_3$，导致催化剂活性表面大大减少。汽车在实际行驶中产生高温富氧或极高温的情况有，发动机失火使未燃混合气在催化剂中发生剧烈氧化放热反应，汽车连续高速大负荷运行等工况。快速老化试验（rapid aging test）就是模拟这些极为苛刻的条件，在发动机台架上对三效催化剂进行耐久性考核。例如最常用的断油模式快速老化试验，可以用 100h 的台架试验替代 8 万 km 的实车道路试验，大大节省了试验成本和研发周期。

6. 催化器的流动特性

流动特性包括流动阻力和流场均匀性。催化器流动阻力增加会使发动机动力性和油耗恶化。排气在催化剂细小孔道中以层流状态流动，主要产生沿程流动损失，与陶瓷蜂窝载体相比，金属载体具有较低的流动阻力。在催化剂之外，排气以湍流状态流动，在催化器入口和出口，以及前后过渡管等截面突变处产生局部流动损失，需要精心设计。

催化剂（载体）前的流动截面上的流速分布如果不均匀，会降低催化剂整体的转化效率，还会使催化剂沿径向的活性劣化程度不同，导致催化剂整体寿命缩短。

二、汽油机冷起动排放及其技术对策

（一）冷起动排放特性

三效催化剂在合适的工作温度和精确的空燃比条件下，净化效率可达 95%～99%，因此汽车正常行驶时排放的NO_X、CO 和 THC 极少。但在冷起动时，由于催化剂尚未起燃，THC 排放将会很高。如图 12-28 中方案 A 曲线（单级催化器）所示，在轻型车排放测试循环（NEDC）中，冷起动（曲线拐点 C 之前）的 THC 排放占整个 70%～80%。因此，为满足不断加严的轻型车排放法规，必须尽可能控制冷起动过程的 THC 排放。

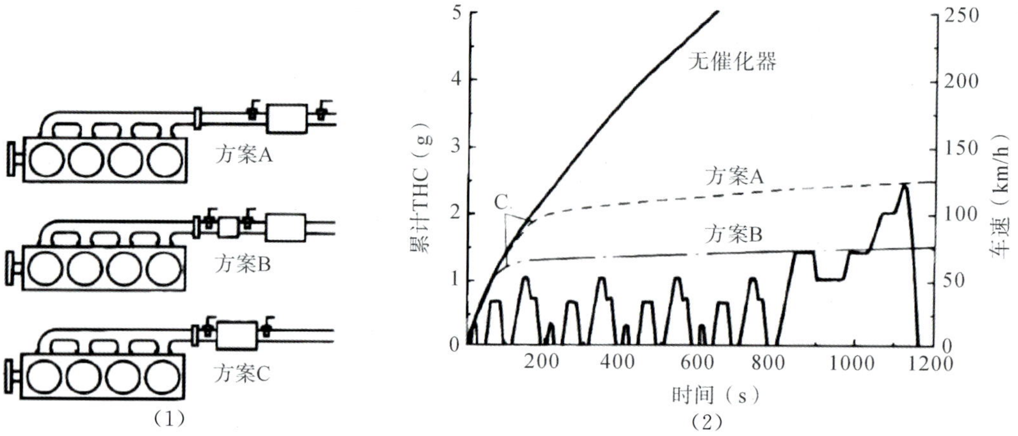

图 12-28 催化器布置方案与冷起动排放特性

（1）催化器布置方案；（2）冷起动 THC 排放

（二）冷起动排放的技术对策

降低冷起动 THC 排放主要依靠改善发动机燃烧、缩短催化剂起燃时间以及采用新的后处理设计方案，有以下几种对策技术。

（1）推迟点火时间。点火时间推迟可以造成发动机后燃，以提高排气温度，使催化剂快速起燃。

（2）提高催化剂低温活性。增加催化剂的贵金属含量以及改进涂层制备工艺（如提高比表面积），都可以降低催化剂起燃温度，因而缩短起燃时间。

（3）采用紧凑耦合催化器（close coupled catalyst，CCC）。如图 12-28 所示，设置在排气歧管出口（见方案 C）或用两级催化器（见方案 B），即将小容积的催化器 CCC 紧靠排气歧管安装，而大容量的主催化器仍安装在车底板下（under floor catalyst，UFO），都可以比方案 A 更快地使催化剂起燃。在实际应用中，为满足国Ⅳ（欧 IV）排放，大部分轻型车都采用了方案 C。

（4）HC 吸附器（HC trap，HCT）。在后处理系统中串联一个 THC 捕集单元，其材质一般用沸石（zeolite）等。在排气温度低时，THC 被吸附在 HCT 上；当排气温度足够高时，THC 由 HCT 上脱附，并在后续的 TWC 上被充分净化。如图 12-29 所示，本田和丰田等汽车公司曾采用这种带有 THC 捕集单元的多级复合催化剂系统（CCC＋HCT＋TWC），同时采用高绝热度和低热惯量的排气管、多孔喷油器、强进气涡流（关闭一个进气门等方法）和多氧传感器精确控制空燃比等技术，使汽车排放出的 THC 浓度甚至比周围大气中的还低，显示出了汽油车实现“零排放”的可能性。

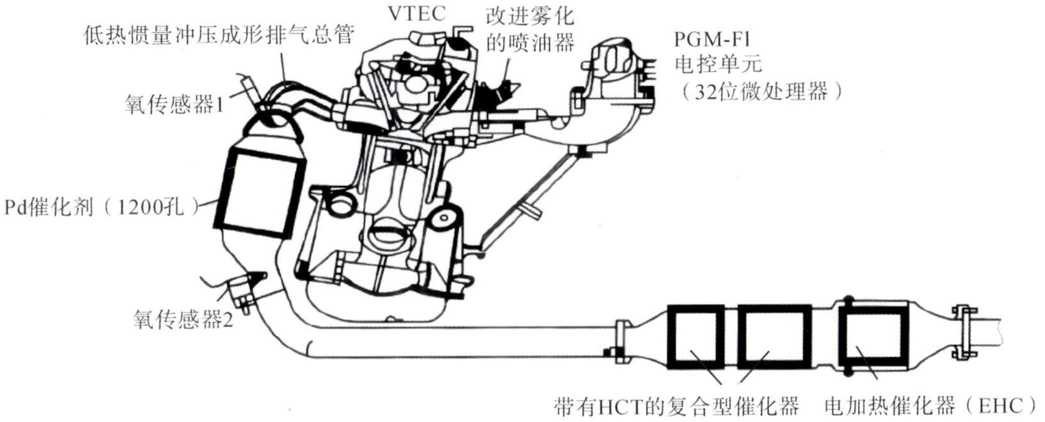

图 12-29 超低排放控制技术

三、NO_x 吸附还原催化剂

稀燃汽油机大部分工况都在偏离化学计量比的过稀状态下工作，一般三效催化剂无法适用。随着稀燃缸内直喷式汽油机在 20 世纪 90 年代后期开始产品化，NO_x 吸附还原催化剂（adsorption－reduction catalyst，ARC）得到了实际应用。

如图 12-30 所示，吸附还原保化剂的活性成分是贵金属和碱金属（或碱土金属和稀土金属）。当发动机在稀燃状态工作时，排气处于氧化气氛，在贵金属（Pt）的催化作用下，NO 与 O_2 反应生成NO_2，并以硝酸盐MNO_3（M 代表金属）的形式被吸附在碱土金属表面，同时，CO 和 HC 被氧化反应成CO_2 和 H_2O 后排出催化器。而当发动机在化学计量比或浓混合气状态下运转时，硝酸盐MNO_3 分解析出的 NO_2 和 NO 与 CO、HC 及 H_2 反应，生成CO_2、H_2O 和 N_2 同时使碱土金属得到再生。

碱土金属容易受硫中毒，因此使用吸附还原催化剂时对燃油硫含鼠要求很严（低于 100μg/g 甚至 30μg/g）。同时，为保证催化剂能在稀－浓交替的气氛中工作，稀燃发动机需要每隔一定时间多喷油过浓燃烧并推迟点火时间，以产生大量未燃 THC，使催化剂再生。随着排放法规加严，再频度也不断提高，使原本由稀燃和缸内直喷技术得到的节油效果不断降低，由此导致稀燃 GDI 发动机应用受到阻碍。

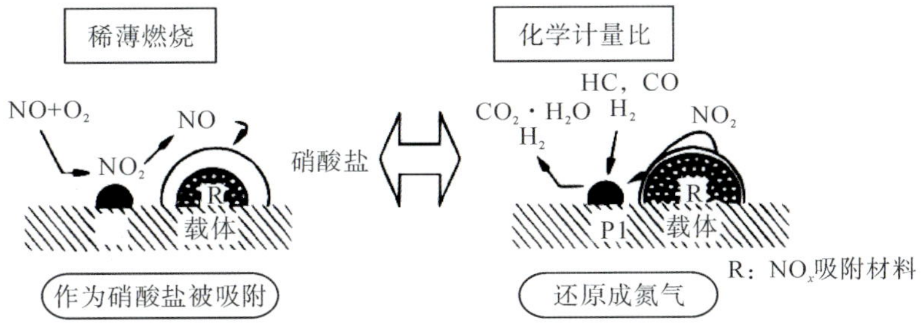

图 12-30 吸附还原催化剂的工作原理

四、汽油机三效催化转化器

三效催化转化器（俗称三元催化器）是指安装在发动机排气管路中，通过氧化还原反应，能将发动机排气中的三种污染物（一氧化碳、未燃碳氢化合物和 NO_x）除去的排汽净化装置。车辆发动机需要采用闭环电控供油系统，并燃用无铅汽油。

三化催化器的工作原理是：当高温的汽车尾气通过净化装置时，三元催化器中的净化剂将增强CO、HC 和NO_x 三种气体的活性，促使其进行一定的氧化还原反应，其中 CO 在高温下氧化成为无色、无毒的二氧化碳气体；HC 化合物在高温下氧化成水和二氧化碳；NO_x 还原成氮气和氧气。三种有害气体变成无害气体，使汽车尾气得以净化。

（一）三元催化器的结构和工作原理

三元催化器一般由壳体、减震层、载体和催化剂涂层四部分组成。催化器壳体由含铬、镍等金属的不锈钢材料制成，以防氧化皮脱落造成载体堵塞。减震层一般采用膨胀垫片或钢丝网垫，起密封、保温和固定载体的作用，防止催化器壳体受热变形等对载体造成损害。催化器载体一般采用蜂窝状陶瓷材料，也有少数采用金属（如不锈钢）材料。在载体孔道壁面上涂有一层非常疏松的活性层，即催化剂涂层（如氧化铝），其粗糙的表面可使壁面的实际催化反应表面积扩大 7000 倍左右。在涂层表面散布着作为活性材料的催化剂。催化剂是一种能改变化学反应速率而本身的质量和组成在化学反应前后保持不变的物质，它对参与化学反应的分子起活化作用，以加快反应的进程。目前效果较理想的催化剂是贵金属铂、钯、铑等。当有害气体被吸附到催化剂表面时，它们就分别与同样吸附在催化剂表面的氧化剂分子或还原剂分子发生氧化或还原反应。在三元催化器中主要发生的是一氧化碳氧化反应、碳氢化合物氧化反应和氮氧化物还原反应。

从反应方程式可以看出，有害气体一氧化碳、碳氢化合物实质上是作为还原剂在起作用。当有氧存在时，其先被氧化；当无氧存在时，可去还原氮氧化物。而催化剂在上述反应中都起了加速的作用。

（二）三元催化器的匹配

三元催化器与汽车的匹配是非常重要的，一般包括以下几个方面：催化器与发动机的匹配、催化器与电控燃油喷射系统的匹配、催化器与排气系统的匹配、催化器与燃料和润滑油的匹配等。

1. 催化器与发动机的匹配

在汽车上安装三元催化器要根据三元催化反应器的结构和所配套发动机的特性，经过一系列的匹配实验后有选择地安装，以保证配套发动机给三元催化反应器提供合适的工作条件。

2. 空燃比

通过有害气体氧化还原反应方程式可以看出，催化器能将一氧化碳、碳氢化合物、氮氧化物等三种有害物质转化成以二氧化碳和水为主的物质。很显然，一氧化碳和碳氢化合物的氧化反应需要氧气，而氮氧化合物的还原反应不需要氧气。因此，它们各自的转化率与催化器内的氧浓度有关，面氧浓度与进入发动机混合气的空燃比呈正比关系。

3. 三元催化器的工作温度

催化剂转化效率的高低与温度有密切的关系，催化剂只有达到一定的温度才能起作用。在有害气体的氧化还原反应中，三元催化器开始起作用的温度是 250 ℃左右，最佳工作温度范围为 400～800 ℃，而工作温度超过 850 ℃后，催化剂中的贵金属自身也会产生化学变化，从而使有效催化剂成分降低，使三元催化器作用减弱。

4. 尾气的排气速度

尾气的排气速度实际上表示了气体在催化剂中的停留时间。排气速度越大，有害气体在催化剂中停留的时间就越短，从而导致转化效率降低。但由于过高的气体流速有利于有害气体向催化剂表面的扩散，在一定程度上这又增大了转化效率，因此应综合评价排气速度对转化效率的影响。

5. 催化器与电控燃油喷射系统的匹配

由三元催化反应器原理可知：当其工作在空燃比为理论空燃比附近时，才能同时使一氧化碳、碳氢化合物氧化和使氮氧化合物还原的转化效率都提高。为了现代汽车三元催化器的匹配。保证空燃比的精确控制，必须采用由氧传感器作为反馈元件的闭环电控系统。即利用安装在排气管的氧传感器来检测尾气中的氧含量，进而判断实际空燃比偏离理论空燃比的程度，并向 ECU 反馈相应的电压信号，发动机的理论空燃比为 14.7 时，催化器的转化效率最高。这样就导致了闭环电控系统中的实际空燃比总是在理论值附近波动。

6. 催化器与排气系统的匹配

排气系统对发动机性能的影响主要是通过压力波对扫气干扰而产生的，其影响程度随排气管长度而变化。催化器的安装位置会显著影响排气系统的波动效应，进而对发动机的动力性和经济性造成显著影响。

7. 催化器与燃料和润滑油的匹配

随着机动车污染物排放限值标准的不断提高，当汽车排放污染控制技术发展到一定阶段后，燃油作为一项基础条件，其品质的好坏就将决定催化剂的转化效率，所以很多国家都致力于燃油品质与排放关系的研究。

五、汽油机 GPF

缸内直喷汽油机（GDI）因较好的动力性、燃油经济性等优点，在乘用车上得到愈来愈广泛的应用。大约在 2020 年，GDI 的发动机数量将逐步超越 PFI 发动机。但由于 GDI 汽油机的燃油直接喷入气缸，导致油气混合不均匀和燃油湿壁使颗粒物排放质量和数量显著增加。越来越严苛的法规要求直喷汽油机在更宽范围的工况都保持稳定而且较低的 PM 排放。

欧Ⅵ排放法规对颗粒物排放质量限制更加严格，PM 限值降为 4.5mg/km。国Ⅵ标准也加严了 PM 限值要求，第一阶段为 4.5mg/km，第二阶段将为 3mg/km。尽管 GDI 发动机技术不断进步，单纯靠机内净化难以满足排放法规的升级需求，因此，汽油机颗粒捕集器（GPF）被认为是应对 GDI 汽油机颗粒物排放限值最有效、最可靠的潜在技术。

（一）GPF

汽油机颗粒捕集器 GPF（gasoline particulate filter）：一种安装在汽油发动机排放系统中的陶瓷过滤器，它可以在微粒排放物质进入大气之前将其捕捉。

GPF 过滤机理与柴油机的 DPF 基本相同，排气以一定的流速通过多孔性的壁面，这个过程称为“壁流”（Wall—Flow）。壁流式颗粒捕集器由具有一定孔密度的蜂窝状陶瓷组成。通过交替封堵蜂窝状多孔陶瓷过滤体，排气流被迫从孔面通过，颗粒物分别经过扩散、拦截、重力和惯性四种方式被捕集过滤。

（二）GPF 再生

颗粒捕集器长时间使用后，碳烟颗粒累积在捕集器微孔表面形成 PM 层，其存储体积会逐渐减少。PM 层的形成有助于提高过滤效率，但排气管中会出现节流效应，排气流动阻力变大，从而导致油耗增加，发动机输出功率下降，此时需要对 GPF 进行更换或再生处理。

GPF 的设计及应用主要考虑的问题是：过滤效率、排气背压、再生、使用成本、耐久性及对燃油经济性的影响等。在保证较高的过滤效率以满足排放法规的前提下，尽量降低排气背压以降低油耗和 CO_2 排放，保证周期性的再生，提高 GPF 的使用寿命，降低使用成本成为当前的主要研究热点。

参考文献

[1] 刘善平，周涛，王瑜. 内燃机构造与原理[M]. 3 版. 北京：人民交通出版社股份有限公司，2014.

[2] 许峰，隆武强. 内燃机原理教程[M]. 2 版. 大连：大连理工大学出版社，2015.

[3] 孙军. 车辆内燃机原理[M]. 北京：高等教育出版社，2012.

[4] 刘圣华，周龙保. 内燃机学[M]. 4 版. 北京：机械工业出版社，2017.

[5] 王建昕，帅石金. 汽车发动机原理[M]. 北京：清华大学出版社，2011.

第三篇　柴油机开发技术

第十三章　柴油机燃油喷射与燃烧

第一节　喷　油　器

喷油器的作用是将柴油喷射成较细的雾化颗粒，并把它们分布在燃烧室中，与高温高压空气混合形成良好的可燃混合气。根据混合气形成与燃烧的要求，喷油器应具有一定的喷射压力和喷射距离，以及合适的喷注锥角和使燃油颗粒具有适当的雾化程度等，并且在喷油终了时，应迅速停泊不能有渗油现象。

一、喷油器的作用与分类

喷油器有开式和闭式两种。

（1）开式喷油器是高压油路通过喷油器直接与燃烧室相连，中间没有针阀隔断，当喷油泵供油压力超过汽缸压力时，将燃油喷入燃烧室。闭式喷油器是由一个针阀将高压油路与燃烧室隔开，当供油压力达到一定值时，开启针阀将燃油喷入燃烧室。

（2）闭式喷油器按喷油器的结构分为孔式、轴针式和平面阀式三种，如图 13-1 所示。在此仅介绍常用的孔式喷油器。

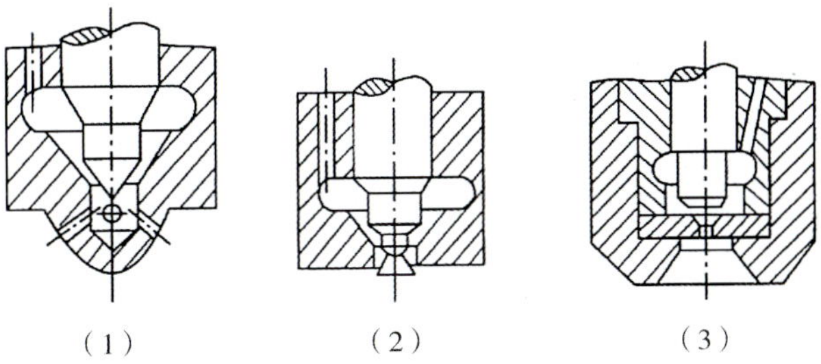

图 13-1　喷油器头部构造型式示意图

（1）孔式；（2）轴针式；（3）平面阀式

二、喷油器的结构及工作原理

孔式喷油器主要用于具有直接喷射燃烧的柴油机。喷油器的喷孔数目一般为 1～8 个，喷孔直径为 0.2～0.8mm，喷孔数和喷孔角度的选择视燃烧室的形状、大小和空气满流情况而定。

（一）6135K 型柴油机喷油器

6135K 型柴油机的喷油器是四孔闭式喷油器，喷孔直径 0.35mm（或 0.37mm），喷油压力为 16.5～17.5MPa（或 20.5～21.5MPa），相对的两喷孔的轴线夹角为 150°，以保证油束形状与燃烧室相适应，使柴油雾粒直接喷射在燃烧室空间并均匀分布。6135K 型柴油机的喷油器安装在汽缸盖上方。主要由针阀、针阀体、喷油器体、推杆、调压弹簧、调压螺钉及锁紧螺帽、油嘴头固定螺帽等组成，如图 13-2 所示。

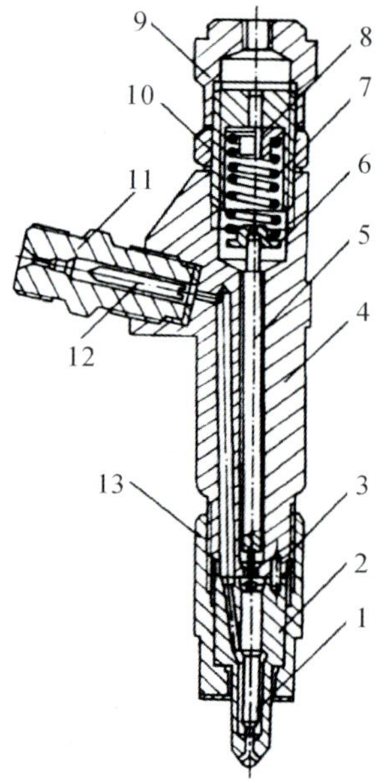

1—针阀；2—针阀体；3—定位销；4—喷油器体；5—推杆；6—弹簧座；7—调压弹簧；
8—调压螺钉；9—上帽；10—锁紧螺帽；11—进油管接头；12—滤芯；13—油嘴头固定螺帽

图 13-2　6135K－9a 型柴油机喷油器

针阀和针阀体合称油嘴头偶件，是一副精密配合偶件。油嘴头通过固定螺帽连接在喷油器体的下端。针阀体上制有环形油槽、孔道和油针室。孔道使环形油槽和油针室连通。针阀上部的圆柱表面同针阀体的相应内圆柱面作高精度的滑动配合，配合间隙约为 0.001～0.0025mm，此间隙过大则可能产生漏油而使油压下降，影响喷雾质量，间隙过小则针阀将不能自由滑动。针阀中部的两个圆锥面全部露出在针阀体的油针室中，其作用是承受油压产生的轴向推力以使针阀上升，称为承压推面。针阀下端的圆锥面与针阀体上相应的内测锥面配合，以实现喷油器内腔的密封，称为密封锥面。针阀上部的圆柱面和下端的锥面同针阀体上相应的配合面通常是经过精磨后，再互相研磨而保证其配合精度。

喷油器体上部有两个凸耳，用以固定喷油器。在喷油器体上还有进油管接头，它与喷油器体内的油道相通。油道下端与针阀体环形油槽相连，喷油器体下端有两个定位销，用于保证油嘴头的安装位置。安装时，必须与针阀体上的两个定位销孔相对。

为防止细小脏物堵塞喷孔，在进油管接头上装有缝隙式滤芯。滤芯的结构和工作原理，如图 13-3 所示。柴油由一端进入滤芯两个平面组成的油道 A，但由于这两个平面的另一端是圆柱面，与油管接头配合，柴油无法流出，只有绕过滤芯的棱边 B，经滤芯的另两个平面组成的油道 C 才能进入喷油器。油管接头与滤芯之间的间隙为 0.03～0.05mm，柴油在通过棱边 B 时杂质颗粒被过滤掉。此外，滤芯具有磁性，可以吸住金属屑。

在喷油器体内安装有推杆，推杆下端顶住针阀，上端通过弹簧座装有调压弹簧，弹簧上端通过弹簧座用调压螺钉压紧，平时使针阀封闭喷孔，拧动调压螺钉可以改变喷油压力。针阀升程为 0.4～0.5mm，由针阀的台肩与喷油器体下端面间的间隙限制。

上帽上部可装回油管螺栓（有的回油管螺栓装在喷油器体上）。为防止漏油，在锁紧螺帽上下之间垫有密封圈。

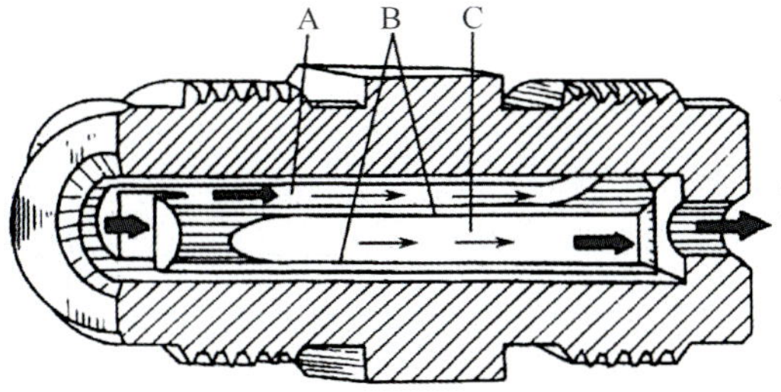

图 13-3　缝隙式滤芯构造原理

当柴油机工作时，从喷油泵来的高压柴油进入喷油器，再经喷油器体和针阀体中的油道进入针阀体中部的环状空间（高压油腔）。油压作用在针阀的承压锥面上，形成一个向上的轴向推力，此推力克服调压弹簧的预紧力及针阀偶件之间的摩擦力，使针阀上移，针阀下端锥面离开针阀体锥形环带，打开喷孔，柴油以高压喷入燃烧室中。喷油泵停止供油时，高压油路内压力迅速下降，针阀在调压弹簧作用下及时回位，将喷孔关闭。

（二）F6L912G 型柴油机喷油器

F6L912G 型柴油机喷油器（图 13-4），为四孔闭式喷油器，喷孔直径为 0.285mm，喷油压力为 17.5～18.3MPa。喷油压力的调整是通过增减调整垫片来实现的。增加调整垫片其压力增高，反之压力降低。

（三）WD615.67 型发动机喷油器

如图 13-5 所示，喷前嘴为四孔，在喷油嘴头部装有不锈钢薄壁护套，以减少喷油嘴与燃气的直接接触，选用的与博世泵匹配的喷油器均为多孔直喷喷油器，开启压力均为 22.5±0.5MPa。

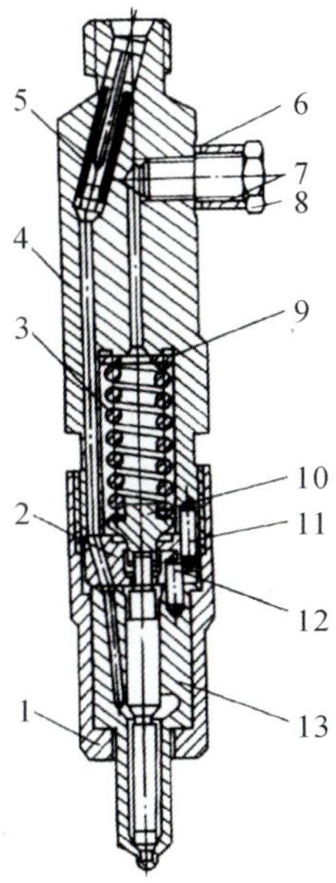

1—油嘴头固定螺帽；2—中间垫块；3—弹簧；4—喷油器体；5—细滤器；6—密封垫；7—油管接头；8—紧固螺母；9—调整垫；10—中间轴；11—圆柱销；12—定位销；13—针阀偶件

图 13-4　F6L912G 型柴油机喷油器

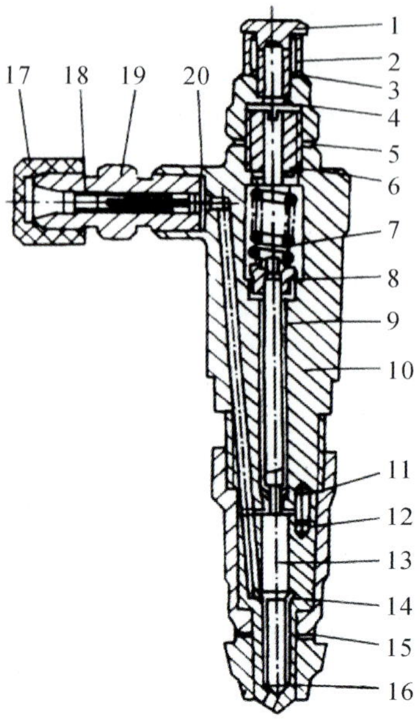

1—回油管接头螺栓；2—胶木护套；3—衬套；4—调压螺钉锁帽；5—垫圈；6—调压螺钉；7—调压弹簧；8—弹簧座；9—顶杆；10—喷油器体；11—定位销；12—喷油嘴固定螺套；13—针阀；14—针阀体；15—调整垫片；16—铜锥体；17—护帽；18—缝隙滤芯；19—进油管接头；20—垫圈

图 13-5 WD615.67 型发动机喷油器

第二节 喷 油 泵

一、喷油泵的作用和分类

喷油泵（高压油泵）的作用是根据柴油机的不同工况，定时、定量地向喷油器输送高压燃油。多缸柴油机的喷油泵应保证各缸的供油顺序与柴油机的工作顺序相对应；各缸供油间隔角度偏差不大于1°～2°；各缸供油量应均匀一致，不均匀度在额定工况下不大于3%～4%。为避免喷油器工作时的滴油现象，喷油泵必须保证供油及时、停油干脆。

喷油泵和燃油供给系统有许多种，目前常见的喷油泵按工作原理的不同有以下几种：

- 喷油泵
  - 柱塞式喷油泵（直列式喷油泵）
    - 分列式喷油泵
    - 合成式喷油泵
      - 整体式喷油泵
      - 上下分体式喷油泵
  - 分配式喷油泵
    - 转子式分配泵
    - 单拧塞分配泵
  - 喷油泵—喷油器
  - PT 燃油系统

（一）分列式喷油泵

分列式喷油泵总成特点是不带凸轮轴，由柴油机凸轮轴驱动，一般用于单缸或双缸柴油机上。因泵体的刚度好，能承受很高的泵端压力，可以减小高压系统中的有害容积。因此，喷油压力峰值可达100MPa，最高可达150MPa，明显高于合成式喷油泵。功率面盖广，单缸功率最小可达1kW，最大可达1000kW。

（二）合成式喷油泵

合成式喷油泵带有凸轮轴，柱塞直列，柱塞数目与柴油缸数相同。按大小可分为不同尺寸系列，其主要参数见表13-1。

1. 整体式

A、B、AD（AW）、ZW为泵体开有侧窗式，而MW、P、P7、P9、BQ为整体全封闭式，有利于增强泵体强度与喷油速率。

2. 上下分体式

我国自行设计的Ⅰ、Ⅱ、Ⅲ型泵为上下分体式。

（三）分配泵

分配泵主要用于中、小型高速柴油机上，与直列泵相比具有外形尺寸小，质量轻，噪声低等优点。

（四）PT泵

PT燃油系统的基本原理是根据燃油泵输出压力和喷油器进油时间对进油量的影响来控制循环供油量，以满足柴油机不同工况的需要。系统的调节要素是压力（pressure）和时间（time）两个因素。

表13-1　合成式系列喷油泵主要参数表

喷油泵	系列代号	凸轮升程（mm）	分泵中心距（mm）	柱塞直径范围（mm）	最大供油量范围（mm/循环）	分泵数	最大使用转速（r/min）	适用柴油机缸径范围（mm）
国产	Ⅰ	7	25	7～8.5	60～150	1～12	1500	105以下
	Ⅱ	8	32	7～10	8～150	2～12	1200	105～135
	Ⅲ	10	38	9～13	250～330	2～8	1000	105～135
	A	8	32	5～9.5	60～150	2～12	1400	140～160
	B	10	40	8～10	130～225	2～12	1000	105～135
	P	10	35	8～13	130～475	4～8	1500	130～150
	Z	12	45	10～13	300～600	2～8	900	12～0160
	M	7		5～7	65	3，4		150～180

续表

喷油泵	系列代号	凸轮升程（mm）	分泵中心距（mm）	柱塞直径范围（mm）	最大供油量范围（mm/循环）	分泵数	最大使用转速（r/min）	适用柴油机缸径范围（mm）
博世	A	8	24	5～9.5	130	2～12		
	P7	10	32	7～11	230	4，6，8，10，12		
	P	10	35	7～13	415	4～12		
	ZW	12	45	14～16	700	4～12		
	P9	15	45	12～18	1200	4，6，8		
	CW	15	65	15～22	2100	6～10		

二、B 型喷油泵

（一）咬泵的组成

ZL—50 装载机用 6135K—9a 柴油机采用 B 型喷油泵，由柴油机曲轴经正时齿轮驱动。喷油泵凸轮轴和驱动轴用联轴器连接，调速器装在喷油泵的后端，如图 13-6 所示。

1. 泵体

为整体式，中间有水平隔壁分成上室和下室两部分，上室安装分泵和油量控制机构，下室安装传动机构并装有机油。

上室有安装柱塞套的垂直孔，中间开有横向低压油道，使各柱塞套与周围的环形油腔互相连通。油道一端安装进油管接头，上室正面两端分别设有放气螺钉，需要时，可放出低压油道内的空气。

中间水平隔壁上有垂直孔，用于安装滚轮传动部件。在下室内存放润滑油以润滑传动机构，正面设有机油尺和安装输油泵的凸缘，输油泵由凸轮轴上的偏心轮驱动。上室正面设有检视口，打开检视口盖，可以检查和调整供油间隔角、供油量和供油均匀性。

2. 分泵

分泵个数与汽缸数相等，各分泵的结构相同。主要包括柱套和柱塞、柱塞弹簧及弹簧座、出油阀和出油阀座、出油阀弹簧和出油阀压紧座等。

柱塞弹簧上端通过弹簧上座顶在泵体上，下端通过下座卡在柱塞下端锥形体上。柱塞弹簧使柱塞推着滚轮传动部件始终紧在凸轮上。

柱塞套和柱塞是一对精密配合偶件，其配合间隙约为 0.0015～0.0025mm，配对后的柱塞偶件不可互换，柱塞上部的圆柱表面铣有用于调节供油量的螺旋形斜槽，以及连通泵油腔和斜槽的轴向直槽（图 13-7）。柱塞中部切有浅环槽，以储存少量柴油，有利润滑。柱塞下部有两个凸耳，卡在油量控制套筒的槽内，使柱塞可随着油量控制套筒一起转动。柱塞套装入泵体座孔中。柱塞套上有两个油孔与泵体的低压的腔相通，为防止柱塞套在泵体内转动，用定位螺钉定位。

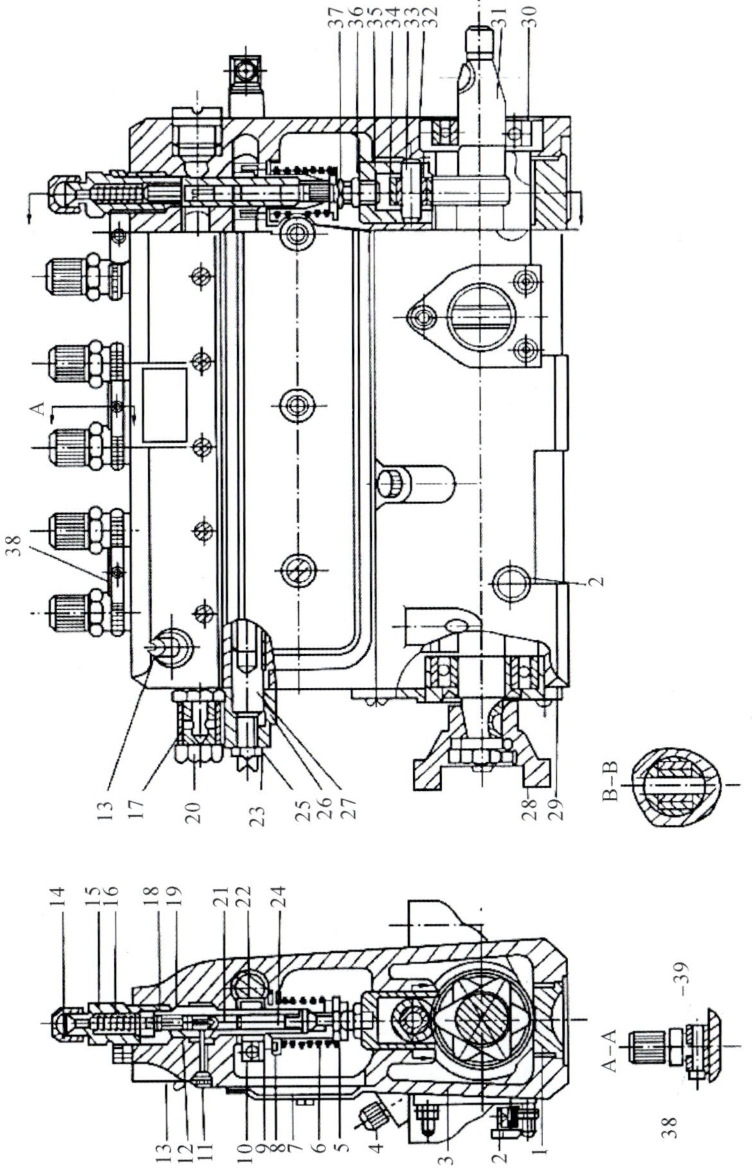

1—螺塞；2—放油螺塞；3—泵体；4—油尺；5—弹簧下座；6—柱塞弹簧；7—检视口盖；8—弹簧上座；9—油量控制套筒；10—锁紧螺钉；11—柱塞套定位螺钉；12—出油阀座；13—放气螺钉；14—护帽；15—出油阀压紧座；16—出油阀弹簧；17—防污圈；18—出油阀；19—高压密封垫圈；20—进油管接头；21—柱塞套；22—调节齿圈；23—锁紧帽；24—柱塞；25—最大供油量限制螺钉；26—螺套；27—调节齿杆；28—从动盘凸缘；29—轴承盖；30—滚动轴承；31—凸轮轴；32—衬套；33—滚轮销；34—滚轮；35—滚轮体；36—锁紧螺母；37—调整螺钉；38、39—夹板

图 13-6　B 型泵剖面图

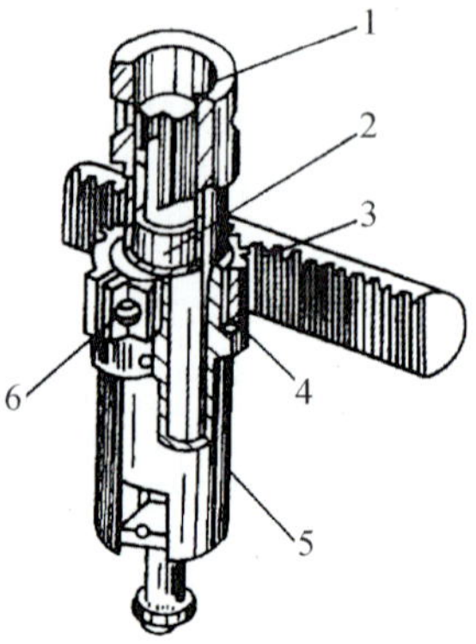

1—柱塞套；2—柱塞；3—调节齿杆；4—调节齿轮；5—油量控制套；6—固定螺钉

图 13-7 齿杆式油量控制机构

出油阀和出油阀座也是一副精密偶件（图 13-8），阀与阀座孔经配对研磨，其配合间隙约为 0.01mm左右，配对后的出油阀偶件不可互换。出油阀偶件是个单向阀，如图 13-8 所示。出油阀的圆锥面是密封面，以防高压油管内的柴油倒入喷油泵的低压油腔。中部的圆柱面称为减压环带，其作用是使喷油泵停油干脆，而且能使高压油管内保持一定的剩余油压，以便下次开始供油及时准确，避免喷油器出现滴油现象。出油阀下部是十字形断面，既能导向，又能通过柴油。

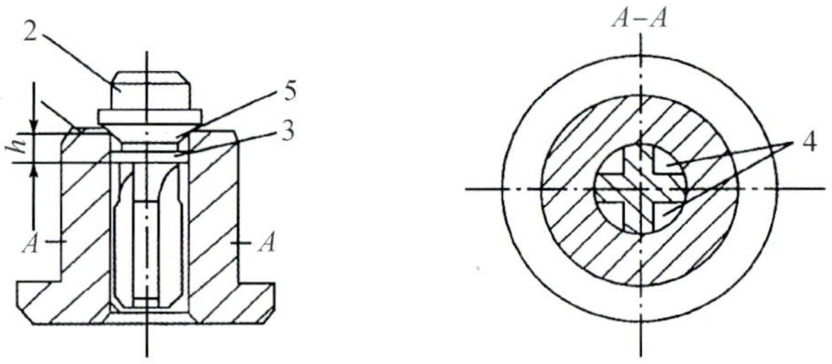

1—出油阀座；2—出油阀；3—减压环带；4—切槽；5—密封锥面

图 13-8 出油阀偶件

出油阀偶件位于柱塞套上面，二者接触平面要求密封。当拧入压紧座时，通过高压密封垫圈将出油阀座与柱塞套压紧，同时使出油弹簧将出油阀紧压在座上。

出油阀的密封装置有两个：一个是出油阀座与出油阀压紧座之间的高压密封铜垫圈，以防高压油漏出；另一个是出油阀压紧座与泵体之间的低压密封橡胶圈，用于防止低压油腔漏油。

3. 油量控制机构

B 型泵采用齿杆式油量控制机构，主要由油量控制套筒、两节齿轮和调节齿杆组成，如图 13-7 所示。柱塞下端的凸耳嵌入的量控制套筒的切槽中，油量控制套筒松套在柱塞套下部，在油量控制套筒上部套装有两节齿轮，用螺钉锁紧，各分泵的调节齿轮与同一两节齿杆相啮合，调节齿杆的一端与调速拉杆相连，当拉动调速器手柄时，调节齿杆便带动各缸调节齿轮，连同油量控制套筒使柱塞相对于固定不动的柱塞套转动一个角度，从而改变了柱塞螺旋斜槽与柱塞套上进油孔的相对位置，使供油量得到调节。为限制喷油泵最大供油量，在泵体前端装有最大供油量限制螺钉，拧出或拧进此螺钉，可以改变调节齿杆最大冲程，最大供油量限制螺钉在喷油泵出厂时已调试好，一般不要自行调整。

齿杆式油量控制机构的特点：传动平稳、工作可靠，但制造困难、成本高、维修不便。

4. 驱动机构

用于驱动喷油泵，并调整供油提前角，由凸轮轴、滚轮传动部件等组成。凸轮轴支承在两端的圆轴承上，其前装有联轴器，后端与调速器相连，为保证在相当于一个工作循环的曲轴转角内，各面部喷油一次，四冲程柴油机的喷油泵凸轮轴的转速应等于曲轴转速的 1/2、凸轮轴上的各个凸轮的相对位置，必须符合所要求的多缸内燃机工作顺序。

滚轮传动部件由滚轮体、滚轮、滚轮销、调整螺钉、锁紧螺母等组成，如图 13-9 所示：其高度采用螺钉调节，滚轮销长度大于滚轮体直径，卡在泵体上的滚轮传动部件导向孔的直槽中，使滚轮体只能上下移动，不能轴向转动。

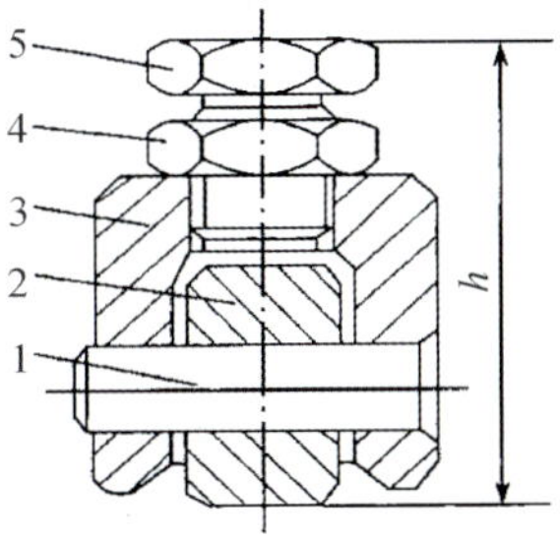

1—滚轮销；2—滚轮；3—滚轮体；4—锁紧螺母；5—调整螺钉

图 13-9　滚轮传动部件

（二）喷油泵的工作原理

当凸轮轴旋转时，凸轮按柴油机的工作顺序顶动滚轮传动部件压缩柱塞弹簧，推动柱塞上行，而柱塞弹簧的伸张使柱塞下行，柱塞的上下运动实现进油、压油、停止供油，如图 13-10 所示。

1. 进油

当柱塞下移到两个油孔同柱塞上面的泵油腔相通时［图 13-10（1)］，从输油泵经滤清器压送来的柴油自低压油腔的油孔被吸入并充满泵油腔。

2. 压油

当柱塞自下止点上移的过程中，起初有一部分柴油又从泵油腔被挤回低压油腔，直到柱塞上部的圆柱面将油孔完全封闭时为止。此后，柱塞继续上行［图 13-10（2)］柱塞上部油压迅速升高，当压力升高到足以克服出油阀弹簧的张力时，出油阀即开始上升；当出油阀上的减压环带离开出油阀座时，高压柴油便自泵油腔通过高压油管向喷油器供油。

3. 停止供油

柱塞继续上移，当斜槽和油孔开始接通时［图 13-10（3)］，也就是泵油腔和低压油腔接通，泵油腔内的柴油便经柱塞中的孔道、斜槽和油孔流回低压油腔。这时泵油腔中油压迅速下降，出油阀在弹簧张力作用下立即回位，喷油泵供油停止。此后柱塞仍继续上行。直到上止点为止，但不再泵油。

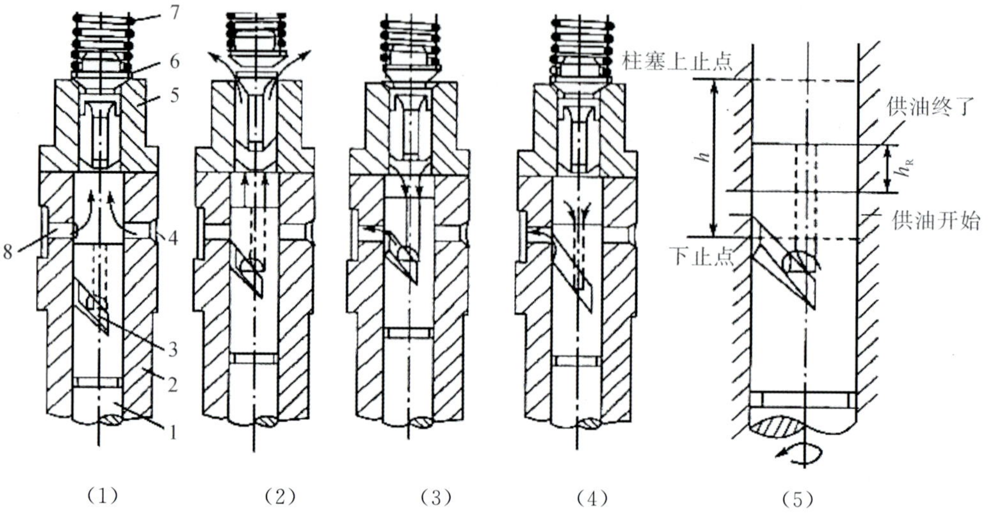

1—柱塞；2—柱塞套；3—斜槽；4、8—油孔；5—出油阀座；6—出油阀；7—出油阀弹簧

图 13-10 柱塞式喷油泵工作原理

(1) 喷油泵进油时刻；(2) 喷油泵压油时刻；(3) 喷油泵停止供油；(4) 喷油泵止点时刻；(5) 喷油泵截面图

三、Ⅱ号喷油泵

Ⅰ、Ⅱ、Ⅲ喷油泵的结构特点基本类似，下面以部分 ZL—50 装载机用 135 系列柴油机所用的Ⅱ号喷油泵为例来介绍喷油泵的特点和工作原理。

(一) 柱塞

Ⅱ号喷油泵柱塞表面铣有与轴线成 50°夹角的斜槽。柱塞中部开有浅环槽，以便储存少量柴油，供柱塞副润滑用。柱塞尾端和调节臂压配，压配时应保证一定的相对位置（图 13-11），以免影响喷油泵正确的供油量。柱塞套上有两个径向油孔，它们与泵体内的低压油腔相通。为保证柱塞的正确安装位置和防止转

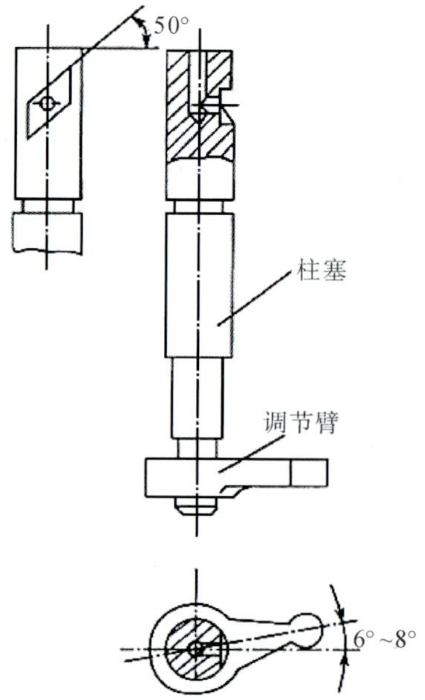

图 13-11 Ⅱ号泵柱塞与调节臂的装配位置

动，柱塞套用定位螺钉定位。喷油泵柱塞斜槽以上的密封段高度较小，密封表面稍有磨损后就不易密封而使油压下降，因此，柱塞及柱塞套的使用寿命较短。

（二）油量控制机构

Ⅱ号喷油泵采用结构简单、制造容易的拨叉式油量控制机构，如图 13-12 所示。它由拉杆、调节叉、调节臂及油门拉板等零件组成，柱塞尾端压配的调节臂的球面端头插入调节叉的凹槽内，调节叉用螺钉固定在拉杆上，当移动拉杆时，就可通过调节叉及调节臂来转动各分泵的柱塞，从而改变供油量。为防止拉杆在支承孔内转动，保证调节叉凹槽与柱塞平行，在拉杆上铣成平面与调节叉相配。当各分泵供油量不均匀时，可松开相应的调节叉，并按需要的方向将调节叉在拉杆上移动一定的距离，当分泵的柱塞转动了一定的角度，分泵的供油量就得到了调整。

Ⅱ号喷油泵拉杆直径为 10mm，实践证明其刚性较差，因而拉杆易抖动，这是造成游车的原因之一（游车：内燃机转速不稳定，表现为忽高忽低现象）。同时，由于拉杆的全冲程较短（13mm），此值比同类型喷油泵小，又由于柱塞斜横角度较大（50°），因此油量的变化相对于拉杆冲程和柱塞转角的变化较为敏感，致使供油量均匀性的调整较为困难。

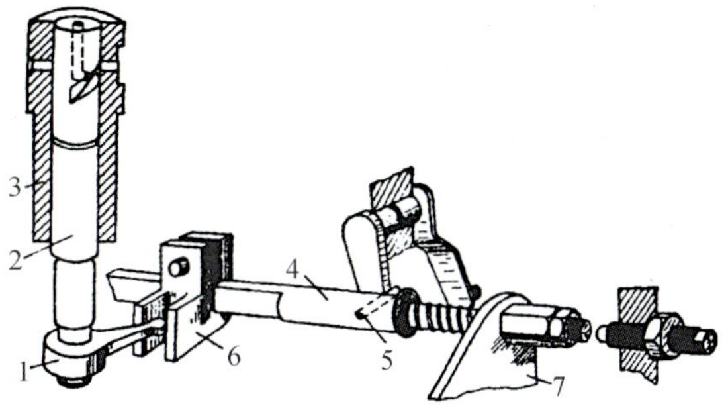

1—调节臂；2—柱塞，3—柱塞套；4—拉杆；5—停油销子；6—调节叉；7—油门拉板

图 13-12　Ⅱ号喷油泵的拨叉式油量控制机构

（三）滚轮体

滚轮体部件在凸轮轴驱动下作上下移动，并使柱塞随之移动，如图 13-13 所示。滚轮体上开有纵向长槽与定位螺钉相配合，使滚轮体仅能作上下移动而不能转动。

柴油机供油提前角及各缸供油间隔均匀性是否符合规定，对柴油机的工作性能有很大影响。因此，在安装调整喷油泵时必须符合规定。基于上述原因，当凸轮及滚轮磨损后应作适当的调整。

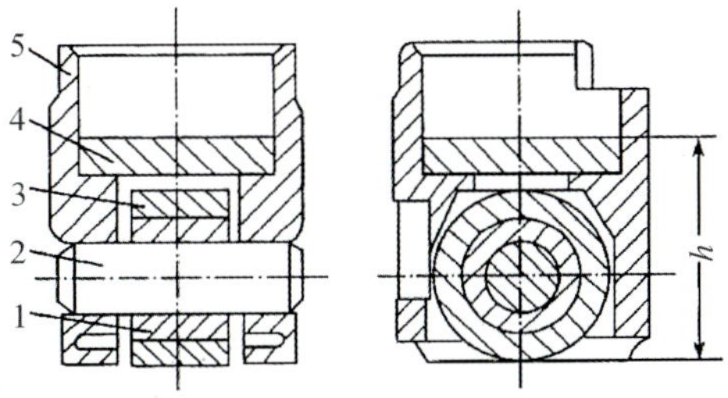

1—滚轮套；2—滚轮轴；3—滚轮；4—调整垫块；5—滚轮体

图 13-13　配油泵轮体部件

四、P 型喷油泵

WD615 型系列柴油机采用的是博世 P 型喷油泵。P 型喷油泵工作原理与 B 型泵基本相同。P 型喷油泵

是强化型直列式喷油泵。

P 型喷油泵具有较高的强度和刚度，能够承受较高的泵端压力。喷油泵采用强制润滑，泵体上设有润滑油供油孔，凸轮室内润滑油面由回流口位置保证，喷油泵与调速器之间没有油封，两者相通，泵底各部分用底盖板密封。

P 型喷油泵的泵油系统采用预装悬挂式结构，柱塞会悬挂在法兰套内，由压入法兰套上的定位销定位。柱塞偶件、出油阀偶件、出油阀弹簧、减容体和出油阀垫片由出油阀压紧座固定在法兰套内，坚硬的挡油圈由卡环固定在柱塞套的进回油孔处，防止燃油喷射结束时逆流冲油泵体。泵油系统作为一个整体，悬挂在泵体安装孔内，由螺栓固定。低压密封采用 O 形密封圈，法兰套开有腰型孔，可以在 10°范围内转动柱塞套以调整各分泵油量均匀度。用法兰套与泵体之间的垫片来调整供油预冲程和各分泵供油间隔角度，以保证凸轮型线在最佳工作段上。

（一）P 型喷油泵油量调节机构

油量调节机构主要由角型供油拉杆与油量控制套筒组成，如图 13-14 所示。角型供油拉杆是通过拉杆衬套安装在泵体上，套在柱塞套外圈上的油量控制套筒上的钢球与供油拉杆方槽啮合。柱塞下端的扇型块嵌在油量控制套筒的下部槽内，拉动供油拉杆，通过油量控制套筒带动柱塞转动，从而改变了柱塞与柱塞套的相对位置，达到改变供油量的目的。

（二）P 型泵增压补偿器

增压补偿器又称冒烟限制器。装有增压器的柴油机用于工程机械后，若加大喷油泵的供油量，可以提高柴油机的标定功率。但低速时，增压器供气不足，进气压力较低，送至汽缸中的空气量减少，这时，如果供油量不变，则喷入汽缸中的燃油不能得到充分燃烧，使油耗增加，排气冒黑烟。为此，在喷油泵上加装冒烟限制器（图 13-15），它能使喷油泵在低速时适当地减少供油量，从而使喷入汽缸的燃油充分燃烧。

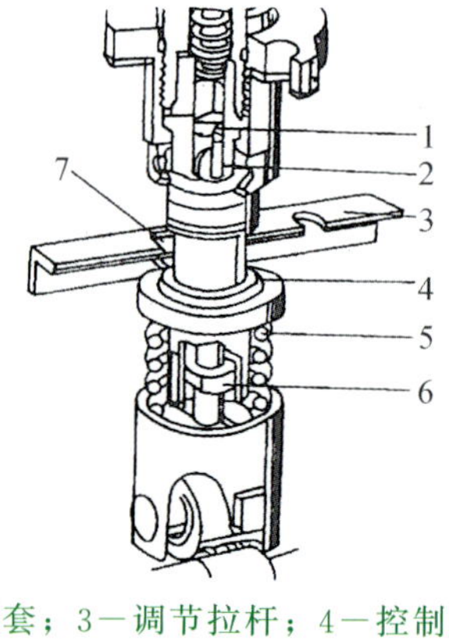

1—柱塞；2—柱塞套；3—调节拉杆；4—控制套筒；
5—柱塞回位弹簧；6—柱塞调节臂；7—钢球

图 13-14　P 型喷油泵油量调节机构

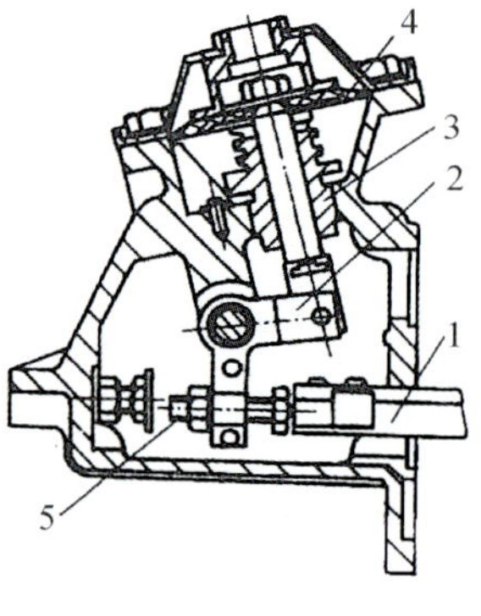

1—供油拉杆；2—弯角摇杆；3—导向套；
4—膜片；5—限位螺钉

图 13-15　P 型泵增压补偿器

（三）冒烟限制器的结构与工作原理

启动时将调速器负荷手柄置于最大负荷位置，把冒烟限制器轴置于启动位置，如图 13-16 所示。这时供油拉杆移到启动油量位置，并与启动限位螺钉接触。自动结束后，供油拉杆在调速器的作用下，向减油方向移动，移动拉杆在回位弹簧的作用下退回原始位置，如图 13-17 所示。

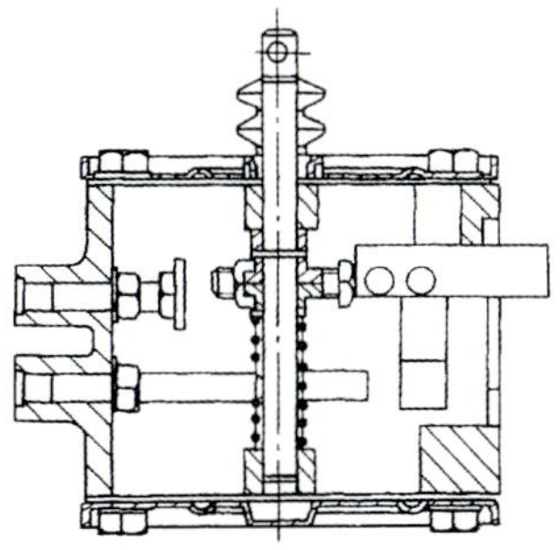

图 13-16　增压补偿器在启动位置

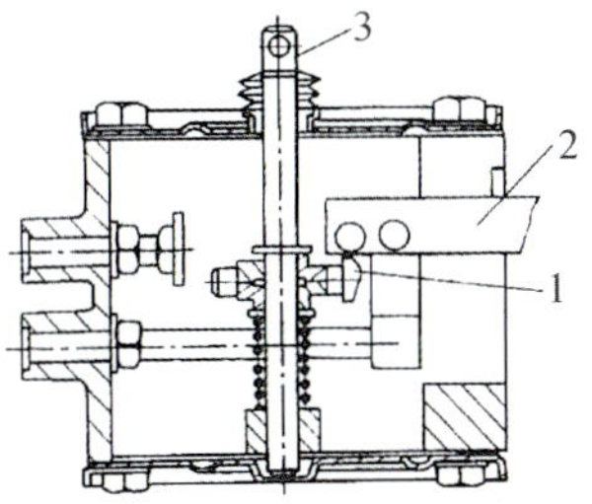

1—限位螺钉；2—供油拉杆；3—移动轴

图 13-17　增补信器在启动后

柴油机启动后，由于柴油机转速较低，增压供气不足，来自进气歧管中的空气进入冒烟限制器膜片的上方空间，所产生的压力不能将弹簧压缩，使供油拉杆不能前移，如图 13-18 所示。

随着柴油机转速的升高，增压器的供气量增加，增压压力增大。当增压压力达到一定值时，膜片上方的压缩空气产生的压力，开始推动弹簧下移，如图 13-19 所示。通过杆件作用，供油拉杆向增油方向移动。转速继续升高，增压压力达到另一值时，与角接杆上的限位螺钉与满载限位螺钉接触，供油拉杆达到全负荷位置。转速再升高，由于限位螺钉的作用，使膜片不能下移。

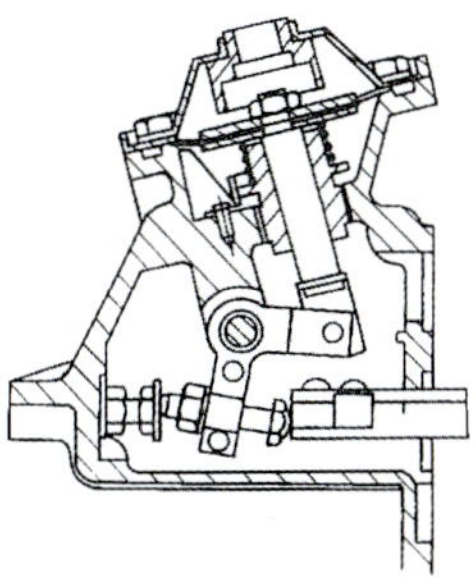

图 13-18　增压器气压低时

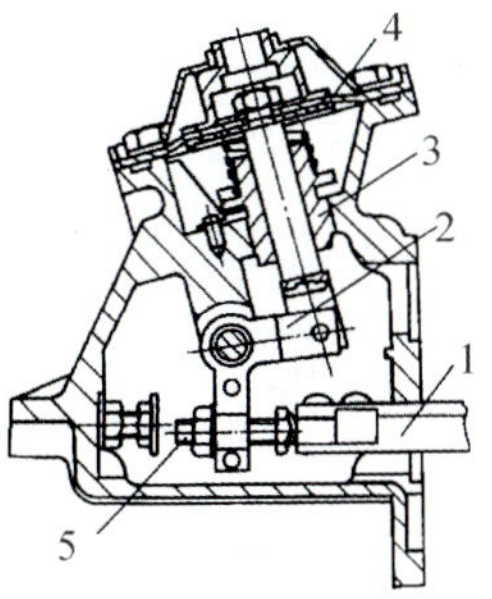

1—供油拉杆；2—弯角摇杆；3—导向套；4—膜片；5—限位螺钉

图 13-19 增压器气压高时

五、FM 泵

WD615 型系列柴法机除采用博世 P 型喷油泵外，还可采用奥地利 FM 公司生产的 P7 泵，又称 FM 泵。

FM 泵结构与博世 P 型泵相同，也是采用箱式全封闭结构，柱塞与出油阀装在法兰套筒内并整悬置在泵体上。只是 P 型泵柱塞的进、回油孔在同一高度上，而 FM 泵则在不同的高度位置。此外，博世泵与 FM 泵的驱动凸轮型线不同，柱塞直径不同，因而两种泵的供油规律和喷油速率略有不同。为保证同一台柴油机采用不同厂牌喷油泵时，其性能基本一致，同一台柴油机采用博世泵和 FM 泵时，其供油提前角略有不同，博世泵为 18°～20°，FM 泵为 13°～15°。

FM 喷油泵油量控制机构为齿杆式，泵的其他部分及外部校准与博世 P 型泵相似。

FM 喷油泵柱塞偶件的特点主要有四个方面：①柱塞直径大于 8mm，在控制斜槽对面开有第二道斜槽，使柱塞在液体压力下保持径向平衡，减少了柱塞与套筒的磨损；②柱率套上的进油孔、出油孔彼此相对而错开，使得回油时所压出的带有气泡的燃油不会被重新吸入偶件内，从而得到精确的供油量；③在柱塞控制斜槽下面开有一道狭窄的环形槽，可使柱塞漏下的燃油与进油口连通，以免燃油进入润滑油腔而影响机油黏度；④柱塞上开有启动槽，使柴油机启动容易。

FM 型喷油泵出油阀有高低座两种，如图 13-20 所示，低座结构优于传统的高座出油阀，较大的减压环可降低减压容积和出油阀升程。较小的阀座可降低弹簧力或增加升起压力，在出油阀关闭时，对在减压环下燃油受阻起一个缓冲作用，减小了落座应力。当其他条件相同时，低座出油阀的油管压力可能降至零以下，从而减小了穴蚀情况的发生。但低座出油阀减压容积较难调节，在这种结构中，出油阀和阀弹簧应做成一个零件，且须进行辅助测试才能装人泵内，这是FM泵出油阀偶件的特点。

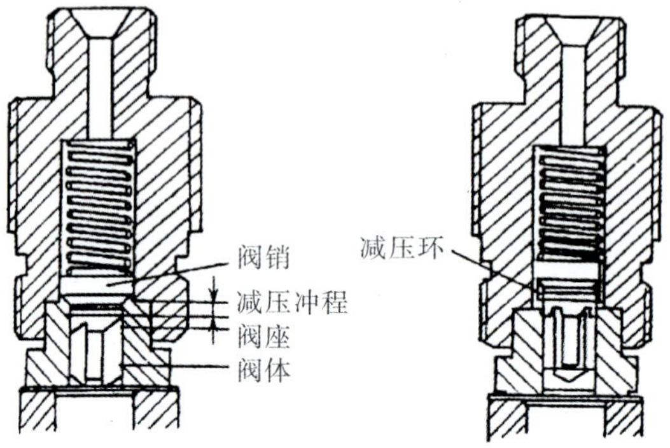

高座出油阀

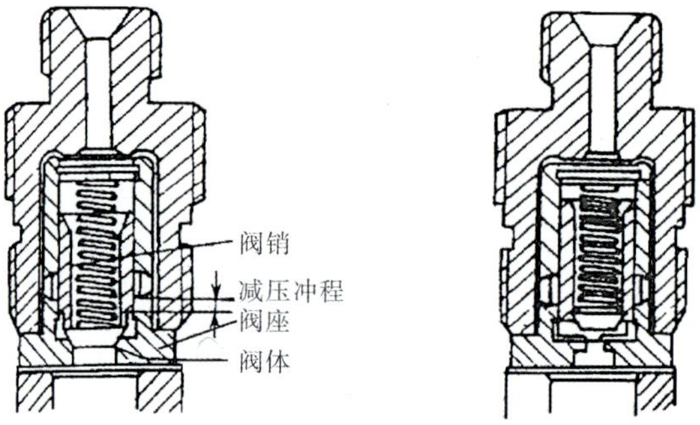

低座出油阀

图 13-20　高、低座出油阀

六、A型喷油泵

A型喷油泵总成是国际上通用的一种系列产品，也是国内中小型柴油机使用最为广泛的柱塞式喷油泵。

F6L912G、EQ6BT5.9型柴油机选用A型喷油泵。在结构和工作原理上与B型喷油泵基本相同，油量调节机构为齿杆式，A型油泵泵体为整体式，由铝合金铸成，侧面有检查窗口，泵体中有纵向油道与柱塞套外围的低压油室相通。

七、VE型分配泵

与柱塞式喷油泵相比，VE型分配泵具有结构简单，质量小，工作可靠，易于维修，供油均匀性好，不需对各缸供油量和供油定时进行调节等特点。此外分配泵的凸轮升程小，有利于柴油机转速性能的提高。部分EQ6BT5.9柴油机采BoachVE型分配泵。

（一）VE型分配泵的结构

VE型分配泵主要由驱动机构、二级滑片式输油泵、高压泵、电磁式断油阀、液压式喷油提前器和调速器等组成（图 13-21）。其中，二级滑片式输油泵的功用是将柴油从柴油箱中吸入到分配泵油腔内，并控制最大输油压力。高压泵的功用是使低压柴油增压，并将其分配到各个汽缸。电磁式断油阀的功用是切断柴油的输送，从而使柴油机停转。液压式喷油提前器的功用是根据柴油机运转情况的变化来自动调节供油时间。调速器是根据柴油机载荷的变化来自动调节供油量。

VE 型分配泵如图 13-21 所示，二级滑片式输油泵由驱动轴来驱动，并带动两调器轴旋转。而驱动轴的右端与平面凸轮盘相连接，并通过其上的传动销带动分配柱塞，使其在柱塞弹簧的作用下被压紧在平面凸轮盘上，同时使凸轮盘压紧滚轮。

当驱动轴旋转时，平面凸轮盘和分配柱塞与其同步旋转，并在平面凸轮弹簧和滚轮的共同作用下，凸轮盘带动分配柱塞在柱塞套内做往复运动。在这一过程中，旋转运动使柴油进行合理分配，往复运动使柴油增压。

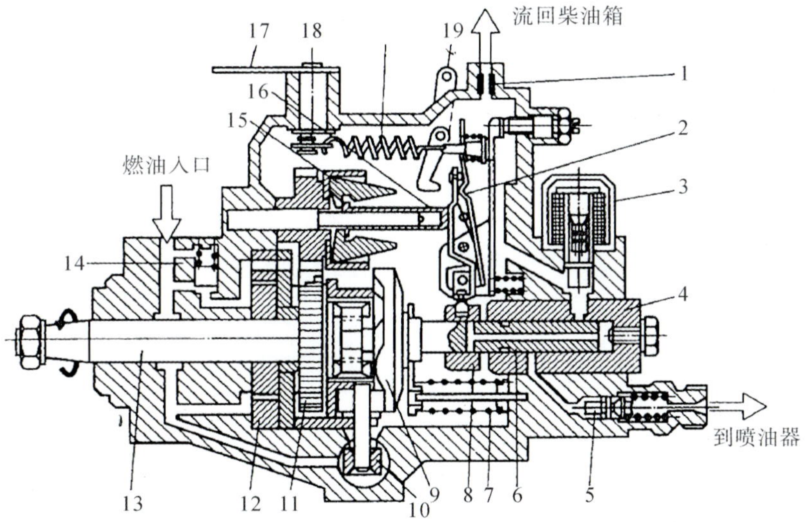

1—溢流节流孔；2—调速器张力杠杆；3—断油阀；4—柱塞套；5—出油阀；6—分配柱塞；7—柱塞弹簧；8—油量调节套筒；9—平面凸轮盘；10—液压式喷油提前器；11—调速器驱动齿轮；12—二级滑片式输油泵；13—驱动轴；14—调压阀；15—飞锤；16—调整套筒；17—调整手柄；18—调整弹簧；19—停车手柄

图 13-21　VE 型分配泵

（二）VE 型分配泵的工作原理

1. 进油过程

如图 13-22（1）所示。当平面凸轮盘的凹下部分转到与滚轮相接触时，分配柱塞在柱塞弹簧的作用下从右向左移至下止点位置。此时，分配柱塞上部的进油槽与柱塞套上的进油孔相通，柴油经开启的断油阀进入柱塞腔内。

2. 泵油过程

如图 13-22（2）所示。当平面凸轮盘转动到凸起部分与滚轮相接触时，分配柱塞从左向右移动而将进油孔关闭，使柱塞腔内的柴油增压。此时，分配柱塞上的燃油分配孔与柱塞套上的出油孔相通，于是高压柴油经依次打开的分配油道进入喷油器，再喷入各缸的燃烧室内。

3. 停油过程

如图 13-22（3）所示。在平面凸轮盘的推动下，分配柱塞继续右移，直至柱塞上的泄油孔被油量调节套筒开启，并与喷油泵体内腔相通时，柱塞腔上方的高压柴油经中心油孔和泄油孔流入喷油泵体内腔，使柱塞腔内柴油压力急剧下降。此时，出油阀在出油阀弹簧的作用下迅速关闭，供油结束。

4. 压力均衡过程

如图 13-22（4）所示。当某一汽缸供油结束后，柱塞转动直至其上的压力平衡槽与相应汽缸的分配油道相连通，这样会使分配油道内的前压和喷油泵体内腔的油压趋于均衡。如此，在柱塞旋转过程中，压力平衡槽与各缸的分配油道逐一相通，可使各分配油道内的油压在喷射前趋于一致，从而保证各缸供油的均匀性。

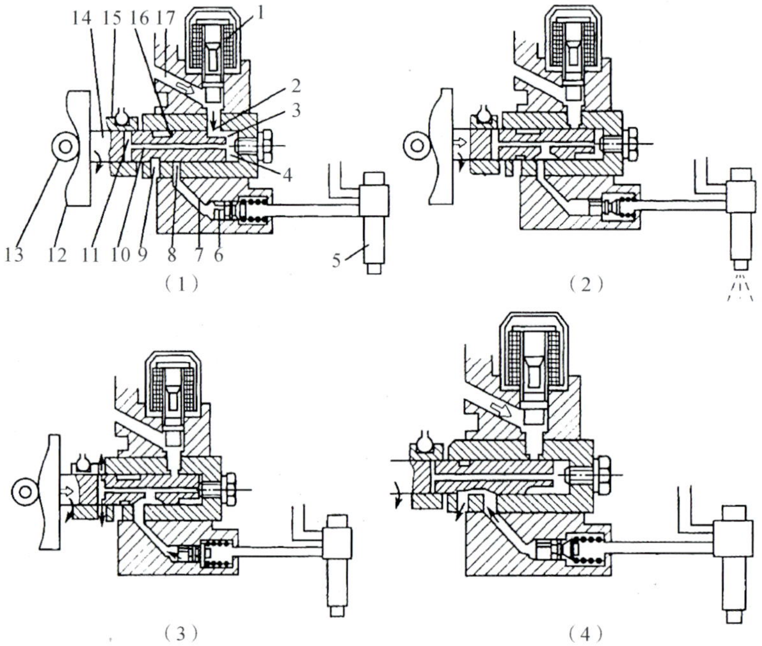

1—断油阀；2—进油孔；3—柱塞套；4—柱塞腔；5—喷油腔；6—出油阀；7—分配油道；8—出油孔；9—压力平衡孔；10—中心油孔；11—泄油孔；12—平面凸轮盘；13—滚轮；14—分配柱塞；15—油量调节套筒；16—压力平衡槽；17—进油道

图 13-22 VE 型分配泵的工作原理

（1）进油过程；（2）泵油过程；（3）停油过程；（4）压力均衡过程

第三节 喷油泵的驱动与供油正时

一、喷油泵的驱动

如图 13-23 所示，喷油泵是由柴油机曲轴前端的正时齿轮，通过一组齿轮来驱动的。喷油泵驱动齿轮和中间齿轮上都刻有正时啮合记号，必须对准记号安装才能保证喷油泵供油正时。

喷油泵通常是靠底部定位并安装在托板上，用联轴器把驱动齿轮和喷油泵的凸轮轴连接起来。有的柴油机在其间串联了空气压缩机和供油提前角自动调节器。

喷油正时是喷油泵调试完毕后在柴油机上安装时进行的，各处相应的正时标记都必须对准，才能保证喷油系统有正确的喷油时刻。

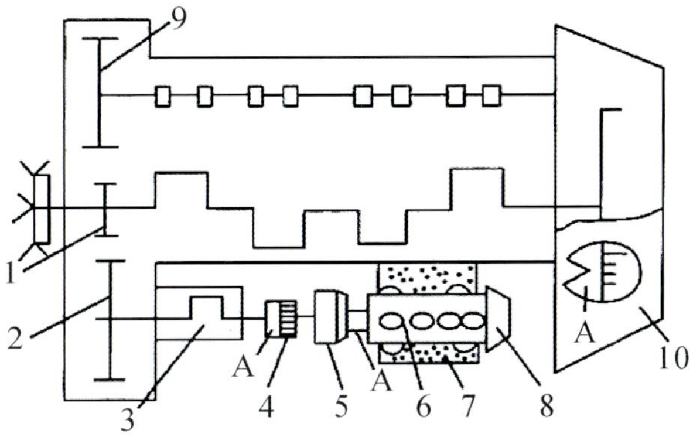

1—曲轴正时齿轮；2—喷油泵驱动齿轮；3—空气压缩机；4—联轴器；5—供油提前角自动调节器；
6—喷油泵；7—托板；8—调速器；9—配气机构驱动齿轮；10—飞轮上的喷油正时标记；A—各处正时标记

图 13-23　喷油泵的驱动与供油正时

二、供油提前角

所谓供油提前角足指喷油泵开始供油，到活塞移至上止点时的轴所转过的角度。最佳的供油提前角就在转速和供油量一定的条件下，能获得最大功率及最小耗油率的供油提前角。它不是一个常数，而是随柴油机的负荷（供油量）和转速而变化的。负荷越大、转速越高时，供油提前角应越大。此外，它还与内燃机的结构有关，当采用直接喷射燃烧室时，其最佳喷油提前角比采用分隔式燃烧室时要大些。

三、联轴器

（一）联轴器的作用

（1）弥补喷油泵安装时造成的喷油泵凸轮轴和驱动轴的同心度偏差。

（2）用小量的角位移调节供油提前角，以获得最佳的喷油提前角。

（二）联轴器的构成

图 13-24 所示为挠性片式联轴器，其挠性作用是通过两组圆形弹性钢片来实现的，靠其挠性可使驱动与凸轮轴在少量同心度偏差的情况下无声地传动。

两组圆形弹性钢片有所不同，前组钢片的内孔与主动连接叉紧固连接、外孔是两个弧形孔，用两个连接螺钉和驱动件连接，以便调整供油提前角的大小。后组钢片上对称地冲制四个圆孔，通过螺钉交叉与主、被动叉连接。

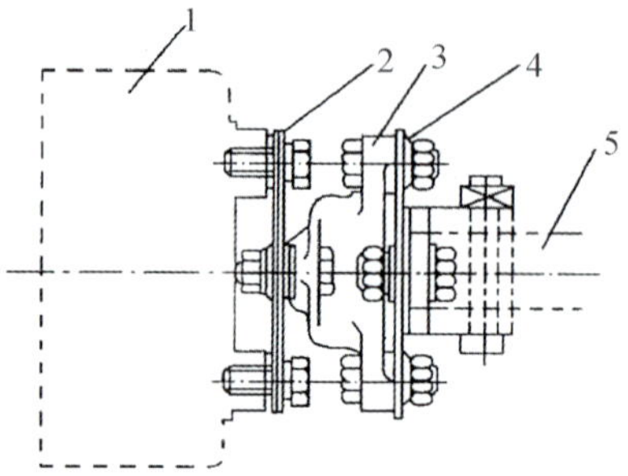

1—供油提前角自动调节器；2、4—弹簧钢片；3—连接叉；5—喷油泵凸轮轴

图 13-24 挠性片式联轴器

四、喷油泵的正时与联接

所谓喷油泵的正时，就是保证喷油泵对柴油机有正确的供油时刻。喷油泵在柴油机上安装时，为了保证其供油提前角正确，应按下述方法进行。

（1）转动曲轴，使第一缸活塞处于压缩冲程上止点前规定的供油开始位置（使飞轮上或皮带轮上的供油开始记号对正）。

（2）转动校验灯的喷油泵凸轮轴，使凸轮轴上的从动凸缘盘上的记号与泵体上的记号对正，即为第一缸分泵开始供油位置。

（3）将联轴器前组钢片上的两个弧形孔上的记号与供油提前角自动调节器上的相应记号对正，然后用两个螺钉将二者紧固联接（图 13-26）。

（4）启动柴油机试车。根据运转和排烟情况，若发现供油提前角有误差，可松开上述两个弧形孔上的连接螺钉进行调整。顺向转动凸轮轴供油提前角增大，反之减小。在使用过程中为了消除驱动件的磨损所造成的供油提前角的变化，也可通过联轴器的微调使供油提前角恢复正常。

五、供油提前角调节装置

柴油机是根据常用的某个工况（供油量和转速）范围的需要而确定一个喷油提前角（直接喷射燃烧室约为 28°～35°；分隔式燃烧室约为 15°～20°），在将喷油泵安装到柴油机上时即已调好（称为初始角）。显然，初始角仅在指定工况范围内才是最佳的。而车用柴油机的转速变化范围很大，要保证柴油机在整个工作转速范围内性能良好，就必须使供油提前角在初始角基础上随转速而变化。因此，车用柴油机几乎都装有供油提前角自动调节器。

喷油泵供油提前角的调整方法分单个调整和整体调整两种。

（一）单个调整

通过改变滚轮传动部件的高度来实现（图 13-13），滚轮传动部件高度增大，柱塞封闭柱塞套上进油孔的时刻提前，供油提前角增大；反之供油提前角减小。改变滚轮传动部件的高度只能调整单个分泵的供油提前角，因此，通过对各分泵的调整以达到多缸柴油机的各缸供油提前角一致，即各分泵供油间隔角一致。

B型泵滚轮传动部件的高度通过调整螺钉来调整，拧出调整螺钉，供油提前角增大；反之则减小（图13-9）。

（二）整体调整

1. 联轴器调整（人工调整）

通过联轴器的调整，从而改变喷油泵凸轮轴与柴油机曲轴的相对角位置来实现。

联轴器的结构如图13-25所示。它由装在喷油泵凸轮轴上的从动凸缘盘（具有两个凸块 *a*）、中间凸缘盘（具有两个凸块 *b*）、主动盘及夹布胶木盘等组成。以销钉将主动盘楔紧在传动轴上。中间凸缘盘用两个螺钉穿过主动盘的弧形孔，与传动轴上的主动盘连接。中间凸缘盘的凸块和从动凸缘盘的凸块分别插入夹布胶木盘的四个切口中。调整时，把两个螺钉松开，中间凸缘盘（和从动凸缘盘）就可以沿弧形孔相对于主动盘转过一定角度，这就同时改变了各缸的开始供油时刻即供油提前角。这种联轴器可以调整的角度约为30°。在中间凸缘盘和主动盘的外圆柱面上刻有表示角度数值的分度线。

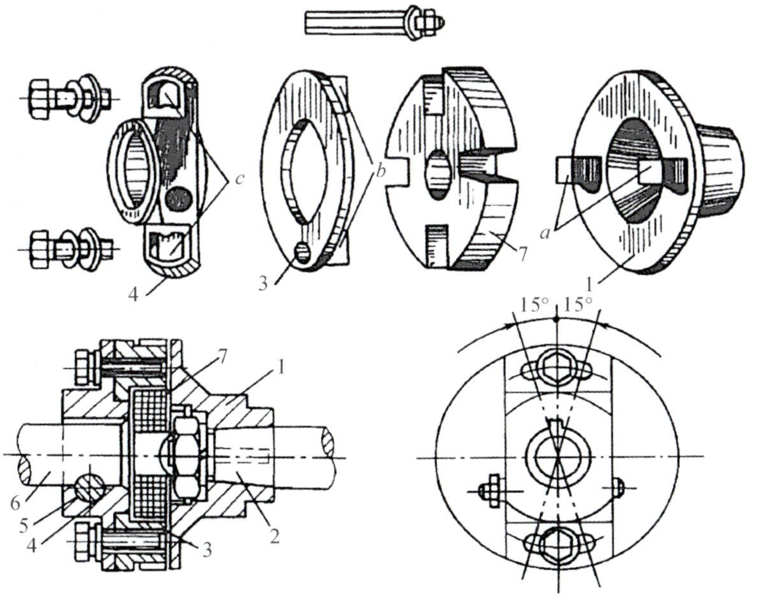

1—从动凸缘盘；2—凸轮轴；3—中间凸缘盘；4—主动盘；5—销钉；6—传动轴；7—夹布胶木盘

图13-25　喷油泵联轴器

2. 自动调节器调整（自动调整）

柴油机的最佳供油提前角是随循环供油量和柴油机转速变化的。循环供油量越多，转速越高，供油提前角应越大。为了使柴油机的供油提前角尽可能地接近最佳供油提前角，F6L912G型等柴油机在联轴器调整的基础上，还装有随转速变化的供油提前角自动调节器（简称调节器）。

F6L912G型等柴油机供油提前自动调节器为机械离心式，安装在喷油泵凸轮轴前端，通过联轴器与传动轴相连，如图13-26所示。

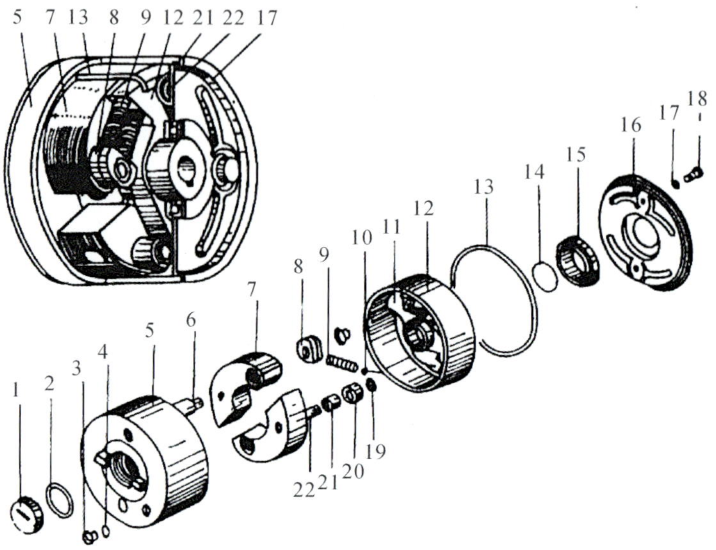

1—螺塞；2，4，17，19—垫圈；3—放油螺钉；5—驱动盘；6—销轴；7—飞块；8—弹簧座；
9—弹簧；10—调整垫片；11—从动臂；12—从动套臂；13—密封圈；14—油封弹簧；
15—油封；16—调节器盖；18—螺栓；20—滚轮；21—滚轮衬套；22—拨销

图 13-26 供油提前角自动调节器

调节器驱动盘也是联轴器从动盘。在驱动盘上有两根销轴，在每一销轴上套装一只飞块。飞块上压装有拨销，其上装有衬套和滚轮，从动盘由制成一体的从动臂和套臂组成，从动盘常用半圆键和螺母固装在凸轮轴前端。从动臂一侧靠在滚轮上，侧压在弹簧上，弹簧另一端顶在弹簧座上，弹簧座则套在套装飞块的销轴上，从动盘套臂的外圆面与驱动盘内圆面滑动配合，起定位作用。驱动盘圆孔用螺塞封闭，并装有放油螺塞。后端用装有油封和密封圈的盖封闭，盖用螺栓固定在两根销轴上，调节器内装有用来润滑的柴油机机油。

调节器的工作如图 13-27 所示。它在联轴器驱动下沿图中箭头方向旋转（在从动盘后端看），当调节器转速低于 400r/min 工作时，由于从动臂上弹簧张力大于飞块离心力，弹簧通过从动臂和滚轮拨销，使飞块在完全收拢位置（调节器不运转的位置），此时调节器不起增加供油提前角的作用，如图 13-27（1）所示。

当调节器转速高于 400r/min 时，从动臂上弹簧的张力小于飞块的离心力，飞块的拨销和滚轮一端向外张开，滚轮拨动从动臂压缩弹簧，使从动盘相对驱动盘向箭头方向转动一个角度，从而自动增大供油提前角。调节器转速在 400～1000r/min 范围内变化，调节器供油提前角增大的范围为 0～5°30′，它是在联轴器确定的供油提前角 19°的基础上增大的，总供油提前角在 19°～24°30′的范围内变化，如图 13-27（2）所示。

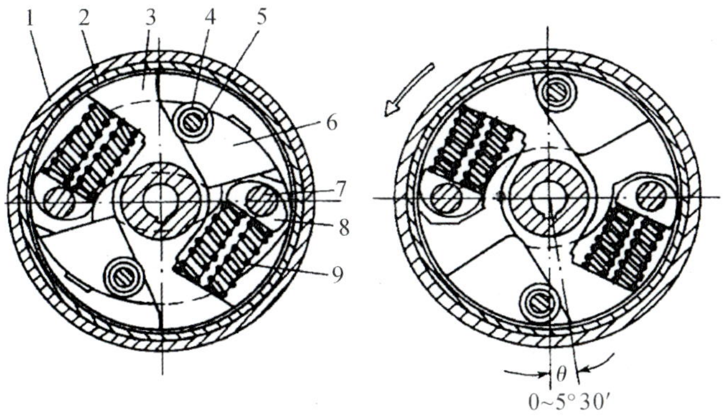

1—驱动器；2—从动套筋；3—从动臂；4—滚轮；5—拨梢；6—飞块；7—销轴；8—弹簧座；9—弹簧

图 13-27　供油提前角自动调节器工作原理

（1）调节器转速低于 4000r/min；（2）调节器转速处于 4000r/min～1000r/min。

第四节　柴油机燃料系统的功用和组成

柴油机燃料系统的功用是根据柴油机的不同工况和做功顺序要求，定时、定量地将一定压力的柴油按所需供油规律和质量要求喷入汽缸，使柴油与进入汽缸的空气混合燃烧，并将燃烧产生的废气排出。柴油机燃料系统如图 13-28 所示。

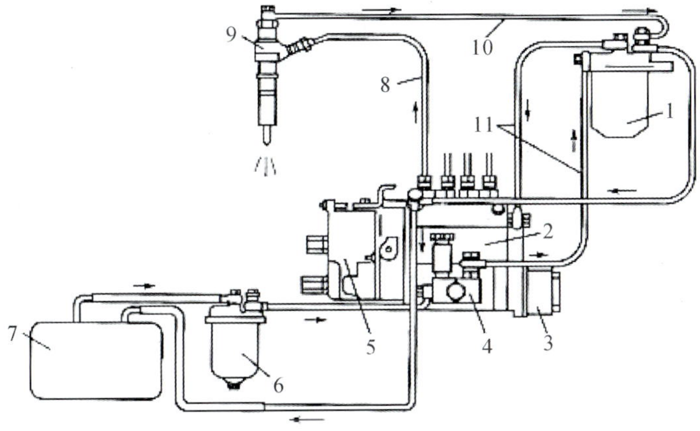

1—柴油细滤器；2—喷油泵；3—喷油提前器；4—输油泵；5—调速器；6—柴油粗滤器；7—柴油箱；8—高压油管；9—喷油器；10—回油管；11—低压油管

图 13-28　柴油机燃料供给系统

在柴油箱到喷油泵入口这段低压油管中，柴油箱内的柴油被输油泵吸出并加压，经柴油粗滤器和柴油细滤器滤去杂质后，送入喷油泵。喷油泵将柴油加压，经高压油管、喷油器喷入燃烧室。因输油泵的供油量比喷油泵供油量大，过量的柴油和喷油器渗漏的柴油经回油管回到柴油箱。

从输油泵到喷油泵入口段油路中的油压是由输油泵建立的，压力较低，称为低压油路；从喷油泵到喷油器这段油路中的油压是由喷油泵建立的，压力较高，称为高压油路。高压柴油通过喷油器呈雾状喷入燃烧室，与压缩空气混合形成可燃混合气。

第五节 柴油机可燃混合气的形成与燃烧

一、柴油机可燃混合气的形成

因柴油不易挥发，所以柴油机采用内混合方法形成可燃混合气，也就是用喷油器将柴油成雾状喷入燃烧室中，与高温高压空气混合形成可燃混合气。而可燃混合气混合的质量好坏，对燃烧过程具有决定性的影响。

柴油机可燃混合气的形成和燃烧是交织重叠的。在压缩冲程末期，柴油喷入汽缸与空气混合和燃烧的时间非常短。柴油机的喷油持续角一般为15°～35°曲轴转角，对一台转速为1500r/min的柴油机而言，此转角范围仅相应于0.0017"～0.004"。在如此短的时间内，要求获得质量良好的混合气以及保证柴油良好的燃烧，就必须有相应的混合气形成方式。在柴油机的发展过程中，人们提出了各种各样混合气形成方法，这些方法基本上可概括为下列三种形式。

（一）空间雾化混合

空间雾化混合的特点是将柴油直接喷入燃烧室内与空气形成雾状混合。一方面，为了使其混合均匀，喷注形状要和燃烧室形状相适应，以使柴油均匀地分布在燃烧室空间；另一方面，可利用燃烧室中的气流运动以加速柴油和空气的混合，并使混合气均布于整个燃烧室中。

（二）油膜蒸发混合

油膜蒸发混合的特点是将绝大部分柴油顺气流均匀地喷到燃烧室壁面，并使柴油在壁面上形成油膜。油膜受热蒸发时，油气被燃烧室中的涡流气流逐层卷走，随即与空气形成均匀的可燃混合气。

（三）复合式混合

复合式混合的特点是将部分柴油顺气流喷向燃烧室壁面，形成油膜，而另一部分柴油则散在燃烧室空间。复合式混合兼顾了上述两种混合方式的特点（称为复合式混合）。某些复合式混合的柴油机，在高速时，由于强烈的进气涡流将大部分柴油卷向燃烧室壁面，形成油膜，因此这时是以油膜蒸发为主。在低速时，进气涡流减弱，卷向燃烧室壁面的柴油占少数，因而转为以空间雾化混合为主。

二、影响混合气形成的主要因素

影响可燃混合气形成的主要因素：柴油的喷雾质量、燃烧室中的气流运动、燃烧室的结构形状。

（一）柴油的喷雾

将柴油喷散雾化成细滴的过程称为柴油的喷雾。喷雾可大大增加柴油和空气接触的表面积，以利迅速混合。柴油的喷雾质量优劣对混合气的混合质量及燃烧过程有很大的影响。

1. 油束的形成与特性

柴油以高压（通常为9.8～19.6MPa）和高速（100～300m/s）从喷油器喷孔中喷出时，便形成喷注（或称喷束）。由于喷注处在压缩空气的高速运动中而使其表面产生很大的摩擦力，因此喷注扩散成极细的油滴。

2. 影响油束的主要因素

影响油束特性的因素很多，主要为喷油压力、喷油器的构造、喷油泵凸轮轮廓线的形状、凸轮转速、汽缸内空气压力、柴油的黏度等。

（二）气流运动

柴油的喷雾是混合气形成的首要步骤，其次是如何使柴油和空气有效混合。一种方法是使柴油去寻找空气，即利用多孔喷油器使油束数目、形状、方向与燃烧室形状恰当配合，并使柴油尽量地喷散雾化，从而使柴油与空气很好地混合，如图13-29（1）所示。但喷孔数过多，则孔径相应减小，这不仅使喷孔易被积炭所堵塞，而且制造困难。另一种方法是组织合理的气流运动，使空气绕汽缸轴线作旋转运动去寻找柴油，以改善混合，如图13-29（2）所示。

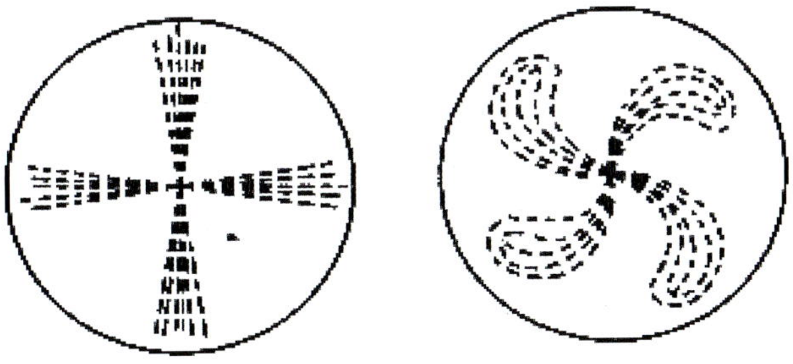

（1）　（2）

图13-29　多孔喷油器混合气形成

（1）静止空气；（2）空气作旋转运动

随着内燃机工业的发展，在技术和经济上对提高转速及降低空燃比的要求越来越迫切，但转速提高将使混合气形成和燃烧的时间更为缩短。而降低空燃比又将使混合气形成和及时完全燃烧更难进行。经过反复实践和总结，发现在燃烧室内组织合理的气流运动（通常称为涡流运动）是一个极为有效的措施，对于中小型高速柴油机而言，则更为如此。

对于不同形式的燃烧室，组织气流运动的方法也不一样，通常可概括为进气涡流、压缩涡流及燃烧膨胀涡流三种。

涡流运动可以使柴油迅速分散至更大的容积中去，以加大混合区。涡流运动较强时，对油束的吹散作用就较大。此外，还可加速火焰传播，促使燃烧过程迅速进行。但涡流运动过强时，亦可能使油束射程太短而带来不利影响。

三、混合气的燃烧过程

柴油机混合气的形成、着火与燃烧是一个复杂的过程，为了便于分析和揭示燃烧过程的规律，通常把这一连续的过程按燃烧过程进展中的某些特征，划分为四个阶段。

（一）滞燃期（着火落后期）

从柴油开始喷入汽缸，到开始着火为止的这一段时期称为滞燃期或着火落后期。

在滞燃期中，柴油不断地喷入汽缸，到此期终了时，喷入的柴油量约占每循环供油量的 30%～40%，个别的高速柴油机可达 100%（油膜蒸发混合时）。

在滞燃期中，柴油尚未着火燃烧，仅进行着火前的物理化学变化，因此循环放热量小到可以忽略不计，所以汽缸内气体压力及温度变化仍由压缩过程本身决定。

（二）速燃期

从混合气开始着火到迅速燃烧出现最高压力为止的这段时间称为速燃期。

混合气着火后，由于形成很多火焰中心且它们各自向四周传播，因此速燃期中，汽缸内可燃混合气迅速燃烧，放出大量热量。由于此时活塞靠近上止点，汽缸容积变化很小，所以缸内压力和温度迅速上升，直至压力达到最大值。对于高速内燃机而言，最高压力点一般出现在上止点后 6°～10°的曲轴转角。

在速燃期中，如果燃烧速度过快，则缸内压力急剧升高。当压力升高率过大时，可能发生粗暴燃烧，这将对受力机件产生冲击性压力波的撞击，并伴随有尖锐的敲击声，从而影响机件寿命，导致柴油机工作粗暴。

引起柴油机工作粗暴现象的主要原因是滞燃期长，以及在此期间内柴油过多地参与了着火过程。因此，缩短滞燃期和限制在此期间内的柴油喷入量是控制柴油机燃烧过程的一个重要手段。速燃期的进展情况对柴油机的动力性及经济性有着极为重要的影响，但是必须指出，工作粗暴的柴油机，其经济性和动力性未必是差的。

（三）缓燃期

从最高压力点开始到出现最高温度点为止的这一段时间称为缓燃期。

当缓燃期开始时，虽然汽缸内已形成燃烧产物，但仍有大量混合气正在燃烧，且由于在缓燃期的初期，喷油过程通常仍未结束，因此，缓燃期的燃烧过程仍在高速进行，放出大量热量，从而使气体温度升高到最大值。但由于这一阶段的燃烧是在汽缸容积不断增大的情况下进行的，因此缸内气体压力变化不大或缓慢下降。

在缓燃期中，燃烧废气不断增多，空气及柴油的浓度不断下降，因此缓燃期的后期，燃烧速度显著减小，燃烧过程基本结束。

缓燃期一般在曲轴上止点后 20°～35°时结束，此时期的放热量约占循环总放热量的 70%～80%。

（四）后燃期（补燃期）

缓燃期结束时，虽然喷油已停止，但事实上总是会有一些柴油不能及时地烧完而继续燃烧。

从缓燃期终点到柴油基本烧完时为止（一般放热量达到循环总放热量的 95%～97%），称为后燃期或补燃期。实际上后燃期的终点是很难确定的，对于高速、大负荷柴油机，其终点有时甚至会延续到排气过程。

在后燃期中，由于燃烧速度很慢，且缸内容积不断增大，因此，汽缸内压力和温度迅速下降。基于上述原因，后燃期中所放出的热量很难被有效利用。相反，它却使零件热负荷增大，排气温度增高，并增加了传给冷却水的热量。由此可见，后燃期应尽量缩短。减少缓燃期的喷油量及加强气流运动对缩短后燃期有决定性的影响。

四、影响燃烧过程的主要因素

通过对燃烧过程的探讨可知，柴油机对燃烧过程的要求是很高的。从动力性及经济性方面考虑，燃烧应在上止点附近完成，并应以尽量低的空燃比工作而又使燃烧完全，排气无烟；从运转平稳性及寿命方面考虑，应降低压力升高率及限制最高燃烧压力。燃烧过程的这些要求是相互联系而又矛盾的，为了更深入地了解这一问题，必须对影响燃烧过程的因素加以分析。

（一）结构因素的影响

1. 压缩比

为了保证柴油能可靠地着火燃烧，柴油机压缩终了的温度应超出柴油此时的自燃温度（约 573K），为此，应有足够高的压缩比。压缩比增加，压缩终了的温度及压力上升，因而柴油的物理化学反应速度加快，于是着火落后期缩短，压力升高率降低，柴油机运转平稳。

压缩比增加，燃烧压力及温度也升高，这将使燃烧有效性提高，即指示效率有所增加，但压缩比大于 16 后，则效果不甚明显。此外，提高压缩比还可使柴油机的低温启动性能有所改善。但是压缩比过高时，将使燃烧最高压力过分增加，并使受力机件承受过高的负荷。

2. 燃烧室、进气道、喷油泵及喷油器的结构形式

进气道的形式对气流运动的影响以及喷油设备的结构对喷雾质量的影响都会严重影响燃烧过程。燃烧室的形状对混合气的形成及燃烧也有很大影响。

3. 喷油规律

喷入汽缸中的油量随曲轴转角而变化的关系称为喷油规律。喷油规律主要取决于喷油泵的凸轮轮廓线，此外，它还和喷油器的结构形式、高压油管的尺寸等因素有关。对于大多数柴油机来说，合理的喷油规律应该是：开始喷油时，喷油速度应小些，以减少着火落后期的油量，确保柴油机工作柔和；喷油中后期，喷油速度应增大，喷油量急剧增长，以保证大部分柴油在上止点前后及时迅速地完成燃烧，减少后燃。

（二）运转因素的影响

1. 燃油

燃油的物理化学性能，如着火性、蒸发性、流动性等对柴油机混合气的形成和燃烧均有重要影响，其中十六烷值对着火落后期的影响更为突出，因此它对燃烧过程的影响更为明显。

2. 喷油提前角

喷油提前角是指从喷油器开始喷油到活塞到达上止点的曲轴转角。它对柴油机的燃烧过程影响很大，合理的喷油提前角应保证可燃混合气在上止点附近及时燃烧。

喷油提前角过大时，着火虽相应提前，但由于此时燃烧室内的空气温度和压力不高，因而着火落后期增大，这将导致压力升高率及最高爆发压力增高而使工作粗暴，同时因着火过早，而此时活塞仍在上行，因此活塞上行阻力增大，于是输出功就相应减小。

喷油提前角过小时，混合气形成和燃烧可能在活塞下行时才进行，虽然可使压力升高率及最高爆发压力降低，但后燃量增大，这将使得排气温度增高，热损失增大，功率及有效热效率下降。若喷油太迟（甚至在上止点后才开始喷油），将使燃烧过程延续到排气时仍未结束，部分柴油未被利用而排出。

综上所述，喷油提前角应有一最佳值，当喷油提前角为最佳值时，相同的循环油量可使内燃机发出最大的功率，且燃油消耗率最低。随燃烧室形式和转速不同，最佳喷油提前角也不同。转速升高时，同一着火落后期所对应的曲轴转角将增大，为使燃烧仍在上止点附近及时完成，最佳喷油提前角亦应增大。

由于喷油提前角较难找正，因此通常均按供油提前角进行找正。供油提前角是指喷油泵供油开始到活塞到达上止点时的曲轴转角。它略大于喷油提前角，但此差别一般可略而不计。

3. 喷油器的喷油压力

喷油器的喷油压力将影响喷雾质量，它对混合气的形成与燃烧将产生明显的影响。应按说明书的规定来调整喷油器针阀开启的压力，且不得随意变动。

4. 负荷

当柴油机转速不变时，增加负荷，即意味着增加循环供油量，即减小空燃比，混合气变浓。由此可见，柴油机是靠改变混合气的浓度来调节负荷的。负荷增加时，柴油机温度上升，因此着火落后期略有减小，工作就较为柔和。但由于空燃比变小，燃烧不完全而冒黑烟。同时，缓燃期中喷入油量随负荷增加而增多，易使柴油在高温缺氧情况下裂解出游离碳，致使后燃期延长。满负荷时排气冒黑烟甚至喷火。

5. 转速

当转速改变时，气流运动、充气系数、柴油机的热状态、喷油压力和循环供油量（此时，供油机构位置不变）等均将发生变化，而这些变化又将影响混合气的形成与燃烧。当柴油机转速增加时，由于气流运动的增强，用曲轴转角计的着火落后期有所增加。因此，为使燃烧仍在上止点附近完成，应适当增大供油提前角。

五、废气的烟色

当柴油机正常工作时，排气一般呈浅灰色，满载工作时，允许呈深灰色。当柴油机工作不正常时，由于不同原因排气可呈黑、白、蓝三种不同烟色。

（一）黑烟

当负荷过大时，柴油机排烟往往呈黑色。一般认为黑烟生成的过程是由于喷入燃烧室的柴油过多，且缸内温度又高，在高温缺氧的情况下燃烧时，柴油易裂解而形成碳烟。碳烟是一种碳的聚合体，大颗粒碳烟直径约为 0.55μm，它随废气排出而使排气呈黑色。产生碳烟时，柴油机性能将变差，排气温度增高，以及活塞、活塞环、气门及喷油器等零件易发生积炭；碳烟排入大气后则妨碍交通视线，污染大气，影响人体健康，因此，不允许柴油机在严重冒黑烟的状态下工作。

（二）白烟

当温度较低时（通常在寒冷天气或冷车时），由于着火不良，柴油未能完全燃烧，这时直径为 1μm 以上的液滴随废气排出而形成白烟。当柴油中有水份时，也会形成较多的水汽而使废气呈白色。

（三）蓝烟

柴油机在低负荷时，燃烧室温度较低，着火不良，因而柴油或窜入燃烧室的润滑油未能完全燃烧，其中直径为 0.4μm 以下的剩余油微粒随废气排出，形成带微臭的蓝烟。

第六节　柴油机燃烧室

柴油机燃烧室按结构形式的不同分为统一式燃烧室和分隔式燃烧室两大类。

一、统一式燃烧室

常见的结构形式如图 13-30 所示，燃烧室是由凹形活塞顶与汽缸盖底面所围成的一个内腔。采用这种燃烧室的柴油机，燃油自喷油器直接喷射到燃烧室中，借喷出油柱的形状和燃烧室形状的匹配及室内的空气涡流运动，迅速形成混合气。这种燃烧室又称直接喷射式燃烧室。常见的有 ω 形和球形两种形式。

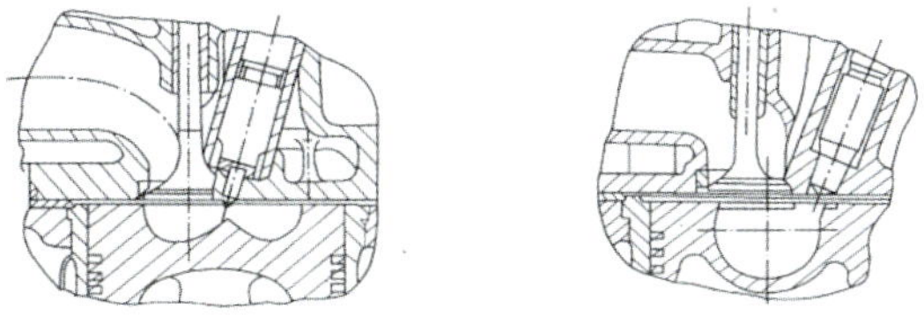

（1）　　　　（2）

图 13-30　统一式燃烧室

（1）ω 型；（2）球型

（一）ω 形燃烧室的活塞顶剖面轮廓呈 ω 形［图 13-30（1）］

这种燃烧室要求喷油压力较高，一般为 17～20MPa，并应采用小孔径的多孔喷油器。ω 形燃烧室的柴油机启动性能好，缺点是多孔喷油器的喷孔直径小，易于堵塞，柴油机工作比较粗暴。135 系列、NT855 型、WD615.67 型柴油机均采用此种燃烧室。

（二）球形燃烧室的活塞顶剖面轮廓呈球形［图 13-30（2）］

采用该型燃烧室的柴油机特点是喷油器为单孔或双孔喷油器，柴油机工作比较柔和，但是柴油机启动较困难。

二、分隔式燃烧室

分隔式燃烧室由两部分组成，一部分由活塞顶与缸盖底面围成，称为主燃烧室；另一部分在汽缸盖中，称为副燃烧室。主、副燃烧室之间由一个或几个孔道相连通。分隔式燃烧室的常见型式有涡流室式燃烧室和预燃室式燃烧室。

（1）涡流室式燃烧室［图 13-31（1）］的副燃烧室是球形或圆柱形的涡流室，借与其内壁相切的孔道与主燃烧室连通，因而在压缩冲程中，空气从汽缸被挤入缸盖中的涡流室时，形成强烈的有规则的涡流。燃油直接喷入涡流室中并与作涡流运动的空气迅速混合。大部分燃油在涡流室内燃烧，未燃部分在做功冲程初期与高压燃气一起通过切向孔道喷入主燃烧室，进一步与空气混合燃烧。

（2）预燃室式燃烧室［图 13-31（2）］由于其与主燃烧室连通的孔道直径较小，在压缩冲程中空气从汽缸进入预燃室时产生无规则的紊流运动。喷入的燃油依靠空气扰动的紊流与空气初步混合，并有小部分燃油在预燃室内开始燃烧，使预燃室内气压急剧升高，未燃烧的大部分燃油连同燃气经通道高速喷入主燃烧室。此时由于窄小孔道的节流作用，在主燃烧室中产生涡流，使燃油进一步雾化并与空气混合实现完全燃烧。

分隔式燃烧室的特点：混合气的形成主要靠强烈的空气运动，对喷油系统要求不高，可采用喷油压力较低（12～14MPa）的轴针式喷油器，在使用中故障较少。

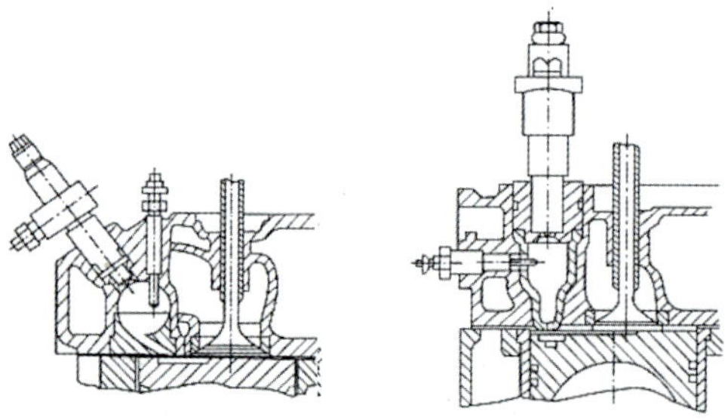

（1）　　　　　（2）

图 13-31　分隔式燃烧室

（1）涡流室式；（2）预燃室式

第七节　高压共轨柴油系统

一、高压共轨结构

图 13-32 为高压共轨的结构。它是一根锻造钢管，油轨的内径为 10mm，长度范围在 280～600mm 之间，具体长度按发动机的要求而定，高压柴油经流量限制器通过各自的油管与喷油器联接。共轨上装有油压传感器、压力限制阀及流量限制器。

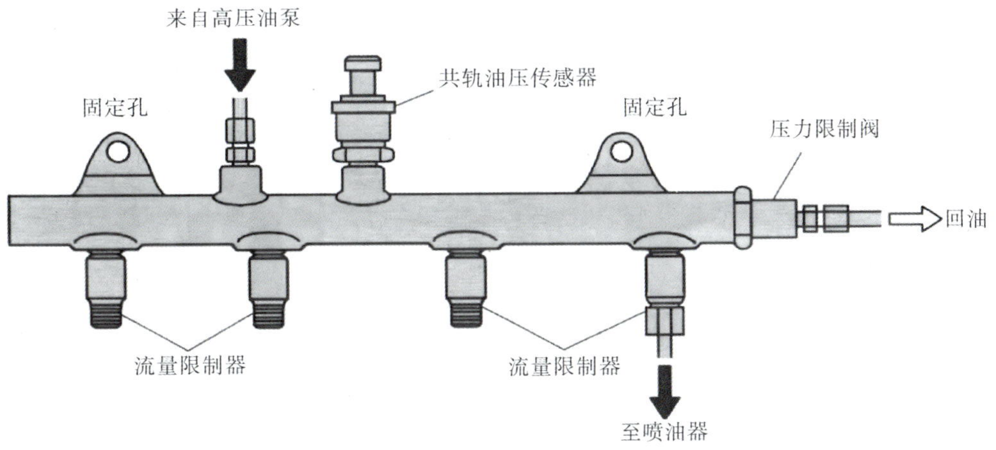

图 13-32　高压共轨的结构

（一）压力限制阀

1. 作用

压力限制阀与过压阀或溢流阀的作用相同，相当于安全阀，它限制共轨中的压力，在压力限定值超出时，限压阀通过打开溢流口来限制油轨中的压力。限压阀允许油轨中短时的最大压力为 160MPa。

2. 结构

压力限制阀的构造如图 13-33 所示，它属于一种机械一液压控制装置，以螺纹紧固在轨道端部，主要由限压阀、移动活塞、弹簧、限位块等部件组成。

3. 工作原理

压力限制阀与轨道联接端有进油孔，与轨道内腔相通，轨道内的高压燃油由进油孔进入压力限制阀内，直接作用在限压阀上。限压阀在弹簧的作用下，其座面处于关闭状态。在正常工况下最大燃油压力小于允许的最大值 160MPa，弹簧力始终能把限压阀压靠在密封座面上，共轨内的高压燃油不能由此流出。但当轨道内燃油压力超过最大允许值后，作用在限压阀上的燃油压力大于弹簧的压力，会顶开限压阀，这时轨道内的部分高压燃油能从打开的座面处，流入压力限制阀内，并经燃油通道由回油螺钉流回油箱，轨道压力随之下降。当压力下降到允许值后，弹簧力又会使限压阀上的密封座面关闭，轨道压力不再下降。这样把轨道压力始终控制在许可范围内。

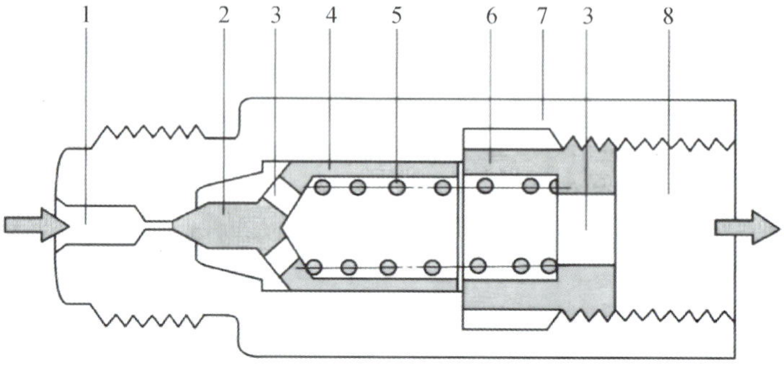

1—高压燃油进油孔；2—限压阀；3—燃油通道；4—移动活塞；5—弹簧；6—限位块；7—阀体；8—回油螺钉

图 13-33　压力限制阀的构造

（二）流量限制阀

1. 作用

流量限制阀的作用是控制最大燃油流量，防止喷油器可能出现持续喷油现象，如果某一缸从轨道输出的油量超出规定值时，流量限制器将流向相应喷油器的进油管关闭。由于该部件结构较为复杂，属于选装件，有被省略的可能。

2. 结构与原理

图 13-34 所示为流量限制器的构造。两端带有外螺纹的螺套，一端固定在轨道接头上，另一端与喷油器管接头联接，螺套的中孔内装有限位块、活塞、弹簧等零件。在正常情况下，由于弹簧的作用，把活塞向上压到与限位块相接触的位置。这时螺套的座面（通道）处于开启状态，轨道内的高压燃油由进油孔进入流量限制器内，从中心孔经径向节流孔，通过座面、通油孔流进喷油器，整个流量限制器成为沟通轨道与喷油器的重要燃油通道。

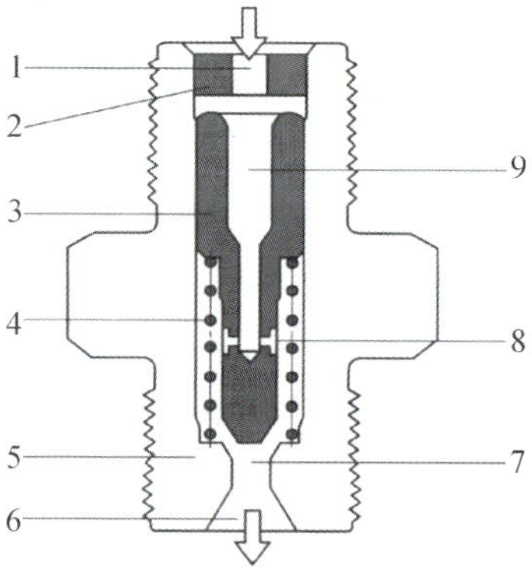

1—进油孔（与轨道相通）；2—限位块；3—活塞；4—弹簧；5—螺套；6—通油孔（与喷油器相通）；7—座面（通道）；8—节流孔；9—中心孔

图 13-34　流量限制器的构造

喷油时，流量限制器的喷油器端由于燃油的喷出，压力会下降，为使进入喷油器的燃油压力保持不变，轨道内的高压燃油应迅速向喷油器端补充，才能保证整个喷油过程中每一循环达到的喷油压力保持不变，都在高压下进行。如果燃油喷出后，不能及时补充燃油，喷油器端就会产生压力降，下一循环的喷油压力就会降低，这样，不能保证每次喷油都是在相同压力下进行。通常喷油器端因喷油引起压力下降的同时，活塞的另一端由于轨道压力基本不变，因此产生了压差，活塞在轨道压力的作用下克服了弹簧的压力，向喷油器端移动，活塞移动所让出的空间，能从轨道内获得相同排量的油量来补充喷出的油量。

在补充的油量由进油孔进入流量限制阀后，会从中心孔经节流孔流入弹簧室内，使活塞上下承受着相同的燃油压力，因此，喷油后能恢复到平衡状态，但由于弹簧的作用，又会将活塞压回到与限位块相接触的位置。

由于喷出的油量能及时补充，因此在喷油后不会产生压降，这样就确保每循环喷油都是在相同的高压下进行的。

通常，喷油过程结束，活塞移动停止。由于每循环喷油量很小，所以直到喷油终点，活塞的移动量不大，到达不了关闭座面的位置。在活塞向上回位过程中，轨道内的高压燃油会很快从节流孔流入弹簧室，补充活塞向上移动时所让出的空间。使联接喷油器端的燃油压力又恢复到喷油前的水平，为下一次喷油做好准备，这样能保证每循环喷油压力的一致性。

在运行中如出现下列故障时，流量限制阀会自动停止供油，以防止发生严重事故。

（1）燃油大量泄漏时的故障运行情况。燃油由轨道从喷油器喷出，必经流量限制阀座面处的通道。当燃油从轨道中流入流量限制阀时，会把活塞推离限位块，燃油流入量越多，活塞行程越大，会被推向更远离限位块的位置，而同时活塞的座面通道愈小。当燃油流入量超过极限值时，活塞会下移到座面关闭位置，从而能阻挡燃油流向喷油器，使柴油机停机。

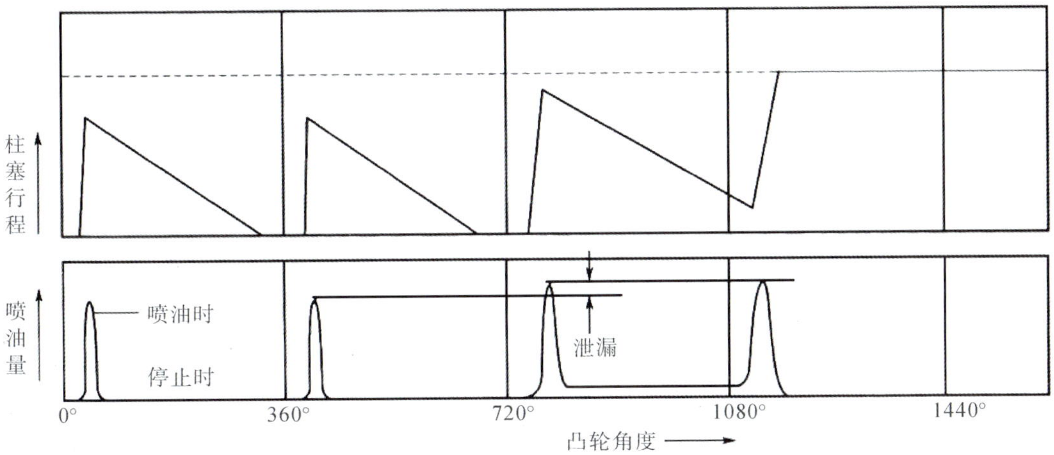

图 13-35　正常与轻微泄漏时的流量限制器作用

（2）燃油少量泄漏时的故障运行情况。燃油从轨道流入流量限制阀，再从流量限制阀流出，经喷油器喷射，当流入量和流出量相等时，每次喷油后，活塞总能回到与限位块的接触位置。但若轨道流入量增加，而流出量不变，则将出现进的多、出的少的现象。每次喷油后，活塞就无法再回到与限位块相接触的位置。这时由轨道泄漏进入流量限制阀的燃油，即使每次量不多，但也会使活塞无法再回到与限位块的接触位置，连续几次喷油后，泄漏量的积累，也会把活塞压到关闭座面的位置（图13-35），从而切断燃油流向喷油器，也能使柴油机停机。

二、高压共轨柴油系统的工作原理

（一）柴油机基本知识

柴油发动机与汽油发动机具有基本相同的结构，都有气缸体、气缸盖、活塞、气门、曲柄、曲轴、凸轮轴和飞轮等。但前者用压燃柴油做功，后者用点燃汽油做功，一个压燃一个点燃，就是两者的根本区别点。汽油机的燃料是在进气行程中与空气混合后进入气缸，然后被火花塞点燃做功；柴油机的燃料则是在压缩行程接近终了时直接喷入气缸，在压缩空气中被压燃做功。这个区别决定了柴油机在燃料供给系统的结构有其自己的特点。

柴油机的燃料喷射系统由喷油泵、喷油器、高压油管及一些附属辅助件组成。柴油机燃料输送的简单过程是，输油泵将柴油送到滤清器，过滤后进入喷油泵（为了保证充足的燃料并保持一定的压力，要求输油泵的供油量比喷油泵的需要量要大得多，多余的柴油就经低压管回到油箱，其他部分柴油被喷油泵压缩至高压）经过高压油管进入喷油器，直接喷入气缸燃烧室中压燃。

（二）高压共轨电控柴油喷射系统

现代汽车柴油机一般采用电控喷射、共轨、涡轮增压中冷等技术，在质量、噪声、烟度等方面已取得重大突破，达到了汽油机的水平，而且相比汽油机更环保。目前，国外轻型汽车用柴油机日益普遍，奔驰、大众、宝马、雷诺和沃尔沃等欧洲名牌车都有采用柴油发动机的车型，我国在奥迪、捷达等轿车上也有使用。

在电控喷射方面，柴油机与汽油机的主要差别是，汽油机的电控喷射系统只是控制空燃比，柴油机的电控喷射系统则是通过控制喷油时间来调节输出的大小，即由发动机的转速和加速踏板位置（油门拉杆位置）来决定。因此，基本工作原理是计算机根据转速传感器和油门位置传感器的输入信号，首先计算出基本喷油量，然后根据冷却液温度、进气温度、进气压力等传感器的信号进行修正，再与来自控制套位置传感器的信号进行反馈修正，确定最佳喷油量的。

电控柴油喷射系统由信号传输装置、电控单元（ECU）和执行机构三部分组成。其任务是对喷油系统进行电子控制，实现对喷油量以及喷油定时随运行工况的实时控制。采用转速、温度、压力等传感器，将实时检测的参数同步输入计算机，与已储存的参数值进行比较，经过处理、计算，按照最佳值对喷油泵、废气再循环阀、预热塞等执行机构进行控制，驱动喷油系统，使柴油机运转状态达到最佳。

1. 共轨技术

在汽车柴油机中，高速运转使柴油喷射过程的时间只有千分之几秒。实验证明，在喷射过程中高压油管各处的压力是随时间和位置的不同而变化的。由于柴油的可压缩性和高压油管中柴油的压力波动，使实际的喷油状态与喷油泵所规定的柱塞供油规律有较大的差异。油管内的压力波动有时还会在主喷射之后，使高压油管内的压力再次上升，达到令喷油器的针阀开启的压力，将已经关闭的针阀又重新打开产生二次喷油现象。由于二次喷油不可能完全燃烧，于是增加了烟度和碳氢化合物（HC）的排放量，油耗增加。此外，每次喷射循环后高压油管内的残压都会发生变化，随之引起不稳定的喷射，尤其在低转速区域容易产生上述现象，严重时不仅喷油不均匀，而且会发生间歇性不喷射现象。为了解决柴油机这个燃油压力变化的缺陷，在现代柴油机上采用了一种称“共轨”的技术。

ECU控制喷油器的喷油量，喷油量的大小取决于公共供油管压力和电磁阀开启时间的长短。高压共轨系统可实现在传统喷油系统中无法实现的功能，其优点如下。

(1) 共轨系统中的喷油压力柔性可调，对不同工况可确定所需的最佳喷射压力，从而优化柴油机综合性能。

(2) 可独立地柔性控制喷油正时，配合高的喷射压力（120～200MPa），可同时控制 NO_x 和微粒（PM）在较小的数值内，以满足排放要求。

(3) 柔性控制喷油速率变化，实现理想喷油规律，容易实现预喷射和多次喷射，既可降低柴油机 NO_x，又能保证优良的动力性和经济性。

(4) 由电磁阀控制喷油，其控制精度较高，高压油路中不会出现气泡和残压为零的现象，因此在柴油机运转范围内，循环喷油量变动小，各缸供油不均匀可得到改善，从而减轻柴油机的振动和降低排放。

2. 高压共轨电控燃油喷射系统及基本单元

高压共轨电控燃油喷射系统主要由电控单元、高压油泵、蓄压器（共轨管）、电控喷油器以及各种传感器等组成。

低压燃油泵将燃油输入高压油泵，高压油泵将燃油加压送入高压油轨（蓄压器），高压油轨中的压力由电控单元根据油轨压力传感器测量的油轨压力以及需要进行调节，高压油轨内的燃油经过高压油管，根据发动机的运行状态，由电控单元从预设的MAP图中确定合适的喷油定时、喷油持续期，由电液控制的电子喷油器将燃油喷入气缸。

(1) 高压油泵供油量的设计准则是必须保证在任何情况下的柴油机的喷油量与控制油量之和的需求以及起动和加速时的油量变化的需求。由于共轨系统中喷油压力的产生与燃油喷射过程无关，且喷油正时也不由高压油泵的凸轮来保证，因此高压油泵的压油凸轮可以按照峰值转矩最低、接触应力最小和最耐磨的设计原则来设计。

博世公司采用由柴油机驱动的三缸径向柱塞泵来产生高达135MPa的压力。该高压油泵在每个压油单元中采用了多个压油凸轮，使其峰值转矩降低为传统高压油泵的1/9，负荷也比较均匀，降低了运行噪声。该系统中高压共轨腔中的压力的控制是通过对共轨腔中燃油的放泄来实现的，为了减小功率损耗，在喷油量较小的情况下，将关闭三缸径向柱塞泵中的一个压油单元使供油量减少。

日本电装公司的ECD—U2高压油泵采用了一个三作用凸轮的直列泵来产生高压。该高压油泵对油量的控制采用了控制低压燃油有效进油量的方法，该方法使高压油泵不产生额外的功率消耗，但需要确定控制脉冲的宽度和控制脉冲与高压油泵凸轮的相位关系，控制系统比较复杂。

(2) 高压油轨（共轨管）将供油泵提供的高压燃油分配到各喷油器中，起到蓄压器的作用。它的容积应削减高压油泵的供油压力波动和每个喷油器由喷油过程引起的压力振荡，使高压油轨中的压力波动控制在5MPa之下。但其容积又不能太大，保证共轨有足够的压力响应速度以快速跟踪柴油机工况的变化。ECD－U2系统的高压泵的最大循环供油量为600mL，共轨管容积为94000mL。

高压共轨管上还安装了压力传感器、流量限制器和压力限制器。压力传感器向ECU提供高压油轨的压力信号；流量限制器保证在喷油器出现燃油漏泄故障时切断向喷油器的供油，并可减小共轨和高压油管中的压力波动；压力限制器保证高压油轨在出现压力异常时，迅速将高压油轨中的压力进行放泄。

（3）电控喷油器是共轨式燃油系统中最关键和最复杂的部件，它的作用是根据 ECU 发出的控制信号，通过控制电磁阀的开启和关闭，将高压油轨中的燃油以最佳的喷油定时、喷油量和喷油率喷入柴油机的燃烧室。

由于高压共轨式燃油喷射系统具有可以对喷油定时、喷油持续期、喷油压力和喷油规律进行柔性调节的特点，该系统的采用可以使柴油机的经济性、动力性和排放性能有进一步的提高，随着共轨技术的进一步发展和完善，柴油机的应用水平必将跨上一个新的台阶。

（三）喷油器工作原理

1. 概述

在电控喷油系统中，喷油过程主要是在控制器的控制下进行的，把电信号转变为机械信号，实现机电一体化控制。这个转变过程在电磁阀控制的电控喷油器系统中，主要由电磁阀来执行。因此，电磁阀在时间控制系统中的作用至关重要。

高压共轨系统中，由于泵油与喷油功能分开，进入喷油器的燃油压力能基本保持不变，整个喷油过程中的喷油始点及喷油脉宽，几乎都是在控制器的控制下由电磁阀执行的。通过电磁阀的作用，泵油过程中的压力波动，不再干扰喷油过程。因此，电磁阀的作用尤显重要。

2. 电控喷油器结构

高压共轨系统中的电磁阀喷油器，是通过一根较短的高压油管与共轨连接的。电控喷油器与气缸盖的固定方式和传统的喷油器一样。电磁阀控制喷油器结构如图 13-36 所示，主要由电磁阀、压力放大系统和孔式针阀偶件等几部分组成。压力放大系统主要由压力控制室、控制活塞及针阀体盛油槽、针

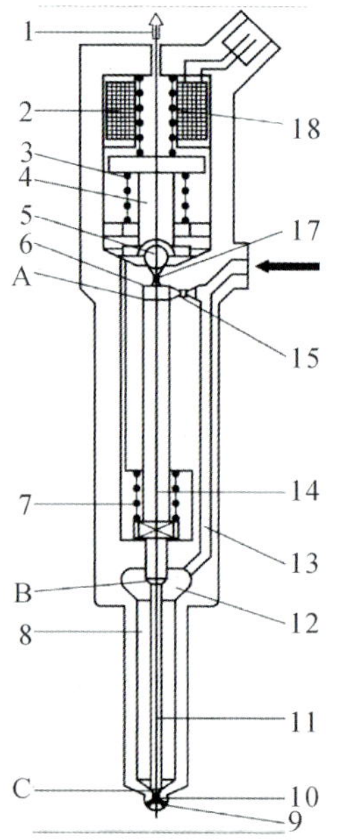

1—回油管（流回油箱）；2—电磁阀；3—衔铁弹簧；4—衔铁；5—球阀；6—压力控制室；7—针网弹簧；8—高压油路
9—喷孔；10—针阀压力室；11—针阀；12—盛油槽；13—针阀体进油孔；14—控制活塞；15—进油节流孔
16—高压油入口；17—出油节流孔；18—电磁阀弹簧

图 13-36　电磁阀控制喷油器

阀等部分组成。与共轨压力相等的高压燃油由高压油入口进入喷油器后，分两路流动。一路由进油节流孔进入控制活塞顶部的压力控制室内，控制室内的燃油压力作用在控制活塞顶面上，直接压在针阀尾部，能控制针阀升程。另一路由针阀体上的进油孔进入盛油槽内，作用在针阀锥面上的燃油压力，其垂直向上的分力均与共轨压力相等，但由于控制活塞顶面的面积要大于针阀锥面上的垂直向上的环形承压面积，因此，作用在控制活塞顶面上的总压力，要大于针阀环形锥面上的垂直向上的总压力，使向下的作用力能得到一定比例的放大。

3. 电控喷油器工作原理

根据柴油机运行工况和共轨轨道向喷油器提供的高压燃油，喷油器可分为四个工作状态（图 13-37）。

1）针阀关闭状态［图 13-37（1）］

电磁阀未通电时，衔铁在电磁阀弹簧的作用下，克服了衔铁弹簧的弹力，使球阀关闭了出油节流孔，这时压力控制室内虽有很高的燃油压力，但由于出油节流孔孔径不大，作用在球阀上的压力很小，无法推开球阀，球阀因此处于关闭状态，这时针阀承受着下列几种作用力。

（1）使针阀向上开启的作用力，即具有轨道压力的燃油作用在针阀锥面上的垂直向上分力。

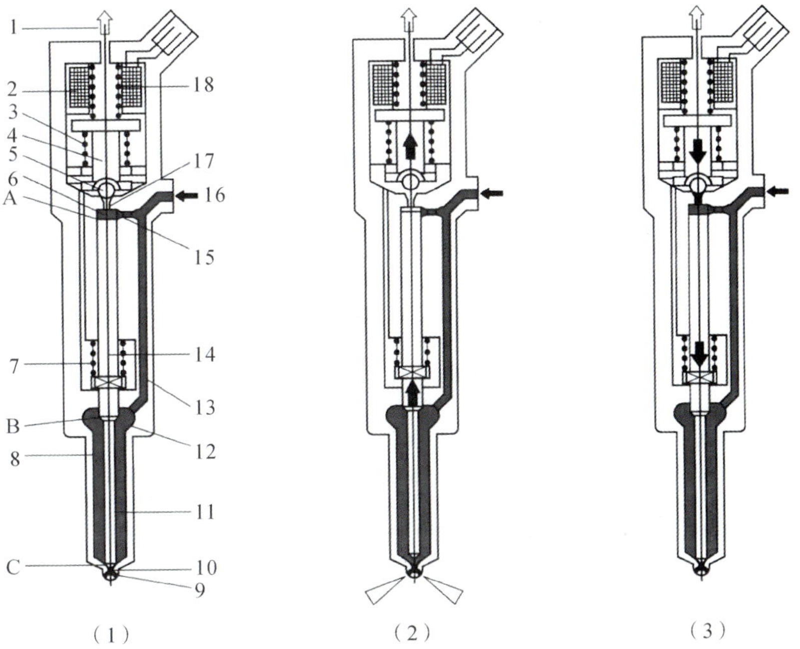

1— 回油管（流回油箱）；2—线圈；3—衔铁弹簧；4—衔铁；5—球阀；6—压力控制室；7—针阀弹簧；8—高压油路
9—喷孔；10—压力室；11—针阀；12—盛油槽；13—针阀体进油孔；14—控制活塞；15—进油节流孔
16—高压油入口；17— 出油节流孔；18— 电磁阀弹簧

图 13-37　电磁阀控制喷油器工作原理

（1）针阀关闭状态（喷油开始前）；（2）针阀升起喷油；（3）喷油结束针阀关闭

（2）使针阀保持在关闭状态时的向下作用力。

a. 压力控制室的燃油压力通过活塞作用在针阀顶面上的压力。

b. 针阀弹簧作用在针阀上的压力。

在电磁阀不通电的条件下，由于有压力放大作用，使针阀关闭的燃油压力大于使针阀升起的油压推力，加上针阀弹簧的压力，因此，针阀处于喷油前的关闭状态。

2）针阀开始升起［喷油始点，图 13-37（2）］

针阀处于喷油前的静止状态时，由控制器发出指令，为提高电磁阀的响应速度，以高电压、大电流对电磁阀线圈通电，线圈迅速产生强大的电磁吸力，使衔铁克服了电磁阀弹簧的预紧力，快速上移，球阀被打开，出油节流孔开通，压力控制室内的燃油从出油节流孔流向其上方空腔，并从该空腔经回油管流回油箱。出油节流孔打开后，压力控制室内的燃油立即卸压。压力控制室内作用在控制活塞上的燃油压力会迅速降低，而这时作用在针阀锥面上的向上作用力，依然保持为轨道压力未变，因此，会产生压差，使针阀能克服针阀弹簧的预紧力快速升起，并打开针阀座面，使具有轨道压力的高压燃油，从阀芯座面通道经压力室的喷孔喷入燃烧室，如采用无压力室针阀偶件，则针阀升起后，高压燃油会直接从喷孔喷入气缸。与此同时，由于衔铁上升，磁路中气隙 δ 减小，起动时的大电流可以及时降低到电磁铁所需的维持电流。针阀升起与喷油开始几乎是同时发生，因此，把针阀升起的瞬间称为喷油始点。

3）针阀最大升程

针阀从静止状态的升程为零，开始升起到最大升程，需要一个升起过程，在这区间喷油一直在进行。针阀升程由零到最大的过程中，针阀座面开度由全关到全开。流经座面的燃油节流阻力由最大到最小，不同的开度会产生不同的节流规律，对喷油量产生不同的影响。

针阀在升起过程中，控制活塞同时上移，使压力控制室内的容积逐渐减小，这时如果控制室内无燃油流出，则其内部压力会不断升高，并将阻挡针阀升程的加大。因此，在针阀上移的过程中，压力控制室内必须继续有部分燃油从出油节流孔流出，保持一定的压降才行。由于与压力控制室相通的不仅有出油节流孔，还有进油节流孔，当压力控制室内因部分燃油流出后，产生一定压降的同时，具有轨道压力的高压燃油，从进油节流孔经节流后不断向压力控制室内补充，又使控制室内压力回升。由此可见，针阀在升起过程中，压力控制室内燃油有出有进，为了保证针阀升起能连续进行，要求出得快、进得慢，因此，出油节流孔的直径一般要大于进油节流孔的直径。

上述分析表明，出油节流孔直径大于进油节流孔时，会使针阀具有一定的上升速度，但如果出油节流孔直径与进油节流孔直径差距过大，会使针阀上升速度过快，造成初始喷油速率过高，会影响柴油机的噪声及排放；如果出油孔与进油孔直径相差过小，针阀上升速度会过慢，造成初始喷油速率过低，同样会影响柴油机性能。

控制活塞随针阀升起而上移，当针阀达到最大升程时，控制活塞移到最高位置，压力控制室内的燃油在控制活塞上移过程中，其顶部形成一层近似于垫片的油垫，限制了控制活塞的继续上移。控制活塞到达上止点，如无油垫存在，则属机械限位，控制活塞每次上移时，必受一次机械撞击，容易磨损。而有油垫存在后，控制活塞到达上止点时属于液压限位，只有柔性撞击，零件寿命可以延长。

从针阀开始升起的喷油始点到喷油终点，喷油压力始终保持与轨道压力相等的高压状态。

4）针阀关闭［喷油结束，图 13-37（3）］

当喷油脉宽满足要求后，电磁阀在控制器指令下，切断线圈的电流，电磁力消退，电磁阀弹簧开始压衔铁，使球阀又处于关闭状态，出油节流孔被堵塞。

出油节流孔的关闭，高压燃油从进油节流孔进入压力控制室内后，控制室内的燃油只有进，没有出，因此，压力会很快升高，达到相等的高压。这种高压作用在控制活塞顶面上，所形成的压力与针阀弹簧力的合力，很快超过了针阀锥面上向上的燃油压力后，针阀就会快速关闭，喷油结束。

针阀的关闭速度取决于通过进油节流孔的流量，针阀从下移开始直至座面落座，才把喷孔通道关闭，喷油停止。

由于共轨中的压力一直存在，所以任何时刻喷油器都可以在电磁阀的控制下喷油、停油，这也为柴油机在每个工作循环内实现多次喷射，创造了有利条件，这也是脉动时间控制系统无法与之比拟的。

4. 电控喷油器的控制

电磁阀的控制可以分为五个区（图 13-38）进行分析。

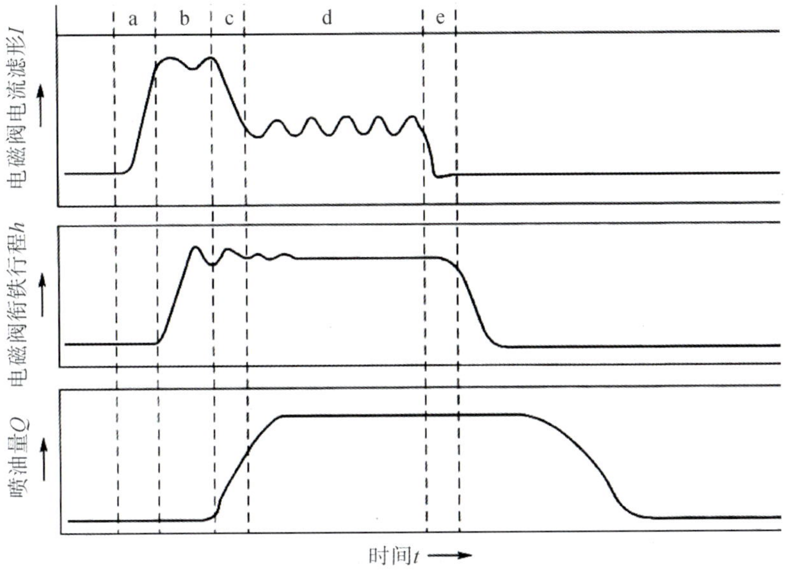

a—大电流起动；b—大电流吸合；c—最大电流到维持电流；d—维持电流；e—电流断开

图 13-38 电磁阀喷油器电流波形

（1）电流陡峭上升区。为了使静止的电磁阀衔铁能迅速起动，由控制器对电磁阀施加约 50V 的高压，电流会快速上升到约 20A 的大电流，所产生的电磁力能使电磁阀克服静态惯性迅速起动。图 13-38 中的 a 区即电流波形的陡峭上升区。

（2）大电流区。起动电流上升到约 20A，由电流调节系统限制不再上升，电流到达约 20A 时，电磁阀衔铁开始移动，为保证衔铁能连续移动，大电流维持片刻不变，如图 13-38 中的 b 区。在 b 区内衔铁快速移动，行程 h 迅速加大。

（3）电流由最大到维持过渡区。当电磁阀衔铁行程 h 移到最大位置，衔铁与铁心间的气隙最小，关闭出油节流孔的球阀全开，喷油已开始，这时把电流降到较低的维持电流，所产生的电磁吸力足够把衔铁吸合在最小气隙位置，球阀保持在开启状态。球阀开启，针阀上升。图 13-38 中的 c 区即由最大电流到维持电流的过渡区。

（4）维持电流区。为降低能耗，防止烧坏线圈，将最大电流降低到维持电流，如图 13-38 中的 d 区。在 d 区内电流为约 13A，是维持电流，电磁阀衔铁与球阀也处于开启状态。针阀升程保持在最高位置。

（5）电流断开区。喷油结束后，切断电磁阀电流，电磁阀衔铁在弹簧的作用下，关闭球阀，针阀落座。

三、高压共轨柴油系统的控制功能与优点

（一）电控高压共轨系统的控制功能

1. 控制喷油量

发动机电控单元（ECU）根据发动机转速和油门开度信号以及温度、压力等辅助信号，计算发动机实际运转工况下的最佳喷油量，ECU 通过控制电磁阀通、断电时刻及通、断电持续时间直接控制喷油量，使发动机在最佳状态下运转。

2. 控制喷油压力

蓄压器（油轨）压力传感器用来测量油轨内的燃油压力，从而调整高压油泵的供油量，控制油轨中的燃油压力。蓄压器中的压力大小决定了喷油器喷油压力的大小。ECU 还根据发动机的转速、喷油量大小与预置的最佳值相比较进行反馈控制。

3. 控制喷油速率

ECU 根据发动机实际运行工况设置并控制预喷、主喷和后喷。

4. 控制喷油时间

ECU 根据发动机转速和负荷等参数，准确计算出最佳喷油时间，并控制电磁喷油器的开启时刻、关闭时刻，准确控制喷油时间。

5. 控制喷射方式

高压共轨系统多采用多次喷射。多次喷射是将每一个工作循环中的喷油过程分成几段进行，每段喷油都是相互独立的，目的是控制燃烧速率。在共轨系统中采用的多次喷射包括先导喷射、预喷射、主喷射、后喷射和次后喷射等。在多次喷射过程中，电磁阀执行着开启和关闭动作，可以实现喷油规律的优化。在主喷之前的预喷射可以降低燃烧噪声，为减少可吸入颗粒物（PM）排放量，使预喷射靠近主喷射，从而可有效地降低 PM 排放量。而后喷射过程，少量燃油随废气排放，再燃烧会使有害颗粒物进一步燃烧掉，更为有效地减小 PM 的排放。图 13-39 所示为喷油器针阀升程与曲轴转角的关系。表 13-2 为多次喷射作用效果。

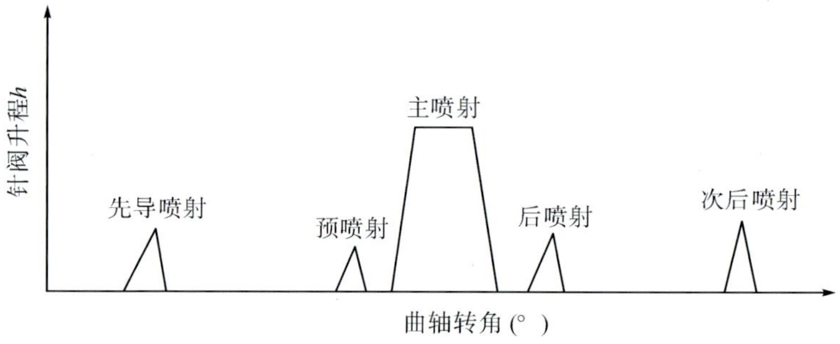

图 13-39 针阀升程与曲轴转角的关系

在电控共轨系统中，通过发动机转速传感器、油门开度传感器、温度传感器以及其他传感器实时

检测出发动机的实际运行状态，由电控单元根据预先设计的计算程序进行计算后，确定该运行状态最佳的喷油量、喷油时间、喷油率等参数，使发动机始终都能在最佳状态下工作。

表 13-2　多次喷射作用效果

喷射方式	作用效果
先导喷射	进行预混合燃烧，可降低吸入颗粒物
预喷射	缩短主喷射的着火延迟，降低 NO_x 和燃烧噪声
后喷射	促进扩散燃烧，降低颗粒物
次后喷射	进气温度升高，通过供给还原剂进行后处理，降低 NO_x 和颗粒物

博世公司和电装公司的研究结果已经表明：在直喷式柴油机中，采用电控共轨式燃油系统与采用普通凸轮驱动的泵喷嘴系统相比，电控共轨系统与发动机匹配时方便灵活多了，其突出优点可以归纳如下。

（1）广阔的应用领域（用于轿车和轻型载货车，每缸功率可达 30kW；用于重型载货车以及机车和船舶用柴油机，每缸功率可达 200kW 左右）。

（2）更高的喷油压力，目前可达 140MPa，不久的将来计划达到 180MPa 或更高的压力。

（3）喷油始点、喷油终点可以方便地改变。

（4）可以实现预喷射、主喷射和后喷射，可以根据排放等要求实现多段喷射。

（5）喷油压力与实际使用工况相适应。在电控共轨式燃油系统中，喷油压力的建立与燃油喷射之间无相互依存关系，喷油压力不取决于发动机转速和喷油量。在高压燃油存储器（即共轨管）中始终充满喷射用的具有一定压力的燃油。喷油量由电控单元计算决定，受到的其他制约条件很少。

（6）喷油正时和喷油压力在电控单元（ECU）中由存储的特性曲线谱（MAP）算出，然后通过控制安装在各气缸上的喷油器电磁阀予以实现。

电控共轨系统中，电控单元（ECU）接收和处理由各传感器检测到的信号，对发动机以及车辆其他系统进行控制和调节。

曲轴转速传感器检测发动机转速，凸轮轴转速传感器确定发火顺序（相位）。加速踏板位置传感器是反映驾驶人的驾驶意图以及对转矩要求的传感器，是由驾驶人直接操控的传感器，能够反映发动机的实时负荷状况。空气流量传感器检测空气质量流量。在涡轮增压并带增压压力调节的发动机中，增压压力传感器检测增压压力。在低温和发动机处于冷态时，电控单元可根据冷却液温度传感器和空气温度传感器的数值对喷油始点、预喷油及其他参数进行最佳匹配。根据车辆的不同，还可以将其他传感器和数据传输线接到 ECU 上，以适应日益增长的安全性和舒适性要求。

电控共轨系统中计算机具有自我诊断功能，对系统或主要传感器、执行器进行实时监测，一旦发现工作参数偏离最佳运行状态，诊断系统会通过点亮仪表板上的故障指示灯向驾驶人发出警报，并根据故障情况自动做出处理：或使发动机立即停止运行，或切换控制模式，起动应急功能，使发动机和车辆继续维持工作，勉强行驶到安全的地方。

在电控高压共轨系统中，供油压力与发动机转速、负荷无关，是可以独立控制的。由共轨压力传感器检测出燃油压力，并与设定的目标喷油压力进行比较后进行反馈控制。表 13-3 为高压共轨系统的基本特点。

表 13-3 高压共轨系统的基本特点

对燃油系统的要求		高压共轨系统的优点
喷油压力	最高喷油压力	无二次喷油等的约束，可以实现高压喷射，因为压油和喷油分别进行，所以，喷油压力可以控制（喷油压力和转速无关）
	喷油压力控制	
喷油速率控制		系统直接控制针阀运动，这对控制喷油率非常有利（如靴形喷油率，预喷射，多段喷射等）
喷油量控制		电磁阀的通/断电时刻可以自由控制（无约束）
喷油时间控制		
系统的构筑（合理性、生产性）		可以自由设定喷油参数：喷油压力、喷油量和喷油时间等，各个参数可以独立地满足相应的要求。在满足要求方面没有约束，自由度高

（二）电控高压共轨柴油喷射系统的优点

（1）燃油经济性好，降低了噪声，提高了尾气排放标准。高压柴油喷射系统喷油压力高，喷射过程分预喷、主喷和二次喷射，使燃油雾化好、燃烧充分，可降低燃烧噪声和燃油消耗，并可降低 NO 排放量。

（2）电控柴油机运转平稳。高压共轨系统，其喷油压力与转速无关，只取决于蓄压器中的燃油压力，喷油压力由压力传感器监测，使压力保持一致。解决了传统喷油泵高、低速时压差过大问题，也解决了柴油机运转不稳的问题。

（3）电控柴油机工作可靠。电控柴油机控制系统中，ECM 随时监测传感器输入的工作参数是否正确。当某些参数超过设定值时，ECM 立即报警，同时控制执行器进行调节和修正，直到发动机工作正常为止。如果 ECM 监测到一些重要参数不正确并将会影响到柴油机工作可靠性时，ECM 会使燃油喷射高速电磁阀切断燃油通路，使发动机进入自我保护状态，避免造成损失。

（4）具有故障诊断功能，减少了维修工作量。ECM 对发动机电控系统中的传感器、执行器和连接线路进行监测，当传感器及其连接电路出现故障时，ECM 会确认故障，并以故障码的形式存储，为排除故障带来方便。

（5）对柴油机的调速可精确控制。在电控柴油机喷射系统中，机械离心式调速器被电子调速器代替，燃油喷射量只与发动机负荷和转速有关，与油门调节无关，所以电控柴油机调速控制精度高。

（6）响应速度快，控制更为精确。在高压共轨喷射系统中，采用压电式喷油器，响应速度快，解决了电磁阀时间滞后问题，使喷油迅速、断油时间准确，控制精度高。

（7）电控柴油机应用广泛。电控高压喷射柴油机由于采用直喷、涡轮增压、每缸四气门，使排放的颗粒物大大减少，因而广泛应用在小客车、轻型客车、大型城市客车及中、重型载货汽车上。

（三）电控高压共轨技术的现状与未来

1. 国内外研究现状

电控燃油共轨技术现在是主要的发展趋势，但是在新技术的使用过程中，根据不同发动机的使用特点，使得电控燃油共轨技术在不同的使用条件下，在与发动机系统的匹配上还有很大的发展空间，尤其是在共轨技术的研究与开发方向上。目前该项新技术已经在国内外以柴油提供动力的汽车上广泛使用。这是世界汽车工业为满足日益严格的废气排放标准的必然趋势。

目前世界上主要的大公司，如日本电装公司、德国博世公司、意大利菲亚特集团、美国德尔福公司和美国福特都在研发和生产柴油机高压共轨系统。共轨系统将燃油压力的产生和燃油喷射分离开来，如果把单体泵柴油喷射技术比做柴油技术的革命的话，那共轨就可以称作反叛了，因为它背离了传统的柴油系统而近似于顺序汽油喷射系统。共轨系统开辟了降低柴油发动机排放和噪声的新途径。

由于其强大的技术潜力，今天各制造商已经把目光定在了共轨系统第 3 代——压电式（piezo）共轨系统。压电执行器代替了电磁阀，得到了更加精确的喷射控制。没有了回油管，在结构上更简单。压力从 0.2～2kPa 弹性调节。最小喷射量可控制在 0.5mm，减小了烟度和 NO 的排放。

日趋严重的能源危机，成为全世界内燃机行业关注的焦点，也使柴油机越来越受到用户青睐。与汽油机相比，柴油机有很多优势：能减少 20%～25%的 CO_2 废气排放，车速较低时的加速性能更有优势，平均燃油消耗低 25%～30%，能提供更多的驾驶乐趣。但是，与汽油机相比，柴油机的排放控制又是一个难点。为满足排放标准，柴油机先进的燃油喷射系统高压共轨技术成为业内人士关注的焦点。前些年，高压共轨技术是外资一统天下，现在这种局面被打破了。

2005 年 12 月 30 日，北京率先实施国Ⅲ排放标准。2006 年 7 月 31 日，上海公交、出租车行业新车实施国Ⅲ排放标准。2006 年 9 月 1 日，广州开始实施国Ⅲ排放标准。2010 年，全国实施国 IV 排放标准。

排放标准的提升，必然推动发动机技术的发展。对于汽油发动机，由于技术相对成熟且有后处理，因此满足目前排放标准难度不大。对于柴油发动机，由于目前大部分还是机械式燃油系统，且柴油机直喷技术发展历程较短，因而为满足排放标准要求必须重新设计发动机。我国目前大部分采用引进技术来满足现阶段排放标准（国Ⅲ），但也有部分企业在进行自主研发，如中国一汽无锡油泵油嘴研究所、成都威特等。

自从 1991 年日本电装公司发表 ECD－U2 高压共轨系统论文以来，国外燃油系统制造商纷纷投入巨额资金和人力开发共轨系统。博世公司于 1995 年发表了用于轿车的高压共轨系统，采用径向柱塞转子式供油泵，喷油器电磁阀采用球阀结构。目前博世公司共轨系统在欧洲乘用车和轻型车柴油机上已得到普遍应用，如德国奔驰公司 C 系列轿车、意大利阿尔法·罗密欧 156 轿车，以及德国大众奥迪 3.3LV8涡轮增压柴油机、美国通用公司与日本五十铃公司合资生产的 Duramax 6600 柴油机和美国康明斯公司的 ISBe3.9L 和 5.9L 全电控柴油机等。德尔福与西门子分别在 1998 年和 2000 年推出轿车 Multec DCR 1400 共轨系统，采用径向柱塞转子式供油泵。德尔福公司的喷油器电磁阀设计在喷油器内，使得喷油器体积更小巧；西门子喷油器采用压电执行器，响应时间更短；而日本电装公司在 1991 年研究开发出 ECD－U2 第一代产品，并于 1995 年匹配 Hino 的 J08C 柴油机、五十铃的 6HK1 柴油机，经过多年的改进与完善，最新产品为已用于轿车的 ECD－U2P 系统。

目前，共轨燃油喷射系统应用十分普遍，博世公司已生产出 2500 万套共轨系统，并在江苏无锡投资建设了技术中心和工厂，实现了本地化生产。长城汽车与博世公司开发出了高压共轨柴油发动机，此外奥迪、奔驰、华泰等品牌也推出了采用共轨系统的汽车。我国部分大学、研究所和企业也通过合作或独立自主研发，取得了各具特色的研究成果，并有数十项专利公布。因此，我国在电控直喷式柴油机方面已积累了一定的经验，但总体来说与国外还存在差距，主要体现在制造工艺和批量生产的质量控制。此外，国内共轨系统相关配套体系不健全，部分零部件还依靠进口，如单片机芯片、共轨压力传感器等。

国外公司与我国企业竞争已不占绝对优势。相对于汽油机而言，国内在电控柴油机方面与国外差距相对较小。这得益于两方面原因：一是我国原有柴油机使用车辆大都具有自主品牌；二是我国柴油机使用车辆的舒适性要求不高，价格低廉，国外公司与我国企业竞争不占优势。随着排放标准的提高，柴油机必须采用电控喷射系统。目前国内柴油电控系统主要有共轨、单体泵等，和国外先进技术相比，虽然还不具备对等的实力，但发展势头良好。如无锡油泵油嘴研究所研发的共轨系统已在无锡公交车上使用，同时国内从事电控柴油机研发的企业数量较多，因而国内电控柴油机市场今后一定会有所作为。而国外公司提供的产品价格相对较高，供货价格取决于批量，在目前我国电控柴油机批量还不大的前提下，他们很难拿到比较满意的价位。

同时，在售后服务及配件供应方面，国内自主品牌系统也存在明显的优势。国内自主研发的电控燃油系统竞争力主要体现在以下几方面。

首先，价格便宜，经济批量较小。其次，对于轻卡产品，在批量不大的情况下匹配共轨技术，可选择高喷射压力的 PM 型直列泵＋电子调速器＋冷却 EGR 方案，这也是我们的优势。还有，对于中、重型车辆，在国Ⅲ阶段已开始实施共轨、单体泵等技术路线。当然，国内在电控柴油机系统方面还面临很多挑战，如制造工艺不成熟，批量规模较小；燃油品质难以保证；柴油机后处理技术水平不高等。但这些会随着时间的推移，不久将逐步得到解决。

2. 发展趋势

就燃油喷射控制原理而言，各种共轨喷射系统近期不会有大的变化。未来的柴油机燃油喷射系统将向着高喷射压力、喷油量及喷油定时可灵活控制、最佳喷油速率控制的方向发展，全电子控制的燃油喷射系统是实现燃油喷射过程柔性控制的必然趋势。综合分析国内外对柴油机电控燃油喷射系统的研究历史和现状，以下几点是研究的目标。

（1）进一步高压化。为解决尾气排放达标问题，最根本还是提高共轨压力。电控高压共轨燃油喷射系统的发展趋势是喷射压力达 180～200MPa，甚至出现了“超高压喷射”的概念。当然，喷射压力也不是越高越好。相关研究指出，在保证油束贯穿距离足够大、压力提高值对燃烧改善效果明显的前提下，最高喷射压力取 180MPa 为宜。

（2）更小的喷孔直径、更短的响应时间和更低的功率消耗，提高关键部件的可靠性和寿命。随着喷射压力的提高，对电磁阀、喷油器的要求也相应提高，要求其响应速度高，高压稳定性好，同时可靠性好，寿命长，这将依赖于零部件制造技术的发展。关键技术如采用压电晶体喷油器代替原有的电磁阀进行控制。

柴油机高压共轨喷射系统的研究方向如下。

（1）新型智能型传感器的研制，更高精度和响应速度的传感器的生产和应用。

（2）新型电磁阀的研究。未来的电磁阀要求有更快的响应能力、工作精确性、重复性、可靠性以及良好的流通能力。如用压电陶瓷驱动器研制高响应电磁阀。

（3）共轨燃油压力波动的控制和计算的研究，持续恒压反馈控制的进一步深入研究和完善。

（4）最佳控制策略的研究，即多次喷射的控制技术以及通过控制压力调节喷油规律等。

（5）安全保护与提高故障诊断及紧急运行能力的研究。

（6）研究整个喷射系统优化匹配。

第十四章　柴油机缸体组设计

第一节　内燃机总体构造

由于内燃机的基本原理相似，主要构造也就大同小异。就内燃机的总体构造而言，都是由机体组、曲柄连杆机构、配气机构、燃油系统、润滑系统、冷却系统及起动系统等组成。汽油机还要有点火系统。如为增压发动机，则还要有增压系统。图 14-1 所示为柴油机的结构图。

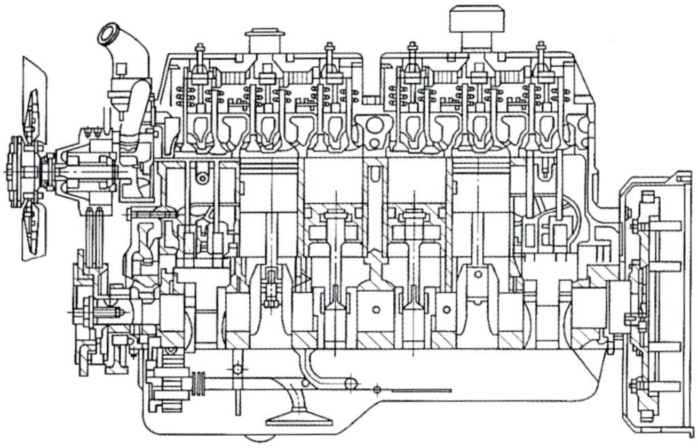

（1）

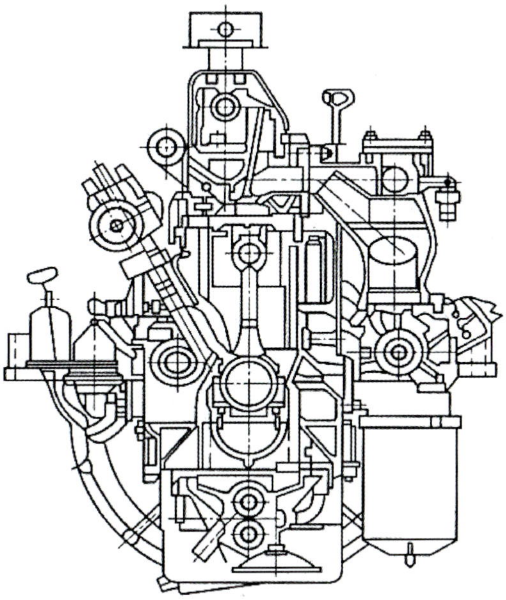

（2）

图 14-1　柴油机的结构

（1）纵剖结构；（2）横剖结构

该发动机用于中型货车，为六汽缸、水冷、四冲程汽油机。其结构特点是：

（1）采用龙门式机体，用 HT250 高强度铸铁铸制。汽缸镶嵌铌合金铸铁干式缸套。汽缸盖是铜钼合金铸铁的整体式结构，其上镶有铬镍铸铁进、排气门座和粉末冶金气门导管。

（2）活塞由含镍共晶铝合金液态模锻。活塞顶上有圆形凹坑，可借以在较大范围内调整压缩比，以适应油料变化和高原地区提高压缩比的需要。

（3）曲轴用 45 号钢锻造。前端装有扭振减振器。

（4）凸轮轴位于曲轴箱内，即所谓下置式凸轮轴。

第二节　机体组与曲柄连杆机构的工作条件

发动机是在高温、高压的燃气作用下和高速运动状态下工作的。因此，机体组与曲柄连杆机构要承受很大的热负荷、机械负荷，并存在着摩擦磨损和腐蚀现象。

热负荷一般是指受热零部件所承受的温度和热应力的强烈程度。

发动机在工作时，汽缸内燃气的瞬时最高温度可达 2000～2500 ℃，对组成燃烧室的活塞、汽缸盖和汽缸套等组件形成很高的热负荷。热负荷过高将使材料的机械性能显著降低，承载能力下降；使受热部件膨胀、变形；改变原来的配合间隙会使发动机性能下降；使受热部件承受过大的交变热应力，产生疲劳破坏等。因此，限制运转中发动机的热负荷，使之在一定范围内，对内燃机的经济、安全、可靠地运转是十分重要的。机械负荷主要是指机体组与曲柄连杆机构承受的气体作用力、运动惯性力以及安装力的强烈程度。其中影响较大的是气体力和运动惯性力。曲柄连杆机构的作用力如图 14-2 所示。

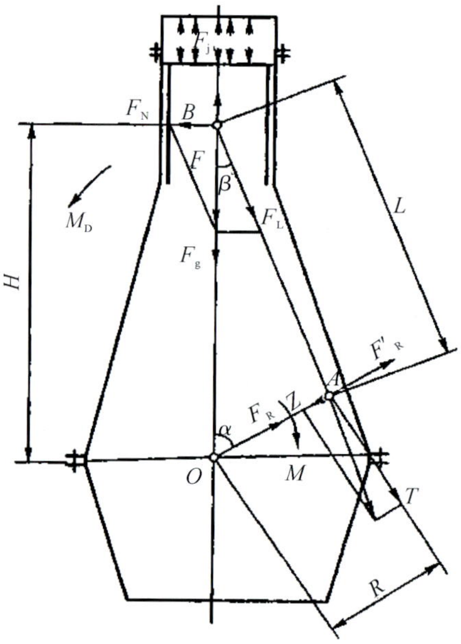

图 14-2　曲柄连杆机构的作用力

汽缸内的气体作用力 F_g 是不断变化的。做功过程中瞬时最高燃气压力，汽油机可达 4～6MPa；柴油机可达 6～9MPa，甚至高达 15MPa。这种交变载荷是使燃烧室部件产生疲劳破坏的原因之一。

曲柄连杆机构的惯性力有两种。一种是往复惯性力 F_j，是由活塞组件质量与连杆换算在其小头的部分质量之和，沿汽缸轴线做直线往复运动所产生的。往复惯性力作用在活塞销中心处，其方向与活塞加速度的方向相反。另一种是离心惯性力 F_R，是由集中在曲柄销中心处的不平衡回转质量与连杆换算在其大头的部分质量之和，绕曲轴轴线转动时所产生的离心惯性力。

往复惯性力和离心惯性力通过主轴承和机体传给发动机的支承。活塞上的作用力 F 是作用在活塞

上的气体作用力 F_g 与往复惯性力 F_j 的合力。它的作用点在活塞销几何中心，并分解为垂直于汽缸壁的侧压力 F_x 以及沿着连杆杆身轴线的连杆力 F_1。侧压力加剧了活塞和汽缸壁之间的摩擦磨损，同时，它相对于曲轴轴线构成翻倒力矩 M_p（$M_p=F_x \cdot H$）有使发动机翻倒的倾向。翻倒力矩通过机体传到发动机的支承，由车架承受。连杆力使连杆杆身受到压缩和拉伸。同时，传到曲柄销中心的连杆力又可分解为垂直曲柄的切向力 T 和沿着曲柄方向指向曲轴轴线的径向力 Z。

切向力 T 产生曲轴的转矩 M（$M=T \cdot R$）对外做功。分析表明发动机转矩 M 与翻倒力矩 M_p 大小相等，方向相反。

径向力 Z 由主轴承承受并产生摩擦磨损。由于发动机工作循环的周期性和曲柄连杆机构运动的周期性，上述各种力都随曲柄转角呈周期性变化，引起发动机的振动。为了改善这种状况，在保证足够的刚度和强度的前提下，应尽量减小曲柄连杆机构运动件的质量以减小惯性力，以及在曲轴上设置平衡重或平衡机构来平衡离心惯性力和惯性力矩。

曲柄连杆机构还存在多处的摩擦和腐蚀。摩擦主要存在于活塞与汽缸之间和轴颈与轴承之间。摩擦不仅使机件产生严重的磨损，还会产生摩擦损失功，降低发动机的机械效率。如活塞与汽缸之间的摩擦损失功约占整机的摩擦损失功的50%左右。摩擦产生的热量也是摩擦表面热负荷过高，甚至产生烧蚀的原因之一。腐蚀主要是由燃气或冷却水引起的。产生燃气腐蚀的主要原因是燃油中含有一些有害成分（如硫、硫化物等）。燃气腐蚀多发生在燃烧室表面和排气门上。冷却水的腐蚀主要集中在湿式汽缸套外壁及汽缸盖的冷却水腔中。

为保证机体组与曲柄连杆机构正常工作，根据各个零部件的功用和工作条件，在克服机械负荷方面，所采取的主要措施是零部件合理的结构设计和材料选择；减小摩擦和热负荷的主要措施是选用耐磨性、耐热性好的材料，组织可靠的润滑及设置冷却水系统；防腐蚀的措施主要有选用抗腐蚀材料，冷却水加入防锈剂及冷却水循环通道中采用电化学防腐措施（如防腐锌块）等。

第三节　机　体　组

机体组由机体、汽缸盖和油底壳等固定机件组成，如图 14-3 所示。机体组是发动机其他机构、系统等所有零部件的装配基体。其中机体、汽缸盖和活塞共同组成燃烧室。此外，机体与汽缸盖内的水套和油道以及油底壳又分别是冷却系统和润滑系统的组成部分。

一、机体

（一）机体的工作条件和要求

机体在汽缸内的气体力、运动部件的惯性力以及安装力的作用下，工作中承受拉、压、弯、扭等不同形式的机械负荷。汽缸内表面与活塞之间存在剧烈的摩擦磨损，并且与高温燃气直接接触而承受很大的热负荷。因此，对机体的要求主要是应有足够的刚度、强度、耐磨性以及良好的耐热性、耐蚀性等，以保证在各种使用条件下，不会因变形而影响各运动件之间的准确位置关系。机体在受力较大的地方还设有加强肋。此外，对机体应力求结构紧凑、质量小，以减小整机的尺寸和质量。

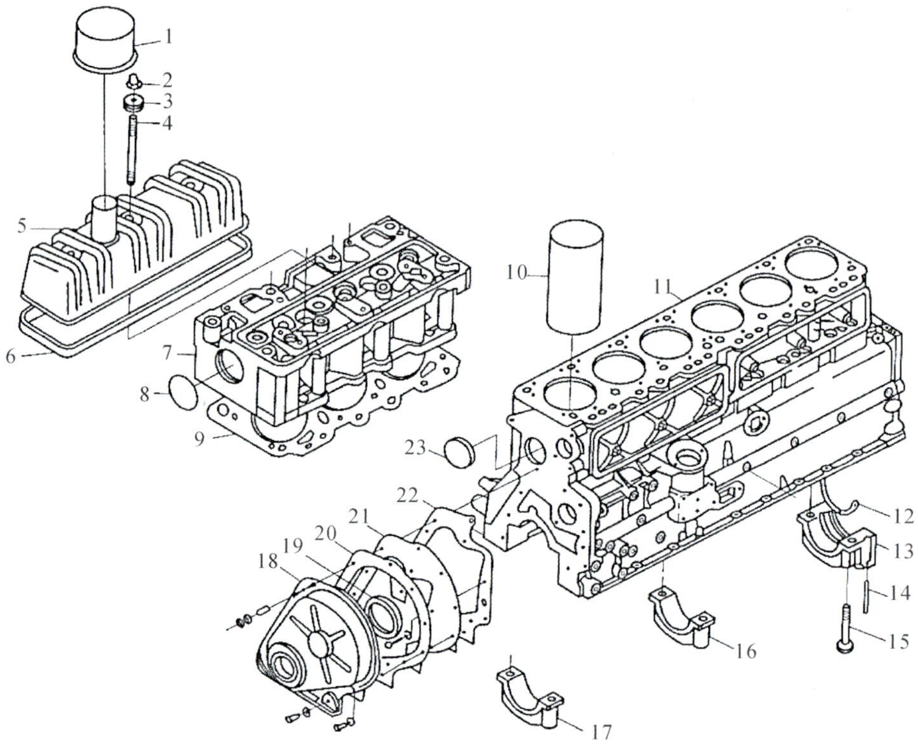

图 14-3　机体组（EQ6100－1）

（二）机体的材料

机体一般用高强度灰铸铁或铝合金铸造。

（三）机体的结构

机体是结构复杂的箱形零件。在机体侧壁和前后壁的内外表面及汽缸间的横隔板上均有加强肋，以保证机体有足够的强度和刚度。在机体前后壁和汽缸间的横隔板上铸有支承曲轴的主轴承座或主轴承座孔以及纵、横向的润滑油道。在汽缸的外壁铸有冷却水套和布水室。

机体按曲轴箱结构形式分类，有如下三种（图 14-4）。

1. 一般式机体

其底面与曲轴轴线在同一平面上［图 14-4（1）］。这种机体高度小、质量小，但刚度较差，且机体前后端与油底壳之间的密封比较复杂。一般式机体多用于轻型发动机上。

2. 龙门式机体

其底面比曲轴轴线低，使整个主轴承位于曲轴箱内［图 14-4（2）］。这种机体总体高度大，刚度较大，机体与油底壳之间的密封也比较简单，广泛用于中、小型发动机上。如解放 CA6102、东风 EQ6100－1 等机型，均采用龙门式汽缸体。

上述两种形式，其主轴承座孔均为分开式，轴承座孔的内孔和端面是在主轴承盖上用定位销或定位套（平分式），或主轴承盖两侧平面（龙门式）定位，并用螺栓固定后进行加工成型的。因而轴承盖既不可换位也不可换向。为避免错装，在主轴承盖上都有位置和方向记号。

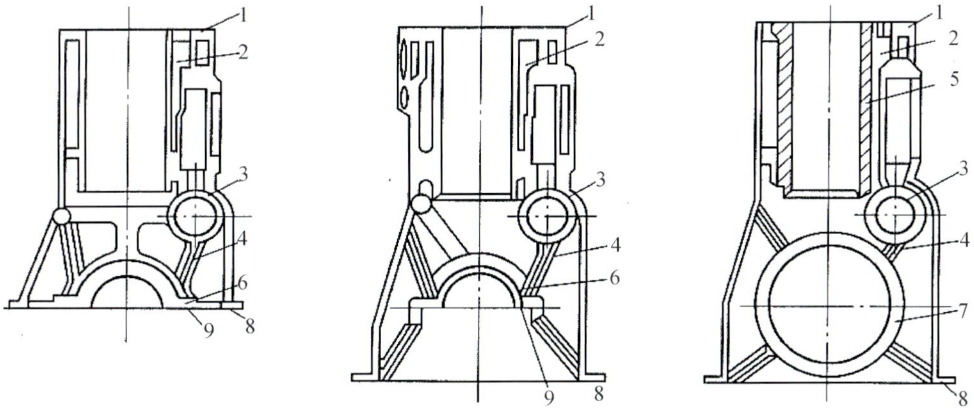

图 14-4　机体的结构形式

（1）一般式；（2）龙门式；（3）隧道式

3. 隧道式机体

这种机体上的主轴承孔不剖分，因此刚度、强度高，适用于主轴承为大直径窄型滚动轴承的柴油机［图 14-4（3）］。但是由于大直径窄型滚动轴承的圆周速度不能很大，且价格昂贵，因此限制了隧道式机体在高速发动机上的应用。

机体按汽缸排列形式分类，主要有直列式和 V 形排列式两种，如图 14-5 所示。直列式多用于 6 缸以下的发动机，V 形排列式多用于 8 缸以上的内燃机。

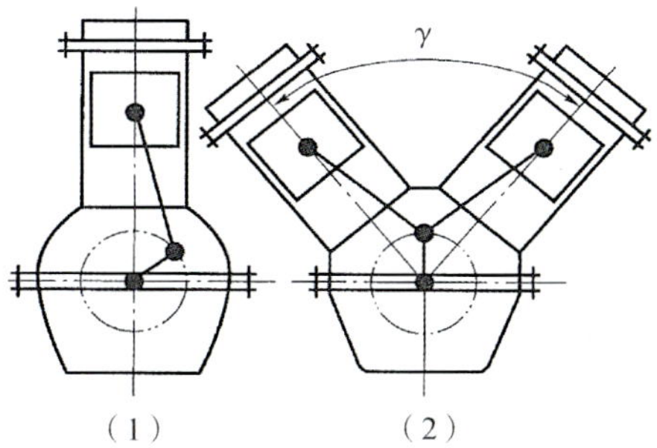

图 14-5　内燃机机体排列形式

（1）直列式；（2）V 形

二、汽缸与汽缸套

汽缸内表面由于受高温高压燃气的作用并与高速运动的活塞接触而极易磨损。为了提高汽缸的耐磨性和延长汽缸的使用寿命而有不同的汽缸结构形式和表面处理方法。

汽缸的结构形式有无汽缸套式、干汽缸套式和湿汽缸套式三种。

无汽缸套式是指在汽缸体上直接加工出汽缸。为提高汽缸的耐磨性，机体必须用贵重的耐磨的合金铸铁制造。汽缸内表面用珩磨方法直接加工出深度为 4～6.5μm 的网纹，以改善汽缸与活塞之间的润滑性和磨合性。无汽缸套式的缺点是贵重的金属材料浪费较大，致使制造成本高。为此，目前只有少数发动机使用这种结构。

干式汽缸套是压入或装入汽缸体的汽缸座孔内，其外表面不与冷却水套直接接触的汽缸套[图 14-6（1）]。用合金铸铁离心铸造的干式汽缸套壁厚为 2～3mm，而精密拉伸的钢制汽缸套壁厚仅为 1.0～1.5mm。为了保证良好的散热效果和准确的安装定位，汽缸套和汽缸座孔的接触面要有较高的加工精度。汽缸套与座孔在采用过盈配合时，过盈量在 0～0.0002D 之间。现在多采用动配合，其间隙为 0.017～0.037mm。解放 CA6102、东风 EQ6100－1 汽油机均采用干式汽缸套。铝合金机体则是将合金铸铁缸套与铝合金机体铸在一起。干式汽缸套的特点是具有良好的水密封性和较大的机体刚度，汽缸中心距小，质量小，加工工艺简单。其缺点是散热效果较差，温度分布不均匀，容易发生局部变形。

湿式汽缸套的壁厚为 5～9mm，缸套外壁与冷却水直接接触，因此，具有散热效果好，拆装方便等优点，但对水的密封要求高［图 14-6（2）］。其安装时，汽缸套外侧上、下两个凸缘与汽缸座孔的接触面 A、B 确保汽缸套径向定位准确，接触面 C 确保汽缸套轴向定位准确。为防止漏水，接触面 C 之间装有密封铜垫片；下凸缘接触面 B 上车有 1～2 道环槽，内装橡胶密封圈。缸套装入汽缸座孔后，其上端面应高于汽缸体的上平面约 0.05～0.15mm，以便安装汽缸盖时能压紧汽缸套。汽缸套的这种安装方式，可以保证其在受热情况下向下自由膨胀，而不致使缸孔受热变形影响正常工作。

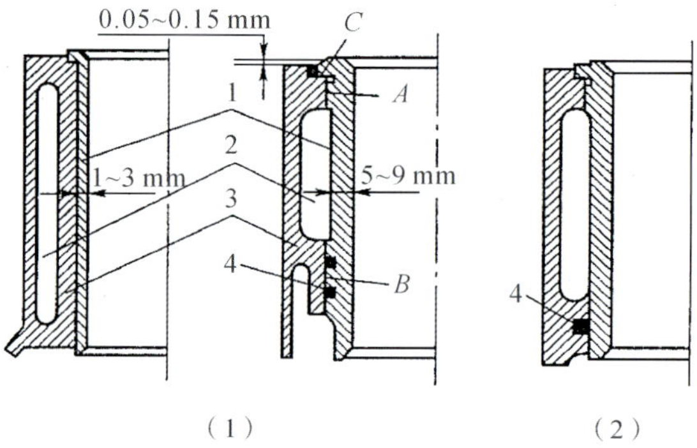

1—气缸套；2—水套；3—汽缸体；4—橡胶密封圈

图 14-6　气缸套

（1）干式气缸套；（2）湿式气缸套

汽缸套的常用材料有合金铸铁、高磷铸铁和硼铸铁等。为提高汽缸套的耐磨性，其内表面通常进行热处理，主要方法有表面淬硬、多孔性镀铬、氮化和喷镀等。有的汽缸套内表面珩磨网纹，以利于贮油润滑。湿式汽缸套外表面与冷却水接触的部位一般用镀镉、镀锌或乳白镀铬等方法进行防蚀处理。

三、汽缸盖与汽缸垫

1. 汽缸盖的工作条件和要求

汽缸盖在工作中直接与高温高压燃气接触，同时又要承受很大的安装力，所以机械负荷和热负荷严重。汽缸盖结构复杂，受力不均，应力集中现象严重。因此，要求汽缸盖具有足够的强度和刚度，保证在机械应力和热应力作用下可靠地工作，不会因变形而泄漏。为使汽缸盖的温度分布尽可能均匀，避免进、排气门座之间发生热裂纹，应对汽缸盖进行良好的冷却。

2. 汽缸盖的材料

汽缸盖一般使用铸造性、耐热性好的优质灰铸铁制造。少数轻型汽油机采用导热性能好的铝合金材料制造，其缺点是高温强度差，容易变形。

3. 汽缸盖的结构

汽缸盖是结构复杂的箱形零件，其上设有冷却水套、燃烧室或燃烧室的一部分、气门导管孔、进排气门座孔、气门导管孔、进排气道等以及火花塞或喷油器的安装孔等（图 14-7）。

汽缸盖的结构随气门的布置、冷却方式以及燃烧室的形状而异，一般可分为整体式、分体式和单体式三种。

中、小功率高速发动机一般都采用整机用一个的整体式缸盖（图 14-7a、图 14-7b）。这种缸盖结构紧凑，可缩小汽缸中心距，不足之处是铸造困难。缸径较大的柴油机常采用两缸或三缸一个的分体式汽缸盖（图 14-7c），甚至每缸一个缸盖的单体式汽缸盖（图 14-7d）。单体式缸盖制造、维修方便，缸盖与汽缸之间的密封易于保证。

汽缸盖和机体上平面用汽缸盖螺栓连接在一起。在上紧汽缸盖螺栓时，必须用专用工具按由中间向四周扩展并对称交叉的顺序，分几次上紧，最后达到规定的转矩。对于铸铁缸盖，为防止螺栓受热后伸长而影响紧度，一般在冷车上紧后，还要在发动机运转到正常工作温度后，再冷车复核一次。

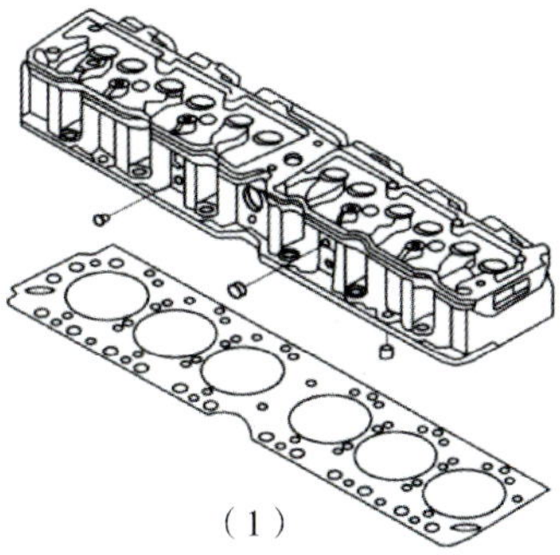

（1）

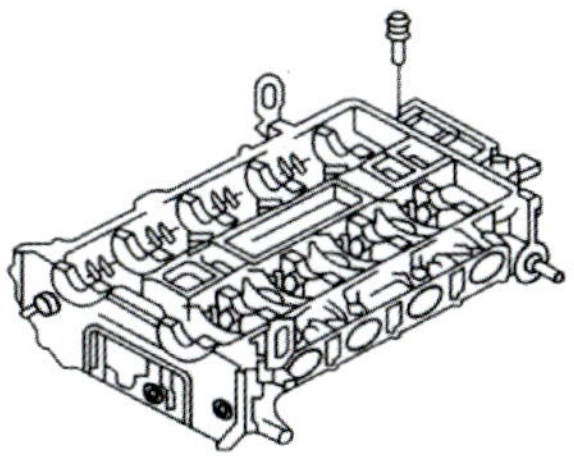

（2）

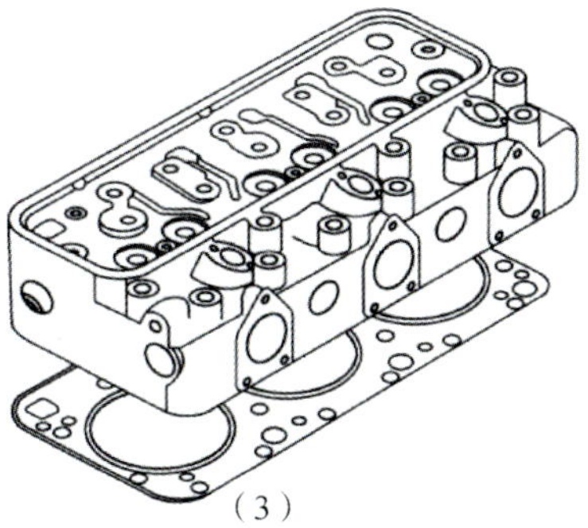

（3）

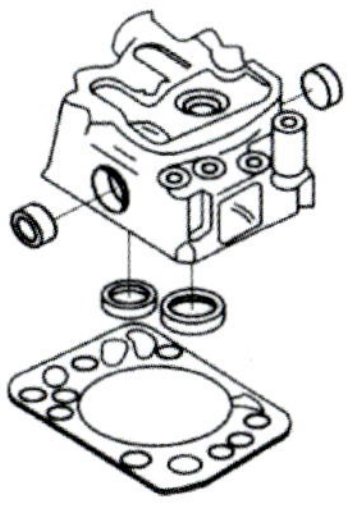

（4）

图 14-7　各种形式的汽缸盖

（1）中功率高速发动机整体式缸盖；（2）小功率高速发动机整体式缸盖；

（3）柴油机分体式气缸盖；（4）柴油机单体式气缸盖

4. 汽缸垫

为了保证汽缸盖与机体上平面之间的密封，防止漏气、漏机油、漏冷却水，在两者结合面间装有汽缸垫。

目前使用较多的是金属－石棉汽缸垫（图 14-8）。它是在夹有金属丝或金属屑的石棉层外包以钢皮或铜皮制成的。石棉耐热，具有良好的弹性，可提高汽缸垫的密封效果。石棉中的金属丝或金属屑可提高导热性能，保持汽缸盖与汽缸垫的温度均匀。汽缸垫上的燃烧室孔周围用镍片镶边，以防止被高温燃气烧蚀。

在强化程度较高的柴油机上，也有用塑性金属制成的金属衬垫，如采用硬铝板或冲压钢片制成的汽缸垫。

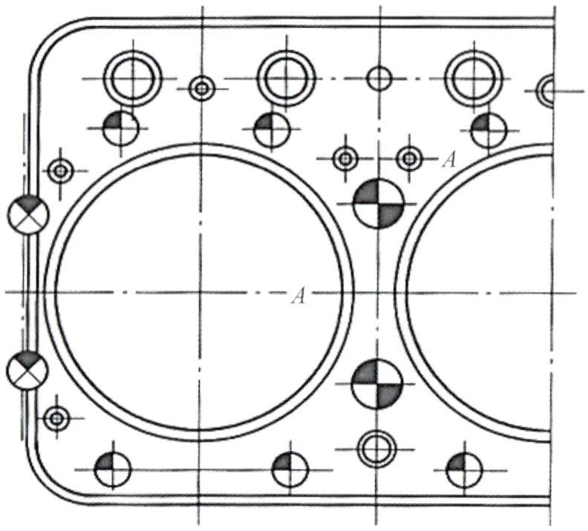

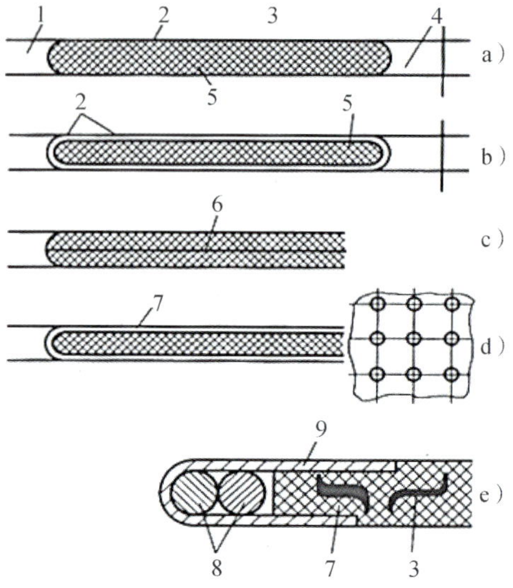

a)、b) 铜皮、钢皮与石棉组成的衬垫；c) 编织钢丝与石棉组成的衬垫；

d) 冲孔钢板与石棉组成的衬垫；e) 嵌钢丝的钢板与石棉组成的衬垫；

1—汽缸孔；2、5—钢皮；3—橡胶石棉；4—水孔；6—编织钢丝；

7—冲孔钢板；8—软钢丝；9—不锈钢板

图 14-8 汽缸盖衬垫

(1) 气缸盖；(2) 称垫

四、油底壳

油底壳除用来封闭曲轴箱外，还用来储存和冷却机油。油底壳一般用薄钢板冲压而成，也有用铸铁或铝合金铸成的，如图 14-9 所示。为防止机油激溅，油底壳中设有稳油板。油底壳底部装有放油旋塞，有些旋塞还具有磁性，可以吸附机油中的铁屑，以减小机件的磨损。油底壳后部的深度较大，底部呈斜面，以保证车辆爬坡时机油泵吸油管的入口始终在液面之下，防止断油。

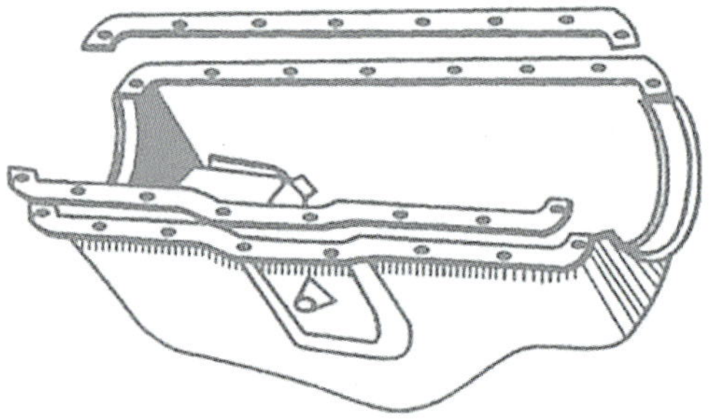

图 14-9 油底壳

五、发动机的支承

发动机一般通过汽缸体和飞轮壳或变速器壳上的若干支承，用螺栓安装在车架的发动机支架上。发动机的支承方法有三点支承和四点支承等几种，如图 14-10 所示。

三点支承有三个支承点，可以是一前两后，也可以是两前一后。四点支承是前后各有两个支承点。各支承点均为弹性支承，一般多采用弹性橡胶垫夹在支承和支架安装面之间，以减少发动机振动对车辆的影响，同时还可以消除车辆行驶中车架的变形对发动机的影响。

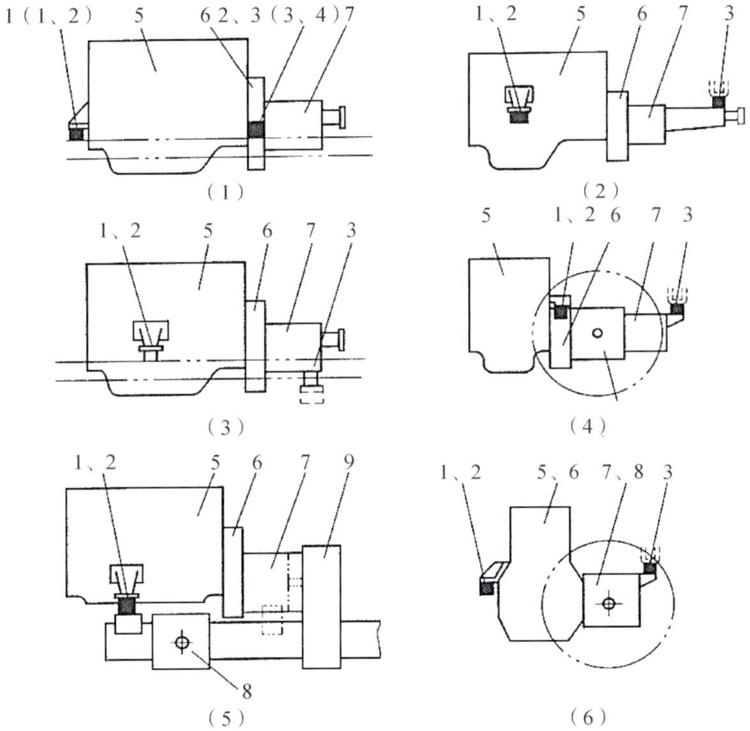

1、2、3、4—支承；5—发动机；6—离合器壳；7—变速器；8—主减速器；9—分动器

图 14-10 发动机支承方法示意图

(1) 三点和四点支承；(2)、(3)、(4)、(5) 三点支承；(6) 两点支承

第四节 曲柄连杆机构

曲柄连杆机构由活塞连杆组和曲轴飞轮组等运动件组成。其功用是将活塞的往复运动转换成曲轴的回转运动，同时将作用在活塞上的气体作用力转变为曲轴对外输出的转矩。

一、活塞连杆组

活塞连杆组由活塞、活塞环、活塞销及连杆组等零部件组成，如图 14-11 所示。

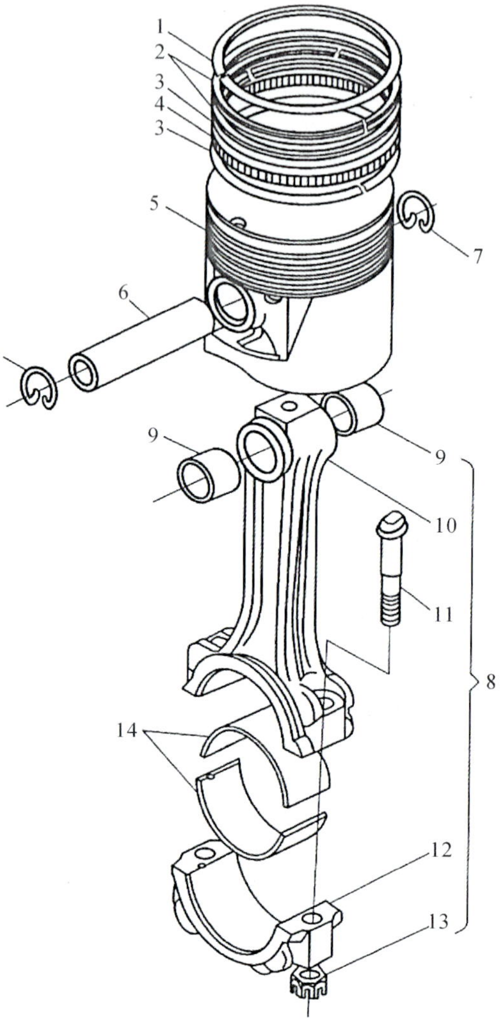

1、2—气环；3—油环刮片；4—油环衬簧；5—活塞；6—活塞销；7—活塞销卡环；8—连杆组；
9—连杆衬套；10—连杆；11—连杆螺栓；12—连杆盖；13—连杆螺母；14—连杆轴瓦

图 14-11　活塞连杆组

（一）活塞

1. 活塞的功用、工作条件与要求

活塞的功用是与汽缸盖、汽缸套共同组成燃烧室；承受燃气的压力并通过连杆传递给曲轴，驱动曲轴转动。

发动机工作时，作用在活塞上的有气体压力和往复运动惯性力。这些力都是周期性变化的，且最大值都很大，如增压发动机瞬时燃气爆发压力可达 14～16MPa；高速汽油机的最大往复惯性力可达活塞本身重量的 3000 倍以上，因此活塞承受着很大的机械负荷。工作中，活塞顶面受高温燃气加热，工作温度可达 330～430 ℃，且散热条件很差，使活塞承受很高的热负荷。高温使活塞膨胀变形，破坏活塞与其他零件之间的正常配合间隙，同时使材料的机械性能下降。整个活塞温度的分布又很不均匀，从而产生很大的热应力和热疲劳现象。此外，活塞顶面的高压导致侧压力大，引起活塞的变形，加速活塞与汽缸套之间的磨损。

根据上述分析，对活塞要求有足够的强度与刚度；质量要尽可能小，以减小惯性力；导热性好，热膨胀系数小，有足够的耐热性；还要有良好的耐磨性，以减小磨损。

2. 活塞的材料

目前铝合金活塞多用含硅 12%左右的共晶铝硅合金或含硅 18%～23%的过共晶铝硅合金制造。一定的硅含量可以提高活塞表面的耐磨性，外加镍和铜，以提高热稳定性和高温力学性能。在强化程度较高的增压柴油机上也有采用合金铸铁或耐热合金钢制作活塞顶部和头部，其他部位用铝合金材料的组合式活塞。铝合金具有质量小，导热性好的优点。缺点是热膨胀系数较大，在温度升高时强度和硬度下降较快。

3. 活塞的结构

活塞是由活塞顶、头部和裙部三个部分组成，其结构如图 14-12 所示。

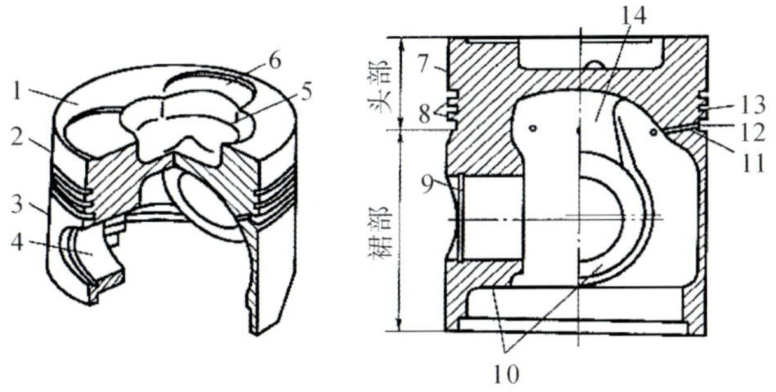

（1）　　（2）

1—活塞顶；2—活塞头部；3—活塞裙部；4—活塞销孔；5—燃烧室凹坑；6—气门凹坑；7—活塞顶岸；8—活塞环岸；9—挡圈槽；10—活塞销座；11—回油孔；12—油环槽；13—气环槽；14—加强肋

图 14-12　活塞各部名称

（1）活塞三维图；（2）活塞截面图

1）活塞顶

活塞顶是组成燃烧室的主要部分。汽油机活塞顶形状与燃烧室形式和压缩比大小有关；柴油机活塞顶形状则取决于混合气形成的方式和燃烧室形式。常见的活塞顶形状有平顶、凸顶和凹顶三种，如图 14-13 所示。汽油机多采用平顶活塞［图 14-13（1）］，其优点是吸热面积小，制造简单；采用凹顶活塞［图 14-13（2）］，可以通过改变凹坑尺寸来调节发动机的压缩比；凸顶活塞［图 14-13（3）］，有利于引导气流运动，主要用于二冲程汽油机上。柴油机多用凹顶活塞［图 14-13（4）、图 14-13（5）、图 14-13（6）］以形成各种特殊形状的燃烧室。凹坑的具体形状、位置和大小都必须与柴油机的混合气形成与燃烧的要求相适应。为防止气门与活塞顶相撞，有的活塞顶上还有防碰的气门凹坑（图 14-12）。

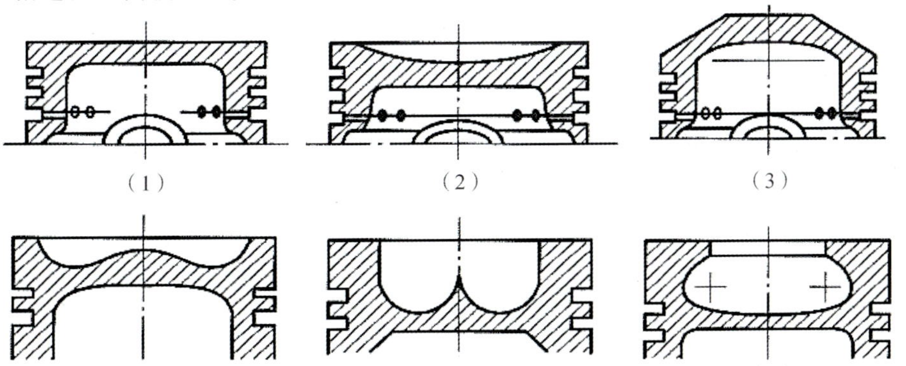

（1）　（2）　（3）　（4）　（5）　（6）

图 14-13　活塞顶部形状

（1）平顶；（2）凹顶；（3）凸顶；（4）、（5）、（6）凹坑

活塞顶部的厚度随半径的增大而逐渐加厚，顶部背面与活塞头部内壁通常圆弧连接并设有加强肋，以提高活塞的强度和刚度，同时也加大了散热截面积。

2）活塞头部

头部是指活塞顶至油环环槽下端面之间的部分，也称环槽部。在活塞头部加工有若干道环槽，用以安装活塞环。上侧的 2～3 道是气环槽，最下侧 1 道是油环槽。两个环槽之间部分称为环岸。在油环槽的底面上钻有许多回油孔或横向切槽，以便刮油环从汽缸壁上刮下的机油经小孔或横向切槽、活塞内壁流回油底壳（图 14-12）。

有些活塞，在第一道气环环槽上侧开有一道隔热槽，以限制活塞顶传给第一道气环的热量。为了减少第一道环槽的磨损，有的活塞在该槽中镶嵌了耐热耐磨的环槽护圈，如图 14-14 所示。这种结构在近代高速柴油机上应用较广泛。护圈的材料为热膨胀系数与铝合金接近的镍铬奥氏体铸铁或高锰奥氏体铸铁。

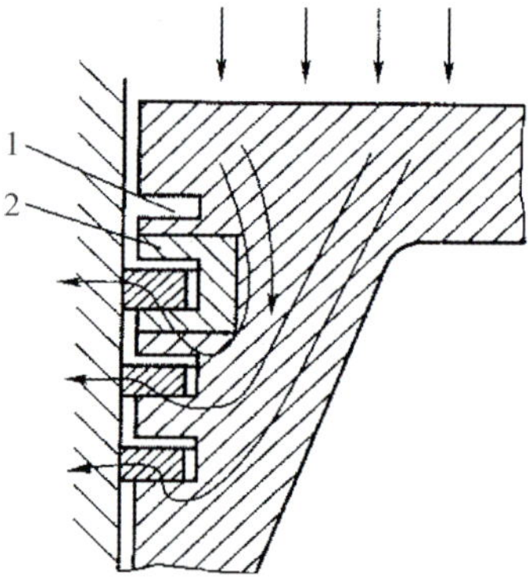

1—隔热槽；2—活塞环槽护圈

图 14-14　环槽护圈和隔热槽

活塞的冷却是通过气环将活塞顶及头部的热量传递给汽缸套的。在某些高强化的柴油机上，为了减轻活塞顶和头部的热负荷而采用油冷活塞。用机油冷却活塞的方法有三种。

自由喷射冷却法。即从连杆小头的喷油孔或从安装在机体上的喷油嘴向活塞顶内壁喷射机油，如图 14-15（1）、图 14-15（2）。

振荡冷却法。即从连杆小头的喷油孔将机油喷入活塞内壁的环行油槽中产生振荡而冷却活塞，如图 14-15（3）。

强制冷却法。即在活塞头部铸出冷却油道或铸入冷却油管，使机油在其中流动以冷却活塞，如图 14-15（4）。强制冷却法多为增压发动机采用。

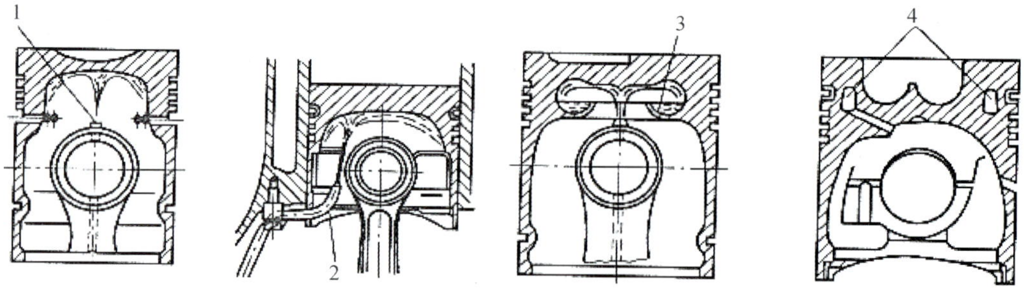

1—喷油孔；2—喷油嘴；3—环形油槽；4—冷却油道

图 14-15　油冷活塞

（1）喷油孔—自由喷射冷却渍；（2）喷油嘴—自由喷射冷却法；

（3）环形油槽—振荡冷却法；（4）冷却油道—强制冷却法

3）活塞裙部

裙部是活塞头部最末一道环槽以下的部分。活塞裙部对活塞运动起导向作用。汽缸与活塞之间在任何工况下都应保持均匀的、适宜的间隙。此外，裙部要有足够大的实际承压面积，以承受侧压力。活塞裙部承受膨胀行程侧压力的承压面称主推力面，承受压缩行程侧压力的承压面称次推力面。活塞裙部的主、次推力面之间设有活塞销座，用来安装活塞销。

在实际工作中，由于受力及受热等原因，活塞裙部横截面形状会由正圆形变成椭圆形，原因有三。

金属受热膨胀不均匀。活塞横截面上金属分布不均匀，沿活塞销座轴线方向上金属层很厚，而垂直于销座轴线方向上的金属层很薄，因此受热后沿销座轴线方向膨胀量比垂直销座轴线方向要大得多[图 14-16（1）]。

裙部受侧压力作用的变形。由于活塞的侧压力是垂直于销座轴线方向的，汽缸对活塞裙部的反作用力使垂直于销座轴线方向受挤压变短，沿销座轴线方向变长[图 14-16（2）]。

活塞顶部受气体压力的作用，使裙部沿销座轴线方向扩张变形[图 14-16（3）]。

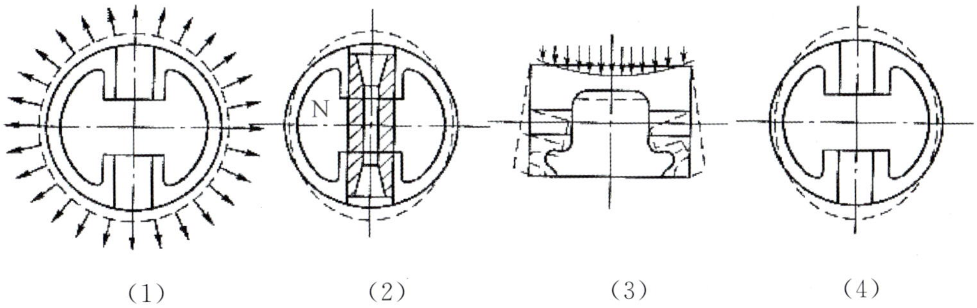

图 14-16 活塞裙部的变形

（1）热膨胀变形；（2）侧压力作用变形；（3）气体压力作用变形；（4）综合作用变形

上述三种原因产生的变形方向是相同的，即活塞在工作中裙部呈椭圆形，其长轴沿销座轴线方向，短轴垂直于销座轴线[图 14-16（4）]。

活塞裙部的变形，会使裙部与汽缸之间的间隙很不均匀，沿销座轴线方向间隙最小，而垂直销座轴线方向间隙最大。若冷态下按椭圆短轴与汽缸套配合，则工作时由于长轴的增大将使活塞在汽缸中卡死；相反，若冷态下按椭圆长轴与汽缸套配合，则工作时短轴方向的间隙过大，漏气量增大，活塞敲缸加剧。为解决上述问题，保证活塞各部位与汽缸之间在工作中都有大小合适的均匀的间隙，活塞的裙部在制造时做成反椭圆形，即冷态时裙部为长轴与销座轴线垂直而短轴与销座轴线平行的椭圆形。这样在工作受热状态下，裙部横截面就可以变成正圆形。

在活塞的高度方向上，活塞顶的温度最高，向下温度逐渐降低，活塞的热膨胀量上大下小。为了在工作温度下活塞裙部接近圆柱形，高度方向上有均匀的配合间隙，须将活塞制成上小下大的锥形或桶形。桶形裙与汽缸壁之间能够形成双向楔形油膜，它可保证活塞具有较高的承载能力和良好的润滑。

为了控制活塞的热变形，还采取一些其他措施，汽油机上常见的措施如下。

（1）在裙部的次推力面上开 Π 形或 T 形弹性槽，如图 14-17 所示。横槽开在最下面的活塞环槽内，可以部分切断由活塞顶流向活塞裙部的热量，使裙部热膨胀量减少；纵槽开在活塞裙部，使裙部具有弹性，这样可以使冷态下活塞裙部与汽缸间隙保持最小，而在工作状态又不致卡死。

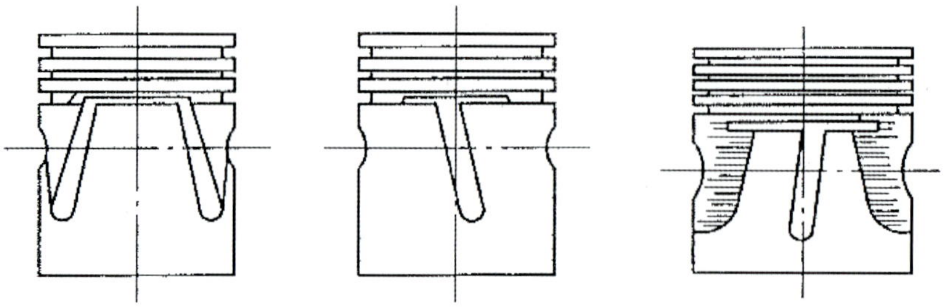

图 14-17　活塞裙部弹性槽

（2）在销座内镶铸恒范钢片，如图 14-18 所示。因为钢片的膨胀系数只有铝合金的 1/10 左右，可以限制裙部在活塞销座孔轴线方向的热膨胀变形。

柴油机由于燃气压力高，活塞所受的侧向作用力过大而不宜采用上述措施。柴油机一般采用在裙部镶入圆筒式钢片的措施，如图 14-19 所示。

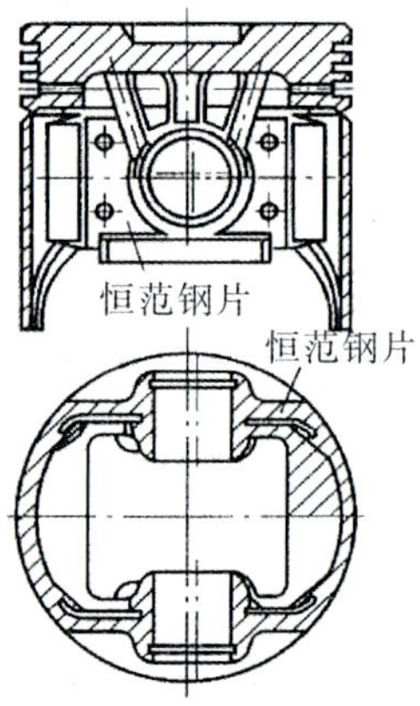

图 14-18　销座上带有恒范钢片的活塞

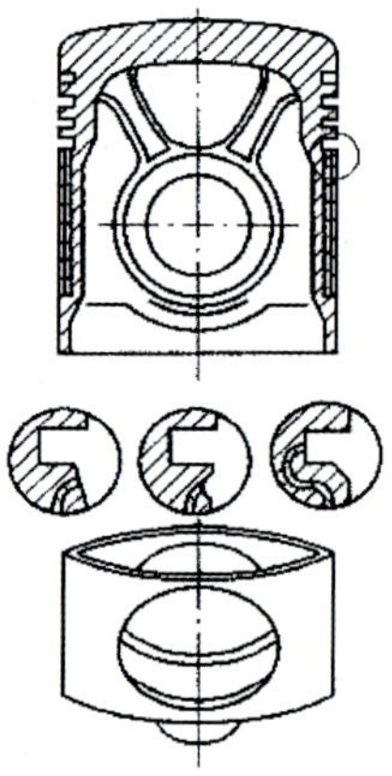

图 14-19　柴油机镶筒形钢片活塞

在一些强化程度较高的柴油机上，活塞裙部的下边缘附近还设有一道刮油环槽，以改善活塞与汽缸之间的润滑条件。

裙部的活塞销座，用来安装活塞销。活塞所承受的作用力都是通过销座传递给活塞销的。活塞销座与活塞顶之间还有加强肋，以增加刚度。在活塞销座孔内接近外端面处还开有卡环槽，内装卡环，以防止活塞销的轴向窜动。

活塞销座孔有很高的加工精度，以达到与活塞销高精度的配合。有些活塞销座上侧钻有集油孔，以利于座孔的润滑。

（二）活塞环

1）活塞环的功用、工作条件和要求

活塞环有气环和油环两种。

气环也称压缩环，它的主要功用是密封汽缸，防止汽缸中的气体漏入曲轴箱；将活塞头部的大部分热量传递给汽缸壁，保持活塞正常的工作温度。油环的功用是对汽缸工作面布油和刮去多余的机油。

活塞环在工作中由于受到高温高压气体的压力、往复运动惯性力和摩擦力的作用，使活塞环在工作中受到强烈的振动和冲击；润滑条件较差使得活塞环在工作中磨损严重，其中第一道气环的工件条件尤为恶劣。因此，活塞环应具有良好的耐热性、传热性、冲击韧性、弹性、足够的机械强度以及与汽缸材料的良好磨合性等。

2）活塞环的材料

活塞环对材料的要求较高。目前广泛采用的材料有优质灰铸铁、球墨铸铁、合金铸铁和钢带等。

为改善活塞环的工作性能，一般要对其表面进行处理。第一道环的外圆面通常进行多孔性镀铬或喷钼处理。多孔性铬层硬度高，并能储存少量机油，可以改善润滑减轻磨损。钼的熔点高，也具有多孔性，因此喷钼也可以提高活塞环的耐磨性。其他各道活塞环经常采用的方法有镀铜、镀锡、磷化等，以改善其磨合性。钢带组合油环的上下刮片，其外圆面均进行多孔性镀铬。

3）活塞环的结构

活塞环是具有开口的弹性圆环，在自由状态下，环的外径略大于汽缸内径。活塞环装入汽缸后，在弹力作用下压紧在汽缸内壁上，此时在环的开口处仍要留有一定的间隙，称为搭口间隙，以防止活塞环在工作中受热膨胀而卡死在汽缸中。搭口间隙一般为 0.25～0.80mm。第一道气环的温度最高，搭口间隙也最大。搭口间隙过大漏气严重；过小，活塞环受热膨胀后可能卡死甚至折断。活塞环在环高方向上与环槽要有一定的间隙，称为侧隙（也称天地间隙），以防止活塞环受热时卡死在环槽内。另外，活塞环装入汽缸后，活塞环内圆面与环槽底面之间的间隙称为径向间隙（也称背隙）[图 14-20（1）]。

油环为了增加弹力，环高比气环大，同时为了减小环与汽缸壁的接触面积，增大接触压力，在环的外圆面上加工出环形集油槽，形成上刮油唇和下刮油唇，在集油槽底加工有回油孔 [图 14-20（2）]。

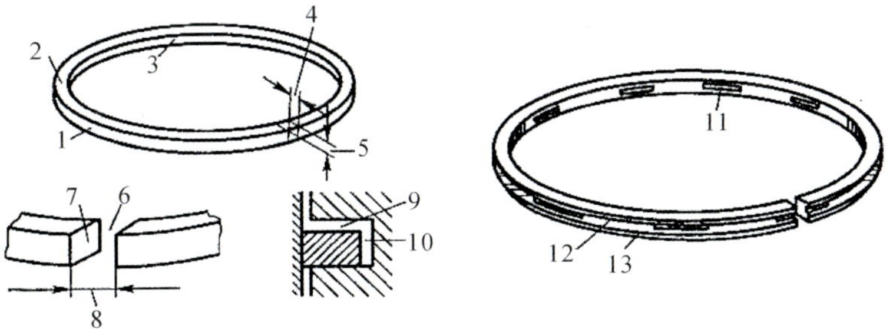

5—环高；6—开口；9—侧隙；10—间隙；11—回油孔；12—上刮油唇；13—下刮油唇

图 14-20　活塞环各部名称

（1）气环；（2）油环

（1）气环。气环的密封原理如图 14-21 所示。气环装入汽缸后在自身弹力的作用下与汽缸壁紧密贴合，形成第一密封面。发动机工作时，窜入活塞环侧隙和背隙的高压气体一方面把活塞环压紧在环槽的下侧面上，形成第二密封面，同时作用在内圆面上的气体压力又大大地加强了第一密封面，从而形成了可靠的密封。实际上由于活塞环搭口间隙的存在，仍有少量气体泄漏。为此在安装活塞环时，相邻活塞环的开口要错开 180°，通过加强节流作用，形成“迷宫式”密封，从而有效地加强对气体的密封作用。

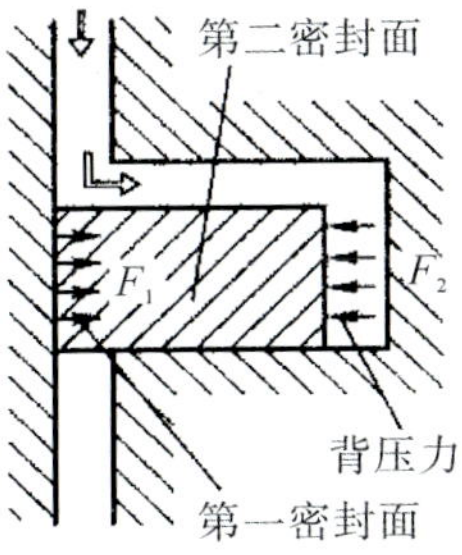

图 14-21　气环的密封原理

由上可知，活塞环自身的弹力对汽缸壁的压力比作用在内圆面上的气体压力要小得多，但却是形成密封的前提。假如没有活塞环的弹力或弹力过小，活塞环与缸壁间漏气，第一密封面不能形成，则气体压力也就起不到加强第一密封面和形成第二密封面的作用。此外，气环的开口形状对漏气影响很大。气环的开口形状通常有直开口、阶梯开口和斜开口三种，如图 14-22 所示。直开口 [图 14-22（1）] 工艺性好，但密封性差；阶梯开口 [图 14-22（2）] 密封性好，工艺性差；斜开口 [图 14-22（3）] 的密封性和工艺性介于前两种之间，斜角一般为 30°和 45°。

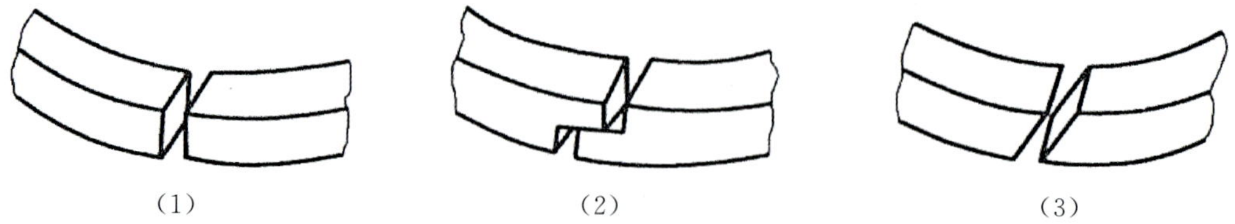

图 14-22　气环开口形状

(1) 直开口；(2) 阶梯开口；(3) 斜开口

气环的断面形状对其密封效果和使用性能有很大影响。按其断面形状气环可分成矩形环、锥面环、扭曲环、梯形环和桶面环等，如图 14-23 所示。

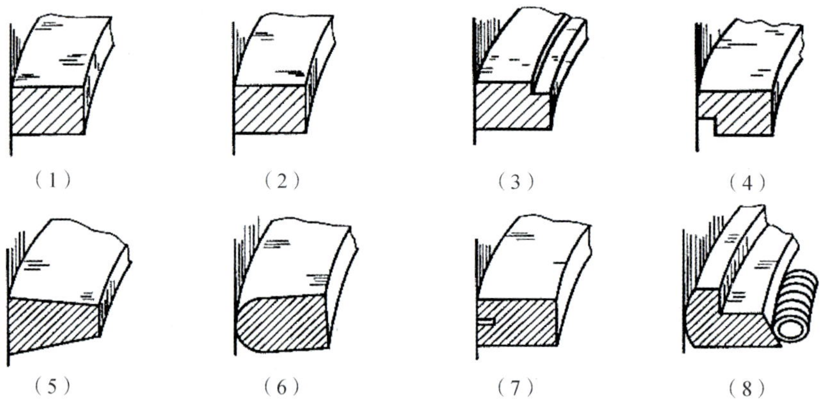

图 14-23　气环的断面形状

(1) 矩形环；(2) 锥面环；(3) 蝶形环—上侧；(4) 蝶形环—下侧；

(5) 梯形环；(6) 桶面环；(7) 开槽环；(8) 顶岸环

矩形环［图 14-23 (1)］加工方便，与汽缸接触面积大，有利于活塞散热，但磨合性较差，而且在工作中会出现严重的“泵油”现象。所谓泵油是指活塞环随着活塞做上下往复运动时，由于受汽缸壁面摩擦力的影响而在环槽内上下窜动，致使汽缸壁上多余的机油不断地被进入燃烧室中的现象（图 14-24）。其结果是使燃烧室内积炭严重，并增加机油的消耗量。所以矩形环多用作第一道气环。

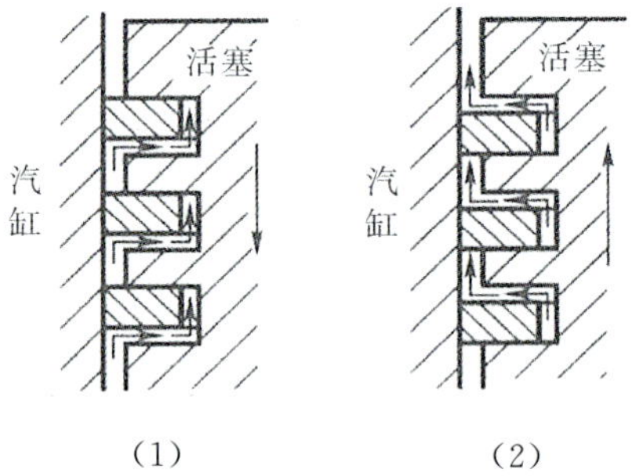

图 14-24　矩形环的“泵油”现象

(1) 活塞下行；(2) 活塞上行

锥面环［图 14-23 (2)］的外圆工作面制成 0.5°～1.5°的锥角，安装时锥角向下，装入汽缸后与汽缸壁接触面积小，比压大，有利于初期磨合。锥角还可以起下行刮油、上行布油的作用。锥面环适用于第二、三道气环。

扭曲环的结构特点是断面呈不对称形状，装入汽缸后，由于环的弹性内力不对称作用，产生明显的断面扭曲，故称扭曲环。

若将环上侧面内切口或倒角，环下侧面外切口或倒角，扭曲后整个气环成碟形［图 14-23（3）、图 14-23（4）］。当发动机工作时，在进气、压缩和排气行程中，外表面形成上小下大的锥面，密封效果如同锥面环。同时，环的上下侧面与环槽的上下侧面在相应的部位接触［图 14-25（1）］，既增加了密封性，又可防止环在槽内上下窜动带来的泵油现象，并减轻环对环槽的冲击而引起的磨损。在做功行程中，高压燃气作用于环的上侧面和内圆面，克服环的弹性内力使环不再扭曲，整个环的外圆面与汽缸壁接触，这时扭曲环的工作特点与矩形环相同［图 14-25（2）］。这种环在安装时要注意方向，内倒角向上，外倒角向下，切不可装反。

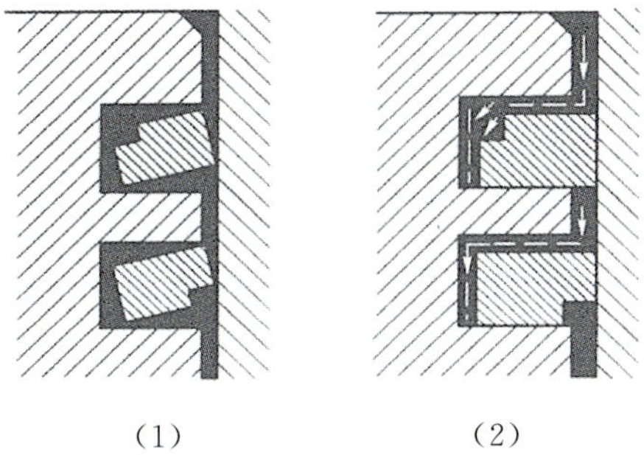

图 14-25　扭曲环工作示意图

（1）进气、压缩、排气行程；（2）做功行程

梯形环［图 14-23（5）］断面为梯形。具有良好的抗黏着性能，即防止因积炭过多而卡死在环槽内。随着活塞上下运动侧向力不断变化时，由于梯形环与环槽的配合间隙经常变化而具有自动清除槽内积炭的作用。梯形环一般用于强化柴油机的第一道环。

桶面环［图 14-23（6）］的工作面呈圆弧形。这种环对活塞偏摆的适应性强，抗拉缸性能好，环的上下两面都为楔形，容易形成液体润滑，因而磨损小。这种环普遍用于强化发动机上。

开槽环［图 14-23（7）］的外圆面上加工出环形槽，在槽内填入能吸附机油的多孔性氧化铁，有利于润滑、磨合和密封。

顶岸环［图 14-23（8）］的断面为“L”形。因为顶岸环距活塞顶近（图 14-26），做功行程时，燃气压力能迅速作用于环的上侧面和内圆面，使环的下侧面与环槽的下侧面、外圆面与汽缸壁面贴紧，有利于密封。由于同样的原因，顶岸环可以减少发动机的 HC 排放量。

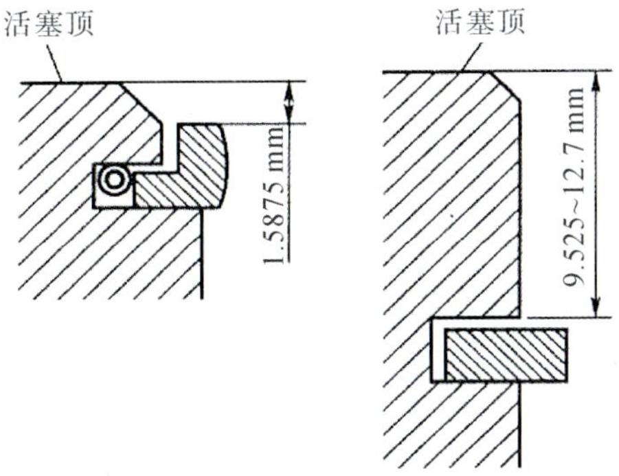

图 14-26　顶岸环与其他类型的上气环安装位置的比较

（2）油环。油环的刮油作用原理如图 14-27 所示。当活塞上行时，油环将飞溅在汽缸壁上的机油均匀分布成润滑油膜，并将过多的机油刮下，经活塞上的回油孔流回油底壳；当活塞下行时，将汽缸壁上多余的机油刮下，经油环和活塞上的回油孔流回油底壳。

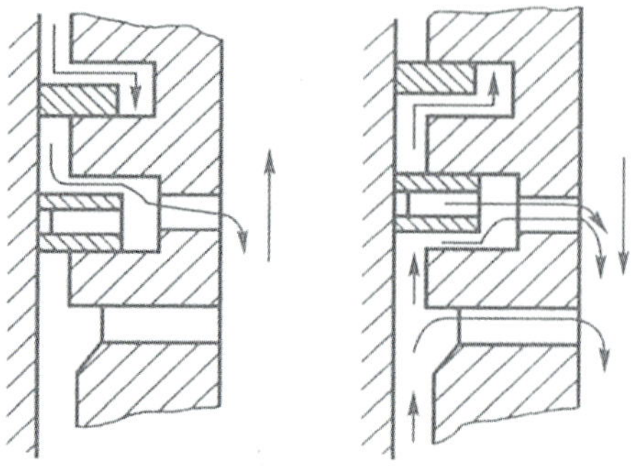

图 14-27 油环的刮油作用原理

油环的结构有槽孔式、槽孔撑簧式和钢带组合式三种类型。

槽孔式油环使用得最广泛，其断面形状如图 14-28 所示。

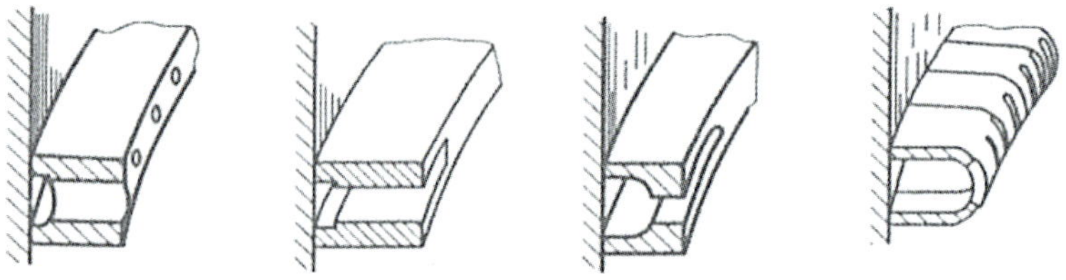

(1) (2) (3) (4)

图 14-28 槽孔式油环的断面形状

(1) 圆孔形；(2) 长孔形；(3) 渠形；(4) 弯片形

槽孔撑簧式油环是在槽孔式油环的内圆面加装撑簧形成的。撑簧有螺旋弹簧、板形弹簧和轨形弹簧三种形状，如图 14-29 所示。这种油环由于增大了环与汽缸壁接触压力，使环的刮油能力和耐久性有所提高。

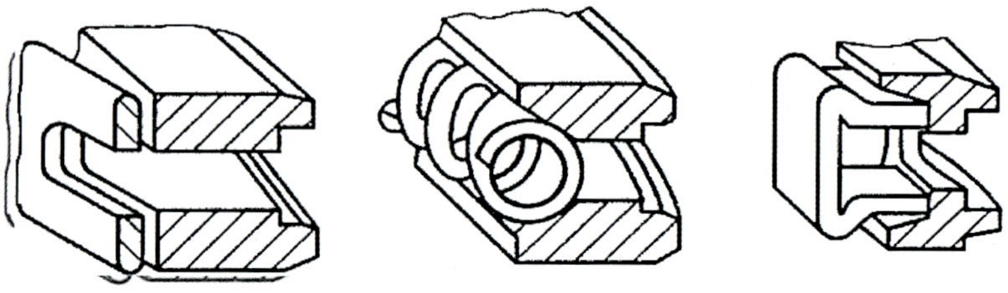

(1) (2) (3)

图 14-29 槽孔撑簧式油环

(1) 板形撑簧油环；(2) 螺旋撑簧油环；(3) 轨形撑簧油环

钢带组合式油环的结构形式很多，图 14-30 所示的钢带组合油环由上、下刮片和轨形撑簧组合而成。它的刮油性能好，而且由于两个钢片分别动作，对汽缸的适应性好。

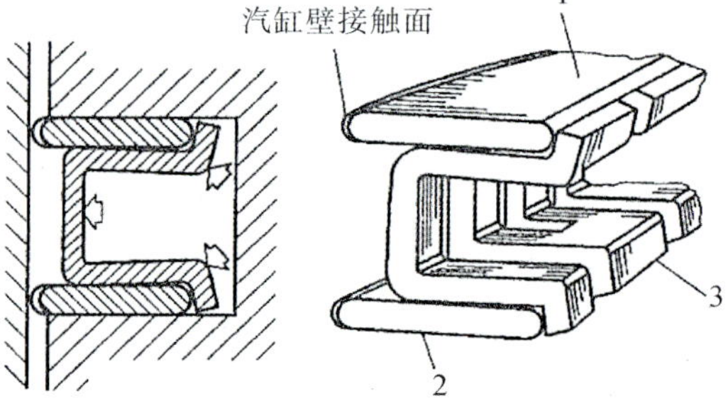

1—上刮片；2—下刮片；3—轨形撑簧

图 14-30 钢带组合油环

（三）活塞销

活塞销的功用是连接活塞和连杆，充当连杆的摆动轴，并在活塞和连杆之间传递作用力。

活塞销在较高的温度下工作，承受着周期性变化的冲击载荷，润滑条件也较差。因此，要求活塞销有足够的刚度和疲劳强度，表面要耐磨，材料具有一定的韧性，质量要小。

活塞销通常用优质低碳钢或低碳合金钢，如 20、20Mn、15Cr、20Cr 或 20mnv 等制造。

活塞销的结构形状为空心圆管形，并分为等截面和变截面两类，如图 14-31 所示。

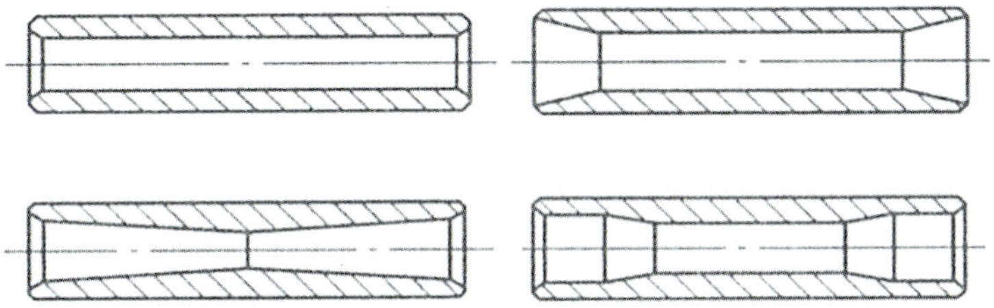

图 14-31　活塞销的截面形状

等截面活塞销加工方便，而变截面活塞销符合等强度设计原则，用料少，质量小。为提高外表面硬度，通常进行渗碳、淬火，然后精磨抛光。

活塞销与活塞销座孔及连杆小头衬套孔的装配一般为“全浮”式，即发动机在正常工作时，活塞销在连杆小头衬套孔与活塞销座孔中都能自由转动，保证活塞销的磨损均匀。

为了防止活塞销在工作中产生轴向窜动拉伤汽缸，在活塞销座孔的两端装有卡环进行轴向定位。

由于铝合金活塞的膨胀系数大，为保证在工作的高温状态下活塞销与销座孔之间的间隙适当，二者之间在常温下应为过盈配合。为此，装配时应先将活塞在水或油中加热至 70～90 ℃，待活塞座孔膨胀后，再把活塞销推入销座孔和连杆小头衬套孔中。

（四）连杆组

连杆组包括连杆体、连杆盖、连杆螺栓和连杆轴承等组成，如图 14-32 所示。

1）连杆的功用、工作条件及要求

连杆的功用是连接活塞和曲轴，将活塞所受作用力传给曲轴，并将活塞的往复运动转变为曲轴的回转运动。

连杆在工作中承受周期性变化的气体力和往复惯性力等产生的压缩和拉伸等交变载荷作用，在连杆的摆动平面内还承受摆动弯矩的作用。因此，要求连杆组应耐冲击、抗疲劳性能强，在质量尽可能小的前提下，要具有足够的强度、刚度和摆动面内的抗弯能力。

2）连杆的材料

连杆和连杆盖的材料通常采用优质中碳钢或中碳合金钢，如 45、40Cr、42grmo 或 40mnb 等模锻或辊锻而成，然后经调质处理，对非配合表面一般进行喷丸处理，以提高连杆的抗疲劳强度。小功率发动机也有采用球墨铸铁制造的连杆。

3）连杆的结构

连杆由连杆小头、连杆大头和杆身三个部分组成（图 14-32）。

（1）连杆小头：小头为薄壁圆环状结构，小头孔内压入薄壁青铜衬套与活塞销配合。一般在小头顶部和衬套上钻有集油孔或铣槽，以便飞溅的机油进入活塞销与衬套之间，形成良好的润滑［图 14-32（1）］。

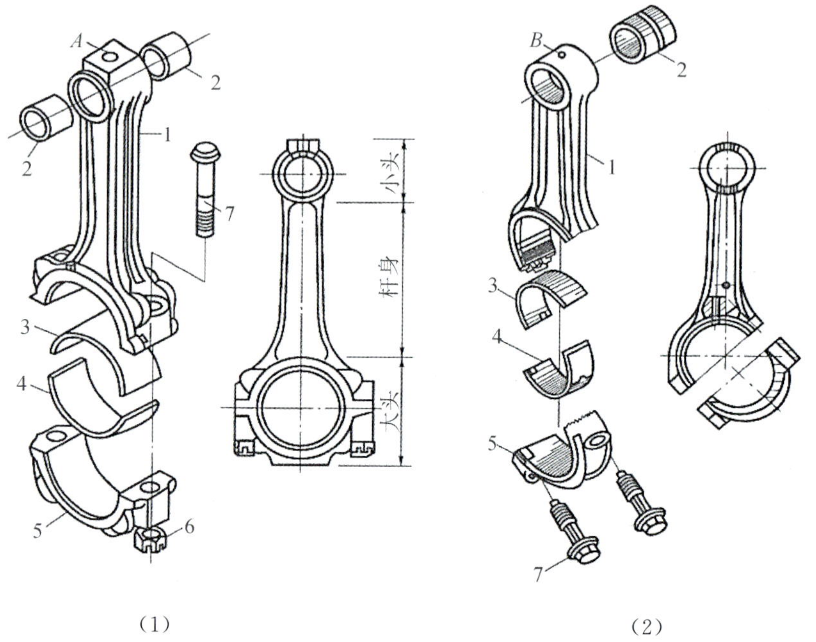

1—连杆体；2—连杆衬套；3—连杆轴承上轴瓦；4—连杆轴承下轴瓦；5—连杆盖；6—螺母；7—连杆螺栓；A—集油孔；B—喷油孔

图 14-32 连杆组及其各部名称

（1）平切口结构；（2）斜切口结构

（2）连杆杆身：杆身的断面呈“工”字形，以便在刚度和强度都足够的情况下使质量最小。有的连杆杆身内钻有纵向通孔，可将连杆大头的机油引入小头内形成活塞销的压力润滑，并通过小头顶部喷油孔对活塞顶内壁喷射机油进行冷却［图 14-32（2）］。为避免应力集中，杆身与小头、大头的连接处均为圆弧过渡。

（3）连杆大头：大头孔内装有连杆轴承与曲柄销配合。连杆大头由于装配的需要都制成剖分式的，上半部分与连杆杆身结合为一体，下半部分称为连杆盖，两部分用连杆螺栓连接在一起。为了保证连杆大头孔的尺寸精确，连杆和连杆盖配对加工，加工后不能互换。为防止装配时配对错误，一般在同一侧面上有配对记号。连杆大头孔内表面有很高的光洁度，以便与连杆轴承紧密配合。

连杆大头的剖分面有平切口和斜切口两种。平切口的剖分面垂直于连杆轴线［图 14-32（1）］。一般汽油机连杆大头尺寸小于汽缸直径，多采用平切口。强化程度较高的柴油机上，曲轴销直径较大，连杆大头采用斜切口可以具有较小的横向尺寸，以便拆装时能顺利穿过汽缸［图 14-32（2）］。

连杆盖的安装必须严格定位，以防止其横向位移。采用平切口时，利用连杆螺栓上一段精密加工圆柱面对准连杆盖和连杆的结合面［图 14-33（1）］实现定位。采用斜切口大头时常用的定位措施有止口定位［图 14-33（2）］、套筒定位［图 14-33（3）］、定位销定位［图 14-33（4）］及锯齿定位［图 14-33（5）］等。

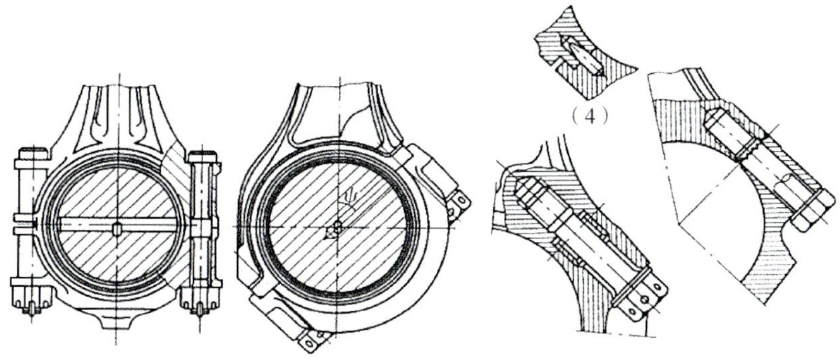

图 14-33　连杆盖的定位方式

(1) 平切口连杆盖的定位；(2)，(3)，(4)，(5) 斜切口连杆盖的定位

4) 连杆螺栓

连杆螺栓在工作时承受着交变的冲击载荷，因此在结构上应尽量增大其弹性，而在加工方面要精细加工过渡圆角，消除应力集中，以提高其抗疲劳强度。

连杆螺栓用优质合金钢制造，如 40Cr、35crmo 等。经调质后滚压螺纹，表面进行防锈处理。

连杆螺栓的结构随连杆大头切口形式有两种，如图 14-34 所示。平切口连杆的连杆螺栓 [图 14-34 (1)、图 14-34 (2)]，其头部相对的两面铣平，当安装在连杆体大头相应的凹槽内时，可以防止拧紧螺母时螺栓随动。斜切口连杆的连杆螺栓 [图 14-34 (3)、图 14-34 (4)]，其非定位圆柱的直径通常小于螺纹内径，以增大螺栓的冲击韧性。

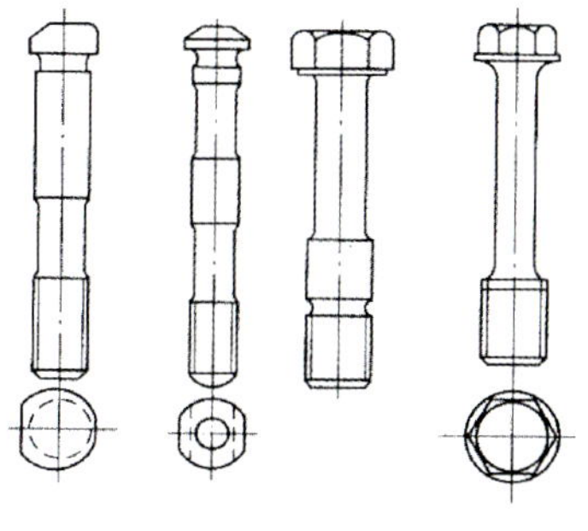

图 14-34　连杆螺栓

(1) 平切口连杆螺栓—1；(2) 平切口连杆螺栓—2；(3) 斜切口连杆螺栓—1；(4) 斜切口连杆螺栓—2

连杆螺栓在装配时必须按规定的力矩分几次上紧。有些发动机上使用锁紧装置或防松胶，以防止连杆螺栓松动。

5) V 形发动机连杆

V 形发动机上，其左、右两列的相应汽缸共用一个曲柄销，连杆有三种形式：并列连杆、叉形连杆及主副连杆，如图 14-35 所示。

并列连杆就是在左、右两个汽缸中的连杆结构完全相同（图 14-35），并排安装在同一个曲柄销上。这种形式的优点是通用性好，可以互换，左、右缸的活塞运动规律完全相同。缺点是左右两个汽缸中心线要错开一个距离，使曲轴与机体的长度都要增大。并列连杆由于在生产与使用上的显著特点，因此在 V 形发动机上获得了广泛的应用。

面向外流动时，回油螺纹内的机油便如同套在螺纹上的油螺母一样被推回曲轴箱。

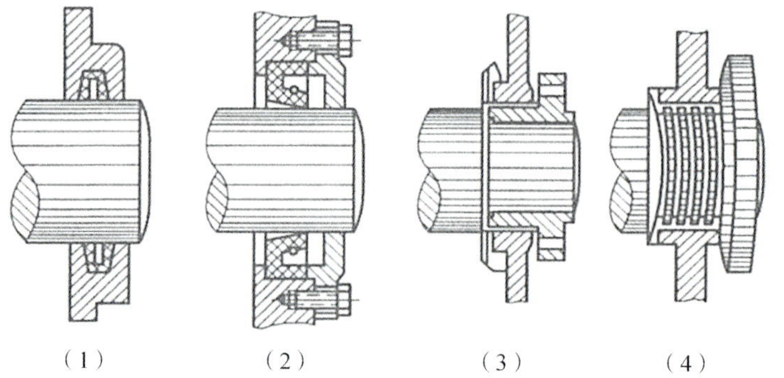

图 14-41　曲轴的密封装置

（1）填料式；（2）自紧油封式；（3）挡油盘式；（4）回油螺纹式

上述第一、二种密封装置与轴颈直接接触，称为接触式油封；后两种密封装置称为非接触式油封。内燃机上往往采用上述两种或两种以上的所谓复合式防漏结构。

4）主轴承和止推轴承

除少数转速较低的柴油机（如 135 系列柴油机）的主轴承采用滚动轴承外，多数发动机的主轴承均使用滑动轴承（主轴瓦）。主轴瓦的结构特点和使用要求与连杆轴瓦相同。

曲轴前端安装的传动齿轮基本上都是圆柱斜齿轮，在某些大功率发动机上甚至采用圆锥齿轮，这些齿轮副在传动时会产生轴向分力作用于曲轴上；另外安装在飞轮上的摩擦片式离合器在分离状态时也会对曲轴产生轴向推力，这些轴向力会使曲轴产生轴向窜动，使曲柄连杆机构相对准确的位置受到影响。因此，曲轴的轴向移动量需采用止推轴承加以限制。

止推轴承常用的形式有，翻边轴瓦、半圆环止推片和止推轴承环三种。

翻边轴瓦是将一道主轴瓦两侧翻边，作为止推面，在止推面上浇有减磨合金（图 14-42）。东风 EQ6100—1 汽油机即采用翻边轴瓦对曲轴轴向定位。

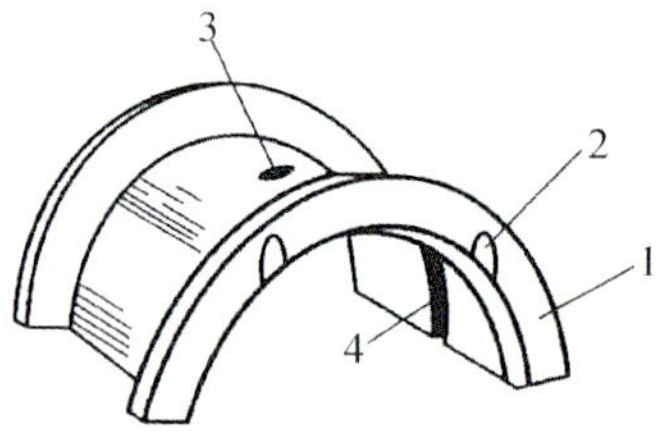

1—止推面；2—储油槽；3—油孔；4—环形油槽

图 14-42　翻边轴瓦

半圆环止推片一般为 4 片，上、下各 2 片，分别安装在轴承座和轴承盖的浅槽中，用定位舌或定位销定位，防止其随曲轴转动。止推片浇有由减磨合金制成，一面对着曲轴的止推面（图 14-43）。6102Q、6110 和 6120 等型柴油机均采用半圆环止推片作为曲轴的止推轴承。

止推轴承环为两片止推圆环，分别安装在第一道主轴承盖的两侧（图 14-44）。由于曲轴受热后会有一定的轴向膨胀，曲轴止推装置的轴向间隙一般定为 0.06～0.25mm。解放 CA6102 型汽油机即采用这种曲轴止推轴承。

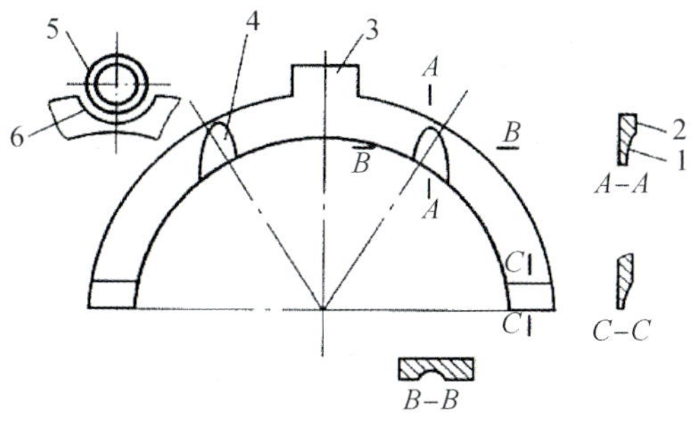

1—钢背；2—减磨合金层（止推面）；3—定位舌；4—储油槽；5—定位销；6—定位销槽

图 14-43　半圆环正推片

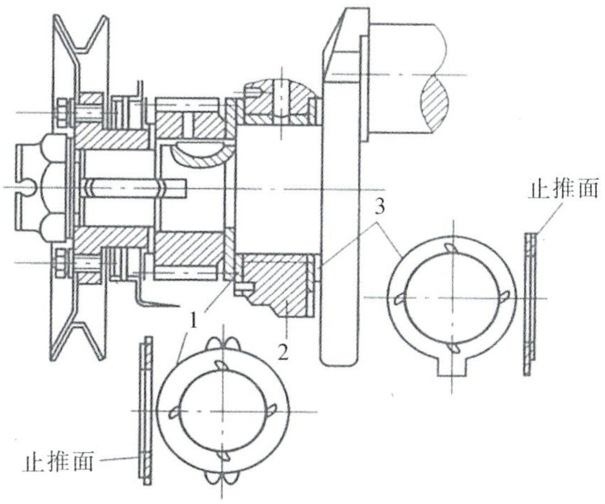

1、3—止推轴承环；2—第一主轴承盖

图 14-44　止推轴承环及其安装位置

5）曲轴曲拐的排列布置

多缸发动机上，各缸的曲拐的排列布置与行程数、汽缸数、汽缸排列方式及各缸的工作顺序（发火顺序）有关，它应该满足以下要求。

（1）为了保证曲轴输出扭矩均匀，多缸机各缸之间的发火间隔时间应相等。以曲柄转角计的发火间隔时间称为发火间隔角 θ（°），如汽缸数为 i 的四冲程发动机的发火间隔角 $\theta=720°/i$，二冲程则为 $\theta=360°/i$；

（2）为了减轻和均衡各“挡”主轴承的负荷，应尽量避免相邻汽缸连续发火做功；

（3）曲拐排列应尽可能满足曲轴平衡性要求；

（4）V 形发动机应使左右两排汽缸尽量交替做功。

以上几点在实际的发动机上有时很难同时做到，现就常用的直列四冲程四缸、直列六缸发动机及 V 形六缸、八缸发动机的曲拐排列为例，分析如下。

四冲程四缸发动机的发火间隔角 θ 为 180°，曲拐均在同一平面内，其工作顺序为 1—3—4—2 或 1—2—4—3，其工作循环见表 14-1 及表 14-2，满足了发火间隔角相等和曲轴平衡性好的要求，缺点是相邻缸（1、2 缸和 3、4 缸）连续发火，其曲拐排列如图 14-45 所示。

表 14-1 四冲程直列四缸发动机工作循环表（工作顺序为 1—3—4—2）

曲柄转角（°）	第一缸	第二缸	第三缸	第四缸
0～180	做功	排气	压缩	进气
180～360	排气	进气	做功	压缩
360～540	进气	压缩	排气	做功
540～720	压缩	做功	进气	排气

表 14-2 四冲程直列四缸发动机工作循环表（工作顺序为 1—2—4—3）

曲柄转角（°）	第一缸	第二缸	第三缸	第四缸
0～180	做功	压缩	排气	气
180～360	排气	做功	进气	压缩
360～540	进气	排气	压缩	做功
540～720	压缩	进气	做功	排气

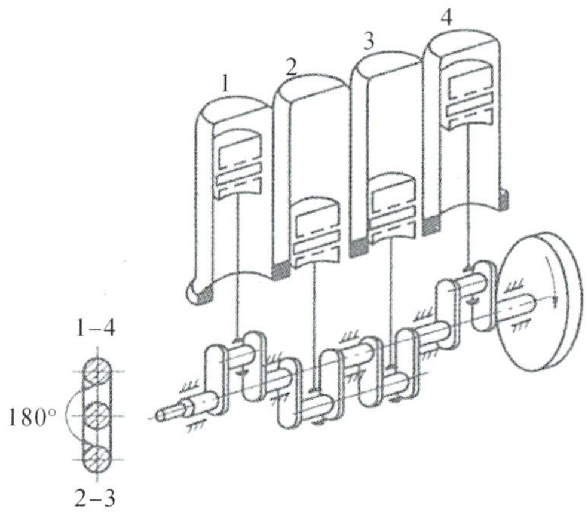

图 14-45 直列四缸发动机的曲拐布置

直列四冲程六缸发动机的发火间隔角 θ 为 120°，曲拐排列如图 14-46 所示。

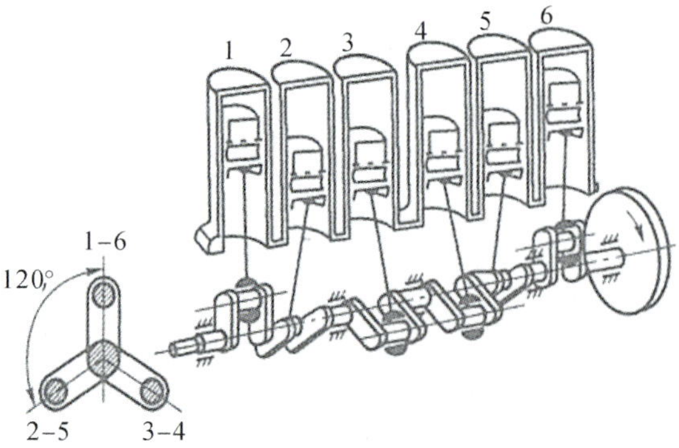

图 14-46 直列式六缸机的曲拐布置

其工作顺序为 1—5—3—6—2—4 或 1—4—2—6—3—5，前者应用比较普遍，可以达到往复惯性力、往复惯性力矩的完全平衡，并完全满足曲柄排列的要求，其工作循环见表 14-3。

表 14-3　四冲程直列六缸发动机工作循环表（工作顺序为 1－5－3－6－2－4）

<table>
<tr><th colspan="2">曲柄转角（°）</th><th>第一缸</th><th>第二缸</th><th>第三缸</th><th>第四缸</th><th>第五缸</th><th>第六缸</th></tr>
<tr><td rowspan="3">0～180</td><td>0～60</td><td rowspan="3">做功</td><td rowspan="2">排气</td><td></td><td></td><td rowspan="2">压缩</td><td rowspan="3">进气</td></tr>
<tr><td>60～120</td><td rowspan="3">压缩</td><td rowspan="3">排气</td></tr>
<tr><td>120～180</td><td rowspan="3">进气</td><td rowspan="3">做功</td></tr>
<tr><td rowspan="3">180～360</td><td>180～240</td><td rowspan="3">排气</td><td rowspan="3">压缩</td></tr>
<tr><td>240～300</td><td rowspan="3">做功</td><td rowspan="3">进气</td></tr>
<tr><td>300～360</td><td rowspan="3">压缩</td><td rowspan="3">排气</td></tr>
<tr><td rowspan="3">360～540</td><td>360～420</td><td rowspan="3">进气</td><td rowspan="3">做功</td></tr>
<tr><td>420～480</td><td rowspan="3">排气</td><td rowspan="3">压缩</td></tr>
<tr><td>480～540</td><td rowspan="3">做功</td><td rowspan="3">进气</td></tr>
<tr><td rowspan="3">540～720</td><td>540～600</td><td rowspan="3">压缩</td><td rowspan="3">排气</td></tr>
<tr><td>600～660</td><td rowspan="2">进气</td><td rowspan="2">做功</td></tr>
<tr><td>660～720</td><td></td><td></td></tr>
</table>

V 形发动机缸号的确定方法为，面对发动机的冷却风扇，右列汽缸用 R 表示，由前向后依次为 R1，R2，R3……左列汽缸用 L 表示，由前向后依次为 L1，L2，L3……

四冲程 V 形六缸发动机的发火间隔角 θ 仍为 120°，工作顺序为 R1－L3－R3－L2－R2－L1。其工作循环见表 14-4。

表 14-4　四冲程 V6 发动机工作循环表（工作顺序为 R1－L3－R3－L2－R2－L1）

<table>
<tr><th colspan="2">曲柄转角（°）</th><th>R1</th><th>R2</th><th>R3</th><th>L1</th><th>L2</th><th>L3</th></tr>
<tr><td rowspan="3">0～180</td><td>0～60</td><td rowspan="3">做功</td><td rowspan="2">排气</td><td></td><td></td><td rowspan="3">进气</td><td rowspan="2">压缩</td></tr>
<tr><td>60～120</td><td rowspan="3">压缩</td><td rowspan="3">排气</td></tr>
<tr><td>120～180</td><td rowspan="3">进气</td><td rowspan="3">做功</td></tr>
<tr><td rowspan="3">180～360</td><td>180～240</td><td rowspan="3">排气</td><td rowspan="3">压缩</td></tr>
<tr><td>240～300</td><td rowspan="3">做功</td><td rowspan="3">进气</td></tr>
<tr><td>300～360</td><td rowspan="3">压缩</td><td rowspan="3">排气</td></tr>
<tr><td rowspan="3">360～540</td><td>360～420</td><td rowspan="3">进气</td><td rowspan="3">做功</td></tr>
<tr><td>420～480</td><td rowspan="3">排气</td><td rowspan="3">压缩</td></tr>
<tr><td>480～540</td><td rowspan="3">做功</td><td rowspan="3">进气</td></tr>
<tr><td rowspan="3">540～720</td><td>540～600</td><td rowspan="3">压缩</td><td rowspan="3">排气</td></tr>
<tr><td>600～660</td><td rowspan="2">进气</td><td rowspan="2">做功</td></tr>
<tr><td>660～720</td><td></td><td></td></tr>
</table>

四冲程 V 形八缸发动机的发火间隔角 θ 为 90°，工作顺序为 R1—L1—R4—L4—L2—R3—L3—R2 或 L1—R4—L4—L2—R3—R2—L3—R1，其工作循环见表 14-5。

表 14-5 四冲程 V8 发动机工作循环表（工作顺序 R1—L1—R4—L4—L2—R3—L3—R2）

<table>
<tr><th colspan="2">曲柄转角（°）</th><th>R1</th><th>R2</th><th>R3</th><th>R4</th><th>L1</th><th>L2</th><th>L3</th><th>L4</th></tr>
<tr><td rowspan="4">0～180</td><td rowspan="2">0～90</td><td rowspan="4">做功</td><td></td><td></td><td rowspan="4">压缩</td><td rowspan="2"></td><td rowspan="4">进气</td><td rowspan="4">排气</td><td rowspan="2"></td></tr>
<tr><td rowspan="4">排气</td><td rowspan="4">进气</td></tr>
<tr><td rowspan="2">90～180</td><td rowspan="4">做功</td><td rowspan="4">压缩</td></tr>
<tr></tr>
<tr><td rowspan="4">180～360</td><td rowspan="2">180～270</td><td rowspan="4">排气</td><td rowspan="4">做功</td><td rowspan="4">压缩</td><td rowspan="4">进气</td></tr>
<tr><td rowspan="4">进气</td><td rowspan="4">压缩</td></tr>
<tr><td rowspan="2">270～360</td><td rowspan="4">排气</td><td rowspan="4">做功</td></tr>
<tr></tr>
<tr><td rowspan="4">360～540</td><td rowspan="2">360～450</td><td rowspan="4">进气</td><td rowspan="4">排气</td><td rowspan="4">做功</td><td rowspan="4">压缩</td></tr>
<tr><td rowspan="4">压缩</td><td rowspan="4">做功</td></tr>
<tr><td rowspan="2">450～540</td><td rowspan="4">进气</td><td rowspan="4">排气</td></tr>
<tr></tr>
<tr><td rowspan="4">540～720</td><td rowspan="2">540～630</td><td rowspan="4">压缩</td><td rowspan="4">进气</td><td rowspan="4">排气</td><td rowspan="4">做功</td></tr>
<tr><td rowspan="3">做功</td><td rowspan="3">排气</td></tr>
<tr><td rowspan="2">630～720</td><td rowspan="2">压缩</td><td rowspan="2">进气</td></tr>
<tr></tr>
</table>

三、飞轮

飞轮的功用是在做功行程中把曲轴的一部分能量贮存起来，用以克服非做功行程的阻力，使曲轴运转均匀。

飞轮的基本结构为铸铁制成的圆盘（图 14-47），圆盘的边缘厚而中间薄，以获得较大的转动惯量。

飞轮用专用紧配合螺栓安装在曲轴输出端的凸缘上。飞轮外缘常压装一个钢制齿圈，起动时与起动机的驱动齿轮啮合。飞轮边缘上往往标有各种定时记号，可供调整定时用（图 14-48）。飞轮也是发动机动力输出的摩擦元件。

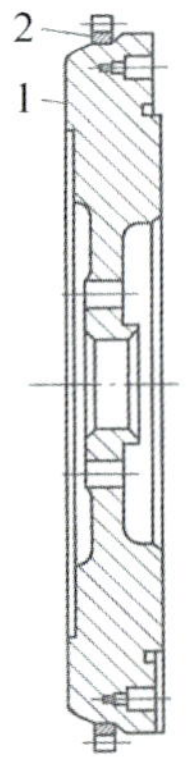

1—飞轮；2—飞轮齿圈

图 14-47 飞轮

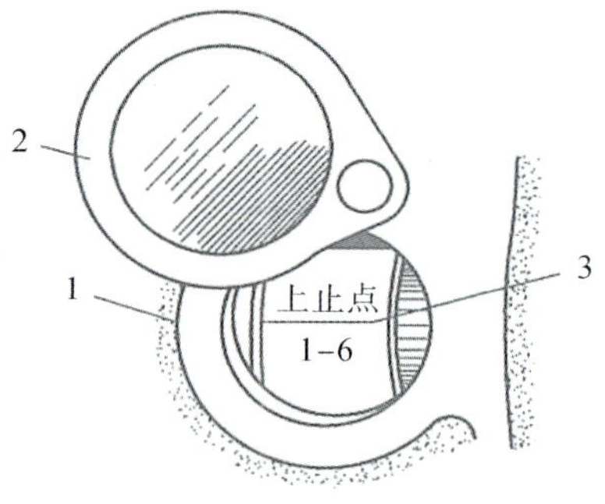

1—飞轮壳上的刻线；2—观察孔盖；3—飞轮上的记号

图 14-48 飞轮上的上止点记号

现代电控汽油机要求曲轴能输出上止点信号和转速信号，这时，飞轮上另压装一道齿圈产生上止点和转速信号。

四、曲轴的扭转振动及扭振减振器

曲轴与安装在其前、后端的部件形成一个扭振弹性系统，在周期性变化的转矩作用下，各曲拐之间会发生周期性相对扭转。曲轴本身具有一定的扭转振动的固有频率。周期性变化的气体力和往复惯性力作用在曲轴上的转矩，形成激振力矩，使曲轴作强迫扭振。当激振力矩的频率与曲轴扭转振动的固有频率相等或成整数倍时，曲轴扭振的振幅将达到最大值，即产生共振。强烈的扭转共振会破坏配气定时，使发动机功率下降，振动噪声变大，甚至使曲轴扭断。所以在多缸发动机上往往装有扭振减振器，以抑制曲轴系统的扭振振幅。由于曲轴前端的扭振振幅最大，所以一般都将扭振减振器安装在曲轴前端。

车用发动机的扭振减振器有橡胶减振器和硅油减振器两种。

橡胶减振器如图 14-49 所示，轮壳固定在曲轴上随曲轴一起旋转，它通过减振橡胶层带动惯性盘转动，由于惯性体的转动惯量较大，它基本上作等角速度转动，因此当曲轴产生扭振时，轮壳和惯性盘之间产生相对角位移，减振橡胶层发生扭转变形，吸收扭振的能量，从而使曲轴的扭振得到消减。

硅油减振器如图 14-50 所示，固定在曲轴上的壳体和惯性体之间的间隙中充满高黏度的硅油，硅油是一种温度变化时黏度变化很小的高分子有机物。壳体随曲轴转动，惯性体基本保持等角速度转动。当曲轴发生扭振时，壳体与惯性体产生相对角位移，它们之间的硅油则对这种相对运动产生阻尼作用，吸收扭振的能量，使曲轴扭振的振幅减小。

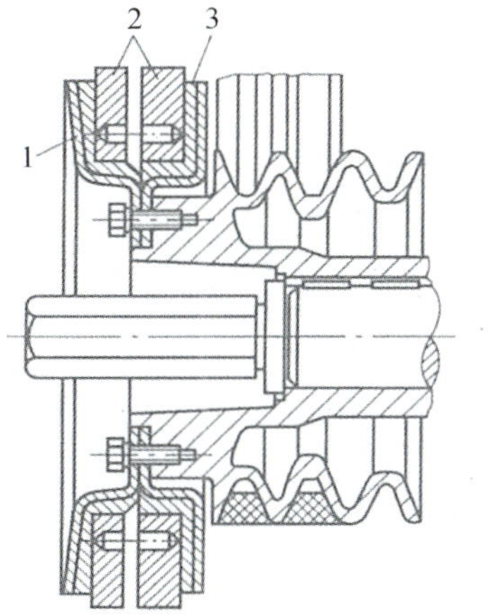

1—轮壳；2—惯性盘；3—橡胶层

图 14-49　橡胶摩擦式扭振减振器

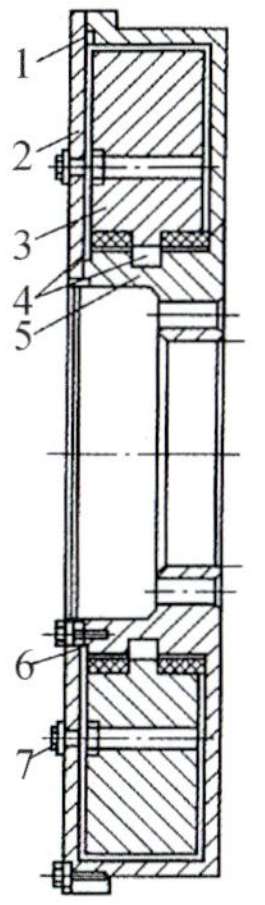

1—密封圈；2—侧盖；3—惯性体；
4—硅油；5—壳体；6—密封圈；7—丝堵

图 14-50　硅油减振器

第五节　蠕墨铸铁的组织性能及在柴油机中的应用

蠕墨铸铁于1948年被发明，1949年取得蠕墨铸铁的专利。但由于其稳定生产的范围很窄，当时没能有效地投入使用。随着研究的不断深入，开发出了先进的生产控制技术，如依赖于现代电子技术和计算机技术的喂线处理法，使得蠕墨铸铁应用于发动机缸体之类复杂部件的大批量生产得以实现。目前高质量蠕墨铸铁在众多汽车发动机企业内燃机生产的应用中变得日益广泛，尤其是缸体、缸盖等关键部位，如奥迪（Audi）、达富（DAF）、福特（Ford）、现代（Hyundai）、曼（MAN）、奔驰（Mercedes）、泼萨（PSA）、大众（Volkswagen）和沃尔沃（Volvo）等。

随着对环保的重视及国六标准的提出，对发动机的要求越来越高，如更高的爆发压力——由18MPa提升至25MPa，较高的燃烧峰压改善了内燃机的性能和尾气的净化，但同时亦增加了热和力的负荷，因此要求发动机材质具有较高强度（抗拉强度由300MPa以下提升至350～450MPa）。有研究指出，对比灰铸铁和铝合金，蠕墨铸铁具有更优异的性能，蠕墨铸铁的抗拉强度高了75%，弹性模量高出40%及疲劳强度高出100%，同时，蠕墨铸铁兼有与灰铸铁相近的热传导性能、铸造性能和低收缩性能，以及与球墨铸铁相当的刚度和强度，故对发动机的生产设计和性能提升可谓是理想材料。

后续就蠕墨铸铁的结构和性能及其应用情况进行了概述，并对潍柴蠕墨铸铁生产工艺喂线处理法及其应用情况进行了介绍。

一、蠕墨铸铁的组织结构和性能

蠕墨铸铁是指铸铁中的石墨形态主要以蠕虫状（二维）石墨形态析出的铸铁材料（见图14-51），其中蠕虫状石墨的三维形貌为珊瑚树状（见图14-52）。

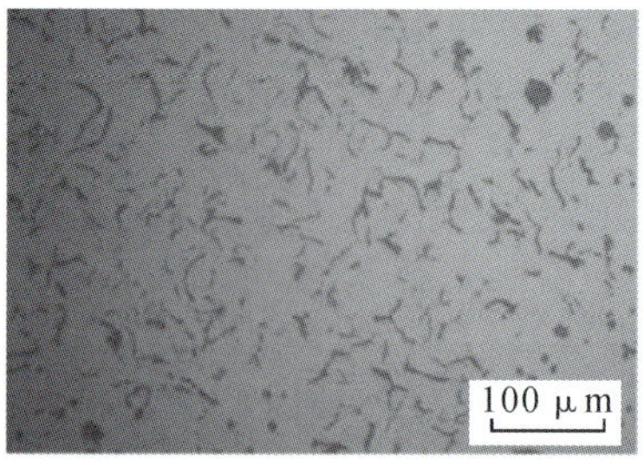

图14-51　蠕墨铸件的显微组织形貌

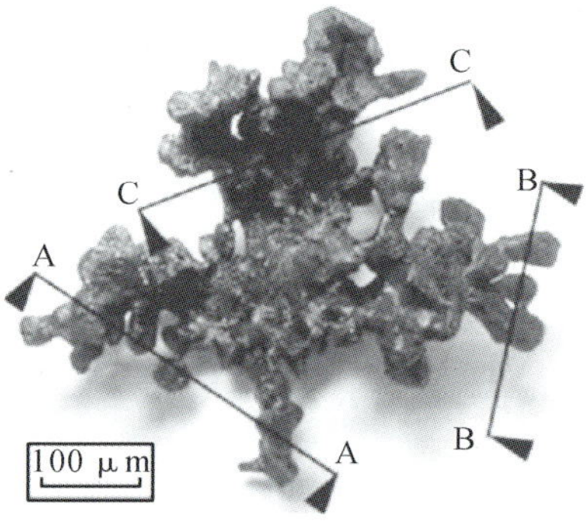

图14-52　蠕虫状石墨的三维形貌

其石墨形态介于片状和球状石墨之间，比灰铸铁的片状石墨形态要短、粗，具波浪式外缘，头部钝化，且与金属基体的咬合情况比灰铸铁好，因此具有更优良的抗摩擦磨损性能。蠕墨铸铁的强度和韧性比灰铸铁好得多，与铁素体球墨铸铁相近。蠕墨铸铁中的蠕虫状石墨形态受较多元素含量的影响，如镁、铈等元素。当镁含量较低时，蠕墨铸铁的蠕虫状石墨倾向于片状石墨；反之，较高时石墨状态倾向于球状石墨，片状石墨铸铁称为灰铸铁，球状石墨称为球墨铸铁（图14-53）。

《蠕墨铸铁——分类》ISO16112：2017 标准规定了蠕墨铸铁的五个牌号，分别为 RuT300、RuT350、RuT400、RuT450、RuT500，其单铸和附铸试样的力学性能见表 14-6 和表 14-7。蠕墨铸铁的性能与其铸件的结构复杂度和壁厚有关。

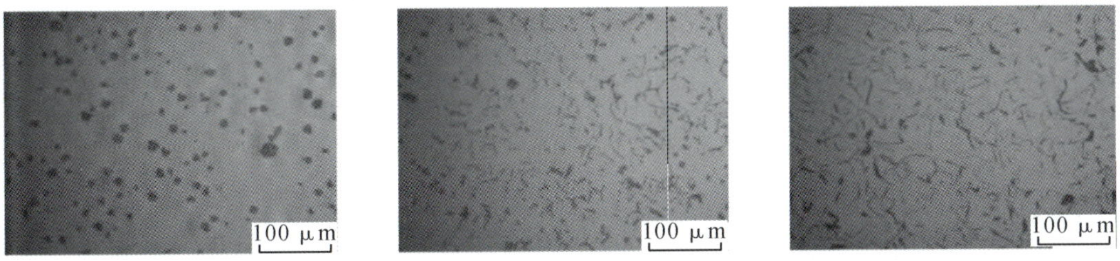

（1）　　（2）　　（3）

图 14-53　二维金相显微镜图

（1）灰铸铁；（2）蠕墨铸铁；（3）球墨铸铁

表 14-6　蠕墨铸铁单铸试样的力学性能

牌号	抗拉强度（MPa）	0.2%屈服强度（MPa）	伸长率（%）	典型布氏硬度（HBW）	主要基体组织
ISO 16112/JV/300/S	300	210	2.0	140～210	铁素体
ISO 16112/JV/350/S	350	245	1.5	160～220	铁素体＋珠光体
ISO 16112/JV/400/S	400	280	1.0	180～240	铁素体＋珠光体
ISO16112/JV/450/S	450	315	1.0	200～250	珠光体
ISO16112/JV/500/S	500	350	0.5	220～260	珠光体

表 14-7　蠕墨铸铁附铸试样的力学性能

牌号	主要壁厚 t（mm）	抗拉强度（MPa）	0.2%屈服强度（MPa）	伸长率（%）	典型布氏硬度（HBW）	主要基体组织
ISO 16112/JV/300/S	t≤12.5	≥300	≥210	≥2.0	140～210	
	12.5<t≤30	≥300	≥210	≥2.0	140～210	
	30<t≤60	≥275	≥195	≥2.0	140～210	
	60<t≤120	≥250	≥175	≥2.0	140～210	
ISO 16112/JV/350/S	t≤12. 5	≥350	≥245	≥1.5	160～220	
	12.5<t≤30	≥350	≥245	≥1.5	160～220	铁素体
	30<t≤60	≥325	≥230	≥1.5	160～220	珠光体
	60<t≤120	≥300	≥210	≥1.5	160～220	
ISO 16112/JV/400/S	t≤12.5	≥400	≥280	≥1.0	180～240	
	12.5<t≤30	≥400	≥280	≥1.0	180～240	铁素体
	30<t≤60	≥375	≥260	≥1.0	180～240	珠光体
	60<t≤120	≥325	≥230	≥1.0	180～240	

续表

牌号	主要壁厚 t（mm）	抗拉强度（MPa）	0.2%屈服强度（MPa）	伸长率（%）	典型布氏硬度（HBW）	主要基体组织
ISO 16112/JV/450/S	t≤12.5	≥450	≥315	≥1.0	200～250	
	12.5<t≤30	≥450	≥315	≥1.0	200～250	
	30<t≤60	≥400	≥280	≥1.0	200～250	
	60<t≤120	≥375	≥260	≥1.0	200～250	
ISO 16112/JV/500/S	t≤12.5	≥500	≥350	≥0.5	220～260	
	12.5<t≤30	≥500	≥350	≥0.5	220～260	
	30<t≤60	≥450	≥315	≥0.5	220～260	
	60<t≤120	≥400	≥280	≥0.5	220～260	

蠕墨铸铁具有良好的力学性能、高温性能和疲劳性能，其耐久比平均为 0.45，与球墨铸铁接近。随着温度升高，疲劳强度呈下降趋势，但比球墨铸铁下降慢，特别是在 200～400 ℃时，蠕墨铸铁的疲劳强度几乎不下降。蠕墨铸铁的热导率介于灰铸铁与球墨铸铁之间。蠕墨铸铁的热膨胀系数与球墨铸铁、灰铸铁相差不大。蠕墨铸铁的常温抗拉强度为 300～500MPa，比灰铸铁提高了 70%～90%，刚性提高了 35%；疲劳强度 200～350MPa，比常用灰铸铁提高了 1 倍；蠕墨铸铁的屈强比为 0.7～0.8，高于球墨铸铁的 0. 6～0. 7 和铸钢的 0.50～0.55。蠕墨铸铁、球墨铸铁和灰铸铁的抗拉强度差值随着温度的提高而减少，当达到 700 ℃时，蠕墨铸铁的抗拉强度接近球墨铸铁。在常温到 400 ℃范围内，蠕墨铸铁的伸长率基本不变；当温度高于 400 ℃时，伸长率逐渐降低，蠕墨铸铁抗拉强度的转折点约在 450 ℃（见图 14-54）。

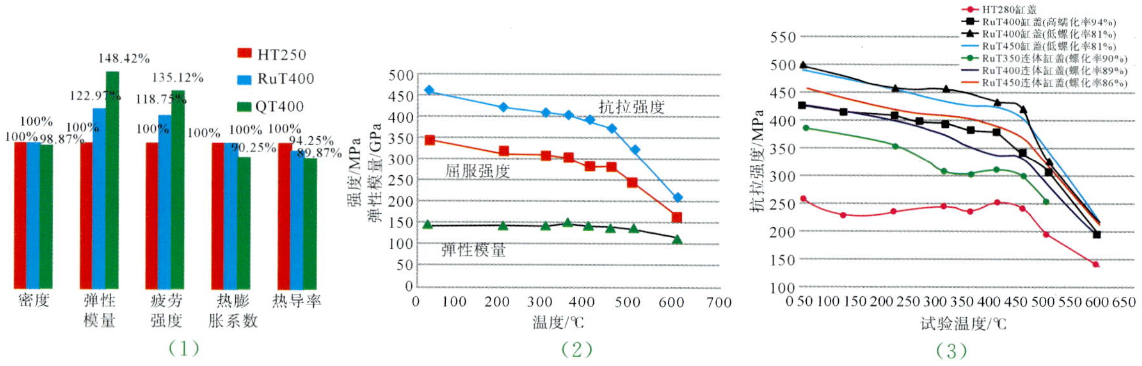

图 14-54　蠕墨铸铁性能示意图

（1）三种材料性能对比；（2）蠕墨铸铁高温性能；（3）各牌号蠕铁与 HT280 抗拉强度随温度变化

中国国家标准《蠕墨铸铁金相检验》GB/T26656—2011 将蠕化率划分为 8 级：蠕 95、蠕 90、蠕 85、蠕 80、蠕 70、蠕 60、蠕 50、蠕 40，图 14-55 为蠕墨铸铁不同蠕化率下的金相照片。评定方法是在抛光后未腐蚀的试样上随机取 5 个试场，放大倍数为 100 倍。由图 14-55 可知，从蠕 95 到蠕 40，随着蠕化率降低，蠕虫状石墨所占比例逐渐降低，球团状石墨比例逐渐提高。

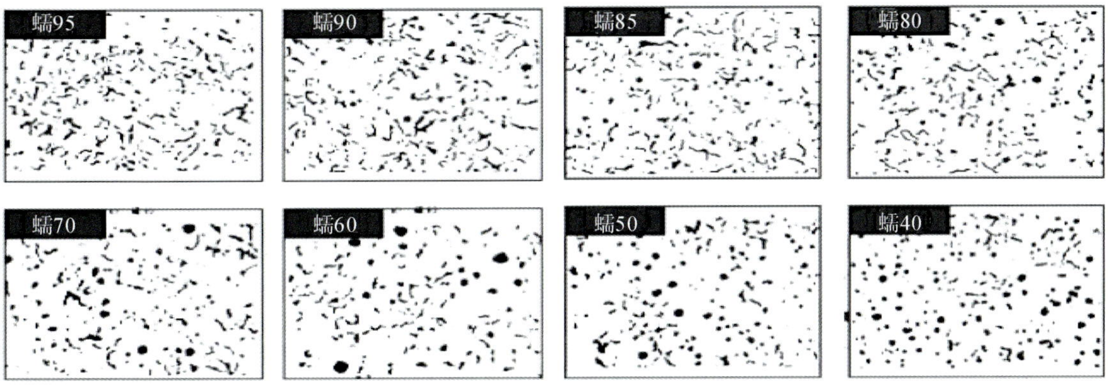

图 14-55　蠕墨铸铁不同蠕化率金相照片（100×）

除此之外，蠕墨铸铁的性能与其基体组织相关。从蠕 95 到蠕 5，黑色珠光体含量逐渐减少，白色的铁素体含量逐渐增多。蠕墨铸铁的牌号越高，其基体组织中的珠光体含量越高。关于珠光体含量和其性能的关系也有研究，陶栋等人的研究结果表明，随珠光体含量的增加，蠕墨铸铁的硬度、抗拉强度、屈服强度均增加，伸长率和断面收缩率降低：500 ℃时，相对于 5%珠光体蠕墨铸铁，95%珠光体蠕墨铸铁的抗拉强度达到 320MPa，增加了 141MPa；屈服强度为 250MPa，增加了 108MPa，同时保持有 4.05%伸长率和 1.68%的断面收缩率。

二、蠕墨铸铁的应用情况

蠕墨铸铁具有良好的强度、铸造性、耐热和耐磨等综合性能，因此得到广泛应用。蠕墨铸铁生产技术的成功开发促使其在应用中实现了批量生产。国外发动机行业应用蠕墨铸铁的情况如表 14-8 所示。

国内发动机企业也将蠕墨铸铁应用于产品生产，2008 年潍柴就有 4 套蠕墨铸铁生产设备，之后国内众多厂家企业开始应用蠕墨铸铁，如一汽、重汽。表 14-9 为国内发动机行业应用蠕墨铸铁的情况。

表 14-8　国外发动机行业用蠕墨铸铁情况

序号	汽车制造公司	发动机资料	蠕墨铸铁部件
1	奥迪	4.2LV8 柴油发动机	缸体
2	福特	3.6LV8 柴油发动机	缸体
3	现代	3.0LV6 柴油发动机	缸体
4	瑞诺特	3.0LV6 柴油发动机	缸体
5	国际	13.0LI—6 柴油发动机	缸体
6	曼	12.4LI—6 柴油发动机	缸体
7	沃尔沃	重型柴油发动机	缸体
8	奔驰	10—15LHDEPI—6 系列	缸体和缸盖
9	达富	12.9LI—6 柴油发动机	缸体和缸盖
10	福特—屋太尚	9.0LI—6 柴油发动机	缸体和缸盖

表 14-9　国内发动机行业用蠕墨铸铁情况

序号	发动机厂家	蠕墨铸铁部件应用	使用热分析技术
1	潍柴	40 余种发动机机体、缸盖	OCC
2	一汽	在长春、无锡分别进行试验	sintercast
3	一汽	锡柴用于生产联体缸盖	OCC
4	重汽	曼产品全套引进	OCC
5	江铃汽车（南昌）	试验验证阶段	sintercast
6	天津新伟祥	缸体	sintercast
7	山西国际铸造	满足下一步蠕铁铸件市场需求	sintercast
8	东风商用车	商用车用发动机	sintercast
9	中国一拖	少量试验验证、未用于生产	sintercast
10	山西三联铸造	为江铃生产引进的福特发动机缸盖	sintercast
11	玉柴	目前仅用于生产其 15L 缸盖	OCC
12	中船重工 12 研究所	试制工业动力用发动机	sintercast
13	恒立液压	液压产品开发	OCC

三、喂线法生产技术的应用及推广

（一）喂线法技术特点

蠕墨铸铁之所以迟迟没有被大规模应用，主要是稳定生产蠕墨铸铁难度较大，因为蠕墨铸铁的蠕虫状石墨是介于灰铸铁片状石墨与球状石墨的中间过渡石墨形态，这个过渡区的稳定区很窄，要想稳定获得蠕化率≥80%的高牌号蠕墨铸铁，有效镁元素的控制范围要求很窄，一般控制在±0.004%。在喂线技术开发出来之前，冲入法、盖包法等生产工艺较难控制该范围。

喂线法集电子技术、计算机技术于一体，可通过计算机，根据蠕化处理原铁液的量，通过软件快速测定铁液中的实时硫含量，精确计算蠕化剂及孕育剂的加入量，并通过控制喂线系统精确加入铁液中。

相较于冲入法、盖包法等工艺，喂线法有以下优点。

（1）喂线工艺控制精确，人工操作少，稳定性和铸件性能的一致性远优于冲入法。

（2）相较于冲入法，喂线法产生的烟雾、粉尘较少，而且可集中排放，环保好，工人的工作环境好。

（二）蠕墨铸铁生产技术的突破

随着蠕墨铸铁生产技术的发展，蠕墨铸铁的稳定生产得已解决，目前潍柴选用喂线法技术生产蠕墨铸铁，除热分析技术无法实现国产化外，其他核心技术均牢牢掌握在自己手里，主要实现了以下三大技术突破。

（1）根据原铁液状态、出铁重量及温度、浇包结构等因素的变化对喂线量、喂线速度、喂线顺序等工艺参数进行研究，建立了适用于潍柴生产实际的喂线工艺参数与原铁液状态间的数学模型并应用于生产控制中。

（2）开发具有自主知识产权的蠕化处理用包芯线，打破了蠕化处理包芯线依靠进口的行业现状，开展了蠕墨铸铁过滤技术的研究工作，研究不同浇注重量下过滤片尺寸与孔径的选配问题。

（3）首创采用超声波声速法检测蠕墨铸铁蠕化率，通过采用金相分析和超声波声速检测两种方法，对蠕墨铸铁件的蠕化率进行对比测量，建立了超声波的声速和蠕化率之间的对应关系。

（三）应用及推广

潍柴三个蠕墨铸铁工艺平台目前已稳定生产 40 余种发动机机体、缸盖等毛坯，约 82 个件号缸体/缸盖设计为蠕墨铸铁，毛坯重量 20～10000kg，缸盖类铸件最小壁厚为 5mm，缸体类铸件最大壁厚达到 80mm 以上。通过近 20 年的技术发展，潍柴建立了蠕墨铸铁主要生产流程，见图 14-56。

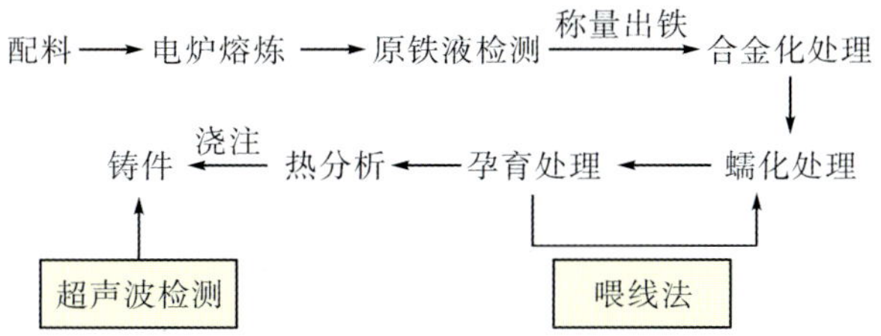

图 14-56　蠕墨铸铁生产流程

潍柴自主研发的大吨位蠕墨铸铁蠕化工艺颠覆了行业认知，该工艺采用“两步法”喂线技术实现蠕化均匀，一次最多蠕化十几吨铁液，采用专用包芯线和复合孕育工艺改善蠕化衰退快、孕育效果差、铸件性能低的缺点，通过采用专用高径比浇包，克服镁吸收率低的问题，解决了蠕化衰退的行业难题，目前已成功应用于大型船用发动机。

四、总结

蠕墨铸铁能替代普通铸铁、合金铸铁、铝合金、镁合金等材料生产缸体，而且它能适应今后的低排放法规要求和高气缸燃气压力。喂线法能够稳定、批量生产高质量的蠕墨铸铁，并应用于柴油机机体、缸盖等零件，生产出高性能发动机。

第六节　铝合金轻量化在汽车中的应用

随着越来越多的家庭拥有私家车，截至2021年，我国汽车数量已达到3.95亿辆，为目前世界上汽车保有量最高的国家。随着汽车数量的不断增长，人们更加注重节能减排，国家也提升了尾气排放标准。但我国在铝合金轻量化方面的研究起步较晚，2000年轻量化研究取得了较多成果，汽车产量也突飞猛进，成为汽车第一制造大国，也是第一消费大国。能源消耗和尾气排放成为关注的重要问题。铝合金轻量化与汽车生产设计相结合，可降低汽车重量，增加强度，以达到节能减排的目的。

一、汽车制造轻量化的发展与价值

（一）汽车制造轻量化的发展方向

汽车发展过程中材料的更换是较为频繁的。福特公司将汽车进行流水线生产后，汽车的每一个模块都被独立出来，所以材料的替换更为便利。一辆汽车在原有动力系统不变的情况下，如果想增加速度，最有效的办法是减轻车身质量。金属新材料包括铝、钛、镁等，其中效果最好的轻量化材料是碳纤维。但碳纤维的价格较高，不适用于家用车。目前，最适用于汽车生产的是铝合金。20世纪70年代，铝合金材质开始大量出现在汽车中，有些汽车的全身铝合金总比例达到了15%，德国某些品牌已经高达25%。如果想继续扩大这个比例则需要从汽车车架入手，但如果铝合金想替代现有的车架，则需要更高的技术标准。

（二）汽车制造轻量化的价值

轻量化在汽车制造中具有重大的价值，当动力系统相同时，整车质量越低，其性能越好。如果想达到相同的性能，轻量化后的汽车可以用更低的动力系统，以此达到节能减排效果。试验发现，汽车每减轻1kg，1L汽油可以多行驶0.012km。当能耗越低且能达到同样的效果时，就可以有效降低尾气排放，对环境的污染也会有所下降。随着轻量化的不断深入研究，新材料的运用将超越原有材料的强度，汽车安全性也会显著提升。

二、铝合金在汽车中的应用

（一）铝合金的生产工艺

随着汽车工业的不断发展，很多材料都在汽车上进行了实验，但从实验角度来看，铝合金并不是最佳材料，很多金属材料、新材料的各项指标都要优于铝合金，但在考虑综合因素后，铝合金的各项数值最为突出，经济性最佳，基于这些条件，汽车工业中的铝合金得到了广泛应用。铝合金工艺发展之初有很多形式，随着行业的不断规范与成熟，目前铝合金工艺主要分为两类，分别是铸造成型工艺和半固态成型工艺，其中应用最多的是铸造成型工艺。铸造成型工艺又可分为精密铸造工艺、挤压铸造工艺、重力铸造工艺等。铸造成型工艺的特点是质量有保障，可以实现流水线式生产，能够达到高精度作业。半固态成型工艺发展较晚，但技术性能优于铸造成型工艺，产品用途更广，用途更为灵活，因为铝合金产品在成型前分为固态和液态保存，所以半固态成型工艺的铝合金产品力学性能更好、精密度更高，可延长磨具应用时间。常见的技术工艺如图 14-57 所示。

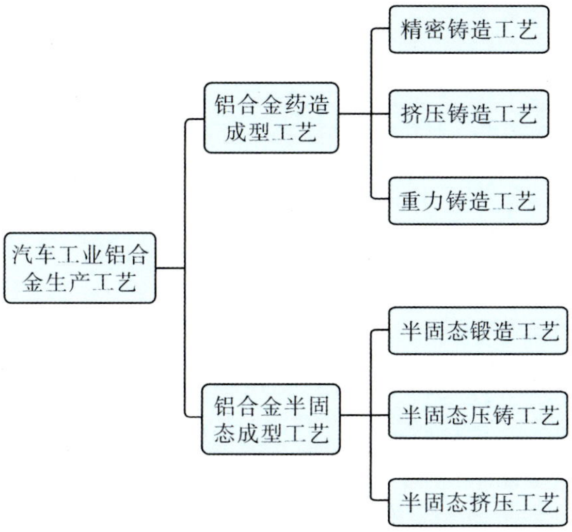

图 14-57　汽车工业中铝合金生产工艺种类图

（二）铝合金轻量化在汽车生产中的应用现状

随着我国铝合金轻量化技术的不断突破，我国汽车制造厂商使用铝合金的比例也越来越高，铝合金产品在众多材料中脱颖而出。其性能符合要求，还能实现循环利用，目前很多铝合金零件都可以循环利用，整体利用率高达 95%以上，这是其他金属材料无法比拟的。随着技术的不断突破，铝合金在汽车工业上的应用也会越来越多，无论是可塑性还是可回收性都是其显著的优势，尤其是铝合金车架的研发会在极大程度上降低整车质量，在强度方面也会有很大的提升。

根据 CM 集团调研显示，我国目前汽车车铝板的使用情况是每辆汽车平均为 20kg，占车架质量的 10%～15%，这与欧美发达国家的铝合金使用比例还有一定的差距，材料应用研发有待提升，但随着电车时代的来临，我国汽车电池已取得了良好发展。

（三）铝合金材料在汽车生产中的应用

目前铝合金材料在汽车领域中最为普遍的应用是铸造铝合金技术，铸造铝合金件可以根据汽车的实际需要采用不同的铸造工艺来完成。例如，汽车发动机中包含大量的铸造铝合金零件，因为在发动机中很多零件需要很高的耐腐蚀性，同时又需要极佳的导热性，与其他的零件之间还需要很高的契合度。铝合金材料也可以用于轮毂的制造，铝合金材料强度高、导热性好、精密度高、重量轻，还可以回收，是以低压铸造及中立铸造为核心的铸造工艺。

铝合金在车架中有广泛应用，铝合金车架轻量化优化是求最优解的一个过程，整个优化过程可以分为三个步骤。对铝合金车架的设计变量选取，设计变量选取有较多的方法，为了使设计变量选取的精度有所保障，主要使用BOE分析方法，通过该方法选取出对整个车身结构影响因素较大的变量。再验证，对BOE分析的变量进行近似建模，如果近似建模的精度达到研究要求，可以直接省略仿真过程，以有效提升效率。进行最终优化，也就是求最优解的过程，使用Isight软件来完成，运用自适应模拟退火算法来求得最优解，确保整体参数不变的情况下减轻车身重量。具体流程如图14-58所示。

变形铝合金的应用。变形铝合金也叫可压力加工铝合金，这种技术制成的铝合金质量比铸造铝合金更轻，强度更高，可塑性好，在批量制造过程中表现得更加稳定，成品几率更大一些，可以在汽车很多关键零件上使用，尤其是在汽车悬挂上进行使用，变形铝合金可大幅度提升汽车的稳定性与安全性。

铝基复合材料是近几年才突破的技术，它的性能大幅度超越了之前的铝合金材料，其稳定性、强度、抗断裂能力都要超过以往的产品，且重量能降低50%以上，未来可以应用在驱动轴、摇臂等支撑零部件中。

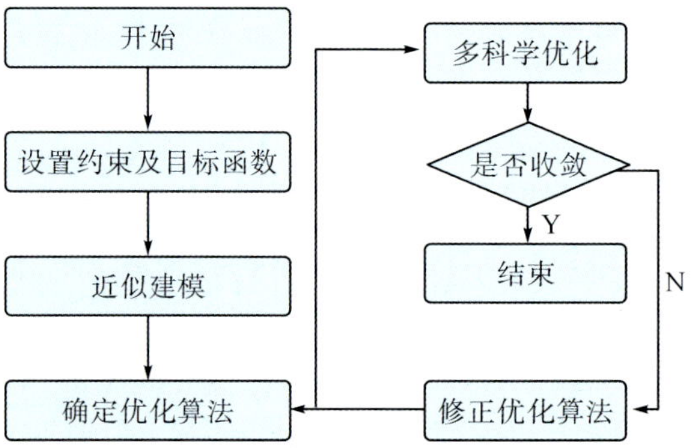

图14-58 铝合金车架轻量化优化流程图

三、铝合金轻量化在汽车制造中的发展方向

（一）未来汽车制造对铝合金轻量化的要求

很多汽车制造企业宣布停止生产燃油车，未来新能源汽车将成为汽车市场的主力，新能源汽车对环境污染更小，更加节约能源。目前，新能源汽车的代表车型是电能汽车，电能汽车无排放，通过电力驱动，对能源消耗很小，但电车目前存在的问题是续航能力稍弱，现在的车身重量对于电车来说是一个很大的负担，如果在原有基础上增加电池组，那么对车身又是一种增重，如果降低电池组，车虽然轻了，但续航会更低。因此，新能源汽车的轻量化是关键。铝合金轻量化可以解决很多问题，不过其中一个主要问题是成本较高，未来铝合金轻量化的发展要在成本、技术、实用性之间达到一定的平衡，这样才能使这个产业发展得越来越好。

（二）铝合金轻量化车架车身材料的研发

燃油车的汽车整体重量无法完全降低，当汽车重量低于一定比例时，对车的性能是一种损耗，当汽车重量低于一定比例时，汽车需要降低高度来达到车身稳定的效果。但汽车轻量化在电能汽车中则具有很大的优势，整车质量降低后，可以通过增加电池组的方式来提升重量，不仅保证了车身的平衡性、安全性，还提升了车辆的续航能力。未来，铝合金车架是主要的研究方向。

车身作为汽车的主要架构之一，集成了很多功能，因此车身上组成的零件和连接零件较多。汽车车身分为内板和外板，外板的选择主要以抗腐蚀能力强和时效硬化性能强的材料为主，因此，铝合金材料是较好的选择。内板材料选择最主要的条件是成形性，其次是较好的抗腐蚀性，无论是车身内板还是外板使用铝合金材料都可以满足各项指标，在轻量化上会有很大的突破。现代汽车制造中，车身不仅附带功能性，还需要兼顾美观性，设计中应增加空气动力学，通过车身设计来降低风阻，以达到节能效果，如很多流线元素，一方面是为了降低风阻，另一方面是为了增加美观性，当车身处理成流线型时则需要更好的延展性，成型时具有一定的难度，目前符合这种车身技术要求的铝合金材料有6111 和 5182 铝合金。我国目前也在大力研发铝合金材料，标准需要超过 6111 和 5182 铝合金。未来，汽车制造不仅需要提升材料质量，还需要提升加工技术水平，包括直线型材曲线化挤压技术、弯曲加工技术、材料连接技术等，只有材料和生产技术全面突破，才能真正取代钢制车身。车身设计和应用中有较多关键技术，具体应用流程如图 14-59 所示。

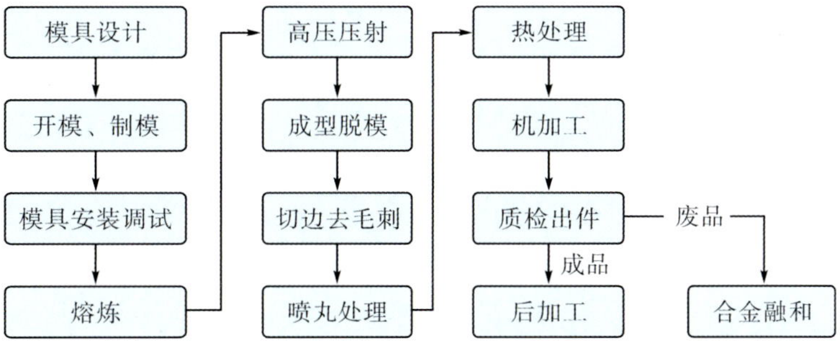

图 14-59　车身设计应用流程图

四、总结

汽车轻量化是未来汽车制造的发展趋势，尤其是以新能源为主的车型更需要轻量化来支撑。目前，铝合金材料是汽车轻量化的最佳选择，无论是强度、抗腐蚀性、可塑性都能达到要求。随着技术的发展，成本也会越来越低。铝合金轻量化的发展空间巨大，还需要在材料创新和技术突破方面加强研究。

第十五章　柴油机配气机构设计

第一节　换 气 过 程

发动机在工作中，必须不断地用新鲜气体来取代汽缸内上一循环的废气，这一工质更换过程称为换气过程。

换气过程进行的完善程度对发动机性能具有极为重要的影响。对换气过程的基本要求是：进气充足，排气干净彻底。

一、换气过程的四个阶段

图 15-1 是四冲程发动机换气过程中，汽缸内气体压力 p、排气管内压力 p′。随曲轴转角 φ 的变化情况。根据换气过程的特征，通常将四冲程发动机的换气过程分为如下 4 个阶段。

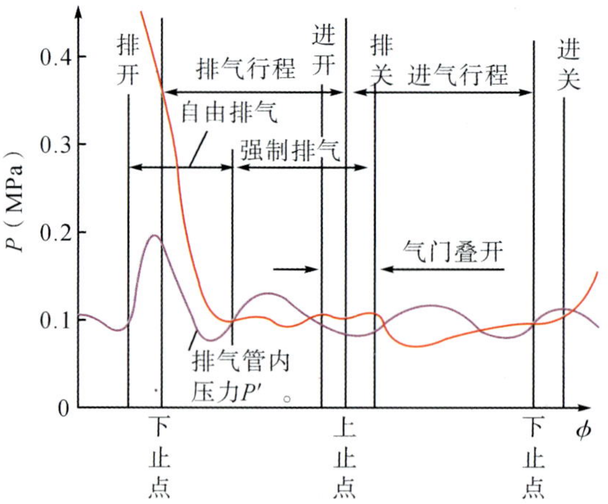

图 15-1　换气过程中有关参数的变化

（1）自由排气阶段。从排气门开启到气缸内压力降低到接近排气管内压力为止的排气阶段，称为自由排气阶段。这一阶段主要是依靠缸内压力与排气管压力之间的压力差排气。由于自由排气阶段排气的流速很高，排出的废气约占其总量的 60%～70%。自由排气阶段一般在下止点后 10°～30°（曲轴转角）之间结束。

（2）强制排气阶段。从自由排气结束到排气门关闭为止，活塞向上止点移动，将废气驱赶出气缸，这一阶段称为强制排气阶段。此阶段，缸内气体状态由活塞速度、排气门通流截面以及排气管内的气体状态共同决定。当活塞接近上止点时，由于排气系统的阻力，缸内的废气压力仍高于大气压力，废气可依靠流动惯性继续排气。所以，在这个阶段的末期，排气门相对于上止点要延迟一个角度关闭，实现惯性排气，使缸内的废气尽量排得干净。

（3）进气阶段。从进气门开启到进气门关闭，这一阶段称为进气阶段。当活塞从上止点向下止点移动时，随汽缸内的容积增大，汽缸内压力下降，当汽缸内压力低于进气管内压力时，新鲜气体开始流入汽缸。汽缸内气体状态取决于活塞运动速度、进气门开启规律以及进气管内的气体状态。当活塞到达下止点时，利用进气的流动惯性仍可以增加进气量，所以进气门都延迟至下止点后关闭。

（4）气门叠开和燃烧室扫气阶段。活塞在换气上止点附近时，进、排气门同时开启，即“气门叠开”，形成燃烧室扫气阶段。适当的气门叠开时间，有利于提高换气效果。

二、充气系数

为了评价发动机换气过程的完善程度，引入了充气系数η_V的概念。

充气系数η_V是每一工作循环中实际进入汽缸的新鲜气体量（实际进气量）M_g与在进气状态下充满汽缸工作容积的新鲜气体量（理论进气量）M_0之比。即

$$\eta_V=\frac{M_g}{M_0}$$

充气系数η_V也称汽缸容积效率。η_V越大，表示实际进入汽缸中的新鲜气体量越多，也就是换气过程越完善，汽缸工作容积的利用率越高。

一般，柴油机的$\eta_V=0.8\sim0.9$，汽油机的$\eta_V=0.75\sim0.85$。

影响充气系数η_V的因素主要有以下五点。

（1）压缩比压缩比ε增加，燃烧室容积相对减小，缸内残余废气量减少，使充气系数η_V有所增加。

（2）进气结束时缸内气体温度随着新鲜气体在进气过程中与高温零件接触被加热，进缸后与残余废气混合再被加热，致使进气结束时气体温度T_a升高，密度减小，使充气系数η_V下降。

（3）排气终点压力排气终点压力P_r越高，说明缸内残余废气量越多，使充气系数η_V降低。

（4）进气终点压力进气终点压力P_a越高，缸内新鲜气体密度越大，充气系数η_V越高。

（5）转速配气定时不变时，只有在某一转速下充气系数才有最大值。当转速n较低时，进气气流流速低，惯性进气少，η_V较低。但随转速n的增加，进气流速上升，惯性进气量增大，η_V上升，并在某一转速下达到最大值。继续增加转速n，由于节流阻力增大，将使η_V下降，如图15-2所示。

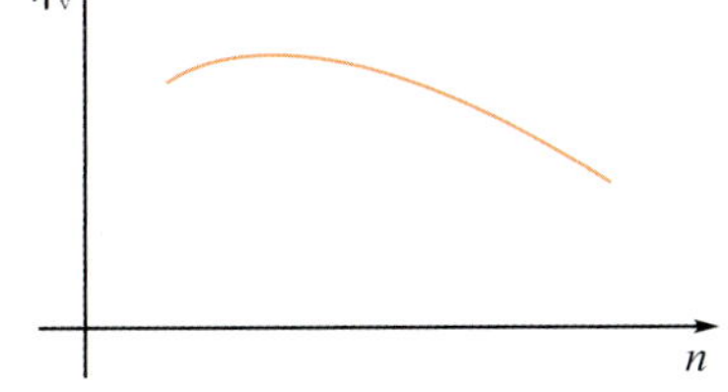

图 15-2　充气系数随转速变化的关系

不同的发动机，由于结构和转速的不同，其配气定时也不相同。由此可见，发动机的配气定时也应随转速的变化而变化，以期获得较大的η_V。实验表明，四冲程发动机的配气定时应该是进气延迟角和气门重叠角随发动机转速的升高而加大，会获得更好的换气效果。如果气门升程也能随发动机转速的升高而加大，则将更有利于获得良好的发动机高速性能。为此，在转速范围广的高速发动机（如某些轿车发动机）上使

用了可变配气定时和气门升程电子控制系统（VTEC 机构）。

第二节　配气机构的功用与类型

配气机构的功用是按照发动机的发火次序和各缸工作循环的要求，定时开启和关闭进、排气门，完成换气过程。

气门式配气机构由气门组和气门传动组两部分组成。每组的零件组成与气门的位置、凸轮轴的位置和气门驱动形式等有关。现代车用发动机均采用顶置气门，即进、排气门置于汽缸盖内，倒置于汽缸顶上。凸轮轴的位置有下置式、中置式和上置式三种。气门驱动形式有摇臂驱动、摆臂驱动和直接驱动三种类型。

凸轮轴下置式的配气机构如图 15-3 所示。凸轮轴置于曲轴箱内的侧面，其气门倒置在汽缸盖上。发动机工作时，曲轴通过定时齿轮副驱动凸轮轴旋转，凸轮轴再通过挺柱、推杆及摇臂等传动件控制气门的开启和关闭。这种配气机构的特点是凸轮轴传动机构比较简单，但因凸轮至气门的距离较远，必须经过多个零件的传动，因此整个系统的刚度较差。在高速时，可能破坏气门的运动规律和气门的定时启闭，所以多用于转速较低的发动机，如解放 CA6102、东风 EQ6100－1 等发动机均为凸轮轴下置式的配气机构。

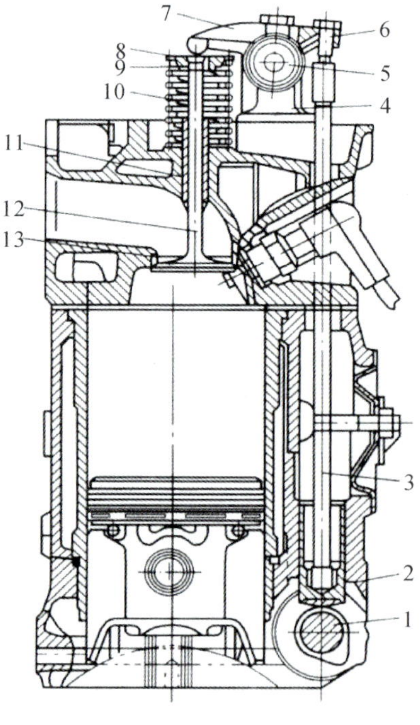

1－凸轮轴；2－挺柱；3－推杆；4－摇臂轴座；5－摇臂轴；6－气门间隙调整螺钉；7－摇臂；8－气门弹簧座；9－气门锁夹；10－气门弹簧；11－气门导管；12－气门；13－气门座圈

图 15-3　凸轮轴下置式配气机构

凸轮轴中置式的配气机构中凸轮轴置于机体的上部，如图 15-4 所示。与凸轮轴下置式的配气机构的组成相比，减少了推杆，从而减轻了配气机构的往复运动质量，增大了机构的刚度，更适用于转速较高的发动机。

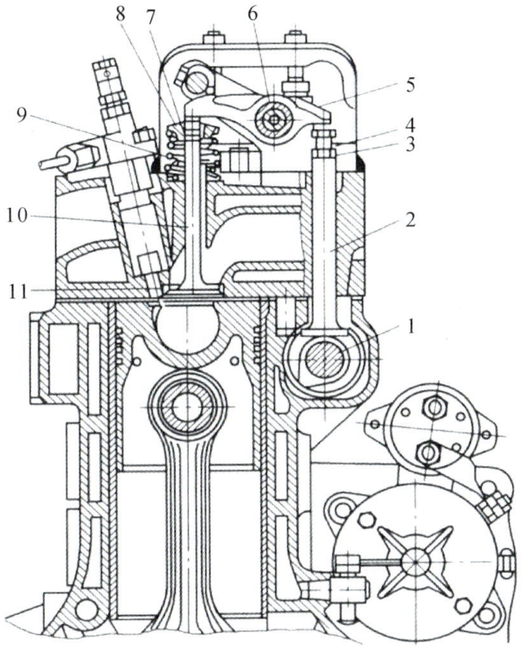

1—凸轮轴；2 挺柱；3—锁紧螺母；4—气门间隙调整螺钉；5—摇臂；6—摇臂轴；7—气门锁夹；8—气门弹簧座；9—气门弹簧；10—气门；11—气门座圈

图 15-4　凸轮轴中置式配气机构

凸轮轴上置式的配气机构（图 15-5）凸轮轴置于汽缸盖上，它可以直接驱动、摇臂驱动或摆臂驱动来控制气门的启、闭。这种配气机构没有中间传动件，使整个系统的刚度大大加强。

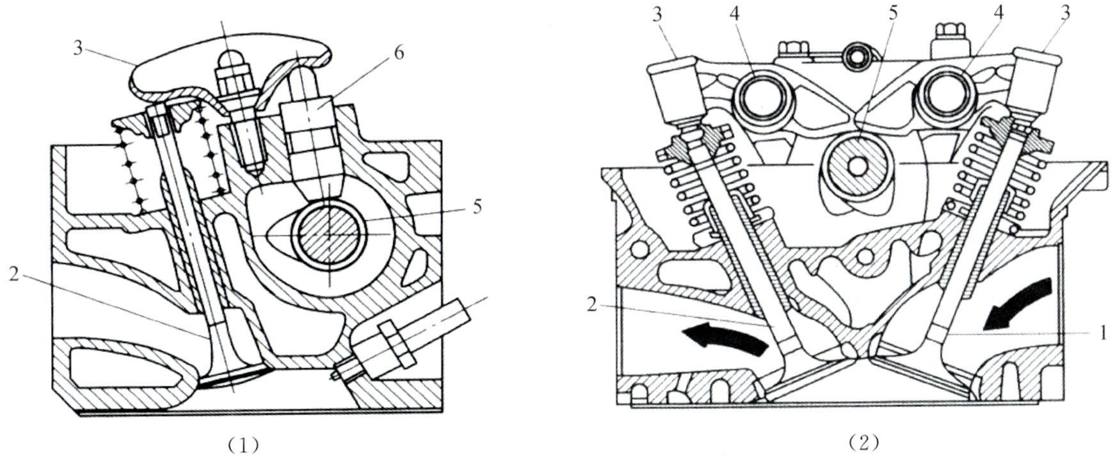

1—进气门；2—排气门；3—摇臂；4—摇臂轴；5—凸轮轴；6—液力挺柱

图 15-5　凸轮轴上置式配气机构

（1）使用挺柱的配气机构；（2）使用摇臂的配气机构

第三节　气　门　组

气门组由气门、气门导管、气门座、气门弹簧、气门弹簧座、气门弹簧锁紧装置及气门旋转机构等组成，如图 15-6 所示。

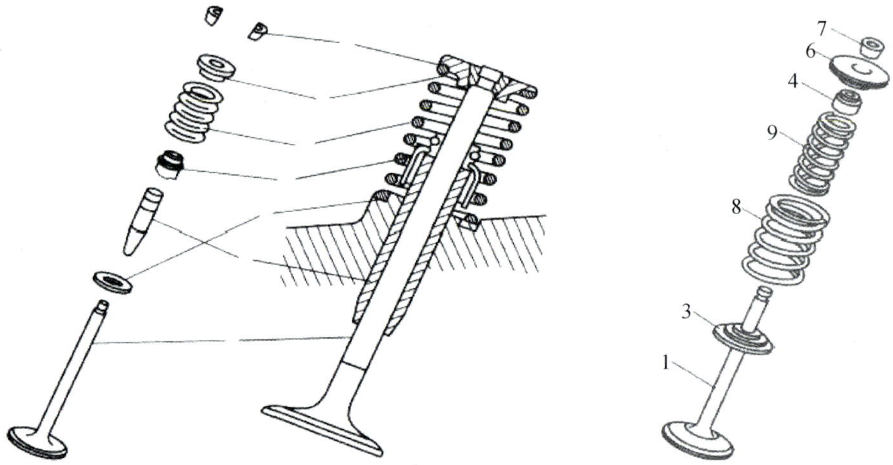

（1）　　　　（2）

1—气门；2—气门导管；3—下气门弹簧座；4—气门油封；5—气门弹簧；6—上气门弹簧座；7—气门锁夹；8—外气门弹簧；9—内气门弹簧

图 15-6　气门组的基本组成

（1）单气门弹簧；（2）双气门弹簧

一、气门

（一）气门的工作条件和材料

气门是发动机中的重要零件之一，是燃烧室的组成部分，在工作中控制进、排气通道的启、闭。在压缩和燃烧过程中，气门必须保证可靠的密封，不能出现漏气现象。否则会使发动机的动力性和经济性下降，严重时甚至使发动机无法起动和工作。

气门的工作条件最恶劣，直接与高温燃气接触，尤其排气门还要受到高温废气的冲刷，加之散热条件很差，所以工作温度很高，排气门头部的平均温度可达 600～800 ℃，排气门杆部可达 150～250 ℃，气门在落座时还要承受较大的撞击和磨损。此外燃烧产物还会对气门产生腐蚀。因此要求气门必须有足够的强度、刚度、耐热、耐磨和耐腐蚀性能。

（二）气门材料

进气门材料一般采用合金钢（如铬钢或铬镍钢等）而排气门则要求采用耐热合金钢（硅铬钢等）。

为了节省耐热合金钢，有的排气门头部用耐热合金钢，而杆部用普通合金钢制造，然后将二者焊在一起。还有的在排气门的气门锥面上堆焊或喷涂一层钨钴合金，以提高其硬度、耐磨性、耐热性和耐腐蚀性，达到延长气门使用寿命的目的。

（三）气门结构

气门的构造可分为头部和杆部两个部分，如图 15-7 所示。气门头部顶面的形状有平顶、凸顶和凹顶三种，如图 15-8 所示。平顶气门结构简单，制造方便，吸热面积小，质量小，使用最为普遍［图 15-8（1）］。凸顶式气门刚度高，排气阻力小，一般用于增压发动机的排气门［图 15-8（2）］。凹顶气门，对进气流动阻力小，但它的吸热面积大，适用于工作温度较低的进气门［图 15-8（3）］。

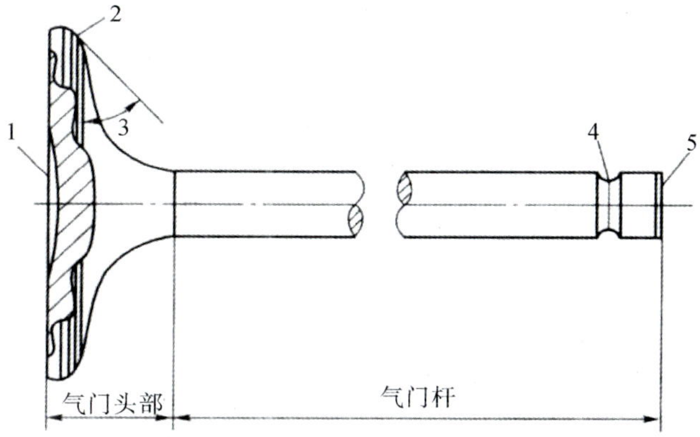

1—气门顶面；2—气门锥面；3—气门锥角；4—气门锁夹槽；5—气门尾端面

图 15-7　气门结构及各部名称

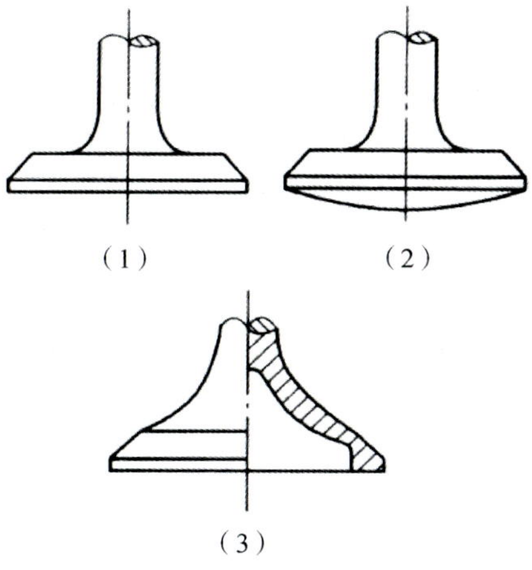

图 15-8　气门头部形状

（1）平顶气门；（2）凸顶气门；（3）凹顶气门

气门头部与气门座的密封面均被加工成锥面以提高其密封效果。气门顶面与锥面的气门锥角有 30°和 45°两种，如图 15-9 所示。有的发动机进气门的锥角为 30°，这是考虑到较小的气门锥角，在气门升程相同时，进气流通截面大，但锥角小的气门头部边缘较薄、刚度较差，不利于散热。所以，大多数发动机进、排气门均采用 45°锥角。

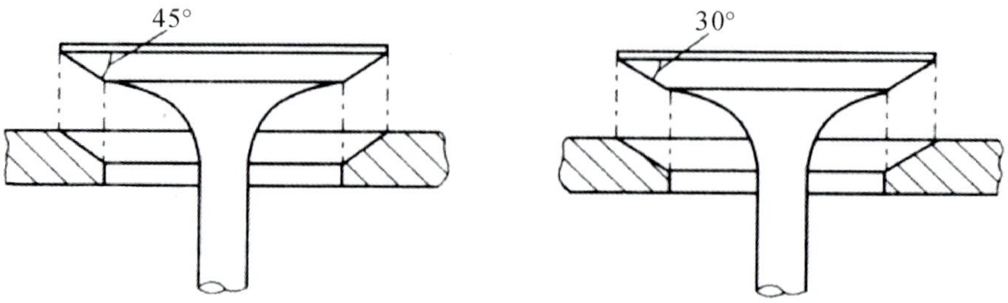

图 15-9　气门密封面的锥角

气门在装配时，气门和气门座的密封锥面要配对研磨，以保证良好的密封。研磨后的气门不能互换。

为了提高换气效果，在燃烧室结构允许的条件下，应设法加大气门直径。考虑到进气压力差小于排气压力差，所以多数内燃机的进气门头部直径大于排气门头部的直径。

气门头部的热量是通过气门座和气门导管传递给汽缸盖中的冷却水的。为了提高排气门的冷却效果。有些发动机将排气门制成空心式，空腔的一半左右充填金属钠，如图 15-10 所示。金属钠的熔点较低（97 ℃）。在工作时呈液态，并在腔内激烈振荡，不断地将气门头部的热量传递给气门杆，再经气门导管、汽缸盖传递给冷却水。实验证明采用金属钠冷却的气门可使排气门头部的最高温度降低 10%～15%。

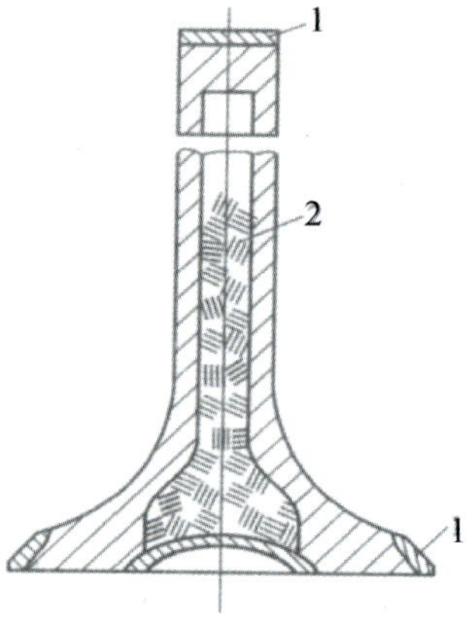

1—堆焊的硬质合金；2—钠冷却剂

图 15-10　钠冷气门

气门杆呈圆柱形，与气门导管配合，引导气门上下运动。气门杆与气门头部的连接部分具有较大的过渡圆弧，既可以减小应力集中现象，提高强度，同时又有利于减少热流阻力，便于气门头部的热量经气门导管传到汽缸盖。

气门杆的尾端结构随上气门弹簧座的固定方式而异。一种尾端车有锁夹槽，在锁夹槽中装入两个半圆形气门锁夹，锁夹外表面为圆锥面，具有锥形孔的气门弹簧座安装在锁夹外，在气门弹簧的支撑下，弹簧座将两个半圆锁夹压在凹槽中联成一个整体，并一起运动［图 15-11（1）］。另一种是在气门杆尾端钻孔，孔内安装圆柱销，弹簧座制成阶梯形，圆柱销正好卡在凹穴中，在弹簧作用下使圆柱销不会脱落［图 15-11（2）］。

一般发动机往往采用每缸两个气门，即一个进气门和一个排气门。为进一步提高内燃机充气系数和升功率，近年来在中、小缸径高速发动机上（缸径在 100mm 以下）越来越多地采用多气门技术，即每缸 4 个气门或 5 个气门，如图 15-12 所示。如广泛采用的四气门技术（两个进气门和两个排气门），可保证在汽缸直径一定时，大幅度地增加气流通道面积，而且由于气门数增加，可以减小气门尺寸，增大了气门的刚度并且有利于气门的散热。每缸四气门容易将火花塞或喷油器布置在缸盖的中央，有利于提高燃烧质量。其缺点是配气机构较为复杂。

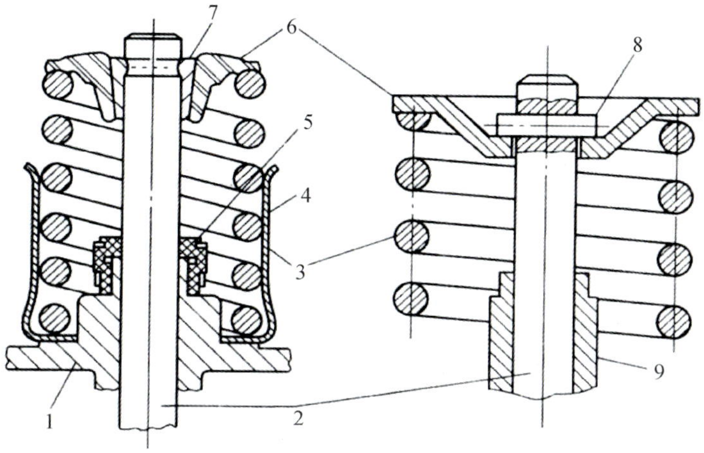

1—汽缸盖；2—气门杆；3—气门弹簧；4—气门弹簧振动阻尼器；5—气门油封；6—气门弹簧座；7—气门锁夹；8—圆柱销；9—气门导管

图 15-11　上气门弹簧座的固定方式

(1) 气门锁夹固定 (GM2.5L)；(2) 圆柱销固定 (CA6102)

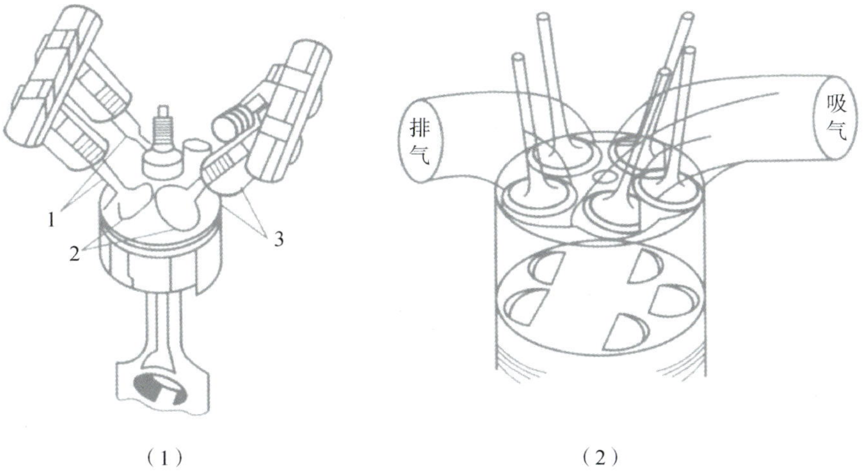

1—排气门；2—气门凹坑；3—进气门

图 15-12　四气门和五气门发动机

(1) 四气门；(2) 五气门

二、气门座与气门座圈

气门座指汽缸盖上与气门锥面相配合的环形锥面部分。气门座除了起密封作用外，还要将气门头部的热量传出。气门座可以直接在铸铁汽缸盖上加工而成。为了提高气门座表面的耐磨性，有时采用耐热钢、球墨铸铁或合金铸铁单独制成气门座圈，然后以较大的过盈量压入安装孔中，如图 15-13 所示。铝制汽缸盖的进、排气门座必须采用气门座圈。

气门座的锥角与气门锥角相应，分为 30°或 45°两种，气门座与气门锥面形成的密封面宽度通常为 1～3mm，并位于气门锥面的中部附近。密封面过宽时，密封压力减小，且易结炭，密封可靠性差；密封面过窄时，接触面积小，密封可靠性高，但气门头部散热能力差。

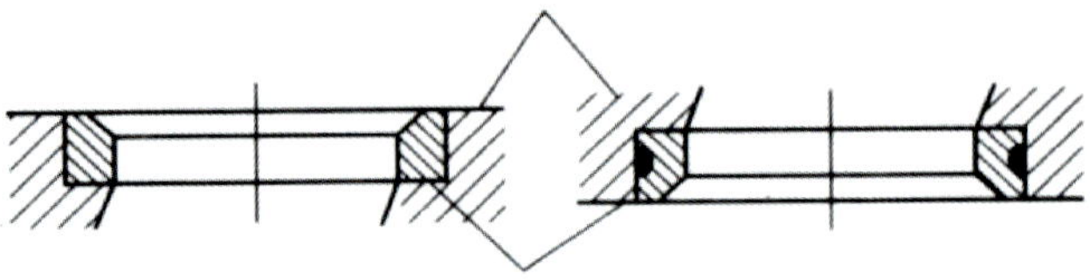

图 15-13　气门座圈

三、气门导管

气门导管主要对气门的运动起导向作用，保证气门作直线往复运动，使气门与气门座能准确配合。此外，气门导管还将气门的部分热量传递给缸盖内的冷却水。

气门导管工作温度较高，润滑条件较差，仅靠气门摇臂飞溅的机油进行润滑，因此容易磨损。

气门导管通常用灰铸铁、球墨铸铁或铁基粉末合金制造，以一定的过盈量压入汽缸盖的气门导管座孔中，再精铰气门导管孔。气门杆和气门导管之间配合间隙，一般在 0.05～0.12mm 之间，以保证气门在导管中正常的运动。气门杆和气门导管孔需要润滑，但进入气门导管孔的机油又不能过多，否则将增加机油的消耗量。为此，有的发动机在气门导管上装了气门油封（参见图 15-6）。

四、气门弹簧

气门弹簧的功用是保证气门及时落座并关闭严密，克服气门在工作中受到传动件惯性力的影响，准确地按凸轮的外形动作。因此，气门弹簧应具有足够的刚度和抗疲劳强度。

气门弹簧的材料为高碳锰钢、硅锰钢和铬钒钢等的冷拔钢丝，加工后需要热处理，钢丝表面要磨光、抛光或喷丸处理，以提高疲劳强度。

气门弹簧一般采用圆柱形螺旋弹簧，如图 15-14（1）所示。有的发动机每个气门采用两个弹簧，两个弹簧外径不同，旋向相反，套装在一起。采用两个弹簧可减小弹簧的尺寸，又可以提高弹簧工作的可靠性。由于两个弹簧的固有频率不同，还可以抑制因共振而发生的气门落座后的反跳现象。有的发动机采用不等距螺旋弹簧［图 15-14（2）］，这种弹簧在工作时，螺距小的一端逐渐叠合，有效圈数逐渐减少，可有效地消除气门弹簧的共振现象。安装时要注意气门弹簧的方向，螺距小的一端应朝向不动的汽缸盖顶面。采用锥形气门弹簧［图 15-14（3）］也可以消除共振现象。因为锥形气门弹簧的刚度和固有振动频率沿弹簧轴线方向是变化的。

安装不等距螺旋弹簧或锥形气门弹簧时，应使螺距小的一端或弹簧大端朝向不动的汽缸盖顶面。

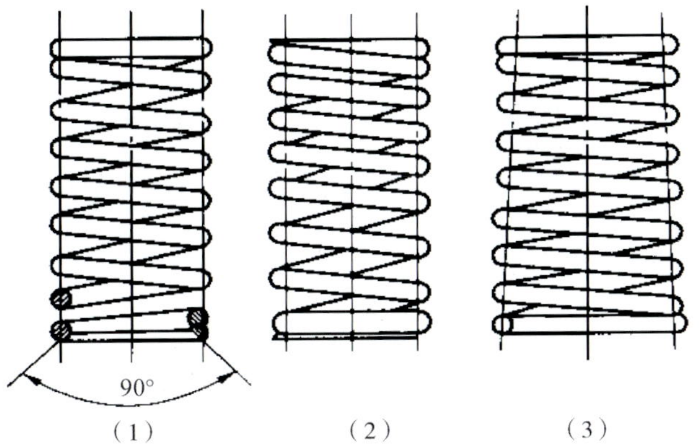

图 15-14　气门弹簧

(1) 圆柱形螺旋弹簧；(2) 不等距螺旋弹簧；(3) 锥形气门弹簧

五、气门旋转机构

一些大功率及中等功率的内燃机，为了改善气门局部过热和清除气门杆及气门锥面上的积炭，采用了气门旋转机构。图 15-15 所示为强制式气门旋转机构。在气门旋转机构壳体上有 6 个变深度凹槽，凹槽中装有钢球和复位弹簧，碟形弹簧安装在旋转机构壳体与气门弹簧座之间。当气门关闭时，碟形弹簧并没有压紧在钢球上，这时钢球在复位弹簧的作用下位于凹槽的最浅处。当气门开启时，气门杆尾端受到的压力传到碟形弹簧，使碟形弹簧变形并压紧在钢球上，迫使钢球沿凹槽的斜底面滚动，同时带动旋转机构的壳体和气门锁夹及气门一起旋转一定的角度。

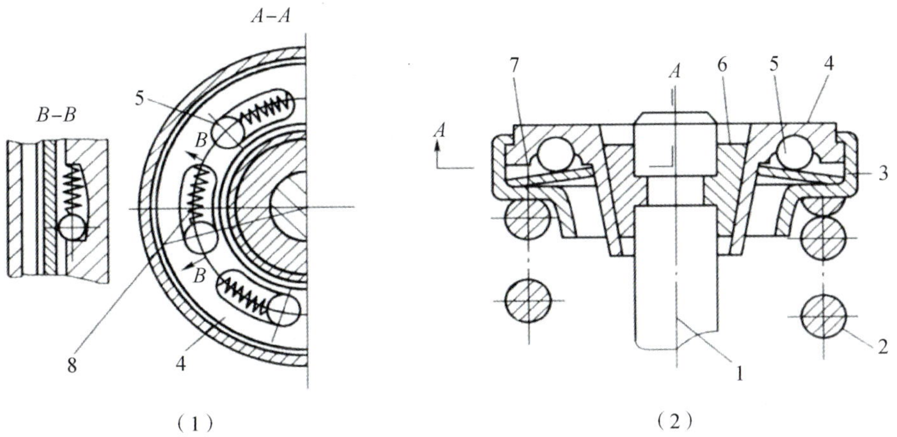

1—气门；2—气门弹簧；3—气门弹簧座；4—旋转机构壳体；5—钢球；6—气门锁夹；7—碟形弹簧；8—复位弹簧

图 15-15　气门旋转机构

(1) 俯视剖面；(2) 正视剖面

第四节 气门传动组

气门传动组由凸轮轴及其传动机构、挺柱、推杆、摇臂、摇臂轴等组成。

一、凸轮轴

（一）凸轮轴的工作条件和材料

凸轮轴是控制气门启闭时刻、开启时间长短和气门升程大小的主要零件，工作中承受着周期性的冲击载荷。凸轮与挺柱之间的接触应力很大，相对滑动速度也很高。使得凸轮工作面的磨损比较严重。为此，要求凸轮轴轴颈和凸轮工作面应有较高的尺寸精度、较小的表面粗糙度及足够的刚度外，还应有较高的耐磨性和良好的润滑。

凸轮轴通常用优质碳钢或合金钢锻造，也有的用合金铸铁或球墨铸铁铸造。轴颈和凸轮工作面经热处理后磨光。

（二）凸轮轴的结构

凸轮轴由轴颈、进气凸轮、排气凸轮和安装定时齿轮的键槽等组成。汽油机的下置式凸轮轴上还有驱动分电器的斜齿轮和驱动汽油泵的偏心轮等，如图 15-16 所示。

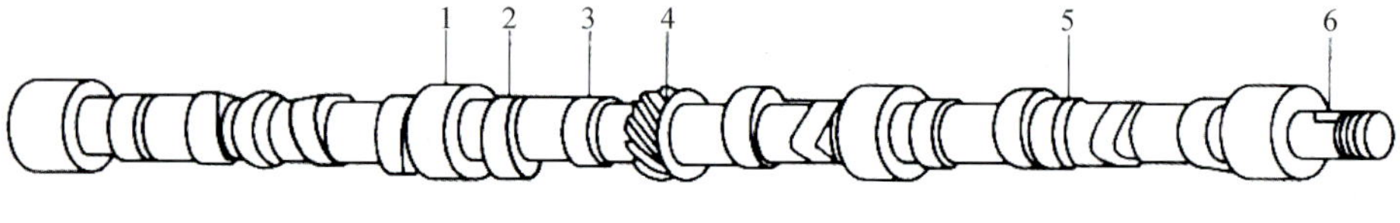

1—凸轮轴轴颈；2—进气凸轮；3—排气凸轮；4—分电器驱动斜齿轮；5—偏心轮；6—键槽

图 15-16 凸轮轴构造

凸轮轴上的凸轮数与汽缸数及每缸气门数有关。多缸机的凸轮排列顺序及凸轮之间的夹角取决于各缸的发火顺序及发火间隔角。

凸轮轮廓由几段不同的曲线组合而成（图 15-17），保证气门有足够的升程。0 点为凸轮旋转中心，EFA 为以 0 点为中心的圆弧，称为基圆。AB、DE 段是凸轮缓冲段，其长短与气门间隙大小有关。BCD 段是气门工作段。当凸轮轴按图中所示逆时针方向转过 EA 时，挺柱不动，气门关闭。当凸轮转过 A 点后，挺柱（液力挺柱除外）开始上升，到 B 点后，完全消除了气门间隙，气门开启，至 C 点气门到达升程最大值，BC 段称为凸轮上升段。由 C 点开始气门下降，转到 D 点时，气门关闭，CB 段称为凸轮下降段，至 E 点恢复气门间隙。气门升程及其运动规律受凸轮工作段外形影响最大。

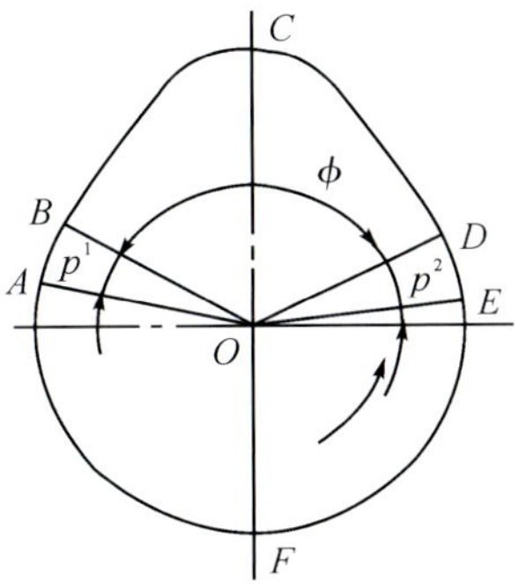

图 15-17　凸轮轮廓

凸轮轴上有若干个轴颈，轴颈的半径要大于凸轮的最大半径，以便于凸轮轴在机体上的凸轮轴轴承孔内的安装。轴承孔内压有整体式滑动轴承与轴颈配合，轴承为浇有白合金的钢、铝衬套，也有的用粉末冶金衬套或铜套。凸轮轴轴承上开设的油孔与机体主油道相通，保证可靠的润滑。

凸轮轴的传动一般都采用斜齿圆柱齿轮。斜齿圆柱齿轮在运转中会产生轴向分力，使凸轮轴轴向窜动，会破坏正常的配合关系，影响配气定时的准确性。因此，凸轮轴必须采取轴向定位措施。常用的方法有以下三种。

1. 止推片定位

图 15-18 所示，在驱动齿轮与凸轮轴第一轴颈之间安放一隔圈，以确定驱动齿轮与第一轴颈之间的安装距离。在隔圈外又套上止推片。用螺钉将止推片固定在机体的轴承座上，保证了凸轮轴轴向安装位置。由于隔圈的厚度略大于止推片。因此隔圈与止推片的厚度差即为凸轮轴轴向间隙。一般为 0.05～0.20mm。轴向间隙可通过改变隔圈厚度来调整。

2. 止推螺钉定位

如图 15-19 所示，止推螺钉旋在齿轮室盖上，并用锁紧螺母锁紧。在凸轮轴端部装有止推轴销，止推螺钉与止推轴销之间留有的间隙，即凸轮轴的轴向间隙。

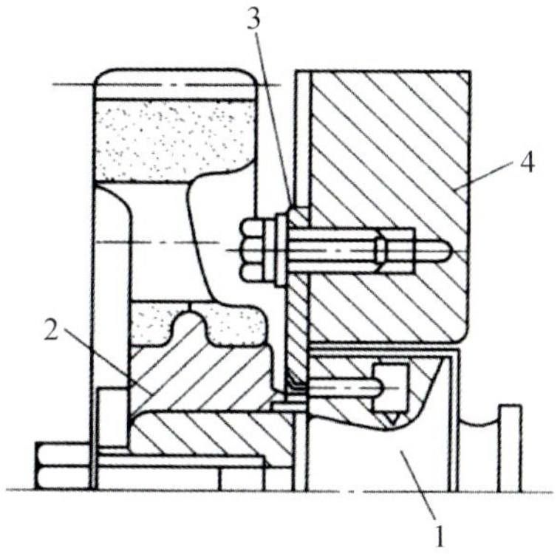

1—凸轮轴；2—驱动齿轮；3—止推片；4—轴承座

图 15-18　凸轮轴的止推片定位

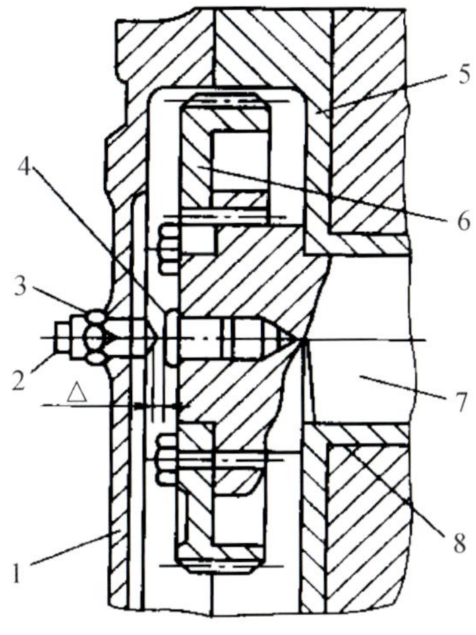

1—齿轮室盖；2—止推螺钉；3—锁紧螺母；4—止推轴销；5—齿轮室；6—凸轮轴齿轮；7—凸轮轴；8—凸轮轴衬套

图 15-19　凸轮轴的止推螺钉定位

门杆尾端接触，其接触面一般制成球形，当摇臂摆动时使两者间的作用点尽可能在气门轴线上，如图15-27所示。

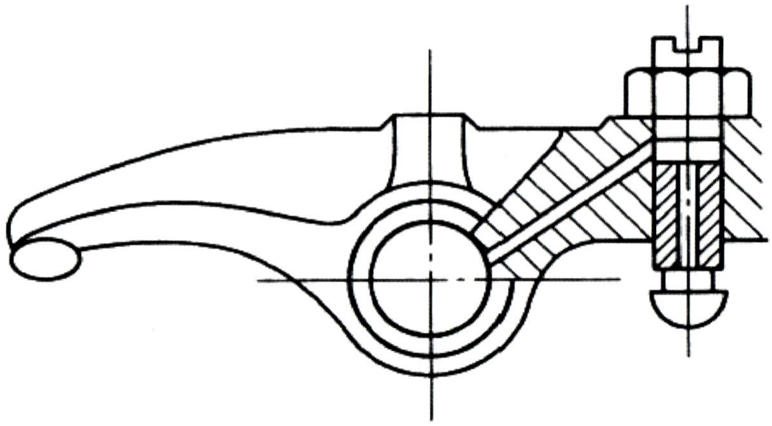

图 15-27 摇臂

摇臂的轴孔内镶有青铜衬套或装有滚针轴承与摇臂轴配合转动，摇臂轴支承在汽缸盖上的摇臂支座上。摇臂支座、摇臂轴和摇臂内均设润滑油道，并与汽缸盖上的润滑油道相通，保证摇臂的轴孔及两端工作面的润滑。

摇臂的材料一般为中碳钢，也有使用球墨铸铁或合金铸铁的。为增大摇臂的抗弯强度和刚度，摇臂一般都制成“T”字形或“工”字形断面。

六、气门间隙及其调整

发动机在工作时，配气机构各零件，如气门、挺柱、推杆等都会因受热膨胀而伸长。如果在冷态时上述各零件之间没有一定间隙，则在受热膨胀伸长后，会引起气门关闭不严，导致气门在工作中漏气。为此，配气机构在冷态装配时，在气门杆尾端与摇臂之间，留有适当的间隙，以保证配气机构各零件在热态时，有膨胀的余地，这个间隙称为气门间隙。

气门间隙的大小必须适当，间隙过小，仍会使气门关闭不严；间隙过大，则使气门开启时间变短，造成气门升程变小，影响换气效果。气门间隙的大小一般由制造厂根据实验确定。通常排气门温度高，其气门间隙比进气门的稍大，为0.30～0.35mm，而进气门的气门间隙一般在0.25～0.30mm。

气门间隙的测量与调整必须在冷车时进行，其方法根据凸轮轴位置的不同而异。当凸轮轴上置时，其测量部位在凸轮基圆与气门调整盘之间，通过调整盘旋入气门杆的深度来调整气门间隙，如图15-28所示；当凸轮轴下置时，应使挺柱落在凸轮的基圆上，测量部位在摇臂端面与气门杆尾端之间，利用摇臂另一端的调整螺钉来调整气门间隙，如图15-29所示。

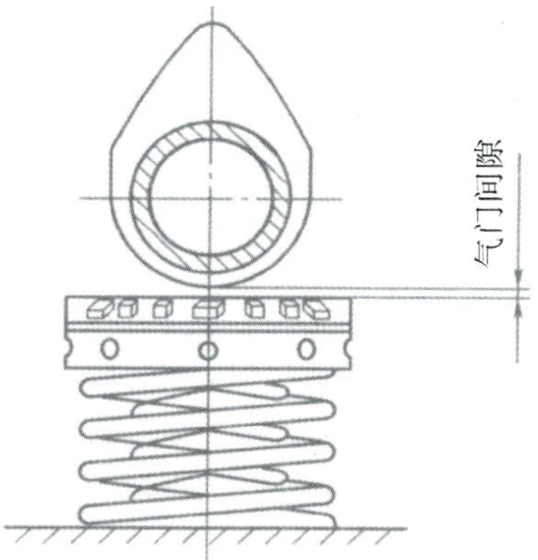

图 15-28　上置凸轮轴的气门间隙

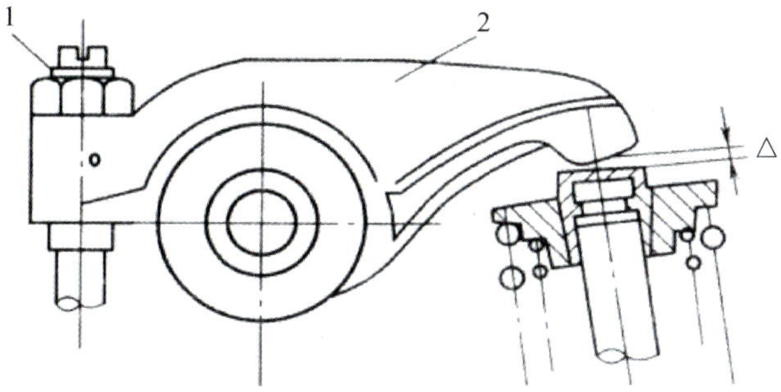

1—调整螺钉；2—摇臂

图 15-29　下置凸轮轴的气门间隙

参考文献

[1] 董朋，赵升吨，胡战胜，等. 发动机喷油系统用高压共轨燃油泵发展及特点[J]. 锻压装备与制造技术，2018，53(2)：7—12.

[2] 贾晓岩. 超高压共轨燃油系统高压油管压力波动特性研究[D]. 北京理工大学，2018. 35—36.

[3] 刘胜吉，赵宇超，王建. 中国小功率非道路用柴油机低排放技术路线的探讨[J]. 内燃机工程，2017，38(6)：35—40.

[4] 张庆，陈希颖，张珂，等. 非道路柴油机 NO2 排放的试验研究[J]. 现代车用动力，2015，(1)：30—34.

[5] 邱松林，滕勤，马标. 柴油机选择催化还原过滤器技术研究进展[J]. 小型内燃机与车辆技术，2016，45(6)：84—91.

[6] Zhang M. Particulate Emissions from a China V Heavy-Duty Diesel Engine with Ultra Low Sulfur Diesel Fuel and DOC＋CDPF＋SCR[J]. SAE Technical Paper series，2017：2017—01—0914.

[7] Joshi M. C，Gosala D. B，Allen C. M，et al. Reducing Diesel Engine Drive Cycle Fuel Consumption through Use of Cylinder Deactivation to Maintain Aftertreatment Component Temperature during Idle and Low Load Operating Conditions [J]. Frontiers in Mechanical Engineering，2017，3(8)：1—15.

[8] 高官龙，李盛成，刘忠长，等. EGR 柴油机瞬态性能优化研究[J]. 车用发动机，2017，(3)：42—48.

[9] 谭丕强，罗富，胡志远，等. EGR 冷却温度对重型柴油机性能及排放的影响[J]. 内燃机工程，2018，39(6)：39—45.

[10] 蔡玉洁，赵昌普，王科. 进气加湿耦合涡流比对船用柴油机燃烧和排放的影响[J]. 燃烧科学与技术，2020，26(1)：60—68.

[11] 徐虎，孙思远，黄加亮，等. 燃油系统参数匹配优化对船用柴油机性能影响及试验研究[J]. 中国造船，2017，58(2)：199－209.

[12] 岳广照，刘兴华，孙柏刚，等. 柴油机 SCR 尿素喷射方式研究[J]. 北京理工大学学报，2018，38(2)：143－149.

[13] 胡广地，刘丛志. 基于模型的 SCR 车载故障诊断策略[J]. 内燃机学报，2019，37(4)：374－383.

[14] Kamasamudram K，Yezerets A，Chen X，et al. New Insights into Reaction Mechanism of Selective Catalytic Ammonia Oxidation Technology for Diesel Aftertreatment Applications[J]. SAE International Journal of Engines，2011，4 (1)：1810－1821.

[15] Ottinger N，Foley B，Xi Y. Z，et al. Impact of Hydrocarbons on the Dual (Oxidation and SCR) Functions of Ammonia Oxidation Catalysts[J]. SAE International Journal of Engines，2014，7(3)：1262－1268.

第四篇　甲醇发动机开发技术

第十六章　甲醇发动机技术

甲醇又称“木醇”“木精”，自 17 世纪被人类发现以来，便被人被用作烹煮的燃料。20 世纪 20 年代被人工合成大规模生产后，便成为最重要的基本化工原料。到了 20 世纪 70 年代因为爆发了首次石油危机，人们认识到为了保障石油的使用安全，需要开展石油替代燃料的研究工作。在大规模的研究中，甲醇作为生产工艺成熟、生产相对容易、生产原料丰富、燃烧也比较清洁的产品，得到全球高度关注。一些国家如美国还在其部分地区开展了为期多年的试点运行工作。后期随着石油危机的缓解，油价的大幅度下滑。甲醇恢复作为基础化工产品。近年来，由于全球气候变暖，减少二氧化碳（CO_2）排放以控制全球温度的变化已经成为大家的共识。在这样的大环境下，人们认识到，采用捕集到的 CO_2 与可再生能源所发电力制取的氢气合成甲醇，即所谓的电制燃料（e-Fuel），以其作为替代石油的“碳中性”燃料，是实现在全球实现“碳中和”的目标的重要出路。因此，一个将甲醇作为“碳中和”燃料以减少石油燃料使用的时代正在到来。

我国作为世界第二大经济体，每年能源的需求量极大。由于我国能源资源的特点是“缺油、少气、相对富煤”，自改革开放我国经济快速腾飞，能源需求随之迅猛增长。1993 年我国成为石油净进口国，截止到目前石油进口带来的对外依存度已经超过 70％。因而保障我国能源安全一直是经济发展的重中之重。当全球在 20 世纪 70 年代出现石油危机后，我国也与全球其他国家一样大力开展石油替代燃料的研究工作。因为我国的煤炭资源比较丰富，采用甲醇替代石油成为必然的选择。与国外不同的是，将甲醇作为石油替代的研发工作，并不像国外那样随石油危机结束而放弃，我国政府一直坚持对甲醇替代燃料的长期支持。从基础研究，到具体应用技术以及工程化推广，从煤炭制甲醇到今天的 CO_2 和氢气合成甲醇规模化生产，从乘用车到商用车，已经形成在动力和热力领域全面应用甲醇作燃料的局面。可以说，我国的甲醇在多领域应用中已经走到了全球的前列。甲醇作为车用动力的燃料将为国家实现碳中和的目标做着自己的贡献。

第一节　概　　述

一、甲醇特性及其生产

甲醇的理化特性。甲醇的化学结构式是 CH_3OH，包含 1 个碳原子、3 个氢原子和 1 个羟基，见图 16-1。常温常压下为液体，见图 16-2。甲醇化学组分单一，不含硫，具有抗爆性好、含氧量高等特点，在空气中燃烧火焰略显蓝色，日光下该火焰不可见，见图 16-3。甲醇与汽油和柴油的各种理化特性比较见表 16-1。

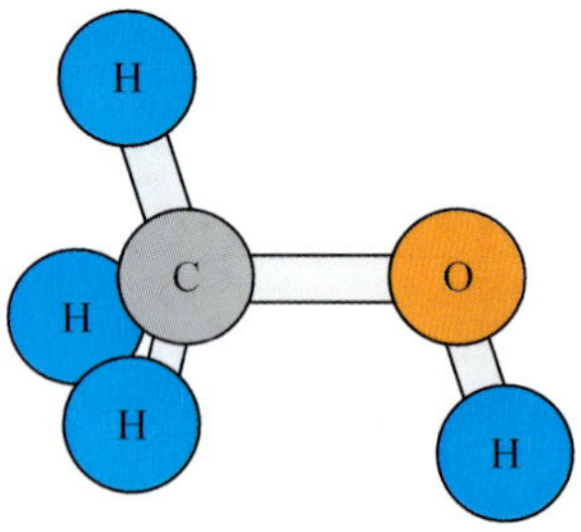

图 16-1　甲醇化学结构简图

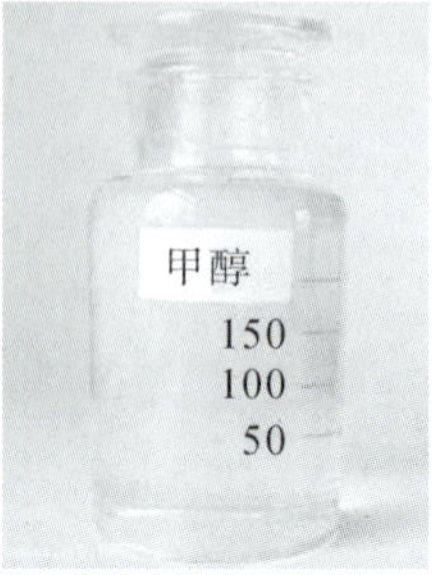

图 16-2　甲醇

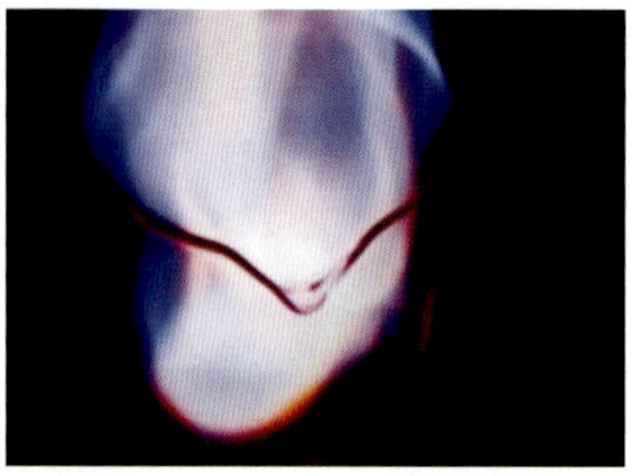
图 16-3　甲醇燃烧时的火焰

表 16-1　甲醇与汽油和柴油的理化特性

性质（单位）	甲醇	汽油	柴油
相对分子质量	32.04	95～120	180～200
密度（20℃）(kg/L)	0.792	0.72～0.78	0.82～0.86
冰点（℃）	−96	−57	−4～−1
沸点（℃）	64.7	27～225	180～370
闪点（℃）	12	45	>55
自燃温度（℃）	450	350～468	260～350
动力粘度（20℃）(mPa·s)	0.60	0.65～0.85	3.0～8.0
汽化潜热（kJ/kg）	1167	310	270
电导率（20℃）(S/m)	4.4×10.5	—	1×10^{-13}
着火界限（体积分数）(%)	6.7～36.5	1.4～6.7	1.5～8.2
低热值（kJ/kg）	19930	43030	42500
辛烷值（RON）	114.4	89～98	—
辛烷值（MON）	94.6	81～84	—
十六烷值	3	0～10	45～55
理论空燃比［kg（空气）/kg（燃料）］	6.5	14.8	14.6
理论混合气热值（kJ/kg）	2650	2780	2790
层流燃烧速度（m/s）	0.523	0.377	—

由表 16-1 可见，甲醇作为燃料其理化特性与汽油和柴油存在较大的差异，主要表现在以下几个方面。

（1）甲醇含氧量高达 50%，并且只含有一个 C 原子，没有 C—C 键，使得甲醇的燃烧热值相比汽、柴油要低，但同时甲醇完全燃烧所需的空气量也减少，理论空燃比 6.5，比汽油、柴油都要低。由此可见，甲醇的热值虽然仅及汽油、柴油的一半不到，但是混合气热值却相差无几。因而，甲醇作为燃料应用，对发动机动力性不会有大的影响。

（2）甲醇电导率比柴油大得多，与甲醇接触的金属材料由于电化学作用而产生的腐蚀现象就比较明显。因此，适合于汽油、柴油的直流有刷输油泵是不适于在甲醇上应用的。同时，滑动电阻式的液位计也不适合于显示甲醇液位。

（3）甲醇是极性分子，而汽油、柴油却为非极性分子。因此，甲醇与汽油、柴油一般不互溶。值得注意的是，暴露于空气中的甲醇很易于吸水。如果采用助溶剂将甲醇与汽油、柴油掺混一起，甲醇会因其吸水的作用而出现醇、油分层。吸水后因甲醇的密度高于汽油而沉在油箱底部，往往会造成发动机启动困难。

（4）甲醇的冰点比汽油、柴油都要低，在温度很低的严寒地带也不会失去其流动性。但是，甲醇的黏度比柴油小得多，如果直接利用原来的柴油喷油泵和喷嘴向气缸供应甲醇燃料时，如果不采用添加剂提高其润滑性，那会严重降低使用寿命。而甲醇的黏度与汽油相当，利用汽油喷油器时对其寿命影响不大。

（5）甲醇的汽化潜热是汽柴油的 3～4 倍，高的汽化潜热以及低的蒸汽压和较低的沸点，将导致混合气形成困难和发动机起动困难，但可以降低进气温度，提高充气效率；同时，由于甲醇的汽化潜热大，可以改善发动机燃烧后的内部冷却，改善发动机的动力性，降低排气温度。

（6）甲醇的辛烷值明显比汽油高，甲醇的马达法辛烷值（MON）为 94.6，而研究法辛烷值（RON）能达到 114.4，因而甲醇可用作提高汽油的辛烷值添加剂。

（7）甲醇的着火界限为 6.7%～36.5%，比柴油和汽油都要宽得多。因此甲醇能够在较宽的混合气浓度范围内工作，稀燃性好，适合于稀薄燃烧，选择运转工况有较大的自由度。

（8）甲醇溶于水，两者可以任意比列互溶。甲醇的这一特性使其在运输或使用过程中一旦发生意外可以用水熄灭。如果泄露到水中或地面，可以在较短时间内快速降解。不会像石油基燃料一旦泄露会对周遭的环境带来严重的影响。

根据以上甲醇与汽油、柴油的特性的比较，甲醇作为燃料在现有车用动力上直接应用是存在一些不相匹配的地方，需要对现有车车用动力做一些适应性改动。另外，因其热值低，燃料的消耗率会比汽油、柴油多。废气排放控制方面，甲醇燃料发动机的特性也会与燃用汽油、柴油发动机有所不同。

二、甲醇的安全性

甲醇是无色、常温下略带一点醇气味的液体，作为基础化学品广泛应用在生活中，与人类密切接触。比如汽车内用于清洁前风挡的俗称“玻璃水”的清洁剂，除冰、防冻液以及野炊和餐馆里的固体酒精加热块等。一般来说，甲醇与人体的接触没有什么问题。虽然与汽油相比，皮肤接触和气体吸入对人体的毒性影响相近，但是要特别注意的是，因为是醇，会被误以为和乙醇一样的可以饮用。从其问世以来，曾发生过有人误饮而中毒的事例。这也是形成对甲醇应用产生一些负面认识的原因。事实上，与汽油相比，甲醇对人体健康的影响无论是皮肤接触，还是气体吸入，其毒性都相差无几。唯一需要注意的是在使用中一定不能饮用。当然，过度暴露于浓甲醇气氛中，对人体是有危害的。见表 16-

2 甲醇与汽油对人体的健康影响对比。

表 16-2 甲醇的毒性及其对人体的影响

指标		甲醇	汽油
吸入低浓度	毒性	3	10
	可能性	——	10
吸入高浓度	毒性	10	10
	可能性	3	4
皮肤接触时	毒性	9	8
	可能性	3	3
口服时	毒性	10	10
	可能性	8（2）	3

注：本表是无量纲比较的数字，带括号中的数字表示添加剂存在时的可能性

总体来说，甲醇对人体的总危害要比汽油小得多。低浓度时，甲醇的毒性要小于汽油的毒性；高浓度时二者相当。甲醇的蒸汽压低于汽油。处于高浓度甲醇蒸汽的概率低于汽油。

甲醇在空气中燃烧时无烟、无焰，在可见光环境中几乎看不见。这对环境有好的一面。但是在储存和运输中要防止其泄露，因为，一旦泄露因周边环境而引起着火会看不见火焰而遭火焰灼伤。但是，甲醇的蒸发性不及汽油，在空气中发生着火的浓度也要比汽油高出 4 倍，而且甲醇的热值不及汽油的一半，着火起来的释放热量的速率仅为汽油的八分之一，因此，一旦着火的危害会低于汽油。但是在运输、存储时还是应用高度重视，必须严格按照有关规范操作。毕竟甲醇属于可燃的化学品。

2012 年国家工业与信息化部组织了历时 5 年的甲醇汽车试点。参加试点运行的甲醇汽车有 1 024 辆，累积里程 1.84 亿 km，搜集了上亿数据量，组织相关人员 2 500 人次体检，检测相关加注站点、维修工场等环境空气中甲醇含量 112 次。试点运行中，无论甲醇汽车驾驶员和乘坐甲醇出租汽车的乘客，对于使用甲醇燃料的环境氛围都一致反映感觉不到与汽油车的差异性。由于甲醇的挥发性远低于汽油，车辆行驶中车内的空气环境要优于普通汽油燃料车。在这些数据的基础上，试点工作对于甲醇汽车的适应性、可靠性、经济性、安全性和环保性给出了权威结论：“环保性方面，甲醇汽车常规污染物排放符合国家排放标准，非常规污染物甲醛排放低于规定限值，与汽油车处于同一数量级，颗粒物排放相比柴油车降低。安全性方面，甲醇和汽油毒性程度基本一致，其职业危害程度均为轻度危害，试点地区均未出现影响涉醇人员人体健康的病例，涉醇场所空气中甲醇浓度均低于我国职业接触限值。”这从另一侧面也证明了甲醇燃料、甲醇汽车的安全性与环保性。

三、甲醇的生产

1661 年 Robert Boyle 通过木头蒸馏出甲醇，当时称“木精”。19 世纪 30 年代用甲醇烹饪。20 世纪 20 年代 BASF 开始人工合成。德国化学家 F・费舍尔和 H・托罗普舍提出用合成气（一氧化碳和氢气混合物）生产甲醇的方法（即 F—T 费—托法），构成了甲醇正式进入大规模工业生产的基础。随着化

学工业的发展，甲醇的需求日益增加，在过去的40年里，甲醇的合成工艺经过不断的改进，现在已经相当成熟，合成甲醇的选择性高于99.8%，能量利用率接近75%。我国是全球最大的甲醇生产国，产能和产量都居于首位。据统计，2021年我国的甲醇产能接近1.0亿吨，产量超过7000万吨。甲醇的生产原料主要来自煤炭、天然气、焦炉气等。我国的甲醇产量约70%以上产自煤炭，其余来自天然气和焦炉煤气。近年来，由于全球对温室气体排放要求日益关注，由美国南加州大学1995年化学诺贝尔奖获得者乔治 A. 奥拉提出并采用CO_2与可再生能源产生的电力制取的H_2合成技术得到高度关注。2012年在欧洲冰岛国建立一家国际碳循环公司（CRI— Carbon Recycle International)，首开了全球第一个工业化用CO_2和H_2合成生产甲醇的装置投产以来，这种以可再生能源的电力，如光伏、风力等形式产生的电力制取的氢，然后与捕捉到的二氧化碳合成甲醇的产业得到快速的发展。

目前，全球几乎所有的甲醇都是由合成气制备，典型的工艺流程包括合成气的制备、净化和压缩、甲醇合成以及粗甲醇精馏等工序。

图16-4是以煤炭为原料生产甲醇的工艺流程，采用固定床气化方法制取水煤气作为合成甲醇的原料，可分为单醇和合成氨联产甲醇工艺。后者规模较小，一般不超过10万吨。另一种是采用水煤浆的气流床气化工艺制取水煤气，这种方式单套规模可达20万吨以上。

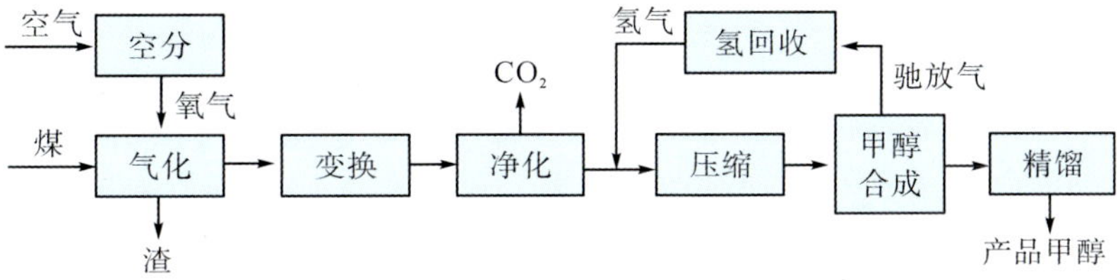

图16-4　煤制甲醇的工艺流程示意图

用于甲醇生产的合成气主要由CO、H_2以及CO_2等组成，可以通过对诸如煤炭、焦炭、天然气、石油、重油、乙炔尾气和沥青之类的任何含碳物质进行重整或部分氧化而获得。合成气的制备工艺视不同的原料有很大的差异，但最终的合成气需满足下列要求才能保证进一步合成甲醇工序的稳定运行。

以合成气生产甲醇的过程中要严格控制合理的氢碳比例，具体工艺按照化学当量比要求。

甲醇合成的化学计量式为：

$$CO+2H_2 \rightarrow CH_3OH \tag{16-1}$$

$$CO_2+3H_2 \rightarrow CH_3OH+H_2O \tag{16-2}$$

由反应式（1）和（2）可知，H_2与CO合成甲醇的化学当量比为2，与CO_2合成甲醇的化学当量比为3。当CO和CO_2都存在时，H_2与CO和CO_2的总当量比（f或M）应满足方程式（3）或（4）的要求：

$$f=\frac{H_2}{CO+1.5\,CO_2}=2 \tag{16-3}$$

$$M=\frac{H_2-CO_2}{CO+CO_2}=2 \tag{16-4}$$

而实际生产过程中控制的合理氢碳比一般要比化学当量比略高些，即$f\approx 2.10 \sim 2.15$或$M\approx 2.0\sim 2.05$。过量的H_2有利于减少羰基铁的生成和高碳醇的生成，也有利于将甲醇合成产生的大量热带走，在提高催化剂选择性的同时延长其使用寿命。另外，由不同的原料经过不同的工艺制成的甲醇合成气的组成往往很不相同，经常偏离上述f或M值。因此，由不同的原料制得的原料气需经过进一步的调制来满足甲醇合成的需要。例如，以天然气为原料采用蒸汽转化法所得的合成气 H_2 过多，需要在转化前或转化后加入 CO_2 来调节氢碳比；而以煤为原料所制得的粗合成气中氢碳比又太低，需要设置变换工序使过量的 CO 变换为 H_2，再将过量的 CO_2 除去。见图 16-5 所示。与煤制甲醇类似，也是首先制取水煤气，然后经合成得到甲醇。国际上几乎都是采用天然气制取甲醇，我国的天然气资源不丰富，所以由天然气制取的甲醇仅在资源较为丰富的地区如新疆、四川、陕西和黑龙江等地生产。

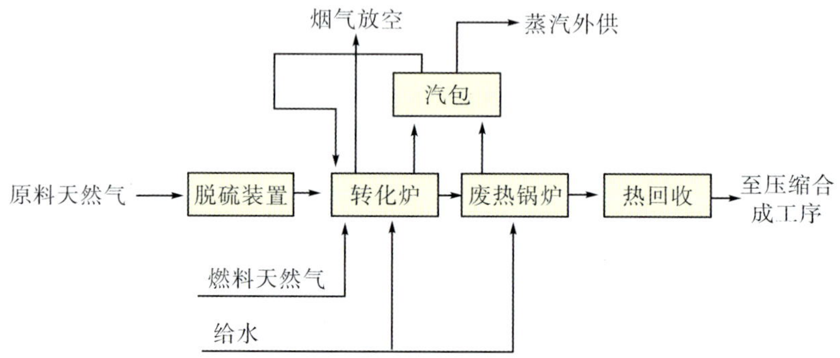

图 16-5　天然气制甲醇的工艺流程示意

按照制取方法一般划分为灰醇、蓝醇、绿醇。灰醇指在生产过程中有 CO_2 排放，如煤制、天然气直接制甲醇。蓝醇指氢气与来自于其他工业排放，火电厂、水泥厂、钢厂等排出的非可再生 CO_2 合成制取的甲醇。蓝醇中的氢气即便是可再生电力获得的绿氢，只能被定义为“蓝色”甲醇或者“低碳”甲醇。绿醇是指用来自可再生电力电解的氢气与来自生物质相关产业的 CO_2（比如直接来自生物质或直接从空气中捕捉的 CO_2），一起合成的甲醇。因为生物质本身生长是吸收 CO_2，又称之为“负碳”过程，该过程与自空气中捕集的 CO_2 一样。

采用可再生能源制 H_2 并与 CO_2 合成制甲醇是目前重要方向。其技术和工艺路线与式（2）一样。按照该工艺路线，生产中获得的是甲醇水溶液，需要进一步经过精馏，去除其中的水，从而获得甲醇。全球首家利用 CO_2 与可再生电制 H_2 合成甲醇的公司冰岛的 CRI（Carbon Recycling International）公司于 2012 年建立，便使甲醇年产达到 4008 吨的工业化水平。目前全球已有多家公司采用该项技术跟进。吉利汽车集团采用 CRI 技术，建成一个利用焦炉煤气氢气与二氧化碳合成的年产 11 万吨的装置，已于 2023 年 2 月通过验收并投入运行。我国的大连化学物理研究所的科研人员在甘肃兰州建成一个利用光伏制氢，然后与 CO_2 合成制甲醇的千吨产量的装置。该装置已于 2020 年通过专家验收并投入运行。由于采用可再生能源制氢，然后与二氧化碳合成制甲醇，实现了碳的循环，这种消纳了 CO_2 又与可再生能源制氢合成制得的燃料又称之为电制燃料（e-Fuel）。另外，采用生物质制取甲醇现阶段也受到很大的关注。生物质包括农林业的秸秆、木材加工后废木屑、畜牧业产生的废弃物等材料，特别是藻类物质，因其含有碳氢类物质，是生产甲醇的良好原料。中国是农业大国，每年产生的类似生物质量很大，采用其作生产甲醇的原料，对于减少二氧化碳排放，实现碳中和具有积极意义。目前采用可再生能源制氢并与 CO_2 合成制取二氧化碳在全球得到高度重视。

甲醇已经成为全球高度关注的新型人造燃料能源。甲醇生产在全球已经形成重要的产业，生产原料广泛，产能和产量巨大，运输和加注安全、方便，与现有的石油燃料供应体系高度融合，燃烧清洁低碳。特别是采用可再生能源制氢与二氧化碳合成的甲醇，自身是碳中和，还能将二氧化碳变废为宝。随着时代的发展和进步，甲醇正在从原有的基本化工产品角色转向未来燃料能源，会在人类可持续发展中发挥重要作用。

第二节　甲醇汽车的国内外发展现状

一、国外甲醇汽车发展

甲醇作为车用燃料开发始于上世纪的第二次世界大战。由于作战国的石油燃料缺乏，便开始用褐煤采用费一托发合成甲醇以替代汽油燃料。二战后，由于石油燃料供应充足，此项工作边相应停止。到 20 世纪 70 年代在中东爆发了战争，作为产油国为了反对美西方对以色列的支持，对其进行石油禁运。因此，发生了第一次"石油危机"。为了应对该次危机，美西方开启了石油替代燃料的研究。1973 年 12 月由美国麻省理工大学教授 T. R. Reed 和 R. M. Lerner 在《Science》发文"甲醇——即刻可用的多功能燃料（Methanol－A Versatile Fuel for Immediate Use）"。该文作者称甲醇不仅可以作为替代燃料应用以解当前石油短缺的困局，而且甲醇含氧可以大幅度减少汽油的排放，一时间甲醇再次被提到替代燃料的位置。在石油公司的支持下，美国的福特汽车公司为此开发含量 85％甲醇的 M85 专用车型，并在石油公司的配合下，在部分地区，如加州等地设置了甲醇加注站。开展了为期 10 年的甲醇试用工作。后期，随着石油价格的回落以及石油供应的缓和，甲醇作为燃料在美国市场上不具有竞争性，加之美国政府对农产品生产乙醇的支持，甲醇燃料的试点随之结束。期间美国的商用车应用甲醇的计划也没再执行。欧洲包括日本、韩国在此过程中也有一些研究和试验，尤以汽车大国德国的工作为甚。德国开发的应用甲醇燃料的桑塔纳车在 1984 年的洛杉矶奥运会上作为大会用车。除了在乘用车和商用车上应用之外，甲醇作为燃料还在方程式赛车、航模用燃料中得到较为广泛的应用。之所以在该领域应用，也是因为甲醇燃料相比汽油更安全，一旦在赛车中发生事故，不致于发生汽油燃气爆燃，从而减轻对运动员的生命造成的威胁。

此外，在国际航运界对运用甲醇作燃料的呼声非常高。自 2015 年首艘装载甲醇发动机的瑞典滚装船（StanaLine）航行以来，目前已有数十艘万吨远洋轮采用德国曼恩（MAN）和芬兰瓦锡兰（Wärtsilä）。

随着对二氧化碳等温室气体排放的关注，全球对采用甲醇作为低碳燃料的关注也随之提高。除了船舶动力大力推广应用甲醇燃料之外，作为车用燃料也正得到全球的高度关注。瑞典在 2018 年国际商用车展上展出由斯堪尼亚（Scania）开发的甲醇商用车。利用可再生能源制氢再与捕集到的 CO_2 合成制取甲醇而形成的新型燃料，对未来实现碳中和以及减少碳排放具有重要意义。

二、国内甲醇汽车发展

我国车用甲醇燃料的研究工作与国际同步，始于 20 世纪 70 年代。20 世纪 80 年代由德国和美国福特公司与中国科学院合作并提供甲醇乘用车供研究。德国大众汽车公司赠送的是一批燃用甲醇的桑塔小负荷运行过程中。因此，需要对尾气进行处理。目前点燃式甲醇发动机对尾气的处理方式与汽油机类似，即发动机混合气采用当量混合浓度，因此，在排气管上设置氧传感进行闭环控制，配合采用三元催化转化器。经过三效催化转化器处理，甲醇发动机尾气排放完全可以符合国家对车辆尾气排放的法规要求。图 16-9 是甲醇发动机尾气后处理装置的示意图。

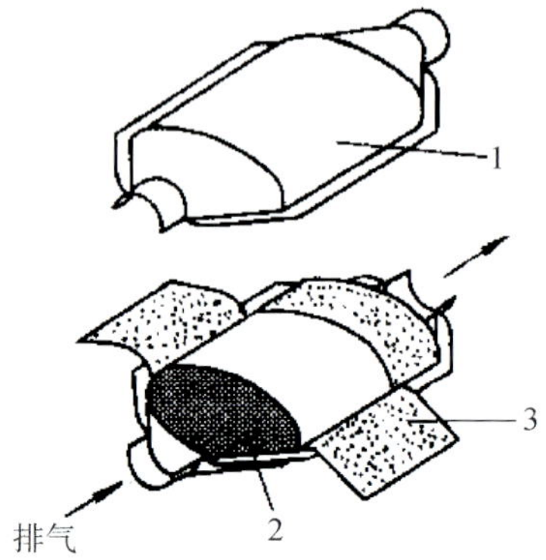

1—尾气后处理器；2—催化器的载体；3—催化器的垫片

图 16-9　发动机尾气三效催化转化系统

（二）点燃式甲醇车应用

目前在中国的推广应用的甲醇车有乘用车和商用车。乘用车以出租车为主。商用车则类型多样，基本覆盖所有车型。近年来，除了单一燃料的甲醇车之外，还发展了混合动力版的甲醇车以及具有增程作用的甲醇燃料商用车。随着未来碳排放控制政策逐步加严，具有减碳功用的甲醇动力会得到更多的发展。目前，采用点燃式的甲醇燃料车辆，除了吉利汽车之外，更多的车企开发了相关的车辆，如中国重汽、中国陕重汽、柳州汽车等。一个以甲醇燃料为主要燃料类型的车用动力正在逐步发展起来。

二、压燃式甲醇发动机及其应用

（一）柴油/甲醇组合燃烧发动机

自 19 世纪末由鲁道夫·狄赛尔（Rudolf Diesel）发明了压燃式发动机以来，压燃便成为商用车和重载动力的主要工作方式。无论是运输行业还是工程机械、农业机械以及国防动力，到处可见其身影。究其原因，就是因为压燃式动力可以获得更高的燃料经济性和热效率。

但是，由于甲醇自燃点远高于柴油的特性，直接压燃便遇到很大的困难。综合起来，甲醇直接应用于压燃存在三个难点，一是自燃点高，二是甲醇蒸发性差，三是与柴油不互溶。为此，要在压燃式发动机上使用甲醇燃料必须另寻途径。多年来，为了解决甲醇用于压燃式发动机上遇到的难题，许多研究者做出了大量的努力。具体的方法有甲醇柴油乳化法，火花塞点燃法，甲醇添加助燃剂法，从进气道吸入或高温熏蒸法使甲醇形成混合气、气缸内与柴油一起燃烧法。以上方法经过多年的应用，只有火花塞点燃法和进气道吸入气化、然后与柴油一起燃烧法得到实际应用和发展。柴油/甲醇组合燃烧（Diesel Methanol Compound Combustion－DMCC）技术就是解决上述难点的方式。所谓组合燃烧就是，起动用纯柴油，充分暖车达到一定温度后，向进气管喷甲醇，使之与空气形成均质混合气，然后在气缸中与喷进的柴油一起实施柴油/甲醇二元燃料燃烧。因为组合燃烧起动时是柴油，因而甲醇压燃的冷起动难点得到解决。甲醇是发动机机体温度升高到能使甲醇气化的水平，也解决了甲醇蒸发性差的问题。

图 16-10 给出实现 DMCC 燃烧的甲醇混合气形成原理示意。因为甲醇与柴油不互溶，因此在发动机上加装一套甲醇喷射系统，甲醇与柴油各自独立供应，以解决不互溶的难点。自此，甲醇以压燃方式工作的三大难点都得以克服。因此，DMCC 是保证甲醇能以压燃方式工作的可行的方式。图 16-11 是柴油/甲醇双燃料方式工作的发动机外观布置。

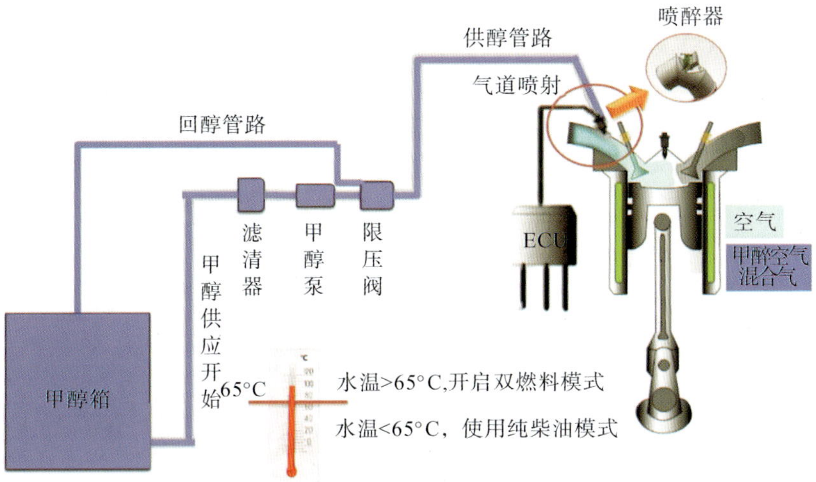

图 16-10　甲醇实行组合燃烧的示意

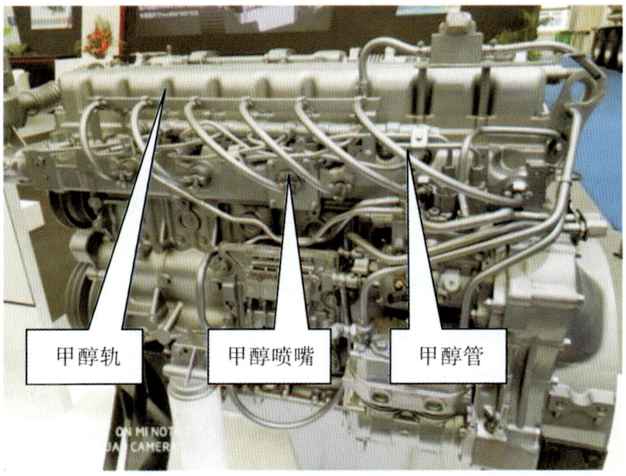

图 16-11　柴油/甲醇双燃料发动机

（二）柴油/甲醇二元燃料燃烧

在 DMCC 的燃烧方式中，其主要工作模式是柴油与甲醇混合气一起燃烧，也就是柴油甲醇二元燃料的燃烧方式。见图 16-12 所示。与普通柴油机直接压缩空气不同，柴油甲醇二元燃料燃烧在气缸内压缩的是喷进进气管中的甲醇与空气的混合气。这些经压缩甲醇与空气的混合气与后面喷进的柴油一起燃烧。普通柴油机实施的是扩散燃烧的方式。而柴油甲醇二元燃料燃烧，由于柴油是喷进已经充分混合的甲醇与空气的混合气中，一旦柴油着火，将会和已经成为均质的甲醇混合气一起燃烧。因此，该种燃烧是集合了预混和扩散两种模式。柴油甲醇二元燃料燃烧方式是一种复杂的燃烧模式，具有其独特的运行特性。这种方式和 2015 年由美国威斯康星麦迪逊大学的学者 R. D. Reritz 提出的反应活性压燃着火（RCCI）方式类似。所不同的是 RCCI 采用的进气道喷进汽油，而柴油甲醇二元燃料燃烧中进气道喷进的是甲醇。

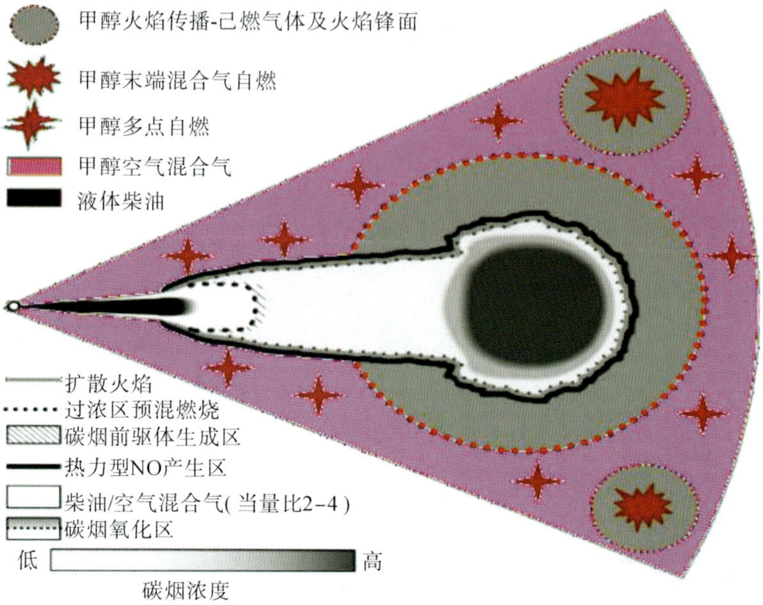

图 16-12　二元燃料燃烧模式示意图

经用二元燃料的燃烧弹（图 16-13）中的研究发现，同样温度和压力条件下，柴油喷进空气的着火时刻要早于喷进甲醇混合气中，也就是甲醇混合气对柴油的着火有一定的迟滞作用，见图 16-14 所示。进一步研究表明，甲醇对柴油着火迟滞，会使可燃混合气在着火前有较多积累，增加了预燃期之前的均质混合气量，因此，扩大了均质混合气在压燃条件下的自燃。由此可见，二元燃料的燃烧方式改变了柴油机的燃烧方式，促进了混合气均质化，增加了预混燃烧比例，加快了燃烧过程。

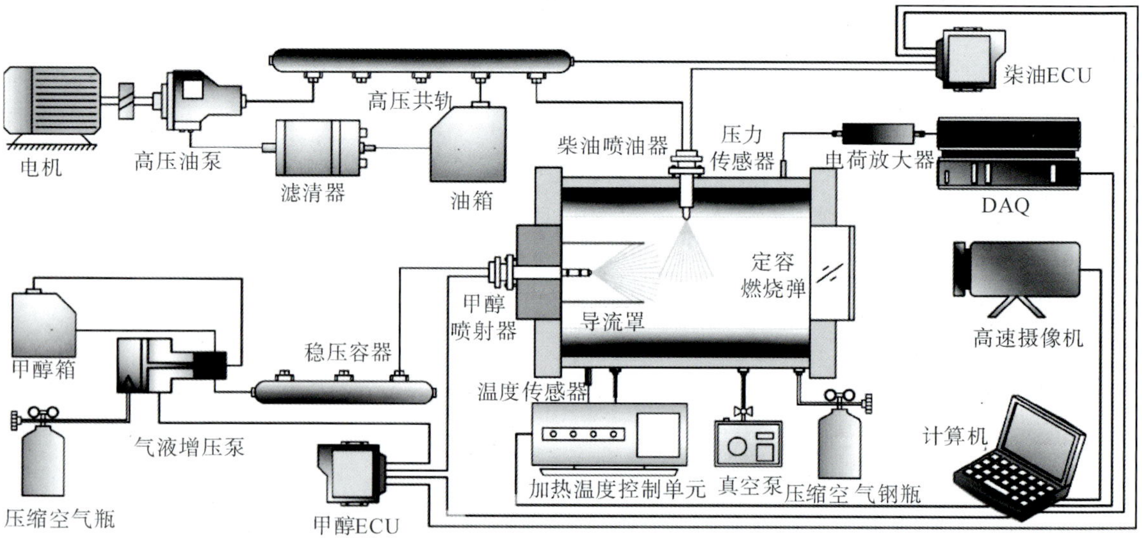

图 16-13　二元燃料着火与燃烧的实验装置

（1）

（2）

图 16-14　单一柴油与柴油/甲醇二元燃料着火与燃烧的比较

（1）柴油在空气中着火与燃烧；（2）柴油与甲醇混合气一起着火与燃烧

由图 16-14（2）显示的二元燃料着火后的火焰亮度不如在空气中的柴油，表明有甲醇混合气相助，燃烧速率明显加快。图 16-15 显示了在发动机台架上获得的柴油甲醇二元燃料燃烧的气缸压力与对应的放热率。由图可见，对比在相同喷油提前角和相同甲醇掺烧比的条件下，不同的燃烧方式表现出了不同的放热特性。即使是柴油甲醇双燃料一起燃烧，因着火模式不同，其结果也有很大差异。其中柴油和甲醇混合气一起着火的模式，燃烧速度最快。研究发现，柴油和甲醇二元燃料在发动机上工作时充分利用了甲醇快速燃烧的特性，缸内形成类似于均质气体压燃的模式。燃烧过程快速完成，其产生的高压集中于上止点后最有利的做功时刻，加快了甲醇的能量释放过程，弥补了甲醇低热值对做功的影响。另外，缸内快速燃烧，缩短了燃烧持续期，减少了向缸套、缸盖等周边的散热，同时也造成排气温度比同样条件下的纯柴油机要低。综合这些因素，都对提高热效率产生十分有利的效果。

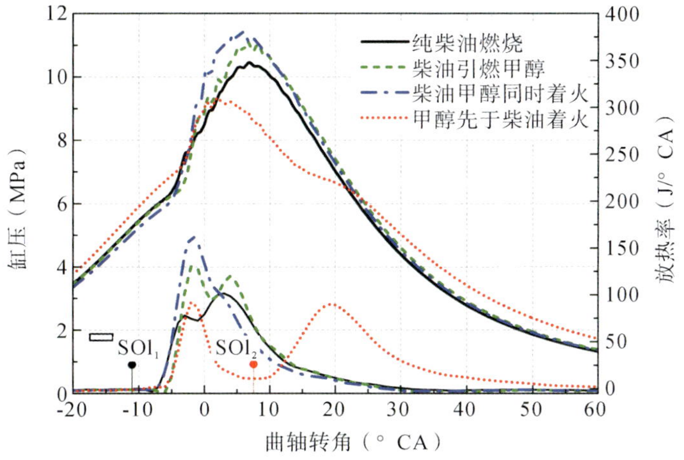

图 16-15　二元燃料不同模式燃烧和放热对比

（三）甲醇/柴油双燃料排放及其控制

与点燃式甲醇发动机类似，DMCC 发动机尾气中也会在低小负荷时排放出一些未燃甲醇和未燃甲醛以及其它一些因燃烧产生的排放物。为此，需要在发动机的尾气后处理系统加装氧化催化转换器（DOC），以及为了满足当今严格排放法规需要加装颗粒过滤器（DPF），见图 16-16（1）、（2）。但是，

图 16-19　参加工信部甲醇汽车试点的陕重汽重卡

（五）商用车应用甲醇不同方式的性能比较

表 16-4 是两种类型甲醇商用车发动机的对比。与点燃式相比，压燃式发动机具有相对较高的热效率。具体体现以下几个方面：（1）不需要当量混合气，可以稀燃，因而也就没有节气门的泵吸功损失。（2）压燃式发动机的压缩比一般要比点燃式的高，以确保其能让喷进的燃料着火。按照热力学理论，压缩比高，自然其热效率就高。（3）柴油自身的密度要高过甲醇，更比汽油高。按照目前燃料以体积为计量单位的供应方式，每升柴油燃料的质量要比汽油高出 12%，比甲醇高出 5%。综合起来，就构成压燃式燃料经济性较之点燃式要高。

表 16-4　两种不同类型甲醇商用车性能对比

项目	压缩比	热效率（对比柴油车）	经济性（对比柴油车）	动力性（对比柴油车）	适用性	CO_2 排放（对比柴油车）	续航（对比柴油车）
点燃式	10—12	低	相当	一般	新车	相当	相当
压燃式	>16	高	优于	强	新车、在用车	优于	相当

自从甲醇燃料商用车进入市场，在甲醇富产区受到用户欢迎。由于国内的甲醇与柴油存在较大的价差，用户使用甲醇车对比柴油车能够有较多的收益。对于石油资源不丰富但又大量需要石油做燃料的国家来说，大量使用甲醇燃料，一方面可以减少石油消耗，缓解了石油对外依存度过高的压力，同时可以充分利用国内其它非石油资源；另一方面，甲醇是低碳燃料，在商用车上应用可以有效减少碳排放。对于实现未来的减碳目标是一条有效的技术途径。尤其是 DMCC 发动机，由于采用二元燃料燃烧的新型燃烧方式，提高了发动机的热效率，减少了燃料能源的消耗，实际上也起到减少碳排放的作用。DMCC 技术不仅可在新车上使用，也可用到在用车以及船舶、内燃机车和发电机组等压燃式发动机上。

因为商用车应用甲醇所具有的优势，除了点燃式和 DMCC 的压燃式之外，另有一些压燃方式也在发展中。如采用甲醇和柴油双共轨系统，类似于 DMCC 系统。双共轨系统的特点是甲醇和柴油一样也用高压共轨系统，直接将燃料喷进气缸，在缸内实现双燃料燃烧。还有采用预燃室式系统，将甲醇分别喷进预燃室和主燃室。甲醇在预燃室内首先着火，然后喷进主燃室再一起燃烧。相信，随着科技进步，更多的新型燃烧方式会出现，使甲醇实现更高效、更清洁的燃烧。

第四节　发动机应用甲醇燃料的若干应注意的问题

一、甲醇燃料的爆震及其克服

甲醇是单一化合物，与汽油、柴油不同，其燃烧速度快，往往在工作中因为燃烧组织不合适而产生异常燃烧。特别是点燃式发动机，如果为了追求高热效率而一味提高压缩比，进而造成燃烧过于猛烈而产生如图 16-20 所示的剧烈燃烧。对于柴油/甲醇双燃料发动机而言，如果在高负荷时一味追求过高的甲醇占比，由于此时甲醇是呈均质混合气状态，经过活塞压缩后，混合气温度已经上升至接近自燃的程度，一旦柴油喷进便产生剧烈燃烧，也会发生与点燃式一样的爆震燃烧。图 16-21 分别是点燃式和压燃式发动机爆震燃烧发生后对活塞的破坏情况。

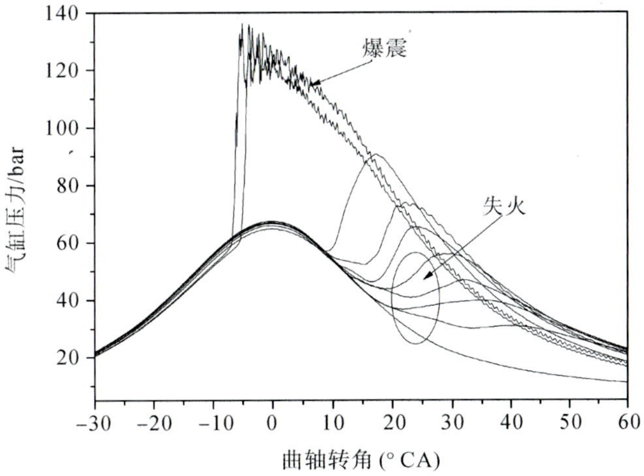

图 16-20　爆震燃烧和失火燃烧

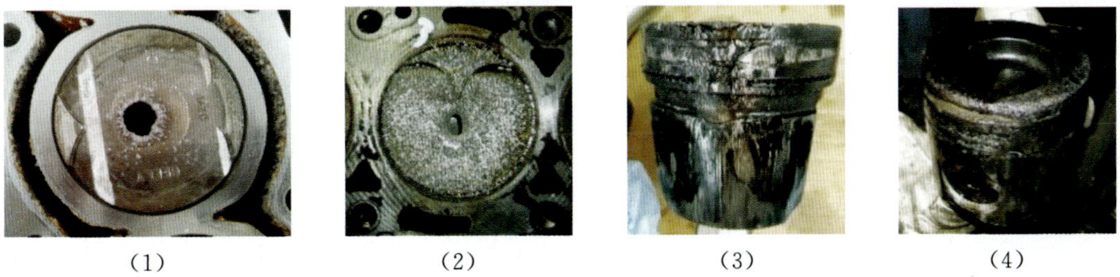

图 16-21　甲醇燃料发动机爆震时发生的损坏

(1) (2) (3) 点燃式发动机活塞；(4) 双燃料压燃发动机活塞

(1) 和 (2) 小缸径的乘用车发动机爆震损坏活塞是集中在活塞顶部，直接击穿活塞顶。而大缸径发动机甲醇发生的爆震则是将活塞顶部烧融。由此可见，甲醇燃料的热值虽然不到汽油和柴油的一半，但是一旦发生爆震，其破坏力也是相当大的。需要在发动机性能开发中给予极大注意。

针对甲醇燃料发生爆震对活塞破坏的特点，经过对活塞材料的金相分析，发现经过甲醇非正常燃烧爆震的热力冲击，活塞表面的同种元素积聚，损坏原有金相，不再均匀分布，破坏了原有结构的性能表现。图 16-22（1）是正常活塞表面的金相结构，由图可见，其中的铝合金和硅的枝状晶体分布均匀。图 16-22（2）显示经爆震破坏后的金相中原有的枝状晶体以不复存在，代之以被高温烧融的球状物。图 16-22（3）显示活塞裙的 α 相/β 相聚集分布现象更为明显，是由于爆震的热冲击波侵蚀导致活塞结构变形，发动机被动拉缸的同时也发生烧融，活塞裙部的材料结构失效，性能彻底恶化。爆轰波的位能很好的转化成动能，从而达到能量聚集在活塞中心线的效果。内燃机活塞中心破坏较其他部位严重可能是受到了聚能效应的影响，燃烧能量经过一个锥心顶部的反射导致聚能效应。

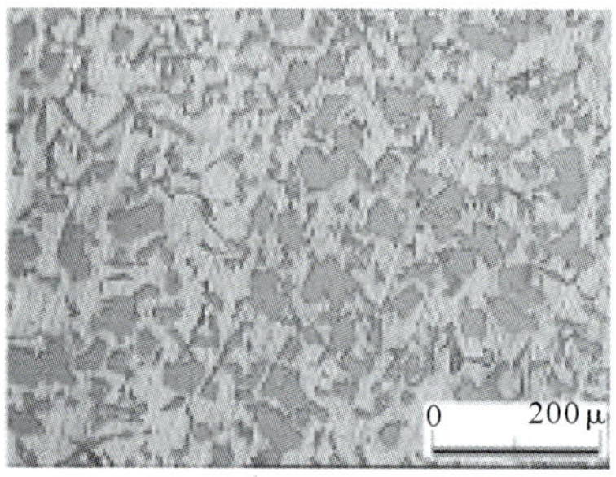

（1）

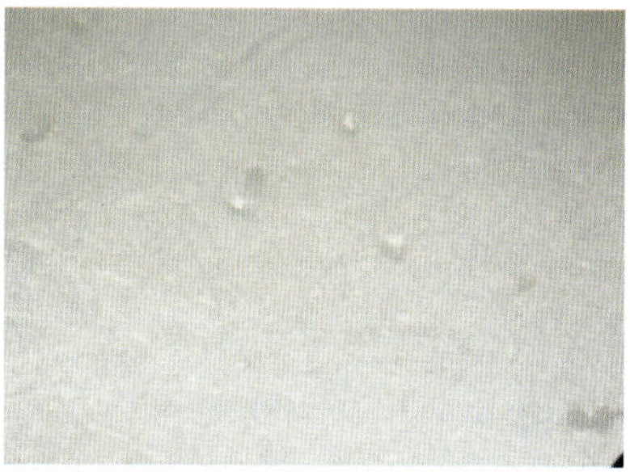

（2）

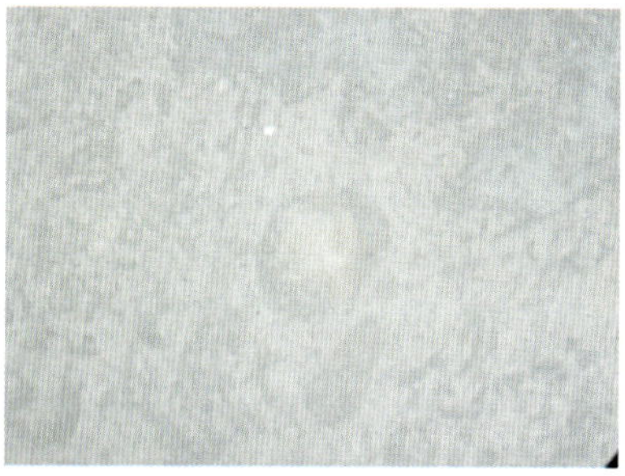

（3）

图 16-22　爆震发生前后活塞中心和裙部表面金相对比

（1）原活塞表面金相；（2）爆震破坏后的活塞中心表面金相；（3）爆震破坏后的活塞裙表面金相

通过对燃用 M100 产生爆震损坏的发动机活塞进行的材料金相分析发现，爆震发生时，冲击波作用氧化反应导致合金界面处的氧压降低，冲击波通过合金表面扩散到合金基体，导致大量的氧化物生成。甲醇火焰传播速度快，容易形成由爆震波聚集形成的高速射流。根据甲醇爆震的破坏效果，使用 Johnson—Cook 本构方程进行描述，如下式：

$$\sigma = [A + B\varepsilon^{n}] \cdot [1 + c\ln\varepsilon^{*}] \cdot [1 - T^{*d}]. \quad (16-5)$$

其中 ε 为塑性应变，ε^{*} 为应变速率，$T* = (T - T_{room}) / (T_{melt} - T_{room})$，$A$ 为准静态下的屈服应力，B 和 n 分别为塑性应变硬化系数和指数，c 为应变率强化系数和 d 为热软化参数。

将表 16-5 及表 16-6 中的数值带入 Johnson—Cook 方程进行计算，考虑爆震时的燃烧室爆发压力变化为交变循环，在最大值及最小值快速变化发生的情况下，σ 超过了原活塞材料的屈服极限，使其失效。爆震发生时的高频爆轰波导致活塞向内压缩，表面应力分布变得不均匀。根据上述参数使活塞表面的缺口尖端产生明显的应力集中，首先发生均匀变形，无局域剪切变形产生。接着最大剪切应力沿径向扩展。当达到硅铝合金材料结构最大动态屈服强度时，剪切局域化优先在缺口尖端产生。

表 16-5　材料参数

材料	密度 (kg/m^3)	弹性模量 (GPa)	剪切模量 (GPa)	比热 (J/kgK)	$T_{melt}-T_{room}$ (K)
4047 铝合金	2700	71	27	960	610
Johnson－Cook 方程	A (MPa)	B (MPa)	n	c	d
4047 铝合金	503	303.58	0.39	0.97	0.77

表 16-6　甲醇爆震参数

爆燃速率 V_d (m/s)	密度 (kg/m^3)	格尼系数 $\sqrt{2E}$ (m/s)	多方指数 λ	压力系数 $P_{Cl}=\frac{\rho V_d^2}{v+1}$ (MPa)
1000	790	1734	2.26	4000

应力集中系数表达式如下：

$$\alpha_\tau=\frac{\tau_{max}}{\tau_{nom}},\tag{16－6}$$

式中，α_τ是应力集中系数，τ_{max}是最大剪切应力，τ_{nom}为名义剪切应力。爆震时刻产生的高温及燃烧室的特殊穹顶型结构协同作用，反射了爆轰波的能量，使之产生了聚集效应，如图 16-23 所示。

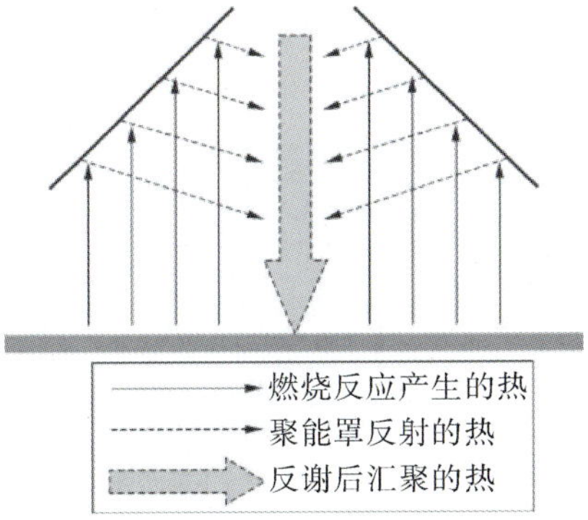

图 16-23　Johnson－Cook 本构方程的聚能描述

爆轰波的位能很好的转化成动能，从而达到能量聚集在发动机燃烧室中心线的效果。内燃机活塞中心破坏较其他部位严重可能是受到了聚能效应的影响，燃烧能量经过穹顶的反射汇集导致破坏。燃料爆震的发生导致 Al－Si 合金材料向内压缩，应力分布变得不均匀。活塞表面受到应力作用发生塑性变形时，当应力集中达到一定程度，在内部颗粒和晶体的两者界面处会产生微孔洞，萌生微小裂纹。晶界中微孔洞形核、聚集长大，导致晶界结合力降低。另外，由于晶界邻近区域存在无析出区和晶界析出相，晶界被沉淀相和杂质所脆化，导致晶界或者晶界邻近区域强度低。晶界强度低于晶内强度，因此活塞表面在瞬间拉伸波作用下发生沿晶体边界脆性断裂。

经过在定容爆轰弹中进一步的实验，以上提出的爆震波汇聚对活塞表面的破坏得到验证支持。图 16-24（1）是爆轰发生器。在其内充以乙炔气体，然后用高能火花诱爆。发生器内的结构与甲醇发动机的燃烧室一致。经过若干次爆震后，观测到试样活塞的顶面被损坏的形式［图 16-24（3）］与气缸中被破坏的完全一致［图 16-24（2）］。

（1）　　（2）　　（3）

图 16-24　爆轰发生器及爆轰波汇聚破坏活塞的验证

连续的爆轰波持续作用，会在活塞表面及其体内产生热量积聚，从而导致活塞头部的熔融状破坏。这在大缸径发动机上较为常见。为了避免爆震的发生，应用甲醇燃料的发动机一方面要做好结构设计和性能的标定，另一方面要注意考虑应用场景尤其是环境温度对性能的影响，以减少或杜绝爆震的发生。

二、耐甲醇的关键零部件开发

甲醇作为燃料，要注意特别其对于部分金属如铜、锌和铝有一定腐蚀性，对于部分橡胶件具有一定溶胀作用，同时对于部分树脂也有一定溶解作用。关键部件如甲醇泵、滤清器和输醇胶管都必须选用耐甲醇的材料，否则会因甲醇的作用而快速腐蚀或失效。图 16-25 显示汽油输油泵直接用于甲醇燃料后的失效情况。因此，对于甲醇燃料的供给泵必须杜绝直接采用普通汽油机的有刷式输油泵，应改用具有耐醇作用的无刷泵。见图 16-26 所示。

（1）　　（2）　　（3）

图 16-25　汽油泵用于甲醇时正极线路故障

（1）弹簧断裂；（2）铜导线腐蚀；（3）铜辫腐蚀

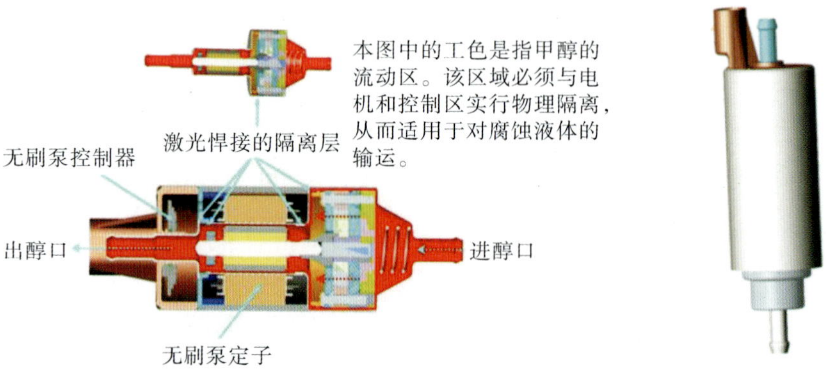

（1）　　（2）

图 16-26　耐醇腐蚀的输运泵

（1）耐醇泵的结构示意；（2）耐醇泵的外观

甲醇对普通的燃油车用输油的胶管具有较强的溶胀作用。图 16-27、图 16-28 是将不同橡胶材料浸入不同比例甲醇汽油中，观察其受影响的情况。图 16-27 中的材料 1 号管为内层丁腈橡胶（NBR）＋外层氯丁橡胶（CR），2 号管为内层三元氟橡胶管（FKM）＋编织层＋外层氯醇橡胶（ECO），编织层主要是为了增强油管强度，3 号管为尼龙管（PA12）。气门油封型号为 FP7510，材料为氟橡胶。甲醇汽油的浓度分别是 85％甲醇汽油、45％甲醇汽油、15％甲醇汽油、纯汽油。

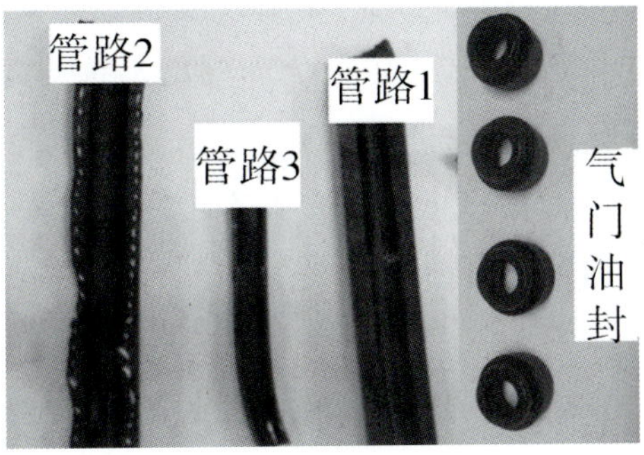

图 16-27　不同材料橡胶材料

图 16-28　在不同浓度甲醇汽油中浸泡

橡胶管在经过 15 天的甲醇汽油浸泡后，从外观上来看，浸泡橡胶管后的甲醇汽油溶液颜色普遍加深，甲醇的比例越高，溶液的颜色越深，见图 16-28 所示。经过化学沉淀干燥后分析，检测到黑色沉淀物成分主要为增强剂碳黑，说明橡胶管中的增强剂碳黑等被甲醇汽油溶液不同程度地析出。因此，应用甲醇燃料的车辆其燃料输送系统的胶管一定要用耐醇材料，否则在短时间内胶管就会因甲醇造成的溶胀而损坏。

甲醇对部分粘结的树脂也有较强的溶解作用。一般的燃油滤清器内部的滤材与其固定的骨架是通过树脂粘结一起。汽油或柴油对这些树脂不会发生相互作用，可以起到良好的过滤效果。但是甲醇则不然，当这些树脂长时间在甲醇溶液中会发生溶解，造成滤材与固定的骨架脱胶而分离，从而使滤清器的过滤效果失效。见图 16-29 所示。另外，用于调整甲醇供醇压力的限压阀也会出现类似情况。普通限压阀的内部有橡胶构件，一旦改用甲醇燃料后，会使这部分橡胶构件发生溶胀，从而导致失效。见图 16-30 给出的普通燃油限压阀使用一段时间甲醇后的损坏情况。可见限压阀上的密封橡胶已经被甲醇溶胀破损，失去密封作用。由此可见。甲醇发动机在涉醇材料选择上必须根据甲醇特性，选用合适的耐醇材料，以免发动机发生因部件受甲醇作用而早期失效。

图 16-29　甲醇滤清器脱胶

图 16-30　甲醇限压阀的密封橡胶损坏

第五节 结 束 语

经过几十年的发展，在国家相关政策的支持下，我国的甲醇燃料在车用领域得到较快的发展，技术上也有了长足的进步。通过大量的运行实践表明，甲醇作为车用燃料是可以满足车用动力的需求，在使用中如果遵从燃料的规范进行管理和应用，对人员和环境也是安全的。目前已经有数万台甲醇车运行在多个地区，如贵州、新疆、山西、陕西、内蒙和甘肃省等地区。其中不仅有乘用车，而且还有大量的商用车。我国使用甲醇燃料的车辆运行数量已经稳居世界前列。在甲醇燃料应用技术方面，我国已经自主开发了点燃式、压燃式甲醇燃料的应用技术，还开发出满足市场需求的甲醇增程器和混合动力方面的产品。目前我国不仅已经建立起甲醇燃料发动机的生产体系，而且也建立了配套零部件完整的生产体系。另外，在甲醇燃料生产、配送、加注等诸多方面，也建立了相应的社会配套体系。几十年来，甲醇作为车用燃料的推广应用，尽管没有得到来自国家层面的政策方面的经济支持，仍然在稳步地取得发展，反映了甲醇在应用中所具有的生命力。当然，甲醇作为一种具有碳中和潜力的新型燃料，在车辆以及动力装置上应用的历史毕竟不长，对其在应用中如何满足实际复杂工况的要求仍然存在大量需要进一步深入认识的知识。随着全球对碳排放的日益关注，由可再生能源制氢然后与捕集的二氧化碳合成的绿色甲醇的产业的快速发展，甲醇作为车用燃料的应用必将日益广泛。甲醇作为新型低碳能源，也一定会为未来内燃机的碳中和道路发挥其应有的重要作用。

参考文献

[1] 姚春德. 柴油/甲醇二元燃料燃烧理论与实践[M]. 天津：天津大学出版社，2015 年.

[2] 李金编. 有害物质及其检测[M]. 北京：中国石化出版社，2002.

[3] 姚春德，姚安仁. 甲醇燃料的应用现状及其展望[N]. 汽车安全与节能学报，Vol. 14，No. 5，2023，521－535.

[4] 乔治 A. 奥拉，阿兰·戈佩特，G. K. 苏耶·普拉卡西.《跨越油气时代：甲醇经济》夏磊，胡金波，译. [M]. 北京：化学工业出版社，2017.

[5] 河南安阳：十万吨级绿色低碳甲醇工厂投产[OL]. https://baijiahao.baidu.com/s?id=1758460185982350841&wfr=spider&for=pc.

[6] 兰州新区千吨级"液态太阳燃料合成示范项目"通过科技成果鉴定[OL]. https://www.sohu.com/a/425001593_162758.

[7] 山东 450 万绿色甲醇产能达成！绿氢又一赛道格局打开！[OL]. https://www.163.com/dy/article/I8QKCVKQ05562LDO.html.

[8] Reed B T，Lerner M R. Methanol：A versatile fuel for immediate use [J]. Science，1973，12，182：1299－1304.

[9] Califoria Energy Commission. Ⅰ. Alternative Fuel Vehicle，Ⅱ. Automotive Fuel Economy[R]. Transportation Technology Status Report，Dec. 1997，500－97－013.

[10] Karin Andersson. 甲醇船舶燃料报告[R]. Methanol Institute，2015.

[11] 2018 年汉诺威商用车展：让我们看到了未来卡车的新趋势[OL]. https://baijiahao.baidu.com/s?id=

1612122998816734437&wfr=spider&for=pc.
[12] 工信部节[2012]42 号《工业和信息化部关于开展甲醇汽车试点工作的通知》[OL]. https://www. waizi. org. cn/law/16691. html.
[13] 八部门关于在部分地区开展甲醇汽车应用的指导意见[OL]. http://www. gov. cn/xinwen/2019－03/20/content_5375348. htm.
[14] 吉利甲醇汽车的工作原理[OL]. https://zhidao. baidu. com/question/1447503620594903260. html.
[15] Chunde Yao, C. S. Cheung, Chuanhui Cheng, et al. Effect of Diesel/Methanol Compound Combustion on Diesel Engine Combustion and Emissions [J]. Energy Conversion and Management, 49(2008)1696－1704.
[16] 姚春德，李云强，王银山，等. 进气预混乙醇对柴油机炭烟和 NO_x 排放的影响参数研究 [J]. 燃烧科学与技术，V 10, 2004(6), P 529－534.
[17] 王全刚. 柴油甲醇二元燃料燃烧的运行范围研究 [D]. 天津：天津大学，2015.
[18] Rolf D. Reitz, Ganesh Duraisamy. Review of high efficiency and clean reactivity controlled compression ignition(RCCI) combustion in internal combustion engines[J]. Progress in Energy and Combustion Science, 46(2015) 12－17.
[19] 耿培林. 柴油甲醇二元燃料燃烧特性及其高效燃烧机理研究[D]. 天津：天津大学，2018.
[20] 银增辉. 可视化技术对柴油甲醇二元燃料着火与燃烧过程的研究[D]. 天津：天津大学，2016.
[21] Hongyuan Wei, Chunde Yao, Zhancheng Dou, et al. Comparison of the conversion efficiency of DOC and DPOC to unregulated emissions from a DMDF engine[J]. Fuel, 204 (2017) 71－84.
[22] Chao Chen, AnrenYao, ChundeYao, et al. Experimental study of the active and passive regeneration procedures of a diesel particulate filter in a diesel methanol dual fuel engine[J]. Fuel, 264 (2020) 116801.
[23] Guofan Qu, Anren Yao, Chao Chen, et al. Effect of EGR strategy on combustion and emission of DMDF engine for meeting China VI emission legislation[J]. Fuel, 299(2021) 120879.
[24] Lijiang Wei, Chunde Yao, Quangang Wang, et al. Combustion and emission characteristics of a turbocharged diesel engine using high premixed ratio of methanol and diesel fuel[J]. Fuel, Volume 140, 15 January 2015, 156－163.
[25] 姚安仁，刘军恒，魏立江，等. 柴油/甲醇组合燃烧车辆的道路试验[J]. 中国公路学报，Vol. 25，No. 6(2012，11 月)，140－146.
[26] 姚春德，王辉，姚安仁，等. DMCC 技术在高速船用柴油机上的应用研究[J]. 哈尔滨工程大学学报，2021，42(1)：112－118.
[27] 刘明宽，姚安仁，吴亦宁，等. 柴油甲醇组合燃烧对机车柴油机排放性能的研究[J]. 柴油机，2020，42(293)：1－6.
[28] 艾有楷，姚安仁，鲍祥福，等. 柴油甲醇组合燃烧技术在发电机组产品开发中的应用[J]. 柴油机，2022(9)：1－8.
[29] 姚安仁，罗震，姚春德，等. 甲醇点燃式发动机爆震破坏形式试验研究[J]. 机械工程学报，Vol. 49，No. 4(2013)，122－127.
[30] 续晗，姚安仁，姚春德. 不同自燃模式对压力波动形成的影响研究[J]. 爆炸与冲击，Vol. 36，No3(2016)，407－415.
[31] 高健，姚安仁，冯鲁煜，等. 烈性爆震下活塞材料破坏实验燃烧[J]. 科学与技术，Vol. 26，No. 2(2020)，120－124.
[32] Jian Gao, Anren Yao, Chunde Yao. The Thermal Load and Ablation Mechanism of Piston Subjected to Detonation[J]. Journal of Heat Transfer. Transactions of the ASME, Sept. 2020, Vol. 142/091301－7.
[33] 韩国鹏，姚安仁，姚春德，等. 甲醇对直流泵的腐蚀机理及改进措施[J]. 腐蚀和防护，Vol. 36，2015 (9)，878－882.
[34] 姚春德，赵新峰，沈恩华，等. 甲醇汽油对汽车橡胶元件溶胀的力学分析[J]. 汽车工程，No. 10(2012)，909－913.

第五篇　天然气发动机开发技术

第十七章　天然气发动机

天然气在地球上蕴藏量丰富，且价格低廉，比汽油或柴油低50%以上。抗爆性优良，燃烧稳定，燃烧产物污染物含量少，是汽车发动机理想的替代燃料。可以显著地降低汽车运行成本。有着广阔的应用前景。

和煤炭、石油等燃烧气体相比，天然气在燃烧时产生的气体对人类呼吸系统伤害不大。产生的二氧化碳只是煤的40%左右。二氧化硫、废渣、废水产生量也非常少，使用起来更加安全、洁净。由于天然气燃烧时还是会产生一定量的二氧化碳，所以天然气汽车不能称为新能源汽车。

第一节　天然气资源

一、常用的天然气

像原油和煤炭一样，天然气也是地壳中发现的矿质燃料。和石油共生的天然气叫油型气。和煤共生的天然气叫煤成气。由有机细菌分解而成的天然气叫沼气。所以天然气也可以称为有机碳氢化合物。

内燃机是燃料在发动机内部燃烧，把燃烧产生的热能转变为机械能的动力机械。气体燃料发动机是燃用压缩天然气CNG（Compressed Natural Gas）、液化天然气LNG（Liquefied Natural Gas）、液化石油气LPG（Liquefied Petroleum Gas）等燃料的内燃机。近年来，特别是随着石油短缺现实压力的加大及全球日益严重的环境污染问题的日益突出，人们迫切地希望寻找更经济、清洁和安全的燃料替代石油燃料，这使得气体燃料进入了一个高速发展的时期。

（一）CNG

压缩天然气（CNG）是指压缩到20.7～24.8 MPa的天然气。简单说，天然气汽车是以天然气为燃料的一种气体燃料汽车。天然气的甲烷含量一般在90%以上，是一种很好的汽车发动机燃料。目前，天然气被世界公认为最为现实和技术上比较成熟的车用汽油或柴油的代用燃料。目前推广应用的是可分别燃用压缩天然气或汽油、压缩天然气—汽油双燃料汽车，简称CNG汽车，今后还将大力推广应用单燃料天然气汽车。车用压缩天然气的压力一般在20 MPa左右。可将天然气，经过脱水、脱硫净化处理后，经多级加压制得。其使用时的状态为气体。车用天然气除被压缩到高压以外，与民用和工业用天然气没什么区别。

压缩天然气（CNG）汽车燃料系统通常包括：天然气气瓶、减压调压器、各类阀门和管件、混合器（或者天然气喷射装置）、各类电控装置等。CNG 气瓶是压缩天然气汽车的主要设备之一。气瓶的设置和生产都由严格的标准控制。

CNG 车用气瓶可以分为四类。

第一类气瓶是全金属气瓶，材料是钢或铝；

第二类气瓶采用金属内衬，外面用纤维环状缠绕；

第三类气瓶采用薄金属内衬，外面用纤维完全缠绕；

第四类气瓶完全是由非金属材料制成，例如玻璃纤维和碳纤维。

（二）LNG

液化天然气是一种低温液态燃料，可常压。

（三）LPG

液化石油气是由炼厂气或天然气（包括油田伴生气）加压、降温、液化得到的一种无色、挥发性气体。

天然气一般蕴藏在液体原油和坚硬密闭的岩石（沉积岩）中。有时那里的压力很高时，天然气可能溶解在原油里。尽管天然气一般发现于原油矿床附近或者与原油在一起，但它不是原油的组成部分。天然气是一种独立的矿物燃料，能单独蕴藏或者蕴含在煤层中。

天然气的主要成分是甲烷、乙烷及丙烷。它们都能在车辆中燃烧。各种气体成分的百分含量随着发现的区域不同而变化。天然气中还会存在其他微量成分，例如二氧化碳、氮和硫化物。这些物质和其他成分的含量必须满足车用天然气标准的相关要求。发动机常用天然气参数见表 17-1。

表 17-1　发动机常用天然气参数

燃料种类	天然气（CH4）	LPG	柴油（$C_{16}H_{34}$为代表）	汽油（C_8H_{18}为代表）
常态下密度 $kg \cdot m^{-3}$	0.75～0.8（气态）	580	830	720～750
沸点 ℃	−161.5	−100	170～350	30～190
理论空燃比（kg/kg）	17.2∶1		14.3∶1	14.8∶1
低热值 $MJ \cdot kg^{-1}$	49.81	45.9	42.50	43.90
辛烷值（ROM）	130	100～110	23～30	80～99
十六烷值	0		40～60	27
燃烧极限（体积%）	5～15	1.5～9.5	1.58～8.2	1.3～7.6
自然温度（常压下）T（℃）	537	450	250	390～420
闪点（℃）	−43		−187	60

其中，辛烷值指与汽油抗爆性相同的标准燃料所含异辛烷的体积分数。

低热值指 1 立方米燃气完全燃烧后其烟气被冷却至原始温度，但烟气中的水蒸气仍为蒸汽状态时所放出的热量。

二、页岩气

页岩气是蕴藏于页岩层可供开采的天然气资源，中国的页岩气可采储量较大。页岩气的形成和富集有着自身独特的特点，往往分布在盆地内厚度较大、分布广的页岩烃源岩地层中。较常规天然气相比，页岩气开发具有开采寿命长和生产周期长的优点，大部分页岩气分布范围广、厚度大，且普遍含气，这使得页岩气井能够长期地以稳定的速率产气。

页岩气是储存于富有机质泥页岩及其夹层中以吸附和游离状态为主要存在方式的非常规天然气，成分以甲烷为主，是一种清洁、高效的能源资源和化工原料，主要用于居民燃气、城市供热、发电、汽车燃料和化工生产等，用途广泛。页岩气生产过程中一般无需排水，生产周期长，一般为 30 年～50 年，勘探开发成功率高，具有较高的工业经济价值。根据预测，我国的主要盆地和地区资源量约 36 万亿立方米，经济价值巨大，资源前景广阔。

三、可燃冰

天然气水合物（natural gas hydrate/gas hydrate）即可燃冰，是天然气与水在高压低温条件下形成的类冰状结晶物质，因其外观像冰，遇火即燃，因此被称为“可燃冰”（combustible ice）。天然气水合物分布于深海或陆域永久冻土中，其燃烧后仅生成少量的二氧化碳和水，污染远小于煤、石油等，且储量巨大，因此被国际公认为石油等的接替能源。可燃冰不是冰，而是一种自然存在的微观结构为笼型的化合物。可燃冰是其俗称，其外观结构看起来像冰，且遇火即可燃烧，因此，这种天然气水合物又被称为“固体瓦斯”或“气冰”。

第二节　天然气发动机分类

按照其着火方式的不同划分，可以分为点燃式天然气发动机、压燃式天然气发动机和柴油引燃式天然气发动机。

（一）点燃式

点燃式天然气发动机技术就是类似汽油机的工作方式，用火花塞引燃天然气混合气，其供气方式可以分为进气道内供给天然气和燃烧室内直接供给天然气，进气道供气还可分为单点供给天然气和多点供给天然气，多点供气就是在每缸的进气道单独供给，单点供气就是在进气总管供给天然气。单点供气类似于汽油机的进气道单点喷射，各缸会出现抢气导致的工作不均匀现象，因此在大型多缸天然气发动机上，多采用多点供气方式。

（二）非均质压燃式

压燃式天然气发动机的燃料供给方式是向缸内直喷高压天然气，喷射时刻一般在上止点前，在压缩上止点前自行着火，实现扩散燃烧。由于甲烷是天然气的主要成分，其着火温度比柴油高，因此为了使其可靠着火，直喷式天然气发动机一般需要助燃措施，常用的为电热塞辅助着火。使用中电热塞易发生氧化，因此通常选用具有陶瓷外壳的内热式热面管形式的电热塞，由发电机提供能量，并且根据发动机的运转条件调节电热塞的外加电压。

压燃式高压缸内直喷的天然气发动机像柴油机一样没有节气门，因此其不存在节流损失和容积效率损失。高压天然气在压缩上止点前喷入燃烧室内，与柴油机的混合气形成方式一样，边混合边燃烧，属于扩散燃烧的范畴，因此该类型的天然气发动机可以采用相对较高的压缩比，能够获得与柴油机相当的热效率，另外可以通过控制燃料的供应量来控制发动机负荷，因此进气道供气的天然气发动机普遍存在的小负荷性能差的缺点能够得到有效的改善。

（三）均质压燃式

在混合气着火之前，低浓度的均质混合气在燃烧室内形成，当缸内温度压缩到天然气的自燃温度以上时，均质混合气开始着火，即实现均质压燃燃烧。均质压燃燃烧的天然气发动机在工作方式上融合了点火燃烧和压燃燃烧两种燃烧方式的工作特点，混合气形成采用预混形式，燃烧采用压燃燃烧方式，并且采用质调节的方式控制负荷，将节气门去掉。由研究结果可知，均质压燃的燃烧方式适合于多种燃料，包括汽油、柴油、天然气等；天然气是气体燃料，比起汽油和柴油等液体燃料来说，能够更容易地形成均质混合气，再加上天然气的高辛烷值，有很好的抗爆性能，因此天然气发动机可以采用相对高的压缩比，从而更容易实现压缩着火的燃烧方式。

（四）双燃料

这类发动机大都是有柴油机改装设计，形式上会保留原柴油机上的所有装置和功能，在此形式基础上加装燃气供给装置，气、油控制和切换装置。这种发动机以天然气作为主要燃料，由压缩柴油着火引燃天然气混合气，这种发动机既可以作为纯柴油发动机使用，也可以作为天然气柴油双燃料使用，并可自主控制替代率。

第三节　天然气发动机工作原理

一、天然气发动机的主要优缺点

（一）燃料清洁

天然气发动机排放污染大大低于以汽油为燃料的发动机，尾气中不含硫化物和铅，一氧化碳降低

80%，碳氢化合物降低60%，氮氧化合物降低70%。因此，许多国家已将发展天然气汽车作为一种减轻大气污染的重要手段。

（二）经济效益显著

天然气发动机可降低汽车营运成本。目前天然气的价格比汽油和柴油低得多，燃料费用一般节省50%左右，使营运成本大幅降低。由于油气差价的存在，改车费用可几个月内收回。

天然气发动机可节省维修费用。发动机使用天然气做燃料，运行平稳、噪音低、不积炭，能延长发动机使用寿命，不需经常更换机油和火花塞，可节约50%以上的维修费用。

（三）安全性高

首先，天然气发动机比汽油汽车更安全。①燃点高：天然气燃点在650 ℃以上，比汽油燃点（427 ℃）高出223 ℃，所以与汽油相比不易点燃。②密度低：与空气的相对密度为0.48，泄漏气体很快在空气中散发，很难形成遇火燃烧的浓度。③辛烷值高：可达130，比目前最好的96号汽车辛烷值高得多，抗爆性能好。④爆炸极限窄：仅5%～15%，在自然环境下，形成这一条件十分困难。当压缩天然气从容器或管路中泄出时，高压气体释放过程是一个吸热过程，泄孔周围会迅速形成一个低温区，使天然气燃烧困难。其次，压缩天然气发动机所用的配件比汽油车要求更高。国家颁布有严格的天然气汽车技术标准。从加气站设计、储气瓶生产、改车部件制造到安装调试等，每个环节都形成了严格的技术标准。设计上考虑了严密的安全保障措施。对高压系统使用的零部件，安全系数均选用1.5～4以上，在减压调节器、储气瓶上安装有安全阀，控制系统中，安装有紧急断气装置。储气瓶出厂前要进行特殊检验。气瓶经常规检验后，还需充气作火烧、爆炸、坠落、枪击等试验，合格后，方能出厂使用。CNG汽车采用定型汽油机改装，在保留原车供油系统情况下，增加一套“CNG型车用压缩天然气装置”。

二、天然气发动机工作原理

天然气发动机工作原理如图17-1所示。

LNG（液化天然气）从气瓶体通过管路进入汽化器加热汽化，经过稳压器稳压后进入缓冲罐，然后一次经过低压燃料切断阀及低压滤清器后，提供给受控于发动机ECU的气轨总成（燃气计量阀），ECU根据发动机工况控制燃气计量阀提供定量的燃料进入安装于节气门前的空气－燃气混合器，形成均匀的混合气供给发动机燃烧。

CNG（压缩天然气）发动机与使用LNG燃料的发动机工作原理大致相同，只是从气瓶出来的是高压气态燃料，经过高压电磁阀及燃气滤清器后进入带有热交换器的减压器，减压至7～8 bar后，提供给气轨总成（燃气计量阀）。

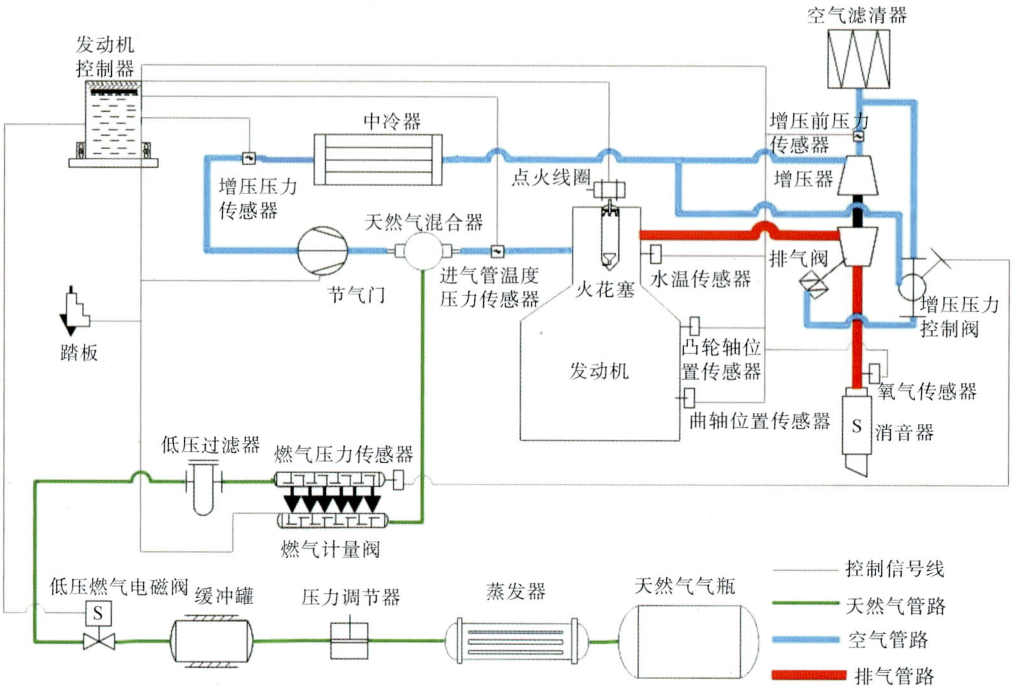

图 17-1 LNG 发动机工作原理

第四节 天然气发动机基本结构

天然气发动机的结构是在原汽油机或是柴油机的基础上针对燃用气体燃料的特点而改进设计，以保证气体燃料被有效利用。单一燃料发动机一般分为两类，一类是基于汽油机改进设计的，结构改动较少；另一类是基于柴油机改进设计而成的，与第一类相比，改进较大，需要去掉原来的喷油系统，增加一套点火系统，而且发动机的压缩比等参数需要进行调整，对缸盖、活塞、进排气系统需要进行改动，增压系统也需要重新匹配。

对由柴油机改进而成的燃气机，其结构与原柴油机的区别如下。

（1）取消了柴油机的燃油系统（高压油泵、喷油器、高压油管等件），增加了燃气供给系统［进气节气门、燃气计量阀、燃气—空气混合器等件；安装在汽车底盘上的气瓶、燃气电磁阀、燃气滤清器、汽化器、稳压器（CNG 为减压器）、缓冲罐等］。

（2）采用点燃式燃烧方式（汽缸盖上喷油器安装孔改为火花塞安装孔），增加了点火控制系统（点火模块 ICM、点火线圈、高压线、火花塞）。

（3）为了防止爆震，压缩比比柴油机的小，燃烧室形式（活塞）与柴油机不同。

（4）增加了信号发生器，用于判缸和测量发动机转速。

（5）增加了混合器和节气门，使燃气和空气在混合器中充分混合，节气门用于控制发动机的功率输出。

（6）排气温度高，增压器采用水冷中间壳，进、排气门座采用耐磨、耐高温材料，采用带隔热材料的排气管。

（7）与柴油机相比空燃比小，同等功率下需要的空气量少。

第五节　天然气发动机控制系统

一、燃料供给系统

（1）天然气发动机燃料控制系统由燃气电磁阀、燃气滤清器、汽化器、稳压器（CNG 减压器）、缓冲罐、燃料计量阀、混合器等部件组成。

（2）燃料控制系统的作用：压力管理是将气瓶高压转换为混合器前的所需低压力；温度控制一方面是将加热极低温度燃气冻结管路和部件，使得燃气温度控制在合理范围之内，另一方面通过采集燃料计量阀上的压力温度传感器信号，依据发动机运行工况精确控制燃料计量阀的喷射量。

（3）燃气滤清器的作用是过滤天然气，使得进入燃料计量阀的天然气符合清洁度要求。

（4）减压器（CNG 发动机）作用是将气瓶中的 5～20MPa 的天然气减压到燃气计量阀所需的合适压力且保持恒定。

（5）稳压器（LNG 发动机）的作用是调节液态天然气气化后的稳定压力。

（6）汽化器作用是利用发动机冷却液给液态天然气加热，使得液态天然气蒸发为气态天然气。

（7）燃料计量阀中镶嵌有电控燃气喷嘴，其作用是根据发动机工况，由发动机 ECU 控制燃气喷嘴电磁阀，精确喷射燃气量。

（8）混合器的作用是将燃料计量阀出口的天然气与进入发动机的空气能够充分进行混合，进入发动机气缸进行燃烧。

（9）氧传感器的作用是通过采集发动机尾气中的氧气浓度，用于监测发动机进气燃料的空燃比。

燃料供给系统如图 17-2 所示。

二、空气控制系统

空气控制系统如图 17-3 所示，其主要作用是控制空气流量，主要部件有电子节气门、废弃旁通控制阀、电子脚踏板、TMAP 传感器（temperature manifold absolute pressure sensor）（温度压力传感器）/PTP（pre throttle pressure ）（压力传感器）等部件。其中，TMAP 传感器安装在电子节气门之后的进气管上，用来测量进气压力和温度。发动机 ECU 是通过传感器获得的信号来计算发动机的空气进气量，从而确定应供给的燃气量。同时，也给控制增压压力提供一个测量值。PTP 传感器安装在节气门之前，仅用来测量压力，作为计算进入发动机空气流量的修正参数，对涉及燃气量修正的充气效率（VE：volumetric efficiency）提供基准。

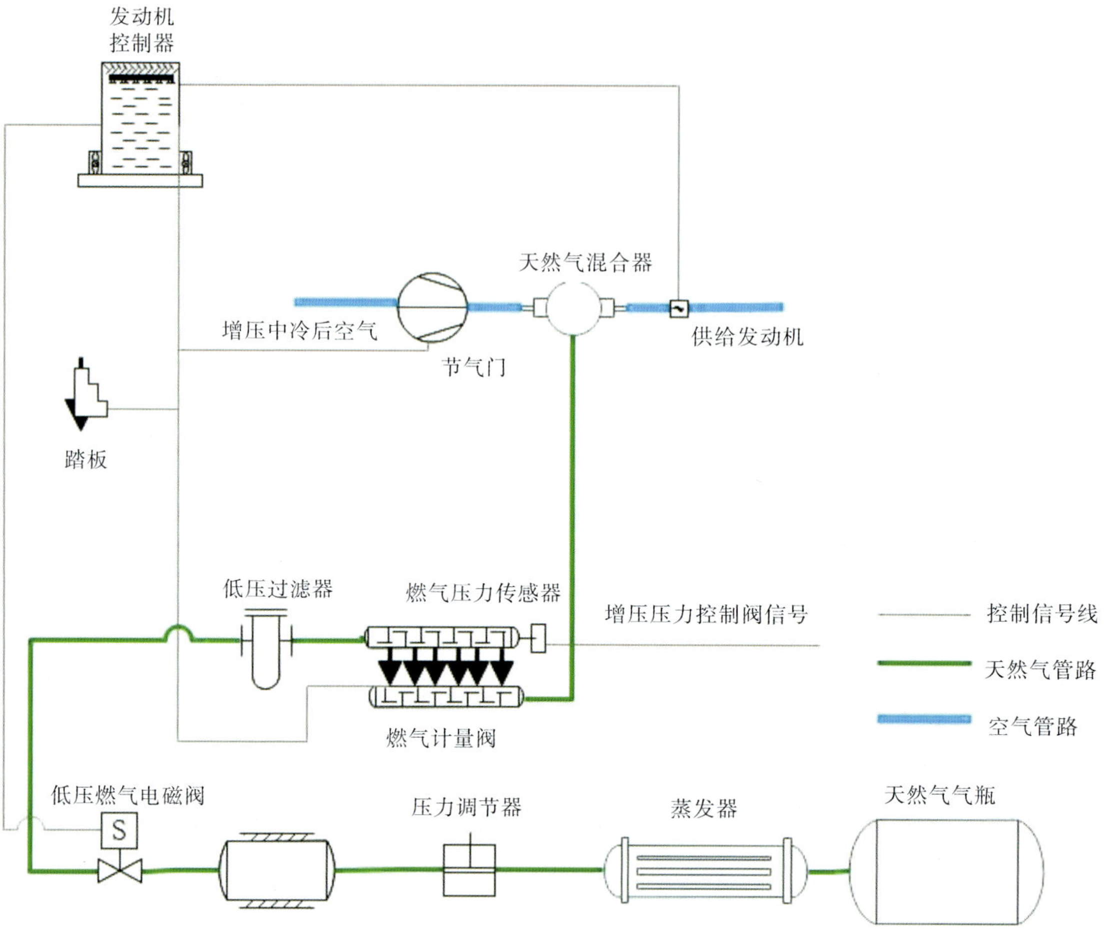

图 17-2　燃料供给系统

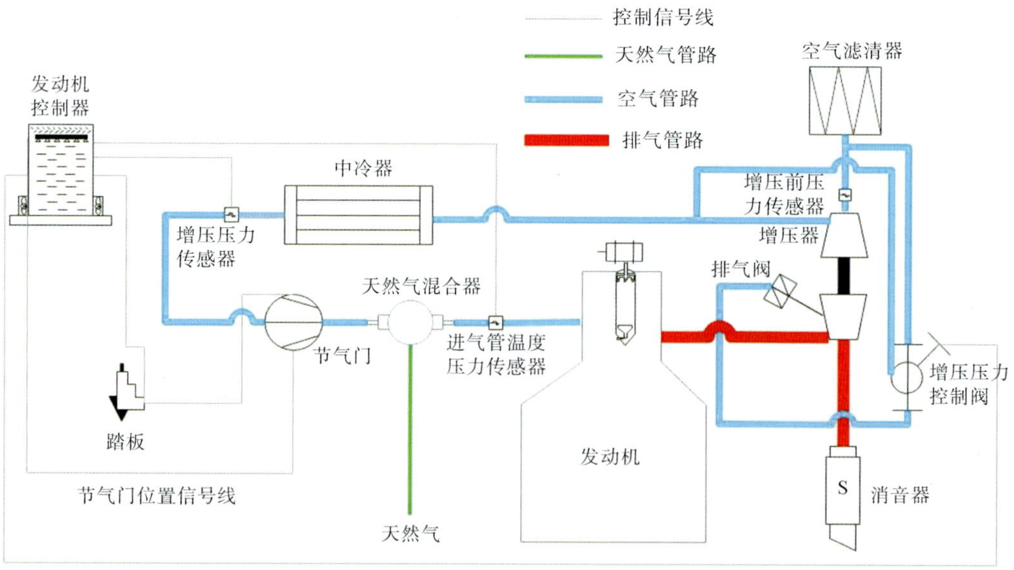

图 17-3　空气控制系统

三、线控系统

线控系统如图 17-4 所示，由电子节气门、ECU 电控单元、电子脚踏板组成了线控系统。电子脚踏板踩下，ECU 接受油门位置信号来控制节气门的开度，同时电子节气门将实际开度值反馈给 ECU。

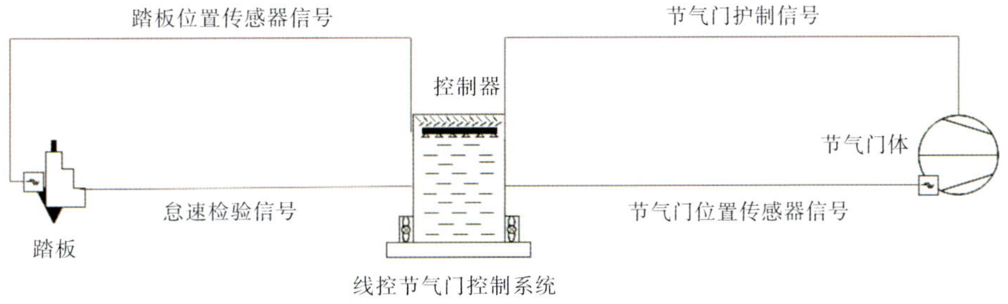

图 17-4　线控系统

电子节气门的主要作用是控制空气流量、发动机怠速和发动机最高转速。ECU 通过一定频率的脉冲宽度调制器（PWM：pulse width modulation）信号控制节气门的动作，其工作行程被 ECU 限制在 10%～90%的开度（蝶阀的开度）范围内。

电子节气门根据 ECU 指令，一般有三种工作状态。

当发动机速度低于怠速目标值时，ECU 进行怠速控制，即控制节气门开度位置，保持发动机速度在怠速目标值附近。

当发动机转速超过最大额定转速时，ECU 限制节气门开度位置，控制发动机最高转速的限值。

当发动机速度在怠速和最大额定转速之间时，节气门开度位置随脚踏板位置同步变化。

电子节气门的安装要求：电子节气门应尽量安装在低温环境；按照节气门体上的方向标识安装。

四、进气压力控制系统

进气压力控制系统如图 17-5 所示，由增压器、废弃旁通控制阀、进气歧管压力传感器构成了一套进气压力控制系统，在中大负荷，控制实际增压压力趋向于设定的增压压力。

燃气机增压器不同于普通柴油机增压器，其是带压力调节器的水冷中间壳增压器，通过冷却水冷却增压器油腔内的机油，以适应燃气发动机排温高的特点。

五、点火系统

点火系统如图 17-6 所示，它包括发动机控制模块、点火控制模块、点火线圈、高压线及火花塞。

转速传感器（曲轴及凸轮轴信号传感器）的作用是传给 ECU 转速及发动机活塞上止点信号，用于精确控制进气量、燃料量、点火提前角等。这些参数的控制要求发动机控制模块 ECU 精确采集发动机曲轴及凸轮轴位置（哪一缸发火）和发动机转速。

点火模块（ICM）是发动机控制系统的执行器，其作用是根据 ECU 发出的点火指令信号，通过点

天然气为高燃点的轻量气体，在正常温度和压力下，危险性比汽油小。且车辆冷启动性能也较好，运行平稳，维修费用低，直接利用甲烷做燃料，不仅可大大降低汽车机械摩擦的耗损，延长使用寿命，且运行操作简单方便，噪音也比燃油汽车降低45%以上，发动机使用寿命延长。

另外，为了保护环境，减少污染，许多国家政府都制定一系列鼓励性政策促进燃气汽车的发展。如天然气价格优惠、天然气汽车税费取费较低，生产燃料供给设备及建设加气站等均在资金方面、税收方面均给予优惠政策。

三、我国天然气汽车发展现状

目前国外CNG汽车发动机已经在广泛应用第三代技术，更先进的LNG缸内直喷技术也已经逐步发展起来了，其动力性、经济性和排放性俱佳，但其开发难度大，费用昂贵，成本较高，国内正在处于研发阶段。

我国燃气汽车发展始于20世纪50年代，即低压天然气汽车。20世纪80年代中、后期天然气汽车的开发及应用步伐加快。相继推出了单一天然气燃料汽车和双燃料汽车（天然气/汽油或柴油），目前排放限值均已达到国六排放法规。我国的天然气汽车保有量和加气站数量也在逐年增加。

根据天然气汽车使用天然气的不同形态，可分为压缩天然气（CNG），主要成分为甲烷，压力一般在20～30 MPa；液化天然气（LNG），天然气在超低温（−162 ℃）常压状态下液化，天然气经净化处理后通过压缩升温，在混合制冷剂作用下冷却移走热量，再节流膨胀而得到液态天然气，在标准大气压常温状态下，其体积约为同量气态天然气的1/625，天然气液化后为标态体积的1/625，绝热容器压力为0.05～0.5 MPa，液化天然气的液化过程中几乎完全去除硫、汞等杂质。两种形态的燃料发动机在国内的汽车上均已得到应用。

第七节　天然气发动机的应用

天然气发动机目前广泛应用于运输、发电、制冷/供暖和钻井平台等领域。不断完善天然气发动机的技术，充分发挥天然气发动机的特点，将进一步促进天然气的应用，实现节能减排的目标。

一、使用天然气发动机驱动车辆

天然气发动机可以按燃料类型分为单燃料发动机和双燃料发动机，或按车辆应用中的燃料供应方法分类。利用天然气作为汽车的替代能源，可以节省燃料成本，解决汽车尾气污染的问题。目前，天然气发动机被广泛应用于公共汽车、出租车、卡车和汽车中。但市场份额仍然很小。为了增加天然气发动机的应用，有很多工作要做，包括特别关注降低改装发动机的成本和建造更多的天然气加气站。

二、天然气发动机在发电中的应用

由天然气发动机驱动的发电机组可以实现能量转换，并有效地提供电能和热能。其综合能源利用率可达85%以上。由天然气发动机驱动的热电联产系统可以通过利用余热来提高能源效率。因此，该系统具有巨大的节能潜力和较好的能源经济性。在能源紧张日益紧张的情况下，提高能源利用具有重要意义。

三、天然气发动机在制冷和采暖技术中的应用

用天然气发动机代替电机直接驱动制冷压缩机，可以达到预期的制冷效果。它具有能源利用率高、运行安全可靠的特点。与其他空调系统结合也很方便，可以减少二氧化碳和硫化物的排放，有利于环境保护。由天然气发动机驱动的热泵和压缩机可以实现加热和制冷的双重目的，并在房间的温度可以迅速达到一个舒适的水平，不仅有良好的温度调节功能，而且有低功耗和高运行效率。

四、天然气发动机在钻井平台上的应用

由中国济南柴油机公司自主设计开发的天然气发动机能够满足钻井平台的需求。这些天然气发动机的运行性能良好。与柴油发动机相比，它们不仅节约能源节省费用，还以低碳水平减少碳排放。

第八节　天然气发动机未来发展趋势

近年来，世界上众多国家，例如美国、德国、日本、韩国、泰国等都相继制定了天然气动力应用的发展规划。我国相继实行了“清洁汽车”等政策，大力推广新能源汽车，使得天然气发动机在城市公交、出租车上得到广泛的应用。我国对天然气发动机的研发工作起步较晚，从20世纪80年代开始，但发展迅速，尤其是全国开展“清洁汽车”行动后，天然气发动机未来仍将保持高速发展的态势。

天然气主要成分是甲烷、乙烃、三碳丙烷以及氮气和二氧化碳，不同状态气体组分的含量会有所不同。机动车排放法规实施国六标准后，主要对PEMS的PN（颗粒）、远程排放管理车载终端数据发送要求、高海拔排放要求和PEMS测试范围进行了重新定义。点燃式发动机按照混合气浓度可以分为当量燃烧和稀薄燃烧两种方式，采用当量燃烧的天然气发动机是目前应用的主要形式，这是因为采用当量燃烧可以使用三元催化器（TWC）来降低排气污染物。在当量比为1∶1时，TWC对含氮氧化物（NOx）和碳氢化合物（THC）有着接近100%的转化效率，但是随着空气浓度的增加，转化效率大幅降低。天然气发动机的颗粒物本身排放量就较低，采用当量燃烧，结合三元催化器比较容易达到国六排放标准。为了提高发动机的热效率，发动机也经常使用稀薄燃烧的方式，也就是空气质量在燃烧室内占比较重。

经过科研人员多年的探索研究，天然气发动机技术有了长足的发展。主要应用的新技术为非均质压燃式燃烧技术、均质压燃式（HCCI）燃烧技术、双燃料（天然气和柴油）燃烧技术、米勒（Miller）循环技术、长冲程技术、废气再循环（EGR）技术以及这些技术的综合运用。

参考文献

[1] 陈骥，吴登定，雷涯邻，等. 全球天然气资源现状与利用趋势[J]. 矿产保护与利用，2019，39(5)：118－125. DOI：10.13779/j. cnki. issn1001－0076. 2019. 05. 012.

[2] 冯艳艳. 天然气汽车环保优势分析[J]. 石家庄职业技术学院学报，2010，22(4)：36－37＋46.

[3] U. S. Energy Information Administration. Crude oil and natural gas resource development[J]. Washington，DC：U. S. Energy Information Administration，2023.

[4] Cruz C S，Stimpson S. Keeping the lights on：oil and gas development in a low-carbon world[J]. Journal of Energy & Natural Resources Law，2022，40(4)：491－494.

[5] Zhang H，Yin D D. The oil and gas industry and the development of the natural gas automobile industry[J]. IOP Confer ence Series：Earth and Environmental Science，2019，267(2)：022043.

[6] 谭浩. 试析我国 CNG 的发展前景[J]. 科技创新与应用，2014(7)：112.

[7] 梅勇，唐莉，胡贵联，等. 单燃料压缩天然气汽车的改装与应用[J]. 天然气技术，2007(5)：71－72＋79＋96.

[8] 姚勇，范力勇，邸敏艳. 汽油/压缩天然气(CNG)两用燃料汽车研究[J]. 现代车用动力，2005(4)：37－40.

[9] Huang S，Xiong S T，Zhao Z G. Discussion about the Cr-Mo steel materials using in CNG cylinders[J]. Materials Science Forum，2020，1001：235－239.

[10] Gao L S. Design and manufacture of composite CNG cylinders[J]. Applied Mechanics and Materials，2014，670/671：955－959.

[11] 罗钧. 车用 CNG 气瓶的现状及发展[J]. 特种设备安全技术，2021(5)：55－56.

[12] Banaszkiewicz T，Chorowski M，Gizicki W，et al. Liquefied natural gas in mobile applications—opportunities and challenges[J]. Energies，2020，13(21)：5673.

[13] 车用液化石油气规格介绍[J]. 炼油设计，1998(6)：60.

[14] Kim C U，Bae C S. Speciated hydrocarbon emissions from a gas-fuelled spark-ignition engine with various operating parameters[J]. Proceedings of the Institution of Mechanical Engineers，Part D：Journal of Automobile Engineering，2000，214(7)：795－808.

[15] Cai N Z. Shale gas in China：Characteristics，challenges and prospects（Ⅱ）[J]. Petroleum Exploration and Development Online，2016，43(2).

[16] 马静，李晓妹，姜琳. 国外页岩气资源的开发和政策分析[J]. 现代矿业，2012(8)：144－147.

[17] 中国正式启动新型矿物能源页岩气开发. 贝肯实验室[OL].（2009－10－20)[2019－06－11].

[18] 页岩气到底好在哪？[EB/OL]光明网.（2019－01－23)[2019－06－11]

[19] 费伟民，沈永明，孙仲良，等. 校园节能减排低碳生活读本[M]. 上海：上海交通大学出版社，2011：42

[20] 我国海域可燃冰试采成功[N/OL]. 科技日报.（2017－05－19)[2021－06－27].

[21] 本刊编辑部. 中国海域天然气水合物(可燃冰)第二轮试采取得圆满成功[J]. 中国地质，2020，47(2)：555.

[22] Editorial Department of this Journal. The second－round trial collection of natural gas hydrate（combustible ice）in China′s sea areas achieves complete success[J]. Geology in China，2020，47(2)：555.

[23] 刘雪芳，赵明智，林丽华. 天然气——汽车的清洁燃料[J]. 内蒙古环境保护，2005(2)：37－40.

[24] Soltani－Sobh A，Heaslip K，Bosworth R，et al. Compressed natural gas vehicles：financially viable option？[J] Transportation Research Record，2016，2572(1)：28－36.

[25] 隋朝霞. 浅析天然气资源的经济性及其评价系统[J]. 产业创新研究，2021(15)：64－66.

[26] Yi P，Long W Q，Feng L Y，et al. Investigation of evaporation and auto－ignition of isolated lubricating oil droplets in natural gas engine in－cylinder conditions[J]. Fuel，2019，235：1172－1183.

[27] Li L F，Zhang Z B. Investigation on steam direct injection in a natural gas engine for fuel savings[J]. Energy，2019，183：958－970.

[28] Sarabi M，Aghdam E A. Experimental analysis of in－cylinder combustion characteristics and exhaust gas emissions of gasoline－natural gas dual－fuel combinations in a SI engine[J]. Journal of Thermal Analysis and Calorimetry，2020，139(5)：3165－3178.

[29] Chamberlain S，Chookah M，Modarres M. Development of a probabilistic mechanistic model for reliability assessment of gas cylinders in compressed natural gas vehicles[J]. Proceedings of the Institution of Mechanical Engineers，Part O：Journal of Risk and Reliability，2009，223(4)：289－299.

[30] Khan M I，Yasmin T，Khan N B. Safety issues associated with the use and operation of natural gas vehicles：learning from accidents in Pakistan[J]. Journal of the Brazilian Society of Mechanical Sciences and Engineering，2016，38(8)：2481－2497.

[31] 王国盛，白宁山，王红旗. LNG/柴油发动机燃料供给系统设计[J]. 内燃机与配件，2018(16)：8－11. DOI：10. 19475/j. cnki. issn1674－957x. 2018. 16. 005.

[32] Matsuoka H，Kishishita K，Nakashima K，et al. Structure and performance of heat insulated natural gas engine[J]. JSAE Review，1997，18(4)：377－384.

[33] Shi J L，Li T，Liu Z C，et al. Life cycle environmental impact evaluation of newly manufactured diesel engine and remanufactured LNG engine[J]. Procedia CIRP，2015，29：402－407.

[34] 田龙. 柴油机改天然气单燃料发动机应用研究[D]. 重庆：重庆大学，2003.

[35] 左承基，李宁. 国产 4125 柴油机改制成天然气发动机[J]. 石油机械，2001(1)：42－44.

[36] 周冬. 柴油机改装天然气发动机的意义及技术措施[J]. 机电设备，2004(5)：23－26.

[37] 张晓东，刘兴华，张幽彤. 柴油机改为火花点火式天然气发动机技术研究[J]. 内燃机，2002(6)：6－9.

[38] Smith H，Pipeline T G，Wachowiak R，et al. Fuel control system updates older natural gas engines[J]. Pipeline & Gas Journal，2012，239(1)：58－62.

[39] Gubba S R，Tamma B，Kazempoor P，et al. A novel air management system for a large bore two－stroke naturally aspirated gas engine to reduce emissions[J]. International Journal of Engine Research，2021，22(2)：364－374.

[40] 党永浩. 天然气发动机燃气供给系统综述[J]. 铁道机车车辆，2011，31(S1)：83－86.

[41] 周峰，宋君花，王都，等. 天然气发动机电子节气门控制系统的研究[J]. 车用发动机，2008(2)：68－71＋75.

[42] Thipse S S，Dsouza A，Sonawane S B，et al. Development of multi cylinder turbocharged natural gas engine for heavy duty application[J]. SAE International Journal of Engines，2017，10(1)：27－38.

第六篇　氢燃料发动机开发技术

第十八章　氢气发动机的构造及工作原理

第一节　理论循环的基本假设

氢气发动机的理论循环被认为是一个封闭的不可逆循环，它以下述假设为基础：

（1）用氢和空气的混合气作为工质，燃烧时其化学成分发生变化，排气时工质在气缸内的数量发生变化。

（2）忽略进气和排气过程的流动损失，即认为 $p_a = p_r = p_0$。

（3）进气过程中无热交换，进入气缸的混合气和外界空气具有相同的温度。由于又无流动损失，所以充气效率 $\eta_v = 1$。

（4）压缩过程和燃烧膨胀过程均视为多变过程，其多变指数只考虑比热随温度的变化。

（5）燃烧和压力下降均发生在上止点瞬间，并且此时气缸容积不变。

（6）进、排气门的开启和关闭均在上、下止点瞬间完成。

（7）工质进行理想的混合和燃烧，没有任何热损失，因此燃烧时的放热系数等于 1，燃烧时的热损失只是由于理论空气量不够，即过量空气系数 $\alpha < 1$ 造成的。

若采用气缸内部形成混合气的方式时，还应增加以下补充条件。

（1）氢气是活塞处于下止点的那一瞬间进入气缸的。

（2）氢气在进气喷嘴前方的温度保持不变，即 $T_H = 288K$；氢气在进气喷嘴中的压力始终能保证临界压强。

（3）氢气带入气缸内的动能全部转变成热能。

氢气发动机的理论循环示功图如图 18-1 所示。

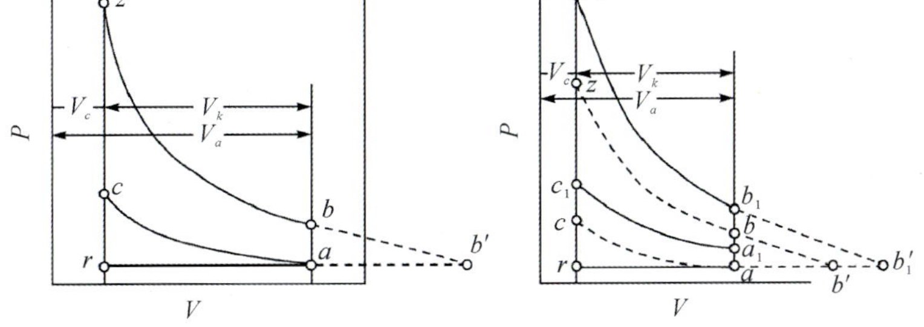

图 18-1　氢气发动机的理论循环示功图

在以下循环计算中，定义各符号的意义如下：

C_1—喷嘴出口的气流速度；
G—摩尔氢的重量；
C_2—气缸中的气体流速；
H_u—氢燃料混合气的低值；
m—在给定 α 下每摩尔氢所需的空气摩尔数；
p—压力；
u—内能；
T—温度；
α—过量空气系数；
C_v—（0～t ℃）的平均定容摩尔比热容；
β_0—理论分子容积变化系数；
ε—压缩比；
γ—残余废气系数；
β—实际分子容积变化数。

下标含义：

α—进气过程终了；
o—大气状态；
b—膨胀过程终了；
z—燃烧过程终了；
c—压缩过程终了；
r—燃烧产物。

第二节　理论循环的计算分析

一、进气过程

由基本假设条件

$$P_a=P_r=P_0=0.1\text{MP}，\eta_E=1. \tag{18-1}$$

$$\gamma=\frac{T_0}{T_r}\frac{1}{\varepsilon-1}. \tag{18-2}$$

$$T_a=\frac{T_0}{1-\dfrac{T_r-T_0}{\varepsilon T_r}}. \tag{18-3}$$

由上页的基本假设补充条件（2），进入气缸时的氢气温度 T_{cr} 可按临界温度来计算

$$T_{cr}=T_1x^{\frac{K-1}{K}}. \tag{18-4}$$

式中：T_1 为喷气嘴出口处气体的温度；x 为临界压力比（$x=p_{cr}/p_1$）。

对于氢气

$$K=1.41，x=\frac{P_{cr}}{P_1}=\left[\frac{2}{K+1}\right]^{\frac{K-1}{K}}=0.528. \tag{18-5}$$

即

$$T_{cr}=0.83T_1$$

喷氢嘴出口处气体流速 C_1 为

$$C_1=\sqrt{2g\frac{K}{K+1}RT_1}. \tag{18-6}$$

则每摩尔氢以动能形式带入气缸的热量为

$$Q=\frac{G}{2g}(C_1^2-C_2^2). \tag{18-7}$$

由基本假设（3）知$C_1=0$，因此

$$Q=\frac{G}{g}\frac{K}{K+1}RT_1. \tag{18-8}$$

由此得到压缩过程开始时氢空气混合气的温度为

$$T_a=\frac{Q+C_{VH_2}T_{cr}+mC_{Vair}T_a}{mC_{Vair}C_{VH_2}}. \tag{18-9}$$

在 T=0～350K 范围以内.

$$C_{VH_2}=3.0+2.86\times10^{-3}T,\quad C_{Vair}=5.1. \tag{18-10}$$

新鲜混合气中压缩开始时的空气分压为

$$P_{air}=\frac{RT_a}{V} \tag{18-11}$$

式中：V 为按外界环境条件（P_0，T_0）计算时的摩尔体积。

氢的分压为

$$P_{H_2}=\frac{RT_a}{mV}. \tag{18-12}$$

混合气在压缩开始时的压力为

$$P_a=P_{air}+P_{H_2}. \tag{18-13}$$

二、压缩过程

由已知的计算条件，压缩过程的参数可以从考虑变比热容的绝热方程求出

$$\frac{T_a}{T_c}=\left[1-\frac{rT_a}{K_0-1}\right]\frac{1}{\varepsilon^{K_0-1}}+\frac{rT_a}{K_0-1}. \tag{18-14}$$

$$\frac{P_a}{P_c}=\left[1-\frac{rT_a}{K_0-1}\right]\frac{1}{\varepsilon^{K_0}}+\frac{rT_a}{K_0-1}\frac{1}{\varepsilon}. \tag{18-15}$$

$$K=K_0-rT. \tag{18-16}$$

式中：K_0，r 为计算多变指数的系数，见表 18-1。

表 18-1　压缩过程和膨胀过程中系数K_0和 r 的值

过量空气系数 α		0.250	0.700	1.000	1.500	2.000	2.500	3.000	4.000
K_0	氢空气混合气（T=0～1173K）	1.421	1.424	1.424	1.425	1.426	1.426	1.426	1.426
	燃烧产物（T=773～2773K）	1.383	1.357	1.346	1.354	1.357	1.361	1.363	1.364
r	氢空气混合气（T=0～1173K）	0.747	0.774	0.815	0.855	0.877	0.892	0.901	0.916
	燃烧产物（T=773～2773K）	0.424	0.393	0.384	0.371	0.362	0.358	0.354	0.353

三、燃烧过程

由已知条件，燃烧过程结束时的温度由燃烧方程来计算，燃烧阶段的热平衡方程为

$$(\gamma'+\beta)C_{vr}t_c=(H_u-\triangle H_u)+C_{vr}t_c+\gamma' C_{vr}t_c \tag{18-17}$$

式中：$\triangle H_u$ 为由于理论空气量不足造成的热值损失；C_{vr} 为新鲜混合气由 0～t ℃时的平均定容摩尔比热容。

采用内部混合气形成方式时，由于提高了气缸的充气量，残余废气的相对含量减少，则残余废气系数以及实际分子容积变化系数可由以下两式计算：

$$\gamma'=\gamma\frac{m}{m+1}. \tag{18-18}$$

$$\beta=\frac{\beta_0+\gamma}{1-\gamma}. \tag{18-19}$$

燃烧过程结束时的压力

$$P_Z=\frac{\beta_0+\gamma}{1+\gamma}P_c\frac{T_z}{T_c}. \tag{18-20}$$

四、膨胀过程

膨胀过程的参数可由变指数的绝热方程求得

$$\frac{T_z}{T_b}=\left[1-\frac{rT_z}{K_0-1}\right]\varepsilon^{K_0-1}+\frac{rT_z}{K_0-1}. \tag{18-21}$$

$$\frac{P_b}{T_z}=\left[1-\frac{rT_z}{K_0-1}\right]\frac{1}{\varepsilon^{K_0}}+\frac{rT_z}{K_0-1}\frac{1}{\varepsilon}. \tag{18-22}$$

无论是外部混合气形成方式还是内部混合气形成方式，都可以用以上两式计算示功图上的温度和压力，计算的起始值是残余废气的温度（图 18-1 中的 r 点），可将燃烧产物在排气期间绝热流动时继续膨胀的终点（t'_b）作为残余废气的温度。

五、热效率

$$\eta_t=\frac{(\gamma+\beta)(u'_z-u'_b)-[(u_c-u_c)+\gamma(u'_z-u'_a)]}{H_u}. \tag{18-23}$$

式中：u'为示功图（图 18-1）中脚标对应点的燃烧产物内能；u 为示功图上脚标对应点的新鲜氢空气混合气内能。

六、理论循环平均指示压力

每摩尔新鲜混合气理论循环的平均指示压力可用下式计算：

$$P_T=\frac{H_u}{VA}\eta_t. \tag{18-24}$$

当采用内部混合气体形成方式时，由于缸内气体压力增加，且带入气缸内的热量增加，平均指示压力按（$m+1$）/m 的比值增加，即

$$P_T=\frac{m+1}{m}\frac{H_u}{VA}\eta_t. \tag{18-25}$$

式中：A 为热功当量。

第三节　理论循环的计算结果

以下计算时，取氢的低热值为$H_u=240.7\times103\text{kJ/mol}$，大气状态为$P_0=0.1$ MPa，$T_0=288$K。

一、外部混合气形成方式的氢气发动机理论循环

图 18-2 示出了混合气成分和压缩比对理论循环热效率η_t的影响，由图可见，随着混合气中氢的含量减少，理论循环的热效率不断增加。在过量空气系数 $\alpha<1$ 由 1 变到 2.5 的范围内，其热效率增加。在 $\alpha<1$ 的范围内，η_t也随着混合气中氢含量的减少而不断增加，但增加更为迅速。这是因为一方面，虽然由于新鲜混合气的放热量减小，循环的平均温度下降，但由于新鲜混合气的放热量减小，对热效率增加的贡献大于循环平均温度下降对热效率减小的贡献；另一方面是随着 α 增大，燃烧产物中三原子气体（H_2O）含量减少。此外，这些因子还导致膨胀过程多变指数增大和膨胀过程终点的气体温度下降，排气的热损失减少，因而使热效率有所提高。

压缩比 ε 对η_t的影响很大，e 越小，影响也越大。例如，$\alpha=1$ 的情况下，当 ε 由 5 变到 9 时，η_t由 35.5%增大到 45.5%，即增加了 10%，而当 ε 由 9 变到 11 时，η_t由 45.5%增大到 48.5%，即只增加了 3%。

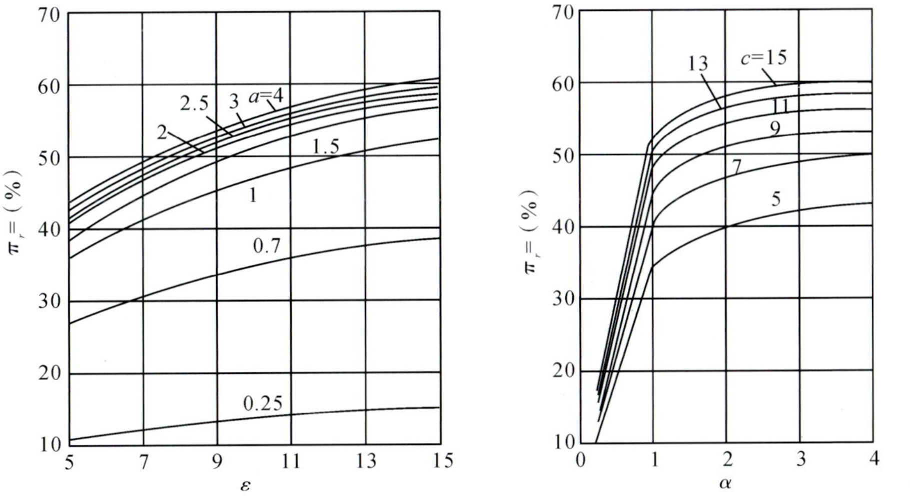

（1）　　　　（2）

图 18-2　混合气成分和压缩包对 η_T的影响

（1）$\varepsilon-\eta_t$；（2）$\alpha-\eta_t$

图 18-3 给出了混合气成分和压缩比对理论循环平均指数压力p_T的影响。由图 18-3 可见，压缩比变化对p_T有很大影响。随着 ε 增大，p_T不断地增加，并且随着 ε 增大，p_T的增加速度趋缓，理论循环的平均指示压力的表示式为两项的乘积，

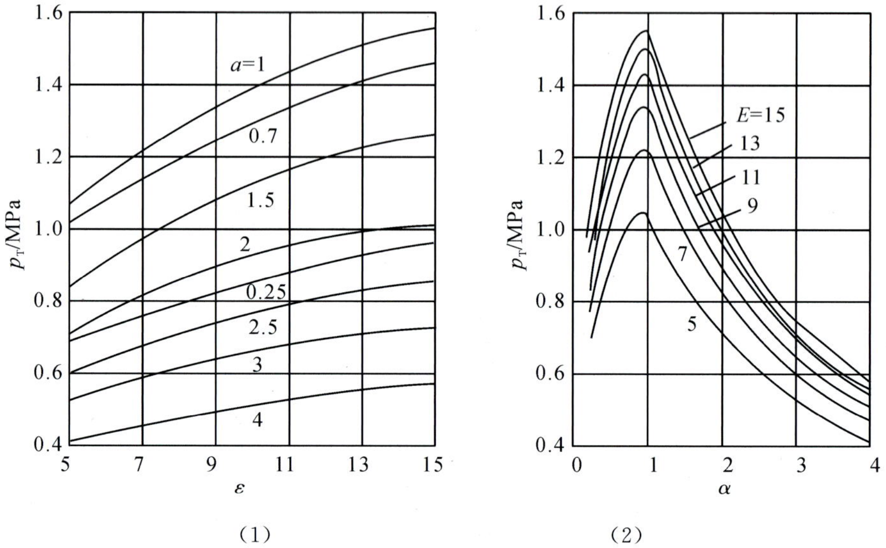

图 18-3　混合气成分和压缩比对P_T的影响

$\left(\frac{Hu}{VA}\right)nr$，其中第一项$\left(\frac{Hu}{VA}\right)$表示单位容积的新鲜混合气的发热量或输入发动机的能量，而第二项η_t是这部分能量在理论循环中的利用程度。当 α 不变时，第一项$\left(\frac{Hu}{VA}\right)$也不变。因此，平均指示压力随压缩比增加而增加的情况，只取决于理论循环热效率与压缩比之间的关系。当混合气成分变化时，p_T也随着变化。当 $\alpha=1$ 时，p_T达到最大值。

当混合气成分 α 变化时，平均批示压力p_T也随着变化，当 $\alpha=1$ 时，p_T达到最大值，α 的变化对p_T表达式中的两项都有影响。此时，发热量的变化比η_t的变化剧烈得多，$p_T=f(\alpha)$曲线的变化特征取决于关系式$H_u=\varphi(\alpha)$。但是平均指示压力随 α 增大而下降的剧烈程度比随H_u变化小，这是因为此时η_t有所增加。

二、内部混合气形成方式的氢气发动机理论循环

当采用内部混合气形成方式时，氢直接喷入气缸，这使得缸内充量增加，从而导致示功图上所有特征点的压力都比外部混合气形成方式有所升高。压缩起点的压力提高是由于氢气加压喷入气缸所至。计算表明，压缩始点温度变化并不大。例如，当 $\alpha=1$ 时，内部混合气形成方式的压缩始点温度为 $T_0=332\ K$，而同样条件下，外部混合气形成方式的温度为$T_\alpha=340K$，相差只有 2.5%。这是因为反应热效应与压力无关，这也使得示功图上其他特征点的温度变化也不大。

图 18-4 中是混合气成分 $\alpha=1$ 时，内部混合气形成方式与外部混合气形成方式理论循环膨胀过程部分参数随压缩比 ε 的变化关系。由图 18-4 可见，内部混合气形成方式的残余废气温度下降，其原因是燃烧产物从气缸中排出时，残余废气膨胀得更充分一些。虽然残余废气的温度有所下降，但由于新鲜

混合气的数量增加，残余废气系数减小。这个减小量与比值$\frac{\alpha L_0}{1-\alpha L_0}$（$L_0$为理论空燃比）成正比。与此相关，燃烧终点温度$T_Z$也有所上升，因为残余废气系数$\gamma$减小时，实际分子体积变化系数$\beta=\frac{\beta_0+\gamma}{1-\gamma}$也减小，并接近于理论计算值$\beta_0$。$T_Z$的增加值不超过1%。而内部混合气形成方式的循环压力水平提高，也使其平均指示压力高于外部混合气形成方式。

图18-5给出了当压缩比$\varepsilon=7$时，内部混合气形成方式与外部混合气形成方式理论循环平均指示压力随混合气成分α的变化关系。由图18-5可见，当$\alpha<1$时，二者差距明显，且α越小差距越大，这是因为随α减小，喷入缸内的氢气量增加，从而增加了新鲜充量，提高了发动机的功率。

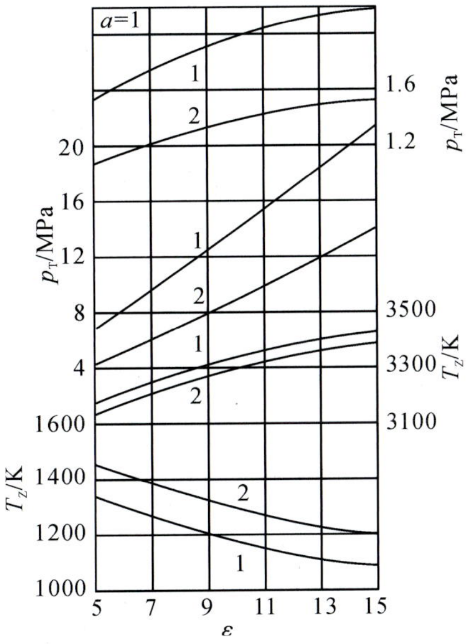

1—内部混合方式；2—外部混合方式

图18-4　两种混合气形成方式的理论循环压缩比的关系

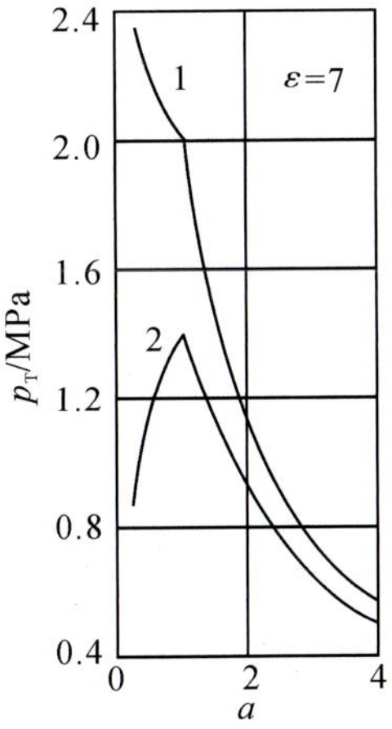

1—内部混合方式；2—外部混合方式

图18-5　两种混合气形成方式的理论循环平均指示压力与混合气成分的关系

三、氢、甲烷和汽油理论循环参数的比

图 18-6 给出了压缩比 ε=6 时的氢、甲烷和汽油的理论循环参数计算结果。由图可见，虽然它们的性质如分子体积变化系数和放热量等相差很大，但是这些燃料的理论循环热效率很接近。此外，这些燃料的循环最高温度和燃烧终点压力都不相同，尽管氢空气混合气的体积放热要小一些，但是氢气发动机的循环最高温度反而高于汽油和甲烷的循环最高温度，这与氢的分子体积变化系数有关。

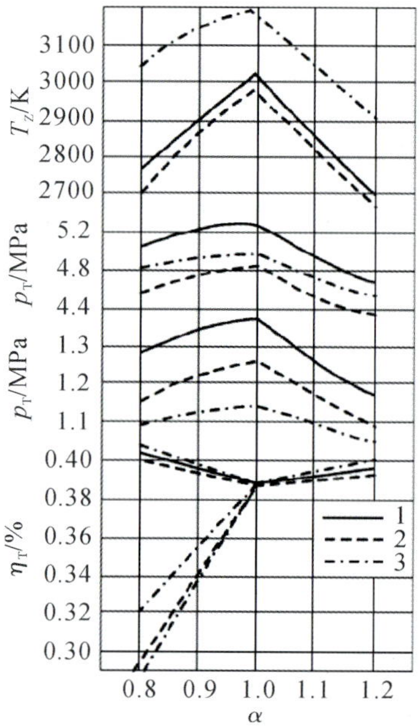

1—汽油；2—天然气；3—外部混合气下的氢

图 18-6　压缩比 ε=6 时氢、甲烷和汽油的理论循环参数

在过量空气系数 $\alpha<1$ 时，氢气发动机热效率η_t随 α 减小而下降的程度小于甲烷和汽油，并且它的热效率η_t高于汽油和甲烷的热效率。其原因是 α 减小时，氢的有效放热量的损失比汽油小，在汽油等碳氢燃料中，不完全燃烧时，碳被氧化成对 CO 的热效应要小于氧化成 CO_2 的热效应。当 $\alpha\geqslant1$ 时，汽油、甲烷和氢的理论循环热效率差别不大。也就是说，燃料的性质对理论循环中燃料燃烧后放出热量的利用程度无明显影响。理论循环的平均压力与新鲜混合气的放热量成正比。然而循环的最大压力并不随新鲜混合气的放热量成比例地增加。由图可见，用氢作为燃料时的最高燃烧压力P_Z比甲烷的高，这是因为燃烧产物的比热容相差很大造成的，在其他条件相同时，燃烧产物的比热容越大，P_Z值越小。在发动机的工作温度条件下，H_2O 的比热容值只有 CO_2 的 70%，这使氢空气混合气的体积放热量虽小，但P_Z值却比甲烷的要高。从计算也可看出，汽油空气循环平均指示压力最高，外部混合气形成方式的氢空气循环平均指示压力最小，这是因为汽油机的平均压力水平高于氢气发动机。正如上节所述，对于内部混合气形成方式的氢气发动机而言，由于其压力水平高于外部混合气形成方式的氢气发动机，所以它的平均指示压力将增加，并可超过汽油机。

第十九章　氢气发动机的燃烧

第一节　氢气发动机的混合气形成与燃烧

由于氢燃料与石油燃料的物化特性有着明显的差异，若完全按照传统发动机的理论和实践来组织氢气发动机的混合气形成和燃烧会导致一系列的问题。比如采取进气管喷射方式供入氢，可能出现回火、早燃等异常燃烧。氢的稀薄燃烧容易导致燃烧不稳定，循环变动大。特别是为了提高发动机功率，而加浓混合气时受到异常燃烧的限制，这使得组织氢气发动机的燃烧和工作过程更为困难。缸内喷射有低压喷射和高压喷射两种方式，是解决早燃、回火等异常燃烧的有效手段。但是由于这种燃烧方式氢空气混合气的形成时间短，燃烧完全程度、热效率有待改善。且对喷射系统的设计和可靠度提出了新的挑战。因此，分析和研究氢空气混合气的形成和燃烧规律，设计合适的燃烧系统，是合理组织燃烧过程和改善发动机性能指标的基础。本章主要探讨不同的氢空气混合气形成方式下，发动机运转参数和结构参数对氢气发动机燃烧和发动机性能的影响。

一、外部混合气形成方式的氢气发动机燃烧特性

日本武藏工业大学（Musashi Institute of Technology）从 20 世纪 70 年代开始就在古滨庄一（Furuhama）的带领下进行氢气发动机的研究工作，在该研究领域取得了许多成果。特别是液氢气发动机的研究处于国际领先水平，研发出系列氢气发动机汽车。

Furuhama 对一台 K5A 发动机进行改造，进行燃用氢的研究。该机为一台缸径×行程＝85 mm×85 mm，水冷四冲程单缸、火花点火发动机。在原机基础上加浓了供氢系统，分别进行了进气管喷氢（在进气行程持续喷射）和在进气行程中将氢气喷入气缸的试验（在进气行程 90 ℃A 开始喷氢，180 ℃A 结束喷氢），喷氢压力均为 0.2 MPa。

图 19-1 给出了发动机在 $n=1500$ rpm 时的负荷特性，由图可见，最大有效热效率η_e约为 20%，此时，过量空气系数 $\alpha=2.5$。当混合气进一步变浓时，虽然功率继续增加，但有效效率开始下降，经济性变差。

在上述试验中，点火提前角均固定在上止点前 34 ℃A。为了考察点火提前角的变化对发动机燃烧及性能的影响，进行了调整点火提前角的有关试验。

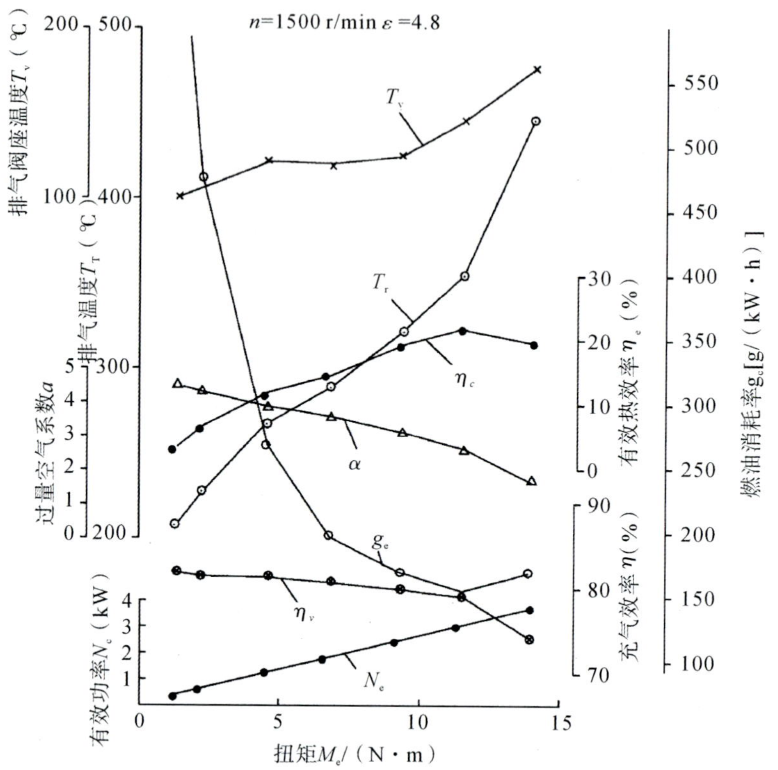

图 19-1 氢气发动机的负荷特性

图 19-2 为发动机转速 n=2100 rpm、进气管喷射、压缩比 ε=7. 93、点火提前角分别调整为上止点前 22 ℃A、34 ℃A 和 40 ℃A 时，发动机性能指标随混合气浓度（过量空气系数 α）的试验结果。当点火提前角为上止点前 22 ℃A 时，由于此时发动机可以在更浓的混合气下工作，所以使有效功率 N_e，增加 4.4 kW ，而当点火提前角为上止点前 34 ℃A 时，N_e最大只能达到 3.7 kW。而有效热效率η_t在不同的点火提前角下，有效热效率的最大值几乎不变，但达到最大的η_t值对应的混合气浓度是不同的。推迟点火提前角，有效热效率的最大值出现在更浓的混合气浓度下。

印度理工学院 Das 在一台氢内燃机上分别进行了进气管连续喷射（CMI）和进气管定时喷射（TMI）的研究。研究指出进气管定时喷射方式采用控制系统精确控制氢气的供应，不仅指示热效率高于前者，而且消除了回火，此外，在宽广的转速范围和当量比范围，比进气管连续喷射方式燃烧平稳。而进气管连续喷射则容易发生不易控制的回火。图 19-3 给出了他进行进气管连续喷射（CMI）和进气管定时喷射（TMI）的指示热效率研究结果。

图 19-4 给出了为进气管定时喷射和缸内低压喷射的速度特性对比，试验发动机压缩比（CR）为 9，当量比 φ 保持在 0.579。由于进气管定时喷射混合气形成时间较长，混合较充分，燃烧较完全，热效率较高。

Das 的研究显示了优化控制氢气的供应对改善氢气发动机性能的重要意义。

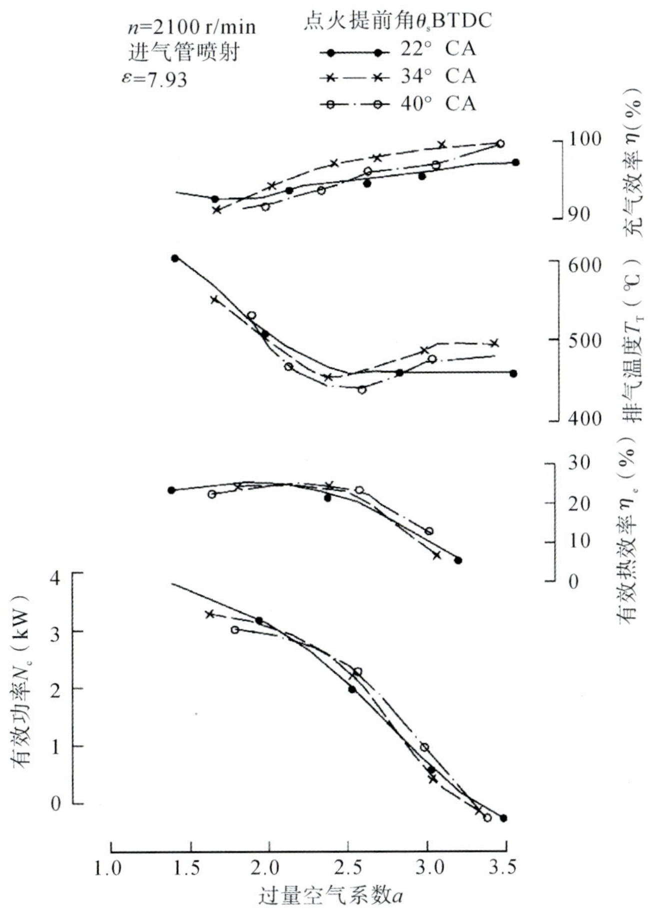

图 19-2　点火提前角和过量空气系数对发动机性能的影响

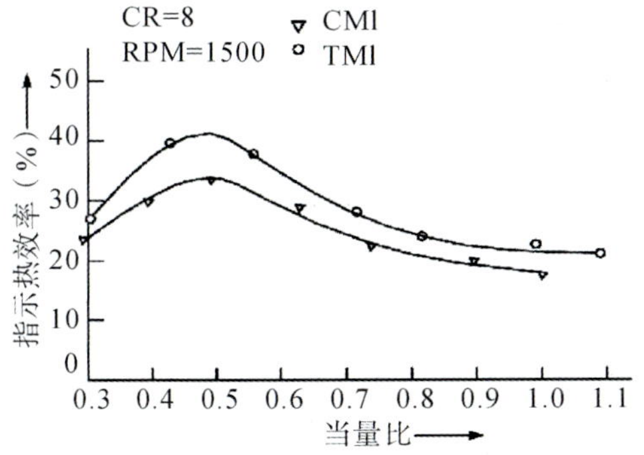

图 19-3　进气管连续喷射和定时喷射的指示热效率

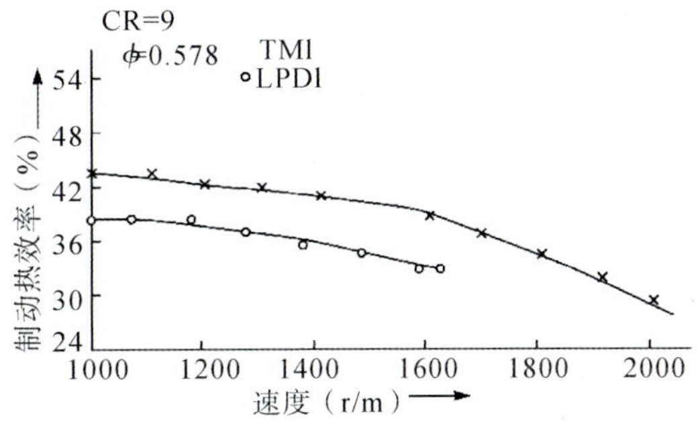

图 19-4　进气管定时喷射和缸内低压喷射的速度特性对比

二、内部混合气形成方式的氢气发动机的燃烧特性

(一) 进气行程期间将氢气喷入缸内的氢气发动机的燃烧

由上可知，进气管喷氢的 K5A 氢气发动机，当过量空气系数降低接近 α=1 时，易发生进气管回火，并使发动机停止运转。这使得发动机正常工作的混合气浓度范围变窄，同时也限制了氢气发动机

功率的增加。

图 19-5 给出了 K5A 发动机转速 $n=1100$ rpm 时，压缩比分别为 $\varepsilon=7.9$ 和 4.8，在进气行程中直接将氢气喷入缸内的氢气发动机的示功图。试验得到：当 $e=4.8$ 时，压力升高率，$\frac{dp}{dt}$的最大值比同样条件下进气管喷氢时要低一些。对于直接将氢气喷入缸内的氢气发动机，在过量空气系数 α 稍大于 1 时，压力升高率$\frac{dp}{dt}$达到 1.91MPa/ms，而进气管喷氢的氢气发动机在 $\alpha=1.8$ 时，$\frac{dp}{dt}$就已达到 1.9MPa/ms。因此，直接将氢气喷入缸内的氢气发动机正常工作的浓度范围可以更宽。例如，在 $\alpha=1$ 时，发动机也不至于熄火。此外，当 $\varepsilon=7.9$ 时，压力的绝对值几乎是 $\varepsilon=4.8$ 时的 2 倍，但压力升高率几乎没有增加，即压缩比对气缸压力的影响远比压力升高率为大。当混合气浓度降低到 $\alpha=1$ 以下时将发生回火，并使发动机停止运转。

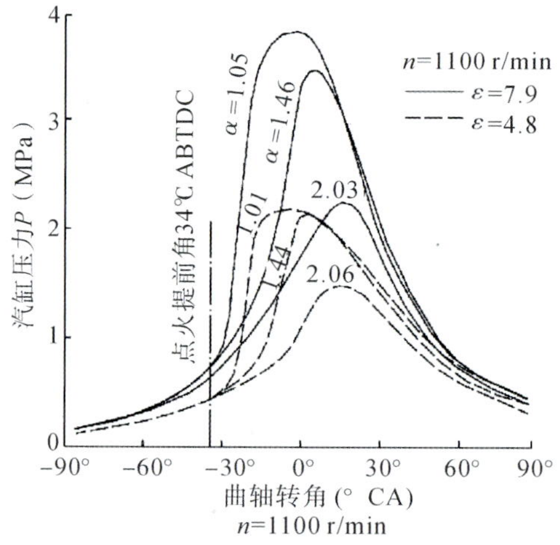

图 19-5 低速时混合气浓度和压缩比对示功图的影响

图 19-6 给出了进气管喷氢和缸内喷氢的氢气发动机的性能对比结果。进气管喷氢时，发动机的性能优于缸内喷氢，这是因为前者混合气形成优于后者。但是进气管喷氢更容易发生早燃和回火，这使得在混合气浓度 α 接近 1.5 时发动机停止运转。

无论是采用进气管喷氢的氢气发动机，还是进气行程期间将氢气喷入缸内的氢气发动机，都程度不同地存在发动机输出功率低，容易发生早燃、进气管回火等不正常燃烧。采用压缩行程期间将氢气喷入缸内的所谓内部混合气形成方式是解决上述问题行之有效的方法。

（二）压缩行程期间将氢气喷入缸内的氢气发动机的燃烧

试验是在 *Nissan Motor Co* 生产的一台四行程水冷车用柴油机上进行的，原机排量为 2 *L*，压缩比为 21。改装后通过改变燃烧室容积可以调整发动机的压缩比（调整范围为 10～18），采用浅盆形燃烧室。在该机上设计了液氢（LH_2）泵和喷氢器，喷氢器偏心布置，喷孔数为 8，在压缩末期将 8 *MPα* 的液态氢直接喷入发动机缸内。采用热表面点火或火花点火方式，电加热的钨丝作为炽热表面。如图 19-7、图 19-8 分别给出氢喷射发动机气缸剖面图和喷氢器剖面图。

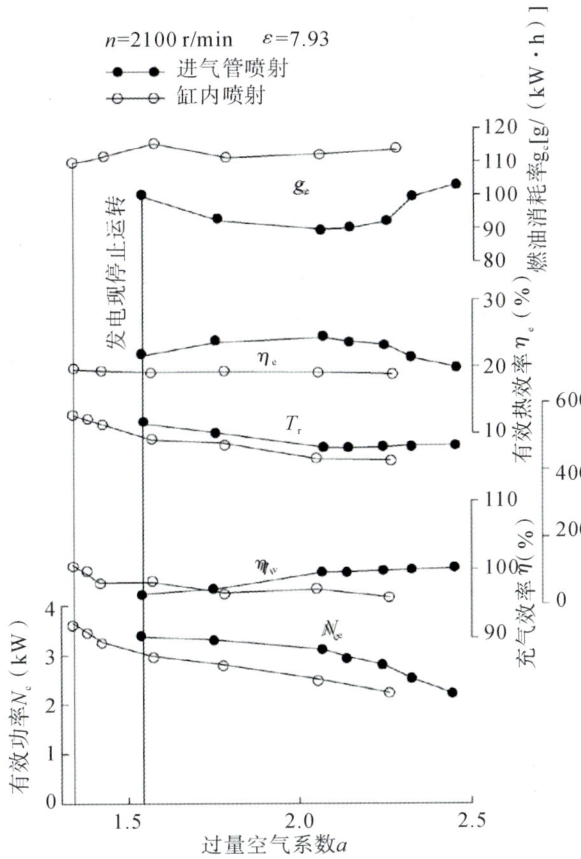

图 19-6　两种供氢方式对氢气发动机性能的影响

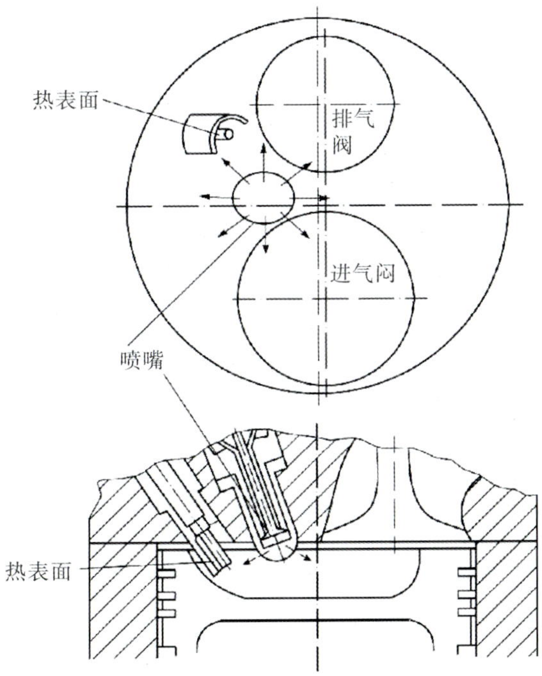

图 19-7　采用热表面点火的氢喷射发动机气缸剖面图

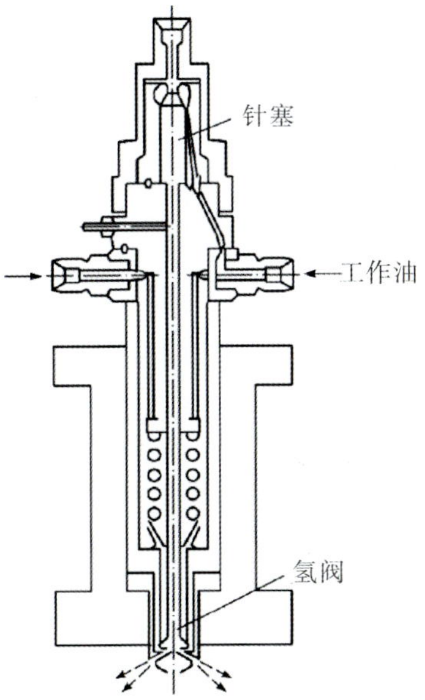

图 19-8　喷氢器剖面图

（三）压缩比对氢气发动机性能的影响

采用气缸内部混合气形成方式时，氢气发动机可以选取较高的压缩比。试验时调整压缩比分别为 ε=10、12、15 和 18。图 19-9 给出了在不同压缩比下氢气发动机的有效热效率η_e，燃烧压力 P 及氮氧化物 NO_x 排放量的试验结果。氢在上止点前 9 ℃A 喷入。试验结果是：当 ε=12、15 时，有效热效率η_e值高于其他压缩比下的η_e值，当 ε=18 时，η_e值反而最低。这和理论循环中随压缩比增加指示热效率增加不完全一致。这是由于一方面随 ε 对热效率的改善作用减弱，另一方面，在实际循环中，过高的压缩比，不利于燃料和空气的匹配。恶化了混合气的形成，反而使有效热效率下降。NO_x 排放量在 ε=12、15 时几乎是相同的；ε=10 时，高负荷情况下，NO_x 增加；ε=18 时，在整个负荷变化范围内，NO_x 排放量都较低。这与此时燃烧室温度下降、热效率下降相一致。随着压缩比 ε 增加，最高燃烧压力 P_{max} 几乎成比例增加。这同柴油机的情况基本一致。由试验可以得出该氢气发动机最佳压缩比应在 ε=12～15。

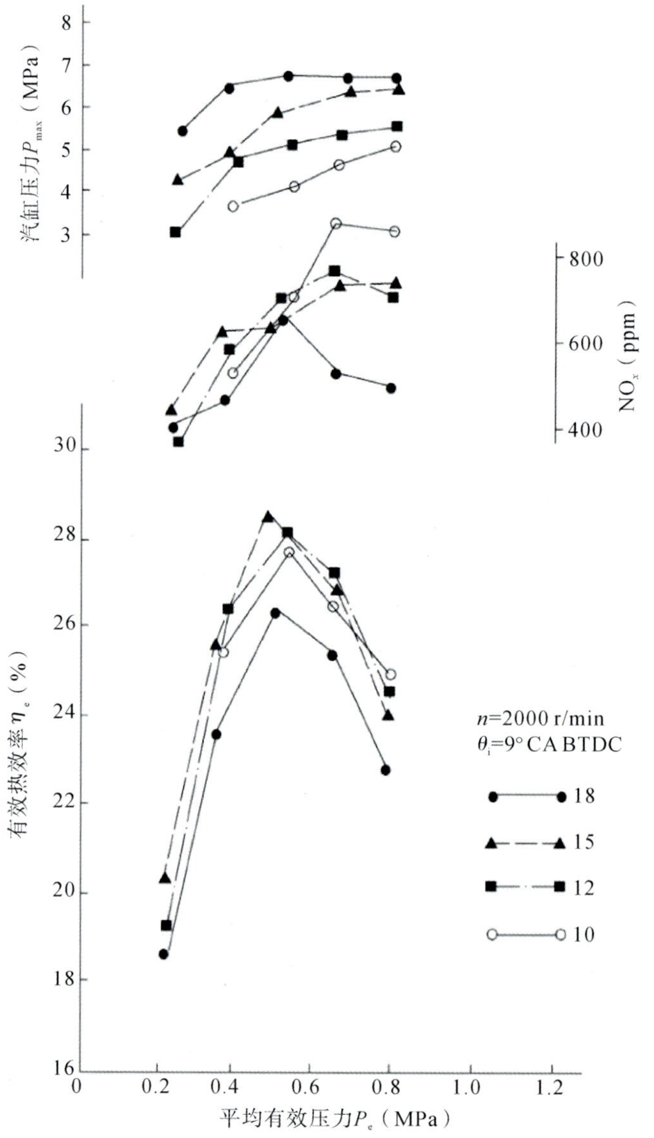

图 19-9　压缩比对氢气发动机性能的影响

(四) 喷氢器的喷孔数对氢气发动机性能的影响

当改变喷氢器的喷孔数时，氢气发动机的性能有较大的变化。压缩比 $\varepsilon=12$，当喷孔数为 8 时，氢气发动机的有效热效率η_e最佳，排气温度T_r也最低，当增加喷孔数和减小喷孔数时均使发动机性能恶化，这也说明喷入燃烧室的氢束应和燃烧室形状、燃烧室气流运动相匹配，才能使发动机性能最佳。图 19-10 给出了对比试验结果。

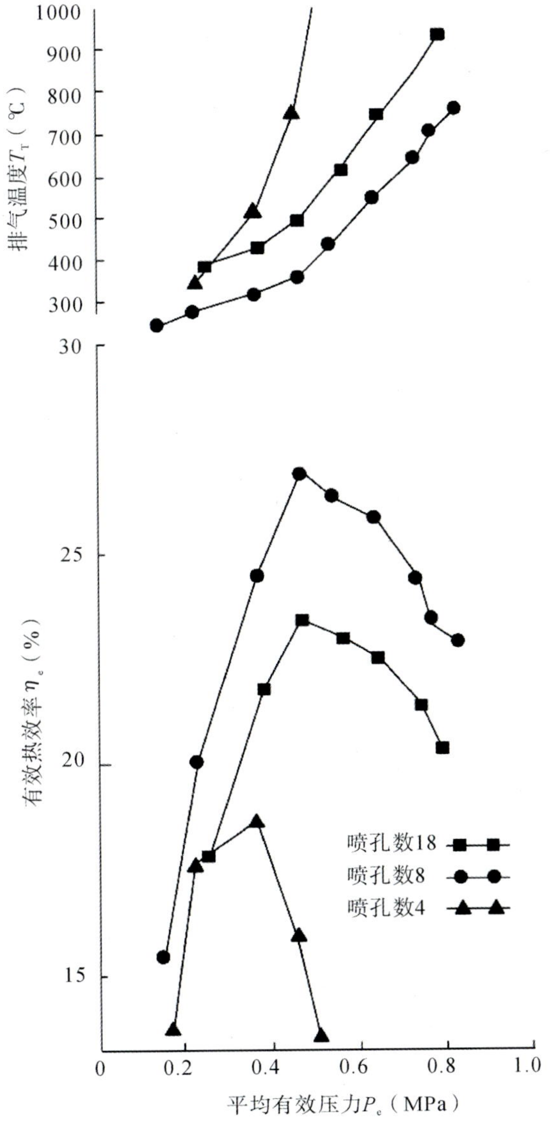

图 19-10　喷孔数对氢气发动机性能的影响

(五) 喷射压力对氢气发动机性能的影响

增加喷射压力促进了氢空气混合气的形成和燃烧，在一定程度上可以改善发动机的动力性和经济性。图 19-11 给出了当喷射压力从 6.0 MPa 增加到 8.5 MPa 时，放热率$\frac{dQ}{d\theta}$增加。但应注意到，当喷射压力太高时，使气缸压力和压力升高率均增加，从而导致发动机工作粗暴和可靠性降低。

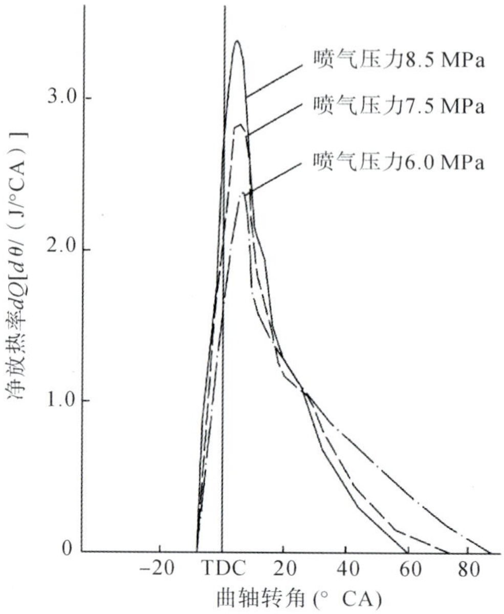

图 19-11　喷射压力对氢气发动机性能的影响

（六）喷氢正时对氢气发动机性能的影响

图 19-12 给出了发动机转速 $n=2000$r/min，压缩比 $\varepsilon=12$，喷氢提前角分别为上止点前 13 ℃A，9 ℃A和 4℃A 时的有效热效率η_e值和 NO_x 排放量。

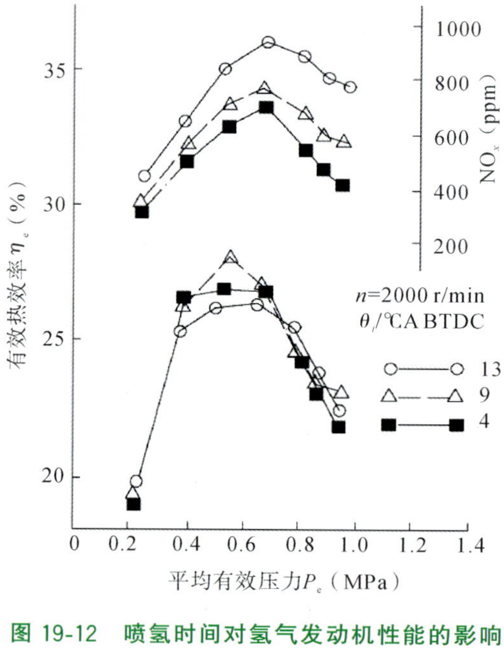

图 19-12　喷氢时间对氢气发动机性能的影响

图 19-12 给出 NO_x 排放量随θ_i的推迟而减小，$\theta_i=9$ ℃A 的 NO_x 排放量接近于$\theta_i=4$ ℃A 的 NO_x 排放量；而当$\theta_i=9$ ℃A 时，η_e值最高。因此，喷氢提前角为上止点前 9 ℃A 较为合适。还进行了在其他压缩比下的试验，发现情形基本一致。从图中也可发现，这种混合气形成方式比外部混合气形成方式以及在压缩过程早期缸内喷射方式两种情况下的氢气发动机的 NO_x 排放量要低。

（七）发动机转速和混合气浓度对氢气发动机性能的影响

图 19-13 给出了压缩比 $\varepsilon=12$，发动机转速和混合气浓度变化时氢气发动机的综合特性（点火正时，$\theta_s=9$ ℃A）。当转速 n 从 2000r/min 变化到 4000r/min 时，氢气发动机的性能下降。这可能是由于转速增加后，混合气形成时间缩短，并且热表面点燃的油束到相邻油束的火焰传播所占曲轴转角增加使后燃增加所致。当混合气浓度 $\alpha=2.0$ 附近时，有效热效率η_e值最高。混合气过稀和过浓使氢气发动机或是火焰传播速度下降，后燃增加或是燃烧不完全，均使η_e降低。

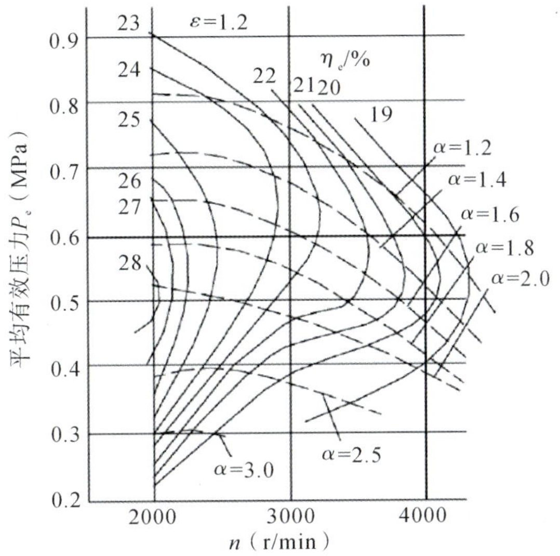

图 19-13　浓度和转速对氢气发动机性能的影响

（八）点火方式对氢气发动机性能的影响

采用热表面点火方式点火可靠，但是点火电能消耗多，并且存在预点火可能性，从而使发动机发生早燃。而采用火花点火方式不仅可以减少点火能量的消耗，提高点火部件的耐久性，而且与热表面点火方式相比，有效减少早燃发生的概率。

（九）点火正时和喷射正时的关系对氢气发动机性能的影响

进行了点火时间和喷氢时间的优化关系分析。图 19-14 为用纹影法得到 $n=2000$r/min，50％负荷下氢喷束火花点火的延迟时间和喷射时刻的关系。在图 19-14（1）中，分别示出点火电压曲线、喷氢阀的升程曲线和气缸压力曲线。r_1为从喷氢阀开始上升（开始喷射）到开始着火的时间，此后火焰在氢束内传播并传播到相邻的氢束。r_2 表示从喷氢阀开始，上升到缸内压力迅速上升的时间（缸内压力上升意味着火焰传播到相邻的喷束，即多个喷束开始着火）。当氢喷射开始时刻 A 固定在上止点前 14 ℃A，点火正时θ_s改变时，τ_1和τ_2 随之改变，如图 19-14（2）所示。当点火提前角θ_s小于θ_c时，即点火较晚时，由于缸内温度高，燃烧由两个阶段变为一个阶段（$\tau_1=\tau_2$），这就意味着氢束之间相互混合以致于出现连续的火焰传播。但此时点火时刻落后于喷射时刻较多，将导致气缸内压力急剧增加，压力升高，从而发动机爆燃，使压力波动。

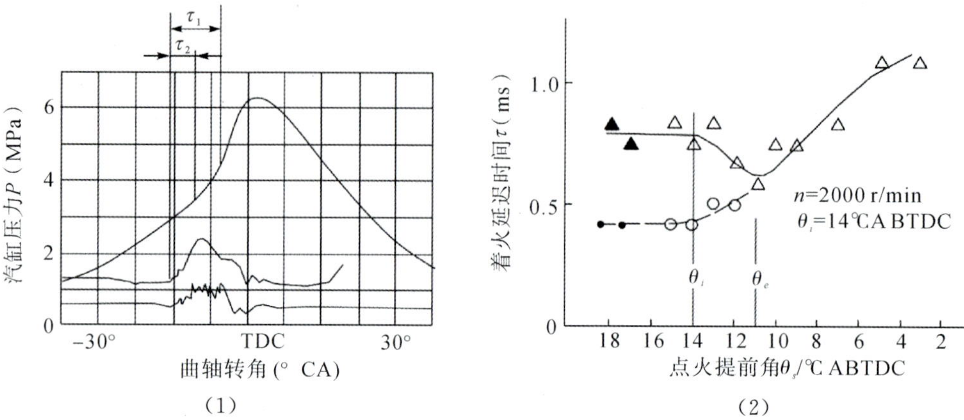

图 19-14　氢喷束火花点火的点火延迟

（1）气缸压力；（2）着火延迟时间

图 19-15 分别给出了喷氢时刻和点火时刻相同［图 19-15（1）］及点火时刻落后于喷射时刻 3 ℃A［图 19-15（2）］的缸内压力图。如图 19-15（1）所示，当$\theta_s=\theta_i=6$ ℃A 时，压力曲线平坦光滑，燃烧稳定，各个循环压力波动小。而当点火正时θ_s偏离喷射正时 3 ℃A 时（$\theta_s=6$ ℃A），燃烧初期压力急剧升高，产生强烈的压力波动，并伴有失火现象，如图 19-15（2）所示。因此，为了获得良好的发动机性能，应优化控制喷氢正时和点火正时，使点火正时尽量靠近喷氢正时。

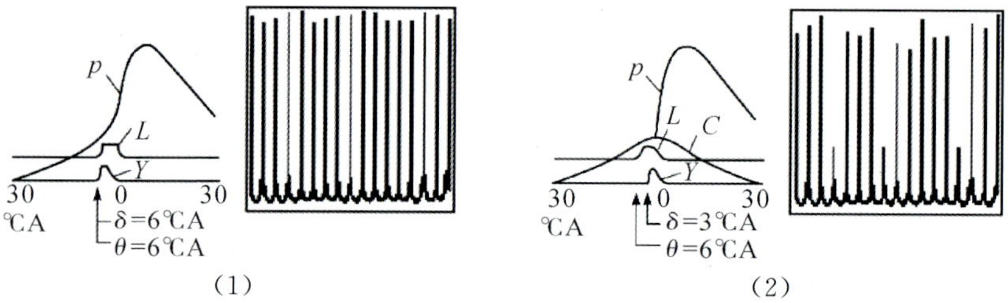

C—纯压缩压力；Y—点火信号；P—燃烧压力；L—针阀升程

图 19-15　点火正时和喷氢正时之间的关系对氢气发动机性能的影响

（1）点火时刻与喷氢时刻相同；（2）点火时刻落后喷氢时刻 3 ℃A

虽然图 19-15 反映的点火正时与喷射正时之间的定量关系未必具有普遍意义。但其反映的点火正时与喷射正时之间的关系对氢气发动机的燃烧和性能有显著影响应该是具有普遍意义的。它也给我们如下启迪：根据发动机工况优化控制点火正时、喷射正时与喷氢量，是影响氢气发动机燃烧与改善发动机性能的有效途径。

Furuhama 还在二行程汽油机进行使用冷氢（低于常温的氢气）的研究。下面介绍其在一台缸径×行程(DXS)＝76mm×80mm，排量为 1.1 升（L）的三缸回流扫气二行程发动机上的研究情况。该机的燃烧室呈深盆型，深盆型倒置于气缸盖上且沿气缸中心线对称布置，发动机加装了冷氢供应系统。冷氢供应系统由液态氢泵、热交换器、双层隔热管道及供氢阀门等组成。液态氢泵将油箱中的液氢经过热交换器及双层隔热管道送到缸盖上的专门供氢的阀门处。氢气供应量可以通过调整供氢阀门的升程来进行控制。为了使体积较大的（密度很小）的喷入氢气与密度差很大的空气在燃烧室中均匀混合，对安装在供氢阀门下面缸盖平面上的多孔喷头进行了喷孔数与喷射角度试验研究。结果表明，当孔数大于 14，并且喷入的氢气流不撞到缸壁上，即喷入的氢气流如淋浴的水柱均匀射入空气中时的热效率最佳。该二行程发动机改用冷态氢气后，压缩比由 8∶1提高到 9∶1，采用热值较大的火花塞。对入缸的氢气温度在－80～40 ℃的范围进行了试验。压力为 1.0～1.5 MPa、温度为－50～－30 ℃状态下的冷氢气在排气口关闭后，即压缩行程上止点前 90℃到上止点前 25 ℃的区间内，喷入燃烧室内。该实验结果表明，当氢气温度为－40～－20℃时，热效率最高，比原汽油机热效率可以提高 30％，最大功率可以提高 15％～25％，而且可以完全避免氢气的早燃现象。古滨庄一还在其他较小的二行程机上进行试验，结果表明，不用喷头，氢气直接由阀门与阀座之间的缝隙射入燃烧室中，也可以取得良好的效果。他的研究表明采取液氢或冷氢喷射可以有效克服常温气态氢供氢存在的功率下降、早燃、回火性异常燃烧等难以解决的问题。

第二节　氢气发动机的异常燃烧

氢气发动机与石油燃料内燃机具有不同的燃烧特征，例如，氢气发动机具有能在稀薄混合气下经济运转，废气中仅有 NO_x一种有害排放物等优点。但是如果要提高发动机的功率，必然导致需要加浓混合气。若其工作过程组织不当则易出现异常燃烧，这不仅使发动机性能急剧下降，甚至可能导致发动机无法正常工作，熄火停止运转。因此，氢气发动机的异常燃烧与提高氢气发动机功率之间的矛盾成为制约氢气发动机技术进步的最大障碍，对异常燃烧的研究是解决这一矛盾的基础。消除异常燃烧是推进氢气发动机技术进步的关键之一。与一般机械系统的故障诊断的研究不同，发动机的高温高压且变化迅速的燃烧过程的复杂性，使得发动机异常燃烧研究较为复杂。氢气火焰传播速度极快和着火范围宽广的特点使得氢气发动机早燃问题更容易出现，并且与发动机回火互相转换，使得氢气发动机异常燃烧更具有瞬间突发性，也更为复杂。本节给出了氢气发动机的异常燃烧的分类和基本概念、氢气发动机的异常燃烧机理、氢气发动机的异常燃烧之间的关系。

一、氢气发动机异常燃烧的基本概念

（一）氢气发动机异常燃烧的分类

氢气发动机的异常燃烧主要有以下四类：

（1）在发动机正常点火之前的早燃现象；

（2）进气管回火现象；

（3）燃烧循环变动现象；

（4）燃烧初期压力升高率过高现象。

（二）氢气发动机异常燃烧的基本概念

1. 早燃现象

早燃现象是指在火花塞正常点火之前，氢一空气混合气被一些缸内炽热点点燃而开始燃烧的一种不正常燃烧现象。炽热点可能是过热的火花塞电极、高温的排气门、附在燃烧室壁面过热的沉积物（例如机油高温分解的碳粒、杂质的过热沉积物等）、燃烧室中的尖角等。

2. 进气管回火现象

进气管回火现象是指在进气过程中，进气阀尚未关闭前，发动机气缸内火焰窜到进气管内的一种不正常燃烧现象。如果氢一空气混合气在火花塞点燃前被炽热点引燃而发生早燃，而若此时进气门尚未关闭，则火焰会传播到进气管内的氢一空气混合气中。再如，进排气阀重叠开启时，排气管的高温废气或排气阀（座）附近炽热点也可能会引燃进气管内的氢一空气混合气。

3. 燃烧循环变动现象

燃烧循环变动现象是指氢气发动机在工作过程中，发动机工况不变时上一循环和下一循环燃烧过程的进行情况不断变化，其具体表现在压力曲线火焰传播情况以及发动机功率输出均不相同。例如，发动机的最高燃烧压力随燃烧循环变化而变动。由于即使发动机工况不变，任何发动机的最高燃烧压力随燃烧循环变化不可能绝对保持不变，这里所指的燃烧循环变动是指随燃烧循环变化最高燃烧压力变动较大的现象。

与汽油等燃料相比，氢一空气混合气可以在更低的可燃混合气浓度下燃烧，这将有利于氢气发动机利用稀薄燃烧方式提高燃料经济性和排放性，但使用稀混合气会导致氨燃料发动机出现明显的燃烧循环变动。

4. 燃烧初期压力升高率过高与爆燃现象

燃烧压力升高率过高现象是指燃烧初期的燃烧压力升高率过高现象。燃烧压力升高率过高一般发生在氢气发动机以外部混合气形成方式运行且混合气较浓情形下，由于外部混合气形成方式的氢气发动机混合气形成时间较长，属于预混火焰的混合气形成和燃烧。在着火之前，形成了大量的预混合气，从而在燃烧初期大量的混合气同时燃烧，加之氢一空气混合气火焰传播速度很高，从而导致燃烧初期的燃烧压力升高率过高。

由于氢一空气混合气要求的点火能量小，容易被点燃，在混合气加浓到一定程度时也容易在正常火焰未到达之前被缸内炽热点点燃而发生爆燃。

二、氢气发动机的异常燃烧机理

（一）氢气发动机早燃现象

早燃一般发生在以外部混合气形成方式的氢气发动机上。这种混合气形成方式的氢气发动机，混合气形成始于氢气喷射到进气管，混合时间相对较长，在压缩行程混合气形成继续向均匀化发展，逐渐形成均匀的所谓预混合气。氢一空气混合气的早燃也有着火温度和着火浓度极限。氢气的自燃温度高，这使得其适合于点燃式内燃机。然而它的点火能量远小于其他可燃气体，点火时几乎没有滞燃期；而且氢一空气混合气的着火界限远比其他可燃气体要宽，这些性质使得氢气发动机易于被点燃。例如，如果缸内炽热点的温度在正常点火之前就达到氢空气混合气所需的点燃温度时就很容易发生早燃。

氢气发动机的运行工况很容易使缸内炽热点的温度达到点燃氢一空气混合气所需的温度。例如，氢气发动机在高速高负荷运行一段时间后，缸内温度不断升高，就会使火花塞电极或排气门等形成炽热点，点燃缸内混合气引起早燃（这在高压缩比的发动机尤甚）。混合气在进气、压缩行程中一直受到高温的缸体和燃烧室的传热和挤压，混合气平均温度不断升高。炽热表面点燃时，其炽热表面面积比火花塞点火区大，当被点燃后点燃的区域也比较大，一经着火，火焰的传播速度很高，压力急剧升高，导致压力升高率较高。这使得压缩行程末期的负功增加，功率下降，有效热效率降低。早燃使得向气缸壁的传热增加，使发动机过热，进一步促使炽热点的温度升高从而造成了早燃不断提前的有利条件。如此，不断提前的早燃还可以引发回火严重时使发动机熄火。除了氢一空气混合气要求极低的点火能量、宽阔的着火界限以外，氢火焰传播的高速性和较小的淬熄距离也使得氢气发动机的早燃比其他燃料发动机的早燃特征更为明显。

与其他燃料和氢气发动机的正常燃烧相同，氢一空气混合气的早燃的本质同自燃过程没有区别，都具有依靠热反应和（或）链锁反应推动的自身加热和自动催化的特征，需要外部能量的初始激发。氢一空气混合气的早燃也分为两个阶段：着火阶段和燃烧阶段。着火是燃烧的准备阶段，可燃混合物着火方式有自燃着火（链锁自燃、热自燃）与强迫着火（点燃着火）。当然，氢气发动机的早燃是强迫着火引起的，炽热表面向局部地区的可燃混合物输送热量，使之提高温度和增加活化分子的数量，迫使局部地区的可燃混合物受到强烈加热而完成着火过程，这时火焰就会在靠近炽热表面处被引发，着火后，其余混合气受到高温火焰的依次辐射和传热，造成有利于火焰传播的有利条件。火焰然后以一定的速度向其他区域扩展，而达到燃烧阶段，并依靠燃烧波传播到整个可燃混合物中，导致全部可燃混合物的燃烧。早燃与氢空气混合物的浓度、缸内气流运动、缸内温度、缸内压力、炽热点温度等因素有关，情况相当复杂。但早燃发生时，缸内压力提前上升，且压力升高率提前升高是最一般的现象。

在一台改装的、缸径×行程为 85 mm×85 mm、排量为 482cm^3 的 Katsura K5A 型单缸四行程氢气发动机上进行的实验，得出了正常燃烧和发生早燃时缸内燃烧压力随曲轴转角的变化的对比结果。该机采取进气管喷氢的外部混合气形成方式。实验时氢气发动机转速为 1700 r/min，点火提前角为 34 ℃A，正常燃烧曲线对应的过量空气系数为 1.8；当过量空气系数为 1.26 时发生早燃。图 19-16 示出了对比结果。图 19-17 示出正常燃烧和早燃气缸压力升高率曲线的对比结果。

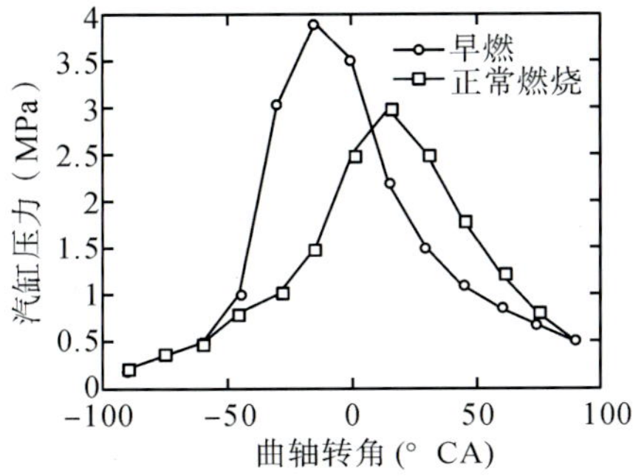

图 19-16 正常燃烧和早燃气缸压力曲线对比

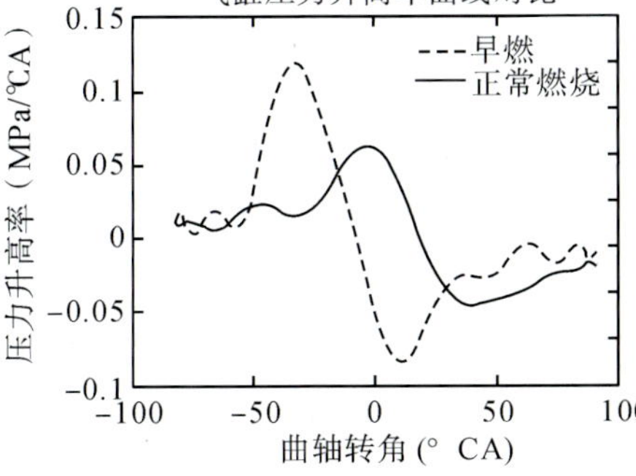

图 19-17 正常燃烧和早燃气缸压力曲线对比

如图 19-16 所示，早燃时气缸压力曲线相位比正常燃烧时提前，这是很显然的，由于早燃导致提前燃烧，必然使最大燃烧压力对应的曲轴转角提前。由图也可见，早燃发生时，最大燃烧压力比正常燃烧时最大燃烧压力高。注意到早燃的示功图是在过量空气系数为 1.26 时获得的，而正常燃烧示功图是在过量空气系数为 1.8 时获得的。因此，不难理解，早燃对应的最大燃烧压力上升是由于混合气加浓。至于早燃发生时，其最大燃烧压力是否均比正常燃烧时高，还难以一概而论，应该视早燃情况而定。一般而言，随着早燃提前，由于燃烧初期燃烧室容积增加，缸内最高燃烧压力将不断下降。

早燃发生时气缸压力曲线相位比正常燃烧时提前，在点火提前角之前的曲轴转角变化范围内，早燃的燃烧压力值大于相同曲轴转角下的正常燃烧的燃烧压力值。这为诊断早燃性异常燃烧的方法提供了特征鉴别参数。

图 19-17 表明，早燃时气缸压力升高率（从着火后到燃烧压力值最大时的平均压力升高率）曲线相位比正常燃烧时提前，且最大燃烧压力升高率比正常燃烧高，早燃对应的最大燃烧压力上升同样是由于混合气加浓。至于所有早燃发生时，其最大燃烧压力升高率是否均比正常燃烧时高，还难以一概而论。但是以下两点推论应该是合理的：一是早燃发生时燃烧压力升高率曲线相位比正常燃烧时提前；二是早燃发生时在点火提前角之前的曲轴转角变化范围内，早燃的燃烧压力升高率值大于相同曲轴转角下的正常燃烧的压力升高率值。这同样为诊断早燃性异常燃烧的方法提供了特征鉴别参数。

（二）氢气发动机的回火现象

氢气发动机的回火在外部混合气形成方式的氢气发动机上更容易发生，在较高混合气浓度（高负荷）和较高混合气浓度（低负荷）的工况下都可能发生，但在较高混合气浓度下更容易发生。其原因是：一方面，在高负荷下，混合气燃烧放出的热量多，燃烧持续期延长，导致缸内温度水平和排温升高，甚至部分混合气在燃烧过程未完全燃烧。在进气阀开启后，气缸内残余废气仍保持较高的温度，从而使氢气在进气行程中被高温的残余废气所点燃而产生回火。另一方面，过浓的可燃混合气容易发生早燃，早燃使发动机过热，进一步促使炽热点的温度升高，使早燃不断提前。如此，不断提前的早燃在进气门未关闭时点燃混合气而引起回火。至于在较低混合气浓度工况下也可能发生回火，可能是由于可燃混合气过稀时，会导致燃烧速度过慢，混合气的燃烧就会延续到排气中了，在进气门打开时，还在燃烧的混合气就很容易将进气管内的混合气引燃。此外，过稀的可燃混合气也会造成相对多的残余废气。在这种稀混合气下不仅火焰传播速度很低，燃烧滞后，排气温度高，燃烧过程从排气行程持续到进气行程，而且残余废气中的氧气含量高，再加之氢一空气混合气很小的点火能量和宽广的着火界限，使得当进气门开启时，尚未结束的燃烧火焰就很容易点燃进气管中的可燃混合气，引起回火。还有其他原因也会导致氢气发动机的回火，例如，不合理的配气相位等。当发动机进气和排气相位滞后，在低速时，由于发动机进、排气时间相对充裕，所以没有异常燃烧发生。高速时，流动阻力迅速增加，并且进、排气门开启相对滞后，开启时间减少，使得进气量严重不足造成燃烧速度下降，并且不能及时排气，造成发动机在下一个工作循环进气门开启时，气缸内未及时排出的废气从进气门倒流进入进气歧管，将其内的可燃混合气点燃，产生高速回火现象。

一般而言，过稀的氢一空气混合气的回火能量比浓混合气工作时小得多，但也会造成氢气发动机工作不稳定。这种情况的回火，通过加浓混合气后，发动机一般可以恢复到稳定运转。当氢气发动机以浓混合气工作时，燃烧速度快，进气管内混合气能量大，回火近似轻微爆炸，并发出强烈的类似放炮的爆炸性噪声。氢气发动机轻微的回火使进气管内温度和压力升高，导致进入气缸的新鲜充量下降，从而使氢气发动机工作不正常，功率下降，经济性变坏。严重的回火致使进气管内温度和压力过高，导致新鲜充量无法进入气缸，氢气发动机失火严重的回火有时甚至会破坏供氢系统，并损坏发动机，造成严重的事故。回火与很多因素有关，除了与混合气形成方式、氢一空气混合气浓度有关外，还与喷氢正时、喷氢量、点火正时、配气相位等因素有关。在一台直列三缸四行程汽油机改装的进气管喷射式氢气发动机进行了改变喷氢正时和点火正时对回火现象的研究。实验时发动机转速为2000 r/min，采用高压氢气瓶（约 14.7 MPa）供给氢气，氢气经两级减压，压力降到 0.11 MPa 后喷入进气管，过量空气系数 α=1.5，点火提前角为上止点前 25°，改变喷氢始点研究回火频率。图 19-18 示出试验结果。

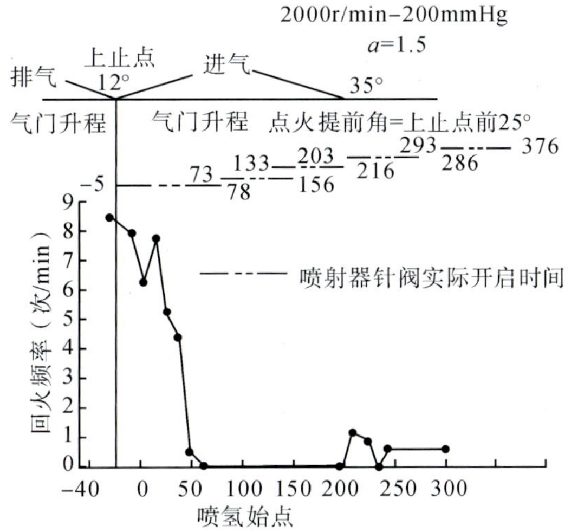

图 19-18　喷氢始点与回火频率的关系

试验指出：当喷氢始点为进气行程上止点后 5°左右时，回火频率很高，30°以后，回火频率迅速减小。在上止点后 73°到上止点后 203°的范围内，没有发生回火，这是不发生回火的安全范围。超过 203°以后，回火偶有发生。原因可能是在进气门刚刚开启之后就喷氢，此时氢气比空气先进入气缸内，所以瞬间空燃比变低，而且高温残留气体多，气缸壁温高，所以容易发生回火。当喷氢始点后移，空气首先流入使进气管和气缸冷却，喷入的氢气和空气一起很快进入气缸，有效地抑制了回火。在进气门关闭后喷氢，氢气残留在进气管里并扩散，进气门打开后瞬间，在进气管里混合气太浓，不利于回火，随后氢气很快进入气缸，随着大量的空气进入，进气管氢气浓度迅速下降，虽有可能混合气浓度适中，造成有利于回火的浓度条件，但大量的空气进入也冷却了进气管和气缸，造成不利于回火的温度条件，所以回火频率很小。当然，如果浓度和温度条件适当，也会偶然发生回火。该试验表明喷氢始点要选在进气门开启的一定时间后，并且喷氢应该在进气门关闭前结束。当然，如果在更高负荷及转速下，实现起来有很大难度。该试验更一般的意义在于说明喷氢正时和喷氢量对回火有很大影响，我们可以通过优化喷氢正时来抑制回火。

图 19-19 示出这台直列三缸四行程汽油机点火提前角和回火的关系的实验结果。实验时发动机转速为 3000r/min，过量空气系数 α=1.2，喷氢始点固定在进气行程上止点后 22 ℃A；点火提前角在压缩行程上止点前 20℃A 到上止点后 5 ℃A 之间调整。由图可见，点火提前角不同，发生回火的时间及其大小也不同。如果点火正时在上止点之后，喷氢后就会发生回火，不过回火程度较小。这是因为点火

过晚，排温升高，缸内壁面过热，残余气体温度高，故混合气一旦进入气缸便会着火，导致向进气管回火。另外，向进气管供给氢气及空气，燃烧则可能逐渐持续进行。若点火正时在上止点以前时，发生回火的情况变化不大，发生回火的时间相近。例如点火正时分别为上止点前5°、10°、15°时，发生回火的时间比点火正时在上止点之后情况约晚90°，回火倾向也减小了。仅在某些部位，例如在排气门及火花塞等温度较高之处，可能发生热表面点火后，引起进气管回火。但是，进气管最高压力约提高3倍。这是由于点火正时较早（早于某个值以后），使缸内壁面温度及残余气体温度较低（低于某个临界值以后），不容易发生回火。残余气体温度已经低于某个临界值以后，在一定范围内再改变点火正时，虽然可能会继续降低残余废气温度，但对回火已经影响不大了。至于发生回火时进气管最高压力上升，是由于此时回火发生的时间较晚，进气管的混合气数量增加所致。

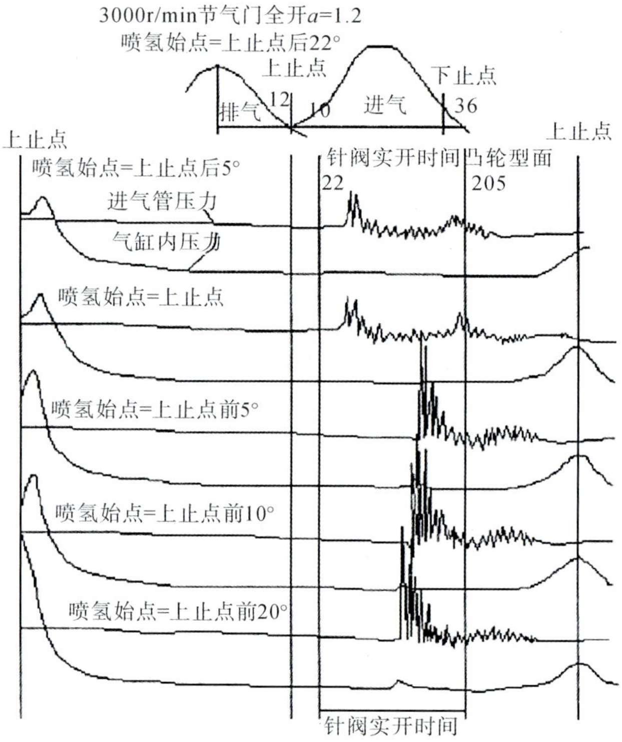

图19-19　点火正时和回火的关系

本实验显示的点火正时和回火的关系也许对不同的发动机会有所不同，但至少表明点火正时和回火关系密切，因此，可以通过优化点火正时来抑制回火。

（三）氢气发动机的燃烧循环变动

燃烧循环变动并非氢气发动机特有的现象，事实上，所有燃料的发动机都不同程度地存在着燃烧循环变动。发动机的循环变动从广义上来说就是发动机稳定运行时各循环间存在着差异，每个循环的压力曲线不同，火焰传播状况不同，总的输出也不同。例如，宏观上表现为气缸内最大燃烧压力、平均指示压力等参数循环间的不同；微观上表现为火焰传播速度、火焰发展期等燃烧特性参数循环间的差别，其中火焰发展期的长短决定了最大燃烧压力的循环变动。长的火焰发展期对应的最大燃烧压力变动量大，短的火焰发展期对应的最大燃烧压力变动量小。其产生的原因不是循环充量的差异，而主要是缸内混合气的湍流特性及空燃比的不均匀分布等，同时与发动机的点火过程以及点火瞬间火花塞附近的混合气浓度有着密切的关系。

许多学者对火花点火发动机燃烧循环变动进行了研究。Heywood 等人在方型活塞发动机上进行了实验，认为决定初始火核形成速度的是火花塞间隙处的层流火焰速度 μ_1 和第一个着火的旋涡尺寸 l_1，μ_1 和 l_1 的变动是造成早期火焰循环变动的主要原因。Pundir 等在研究中发现，混合气当量比和混合气的空间不均匀性与最高爆发压力的循环变动有显著影响，当混合气的浓度在理论空燃比附近时，发动机的循环变动最小。Younis 通过研究不同压缩比下未燃碳氢化物的变化，认为压缩比对混合气的是否完全燃烧有显著影响，并且由此推出压缩比对燃烧相关的循环变动有显著影响。Young 在 1981 年的总结表明通常情况下燃烧的循环变动在点火提前角为最佳点火提前角（maximum braketorque，MBT）时最小。他还提出，对燃烧速度相对缓慢的情况来说，循环内燃烧过程也变长，但是由于气缸容积快速地变化而引起的充气压力的改变也会导致循环变动增加。Nir 等用一台发动机在不同发动机转速及混合气浓度工况条件下进行试验。他们认为，略微地改变混合气浓度会使最高爆压产生很大的波动。Heywood 用两个电极直径分别为 2.7 mm 和 1 mm 的火花塞在试验机上进行了试验，结果显示，使用电极较薄的火花塞时，从火焰核心传递到电极的热量损失相对较少，也降低了循环变动的程度。其他研究者也认为，电极形状对早期火核形成来说非常重要，电极越薄，早期火核形成速度就越快，循环变动也就越小。西安交通大学沈惠贤和陈淑萍等认为，湍流强度的循环变动对于火焰发展初期和主要燃烧期的循环变动都有着最主要的影响，而火花塞点火处的气流平均运动造成火焰中心在燃烧室中移动，它的循环变动仅仅对燃烧中后期的循环变动有所影响，并且这个影响与湍流变动的影响相比是非常小的。他们也认为最高爆发压力的循环变动依赖于火焰发展期和燃烧持续期，其中火焰发展期的影响较大，平均指示压力的循环变动与火焰发展期和燃烧持续期无关。西安交通大学蒋德明提出，影响火花点火发动机燃烧循环变动的因素很多，以下两个因素被认为是最主要的：一是燃烧过程中气缸内气体运动状况的循环变动；二是每循环气缸内的空气、燃料和残余废气之间混合情况变动，造成混合气成分的变动和分布变动（特别是在点火瞬间火花塞附近的）而造成燃烧变动。他解释了如下原因：在没有强烈进气涡流的场合，压缩终点附近气缸内气流的湍流强度值可达到和活塞平均速度能比较的大小，甚至比平均气流速度还大，由于湍流强度也是作循环变动的，因此在压缩终点火花塞附近和整个气缸内的气流场是作循环变动的。火花点火后形成的火焰中心的轨迹以及火焰的起始成长速率均随气流速度的大小和方向改变，同样其后的火焰向整个燃烧室发展的进程，如火焰与壁面的关系，火焰前锋面积的变化以及燃烧率等也将受到气流变化的影响。因此可采用较强的进气涡流，进气涡流的作用在于增加燃烧速率，使火花塞附近的速度脉动相对变小，从而达到减少循环变动的目的。由于发动机高速运行，空气、燃料和残余废气不可能获得充分的混合，在燃烧开始时气缸内必然存在混合气组成上的不均匀，在火花塞电极间隙附近混合气成分的循环变动，会影响早期火焰的发展，特别是影响火焰从层流燃烧阶段到形成稳定火核的过程。

由于氢－空气混合气宽广的着火界限，使得氢气发动机能够在很低的混合气浓度下工作。如此宽广的混合气浓度范围必然会使燃烧循环变动产生差异，虽然氢－空气混合气的火焰传播速度高，但在稀混合气下火焰传播速度下降必然会对燃烧循环变动产生影响。而且，虽然氢的扩散速度快，有利于与空气实现混合，但与汽油或柴油相比，在等能量时，氢气所占的体积大得多，氢气的密度只是空气密度的 1/14.4，古滨庄一认为如此大的密度差距将非常不利于氢气与空气形成优质混合气（类似于水喷入重金属汞中难以扩散)。这使得氢气与空气形成的混合状况变得复杂。这些原因致使氢气发动机的燃烧循环变动现象比其他燃料发动机较为明显，也更为复杂。

关于这一点，尽管不同的研究者基于各自的试验得出了不同的结论，但大多数研究者都认为：点火特性、湍流强度和尺度、火花塞附近的气流运动等是影响循环变动的主要因素。而且，循环变动在燃烧早期就开始了，火核发展阶段对发动机循环变动的影响最为显著，且火核发展阶段越短，循环变动越小。

一般认为，提高火花塞点火能量有利于点燃稀混合气和减小燃烧过程的循环变动。火花塞间隙越小，电极吸收的能量就越多，这有助于降低循环变动程度。这是由于电极对火源有激冷作用，火花塞跳火后所产生的能量一部分被火花塞电极所吸收，另一部分用来点火。如果间隙过大，所需的击穿电压就高，火花塞的跳火可靠性就差，易发生断火。在其他条件不变的情况下，火花塞中心电极的形状不同，其产生的激冷作用也不同。中心电极直径减小或呈尖端形状可减小激冷作用，由于电极突出量大，会使火花产生位置靠近燃烧室中心容易被点燃。使用电极较薄的火花塞时，从火焰核心传递到电极的热量损失相对较少，早期火核形成速度就较快，循环变动也就越小。火花塞的位置直接影响火焰传播的长短，从而影响火焰面积扩展速率和燃烧速率。通常火花塞的位置尽量布置在靠近燃烧室中心，以尽可能缩短火焰传播距离，减小氢气发动机的循环变动。发动机的点火时刻是燃烧过程的始点，它对气缸内压力的上升速度和变化规律，最高压力大小、出现的时刻，最高温度大小、出现的位置，均有直接影响。因此，氢气发动机的点火时刻直接影响燃烧过程和燃烧循环变动。

火核形成阶段的循环变动是发动机循环变动的主要原因。研究认为，氢气与氧气的反应属于支链反应，在氢和空气的混合物中存在着一些自由的氧、氢原子和氢氧根。这些称为活化中心的原子和根遇到气体的分子时只需要较小的活化能就能发生化学反应，因而它们易于引起化学反应。这些活化中心与分子发生化学反应时，虽然本身消灭了，但反应结果又产生了新的活化中心。一个氢原子生成后，继续反应则生成一个氢氧原子和一个氧原子，而一个氧原子又可产生一个氢氧原子和一个氢原子，一个氢氧根又产生一个氢原子，这表明一个氢原子参加反应后，同时产生三个氢原子，每个氢原子再产生三个，使得氢原子数目剧增，反应速率迅速增大。这种自由原子在反应中数目迅速增殖并不断产生新的链反应的现象叫链的分支。氢燃烧化学反应的速度，除了与温度氧浓度等存在一般的关系以外，还与氢原子的浓度成比例。提高氧浓度与氢原子浓度的比例或提高燃烧温度，均可加快氢的燃烧速度，从而火焰传播速度加快，火焰发展期缩短，氢气发动机燃烧的循环变动减小。此外，着火延迟期越短氢气发动机的循环变动越小。

研究表明，火焰发展初期的循环变动也是发动机循环变动的主要原因。发动机的燃烧过程受湍流火焰速度和层流火焰速度的控制，湍流强度的增加可以加速火焰的传播。在压缩终了附近，由于挤流作用使气缸轴线附近的气体相互剪切，加强了气缸内的湍流强度，从而促进了火核的形成和发展，加速了火焰初期的燃烧和传播。缸内的涡流运动可以保持到火花塞点火以后，燃烧过程中燃烧压力所造成的涡流扰动和破坏可以继续为火焰的快速传播提供湍动能。氢－空气混合气的火焰传播速度随氢浓度变化的曲线呈倒U形，中间最大（即当氢气占混合气的42%左右时，火焰传播速度最大)，由燃烧热平衡条件可知可燃混合气起始温度的提高，将导致反应温度的上升，燃烧反应速率加快，从而使火焰传播速度增大。氢－空气混合气火焰温度对层流火焰传播速度的影响较为复杂，温度不太高时，层流火焰传播速度随火焰温度的增加表现为指数关系。Abdel－Gayed、Bradley 和 AL－Khishal 等人对氢一空气混合气的湍流燃烧速度的测量做了大量工作。结果表明，随着氢浓度的增加，湍流燃烧速度开始增加，大约当氢浓度达到30%～40%时达到最大值，此后由于氢混合气过浓燃烧速度下降。随着湍流强度增加，湍流燃烧速度也增加。当氢浓度在30%附近时，燃烧速度随湍流强度的增长幅度最大。

研究结果也表明，增大点火时刻的湍流强度和湍流长度积分标尺，燃烧速度及火焰传播速度均加快，缩短了火焰发展期，最高燃烧压力增大。随着点火时刻湍流强度的变动增加，火焰传播速度的变动增加，火焰发展期的变动也增加，最高燃烧压力的变动几乎呈线性增加。因此降低点火时刻的湍流强度及湍流长度积分标尺的循环变动，是减小氢气发动机燃烧循环变动的有效途径。

应当指出，在氢气发动机的实际燃烧过程中，火焰传播速率与湍流强度之间的关系并不一定是线性的。湍流强度不高时，火焰传播速率与湍流强度之间呈线性关系；湍流增加到一定强度时，火焰传播速率随湍流强度的增加而呈非线性增加趋势；如果湍流太强，火焰传播速率有可能会随湍流强度的增加而降低。因此在氢气发动机中，组织适当强度的湍流有助于提高火焰传播速率，对燃烧过程有利；但太强的湍流不仅不利于提高火焰传播速率，反而会使传播中的火焰淬熄。发动机的循环变动通过压力曲线、火焰传播状况或总的输出的特征参数的变动来表征。换句话说，发动机的循环变动也就是表征参数的循环变动。与燃烧过程及其外在表现有关的许多参数都可以用来评价循环变动，燃烧循环变动的量化是通过计算特征参数的循环变动系数实现的。一般来说，表征循环变动的参数大体上可分为4类：与压力有关的参数、与燃烧有关的参数、与火焰前峰有关的参数和与排气有关的参数。与压力有关的参数有最大燃烧压力及其出现位置、最大压力升高率及其出现位置、各循环的平均指示压力。与燃烧有关的参数有最大放热率、最大质量燃烧率、着火延迟期、燃烧持续期、燃烧角等。与火焰前峰有关的参数有某一曲轴角时火焰前锋位置、面积及扫过的体积，火焰前锋扫过某一区域所用时间，火核中心在不同时刻的位移等。与排气有关的参数，如排气中各种组分的浓度等。其中，采用燃烧压力测量的方法来研究循环变动是一种方便、经济、有效的方法，在各种机型的燃烧循环变动研究中应用较为普遍。最大燃烧压力易于直接测量且对循环变动很敏感。因此，常用其作为循环变动的表征参数。

根据K5A型单缸四行程氢气发动机测得的气缸压力数据，分别进行了过量空气系数、点火提前角、转速、压缩比等参数对燃烧循环变动影响的分析。选定最大燃烧压力的循环变动系数（COV）来评价氢气发动机的循环变动水平。最大燃烧压力的循环变动系数计算公式如下：

$$COV_{p_{\max}} = \frac{\sigma_{p_{\max}}}{\bar{p}_{\max}} \times 100\%, \tag{19-1}$$

式中：$\sigma_{p_{max}}$为最大燃烧压力的标准偏差；p_{max}为最大燃烧压力的平均值。

即有：

$$\bar{p}_{max} = \frac{1}{n}\sum p_{max}, \tag{19-2}$$

$$\sigma_{p_{\max}} = \sqrt{\frac{1}{n-1}}\ (\sum p_{\max i} - \bar{p}_{\max})^2, \tag{19-3}$$

式中，$p_{\max i}$为第i循环的最大燃烧压力；n为采样循环数。

（四）过量空气系数对循环变动的影响

实验是在转速为1000r/min，压缩比为4.8，点火提前角保持在20 ℃A的条件下进行的。改变过量空气系数，得到循环变动系数随过量空气系数的变化趋势，图 19-20 示出相应结果。实验结果表明：当过量空气系数为 1.8 时，循环变动系数达到最小值，混合气过浓或过稀均会导致循环变动加剧；当过量空气系数大于 1.8 时，混合气浓度变稀，尽管氢气发动机在很大的浓度范围内仍能正常工作。

但是，随着混合气浓度逐渐变稀，化学反应速度相应地减慢，使得燃烧所释放出来的热量逐步减少。而且，残余废气量相对增大，进入气缸的新鲜充量减少，火焰传播速度逐渐下降，燃烧过程变得不稳定。燃烧对点火、缸内气体流动等因素的敏感度增加，循环变动增加。但是，由于氢燃料火焰传播速度快着火界限宽，其变化趋势较为平缓。当过量空气系数小于 1.8 时，火焰传播速度增加很快，压力升高率迅速增加，燃烧压力波动剧烈，并伴随早燃、回火等异常燃烧，使得循环变动系数急剧增大，直到过量空气系数达到 1.0 时，发动机回火导致熄火（如图 19-20 中竖线所示）。

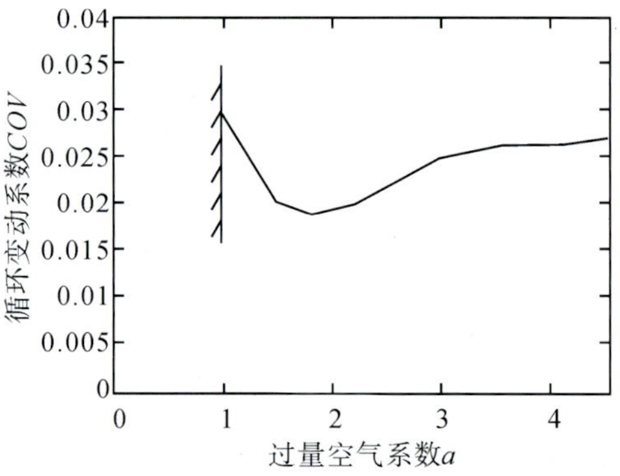

图 19-20　循环变动系数与过量空气系数的关系

（五）点火提前角对循环变动的影响

保持转速为 1000r/min，压缩比为 4.8，过量空气系数为 1.8，研究循环变动系数随点火提前角的变化趋势，图 19-21 示出相应结果。燃烧循环变动系数随着点火提前角的变化存在最小值（比如本实验点火提前角为 20 ℃A 时）。当点火提前角过小（即点火过晚）时，着火延迟期延长，在高温高压下有更为充分的着火先期反应，燃烧反应剧烈，一旦着火，燃烧初期压力波动较大，循环变动系数增大；而点火过晚，大部分燃料在膨胀过程中燃烧，不完全燃烧和后燃严重现象，发动机工作稳定性变坏，也导致燃烧循环变动增加。随着点火提前角逐渐增大，氢一空气混合气被点燃时混合还不够充分，混合状况随循环之间差异增加，燃烧不稳定，缸内压力波动较大。此外，点火过早，压缩负功增加，最高燃烧压力降低，循环之间相对变化明显，使得燃烧循环变动增加。并且，燃烧室内温度过高也会诱发早燃、回火等异常燃烧，循环不确定因素增加，加剧了燃烧循环变动。

（六）转速对循环变动的影响

保持点火提前角为 30 ℃A，过量空气系数为 1.5，压缩比分别为 4.8 和 7.93，改变氢气发动机转速，循环变动系数的变化趋势如图 19-22 所示。由图可以看出，当转速在 1700～2300r/min 时，循环变动系数均较小，曲线变化趋势平缓在这个区域以外，即转速过高或过低均会导致循环变动增加。当转速超过 2300 r/min 时，氢气发动机循环变动系数增大明显。这可能是由于转速增加后，循环时间缩短，混合气形成所占曲轴转角增加，后燃增加，残余废气系数增大燃烧不稳定因素增加所致。转速较低时，循环变动也较大，这是由于随转速下降，缸内气流运动减弱，混合气形成速度减慢，混合气形成不均匀，循环间缸内压力波动较大所致。

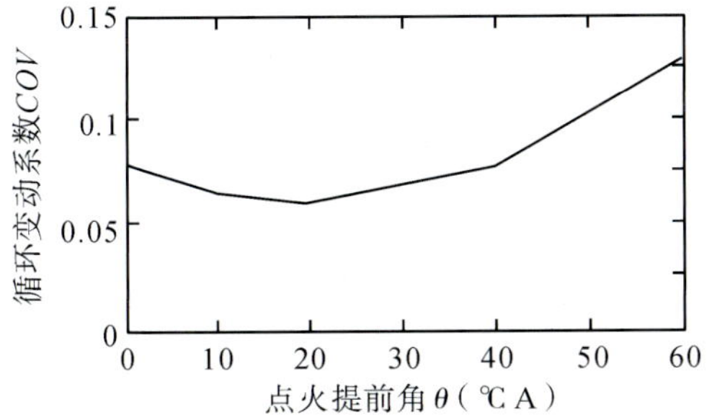

图 19-21　循环变动系数与点火提前角的关系

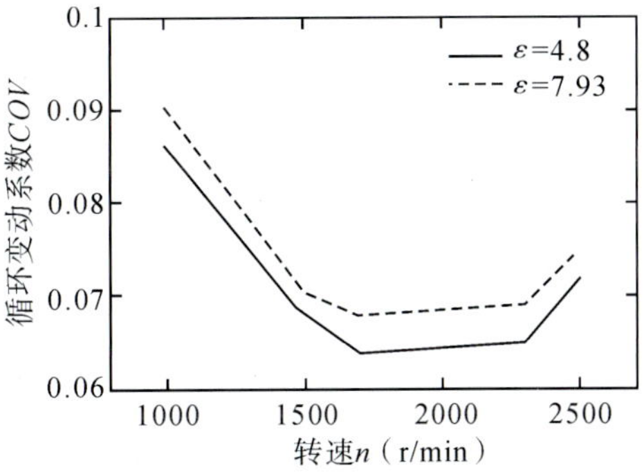

图 19-22　循环变动系数与转速的关系

此外，由图 19-22 也可发现，氢气发动机压缩比为 7.93 时较压缩比为 4.8 的循环变动系数增加。这可能是由于当压缩比提高后，虽然压缩终了的温度和压力得到提高，有利于火焰传播，有利于降低循环变动，但随着压缩比提高，燃烧室容积变小，混合气形成和燃烧不均匀性增加，压力对混合气形成、放热量等变化的敏感性增强。压缩比提高到一定程度后，后者起主导作用，表现为循环变动系数增大。

（七）氢气发动机燃烧初期的压力升高率

采取外部混合气形成方式的氢气发动机，在混合气较浓的情况下，在燃烧初期容易出现燃烧压力升高率过高的问题。这主要是由于采取外部混合气形成方式的氢气发动机的混合气形成和燃烧，属于预混火焰的混合气形成和燃烧。如果混合气浓度适当，在着火以前，形成了大量具有合适浓度的预混合气。在滞燃期内形成的混合气点火后迅速燃烧，加之氢的火焰传播速度相当高，上止点附件燃烧室容积很小，导致燃烧压力急剧增高。过大的压力升高导致燃烧噪声发动机振动增加，影响发动机可靠性。此外，压力升高率过大也会使压力波动增加，同时诱发早燃、回火等异常燃烧。当然，高的压力升高率也是使氢气发动机具有良好动力性与经济性所要求的。

一般而言，压力升高率除和混合气形成方式、混合气浓度有关外，还和压缩比、点火时刻、着火延迟等因素有关。对于内部混合气形成方式的氢气发动机，虽然出现过高的压力升高率和燃烧压力波动的倾向在减小，但在更浓的混合气下也会出现高的压力升高率。

1. 过量空气系数与压力升高率之间的关系

图 19-23 示出了 K5A 型单缸四行程氢气发动机的压力升高率和过量空气系数之间的关系曲线。随着过量空气系数的增大，混合气变稀，压力升高率迅速减小。当过量空气系数大于 3.4 以后，压力升高率下降趋势减缓。反之，当过量空气系数小于 1.2 以后，氢气发动机压力升高率很高，此时氢气发动机极易发生回火甚至导致氢气发动机失火，这限制了氢气发动机的输出功率增加。

2. 点火提前角与压力升高率的关系

图 19-24 表明，点火提前角过小时，上止点以前的压力升高率比较小，缸内压力过小，此时氢气发动机的输出功率下降，且后燃增加，热效率降低。随着点火提前角的增大，压力升高率的增大速度逐渐增大；但是若压力升高率过大时氢气发动机产生缸震，并且导致早燃。另外，过大的压力升高率还会导致过高的工作温度，使得 NO_x 的排放增加，此时应对其加以控制。当点火提前角大于 48 ℃A 时，压力升高率开始减小，且输出功率大大下降，这主要是由于点火过早着火后，燃烧室容积较大，压力升高率下降。

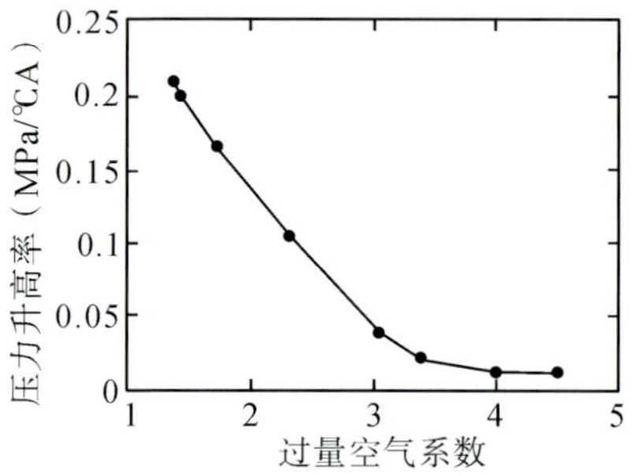

图 19-23　压力升高率和过量空气系数的关系

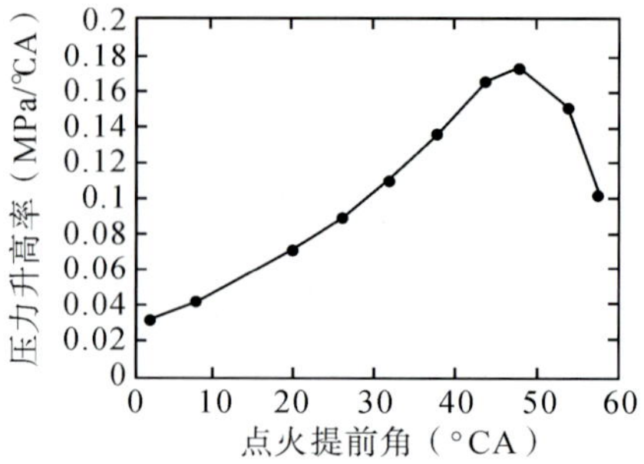

图 19-24　点火提前角对压力升高率的影响

（八）早燃与燃烧反应速率的关系

进气管喷氢的外部混合气形成方式的氢内燃机燃烧属于典型的预混合燃烧方式，氢气发动机缸内压力、温度、压力升高率、温度升高率等参数的变化取决于燃料燃烧，所以，氢燃料的化学反应速度，即燃烧放热速度，与压力、温度、压力升高率、温度升高率等参数密切相关。

氢氧燃烧反应属支链反应，其发展分为链的形成、链的增长和链的终断三个阶段，反应如下：

链的形成（形成活化中心）：

$$H_2+O_2 \rightarrow 2OH\cdot,$$

$$H_2+M^* \rightarrow 2H\cdot+M,$$

$$O_2+O_2 \rightarrow O_3+O\cdot。$$

链的增长：

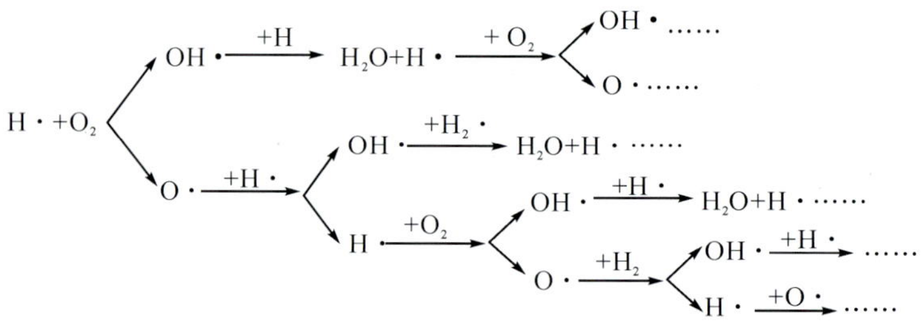

链的终断：

$$H\cdot+H\cdot+M \rightarrow H_2+M^*,$$

$$OH\cdot+H\cdot+M \rightarrow H_2O+M^*。$$

其中，M^* 为活化分子，M 为惰性分子。

氢氧混合气在进气、压缩行程中长期受到高温炽热表面的加热，氢氧分子加速碰撞，链分支所产生的自由基比物系所失去的自由基变化迅速，自由基量将提前呈指数增长，总包反应也将提前加速，引起化学反应速率提前增快，使气缸内压力、温度、压力升高率迅速升高，加之氢的点火能量低，炽热点提早点燃氢氧混合气，便形成早燃。

而氢气发动机工作时，氢燃料与空气的宏观反应为：

$$H_2+\frac{1}{2}O_2 \rightarrow H_2O$$

由 Arrhenius 经验公式可得其氢氧燃烧反应速率为

$$\upsilon=\kappa\times c_H^1\times c_O^{0.5}, \tag{19-4}$$

其中，k 为反应速率常数，与 $c_H^1 \times c_O^{0.5}$ 浓度无关，只取决于发生反应时的温度、燃料的物性参数。燃烧反应速率与反应物浓度的幂成正比，故而燃烧反应速率肯定与过量空气系数有关。燃烧反应速率还与温度、压力等参数有关。

式中，A，B 为反应常数；E 为氢燃料活化能；R=8.314 J/（mol·K）为气体常数；T 为已燃区温度。

$$\upsilon=\kappa\times c_H^1\times c_O^{0.5}=A\times T^B\times exp\left(-\frac{E}{RT}\right)\times c_H^1\times c_O^{0.5},\tag{19-5}$$

从式（19—5）可以直接看出温度对氢气发动机燃烧反应速率的影响：温度升高，反应速度加快。这是容易理解的，由于温度升高，分子运动速度加快，碰撞能量超过活化能的部分增大，反应速度加快。

假定反应物浓度不变，在式（19—5）中，反应速度对曲轴转角求导数可以看出温度升高率对反应速率的影响。

$$\frac{d\upsilon}{d\varphi}=K\times T^{B-1}\times\left[B+\frac{E}{R}T^{-1}\right]\frac{dT}{d\varphi},\tag{19-6}$$

其中，$K=A\times c_H^1\times c_O^{0.5}$。

从式（19—6）可以看出温度升高率与反应速率的变化率是成正比的。这是显然的，当反应物浓度恒定时，温度升高时分子运动加剧，分子间碰撞频率增加，反应速率加快。更主要的是由于温度升高，活化分子百分数增大，有效碰撞的百分数增加，使反应速率大大加快。

又由气体状态方程可知：

$$pV=nRT \text{ 或 } p=cRT,\tag{19-7}$$

$$p_AV=n_ART \text{ 或 } p_A=n_ART,\tag{19-8}$$

$$p_A=x_Ap,\tag{19-9}$$

$$\upsilon=-\frac{d_{c_A}}{dt}=\kappa_2\times c_H^1\times c_O^{0.5}=\kappa_2\times x_H^1\times x_O^{0.5}\times\left(\frac{p}{RT}\right)^n。\tag{19-10}$$

从而

$$\upsilon\propto p^n,\tag{19-11}$$

若以相对浓度计算反应速率

$$\upsilon_r=-\frac{d_{c_H/c}}{dt}=\kappa_nc_H/c=\kappa_nx_H^n\left(\frac{p}{RT}\right)^n/\left(\frac{p}{RT}\right),\tag{19-12}$$

即

$$\upsilon_r\propto p^{n-1},\tag{19-13}$$

从式（19—11）或式（19—13）可以看出压力对反应速率的影响：反应速率与压力呈指数关系，说明压力对反应速率的影响很大。压力对反应速率的影响本质上是空气密度、分子运动自由程大小和碰撞频率多少对反应速率的影响。燃烧室内混合气的密度大小，意味着在一定的容积内参与化学反应的分子总数越多，反应速率越大。

式（19—10）的反应速度对曲轴转角求导数可以研究压力升高率对反应速度的影响。

$$\frac{d\upsilon}{d\varphi}=K\times\left(\frac{p}{RT}\right)^{0.5}\times\frac{1}{RT^2}\left(\frac{dp}{d\varphi}T-\frac{dT}{d\varphi}p\right),\tag{19-14}$$

其中，$K=1.5\times\kappa_2\times x_H^1\times x_O^{0.5}$。

$$\frac{dv}{d\varphi}\propto(n-1)\times p^{n-2}\frac{dp}{d\varphi},\qquad(19-15)$$

从式（19－15）可以看出压力升高率与反应速度的变化率成正比。

经过上述分析，温度、压力、温度升高率、压力升高率均对燃烧反应速率有影响。温度、压力、温度升高率、压力升高率中任一参数增加，均使燃烧反应速率增加。反之，氢气发动机缸内压力和温度变化是燃料燃烧的结果，所以反过来燃料燃烧速率的大小又影响温度、压力、温度升高率、压力升高率的大小。在氢气发动机工作中，当发动机缸内某处（如炽热表面或炽热点）的温度和压力在正常点火前上升到满足氢一空气混合气的点燃条件时，混合气就会被点燃形成早燃。而早燃发生后，使燃料燃烧速率发生变化，这又会对缸内温度、压力、温度升高率、压力升高率产生影响。如果压力、温度、压力升高率和温度升高率的综合影响使燃料燃烧速率增加。活化中心增多而引发链载体的链反应加剧，使早燃不断加剧或提前，造成燃烧失控。一般而言，燃烧反应速率增加，有利于发动机缸内温度、压力、温度升高率、压力升高率增加，早燃趋势增加；反之，氢气发动机温度、压力增加，燃烧反应速率增加。此时，更容易造成炽热表面或炽热点，也更容易使炽热表面或炽热点的温度增加，早燃趋势增加。

（九）氢气发动机状态参数对回火的影响

氢气发动机在浓混合气下发生回火时，燃烧反应速率和火焰传播速度加快会使进气管内温度和压力过高，导致新鲜充量无法进入气缸，氢气发动机失火本节主要研究氢气发动机在浓混合气下发生回火的情况。

边界层速度梯度理论是通过研究管内层流情况下的回火极限，得出回火的临界壁面速度梯度表示法：

$$g_{\sigma}=\frac{\partial u}{\partial r}\bigg|_R=\frac{S_L}{d_c},\qquad(19-16)$$

式中：g 表示回火时的壁面速度梯度；S_L表示此时的火焰传播速度；d_c表示壁面的熄火距离。对于湍流情况，也可以用同样的表示方法，但这时的临界速度梯度比层流时高得多。这是因为层流底层之上的湍流扩散增加了火焰传播速度。层流火焰的回火机理已经被大量的试验所证实，即当边界层的壁面速度梯度 g 低于层流火焰传播速度 S_L与熄火距离的比值为 d_c时，会发生回火。所以 S_L在分析回火过程中是一个非常重要的参数，即 S_L越大，越容易引起回火。

据许越研究，层流燃烧火焰的传播速度为：

$$S_L\approx p^{\frac{n}{2}-1}exp\left(-\frac{E}{2RT}\right),\qquad(19-17)$$

式中：p 为燃烧压力；n 为反应级数；T 为已燃区温度；E 为氢燃料活化能。

$$\frac{dS_L}{d\varphi}\approx p^{-0.25}exp\left(-\frac{E}{2RT}\right)\left(0.25\,p^{-1}\frac{dp}{d\varphi}+\frac{E}{R\,T^2}\frac{dT}{d\varphi}\right),\qquad(19-18)$$

由式（19－17）可知火焰传播速度变化率与压力、温度存在指数关系，与压力升高率、温度升高率成线性关系。温度、温度升高率、压力、压力升高率对其均有影响。如果将 p 看作氢气发动机气缸内压力，则由式（19－18）可知氢气发动机的缸内压力对 S_L的影响较小，火焰温度 T 对 S_L的影响更大一些。如此，回火主要取决于火焰温度 T。

(十) 早燃与回火的关系

在采用外部混合气形成方式下的氢气发动机上可能发生早燃和回火，而且常发生在高压缩比、高负荷（即混合气较浓）和高速工况下。原因如下。

(1) 氢—空气混合气在进气管内开始混合，进入气缸后，由于壁面的温度高于混合气的温度，混合气受到加热。在高压缩比、高负荷的条件下，缸内温度高容易造成某些炽热点（如火花塞、排气阀头部等）。如果壁面的温度或某些炽热表面的温度超过氢—空气混合气的着火温度，则混合气可能在电火花正常点燃以前，被高温炽热点所点燃而形成早燃。早燃发生后，混合气燃烧放热，使得缸内温度、压力、压力升高率迅速升高。显然，早燃时气缸压力曲线相位和最大燃烧压力到来时刻比正常燃烧时提前。这使得：一方面，压缩负功增加，不利于氢气发动机动力性的提高；另一方面，由于燃烧较早，此时与高温燃气直接接触的燃烧室表面积较大，传向气缸壁的热量增加，这进一步使壁面温度升高和加热了炽热点。其结果是使得下一个循环缸内初始温度更高，为更早点燃混合气创造了有利条件。如果氢气发动机没有及时采取措施来抑制早燃，则在下一个循环，由更热的炽热点，更早点燃混合气。在点火提前角前的同一曲轴转角下氢气发动机内的温度、压力、压力升高率值比上一个循环更高，缸壁的散热继续增加，炽热点的温度继续升高。如此，早燃的不断提前，缸内高温炽热点在压缩初期对应的时刻逐步前移。直至早燃提前到进气阀开启时，点燃进气管内的新鲜充量，导致回火发生。

(2) 在高压缩比、高负荷和高速工况下，燃烧持续时间长，燃烧强度高，燃料放出的热量多，排温必然升高，而高速工况则更容易使燃烧拖后，也有助于排温升高。这样在进气阀开启后，残余废气仍保持较高的温度，从而使氢气在进气行程中被高温的残余废气所点燃，产生回火。此外，燃烧初期高的压力升高率容易造成局部炽热点，诱发早燃发生。

图 19-25 示出 K5A 型单缸四行程氢气发动机从早燃到回火的过程，发动机转速为 2100 r/min，压缩比为 7.93，点火提前角为 34 ℃A。改变过量空气系数为 1.7～1.8 时，混合气被缸内炽热表面点燃后发生早燃，随着早燃不断提前，在早燃发生后，氢气发动机的最高燃烧压力不断下降，缸内压缩初期的高温点逐步前移，加之氢气的点火能量很低，此时高温废气或缸内炽热点非常容易点燃在进气门未关闭时的新鲜充量，使回火产生。由于进气管内混合气浓度较高，燃烧速度快，回火加剧。回火近似轻微爆炸，并发出强烈的爆炸性噪声。严重的回火致使进气管内温度和压力过高，导致新鲜充量无法进入气缸，氢气发动机进而失火。

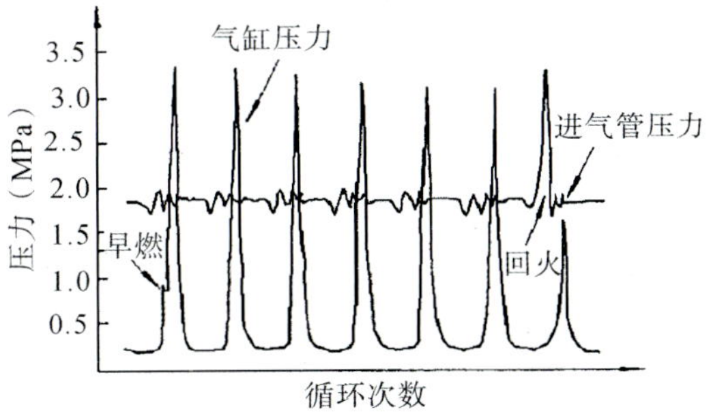

图 19-25　氢气发动机伴随早燃的回火过程的示功图

图 19-26 示出了早燃发生时刻与最高压力的关系，图 19-27 示出了早燃发生时刻与压力升高率之间的关系。由图 19-26 和图 19-27 可见，早燃发生后，氢气发动机的最高燃烧压力逐步下降，而压力升高

率逐步增加。其原因可能是，混合气逐步加浓后，早燃发生。如果再继续加浓或保持混合气浓度不变，随着氢气发动机工作循环的进行，早燃愈来愈提前，早燃现象越来越严重，燃烧始点提前程度也愈来愈大。这就使得：一方面，混合气加浓，放热量增加，对提高最高压力值的贡献增加；但另一方面，着火点前移后燃烧初期大量放热时对应气缸容积较大，会降低最高压力值。两种因素中，后者起主要作用，导致最高压力值逐渐降低。如果在发生早燃后混合气浓度保持不变时，由于此时没有前者的因素，后者的因素导致最高压力值逐渐降低应该更容易理解。至于压力升高率增加主要是由于混合气加浓，当愈来愈接近化学计量混合比时，燃烧速度的增加很快所致。如果在发生早燃后，混合气浓度保持不变的情况下，随着早燃前移，压力升高率也可能有所增加，这可以理解为着火点前移使得缸内开始燃烧时压力降低，即使最高压力值逐渐降低，也会使压力升高率增加。而且，随着早燃不断提前，缸内的高温点也逐步前移至压缩初期，加之氢气的点火能量很低，此时高温废气或缸内炽热点非常容易点燃在进气门未关闭时的进气管内的新鲜充量，回火产生，氢气发动机的最高压力进一步下降。综上所述，压力升高率过大与发生早燃乃至回火有一定相关性。

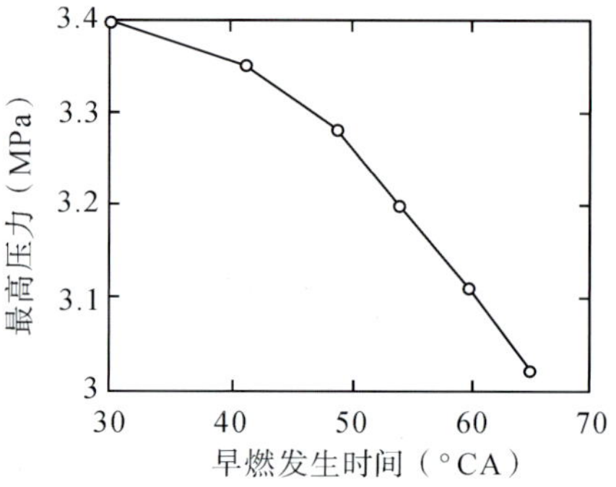

图 19-26　早燃发生时间与最高压力的关系

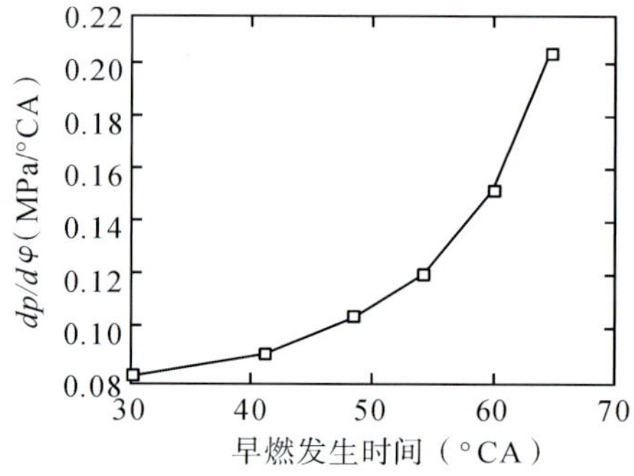

图 19-27　早燃发生时间与压力升高率之间的关系

第三节　氢气发动机异常燃烧的抑制方法

氢气发动机的异常燃烧与石油燃料发动机既有共性，又有个性。氢气发动机早燃、回火、燃烧循环变动等异常燃烧现象产生原因较为复杂，且互相影响。这些异常燃烧不仅影响发动机的性能，甚至使发动机无法正常工作。因此，控制异常燃烧就成为研究和应用氢气发动机需要首先解决的关键问题。在对氢气发动机的研究过程中，研究人员提出了一些解决方案。例如，进气道中引入部分气体形成预混合气或平行进气方案、废气再循环方案、进气歧管喷水方案、采用液氢供氢系统、采用缸内喷射方式供氢方案等，但各有利弊。近年，有些研究者提出优化喷氢正时、点火正时解决异常燃烧问题和改进氢气发动机综合性能的优化控制策略和方法，受到人们关注。本章分析了氢内燃机异常燃烧的抑制方法与常用手段。

一、进气道中引入部分气体形成预混合气或平行进气

在进气道中引入部分气体形成预混合气或平行进气方案可以对进气道中的回火或压力升高率产生

影响。图 19-28 示出了一种平行进气的氢气发动机的进排气系统，燃料和空气并行分离进入气缸，可以减少在进气管形成的氢一空气混合气数量。Lynch 的平行进气氢燃料供应方案虽使回火得到一定控制，但输出功率较低。古滨庄一教授给出了在进气管中附加 H_2、O_2、CO_2 气体对最大压力升高率的影响，如图 19-29 所示。在预混 H_2、CO_2 气体时，随预混气体的增加，最大压力波动和最大压力升高率同步减小。但随预混 O_2 的气体增加，最大压力波动和最大压力升高率均增加，且前者增加更多，这是由于增加氧气含量使燃烧速度增加所至。而在预混 H_2 和 O_2 时，最大压升率对应的曲轴转角随预混量的增加而推迟，在预混 CO_2 的情形下则相反。

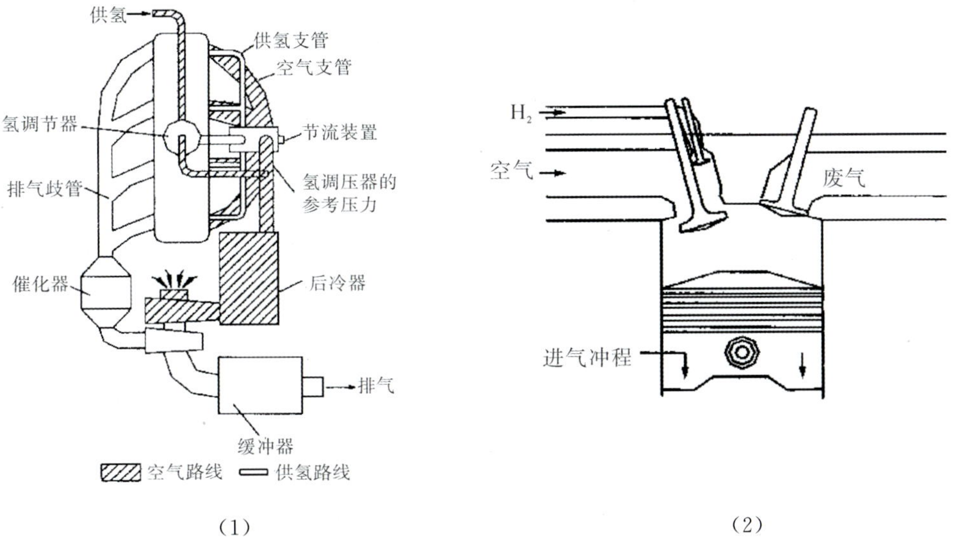

图 19-28 平行进气的氢气发动机的进、排气系统

(1) 进、排气系统；(2) 氢气发动机

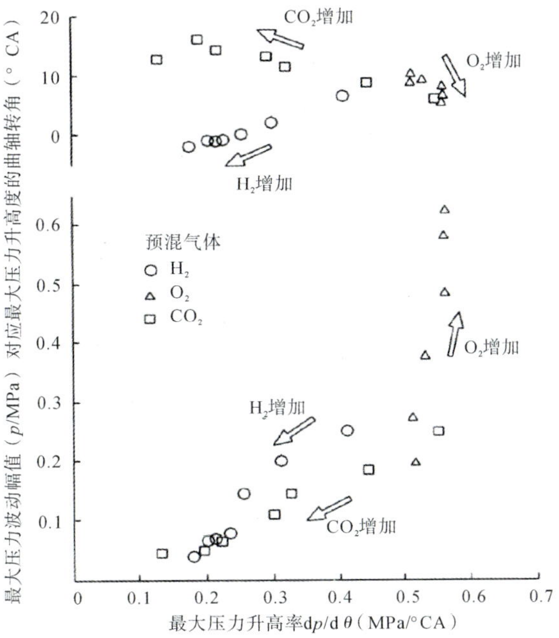

图 19-29 附加预混气和最大压力升高率的关系

二、废气再循环

这种方法是通过降低进气温度和整个循环温度来抑制回火。废气再循环的废气循环率（废气循环量/总进气量）需在25%～30%以上才能有明显效果。图19-30示出了K5A型单缸四行程氢气发动机循环率为0、15%、20%三种情况下的发动机性能。当循环率为20%时，排温才有所下降；循环量小于此值时，对发动机性能影响不大；但循环率在30%以上时，将使热效率和输出功率降低。

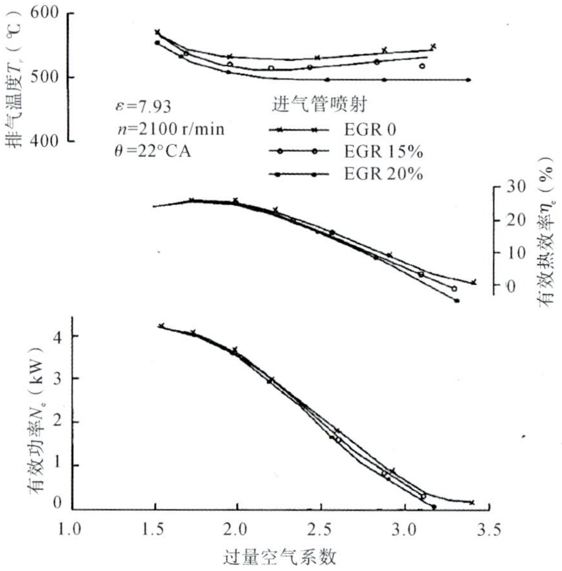

图19-30 废气再循环率对氢气发动机性能的影响

三、进气歧管喷水

进气歧管喷水方案是通过往进气歧管喷入少量水以期降低进气温度和整个循环温度来抑制回火。图19-31示出了一种外部混合气形成方式的进气管喷水的氢气发动机的供气系统。喷水点以接近进气阀处的效果较好。此法的效果是抑制回火效果好，但会造成输出功率下降，且使气缸腐蚀增加。因此，该方案的关键和难点在于抑制回火的同时兼顾发动机的其他性能指标。

下面介绍的优化控制方案既能抑制早燃与回火，又兼顾了发动机的动力性和经济性。该方案的特点是根据发动机的运转工况，采取将点火提前角（或喷氢提前角，下面仅以点火提前角为例说明）的调整与进气管喷水相结合，将点火提前角的调整和进气管喷水的数量与早燃、回火相关联，将抑制早燃、回火与兼顾氢气发动机动力性和经济性统筹考虑。当氢气发动机工作在中小负荷工况时发生早燃的倾向小，即使发生也较为轻微，完全可以通过推迟点火的方法进行抑制。如此，对发动机的动力性不会产生太大影响。随着氢气发动机的负荷增加，混合气浓度逐步增加，氢气发动机发生早燃及回火的倾向随之增加，程度也相应严重。此时，单纯通过推迟点火已经难以有效抑制早燃与消除回火，且如果大幅度推迟点火，也将使发动机动力性与经济性下降较多。因此，采用进气管喷水与推迟点火相结合的方法来抑制回火。以下给出具体的优化控制技术方案。

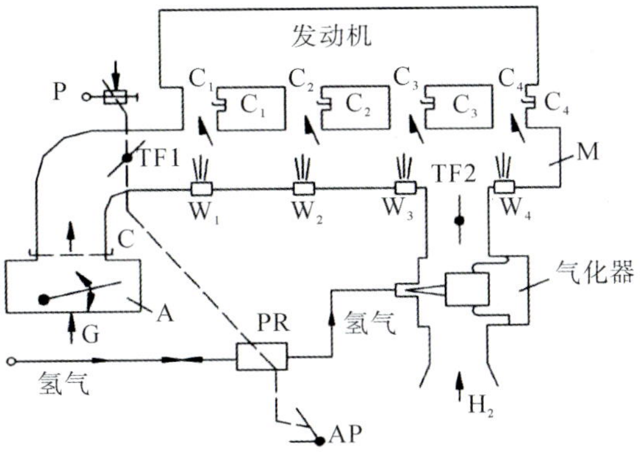

图 19-31　进气管喷水的氢气发动机的供气系统

（一）中小负荷工况下抑制回火的优化控制技术

氢气发动机在中小负荷工况下发生早燃，早燃的程度较轻，在早燃没有转化为回火之前必须对早燃进行抑制，从而避免回火的发生。为了能够清晰地表达早燃与点火正时之间的关系，首先引入了早燃强度和早燃抑制度概念。早燃强度定义为在某一工况下发生早燃的大小。如果发生早燃，气缸内的压力将在未发生点火之前不正常升高。用安装在气缸内的压力传感器来测量气缸内压力上升的大小，即可以得出早燃强度。令早燃强度的表征函数为 φ_1（y），其中 y 表示压力强度。早燃抑制度定义为能够抑制早燃强度的能力，早燃抑制度随早燃强度的变化而变化，早燃强度越小，早燃抑制度越小；早燃强度越大，早燃抑制度也大。令早燃抑制度的表征函数 φ_1（x）$=k_1 \cdot \psi_1$（y），其中，k_1取 1.1～1.2（k 值的定义是为了能够完全抑制早燃，早燃抑制度必须稍大于早燃强度的值）。有了以上定义，就能够建立早燃抑制度与点火正时之间的函数关系式 φ_1（x），其中，x 为点火正时，$a_1<x\leqq b_1$，函数关系如图 19-32 所示。在图 19-32 中，由于点火正时抑制早燃是个逐渐变化的过程，所以早燃抑制度与点火正时之间的函数关系应该是一条曲线，其中，a_1表示发生早燃后点火正时没有推迟的值，b_1表示推迟点火正时所能抑制早燃的极限值，c_1表示点火正时所能抑制早燃的极限值所对应的早燃抑制度。

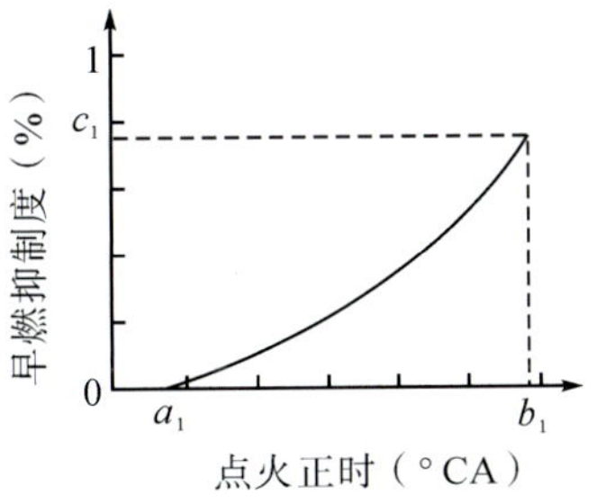

图 19-32　早燃抑制度与点火正时的函数关系

如果在中小负荷工况范围内的某一工况下发生早燃，则通过调整点火正时抑制早燃，点火正时为 z 时对应的早燃抑制度为 φ_1（x）。

令经济性的评价函数为 m_1（x），这样就可以建立经济性的评价函数 m_1（x）与点火正时的早燃抑制度 φ_1（x）的函数关系式，即

$$m_1(x)=g_{ej}[\varphi_1(x)]。\qquad (19-19)$$

于当前工况下早燃强度的表征函数为 ψ_1（y），公式（19－19）只有在满足 ψ_1（y）$<\varphi_1$（x）$\leqslant c_1$

的条件下达到最小，才能够既抑制了早燃，又兼顾了经济性。$\varphi_1(y) < \varphi_1(x) \leqslant c_1$ 可作为经济性评价函数的约束条件，则最终的优化控制目标函数为

$$\begin{cases} \min m_1(x) \\ s.t. \ \varphi_1(y) < \varphi_1(x) \leq c_1 \end{cases} \quad (19-20)$$

（二）大全负荷工况抑制回火的优化控制技术

氢气发动机在大全负荷工况下发生早燃，回火的程度较严重。可以通过调整点火正时和进气管喷水相结合的方法对回火进行控制。为了能够清晰表达回火与点火正时以及回火与进气管喷水之间的关系，引入了回火强度、回火抑制度和进气管喷水率的概念。回火强度定义为在某一工况下发生回火时回火的大小。如果发生回火，进气管内压力将迅速增加并将发生压力波动，用压力传感器来测量压力及压力波动大小，就可以得出回火的大小。令回火强度的表征函数为 $\psi_2(y)$。回火抑制度定义为能够抑制回火强度的能力，令回火抑制度的表征函数为 $f(x, z)$，取 $f(x, z) = k_2 \cdot \psi_2(y)$，其中，$k_2$ 取 1.1～1.2。进气管喷水率定义为喷水质量与进气空气质量之比。由于点火正时在大全负荷工况，抑制早燃及回火的机理与在中小负荷工况抑制早燃的机理相同，故在大全负荷工况与点火正时单独抑制回火有关的回火抑制度（以下简称点火正时回火抑制度）与点火正时之间的函数关系式仍为 $\varphi_1(x)$。而与进气管喷水率单独抑制回火有关的回火抑制度（以下简称进气管喷水回火抑制度）与进气管喷水率之间的函数关系式用 $\varphi_2(z)$ 表示，其中，z 为进气管喷水率，$a_2 < z < b_2$，函数关系如图 19-33 所示。

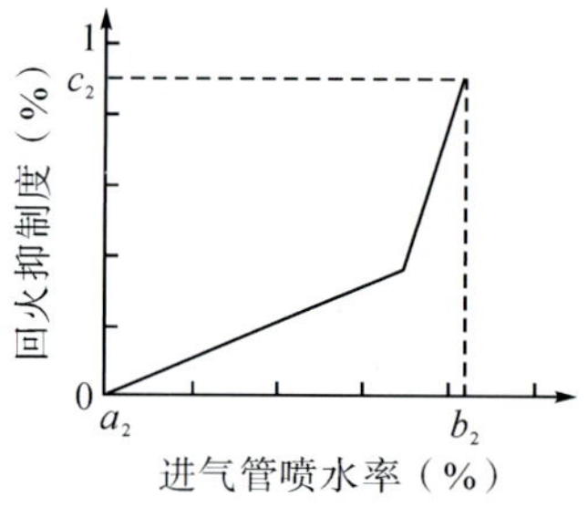

图 19-33　回火抑制度与进气管喷水率函数关系

一般而言，喷水量与回火抑制效果成正比，为简单起见，假设进气管喷水率与回火抑制度之间存在线性关系。根据进气管喷水抑制回火的特性，即开始喷水量很小时，抑制回火的效果不是很显著，随着喷水率增大到一定值以后，抑制回火的效果明显地表现出来。所以回火抑制度与进气管喷水之间的函数关系由先平缓升高，后迅速上升的两条直线来描述。其中，a_2 表示发生回火后没有进行进气管喷水的值，b_2 表示进气管喷水率能够完全消除回火需要的最大值，c_2 表示进气管喷水率能够完全消除回火所对应的最大回火抑制度。

在大全负荷工况范围的某一工况下发生回火，则一方面通过调整点火正时抑制回火，点火正时为 x_2 时，对应的回火抑制度为 $\varphi_1(x_2)$；另一方面，取进气管喷水率为 z_1，则其回火抑制度为 $\varphi_2(z_1)$。再令动力性的评价函数为 $m_2(x, z)$，这样就可以建立动力性的评价函数 $m(x, z)$ 与点火正时回火抑制度 (x) 及进气管喷水率回火抑制度 $\varphi_2(z)$ 的函数关系式，即

$$m_2(x, z) = P_{ej}[\varphi_1(x), \varphi_2(z)]. \quad (19-21)$$

由于在当前工况下回火强度的表征函数为 $\psi_2(y)$，所以公式（19－21）只有在少 $\psi_2(y)<\varphi_1(x)+\varphi_2(z)\leqslant c_1+c_2$ 的条件下达到最大，才能既抑制了回火，又兼顾了动力性。$\psi_2(y)<\varphi_1(x)+\varphi_2(z)\leqslant c_1+c_2$ 可作为动力性评价函数的约束条件，则兼顾动力性的优化控制目标函数为

$$\begin{cases} min\, m_2(x,z) \\ s?t?\psi_2(y)<\varphi_1(x)+\varphi_2(z)\leqslant c_1+c_2 \end{cases} \quad (19-22)$$

四、液氢供氢系统

利用液氢的低温来冷却吸入空气的温度，或将低温的氢直接供入或喷入气缸，是降低缸内温度，从而减少爆燃倾向，并消除早燃和回火的有效手段。该方法的效果较好，但缺点是液氢供氢系统价格昂贵，此外也受到发动机运动副的耐冻能力和循环工作情况的限制。S. Furuhama 等对采取液方式供氢进行了多年的研究，研究表明液氢供氢方式在解决氢内燃机的回火与功率下降问题效果明显，但对储氢罐、供氢系统、喷射系统要求很高。

五、采用缸内喷射方式供氢

采用内部混合气形成方式，在压缩行程前期，将低压氢气直接喷入气缸，可以消除回火现象，并可有效地控制早燃。若在压缩行程后期，将高压氢气（5～8 MPa）直接喷入气缸，可以完全消除回火、早燃的发生。冷氢喷射特别是高压喷氢可以大大提高压缩比，从而改善热效率和提高输出功率。

Furuhama 在一台两行程汽油机改装的氢气发动机上，采用将 1 MPa 的低温（最低温度为 T；T_i＝－30 ℃）氢气直接喷入气缸，点火时间按最佳扭矩调节，不仅在压缩比从 4.9 提高到 8 时能正常工作，而且发动机性能改善，有效热效率比原汽油机提高 23%，有效功率提高 27%；比压缩比为 4.9 时有效热效率提高 4%。具体结果如图 19-34 所示。

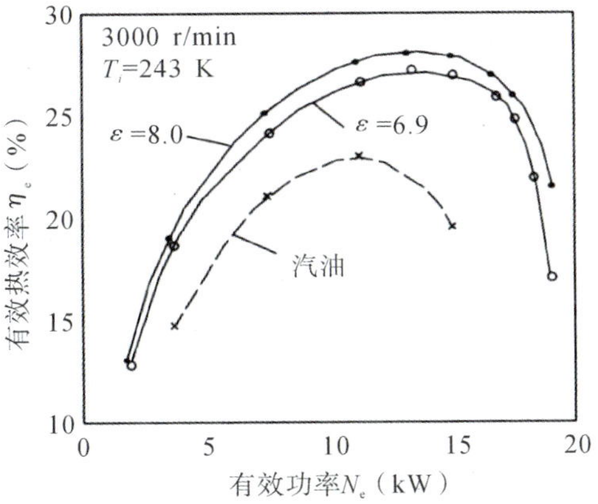

图 19-34　冷喷射的发动机性能

六、优化喷氢正时和点火正时

喷氢正时和点火正时是两个重要的运转参数，它们的选取以及它们的匹配对混合气的形成和燃烧

至关重要，不仅对异常燃烧有很大影响，而且对发动机的性能也有很大影响。但最佳喷氢正时和最佳点火正时是随着工况变化的动态值而变化。研究各种工况下对它们进行优化的自动控制方法与技术对抑制或消除异常燃烧，全面改善氢气发动机性能意义重大。杨振中等分析了相关的优化控制方法，本书稍后将进一步讨论相关的优化控制技术。

图 19-35 示出了在一台单缸四行程外部混合气形成方式的氢气发动机上，点火提前角对发动机热效率的影响。图中示出了在不同转速下，指示热效率与有效热效率随着发动机负荷的变化规律，并示出了发生回火对应的工况。

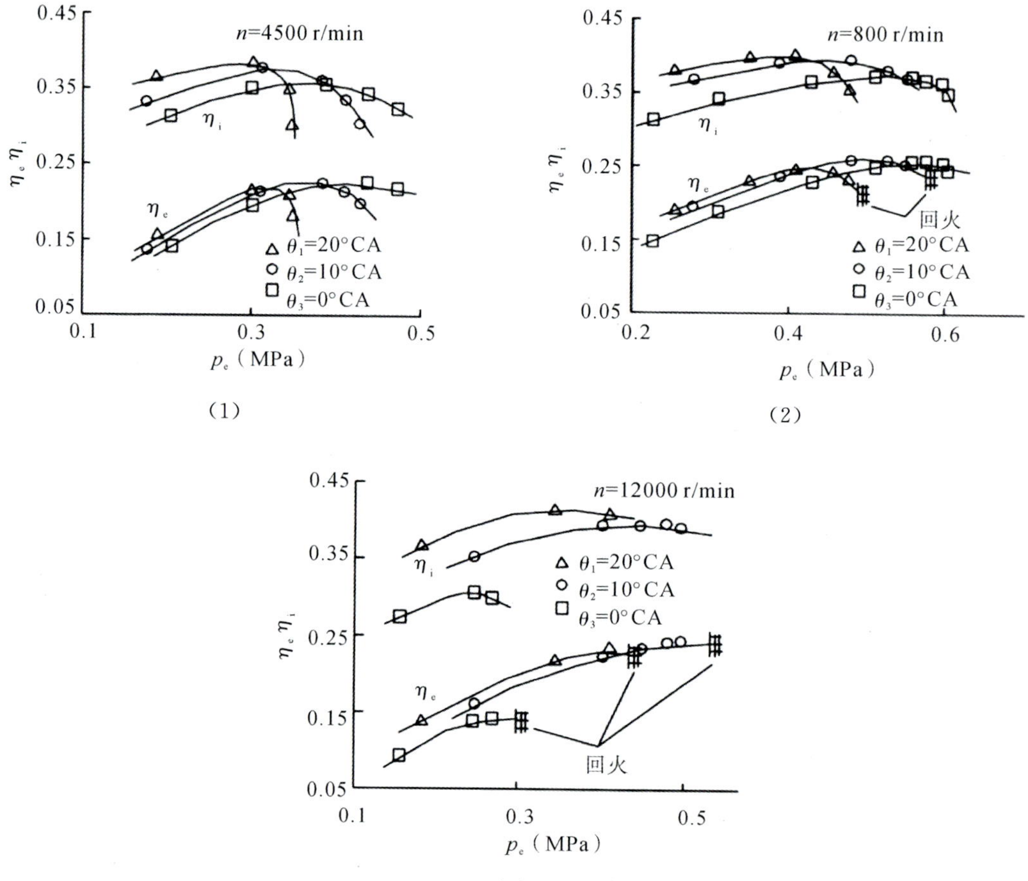

图 19-35　点火提前角对发动机热效率及回火的影响

(1) 4500 r/min；(2) 800 r/min；(3) 12000 r/min

由图 19-35 可见，在高负荷下，容易发生回火；在不同的转速下，在相同点火提前角下，发生回火对应的发动机负荷不同；在高转速下更容易发生回火，即较高转速下，相同点火提前角下，对应发生回火的负荷降低。这表明发动机在高速高负荷工况下，氢气发动机回火倾向增加。此外，在同一转速、不同点火提前角下，发动机发生回火的情况也是不同的；点火太晚更容易发生回火。这可能是由于点火太晚，混合气难以在膨胀行程燃烧完毕，部分未燃混合气在排气行程还在燃烧，产生“放炮”，甚至在气阀重叠期间进入进气管引起回火，导致发动机熄火。因此可以通过调节点火提前角来控制回火。这表明随着发动机工况优化点火提前角是完全必要的。

虽然前面总结了几种有效的抑制异常燃烧的措施，但是抑制异常燃烧还需协调考虑发动机的动力性、经济性和排放性之间的矛盾。解决该矛盾除了从混合气形成和燃烧本身着手，合理组织混合气形成（如合理选择外部或内部混合气形成方式）和燃烧过程外，应该注意到，优化控制技术是解决提高功率、改善燃烧效率与抑制异常燃烧、降低 NO_x 之间矛盾的最有效手段。通过优化控制氢气发动机的运转参数和结构参数，如喷氢正时、喷氢量、点火正时、压缩比等，全面优化发动机在各工况下的性能。

七、多路并行喷氢方式与异常燃烧控制方法

我们知道，对于采取进气管喷射供氢方式的氢气发动机存在回火的可能性，而发生回火与氢气喷射正时及持续时间、点火正时的关系密切。氢气喷射进入进气歧管的时候如果遇到气门附近热点，或者遇到气门重叠时高温废气传入进气歧管，均有可能引起混合气在进气管内燃烧，造成回火。针对这种情况，提出进气管延时喷氢与多路喷氢方式相结合的喷氢系统与喷氢控制策略。这种并行的多路（如两路或三路）进气管喷氢系统，通过对喷氢方案和点火正时的优化组合，有效抑制氢气发动机的早燃、回火等异常燃烧，并兼顾优化发动机的动力性和经济性，同时可以降低单路喷氢系统对管路直径、流量以及喷射压力等要求。喷氢系统的工作、喷氢策略的实现、喷氢正时、喷氢量及点火正时的控制均通过氢气发动机专用电控系统实现。

八、延时喷氢、并行多路喷氢系统及喷氢控制策略

如前文所说，一般情况下，氢气发动机发生回火与氢气喷射正时及持续时间、点火正时的关系密切。氢气喷射进入进气歧管时，如果遇到气门附近热点，或者气门重叠时废气串入进气歧管，都可能引起混合气在进气管内燃烧，造成回火。如果采取单路喷氢系统，当负荷增加，或转速增加，进气总时间将会变短而喷氢时间相对增加，喷氢起始时刻会不断向前移动，必然会接近气门叠开角，造成回火隐患，这种情况下对单路喷氢系统的管路直径、流量以及喷射压力等要求提高。

为了降低回火发生的可能性，设计了进气管延时喷氢与多路喷氢方式相结合的喷氢系统与喷氢控制策略。该喷氢系统氢气分路供给，每一路喷氢系统采用单一电磁阀。

（1）根据全负荷喷氢量，喷氢分路系统个数增加使得结构复杂度增加，因此折中确定喷氢分路系统个数和不易发生回火的最早开始喷氢时刻。一般喷氢分路系统以两路和三路为宜。喷氢最早开始时刻为进气阀打开以后的某一时间后（例如进气 2/3 行程作为喷氢始点），这称为延时喷氢。这样不仅避开在进气起始时刻气门叠开角内喷氢，还可以通过前期进气冷却进气歧管内部热点，降低混合气被点燃的概率，即降低回火发生的概率。在进气阀关闭前将氢气喷射完毕，此时快速的进气气流会将绝大部分喷进去的氢气带入到气缸内，尽量减少残留在进气管内的氢气数量，阻碍了回火的形成条件（进气管内有氢气混合气）．具体喷氢情况说明示意如图 19-36 所示。

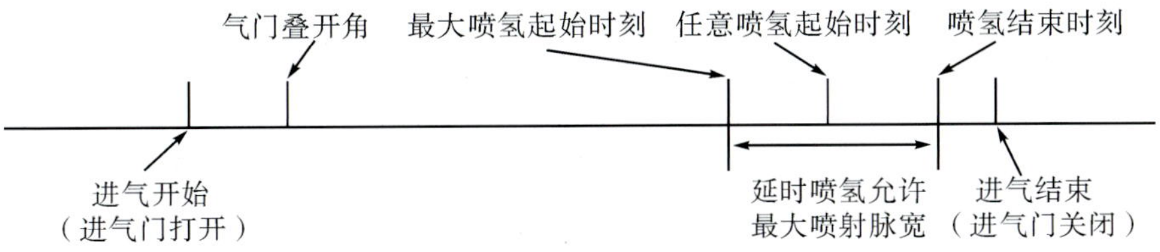

图 19-36　延时喷氢策略

（2）理论上，喷氢持续期越靠近进气门关闭位置，越有利于减少氢气停留在进气管内的时间，对抑制回火越有利。为此采用固定喷氢结束时刻的方案，即无论喷氢脉宽为多少，喷氢的结束时刻固定在进气阀开始关闭时刻。实际上，为了降低进气阀关闭过程中对氢气进入气缸的不利影响，喷氢结束时刻选在进气阀开始关闭时刻前的某一时刻（即在进气阀开始关闭时刻前留有少量余量，例如设定喷氢的结束时刻为进气阀开始关闭前 5°曲轴转角）。所谓“喷氢的结束时刻固定在进气阀开始关闭时刻”的优点在于，喷氢不仅避开了在进气起始时刻气阀叠开角内喷氢，而且尽量减少了氢气在进气管内停留时间，还可以通过尽量多的前期进气冷却进气歧管内部热点。所谓“留有少量余量”是为了保证喷入进气管的氢气能够全部进入气缸，在进气管无残留。喷氢结束时刻选定之后，根据喷氢脉宽（负荷）确定喷氢起始时刻。这种喷氢方式在小负荷下喷氢脉宽较小，喷氢起始时刻不会靠近进气阀开启阶段的叠开角部分。如果采取单路喷氢系统当负荷增加，或转速增加的过程中，进气总时间将会变短而喷氢时间相对增加，喷氢起始时刻会不断向前移动，必然会接近气门叠开角，造成回火隐患。

（3）确定允许的最早（大）喷氢起始时刻，最早喷氢起始时刻越早，回火可能性越大；但最早喷氢起始时刻越晚，喷氢持续时间越短。由此，将增加喷氢管路个数和喷射要求。因此，该最早喷氢起始时刻兼顾以上情况折中确定，根据全负荷对喷氢量的要求确定喷氢系统（管路）个数（例如确定喷氢管路为 3 路），使每路喷氢系统尽量靠近进气阀处并沿进气歧管周向均匀分布。因为喷氢结束时刻固定，所以这个最早喷氢起始时刻对应一个最大喷氢量（最大脉宽）。将发动机各工况确定的实际喷氢脉宽与该最大脉宽进行比较，如果实际喷氢脉宽大于最大脉宽时，则必须使两路喷氢系统同时工作方能在设计允许的时段内完成喷氢，此时 1、2 号喷氢阀同时工作，可采取如下两种喷氢策略方案。方案一（多路喷氢系统并行但喷射始点不相同）：由于 12 号喷氢阀喷氢结束时刻是固定的，而 1 号喷氢阀起始时刻为最早喷氢起始时刻，2 号喷氢阀起始时刻是实际喷氢脉宽减去最大喷氢脉宽来确定的。方案二（多路喷氢系统并行且喷射始点相同）：对两路喷氢系统平均分配实际喷氢脉宽。方案一工作原理示意图如图 19-37 所示。1 号喷氢阀称为主辅喷射器，2 号或 3 号喷氢阀称为辅喷射器。

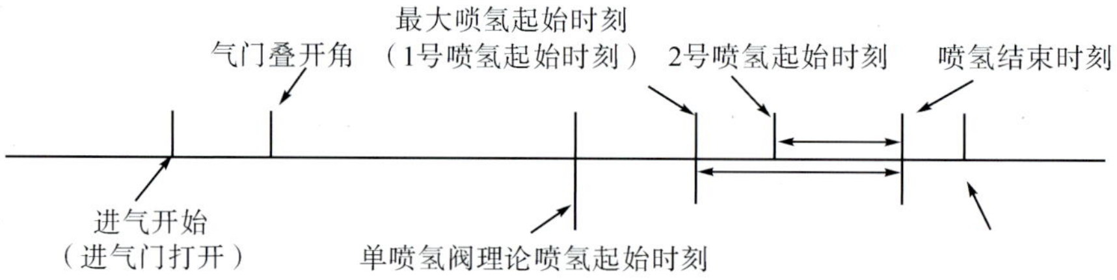

图 19-37　两个喷氢阀工作原理

在大负荷阶段，进气行程时间进一步减小，所需喷射量（喷氢脉宽）进一步增加，如果实际喷氢脉宽超过单路最大喷氢脉宽 2 倍以后，这时候需要启用 3 号喷氢阀，同样可以采取两种方案。方案一：将 1 号、2 号喷氢阀固定在最大喷氢脉宽处，剩余的喷射脉宽由 3 号喷射阀来完成。方案二：对三路喷氢系统平均分配实际喷氢脉宽。方案一工作原理示意图如图 19-38 所示。

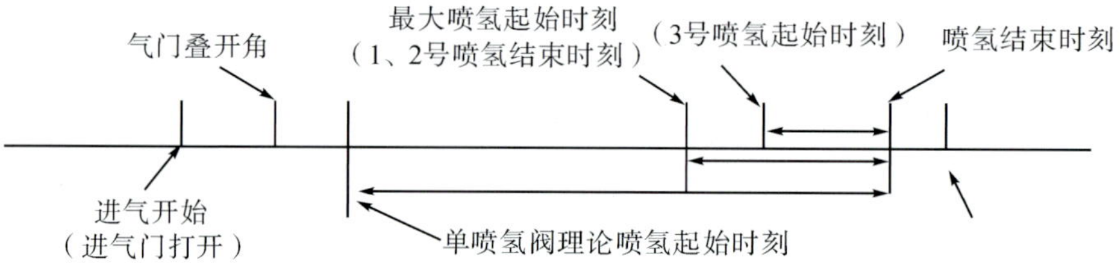

图 19-38　三个喷氢阀工作原理

总之，三路喷氢系统无论采取方案一，还是方案二，均可以实现：当氢气发动机在小负荷工作时，1 号喷氢阀工作；在中负荷工作时，1、2 号喷氢阀同时工作；在大负荷工作时，1、2、3 号喷氢阀同时工作。如此，单路喷氢起始时刻控制在最大允许脉宽范围内。这种喷氢策略很大程度上降低了氢气发动机早燃和回火的概率。

主辅喷射器工作的两种方式中，与方案一相比，方案二的喷氢持续期相同且均小于最长喷氢持续期，因此有利于缩短氢气在进气管停留时间，从而有利于抑制回火。但一方面，缩短氢气在进气管停留时间有限；另一方面，将会使有关喷氢系统的脉宽变化呈现复杂性（例如，喷氢持续期大于最长喷氢持续期时，方式一只需将大于部分由另一路喷氢系统完成，已经工作的喷氢系统工作状况不会发生变化；而方式二则需根据负荷大小，喷氢持续期长短频繁变更两路喷氢系统的喷氢脉宽），故两个方案各有优缺点。至于方案二的派生方案，即无论负荷多大（实际喷射持续期多长），三路喷氢系统均工作（平均分配喷氢持续期），尽管可以使小负荷时喷氢持续期缩短（比如实际喷射持续期小于最长喷氢持续期，方案一或方案二均只有一路喷氢系统工作），但方案一或方案二的分路控制喷氢有利于提高喷氢器的控制精度。因为一是每路喷氨器在使用过程中都有延时和误差，多路喷氢器共同工作使用会将误差积累；二是车用发动机经常工作在中小负荷工况，如果在这种情况下使用少的喷氢器数目可以减小喷氢器总体使用效率，增加喷氢器总体的使用寿命和可靠度。这就是当实际喷氢脉宽大于单路最大脉宽以后，才采用两个喷氢阀同时工作；当实际喷氢脉宽大于单路最大脉宽 2 倍以后，才采用三个喷氢阀同时工作，而非从一开始，就采用三个喷氢阀同时工作的喷氢策略的原因。

喷氢策略方案一的各个喷射阀喷射脉宽的分配的软件流程图如图 19-39 所示。

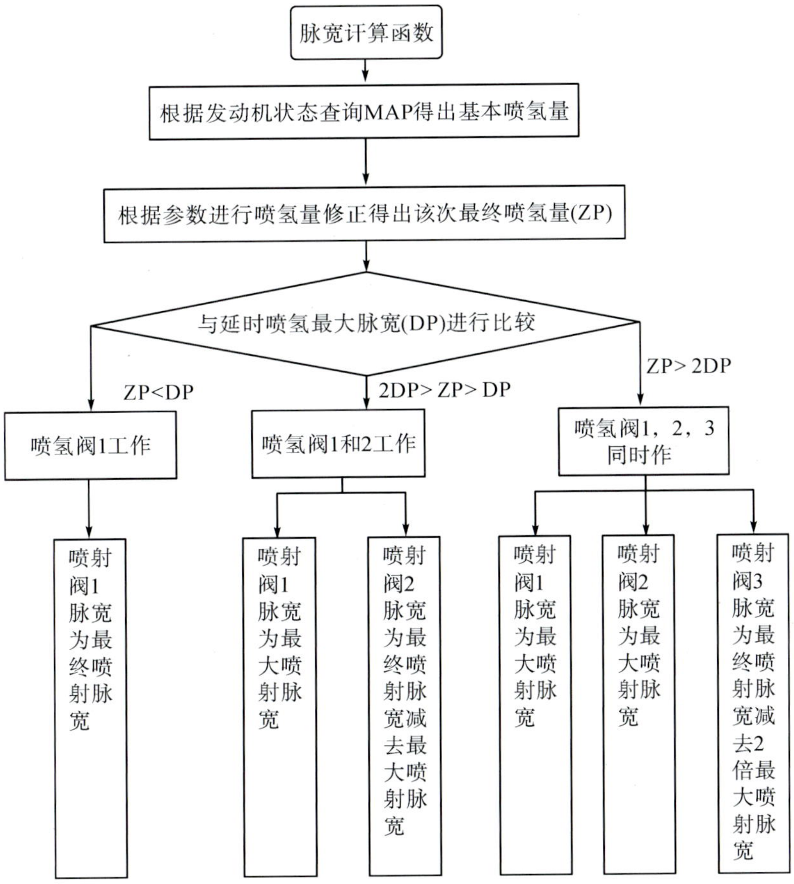

图 19-39　多喷氢阀喷射脉宽分配软件流程图

九、早燃发生后的抑制方案

（一）多路并行喷氢策略

如果早燃已经发生，可以采取如下抑制方案。方案三：系统一旦检测到早燃的发生就放弃使用分段喷氢策略，同时使用三个喷氢阀工作，每个喷氢阀承担等量的喷氢脉宽，这样可以使每路喷氢系统脉宽降低并充分接近进气关闭时刻。实际上，该方案并非抑制早燃，而是为了预防回火。该方案一般在早燃发生在早期阶段或早燃情况不太严重时应用，虽有减低喷射控制精度等弊端，但不损失发动机经济性与动力性，是防止早燃演变成回火的首选方案，其原理如图 19-40 所示。

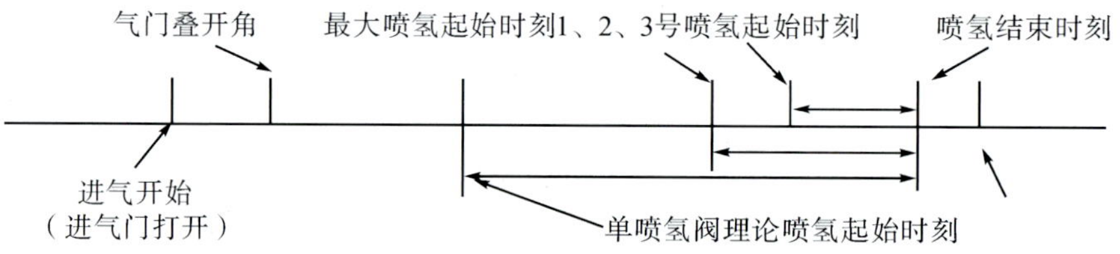

图 19-40　多喷氢阀喷射脉宽分配软件流程图

（二）多路并行喷氢与推迟点火正时相结合的策略

在早燃强度比较大的情况下，单纯依靠方案三不足以抑制早燃。此时，除了要并行喷氢之外，还需要采用推迟点火正时的策略来进一步抑制早燃。即采取多路并行喷氢与推迟点火正时相结合的方案四来抑制早燃。

但是推迟点火正时会影响到发动机的经济性与动力性。因此，需要权衡推迟点火对发动机性能的影响与推迟点火对回火的抑制程度。一般而言，推迟点火会使发动机性能降低，如图 19-41 所示。而推迟点火对早燃抑制的影响情况刚好相反，我们在此处引出一个早燃抑制度的概念来说明，早燃抑制度即是点火正时对早燃发生的抑制效果。在一定范围内，推迟点火，早燃发生的概率会逐渐降低（由于点火过早，向缸壁传热增大有利于炽热点形成），并在上止点附近会迅速降低，即点火正时越晚早燃抑制度越高。早燃抑制度与点火提前角的关系示意图如图 19-41 所示，图中示出早燃抑制度和发动机性能（以经济性曲线为例说明，动力性曲线图中未示出）随着点火正时的曲线变化趋势在靠近发动机上止点前是相反的。根据早燃程度适度推迟点火，即将推迟点火与抑制早燃程度并与兼顾发动机性能相关联。推迟点火有利于抑制早燃，但会使发动机动力性与经济性下降；而其下降变化并非线性的，由初始平缓降低段到随后急速下降段构成；适度是指推迟点火，使点火时刻仍处于使发动机动力性与经济性在平缓降低段对应的点火时刻。

综上分析，使用延时喷氢、多路喷氢系统的并行预防早燃和回火（方案一）情况下，需要多路并行喷氢策略（方案二）或采用多路并行喷氢与推迟点火正时相结合的策略（方案四）进一步抑制早燃。这时候需要权衡推迟点火对早燃的抑制度与对发动机性能下降造成的影响之间的利弊，做出适当取舍。在以上几种方案的配合下，可以很大程度地抑制早燃或回火的发生。

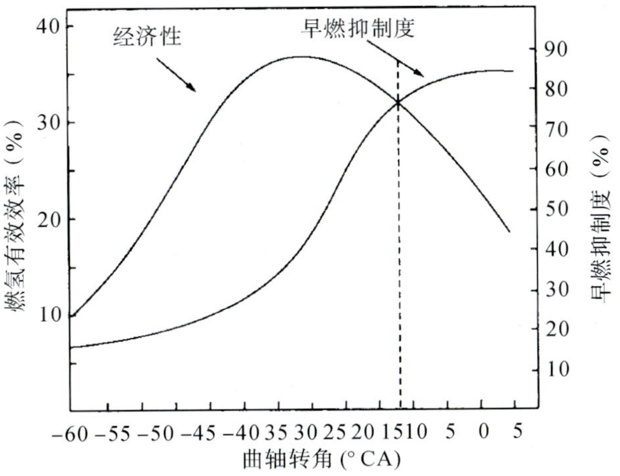

图 19-41　经济性和早燃抑制度与点火正时函数关系示意图

十、回火发生后的抑制方案

如果氢气发动机早燃引起回火一旦发生，需要快速地抑制回火，避免回火发生后进气管内混合气燃烧会继续增高进气管内温度，造成下次循环继续回火的恶性循环，最终使发动机熄火。所以，除了使用同时喷氢和调整点火正时等抑制早燃的方案外，还需要以下两种可以有效抑制回火的策略。需指出，调整点火正时应根据回火的原因分别采取提前或延后措施。例如，早燃不断提前引发回火应该延后点火，后燃严重由高温废气引发回火应该适当提前点火。

（一）采用多路并行喷氢与推迟点火正时相结合的策略

发生轻微回火即回火强度小于回火阙值后，使用修正后的方案四，采用多路并行喷氢与调整点火正时相结合的策略，但调整点火正时不再兼顾发动机性能，直接大幅快速推迟点火正时，即为方案五。如果在发动机检测到回火大于一个循环，例如有连续两个循环均检测到回火，则取这种情况为回火阙值；如果连续 3～5 个循环，检测到开始早燃时间均不断提前，则为早燃强度大，否则为强度小。

（二）降负荷策略

当发生回火超过轻微范围即大于回火阙值后，根据回火程度和发生的工况（根据经验氢气发动机在速工况和大负荷工况下比较容易发生火）分别采取不同的措施。如果回火发生在大负荷下，采取降低负荷的方案六来快速抑制回火，降低负荷可以减少喷氢脉宽，很大程度地使喷氢靠近进气终了位置，降低回火的可能性。另外负荷降低以后，发动机就处于中小负荷下，中小负荷情况发动机也不易发生回火。负荷的降低量取决于回火强度。为使问题简化，采取分段降低负荷的方法，比如采取两段或最多三段均递减方法。如果回火在采取负荷降低方案后得到抑制，则发动机稳定运转后可以逐步恢复负荷直至不降低。如果降低负荷后，回火强度降低不明显，继续降低发动机负荷和减少。

调整喷氢阙脉宽直至回火现象得以消除。并且随着负荷的降低回火问题可以得到抑制，使得进气管内温度会降低，进一步降低回火发生概率，使得系统摆脱回火的恶性循环进入良性工作循环。如果回火发生在怠速工况下，情况刚好相反，需要将负荷适当加大，采取分段增加负荷的方法，比如采取两段均匀递增方法达到中小负荷工况区域，从而抑制回火。综上所述，我们可以得出早燃、回火抑制的程序流程如图 19-42 所示。

流程图 19-42 中所示氢气发动机异常燃烧控制方法，步骤如下：

（1）根据系统参数计算修正得出基本点火提前角与喷氢正时。

（2）延时喷氢策略计算各个喷氢阀脉宽与正时。

（3）检测是否早燃：若是早燃，则测量早燃强度。若早燃强度低，则采取同时喷氢（策略 1）；若是早燃强度高，则同时喷氢和推迟点火（策略 2），执行步骤（4）；若是没有早燃则直接执行步骤（4）。

（4）检测并记录回火状态，检查此时工况，若是处于大负荷，则适当降低负荷；若是处于怠速工况则适当增加负荷；若未是检测到回火，则直接执行步骤（5）。

（5）输出相应喷氢正时、喷氢量、点火正时。

最后应说明的是，以上实施例子仅用以说明原理而非限定本技术方案。本技术方案可以根据实际氢气发动机进行修改或者等同替换。

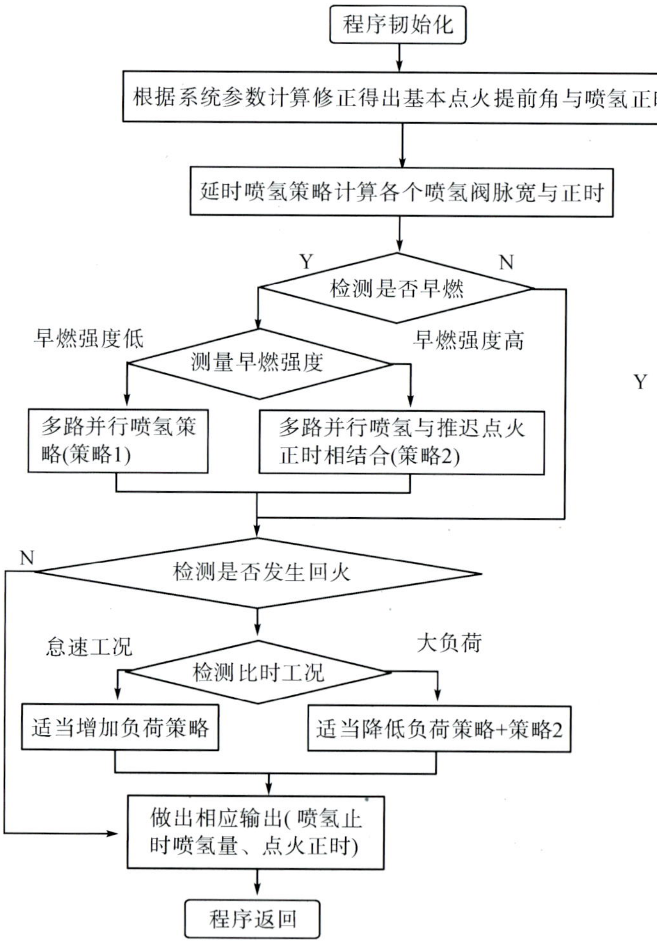

图 19-42　早燃、回火控制子程序

第二十章　氢气发动机后处理技术

氢气发动机在废气污染物的排放方面具有比常规石油燃料发动机所无可比拟的优点。它唯一的有害排放物是 NO_x。虽然控制单一有害排放物比在汽油机（或柴油机）中同时控制数种有害排放物相对容易一些，但在不牺牲其他性能指标前提下有效地抑制 NO_x 也绝无易事。本章讨论了氢气发动机 NO_x 产生的机理及一些控制技术。

第一节　NO_x 产生的机理

NO_x 并非来自氢燃料本身，而是源于空气中的 O_2 和 N_2，是空气中的 N_2 在燃烧室的高温条件下氧化而生成氮的氧化物。因此，同汽油机（或柴油机）类似，氢气发动机的 NO_x 生成量与燃烧室温度、燃烧室高温持续时间，以及在燃烧室高温条件下 O_2 和 N_2 的浓度有关。一般而言，燃烧室的温度愈高，燃烧室高温持续时间愈长，在燃烧室高温条件下 O_2 和 N_2 的浓度愈高，NO_x 的排放量也愈多。应该注意到氢气发动机火焰传播速度快，近似等容燃烧，造成有利于产生 NO_x 有害排放物的条件。而且，发生异常燃烧时，常使燃烧室的温度急剧增加从而导致 NO_x 有害排放物增加。因此，控制 NO_x 的排放量和控制异常燃烧是密不可分的，许多控制技术也是一致的。还应指出，在某种程度上，燃烧室的高温和富氧对形成良好混合气及燃烧是有利的，因此抑制 NO_x 的排放量与保持发动机良好的动力性和经济性存在着矛盾，这就要求抑制 NO_x 排放量要兼顾发动机的动力性和经济性。反之提高氢气发动机的动力性和经济性也要注意到抑制 NO_x 排放量和发动机的不正常燃烧。

第二节　NO_x 排放特性

一、K5A 氢气发动机的 NO_x 排放特性

以下是日本武藏工业大学研究得出的 K5A 发动机的 NO_x 排放特性。K5A 是一台缸径×行程为 85 mm×85 mm、水冷四行程单缸、火花点火发动机。在原机基础上加了供氢系统，分别进行了进气管喷氢（在进气行程持续喷射）和在进气行程中将氢气喷入气缸的试验（在进气行程 90 ℃A 开始喷氢，

180 ℃A 结束喷氢），喷氢压力均为 0.2 MPa。

图 20-1 给出了三种点火提前角下，进气管喷氢的 NO_x 排放量随过量空气系数 a 的变化结果。同汽油机的情形类似，推迟点火提前角可以减少 NO_x 的排放量。当混合气更浓时，发动机功率将增加，NO_x 排放量急剧增加。这是因为此时压力升高率 dp/dt 增加，燃烧室温度上升所致。即使如此，推迟点火提前角仍是降低 NO_x 排放量的有效手段，其情形如图 20-2 所示。

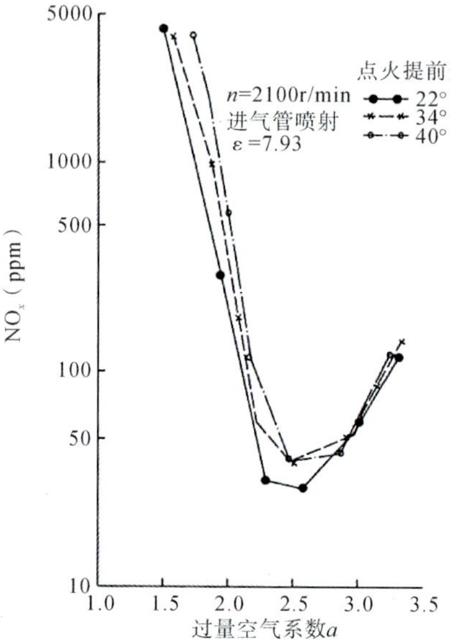

图 20-1　NO_x 排放量与过量空气系数的关系

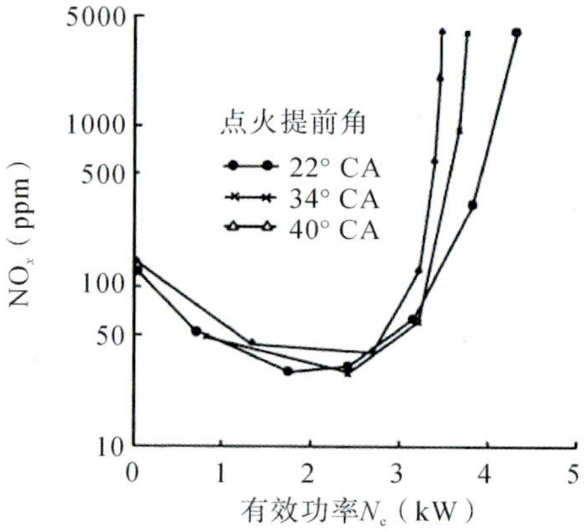

图 20-2　NO_x 排放量与输出功率的关系

图 20-3 给出了压缩比 ε 分别为 4.78 和 7.93，发动机转速 n 分别为 1100 r/min 和 2100 r/min 时缸内喷氢的 NO_x 排放量对比结果。点火提前角固定在上止点前 34 ℃A。由图可见，NO_x 排放量和过量空气系数 α 关系密切。当在 n＝1100 r/min 时，α＞1.7 的情况下，NO_x 排放量很少。当 n＝2200 r/min 时，混合气浓度 α 增大到 2.2 以上时，NO_x 排放量同样也很少。

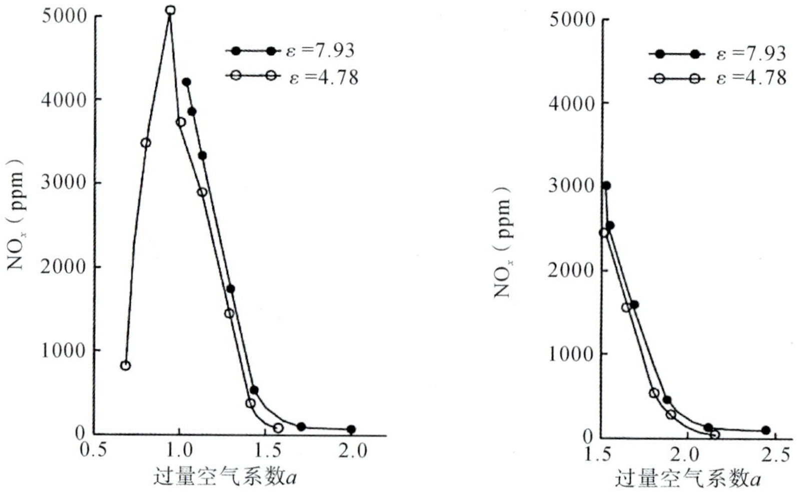

（1）　　（2）

图 20-3　两种压缩比下的 NO_x 排放量

（1）n＝1100 r/min；（2）n＝2200 r/min

在相同情形下，转速升高使 NO_x 排放量增加，这和转速升高后单位时间循环次数增加，缸壁温度有所增加有关。在低速且 α＝1 附近时，NO_x 排放量达最大值，这同汽油机的情况类似。转速上升到 2100 r/min，随 α 减小，NO_x 排放量增加。当 α＜1.4 时，发动机由于早燃和回火停止运转。

二、氢气发动机和汽油机 NO_x 排放量的比较

对氢和汽油两种燃料的理论循环的分析已经表明，当混合气的浓度接近理论混合比时，氢的最高燃烧温度比汽油高大约 200 ℃，在此混合气浓度工作时，实现氢气发动机的 NO_x 排放量，低于汽油机的目标是困难的。考虑到氢气发动机在这一浓度范围工作时，还会出现早燃、回火和爆燃等异常燃烧问题，因此，在理论混合比附近能够控制 NO_x 排放量，在一定范围内还是具有相当大的挑战性的。

图 20-4（1）和（2）分别给出了氢气发动机和汽油机 NO_x，排放量与发动机负荷和过量空气系数 α 的关系的对比试验结果。它们分别是在 MOCKBIY－412 和 IT9－2 单缸发动机上试验得到的。图 20-4（1）表明，在负荷为标定负荷的 85％，氢气发动机的 NO_x 排放量和汽油机差别不大。

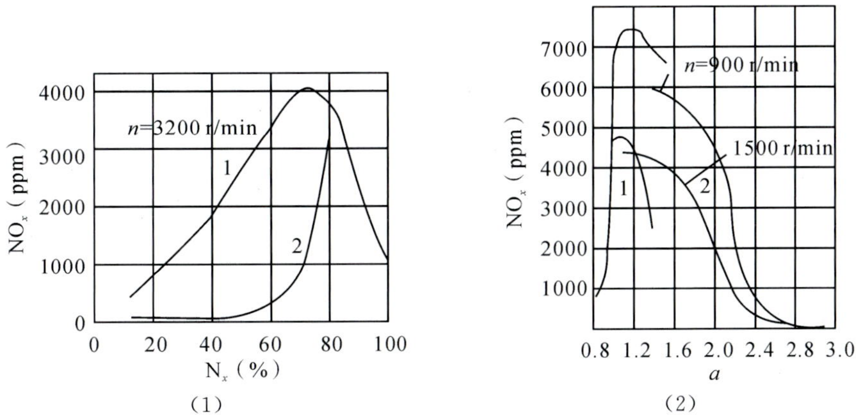

1－汽油机；2－外部混合气形成方式的氢气发动机

图 20-4　氢气发动机和汽油机 NO_x 的对比试验

（1）NOx 与负荷的关系；（2）NOx 与过量空气系数 α 和发动机转速 n 的关系

而分析理论循环可以得到，当 α＝1 时，外部混合气形成方式的氢气发动机发出的功率只有汽油机的 85％标定功率（由于氢－空气混合气的体积发热量小于汽油－空气混合气），因此 85％标定功率就是氢气发动机在 α≈1 时所能达到的最大功率。图 20-4 示出了低于这一功率时，氢气发动机的 NO_x 排放量低于汽油机。例如，当 α＞1.5 时，外部混合气的氢气发动机所能发出的最大功率约为汽油机标定功率的 60％，而此时氢气发动机的 NO_x 排放量远低于汽油机。图 20-4（2）则示出了氢气发动机 NO_x 的排放量随过量空气系数和发动机转速的增加而急剧下降，当过量空气系数 α＞2 时，NO_x 的排放量已很少。因此，氢气发动机应该在 α 大于 1.5～2.0 的混合气成分下工作，但此时发动机的有效功率将下降。而采取内部混合气形成方式时，可同时提高压缩比，从而提高发动机的有效功率。

在压缩行程前期将氢直接喷入缸内。由于此时缸内温度和压力较低，不仅可以采用高压喷射，甚至可以采用低压喷射。喷射开始较早时，NO_x 排放量未能明显改善；喷射较晚时，燃烧温度降低，NO_x 排放量稍有改善。但由于混合气形成质量较预混氢气发动机差，其他性能（比如动力性、经济性）将下降。在一台压缩比为 8.5、缸径×行程为 84 mm×90 mm、半球形燃烧室的水冷汽油机改装的氢气发动机上，分别研究了喷射正时对发动机性能的影响。氢气（6 MPa）在压缩行程初期喷入。在过量空气

系数 α<2 时，NO_x 排放量随混合气加浓、过量空气系数减小增加很快，特别是过量空气系数接近 1 时，NO_x 排放量急剧增加其中，喷射正时为 120 ℃A，喷射持续期从 120 ℃A 到 60 ℃A 的情况下，NO_x 排放量最低。在过量空气系数 α>2 时，无论何种喷射情况，NO_x 均有明显降低，但此时平均有效压力和热效率也有明显降低，如图 20-5 所示。

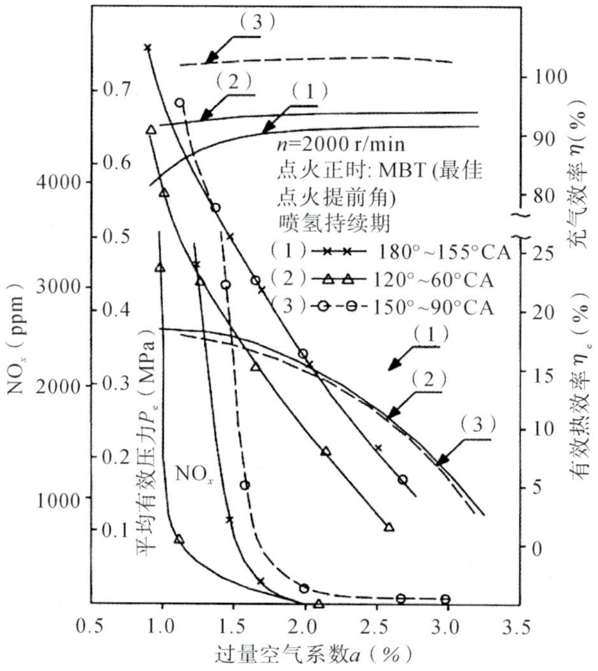

图 20-5　压缩行程前期氢喷射发动机的性能及 NO_x 排放量

第三节　NO_x 排放量控制策略

减少 NO_x 排放量的主要策略是降低燃烧室温度。采取稀薄混合气快速燃烧技术，以降低燃烧室温度和缩短 O_2 和 N_2 的反应时间。进气管喷水和废气再循环等方法也是围绕这一策略进行的。对于较浓的混合气，因为燃烧温度较高，降低 NO_x 排放量难度很大。应设法缩短 N_2 和 O_2 的反应时间，限制燃烧速度过快、燃烧温度过分升高等，甚至不惜牺牲其他性能指标而限制燃烧温度，以求减少 NO_x 排放量。

第四节　NO_x 排放量控制技术

一、采用稀薄混合气快速燃烧技术

采取缸内喷射的内部混合气形成方式的氢气发动机比采用外部混合气形成方式的预混氢气发动机燃烧温度低，并且前者除了可以控制回火现象以外，也有助于增加进气充量，从而增加了氢气发动机的功率，或有助于形成稀薄混合气燃烧，从而减少 NO_x 的排放量。

采用低温喷射时，由于降低燃烧温度和燃烧速度，NO_x 排放量显著降低如图 20-6 所示，在压缩行后期将高压氢气（6～8 MPa）直接喷入气缸，混合气形成时间短，形成质量不高，燃烧最高温度有所降低，NO_x 排放量某种程度上有所抑制。合理组织燃烧室的气流运动，有助于上止点附近的燃烧，而此时完全燃烧可降低燃烧室中 O_2 的浓度，改善 NO_x 的排放。图 20-7 分别示出了半球形燃烧室（燃烧室 A）、压缩比为 8.5，浅喷型燃烧室（燃烧室 B）、压缩比为 7.9、螺旋进气道，喷射持续期从 60 至 0 ℃A的试验；对燃烧室 B，还进行了喷射持续期从 30 至 0 ℃A 的试验。对燃烧室 B，在上止点附近的气流运动有助形成均匀混合气和及时完全燃烧，避免了不均匀混合气引起的局部氧气浓度高导致的 NO_x 排放量增加；而且，浅喷型燃烧室某种程度上也缓解了半球形燃烧室燃烧速度过快、燃烧温度增加的现象，从而缓和了过量空气系数接近 1 时的 NO_x 排放量的迅速增加。

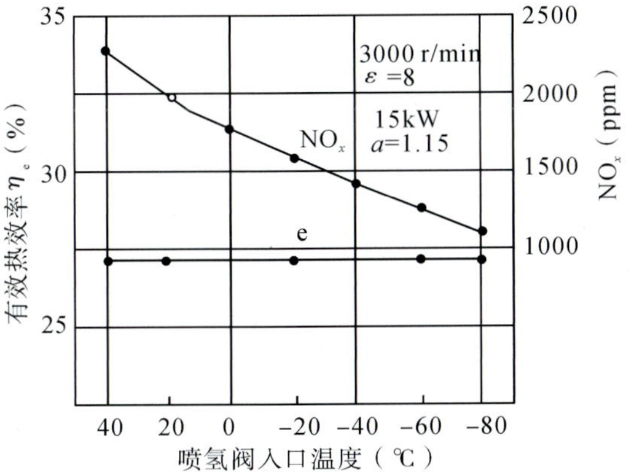

图 20-6　喷氢温度对 NO_x 排放量的影响

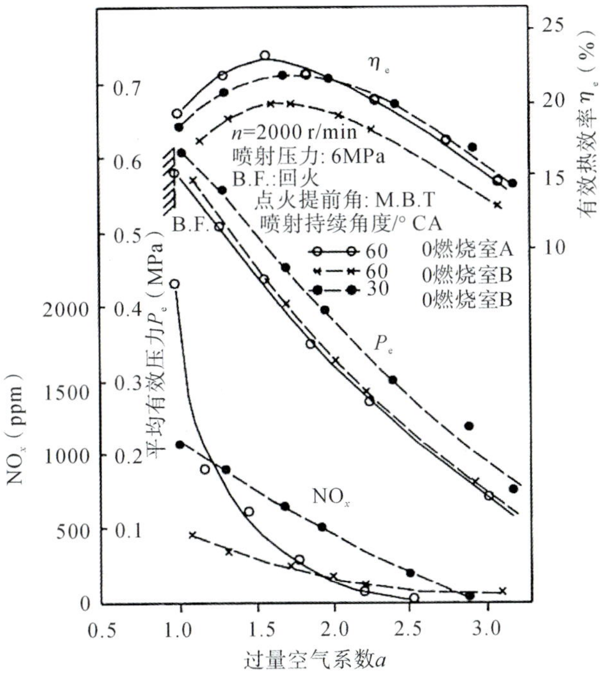

图 20-7　高压喷射下不同燃烧室的发动机性能及 NO_x 排放量

二、优化供氢方式与喷氢正时、点火正时等参数

在采用缸内高压喷射时，由于氢喷入缸内的吸热和自燃温度高导致着火困难。采取使缸内喷射的内部混合气形成方式与少量混合气预混的外部混合气形成方式有机地结合，即使得少量氢和空气在进气管预混后送入气缸，其余大部分氢气在压缩末期高压喷入气缸，解决氢气发动机的着火问题。古滨庄一等采用缸内喷射（喷射压力为 5 MPa 的氢气由 7 个喷孔喷入）和预混（过量空气系数 $\alpha=4$ 的预混合气）相结合的方式，不仅改善了原机的着火性能，而且通过优化喷射正时 θ_i、喷射持续期 θ_t 和点火正时 θ_s，使发动机获得了良好性能。图 20-8 和图 20-9 分别示出了这种预混与缸内喷射相结合发动机的结构和试验结果。试验表明，预混与缸内喷射相结合的方法比全部预混的方式，更有利于在过量空气系数 $\alpha=1$ 附近正常燃烧，并获得较低的 NO_x 排放量。值得注意的是，在喷射正时 $\theta_i=60$ ℃A，喷射持续期 $\theta_t=60$ ℃A，和点火正时 $\theta_s=43$ ℃A 情况下，尽管点火正时早于另一情况的点火正时 $\theta_s=27$ ℃A，但 NO_x 排放量却比点火正时 θ_s 为 27 ℃A 的情况低，后者 NO_x 排放量较高可能与喷射较晚、喷射正时与点火正时不协调有关，此处表明了优化喷射正时和点火正时的重要性，并不能说明推迟点火正时会增加 NO_x 排放量，在下文将会给出推迟点火正时仍是降低 NO_x 排放的主要因素。

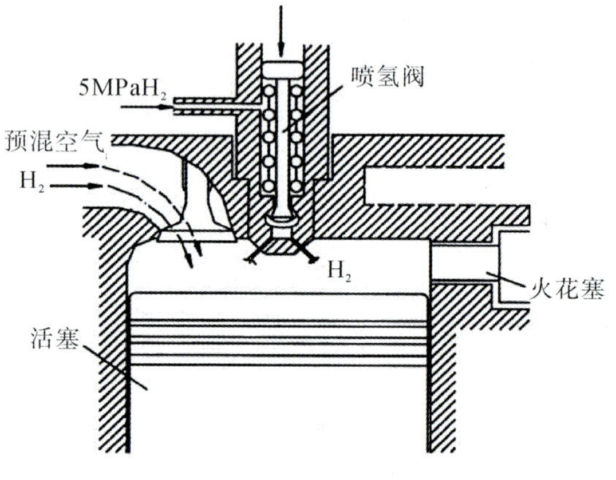

图 20-8 预混和缸内喷射相结合的氢气发动机结构

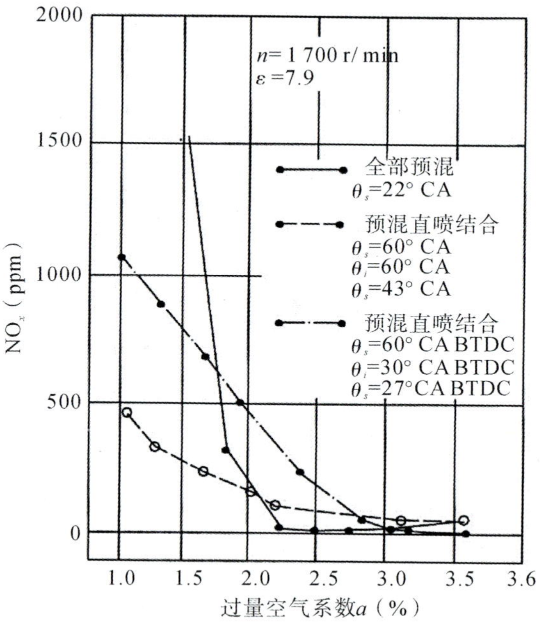

图 20-9 混合方式对 NO_x 排放量的影响

为了降低 NO_x 排放量，除了点火正时应和喷射正时匹配外，推迟点火正时使燃烧最高温度降低，仍然不失为降低 NO_x 排量的有效措施。此外，推迟火正时，一般将使发动机动力性和经济性（有效功率和有效热效率）降低，所以应相互兼顾。图 20-10 示出了在这台压缩比为 8.5、缸径行程为 84 mm× 90 mm、半球形燃烧室的水冷汽油机改装的氢气发动机上，几种不同的点火正时下，常温氢气和冷氢（采用液氮冷却至－120 ℃）供氢方式下的 NO_x 排放量。由图可见，推迟点火正时对 NO_x 排放量的降低

有显著作用。点火正时相同时，冷氢供氢方式下的 NO_x 排放量为低，这是非常容易理解的。

图 20-11 示出了几种供氢方式下的 NO_x 排放量的对比结果。曲线 1 表示在压缩行程初期（180～115 ℃A）低压缸内喷射的试验结果；曲线 2 表示在压缩行程后期（60～0 ℃A）高压（6 MPa）缸内喷射和少量进气管预混氢方式相结合的试验结果；曲线 3 表示全部采用预混方式供氢的试验结果；曲线 4 表示以低温（－130 ℃）氢全部预混后的试验结果。由图可知，在同样条件采用外部混合气形成方式，即氢全部采用预混供氢方式的 NO_x 排放量最多，采用缸内高压喷射的内部混合形成方式与少量预混氢相结合的供氢方式的 NO_x 排放量最少。冷氢供入方式可降低 NO_x 排放量。

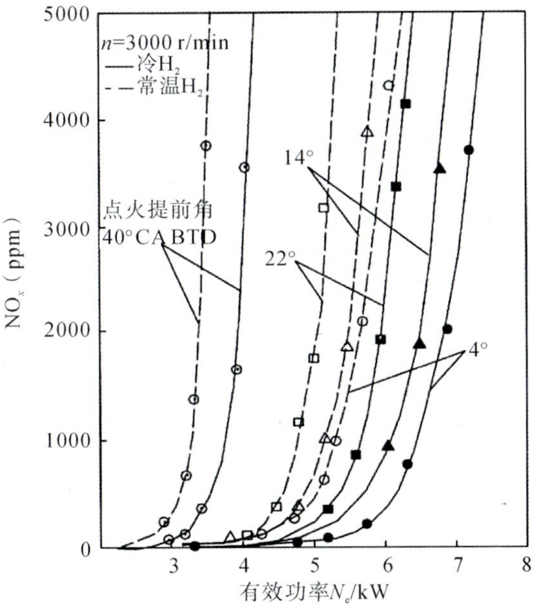

图 20-10　点火正时对 NO_x 排放量的影响

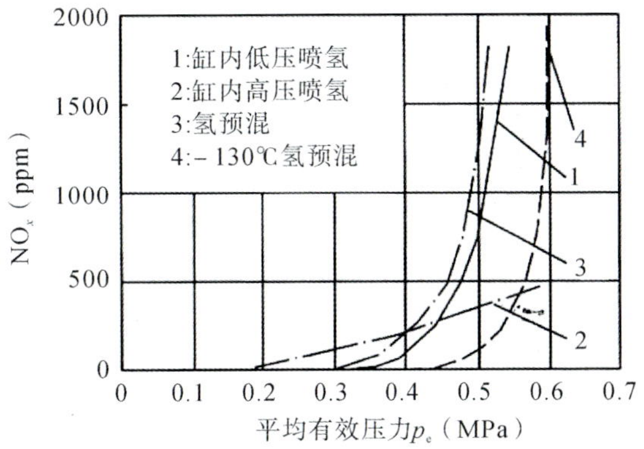

图 20-11　不同供氢方式下的 NO_x 排放量对比

三、应用废气再循环或进气管喷水

采取废气再循环，由于降低了压缩行程的终点温度，所以可以降低 NO_x 的排放量。进气管喷水同样可以降低整个循环的工作温度，不仅可以控制回火也可以降低 NO_x 的排放量。但是这两种方法除了使发动机结构复杂外，也使发动机其他性能下降。且废气再循环量和喷水量均应随发动机工况变化才能获得较佳效果，实现起来比较复杂，实际应用受到限制。

当废气再循环率超过一定值以后，对 NO_x 排放量的控制才见明显效果。在 K5A 发动机上进行了不同废气循环率对 NO_x 排放量影响的试验研究，试验时取发动机转速为 2100 r/min，点火正时为 22 ℃A，试验结果如图 20-12 所示。由图可见，随废气再循环率增加，NO_x 有所降低，只有当废气再循环率达 20%以上时，效果才明显。此外，当过量空气系数 $\alpha<2$，即发动机在较浓混合气（负荷较大）工作时，废气再循环效果不明显。

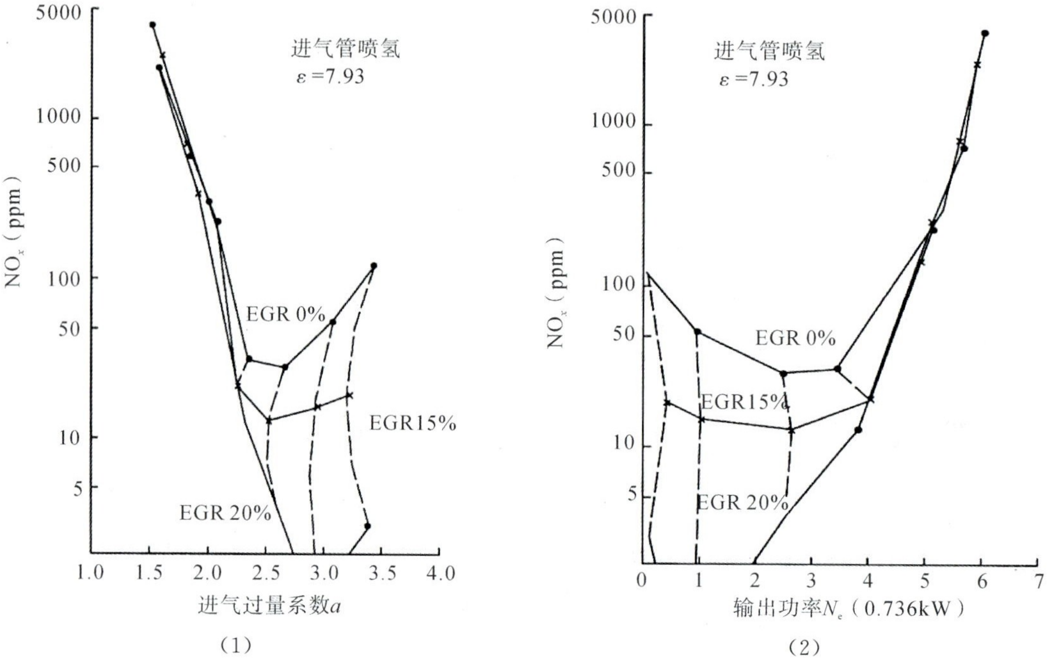

图 20-12　废气再循环率对 NO_x 排放量的影响

(1) NO_x 排放量与过量空气系数的关系；(2) NO_x 排放量与输出功率的关系

进气管喷水类似于废气再循环，当喷水率较大时，才有明显作用。图 20-13 示出了 n=3000 r/min，喷水量与 NO_x 排放量的关系。由图可见，NO_x 排放量不仅和喷水量有关，而且还和工况参数有关。亦即不同的工况应采用不同的喷水率（水的质量/进气空气的质量），才能取得好的效果。图 20-13 表明，在喷水率相同时，混合气较稀时，降低 NO_x 排放量的效果较为明显。这是很容易理解的，是由于混合气较稀时燃烧温度也降低的缘故。

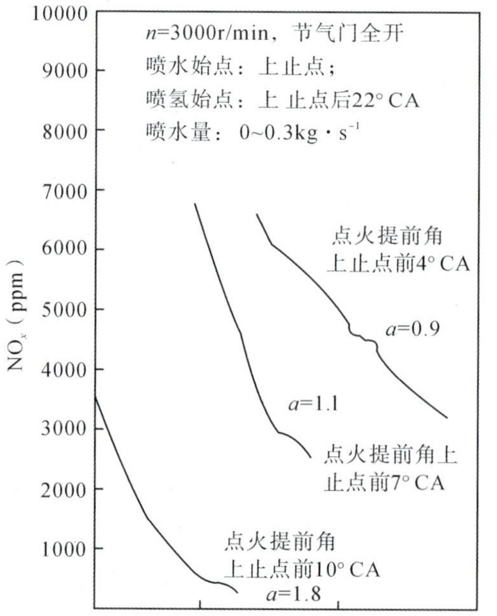

图 20-13　喷水率对 NO_x 排放量的影响

参考文献

[1] 杨振中. 氢燃料内燃机燃烧与优化控制方法 [M]. 北京:科学出版社,2012.

[2] Fipho M J. Closed Loop Digital Electronic Control of Diesel Engine Timing [J]. SAE Paper 850579.

[3] 张乃尧. 神经网络与模糊控制[M]. 北京:清华大学出版社,1998.

[4] 李人厚. 智能控制理论和方法[M]. 西安:西安电子科技大学出版社,1999 .

[5] Lin C T. Neural Fuzzy Systems:A Neuro－Fuzzy Synergism to Intelligent Systems [M]. Prentice－Hall,Inc,1996.

[6] 杨振中. 氢燃料发动机燃烧与优化控制[D]. 杭州:浙江大学,2001.

[7] Verhelst S. Aspects Concerning the Optimisation of a Hydrogen Fueled Engine [A]. Proceedings of 13th World Hydrogen Energy Conference [C]. Beijing, China,June,12－15,2000.

[8] 王小平. 遗传算法理论、应用及软件实现[M]. 西安:西安交通大学出版社,2002:115－121.

[9] Yang Z Z. Investigation into the Optimization Control Technique of Hydrogen Fueled Engines Based on Genetic Algorithms[J]. International Journal of Hydrogen Energy,2008,33(22):6780－6791.

[10] 古滨庄一. 水素エツッ>关系[C]. 古滨庄一论文集录(5－6),1990.

[11] Wang L J. Research on optimal calibration technology for hydrogen－fueled engine based on non－linear programming theory[J]. International Journal of Hydrogen Energy,2010,35(7):2747－2753.